Herstellung und Darstellung
von Entscheidungen

ZEITSCHRIFT FÜR HISTORISCHE FORSCHUNG

Vierteljahresschrift zur Erforschung des Spätmittelalters u. der frühen Neuzeit

Beiheft 44

Herstellung und Darstellung von Entscheidungen

Verfahren, Verwalten und Verhandeln in der Vormoderne

Herausgegeben von

Barbara Stollberg-Rilinger
und André Krischer

Duncker & Humblot · Berlin

Bibliografische Information der Deutschen Nationalbibliothek

Die Deutsche Nationalbibliothek verzeichnet diese Publikation in der Deutschen Nationalbibliografie; detaillierte bibliografische Daten sind im Internet über http://dnb.d-nb.de abrufbar.

Fremddatenübernahme und Druck:
Berliner Buchdruckerei Union GmbH, Berlin
Printed in Germany

ISSN 0931-5268
ISBN 978-3-428-13366-6

Gedruckt auf alterungsbeständigem (säurefreiem) Papier
entsprechend ISO 9706 ♾

Internet: http://www.duncker-humblot.de

Vorwort

Der vorliegende Sammelband dokumentiert die Ergebnisse einer Tagung, die vom 20. bis 22. Februar 2008 an der Westfälischen Wilhelms-Universität Münster stattgefunden hat. Sie wurde veranstaltet im Rahmen des Forschungsprojektes „Vormoderne Verfahren", das im Jahr 2005 mit Mitteln des Gottfried-Wilhelm-Leibniz-Preises der DFG eingerichtet worden ist. Die Mitglieder dieser Forschergruppe (André Krischer, Andreas Kalipke, Matthias Köhler, Maria von Loewenich, später Thomas Dorfner) untersuchen anhand ausgewählter Beispiele, wie formale Entscheidungsverfahren in vormoderne ständische Strukturen eingebettet waren und inwiefern sie diesen gegenüber eine gewisse Autonomie ausbildeten. Die Tagung diente dazu, die ersten Ergebnisse der Forschergruppe zur Diskussion zu stellen und zu den Arbeiten verwandter Projekte von auswärtigen Kolleginnen und Kollegen in Bezug zu setzen.

Neben einer Bestandsaufnahme der geschichtswissenschaftlichen Arbeiten zum Thema ging es uns auch um eine Klärung der Frage, wie tragfähig unsere theoretischen Grundlagen sind. Die Frage, die wir den Tagungsteilnehmer/innen gestellt haben, lautete: Was können Historiker/innen, die sich mit vormodernen Epochen befassen, von einer soziologischen Verfahrenstheorie lernen, wie sie Niklas Luhmann in dem inzwischen klassischen Buch „Legitimation durch Verfahren" vorgelegt hat? Wie weit trägt ein moderner Verfahrensbegriff, wenn man es mit Phänomenen der frühen Neuzeit oder des Mittelalters zu tun hat? Zur Klärung der theoretischen Grundlagen haben wir auch Vertreter aus der Soziologie, der Politikwissenschaft und der Jurisprudenz gebeten, aus der Perspektive ihrer jeweiligen Disziplin zu Stand und Rezeption der Verfahrenstheorie Stellung zu nehmen.

Wir danken zuallererst den Teilnehmerinnen und Teilnehmern der Tagung, die ihre Beiträge für die Publikation ausgearbeitet haben. Martin Heckel, der leider nicht bei der Tagung selbst anwesend sein konnte, hat uns freundlicherweise einen Aufsatz zur Verfügung gestellt, der die Summe seiner grundlegenden Arbeiten über das Reichskirchenrecht zieht. Zusätzlich konnte – als aufschlussreicher Kontrast zu den Befunden über die Vormoderne – ein soziologischer Beitrag von Thomas Scheffer und seiner Arbeitsgruppe aufgenommen werden, der nach der Autonomie moderner parlamentarischer Untersuchungsverfahren fragt. Unser Dank gilt den Moderatoren und Kommentatoren der Tagung, nämlich Ronald G. Asch, André Holenstein, Wolfgang Reinhard, Rudolf Schlögl, Thomas Seibert und

Andreas Würgler, von denen einige die Zeit gefunden haben, ihre Schlusskommentare zu schriftlichen Beiträgen auszuarbeiten.

Zum Gelingen der Tagung und zur Publikation des vorliegenden Bandes haben viele beigetragen. Die Hauptlast der Organisation hat die Projektkoordinatorin Monika Koop getragen; sie wurde unterstützt von den studentischen Hilfskräften Sarah Henning, Jennifer Ehrlich und Dennis Klüting. Sarah Henning gebührt darüber hinaus besonderer Dank für die große Sorgfalt und Geduld bei der redaktionellen Bearbeitung der Beiträge. Die Drucklegung wurde wie immer von Heike Frank mit großer Professionalität betreut. Der Leiter des Verlags Duncker & Humblot, Dr. Florian Simon, und die Mitherausgeber der „Zeitschrift für Historische Forschung" haben ermöglicht, dass der Band als Beiheft zur ZHF erscheinen kann. Ihnen allen sei an dieser Stelle herzlich für Ihre Kooperationsbereitschaft und ihr Engagement gedankt.

Münster, im Februar 2010

Barbara Stollberg-Rilinger
André Krischer

Inhaltsverzeichnis

III. Verwaltung und Verfahren

IV. Verhandlung und Verfahren

Einleitung

Von *Barbara Stollberg-Rilinger,* Münster

Unter Verfahren kann man Handlungssequenzen verstehen, deren äußere Form generell (zumeist schriftlich) geregelt ist und die der Herstellung verbindlicher Entscheidungen dienen. Es kennzeichnet sie idealiter, dass ihr Ausgang zu Beginn offen ist und erst im Verlauf durch das Verfahren selbst hervorgebracht wird. Es kennzeichnet sie ferner, dass sie eine funktionale Autonomie gegenüber ihrer Umwelt besitzen, d. h. dass sie symbolisch herausgehoben und markiert sind und dass die Beteiligten bestimmte Verfahrensrollen einnehmen, die von ihren anderen sozialen Rollen unterscheidbar sind – mit anderen Worten: dass die Verfahren „ohne Ansehen der Person" ablaufen. Und es kennzeichnet sie schließlich, dass die Beteiligten sich ihnen schon zum Voraus unterwerfen, unabhängig von dem späteren Ausgang. Das unterscheidet *Verfahren* im strengen Sinne von *Verhandlungen,* aus denen die Beteiligten auch wieder aussteigen können und denen sie sich nur dann unterwerfen, wenn das Ergebnis – aus welchen Gründen auch immer – am Ende ihre Zustimmung findet[1].

Aus dem akademischen Alltagsleben sind einschlägige Erfahrungen mit formalen Verfahren geläufig. Um sich ihre Funktionsweise und ihre Probleme zu veranschaulichen, reicht es, sich etwa ein gewöhnliches Berufungsverfahren vor Augen zu führen: Man kennt die Unterschiede zwischen den formalen Normen und den informellen Spielregeln; man macht die Erfahrung, sich zunehmend in den Verfahrensverlauf zu verwickeln und sich festlegen zu müssen, aber erlebt auch die psychologische Zumutung, die es darstellt, eine nicht konsentierte Entscheidung am Ende nach außen als Entscheidung des ganzen Gremiums mittragen zu müssen, um sie zur stabilen und belastbaren Grundlage für zukünftiges gemeinsames Handeln zu machen. Man erlebt vor allem die zahlreichen Anfechtungen, denen die Unabhängigkeit eines solchen Verfahrens ausgesetzt ist: die Durchlöcherung des Verfahrensgeheimnisses und die stete Gefahr informeller Eingriffe von außen. Wo Kommunikation *face to face* vorherrscht und man sich persönlich kennt, werden die geschriebenen Regeln gern zugunsten ungeschriebener ignoriert bzw. davon überlagert. Historikern der Frühen Neu-

---

1 So der Verfahrensbegriff bei *Luhmann,* Legitimation durch Verfahren.

zeit kommt das bekannt vor: Moderne Universitäten ähneln in mancher Hinsicht noch immer vormodernen Institutionen.

Die Fragen, denen die Beiträge dieses Bandes anhand theoretischer Überlegungen und empirischer Fallstudien nachgehen, lauten: Wie funktionierten formalisierte Verfahren in der Vormoderne? Inwiefern wiesen sie eine strukturelle Unabhängigkeit gegenüber der ständischen Umwelt auf, in die sie eingebettet waren, und machten ihre eigene Logik geltend – oder eben nicht? Ist es sinnvoll, überhaupt von Verfahren im eingangs genannten strengen Sinne zu sprechen? Inwiefern handelte es sich eher um informelle Aushandlungsprozesse und / oder um rituelle Inszenierungen? In welchem Verhältnis standen symbolisch-expressive zu instrumentellen Funktionen von Verfahren?

Mit diesen Fragen knüpft der Band an die Ergebnisse einer Tagung über „Vormoderne politische Verfahren" an, die 1999 in Münster stattfand und ebenfalls bereits die Aufmerksamkeit auf Fragen der Verfahrensautonomie gelenkt hat[2]. Im Vordergrund stand damals das Verhältnis zwischen Ritual und Verfahren[3]. Es ging darum, die einfache Gegenüberstellung zwischen technisch-instrumentellen Entscheidungsverfahren einerseits und symbolisch-rituellen Inszenierungen andererseits aufzubrechen. Diese Gegenüberstellung wurde lange Zeit durch eine Art Arbeitsteilung in der Forschung genährt: Die einen befassten sich mit der „eigentlichen" Politik, die anderen begnügten sich mit der detaillierten Beschreibung prunkvoller symbolischer Repräsentationsakte. Es gilt aber gerade, beides im Zusammenhang in den Blick zu nehmen. Das ist inzwischen in zahlreichen Studien geschehen[4].

Der vorliegende Band entwickelt seine Fragen ebenfalls auf der Grundlage von und in Auseinandersetzung mit modernen Verfahrenstheorien – allen voran die klassische Studie von Niklas Luhmann über „Legitimation durch Verfahren"[5]. Moderne Verfahren, so Luhmann dort, kennzeichnet es, dass sie die Legitimität der von ihnen produzierten Entscheidungen aus

---

2 *Stollberg-Rilinger*, Vormoderne politische Verfahren.

3 Zur idealtypischen Unterscheidung zwischen Ritual und Verfahren vgl. *Stollberg-Rilinger*, Einleitung, in: *dies.*, Vormoderne politische Verfahren, 9–24, hier 10 f.; *Schlögl*, Kommunikation und Vergesellschaftung unter Anwesenden, 191 ff.; vgl. auch *Krischer*, Das Problem des Entscheidens, in diesem Band.

4 Vgl. *Neu / Sikora / Weller*, Zelebrieren und Verhandeln; *Dartmann / Wassilowsky / Weller*, Technik und Symbolik vormoderner Wahlverfahren; *Peltzer / Schwedler / Töbelmann*, Politische Versammlungen und ihre Rituale; *Haas / Hengerer*, Im Schatten der Macht; *Goppold*, Politische Kommunikation; *Schlögl*, Urban Elections and Decision-Making; *Blockmans / Holenstein / Mathieu*, State-Building From Below; für die Moderne etwa *Vorländer*, Integration durch Verfassung.

5 *Luhmann*, Legitimation durch Verfahren; vgl. dazu *Sikora*, Der Sinn des Verfahrens, sowie im vorliegenden Band insbesondere die Beiträge von *Krischer*, Das Problem des Entscheidens; *Brodocz*, Erfahrung mit Verfahren; *Wittreck*, Legitimation durch Verfahren; *Seibert*, Selbstreferenz.

sich selbst heraus erzeugen, d. h. auch unabhängig von deren inhaltlicher „Richtigkeit“. Damit knüpft Luhmann an die klassische Legitimitätsfrage Max Webers an, auf welche Weise allgemeine Folgebereitschaft der Herrschaftsunterworfenen notfalls auch gegen Widerstreben zustande kommt. Verfahren erreichen das (bzw. tragen zumindest dazu bei), so Luhmanns Antwort, indem sie die Beteiligten zur Übernahme verfahrensspezifischer Rollen veranlassen, sie Schritt für Schritt in die Verfahrensgeschichte verstricken und so ihre Erwartungen umstrukturieren, d. h. sie zum Umlernen nötigen. Hat man am Zustandekommen einer Entscheidung mitgewirkt, so kann man sich ihr am Ende schwer entziehen oder zumindest keine allgemeine Unterstützung mehr dagegen mobilisieren. Dabei spielt die symbolisch-expressive Dimension eine zentrale Rolle: In formalisierten Verfahren werden Entscheidungen nicht nur *her*gestellt; ihre Herstellung wird zugleich symbolisch *dar*gestellt; gerade darauf beruht ihre Akzeptanz erzeugende Wirkung. Diese symbolisch-expressive Seite von institutionellen Strukturen ganz allgemein ist in anderen Verfahrenstheorien noch deutlicher herausgearbeitet und stärker betont worden. Danach ist es nicht so sehr – wie Max Weber meinte – die tatsächliche Rationalität des institutionellen Entscheidungshandelns, die dessen Legitimität hervorbringt, sondern vielmehr die *Darstellung* von Rationalität[6].

Die Skepsis vieler Historiker gegenüber der Luhmannschen Systemtheorie im Allgemeinen wie gegenüber seiner Verfahrenstheorie im Besonderen ist – von wenigen Ausnahmen abgesehen[7] – notorisch und wurde auch auf der hier dokumentierten Tagung vielfach zum Ausdruck gebracht. Der häufigste Einwand der Historiker des Mittelalters und der Frühen Neuzeit lautet: Eine an der Moderne orientierte und die Moderne erklärende Theorie ist als Werkzeug für Historiker früherer Epochen bestenfalls nutzlos, schlimmerenfalls führt sie zu anachronistischen Verzerrungen und Missdeutungen[8]. Gewiss trifft zu: Formale Entscheidungsverfahren, wie Luhmann sie in seinem Buch beschreibt, sind keineswegs selbstverständlich und zu allen Zeiten anzutreffen, sondern Ergebnisse eines funktionalen Differenzierungsprozesses. Sie setzen formale Organisationsstrukturen, gesatzte und generalisierte Verfahrensnormen usw. voraus, ja sie sind für Luhmann geradezu „*der* Mechanismus moderner

---

6 Vgl. zum Neoinstitutionalismus den Beitrag von *Krischer*, Das Problem des Entscheidens, in diesem Band, mit entsprechenden Nachweisen. – An diesen Ansatz haben vor allem die Arbeiten des Dresdner Sonderforschungsbereichs „Institutionalität und Geschichtlichkeit“ mit überzeugenden Ergebnissen angeknüpft, vgl. etwa den Sammelband von *Melville*, Institutionalität und Symbolisierung.

7 So etwa *Becker*, Systemtheorie und Geschichte; *Becker / Reinhardt-Becker*, Systemtheorie; insbesondere die Arbeiten von Rudolf Schlögl und seinen Schülern: vgl. etwa *Schlögl*, Kommunikation und Vergesellschaftung unter Anwesenden; *ders.*, Interaktion und Herrschaft; *Haas / Hengerer*, Im Schatten der Macht; ferner *Walz*, Der Begriff der Kultur in der Systemtheorie.

8 Vgl. die Einwände von *Ronald Asch* und *Wolfgang Reinhard* in diesem Band.

Staatlichkeit“[9]. Sie funktionieren in der Moderne nicht zuletzt deshalb, weil sie Bestandteile eines funktional ausdifferenzierten Rechts- bzw. Politiksystems sind. Diese Funktionssysteme geben nicht nur die grundlegenden Verfahrensnormen vor, sondern lassen auch die Durchsetzung der im Verfahren produzierten Entscheidungen mittels eines staatlichen Sanktionsapparats erwarten. Das einzelne Verfahren vermag die Legitimität seiner Entscheidungen nur dann aus sich selbst heraus zu erzeugen, wenn das gesamte Politik- bzw. Rechtssystem, in das das Verfahren eingebettet ist, bereits als legitim akzeptiert wird. Mit anderen Worten: Von der Legitimation *durch* Verfahren kann sinnvoll erst dann die Rede sein, wenn die Legitimation *des* Verfahrens *selbst* bereits gegeben ist. Angesichts der Tatsache, dass Entscheidungen immer – vor allem aber in Konflikten – eine Zumutung darstellen, ist die Etablierung autonomer, generalisierter Entscheidungsverfahren historisch gesehen eher unwahrscheinlich und stets gefährdet – auch in der Gegenwart. Nicht zufällig hat Luhmann seine Theorie der Verfahrensautonomie in einem historischen Moment formuliert, als gerade eine mächtige Bewegung *gegen* die Autonomie rechtsstaatlich-parlamentarischer Verfahren im Gange war, nämlich 1969[10]. Und dass Verfahren auch heute ständig von Autonomieverlust bedroht sind, zeigt der Beitrag von Thomas Scheffer et al. in diesem Band. Gerade das aber macht ihre Entstehung erklärungsbedürftig.

Jedenfalls sind ausdifferenzierte, autonome Verfahren im engeren Sinne, wie sie hier eingangs idealtypisch definiert worden sind und wie Luhmann sie beschreibt, zunächst einmal in vormodernen Jahrhunderten nicht zu erwarten. Das ist jedoch kein Argument gegen die historische Erklärungskraft der Luhmannschen Theorie – ganz im Gegenteil, gerade dies sucht diese Theorie ja zu erklären. Luhmann beantwortet bekanntlich die Frage nach den Bedingungen, unter denen es zur Herausbildung solcher Verfahren kam, indem er die moderne Gesellschaft als Resultat eines vielschichtigen und langfristigen Ausdifferenzierungsprozesses beschreibt, als einen Vorgang gesellschaftlicher „Evolution“, der in der Sattelzeit um 1800 in der weitgehenden Umstellung von einem stratifikatorischen zu einem funktionalen Differenzierungsmodus kulminierte. Evolution versteht Luhmann als kontingente, stets unwahrscheinliche, von Zufällen abhängige und keineswegs irreversible Entwicklung – die aber, wo sie erfolgreich verläuft, eine enorme Zunahme an Komplexität, d. h. ein Mehr an strukturellen Möglichkeiten und damit eine extrem erhöhte Problembewältigungskapazität der Gesellschaft zur Folge hat. Damit lenkt Luhmann die Aufmerksamkeit auf die frühe Neuzeit[11], wo er die langfristige Umstellung von einer

---

9 So *Scheffer et al.*, in diesem Band, S. 524; vgl. *Luhmann*, Legitimation durch Verfahren, 26: „Ausdifferenzierung und relative Autonomie der Rechtsverfahren sind unabdingbare Vorbedingung ihrer Legitimationsleistung.“

10 Vgl. den Hinweis von *Seibert* in diesem Band, S. 256 f.

stratifikatorisch zu einer funktional differenzierten Gesellschaft im wesentlichen lokalisiert. Dort lässt sich gleichsam unter der Lupe beobachten, auf welche Weise und unter welchen Bedingungen Ausdifferenzierungsvorgänge abliefen, wie unwahrscheinlich sie waren, welche Konflikte sie auslösten und wieso sie sich in einem Fall durchsetzten und in einem anderen eben nicht.

Im hier vorliegenden Zusammenhang heißt das: Wie entstanden Verfahren, die eine strukturelle Autonomie besaßen, d. h. eigene Verfahrensrollen ausbildeten, einer eigenen Verfahrenslogik folgten und eine Chance auf Anerkennung ihrer Ergebnisse durch die Beteiligten hatten, auch wenn sie weder deren Interessen noch deren Vorstellungen von Gerechtigkeit, Wahrheit oder Vernünftigkeit entsprachen? Beziehungsweise: Warum entstanden solche Verfahren gerade nicht, was stand ihnen entgegen? Aber auch: Wann, wie und warum bildeten Entscheidungsverfahren wider Erwarten doch eine ihnen eigene Macht gegenüber den Beteiligten aus? Der Wert der Luhmannschen Theorie für Historiker der Vormoderne – so unsere Annahme, die durch viele Beiträge dieses Bandes bestätigt wird – liegt mithin darin, dass sie die historische Besonderheit und daher Erklärungsbedürftigkeit autonomer Verfahren überhaupt erst wahrnehmbar und präzise beschreibbar macht. Der Begriff des modernen autonomen Verfahrens lässt sich methodisch als Idealtypus nutzen[12], der klare Unterscheidungen und Vergleiche ermöglicht und gerade so *ex negativo* den Blick für vormoderne, insbesondere frühneuzeitliche Gesellschaften schärft.

* * *

Die Beiträge der ersten Sektion dieses Bandes widmen sich der Verfahrenstheorie selbst. Sie thematisieren einerseits, inwiefern und unter welchen methodischen Kautelen die Luhmannsche Theorie für Historiker hilfreich sein kann. Sie erklären aber andererseits auch, wieso diese Theorie auf so große Vorbehalte stößt – keineswegs allein oder in erster Linie bei Historikern, sondern mehr noch bei Politikwissenschaftlern und Juristen.

Probleme bereitet Vielen vor allem Luhmanns konsequent empirische, nicht-normative Fassung des Legitimitätsbegriffs. Luhmann sucht ja zu erklären, wie Legitimität – im Sinne von faktischer Anerkennung – gerade nicht einem allgemeinen Wertkonsens oder einem Konsens in der Sache entspringt, sondern im und durch ein Verfahren selbst hervorgebracht wird. Er verwendet den Begriff mithin selbstreferentiell: Eine Verfahrensentscheidung ist legitim, weil sie eine Verfahrensentscheidung ist. „An

---

11 Vgl. *Seibert,* in diesem Band, S. 253. – Vgl. zur Rolle der Frühen Neuzeit in der Gesamtarchitektur der Theorie: *Luhmann,* Die Gesellschaft der Gesellschaft, 678–776; ferner bereits *ders.,* Gesellschaftsstruktur und Semantik.

12 Vgl. das Plädoyer von *Krischer,* Das Problem des Entscheidens, in diesem Band.

diese Verschiebung der Legitimationsfrage muss man sich [...] gewöhnen"[13] – nach wie vor, wie nicht zuletzt die Bedenken einiger Kommentatoren in diesem Band zeigen. Auch die einflussreichsten gegenwärtigen Demokratietheoretiker folgen Luhmann in dieser Hinsicht nicht, woran André Brodocz in seinem Beitrag erinnert. Sie machen vielmehr die Legitimation durch Verfahren von der gerechten Qualität zwar nicht der Verfahrens*ergebnisse*, wohl aber der Verfahren selbst abhängig. Gerechte Verfahren sind danach entweder solche, die in der Praxis einer gegebenen politischen Kultur von den Bürgern als gerecht erfahren worden sind (Rawls), oder solche, denen alle Betroffenen als Teilnehmer an einem rationalen Diskurs zustimmen könnten (Habermas). Gesatzte Ordnungen sind danach nur dann legitim, wenn sie durch in diesem Sinne gerechte Verfahren erzeugt worden sind. Solche Theorien verstehen Legitimität nicht – wie Luhmann und auch schon Max Weber – als empirisches Faktum, sondern als normativen Maßstab. Als historische Analyseinstrumente eignen sie sich aber gerade deswegen schlecht.

Gleiches gilt erst recht für das Legitimitätsverständnis der modernen Jurisprudenz, zumindest für die herrschende Lehre des Bundesverfassungsgerichts. Danach ist Legitimität im demokratischen Verfassungsstaat notwendig durch eine lückenlose Kette von Übertragungsakten stets auf das „Volk" als letzte Instanz bezogen – eine Lehre, die aus soziologischer Sicht auf einer Fiktion beruht. Wie Fabian Wittreck zeigt, ist Luhmanns Verfahrenstheorie von den Juristen nicht nur aufgrund ihres nicht-normativen Legitimitätsverständnisses weithin abgelehnt oder bestenfalls ignoriert worden, sondern auch deshalb, weil die Juristen Form und Verfahren latent geringschätzen und prinzipiell an die inhaltliche Richtigkeit ihrer Entscheidungen glauben – eine für Laien überraschende, aber gut begründete These. Allerdings konstatiert Wittreck auch bei Juristen inzwischen eine Tendenz, den Eigenwert von Verfahren höher einzuschätzen und an der grundsätzlich möglichen Richtigkeit einer jeden Entscheidung Zweifel zuzulassen, also einen „Perspektivenwechsel weg von der Substanz hin zum Procedere"[14], von den „Gründen hin zu den Handlungsformen"[15] nicht nur in Rechtsphilosophie und -geschichte, sondern auch in der Dogmatik (eine Tendenz, der allerdings nicht weniger mächtige rechtspolitische Entwicklungen zur Informalisierung entgegenstehen).

Indessen: Was die Luhmannsche Theorie für die Juristen schwer genießbar macht, die konsequente Ersetzung eines normativen durch ein empirisches Verständnis von Legitimität, sollte sie für Historiker gerade attraktiv machen. Denn die Sicht auf historische Legitimationsprozesse sollte nicht

---

13 So *Seibert*, in diesem Band, S. 254.

14 *Wittreck*, in diesem Band, S. 74.

15 So *Seibert*, in diesem Band, S. 256.

von vornherein durch die normativen Maßstäbe moderner demokratischer Rechtsstaatlichkeit eingeschränkt werden[16]. Zum anderen kommt die Verfahrenstheorie verschiedenen neueren Tendenzen einer Kulturgeschichte des Politischen sehr entgegen: Sie richtet verstärkte Aufmerksamkeit auf die Bedeutung symbolisch-expressiver Momente; sie trägt dazu bei, eine essentialistische durch eine prozedurale Sicht auf politische Phänomene zu ersetzen, und sie erlaubt es, makrohistorische Prozesse auf eine mikrohistorische Beobachtungsebene herunterzubrechen und politische Strukturen als konkrete Kommunikationsvorgänge zu beschreiben[17]. Denn nach Luhmann bestehen soziale Systeme grundsätzlich – auf allen Ebenen der gesellschaftlichen Strukturbildung, von der einfachen *face-to-face*-Interaktion über komplexe Organisationen bis hin zu den großen gesellschaftlichen Funktionssystemen – aus Kommunikationsakten.

* * *

Was das Luhmannsche Verfahrensbuch für Historiker der Vormoderne besonders anziehend macht ist, dass es im Kern von den Mechanismen der Kommunikation unter Anwesenden handelt, so wie sie in den vergleichsweise überschaubaren, kleinräumigen vormodernen Verhältnissen allenthalben anzutreffen sind: bei Hof, in Dorf- und Stadtgemeinden, auf Ständeversammlungen, vor Gericht[18]. Für Luhmanns Verfahrensbegriff ist der Typus des Gerichtsverfahrens paradigmatisch. Anders als die ungleich komplexeren Verfahren in Gesetzgebung und Verwaltung ist dieses auch in der Moderne nach wie vor ein Interaktionssystem, d. h. die Beteiligten kommunizieren dabei im Wesentlichen *vis-à-vis* miteinander. Die Beobachtungen, die am Gerichtsverfahren gewonnen sind, lassen sich nur sehr begrenzt auf andere moderne Verfahren in Gesetzgebung und Verwaltung übertragen. So ist vor allem das Hin- und Herwechseln zwischen den „sozialen Formen" Konflikt und Kooperation (Georg Simmel) nur für Gerichtsverfahren charakteristisch, wie André Kieserling in seinem Beitrag zeigt. Was Luhmanns Verfahrenstheorie aus soziologischer Sicht als problematisch erscheinen lässt, die Konzentration auf das Gerichtsverfahren, das macht sie für Historiker der Vormoderne aber umso interessanter. Denn Gerichtsverfahren sind historisch der wohl am frühesten herausgebildete Verfahrenstyp überhaupt.

Deshalb behandelt die erste Gruppe von historischen Fallbeispielen in diesem Band Gerichtsverfahren: an Reichshofrat und Reichskammerge-

16 Vgl. *Sikora,* Der Sinn des Verfahrens.

17 Vgl. allgemein *Stollberg-Rilinger,* Was heißt Kulturgeschichte des Politischen?, darin insbesondere die Beiträge von Rudolf Schlögl und Rainer Walz, sowie exemplarisch die in Anm. 4 genannten neueren Arbeiten. Vgl. auch die Bemerkungen von *Andreas Kalipke* in diesem Band, S. 475 f.

18 Grundsätzlich dazu *Schlögl,* Kommunikation und Vergesellschaftung unter Anwesenden, im Anschluss an *Kieserling,* Kommunikation unter Anwesenden.

richt, an dem territorialen Hofgericht des Herzogtums Bayern und an englischen Common-Law-Gerichten. Um allerdings Missverständnisse zu vermeiden, ist ausdrücklich zu betonen, dass die eindeutige Unterscheidung verschiedener Verfahrenstypen – Gericht, Verwaltung, Politik – für vormoderne Verhältnisse problematisch ist, ja streng genommen eine unzulässige Rückprojektion moderner Verhältnisse in die Vergangenheit darstellt[19]. So hatten sowohl der Reichshofrat als auch das bayerische Hofgericht keineswegs nur Gerichtsfunktionen. Die hier vorgenommene Gruppierung der Beiträge unter die Rubriken Gericht, Verwaltung und Verhandlung soll daher nicht suggerieren, es hätte schon ebenso klare Grenzziehungen gegeben wie in der Moderne. Im Gegenteil: Den Sinn dieser Unterscheidungen in Bezug auf die vormodernen Fallbeispiele gilt es eben zu thematisieren. Es soll ja gerade darum gehen, die unreflektierten modernen Vorannahmen bewusst zu machen, die solchen Kategorisierungen gewöhnlich zugrundeliegen. In der überwiegenden Mehrheit der Beiträge entpuppen sich tatsächlich die Grenzen zwischen Verfahren, Vermitteln und Verhandeln als überaus flexibel – so wie es eben den noch sehr flüssigen Grenzen zwischen Recht und Politik, Politik und Wirtschaft, Religion und Recht entspricht.

Ein besonders aufschlussreiches Beispiel dafür bieten die Kommissionsverfahren des Reichshofrats, die Sabine Ullmann untersucht. Wie kam es dazu, dass sich die Gegner in territorialen Hoheitskonflikten einem Verfahren unterwarfen, das benachbarte Standesgenossen in kaiserlich beauftragte Gerichts- bzw. Schiedsinstanzen verwandelte? Die Kommissionen entfalteten eine konfliktentschärfende Wirkung, weil zum einen die Parteien schon bei der Auswahl der Kommissare einbezogen wurden, weil sich alle Beteiligten in einem demonstrativen Akt der Rollenübernahme auf das Verfahren einließen und sich auf Verfahrensrollen verpflichteten, die es ihnen erleichterten, ohne Prestigeverlust von ihrem ständischen Rang, ihren familiären Verflechtungen usw. Abstand zu nehmen und sich auf die Verfahrensnormen der „Schiedlichkeit“ und „guten Nachbarschaft“ festzulegen. Wesentlich war schließlich, dass innerhalb dieses einmal geschaffenen Rahmens große Spielräume für die Parteien bestanden, durch Sollizitatur, Wahl mündlicher oder schriftlicher Einlassung etc. das Verfahren zu beeinflussen. Vor allem der flexible Wechsel zwischen Mündlichkeit und Schriftlichkeit ermöglichte eine strukturierte Verfahrensgeschichte: Mündliches Verhandeln erlaubte das Durchspielen verschiedener Handlungsoptionen, während schriftliche Einlassungen Positionen markierten, die nicht mehr zur Disposition stehen sollten. Die Chancen zur kreativen, „experimentellen“ Mitgestaltung verwickelten die Parteien in das Verfahren und förderten ihre Bereitschaft, sich auf einen Kompromiss einzulassen. Das Güteverfahren der Reichshofratskommissionen ist ein höchst anschauliches

19 Vgl. etwa die Bemerkungen von *Brakensiek,* in diesem Band, S. 363, und *Asch,* in diesem Band, S. 270.

Exempel dafür, wie das Nebeneinander der sozialen Formen Konflikt und Kooperation (Kieserling) in vormodernen gerichtlichen Verfahren funktionierte.

Ähnliches lässt sich bei den Verfahren gemäß der bayerischen Gerichtsordnung von 1520 beobachten, die allerdings viel stärker normiert waren als das Reichshofratsverfahren. Auch hier, so zeigt der Beitrag von Christian Wieland, markierte die *litis contestatio* den Beginn des Verfahrens als formale Rollenübernahme der Beteiligten. Zugleich blieb aber immer ein großer Spielraum, wieder aus dem förmlichen Verfahren auszusteigen und eine gütliche Einigung auszuhandeln. Es gab also kein festes Wenn-dann-Programm und keinen Zwang zur Entscheidung. Wenn es aber einmal zu einem Endurteil kam, dann wurde dieses durch hoch ritualisierte Formen markiert: Die Parteien mussten das Urteil rituell erbitten; der Richter teilte es auf dem Gerichtstag mit, und zwar in vorgeschriebener Sitzhaltung; jede inhaltliche Begründung der Entscheidung war streng verboten (wie auch im Reichskammergerichtsverfahren bis zu dessen Ende, obwohl das dort im 18. Jahrhundert zunehmend umstritten war). Ein Formfehler, sei es aufgrund einer Begründung im Urteilstext, sei es durch falsche richterliche Körperhaltung, machte das Urteil ungültig. Durch diese klare Abgrenzung der Entscheidung gegenüber jeder inhaltlichen Deliberation wurde die schiere Kontingenz der Entscheidung dramatisch betont. *Forma, non veritas facit iudicium.* Das entspricht einem charakteristischen vormodernen Verlaufsmuster: Dem informellen inhaltlichen Aushandlungsprozess korrespondierte die anschließende rituelle Inszenierung der Entscheidung[20]. Die ritualisierte Überhöhung der Form diente dazu – wenn man Luhmann folgt , die Zumutung der inhaltlich kontingenten Entscheidung mit unfraglicher formaler Autorität auszustatten. Das zeigt auch, dass der Vorrang der Form vor der Sache an sich weder modern noch vormodern zu nennen ist[21]. Formal-prozedurale Erzeugung von Legitimität kann auf unterschiedliche Weise geschehen: durch einen eher archaisch anmutenden rituellen Rechtsformalismus ebenso wie durch den modernen verfahrenstechnischen Rechtsformalismus.

Die legitimationsstiftende Darstellungsleistung der formal gesatzten Gerichtsordnung als solcher – also der normativen Prämissen des Verfahrens, nicht der tatsächlichen Interaktion – untersucht Maria von Loewenich in ihrem Beitrag über das Reichskammergerichtsverfahren. Dabei unterscheidet sie zwischen der Anerkennung der grundsätzlichen Kompetenz des Gerichts, überhaupt verbindliche Entscheidungen zu fällen – diese wurde vor allem durch die symbolische Fiktion erzeugt, das Gericht repräsentiere

---

20 Vgl. grundlegend *Althoff,* Rituale der Macht. Vgl. ähnlich, wenn auch nur knapp *Luhmann,* Legitimation durch Verfahren, 38 ff.; in diesem Sinne lässt sich auch Ebels berühmtes Dictum interpretieren, die Form sei die älteste Norm (*Ebel,* Gesetzgebung).

21 So der berechtigte Hinweis von *Asch,* in diesem Band, S. 269 f.

den Kaiser bzw. das Reichsganze – und der Anerkennung der Fähigkeit des Gerichts, *gerechte* Entscheidungen zu fällen. Dieses Letztere erforderte – geradezu gegenläufig –, dass die Autonomie des Gerichts und seines Entscheidungsverfahrens gegenüber Kaiser, Reichsständen und Konfliktparteien hergestellt und dargestellt wurde. Dazu dienten die formalen Bestimmungen der Reichskammergerichtsordnung, die etwa die juristische Kompetenz der Assessoren, die Gleichbehandlung der Parteien, ein konditionales Verfahrensprogramm, regelmäßige Visitationen und strenge Geheimhaltung der Urteilsfindung vorschrieben. Doch gerade am Verfahrensgeheimnis zeigt sich deutlich, dass diese Regeln, wenn sie nur mangelhaft befolgt wurden, das Gegenteil dessen bewirkten, was sie bewirken sollten. Wurde nämlich – wie es de facto der Fall war – das Verfahren nur partiell und strategisch geheim gehalten, so führte das gerade nicht zur Ausschaltung äußerer Einflussnahmen, sondern machte diese umgekehrt nur desto unkontrollierbarer.

Wenn irgendein Verfahren von der Luhmannschen Theorie geradezu paradigmatisch erhellt wird, dann ist es das angelsächsische Strafverfahren nach Common Law, wie es André Krischer am Beispiel von Hochverratsprozessen im 17. und 18. Jahrhundert vorführt. Anders als kontinentale Inquisitionsverfahren oder Verfahren vor Reichsgerichten liefen diese Prozesse unmittelbar, mündlich und öffentlich ab. Wie im klassischen Theater war das Geschehen bis ins beginnende 18. Jahrhundert durch die Einheit von Zeit, Ort, Personen und Handlung dramatisch zugespitzt. Krischer zeigt anschaulich, wie der Angeklagte genötigt wurde, sich durch rituelle Sprechakte der Rollenübernahme auf die Regeln des Verfahrens einzulassen, und wie das ergebnisoffene, aber entscheidungssichere Verfahren seine Wirkung entfaltete, indem es in einem streng konditionalen Wenn-dann-Prozess der Wahrheitsfindung Schritt für Schritt auf das unausweichliche Ziel, den Urteilsspruch, hinauslief. Eine Gemeinsamkeit mit dem kontinentalen Inquisitionsprozess sieht Krischer indessen darin, dass die Wahrheitsfindung im Idealfall als Bekehrungsgeschehen, als Verwandlung des Delinquenten in einen reuigen Sünder, verlief, also von einer religiösen Semantik grundiert war und auf die Zustimmung des Angeklagten zu seiner eigenen Verurteilung abzielte. Gelang das nicht, so mangelte es dem Urteil in der öffentlichen Wahrnehmung ersichtlich an Legitimität. Den Wandel des Verfahrens im 18. Jahrhundert schreibt Krischer vor allem der Einschaltung professioneller Verteidiger und der Einführung juristischer Beweisregeln zu. Beides führte dazu, dass die Herstellung der Entscheidung zunehmend vom Konsens des Angeklagten entkoppelt wurde. Was das Verfahren damit an dramatischer Qualität verlor, gewann es zugleich an Autonomie hinzu.

Bei aller Unterschiedlichkeit der Verfahren vor Reichshofrat, Reichskammergericht, bayerischem Hofgericht oder King's Bench zeigen sich doch gewisse Gemeinsamkeiten. Dazu gehört das rituelle Nadelöhr der Rollenübernahme durch die Parteien bzw. Angeklagten – ein performativer Akt, der die Situation definierte und mit dem man sich auf die Regeln des Verfahrens einließ. Das war die Voraussetzung für die Verwicklung in die Verfahrensgeschichte: Man legte sich selbst die Fessel der Verfahrensrolle an und verengte damit seinen Handlungsspielraum. Bezeichnend ist: Als Karl I. in dem Hochverratsprozess des Parlaments gegen ihn genau diese Rollenübernahme verweigerte, wurde er nicht wegen Hochverrats, sondern wegen eben dieser Weigerung zum Tode verurteilt.

Allerdings war dieser Akt der Rollenübernahme vor den verschiedenen Gerichten in mehr oder weniger hohem Maße revidierbar: Aus Prozessen vor den meisten vormodernen Gerichten (außer im Common-Law-Strafprozess) konnte man relativ leicht auch wieder aussteigen. Entscheidbarkeit als solche war daher nicht grundsätzlich gewährleistet. Die Beteiligten unterwarfen sich dem Ergebnis eben nicht schon im Voraus, unabhängig von dem für sie günstigen oder ungünstigen Ausgang. Man verzichtete vielmehr tendenziell lieber auf ein Endurteil. Es lässt sich geradezu von einer Kultur der Entscheidungsvermeidung sprechen. Vielfache prozessrechtliche Möglichkeiten zum dilatorischen Taktieren kamen dem entgegen. Das führte zu den notorisch endlosen Prozessverläufen und ist überaus kennzeichnend für den relativ geringen Grad an Verfahrensautonomie in vormodernen Gerichtsverfahren. Doch das Betreten des Rechtsweges veränderte und entschärfte einen Konflikt auch dann, wenn er nicht mit der sicheren Erwartung eines Endurteils begonnen wurde. Die neuere Forschung hat vielfach auf die „befriedende Wirkung des In-der-Schwebe-Lassens" hingewiesen[22]. Auch heute erlebt man in der zunehmenden Stärkung von Mediation und Vergleich eine neue Konjunktur solcher Ausstiegs- und Aushandlungsoptionen, bei denen eben nicht ein Dritter den Streit entscheidet, sondern ihn in veränderter Form an die Parteien zurückspielt[23]. Für diese Tendenz zur Aushandlung können indessen verschiedene strukturelle Faktoren ausschlaggebend sein. Während heutzutage vor allem ökonomische Gründe eine Rolle spielen, war es in der Vormoderne eher die geringe Aussicht, eine Entscheidung unabhängig von ihrem Ausgang auch exekutieren zu können.

Insgesamt zeigt sich: Die funktionale Unabhängigkeit des Rechtssystems gegenüber dem politischen System und der ständischen Sozialordnung war noch gering. Gerichtsverfahren waren nur schwach abgegrenzt zum einen gegenüber Regierung und Verwaltung (Hofgerichte waren in Bayern bis in die 2. Hälfte des 16. Jahrhunderts zugleich herzogliche Zentralbehörden

---

22 So *Würgler* in der Diskussion; vgl. etwa *Ortlieb*, Im Namen des Kaisers; *Fimpel*, Reichsjustiz und Territorialstaat; *Ullmann*, Geschichte auf der langen Bank.

23 Vgl. *Seibert*, in diesem Band, S. 260 f.

von diffuser Zuständigkeit, ebenso wie der Reichshofrat im Reich), zum anderen gegenüber der sozialen Umwelt der Parteien. Das schlug sich etwa in der vielfältigen gerichtlichen Privilegierung des Adels nieder. Ständische Ehre, ständischer Rang steuerten oder beeinflussten die Verfahren. Die Durchsetzung der internen Verfahrensrollen war immer schwierig und prekär. Formale Regeln, die der Verfahrensautonomie dienen sollten, konnten sich geradezu entgegengesetzt auswirken, wenn sie auf die Strukturen der Umwelt zu wenig Rücksicht nahmen, so dass sie unterlaufen und nicht im normativ vorgesehenen Sinne angewandt wurden. Loewenichs Beispiel des brüchigen Verfahrensgeheimnisses unterstützt ex negativo die These, dass ein zu großes Maß an formal gesatzter Autonomie sich unter vormodernen Bedingungen womöglich dysfunktional auswirken und das Leistungsvermögen eines Verfahrens gerade beeinträchtigen konnte[24].

* * *

Unter Verwaltungsverfahren kann man in einem weiten Sinne alle Handlungen verstehen, „die auf Entscheidungsfindung und -durchsetzung in Sachfragen zwischen Herrschaft und Untertanen gerichtet sind“[25]. Dieser Gegenstand ist bekanntlich ein klassisches Thema der historischen Großerzählungen von Bürokratisierung, Modernisierung und Staatsbildung. Seit einiger Zeit hat sich die Perspektive darauf signifikant verändert: Man geht nicht mehr einfach von der Etablierung bürokratischer Verfahren von oben nach unten aus, sondern sucht den Prozess als einen reziproken Vorgang zu erklären, bei dem nicht zuletzt die „eigensinnige“ Nachfrage der Untertanen den Prozess der obrigkeitlichen „Ermächtigung“ verstärkte[26]. Die neuere Forschung ist generell von Skepsis gegenüber traditionellen Rationalitätsunterstellungen geprägt. Gefragt wird zum einen, in welchem Umfang die obrigkeitlichen Rationalisierungsprogramme überhaupt „unten“ ankamen und tatsächlich durchgesetzt wurden. Die Einsicht in die verblüffend geringe instrumentelle Effizienz des obrigkeitlichen Handelns führt dazu, dessen symbolisch-expressive Funktion in den Blick zu nehmen[27]. Gefragt wird aber auch, inwiefern und warum es langfristig eben

---

24 Vgl. den Beitrag von *Birgit Emich,* in diesem Band, S. 275 ff.

25 So *Emich,* in diesem Band, S. 278, die allerdings die Definition ergänzt um den Zusatz „eingeschlossen das Handeln interessierter Dritter“. Diese signifikante Erweiterung der Perspektive kennzeichnet neuere Ansätze einer nicht-etatistischen Verwaltungsgeschichte, wie sie etwa vorgeführt worden ist von *Emich,* Territoriale Integration in der Frühen Neuzeit.

26 Vgl. *Krischer,* Das Problem des Entscheidens, in diesem Band, S. 48 ff.; mit Nachweis der entsprechenden Literatur; hervorzuheben sind etwa *Lüdtke,* Herrschaft als soziale Praxis; *Blockmans / Holenstein / Mathieu,* Empowering Interactions; *Brakensiek / Wunder,* Ergebene Diener ihrer Herren?; *Asch / Freist,* Staatsbildung als kultureller Prozess.

27 Inzwischen klassisch: *Schlumbohm,* Gesetze, die nicht durchgesetzt werden; zum Neoinstitutionalismus als theoretischer Hintergrundfolie für diese Sicht vgl. *Krischer,* Das Problem des Entscheidens, in diesem Band, S. 51 ff.

doch – gleichsam hinter dem Rücken der Beteiligten – zu einer zunehmenden Stärkung der Zentralgewalten und der Akzeptanz ihrer formalen bürokratischen Verfahren kam. Eine wichtige Rolle spielte dabei die wachsende Bedeutung von Informationsbeschaffung für das Entscheiden selbst, aber auch für die Legitimation von Entscheidungen. Dieser Frage gehen die Beiträge von Stefan Brakensiek und Daniel Flückiger nach.

Stefan Brakensiek skizziert die Mittel, zentrale Herrschaft auf lokaler Ebene zu implementieren bzw. dafür erst die Voraussetzungen zu schaffen – unterschiedliche Verfahren der Inspektion und Kontrolle, nämlich Visitationen und Rügegerichte, Suppliken seitens der Untertanen und systematische Informationserhebung durch Enquêten seitens der Zentralgewalt. Die Frage, inwiefern und unter welchen Voraussetzungen diese Verfahren zur Gewinnung entscheidungsrelevanten Wissens als solche schon die Legitimität der darauf gegründeten Entscheidungen – unabhängig von ihrem materiellen Gehalt – begünstigten, wird tendenziell negativ beantwortet. Diese „Evaluationen" erzeugten eher Befürchtungen als Hoffnungen und wurden von den Betroffenen keineswegs als willkommene Gelegenheiten zur Partizipation begrüßt. Entscheidungen fanden letztlich nur Akzeptanz, wenn sie auch in der Sache als gerecht und billig empfunden wurden. Die Frage der Legitimation von Verfahrensentscheidungen[28] ersetzt Brakensiek (ähnlich wie Maria von Loewenich) daher durch eine andere, eher Webersche als Luhmannsche Frage, nämlich wie diese Verfahren als solche dazu beitrugen, die Legitimität der Zentralgewalt zu steigern. Es geht darum, wie Max Webers „rationale Herrschaft" auf lokaler Ebene tatsächlich zu einer solchen werden konnte. Die Antwort ist: dadurch, dass solche Informationsverfahren tatsächlich stetig und verlässlich waren, die Teilnahme erschwinglich war und auf diese Weise die Zentrale zu einem neutralen Dritten oberhalb lokaler Konfliktparteien gemacht wurde. Mit anderen Worten: Brakensieks Beitrag handelt von der Etablierung einer von den Untertanen als legitim empfundenen bürokratisch-rationalen Herrschaft vor Ort, mithin von den fundamentalen Voraussetzungen der Verfahrenslegitimation, den funktionsfähigen und zuverlässig formalisierten Verfahren selbst. Die Entwicklung war in dieser Hinsicht allerdings durchaus zwiespältig: Legitimationsgewinne der Fürstenherrschaft wurden oft durch die Diskreditierung der Lokalgewalten erkauft. Zudem förderte es nicht das Vertrauen der Untertanen in die Entscheidungen der Zentralgewalt, wenn diese intransparent gefällt wurden und nicht erkennbar war, wie sie sich zu den Informationen verhielten, die die Untertanen geliefert hatten. Die bloße Erhebung entscheidungsrelevanten Wissens durch die Obrigkeit garantiert ja noch keineswegs – wie man aus heutigen akademischen Evaluations-

28 Die Verfahrenstheorie Luhmanns befasst sich mit Verwaltungsverfahren nur ganz am Rande, weil diese in viel geringerem Maße als Gerichtsverfahren die Funktion zu erfüllen haben, ihre eigenen Entscheidungen zu legitimieren. Das ist vielmehr Sache des politischen Systems; vgl. *Luhmann*, Legitimation durch Verfahren, 211.

erfahrungen weiß –, dass die Entscheidungen tatsächlich auf der Grundlage dieses Wissens gefällt werden.

Verwaltungsverfahren, die ein hohes Maß an Konfliktpotential bargen, untersucht Daniel Flückiger am Beispiel der Straßenbauverwaltung im Kanton Bern, wo im frühen 19. Jahrhundert ein modernes Straßennetz nach französischem Vorbild geplant und realisiert wurde. In das Großprojekt waren eine Vielzahl unterschiedlicher Akteure, Behörden und Verfahren verwickelt, bei denen sich die Frage der Verfahrenslegitimation jeweils anders darstellt. Flückiger beschreibt, wie die Bevölkerung in die Entscheidung über die Pläne selbst, die Verteilung der Baukosten und die spätere Instandhaltung der Straßen einbezogen wurde und wann und warum die Behörden zwischen der strikten Beobachtung generalisierter formaler Verfahren einerseits und vielfältigen individuellen Aushandlungsprozessen andererseits schwankten. Hatten es die Behörden – vor allem am Anfang bei der Planung des Straßenverlaufs – mit Kommunen zu tun, sahen sie sich meist zum flexiblen Aushandeln von Einzelfallregelungen genötigt. Standen sich hingegen – etwa bei späteren Enteignungs- und Entschädigungsverfahren – Behörden und einzelne Eigentümer gegenüber, so fanden formalisierte Verfahren mehr Akzeptanz. Je weiter die Geschichte des Bauprojekts fortschritt, desto stärker konnten sich formale Verfahren, so scheint es, bei den Betroffenen Geltung verschaffen. Womöglich lässt sich das als ein sich selbst verstärkendes Wachstum von Verfahrensmacht deuten.

Birgit Emich fragt danach, wie sich das Verfahren der römischen Wasserbaupolitik zu den Strukturen der Umwelt, sprich: päpstlicher Monarchie, Klientelismus und Nepotismus verhielt. Ihre These lautet: Vormoderne Verwaltungsverfahren *mussten,* um legitim zu erscheinen, die sozialen Strukturen ihrer Umwelt abbilden, alles andere war „schlichtweg unvorstellbar". Aber das überraschende Ergebnis der Einzelfallanalyse ist: Obwohl es dem Verfahren in vieler Hinsicht an Autonomie gegenüber den Strukturen, in die es eingebettet war, mangelte, bildete es doch diesen gegenüber eine gewisse Eigenmacht aus. Klientelismus, Finanzinteressen der Dynastie und päpstliche Monarchie balancierten sich gegenseitig in gewisser Weise aus; sie wurden in das Verfahren integriert, solange sie es nicht als Verfahren vollständig diskreditierten. Denn das hätte wiederum die Autorität des Papstes als liebender Vater des Ganzen und Oberhaupt seiner eigenen Behörden in Frage gestellt. Außerdem zeigt sich an diesem Beispiel: Ein solches vormodernes Verfahren, das bei eingeschränkter Autonomie immer die Strukturen des politisch-sozialen Ganzen abbildete, hatte – gleichsam hinter dem Rücken der Handelnden – auch den unintendierten Effekt, die Funktionsmechanismen der Gesamtgesellschaft einzuüben und sie auf diese Weise zu stabilisieren und zu legitimieren.

Zu einem ganz ähnlichen Ergebnis gelangt Daniel Schläppi anhand eines ganz anderen Fallbeispiels, nicht zu einem Verwaltungs-, sondern zu einem kommunalen Wahlverfahren. Schläppi geht von dem erstaunlichen Fall einer Wahlentscheidung im eidgenössischen Zug in der Mitte des 17. Jahrhunderts aus, die *gegen* die formalen Verfahrensregeln zustandekam und dennoch akzeptiert wurde. Nach einer umstrittenen Wahl überließ der mit nur einer Stimme Mehrheit eigentlich siegreiche Ammann dennoch unter dem Druck der Gegenpartei seinem Konkurrenten das Amt. Die Frage nach den Ursachen des überraschenden Befundes, dass trotz des Verfahrensbruchs schon bald wieder Ruhe einkehrte, führt Schläppi zu der These, dass es bei dem Wahlverfahren weniger um die am Ende gefällte Entscheidung ging als vielmehr um die dauerhafte soziale Integration von Wählenden und Wahlkandidaten, die nämlich zugleich Klienten und Patrone waren. Das formalisierte Wahlerfahren ist in seiner Logik nicht zu verstehen ohne das informelle Geschehen im Vorfeld. Bezieht man dieses in die Analyse ein, dann wird sichtbar, dass der Kern des Wahlgeschehens in einem umfangreichen Gütertransfer in Form von Geld, Gaben und Tischgemeinschaft von den Patronen an die Klienten bestand – ein Gütertransfer, den als „Korruption" zu bezeichnen ein anachronistisches Missverständnis wäre, erfolgte er doch öffentlich und regelgeleitet. Indem die Wahlkandidaten ihren Wählern für ihre Wahl zu den höchst einträglichen Ämtern symbolische und materielle Gegengaben leisteten, demonstrierten sie die Reziprozität ihres Verhältnisses und festigten so die asymmetrische soziale Ordnung. Dieses weitere, umfassende Wahlgeschehen legitimierte auf diese Weise nicht so sehr die einzelne Entscheidung als vielmehr das gesellschaftliche System als Ganzes[29].

André Holenstein betont in seinem Kommentar die Gemeinsamkeit der Fälle: Sie zeigen, dass formalisierte Verfahren nicht verstanden werden können, wenn man nicht ihre Einbettung in den unmittelbaren sozialen Kontext und ihre Instrumentalisierung durch Dritte berücksichtigt[30]. Das gilt zwar schon für moderne Verfahren. Auch sie sind ja keineswegs von ihrer Umwelt unabhängig. Wohl aber vermögen sie die Umwelteinflüsse nach ihren eigenen Regeln zu filtern. Erst recht und in viel höherem Maße gilt es für vormoderne Verfahren, die über geringe strukturelle Autonomie verfügten.

* * *

Der Gegenstand der letzten Sektion – Verhandeln – führt am weitesten weg von den Verfahren im strengen Sinne. Verhandlungen lassen sich von Verfahren begrifflich unterscheiden: zum einen durch die geringe Formalisierung, d. h. die Abwesenheit gesatzter Regeln, und zum anderen durch die Möglichkeit für alle Beteiligten, jederzeit auszusteigen. Die Verhandelnden

---

29 Vgl. die ganz ähnlichen Ergebnisse in dem Sammelband von *Dartmann / Wassilowsky / Weller*, Technik und Symbolik vormoderner Wahlverfahren.

30 *Holenstein*, in diesem Band, S. 382 f.

unterwerfen sich *nicht* zum Voraus einer von Dritten zu fällenden Entscheidung, sondern handeln idealiter einen tauschförmigen Kompromiss aus. Eine Zwischenstellung nimmt die Vermittlung ein[31]. Dem idealtypischen Unterschied zwischen Verfahren und Verhandeln entspricht der ebenfalls idealtypische Unterschied zwischen Urteil und Vertrag[32]. Dass es sich dabei indessen nur um analytische Unterscheidungen handelt, die empirischen Befunde aber eine Fülle von Übergangsfällen und Mischformen zeigen, muss nicht eigens betont werden.

In der vorstaatlichen Welt des frühen Mittelalters sind Verfahren im strengen Sinne selbstverständlich nicht zu erwarten. Deshalb bezeichnet Steffen Patzold seinen Beitrag zum Thema als Experiment. Seine Frage ist, ob die Verfahrenstheorie mikrosoziologische Beobachtungsmuster bereitstellt, die selbst für die vergleichsweise archaischen Verhältnisse der Karolingerzeit eine neue Sicht eröffnen können. Patzold spielt das durch anhand des gescheiterten Versuchs König Lothars II., sich von seiner zweiten Frau Theutberga zu trennen und seine erste Frau Waldrada wiederanzunehmen (855–869). Patzold analysiert diese Geschichte unter dem Gesichtspunkt, ob sich darin eine schrittweise Entfaltung einer „Verfahrensgeschichte, d. h. die schrittweise Verwicklung in einmal gefällte Entscheidungen aufgrund der Umstrukturierung von Erwartungen" zeigen lässt. Das Ergebnis ist negativ (aber das Experiment damit nicht gescheitert). Das Beispiel zeigt vielmehr, dass die Andersartigkeit der frühmittelalterlichen Verhältnisse vor allem in einer Fülle konkurrierender Normen und fast beliebig wechselbarer Foren bestand. Der Gang der Ereignisse verengte daher nicht die Entscheidungsmöglichkeiten, sondern vervielfältigte sie vielmehr noch. Wie so oft in der Vormoderne blieb der Konflikt unentschieden; das Problem wurde erst durch den Tod des Königs gelöst.

Die soziale Logik von Verhandlungen im Gegensatz zu Verfahren führt Matthias Köhler am Beispiel des Friedenskongresses von Nimwegen 1676–1679 vor. Während Verfahren im engeren Sinne die Handlungsmöglichkeiten der Beteiligten einschränken, sobald das Verfahrensprogramm einmal in Gang gesetzt ist, sind Verhandlungen durch die jederzeit mögliche „Exit-Option" höchst anfällig für Veränderungen der äußeren Umstände. Mit anderen Worten: Ändern sich die Umstände zugunsten einer Partei, kann diese mit Ausstieg drohen und so ihre externe Machtposition in den Verhandlungen ausspielen. Das zentrale Problem, das sich bei Verhandlungen stellt, liegt deshalb darin, die Beteiligten auf einmal getroffene Zugeständnisse festzulegen. Es stellt sich daher die Frage, ob und inwiefern Verhandlungen dennoch – ähnlich wie Verfahren – eine eigene Geschichte und spezifische Rollen ausbilden, die die Beteiligten einzuschränken vermögen. Die Zeit-

---

31 Vgl. zuletzt *Kamp,* Vermittler; *Althoff,* Mediation.

32 So *Würgler* in seinem Kommentar, in diesem Band, S. 519 f.

genossen des 17. Jahrhunderts selbst thematisierten dieses Problem ausführlich und suchten es durch schriftliche Dokumentation, durch Mediatoren und durch Appelle an das europäische Publikum zu überwinden. Diese Strategien der Verstrickung erhöhten aber umgekehrt die Gefahr von Ehrkonflikten und verringerten damit wiederum die Erfolgsaussichten des Verhandelns – Souveräne ließen sich ungern durch Dritte einschränken. Bei absoluter militärischer Überlegenheit konnte es allerdings vorkommen, dass sich ein Monarch wie Ludwig XIV. mit Erfolg persönlich und öffentlich auf eine Position festlegte – um sich selbst jede Möglichkeit späterer Zugeständnisse zu nehmen und die Gegner zur Aufgabe zu zwingen.

Im Alten Reich – aufgrund seines Zwittercharakters zwischen politischer Einheit und föderaler Vielfalt – waren Verhandeln und Verfahren meist nicht klar zu trennen, wie schon der Beitrag von Sabine Ullmann über die Reichshofratskommissionen gezeigt hat. Die Konfessionsspaltung allerdings führte dazu, dass auf dem Feld des Reichskirchenrechts Verfahren von bemerkenswert hohem Formalisierungsgrad entwickelt wurden. Zwei Beiträge dieses Bandes befassen sich mit der Religionsverfassung des Alten Reiches – aber mit sehr unterschiedlichen Herangehensweisen. Martin Heckel zieht eine Summe seiner grundlegenden Arbeiten zum Reichskirchenrecht und beschreibt die einzelnen vertraglichen Schritte zur Überwindung des Konfessionskonflikts und zur Sicherung der Freiheit und Gleichheit der Konfessionsparteien durch formalisierte Verfahren. Andreas Kalipke hingegen untersucht in seiner Detailstudie, wie eines dieser Verfahren tatsächlich funktionierte: nämlich durchaus nicht so, wie es im Westfälischen Frieden vorgesehen war. Den makrohistorischen Vorgang, den Heckel behandelt, kann man als Ausdifferenzierung von Politik und Religion auf der Ebene der Reichsinstitutionen – gerade nicht der Territorien – betrachten: Der Konflikt über die Glaubenswahrheit wurde in einen Konflikt über die Auslegung des Friedensvertrags transformiert; nicht mehr Wahrheit oder Häresie, sondern Recht oder Unrecht war künftig die Frage. Die *itio in partes,* der 1648 etablierte formale Zwang der Konfessionsparteien zu gütlicher Einigung in Religionssachen, war allerdings ein Verfahren, das den Konfessionsgegensatz nicht neutralisierte, sondern im Gegenteil in einen *politischen* Gegensatz transformierte und so in die Reichsverfassung gleichsam re-importierte. Die polarisierten politischen Fronten im Reich dominierten im 18. Jahrhundert das Verfahren; es wurde instrumentalisiert und konnte kaum unabhängige Verfahrensmacht ausbilden.

Etwas anderes gilt für das Verfahren, mit dem die organisierte Einheit der evangelischen Reichsstände, das Corpus evangelicorum, protestantische Religionsbeschwerden behandelte. Andreas Kalipke beschreibt es als formale Organisation, insofern nämlich, als es eindeutige Mitgliedschaft und schriftlich fixierte Verfahrensregeln besaß und seine Sitzungen klar aus dem übrigen Reichstagsgeschehen herausgehoben waren. Zu unterscheiden ist allerdings zwischen dem Verfahren des Corpus evangelicorum als Ganzem gegenüber den katholischen Ständen einerseits und dem Verfahren innerhalb des Corpus andererseits. Zwar akzeptierten die katholischen Reichsstände das Corpus nicht und ließen sich auf keine Kommunikation mit ihm ein (das zeigt ex negativo das Gewicht von Verstrickung durch Teilnahme, die man eben vermeiden wollte). Doch *innerhalb* des Corpus evangelicorum, dessen Mitglieder ja keineswegs immer gleichgerichtete Interessen hatten, erzeugte das Verfahren durchaus Verbindlichkeit seiner Entscheidungen – nicht nur gegenüber erfolglosen Supplikanten, sondern auch gegen dissentierende Mitglieder, also evangelische Reichsstände selbst, wie Kalipke exemplarisch nachweist. Die Notwendigkeit, sich in der Kommunikation auf die formale juristische Argumentation zu beschränken und politisches Machtgefälle zumindest als formales Argument nicht zuzulassen, verschaffte den Untertanen und mindermächtigen Ständen gewisse Vorteile.

Im Kern des Beitrags steht das eigentliche Beschlussverfahren. Nach außen galt im Corpus evangelicorum das Mehrheitsprinzip, denn darin bestand sein Unterpfand als autonomes Verfahren gegenüber den Katholiken. Das Mehrheitsprinzip verhinderte, dass ein einziges Mitglied ausscherte und damit das ganze Verfahren obsolet machte. Nach innen indessen regierte de facto das Umfrageverfahren, das in der Regel dafür sorgte, dass die Mehrheit die Minderheit nicht vergewaltigte, sondern man sich allmählich an eine gemeinsame Position annäherte. Kalipke entwirft in diesem Zusammenhang eine Typologie des Umfrageverfahrens, die einen grundsätzlichen Beitrag zum Verständnis vormoderner Verfahren liefert und weit über die engere Reichsverfassungsgeschichte hinausreicht. Er unterscheidet echten Konsens, ausgehandelten Konsens (Kompromiss), Konsensfiktion (verdeckten Mehrheitsentscheid) und Ausstieg (manifesten Dissens). Konsens nach außen war notwendig, um die Einheit des Corpus zum Ausdruck zu bringen, das in der Öffentlichkeit als *das* Symbol der reichsrechtlichen Gleichstellung der Protestanten schlechthin galt. Hinter dieser äußeren Konsensfassade indessen verbargen sich höchst asymmetrische Verhältnisse. Das interne Umfrageverfahren trug diesen Verhältnissen Rechnung. Es bildete die ständisch und rangmäßig gestufte Gesellschaft des Reiches ab und diente so der symbolischen Statusbehauptung der einzelnen Mitglieder[33].

Am Schluss des Bandes steht ein Seitenblick auf die jüngste Gegenwart, der uns davor bewahren kann anzunehmen, in der Moderne hätte sich Verfahrensautonomie unwiderruflich durchgesetzt. Vielmehr lehrt das Beispiel parlamentarischer Untersuchungsausschüsse, dass die Ausdifferenzierung

33 Vgl. zum Umfrageverfahren im Reichstag *Stollberg-Rilinger*, Zeremoniell als politisches Verfahren; *Sikora*, Formen des Politischen; zum Mittelalter *Schwedler*, Formen und Inhalte.

von Verfahrensrollen stets prekär ist – so jedenfalls im Falle prominenter Politiker, die vor solchen Ausschüssen in der Rolle von Zeugen aussagen. Thomas Scheffer und seine Arbeitsgruppe zeigen anhand dreier Beispiele aus jüngster Zeit, dass die Leiter parlamentarischer Anhörungen vielfach darauf verzichten, die internen Verfahrensrollen prominenter Zeugen gegenüber deren externen Rollen durchzusetzen. Sie nehmen das in Kauf, um den Verfahren insgesamt größere öffentliche Resonanz zu verschaffen. Auffällig ist, wie die Beteiligten mit den verschiedenen Rollen (als Zeuge, Minister, Parteipolitiker, Privatmann usw.) strategisch spielen, die Unterschiede entweder betonen oder umgekehrt ausdrücklich bestreiten. In den hier geschilderten Fällen wird die Existenz einer klaren Rollendifferenzierung von den Akteuren indes immer schon vorausgesetzt – darin liegt der signifikante Unterschied gegenüber vormodernen Verhältnissen.

* * *

Versucht man, bei aller Heterogenität der empirischen Fallstudien ein paar allgemeine Ergebnisse dingfest zu machen, so lässt sich Folgendes festhalten.

Erstens: Verfahren im engeren Sinne sind das Ergebnis von Differenzierungsvorgängen. Durch symbolisch-zeremonielle Markierung, durch spezifische Verfahrensrollen, durch förmlich festgelegte Regeln, die eine Wenn-dann-Programmierung erzeugen, bauen Verfahren Grenzen gegenüber ihrer sozialen Umwelt auf und entwickeln eine eigene Macht gegenüber den Beteiligten. Sie schränken deren Handlungsoptionen schrittweise ein und verstricken sie in eine Verfahrensgeschichte. Auf diese Weise erleichtern sie es den Beteiligten, auch missliebige Entscheidungen zu akzeptieren. Verfahren in diesem Sinne sind alles andere als selbstverständlich; sie sind vielmehr erklärungsbedürftig.

Zweitens: Die in der frühen Neuzeit empirisch vorfindbaren Verfahren besaßen meist nur einen geringen Grad an Verfahrensautonomie. Die Beteiligten – jedenfalls wenn es sich um ständisch qualifizierte, politisch mächtige Akteure handelte – behielten meist eine große Flexibilität, sich den Verfahren auch wieder zu entziehen. Selbst vor Gericht gingen daher Verfahren und Verhandeln fließend ineinander über. Kam es nicht zur Aushandlung eines Kompromisses, so blieb der betreffende Konflikt meist unausgetragen.

Drittens: Mit Entscheidungen durch neutrale Instanzen wurde nicht sicher gerechnet. Die darin zum Ausdruck kommende Kontingenz war und blieb stets eine Zumutung. Wo aber tatsächlich Entscheidungen durch Dritte gefällt wurden – vor allem bei Gericht –, da fanden sie in auffällig ritualisierter Form statt und suchten sich so mit unfraglicher Autorität auszustatten.

Viertens: Einzelne Verfahren dürfen daher nicht isoliert betrachtet werden. Es ist in Rechnung zu stellen, dass sie in größere Handlungszusammenhänge, in Tausch-, Verflechtungs- und Loyalitätsbeziehungen eingebettet waren, aus denen sich die Handlungsrationalität der Beteiligten erklärt. Leistungen in einem formalen Verfahren erfolgten beispielsweise in der Erwartung zeitversetzter Gegenleistungen (Schläppi); hinter Konsensfassaden verbargen sich asymmetrische Machtbeziehungen usw.

Fünftens: Akte der Rollenübernahme markierten den Anfang der Ausdifferenzierung von Verfahren, vor allem vor Gericht, wo sie hoch ritualisiert waren. Aber die internen Verfahrensrollen emanzipierten sich selten völlig von den externen sozialen Rollen. Die Verfahren bildeten vielmehr tendenziell die gesamtgesellschaftlichen ständisch-hierarchischen Strukturen symbolisch ab und legitimierten diese zugleich. Wo formale, sozial generalisierte Verfahrensordnungen das gänzlich ignorierten, da wirkte es sich gegen sie aus.

Sechstens: Andererseits übten formale Verfahren da, wo sie einmal etabliert waren, eine gewisse Macht über die Akteure aus – gleichsam unintendiert und hinter deren Rücken. Eine vollständige, offene Desavouierung der Verfahren konnte man sich nicht leisten, ohne die Herrschaftsordnung insgesamt zu gefährden. Wo es der Zentralgewalt gelang, sich als zuverlässige neutrale Instanz oberhalb von lokalen Konflikten durchzusetzen, da stärkte das die Akzeptanz formaler autonomer Verfahren. Durch Beschränkung auf die Verflechtungsanalyse, wie sie Wolfgang Reinhard als Alternative zur Verfahrensanalyse vorschlägt[34], käme diese verfahrensspezifische Eigendynamik nicht in den Blick.

Siebtens: Formale Verfahren waren zwar meist weit davon entfernt, die instrumentellen Funktionen, für die sie gemacht waren, in der Praxis tatsächlich zu erfüllen. Sie etablierten aber immerhin einen Maßstab „rationaler“ und „gerechter“ Verfahren. Mit anderen Worten: Die symbolisch-expressive Wirkung schuf teilweise erst die Voraussetzungen dafür, dass sich die instrumentelle Funktion einstellen konnte.

Achtens: Bei der Herausbildung von Verfahrensmacht spielte die Festlegung durch Schriftlichkeit eine wesentliche Rolle. Das gilt zum einen für die Verschriftlichung der Verfahrensregeln – sei es durch formal gesatzte Statuten, sei es durch deskriptive Schriften, die im Gebrauch präskriptive Wirkung entfalteten, d. h. durch die normative Kraft des Faktischen (Würgler). Es gilt zum anderen auch für die schriftliche Fixierung einzelner Schritte innerhalb eines Verfahrens, wodurch man sich auf Verfahrensetappen festlegte, hinter die man nicht mehr leicht zurückkehren konnte.

Neuntens: Eine rein formale, prozedurale, selbstreferentielle Legitimation von Entscheidungen aus dem Verfahren selbst heraus, unabhängig sowohl von den Interessen der Beteiligten als auch von dem Glauben an

34 *Wolfgang Reinhard*, in diesem Band, S. 561.

sachliche „Wahrheit" oder „Gerechtigkeit", ließ sich in der Frühen Neuzeit allerdings noch kaum vorstellen. Doch das ist kaum ein Wunder – auch heute noch scheint sich für viele mit der Theorie der Legitimation durch Verfahren ein „Abgrund an Beliebigkeit" aufzutun.

Abschließend noch einmal zurück zu der Frage: Was kann man als Historiker überhaupt von der Heranziehung einer soziologischen Theorie vernünftigerweise erwarten und was nicht? Dieser Band sollte zeigen, dass es nicht darum geht, eine Theorie auf empirische Sachverhalte „anzuwenden", um die Theorie zu bestätigen oder zu widerlegen. Es geht vielmehr darum, an den Fragen und Begriffen, die die Theorie anbietet, die Wahrnehmung der empirischen Sachverhalte zu schärfen und so diffuse historische Phänomene strukturell genauer beschreibbar zu machen[35]. Wir hoffen, dass die Fülle der empirischen Ergebnisse die Skeptiker zu überzeugen vermag, dass es durchaus hilfreich ist, sich von einer soziologischen Theorie zu klaren begrifflichen Unterscheidungen anregen zu lassen, ohne dass man dadurch automatisch der Gefahr einer teleologischen Fixierung auf die Moderne erliegt.

Literatur

Althoff, Gerd: Die Macht der Rituale. Symbolik und Herrschaft im Mittelalter, Darmstadt 2003.

Althoff, Gerd (Hrsg.): Mediation. Friedensstiftung und Vermittlung von der Spätantike bis zur Gegenwart, Darmstadt 2010 (im Druck).

Asch, Ronald / *Freist*, Dagmar: Staatsbildung als kultureller Prozess. Strukturwandel und Legitimation von Herrschaft in der Frühen Neuzeit, Köln 2005.

Becker, Frank (Hrsg.): Geschichte und Systemtheorie. Exemplarische Fallstudien, Frankfurt am Main 2004.

Becker, Frank / *Reinhardt-Becker*, Elke: Systemtheorie. Eine Einführung für die Geschichts- und Kulturwissenschaften, Frankfurt am Main 2001.

Blockmans, Wim / *Holenstein*, André / *Mathieu*, Jon (Hrsg.): Empowering Interactions. Political Cultures and the Emergence of the State in Europe 1300–1900, Aldershot 2009.

Brakensiek, Stefan / *Wunder*, Heide (Hrsg.): Ergebene Diener ihrer Herren? Herrschaftsvermittlung im alten Europa, Köln 2005.

Dartmann, Christoph / *Wassilowsky*, Günther / *Weller*, Thomas (Hrsg.): Technik und Symbolik vormoderner Wahlenverfahren (Beiheft zur Historischen Zeitschrift, 52), München 2010.

Ebel, Wilhelm: Geschichte der Gesetzgebung in Deutschland, 2., erw. Aufl. Göttingen 1958.

35 So immer noch grundsätzlich *Weber*, Die „Objektivität" sozialwissenschaftlicher Erkenntnis.

Emich, Birgit: Territoriale Integration in der Frühen Neuzeit. Ferrara und der Kirchenstaat, Köln 2005.

Fimpel, Martin: Reichsjustiz und Territorialstaat. Württemberg als Kommissar von Kaiser und Reich im Schwäbischen Kreis (1648 – 1806), (Frühneuzeit-Forschungen, 6), Tübingen 2000.

Goppold, Uwe: Politische Kommunikation in den Städten der Vormoderne. Zürich und Münster im Vergleich, Köln 2007.

Haas, Stefan / *Hengerer* Mark (Hrsg.): Im Schatten der Macht. Kommunikationskulturen in Politik und Verwaltung 1600 – 1950, Frankfurt am Main / New York 2008.

Kamp, Hermann: Friedensstifter und Vermittler im Mittelalter (Symbolische Kommunikation in der Vormoderne), Darmstadt 2001.

Kieserling, André: Kommunikation unter Anwesenden. Studien über Interaktionssysteme, Frankfurt am Main 1999.

Lüdtke, Alf (Hrsg.): Herrschaft als soziale Praxis. Historische und sozialanthropologische Studien, Göttingen 1991.

Luhmann, Niklas: Legitimation durch Verfahren, 3. Aufl., Frankfurt am Main 1993 [1969].

Luhmann, Niklas: Die Gesellschaft der Gesellschaft, Frankfurt am Main 1997.

Luhmann, Niklas: Gesellschaftsstruktur und Semantik. Studien zur Wissenssoziologie der modernen Gesellschaft, 4 Bde., Frankfurt am Main 1980 – 1999.

Melville, Gert (Hrsg.): Institutionalität und Symbolisierung. Verstetigungen kultureller Ordnungsmuster in Vergangenheit und Gegenwart, Köln 2001.

Neu, Tim / *Sikora,* Michael / *Weller,* Thomas (Hrsg.): Zelebrieren und Verhandeln. Zur Praxis ständischer Institutionen im frühneuzeitlichen Europa (Symbolische Kommunikation und gesellschaftliche Wertesysteme, 27), Münster 2009.

Ortlieb, Eva: Im Namen des Kaisers. Die kaiserlichen Kommissionen des Reichshofrats und die Regelung von Konflikten im Alten Reich (1637 – 1657), Köln 2001.

Peltzer, Jörg / *Schwedler,* Gerald / *Többelmann,* Paul (Hrsg.): Politische Versammlungen und ihre Rituale. Repräsentationsformen und Entscheidungsprozesse des Reichs und der Kirche im späten Mittelalter, Ostfildern 2009.

Schlögl, Rudolf (Hrsg.): Interaktion und Herrschaft. Die Politik der frühneuzeitlichen Stadt (Historische Kulturwissenschaft, 5), Konstanz 2004.

Schlögl, Rudolf: Kommunikation und Vergesellschaftung unter Anwesenden. Formen des Sozialen und ihre Transformation in der Frühen Neuzeit, in: Geschichte und Gesellschaft 24 (2008), 155 – 224.

Schlögl, Rudolf (Hrsg.): Urban Elections and Decision-Making in Early Modern Europe, 1500 – 1800, Cambridge 2009.

Schlumbohm, Jürgen: Gesetze, die nicht durchgesetzt werden – ein Strukturmerkmal des frühneuzeitlichen Staates?, in: Geschichte und Gesellschaft 23 (1997), 647 – 663.

Schwedler, Gerald: Formen und Inhalte: Entscheidungsfindung und Konsensprinzip auf Hoftagen im späten Mittelalter, in: Politische Versammlungen und ihre Rituale.

Repräsentationsformen und Entscheidungsprozesse des Reichs und der Kirche im späten Mittelalter, hrsg. v. Jörg Peltzer u. a., Ostfildern 2009, 93 – 112.

Sikora, Michael: Der Sinn des Verfahrens. Soziologische Deutungsangebote, in: Vormoderne politische Verfahren, hrsg. v. Barbara Stollberg-Rilinger (Zeitschrift für Historische Forschung, Beih. 25), Berlin 2001, 25 – 51.

Sikora, Michael: Formen des Politischen. Der frühmoderne deutsche Reichstag in systemtheoretischer Perspektive, in: Geschichte und Systemtheorie. Exemplarische Fallstudien, hrsg. v. Frank Becker, Frankfurt am Main 2004, 157 – 184.

Stollberg-Rilinger, Barbara: Zeremoniell als politisches Verfahren. Rangordnung und Rangstreit als Strukturmerkmale des frühneuzeitlichen Reichstags, in: Neue Studien zur frühneuzeitlichen Reichsgeschichte, hrsg. v. Johannes Kunisch (Zeitschrift für Historische Forschung, Beih. 19), Berlin 1997, 91 – 132.

Stollberg-Rilinger, Barbara (Hrsg.): Vormoderne politische Verfahren (Zeitschrift für Historische Forschung, Beih. 25), Berlin 2001.

Stollberg-Rilinger, Barbara (Hrsg.): Was heißt Kulturgeschichte des Politischen? (Zeitschrift für Historische Forschung, Beih. 35), Berlin 2005.

Ullmann, Sabine: Geschichte auf der langen Bank. Die Kommissionen des Reichshofrats unter Kaiser Maximilian II. (1564 – 1576) (Veröffentlichungen des Instituts für Europäische Geschichte Mainz, 214), Mainz 2006.

Vorländer, Hans (Hrsg.): Integration durch Verfassung, Wiesbaden 2002.

Walz, Rainer: Der Begriff der Kultur in der Systemtheorie, in: Was heißt Kulturgeschichte des Politischen?, hrsg. v. Barbara Stollberg-Rilinger (Zeitschrift für Historische Forschung, Beih. 35), Berlin 2005, 97 – 114.

Weber, Max: Die „Objektivität" sozialwissenschaftlicher und sozialpolitischer Erkenntnis, in: *ders.,* Gesammelte Aufsätze zur Wissenschaftslehre, hrsg. von Johannes Winckelmann, 6. Aufl., Tübingen 1985, 146 – 214.

I. Theorien des Verfahrens

Das Problem des Entscheidens in systematischer und historischer Perspektive

Von *André Krischer*, Münster

Wenn im Folgenden von Entscheidungen die Rede ist, dann sind damit nicht die sich jedem alltäglich aufnötigenden Alternativen gemeint: Hemd oder Pullover? Mittag- oder Abendessen? Fernsehen oder Schlafengehen? Allerdings sind solche jedem vertraute Wahlzwänge der eigenen Lebenswelt eine Möglichkeit, sich die Problematik von Entscheidungshandeln bewusst zu machen. Handeln ist nämlich immer auch ein Sich-entscheiden-Müssen, und dies bleibt auch trotz ausdifferenzierter und entlastender Institutionen der Moderne eine Grundbedingung menschlicher Existenz – ebenso wie der Umstand, dass es gewöhnlich nicht nur zwei, sondern zahlreiche, also kontingente Handlungsalternativen gibt[1]. Kontingenz im Sinne eines So-aber-immer-auch-anders-möglich-Sein gehört zu den Prämissen der menschlichen Lebenswelt. Dabei beziehen sich Entscheidungen nicht allein auf gegenwärtige Alternativen. Da Menschen ein Zeitbewusstsein besitzen, müssen sie auch über Vergangenes und Zukünftiges entscheiden. Es gibt bei Entscheidungen aber keine Optionen, die sich „von Natur aus" aufdrängen oder die einfach gegeben sind. Stets muss eine Alternative gesucht werden, und zwar im Bewusstsein dafür, dass andere, womöglich ebenso gute oder vielleicht sogar bessere Möglichkeiten damit aussortiert worden sind. Entscheidungshandeln stellt für Menschen somit eine unerhörte *Belastung* dar, die Strategien der *Entlastung* notwendig macht.

Wenn Entscheidungen schon für den Einzelnen eine Zumutung darstellen, dann werden die Zumutungen noch ungleich größer, wenn es um Entscheidungen geht, die den Anspruch erheben, normative Prämissen für Dritte zu konstituieren. Dass dies in der Moderne und im Kontext ausdifferenzierter Staatlichkeit die Produktion legitimer – und das heißt: kollektiv verbindlicher – Entscheidungen alltägliche Praxis ist, sollte nicht darüber hinwegtäuschen, dass die Frage nach solchen Chancen nicht nur in analytischer, sondern auch in historischer Dimension überaus relevant ist. Schon die älteren sozialwissenschaftlichen Theorien des Entscheidens haben nach Auskunft ihrer Kritiker die Komplexität und die Paradoxien der mensch-

---

1 Im Sinne von *Gehlen*, Der Mensch.

lichen Lebenswelten jedenfalls unterschätzt[2]. Auf der Grundlage eines simplifizierenden Modells des Sozialen war es möglich, den Typus rationaler Wahl zu entwerfen, der davon ausgeht, dass Präferenzen stets aufgrund vollständiger Informationsbewertung gebildet werden. Neuere Entscheidungstheorien besagen hingegen genau das Gegenteil: Entschieden wird nicht, *wenn* alle notwendigen Informationen vorliegen. Entschieden wird vielmehr, *weil* sie gerade *nicht* vorliegen. Entscheidungen beruhen nämlich immer auf einem Informationsdefizit. Wäre dies nicht der Fall, dann hätten Gerichte und Politiker bei ihrer Tätigkeit nämlich nichts zu *entscheiden,* sondern nur etwas logisch *abzuleiten,* im Wortsinn zu *errechnen.* Der Organisationstheoretiker Günther Ortmann formuliert das Paradoxon so: „Entscheidungen sind genau dann nötig, wenn sie unmöglich sind – unmöglich im Sinne guter schlüssiger Begründungen. Es ist gerade der Mangel an Begründung, der uns eine Entscheidung abverlangt."[3] Ähnlich bemerkte Niklas Luhmann: „Entscheidungen gibt es nur, wenn etwas prinzipiell Unentscheidbares (nicht nur: Unentschiedenes!) vorliegt. Denn andernfalls wäre die Entscheidung schon entschieden und müsste nur noch ‚erkannt' werden."[4] Soziale Widerstände gegen politische Entscheidungen wären dann letztlich die Folge mangelnder Einsichtsfähigkeit. Wenn Entscheiden aber tatsächlich von Paradoxien und Kontingenz belastet ist, wie kann es dann derart entschärft und entlastet werden, dass es nicht laufend Proteste provoziert? Ich werde in diesem Beitrag zwei der wichtigsten theoretischen Ansätze vorstellen, die darauf eine Antwort zu geben versuchen. Ich befasse mich zuerst mit Niklas Luhmanns Theorie der Legitimation durch Verfahren, die besonders zur Analyse von Gerichtsverfahren und politischer Verfahren geeignet ist (I). Mit Blick auf diese Theorie überlege ich zweitens, inwiefern sie in der historischen Forschung hilfreich sein kann (II). Zum dritten gehe ich auf die Entscheidungstheorien des sogenannten Neoinstitutionalismus ein, die sich vor allem dann anbieten, wenn es um Entscheidungsprozesse in Verwaltungsinstitutionen geht (III). Auch in diesem Fall wird es um die Anwendbarkeit der Theorien für den Historiker gehen.

I. Legitimation durch Verfahren bei Niklas Luhmann

Niklas Luhmanns systemtheoretische Analyse zeigt, dass ein Verfahren im modernen Staat zwei wesentliche Funktionen erfüllt: Es garantiert zum einen, dass in jedem Fall eine Entscheidung getroffen wird. Zum anderen besitzt es die Macht, den Entscheidungen kollektive Anerkennung – und

2 Vgl. *Luhmann,* Zweckbegriff und Systemrationalität, 55–86.

3 *Ortmann,* Als Ob, 37.

4 *Luhmann,* Recht der Gesellschaft, 308.

das heißt hier: Legitimation – zu verleihen. Wenn jeweils beide Funktionen, Entscheidungsgarantie und Legitimation, durch Gerichts-, Parlaments- und Verwaltungsverfahren erfüllt werden sollen – und darauf beruht moderne Staatsgewalt im Alltag[5] –, dann ist es aber fraglich, ob gleichzeitig auch Wahrheit und Gerechtigkeit (was immer das jeweils bedeuten mag) verfahrensförmig miterzeugt werden können[6]. Auch wenn Gerichte faktisch um gerechte Lösungen ringen, so kann ein Verfahren, „das die Entscheidbarkeit aller aufgeworfenen Probleme garantieren muss, nicht zugleich die Richtigkeit der Entscheidungen garantieren. Funktionale Spezifikation in der einen Richtung schließt die in der anderen aus“[7]. Diese Theorie eines Verfahrens, das auf Entscheidungs- und Geltungsgarantie bei gleichzeitiger Absage an Wahrheits- und Gerechtigkeitsgarantie beruht, soll im Folgenden knapp skizziert werden[8]. Im Anschluss daran kann deutlich gemacht werden, mit welchen Rücksichten die Theorie zur Analyse vormoderner Gesellschaften fruchtbar gemacht werden kann. Denn was Luhmann vor Augen hatte, waren *moderne* Verfahren, und zwar vor allem solche von Gerichten. Gerichtsverfahren dienen ihm als Modellfall für Verfahren und ihre Funktionsweise schlechthin, „weil sie elementares Handeln von Angesicht zu Angesicht regeln“[9].

Verfahren als soziale Systeme

Luhmanns Verfahrenstheorie ist in ihrem Hauptteil eine Mikrosoziologie des gerichtlichen Verfahrens. Es geht ihm dabei ausdrücklich nicht darum, das Verfahren anhand entsprechender Normen (Geschäfts- und Prozessordnungen) und proklamierter Ziele (Schaffung von Rechtsschutz und -frieden, Herstellung und Durchsetzung von Gerechtigkeit) zu verstehen. Luhmanns Ausgangspunkt ist vielmehr die Überlegung, dass jedes Verfahren ein nicht auf Normen zurückführbares *Eigenleben* führt und faktisch Elemente aufweist, die von keiner Prozessordnung erwähnt werden. Ein Verfahren im systemtheoretischen Sinne ist eine „Matrix möglicher Ereignisse“[10]. Um als Ganze verstanden zu werden, müssen Verfahren im Ablauf beobachtet und analysiert werden. Juristische Normen strukturieren zwar das Verfahren, trotzdem ist es nicht deckungsgleich mit seinen Normen. Ein Verfahren wird stets auch durch informelle soziale Normen, allgemeine Verhaltens-

5 *Weber,* Herrschaft im Alltag, in: *ders.,* Gesammelte Aufsätze zur Wissenschaftslehre.

6 *Luhmann,* Legitimation durch Verfahren, 18.

7 Ebd., 21; zu den Kontroversen um Luhmanns Verfahrenstheorie vgl. *Machura,* Niklas Luhmanns „Legitimation durch Verfahren“.

8 Vgl. dazu auch schon *Sikora,* Sinn des Verfahrens, 31–35; *ders.,* Formen des Politischen.

9 *Luhmann,* Legitimation durch Verfahren, 139.

10 Ebd., 45.

erwartungen und sich wandelnde soziale Spielregeln strukturiert. Vor allem der für die Macht des Verfahrens konstitutive Bindungs- und Verstrickungseffekt lässt sich nicht aus der Prozessordnung ableiten, „sondern entsteht erst im Verfahren und durch das Verfahren“[11]. Damit entzieht sich eine zentrale Funktion des Verfahrens der normativen Planung und wird zu einer latenten Folge der Verfahrens*praxis*.

Die mikrosoziologische Perspektive versteht das Verfahren als ein soziales System, und das heißt: als einen strukturierten Sinnverbund faktischen Handelns, der sich von anderen Systemen wie z. B. einer geselligen Unterhaltung oder einem Fest unterscheidet. Solche Systemunterschiede sind bei Verfahren besonders markant: „Reinemachfrauen, die zu früh in den Gerichtssaal einziehen, oder Gasthausbesucher, die statt gedeckter Tische Wahlplakate, Kabinen, Listen und offiziöse Minen vorfinden, merken sofort, dass sie sich in ein anderes System verirrt haben.“[12] Das Zitat zeigt, dass Verfahren als soziale Systeme auf bestimmten räumlichen Ordnungen ebenso beruhen wie auf spezifischen Handlungsformen, expressiven Darstellungen, Rollenmustern und Symbolen, die ihnen eine bestimmte Identität verleihen. In dieser Hinsicht weisen Verfahren, und zumal Gerichtsverfahren, eine Verwandtschaft mit Ritualen auf, aus denen sie auch im Laufe des Mittelalters hervorgegangen sind[13]. Gerade deswegen ist es wichtig, die Unterschiede zwischen Ritual und Verfahren zu betonen[14]. Ein Ritual besteht nämlich aus einer Kette wiederholbarer symbolischer Handlungen. Rituale sind einem „Richtigkeitstypus“ (Max Weber) unterworfen, sie müssen in bestimmten und statischen Formen, von bestimmten Personen, zu bestimmten Zeiten etc. aufgeführt werden, um zu gelingen, um gültig zu sein und um etwas zu bewirken.

Während der Durchführung eines Rituals also ein verbindlicher Maßstab für die Richtigkeit zugrunde liegt, wird bei einem Verfahren erst noch Schritt für Schritt ein Handlungszusammenhang aufgebaut. Im Unterschied zum Ritual ist der Ausgang eines Verfahrens ungewiss und offen. Ob jemand verurteilt oder ob ein Gesetz verabschiedet wird, steht zu Beginn eines Verfahrens noch nicht fest. Im Verfahren handeln die Akteure deswegen „in einem Horizont [...] mehr oder weniger scharf konturierter anderer Möglichkeiten“[15]. Die jeweils vollzogenen Handlungen werden allerdings gespeichert – entweder in Protokollen oder auch nur im Gedächtnis der Beteiligten – und konstituieren so eine *Verfahrensgeschichte*, der wiederum eine spezifische Funktion zukommt: „Jeder Beitrag geht in die Geschichte

11 Ebd., 95.

12 Ebd., 43.

13 Ebd., 40; vgl. dazu auch *Arlinghaus*, Gnade und Verfahren, 137–162.

14 *Sikora*, Sinn des Verfahrens, 41 f.; vgl. auch *Schlögl*, Kommunikation und Vergesellschaftung, 191 ff.; *Goppold*, Politische Kommunikation, 30–39.

15 Beides *Luhmann*, Legitimation durch Verfahren, 47.

des Verfahrens ein und kann dann in engen Grenzen vielleicht noch umgedeutet, aber nicht mehr zurückgenommen werden."[16] Wegen des zwangsläufigen Aufbaus ihrer Eigengeschichte sind Verfahren Kontexte überaus heiklen Handelns, die Geschick und Erfahrung voraussetzen. Strafverteidiger drängen ihre Mandanten nicht ohne Grund dazu, sich möglichst passiv zu verhalten.

Darstellungsleistungen von Verfahren

Verfahren sind also als Ganze keine Rituale. Sie sind aber voller ritueller und symbolischer Elemente, die keineswegs nur Dekor und Zierrat darstellen, sondern wichtige Funktionen für die Produktion legitimer Entscheidungen erfüllen. Deswegen werden diese expressiven Variablen auch so ausführlich in Luhmanns Verfahrenstheorie besprochen. Ein Verfahren dient nicht allein der Herstellung von Entscheidungen, sondern ebenso auch der „Darstellung der Herstellung des Entscheidens"[17]. Diese Darstellung richtet sich auch an das Publikum im Gerichtssaal und an eine (massen-)medial erreichte Öffentlichkeit, also an Unbeteiligte. Sofern die Öffentlichkeit von Verfahren einmal institutionalisiert ist, kommt es aber gar nicht so sehr auf tatsächliche Präsenz an, sondern vor allem darauf, dass die Möglichkeit zum Zuschauen besteht. Die Bänke für Publikum in Gerichtssälen und Zuschauertribünen in modernen Parlamenten sind daher vor allem Symbole für die prinzipielle Öffentlichkeit von Verfahren. Ob damit, wie altliberale Verfahrenstheorien postulierten, die Wahrheitsfindung gefördert wird, ist die Frage[18]. Öffentlichkeit, so Luhmann, zwinge vielmehr dazu, komplexe oder langwierige Entscheidungssequenzen vor dem Publikum zu verbergen[19]. Öffentlich werden allenfalls Bruchstücke der Entscheidungsfindung vorgeführt, und zwar nach einer von Gericht oder Parlament genau fixierten und akribisch kontrollierten Choreographie. Da Öffentlichkeit aber nach Luhmann für den Legitimationsprozess keine kritische Instanz darstellt, sondern vielmehr in die Machttechnik des Verfahrens eingespannt wird, ist die selektive Zurschaustellung des Entscheidens allemal ausreichend[20]. Selbst wenn Sensationslust eines der wesentlichen Motive der Öffentlichkeit sein sollte, für bestimmte Gerichtsverfahren Interesse aufzubringen, kann dies für den Legitimationsprozess fruchtbar gemacht werden, weil damit „eine symbolisch-identifizierende Teilnahme am Hoheitshandeln" in Gang gesetzt wird[21]. Die massenmediale Berichterstattung

16 Ebd., 44.

17 Ebd., 124.

18 Ebd., 12; gemeint ist vor allem *Feuerbach,* Über Öffentlichkeit und Mündlichkeit.

19 *Luhmann,* Legitimation durch Verfahren, 124.

20 Ebd.

21 Ebd., 126.

über Verfahren befreit diese zudem von der Notwendigkeit, stets vor konkret anwesendem Publikum zu tagen[22]. Öffentlichkeit wird damit für das Verfahren zu einer zuverlässigen Fiktion. Sie kann stets unbedenklich als Adressat von Entscheidungshandeln vorausgesetzt werden.

Publikum und Öffentlichkeit sind allerdings nur *ein* Fluchtpunkt der Darstellungsleistungen eines Verfahrens. Diese beziehen sich ebenso auch auf die Beteiligten selbst; sie erzeugen Sinn und ein identifizierendes Miterleben im aktuellen Handeln und in den verfahrenseigenen Rollen. Moderne Verfahren beruhen nämlich darauf, die Akteure losgelöst von ihren Alltagsrollen in einer spezifischen, verfahrenseigenen Rolle zu integrieren[23]. Verfahrensrollen sind deswegen ein wesentlicher Faktor, durch den das Verfahren als soziales System Autonomie im Sinne einer systemspezifischen Handlungslogik gewinnt[24]. Die Trennung – oder besser gesagt: Sinnfilterung – zwischen Alltags- und Verfahrensrollen bewirkt unter anderem, dass individuelle Kompetenzen, Status und anderes Sozialkapital nicht unmittelbar im Verfahren zu Geltung kommen können[25]. Rollenfilterung verhindert zwar keineswegs nicht-konformes Verhalten im Verfahren, sie macht aber Regelbrüche sichtbar. Wer versucht, mit seinem sozialen Status oder mit hochrangigen Bekanntschaften zu punkten, muss damit rechnen, dass ihm dies angekreidet wird.

Dabei überschätzt Luhmann den durch Rollentrennung gewonnenen Grad an Verfahrensautonomie keineswegs. Verfahren haben ihre Hinterbühnen, wo die Beteiligten informell und ohne offizielle Rollenpflichten die Entscheidungsfindung beschleunigen können. Sowohl im juristischen wie auch im politischen Betrieb gibt es neben den formellen Verfahrenssystemen informelle Kontaktsysteme, die den institutionell gebotenen Gang der Entscheidungsfindung unterlaufen. Allerdings zögert Luhmann, in diesen Sphären der Informalität nur Indizien für Korruption und Krisen zu sehen. Vielmehr sind Kontaktsysteme eine notwendige Ergänzung von Legitimation durch Verfahren und ein weiteres Beispiel für die Grenzen juristischer Planbarkeit. In bestimmten Fällen ist es nötig, zusätzliche „Motivquellen für die Stützung bindender Entscheidungen“ anzuzapfen[26]. Das Kunststück besteht dann aber darin, die informell gewonnenen Fortschritte in den formellen Verfahrensgang zu integrieren, sie mit der bisherigen Verfahrensgeschichte zu vermitteln, damit sie nicht wie eine irritierende Überraschung aus dem Nichts auftauchen. Es ist zu vermuten, dass die Vermittlung zwischen den informellen und formellen Dimensionen ver-

---

22 Ebd., 125.

23 Zum Rollenbegriff *Krappmann,* Soziologische Dimensionen der Identität, 99.

24 Vgl. ausführlich zum Autonomieproblem *Stollberg-Rilinger,* Vormoderne politische Verfahren, 15–19.

25 *Luhmann,* Legitimation durch Verfahren, 48.

26 Ebd., 79.

fahrensförmiger Entscheidungsfindung vor allem eine Frage entsprechender Darstellungsleistungen ist.

Konflikthandeln im Verfahren

Wenn Gerichtsprozesse zum Kreuzverhör übergehen oder parlamentarische Debatten anstehen, dann werden Verfahren für eine gewisse Dauer zu Konflikten unter Anwesenden. Während gewöhnliche Konflikte durch eine „hohe Unsicherheit über den Anschlusswert des eigenen Verhaltens" geprägt sind[27] und die Streitenden daher häufig entweder explosiv, gleichsam blindlings drauflosgehen oder sich nur sehr zögerlich, fast schon rituell vorantasten, sind für Verfahren genau diese typischen Streittechniken der Alltagswelt überaus dysfunktional. Das Verfahren sollte sich weder in Gebrüll und Handgemenge auflösen, noch darf es „zu einem Zeremoniell erstarren, das wie ein Turnier aufgeführt wird, während die wirklichen Konflikte auf andere Weise entschieden oder gar nicht entschieden werden"[28]. Verfahren müssen vielmehr den Konflikt sowohl begrenzen als auch in seiner spezifischen Virulenz erhalten. Im Verfahren müssen die Beteiligten miteinander streiten und zugleich kooperieren[29]. Dazu gehört auch, dass sich die Streitenden wechselseitig das Recht zum Konflikt einräumen müssen, während außerhalb von Verfahren den Gegnern auch gewöhnlich die Berechtigung zum Streiten selbst abgesprochen wird. Diese unterschiedlichen Erfordernisse lassen sich nur dann miteinander verbinden, wenn der Streit durch Rollen und Kommunikationsregeln strukturiert und damit gleichsam lizenziert wird.

Die Ungewissheit des Ausgangs ist für die Beteiligten üblicherweise ein hinreichender Grund, sich aktiv bzw. als vom Anwalt vertretene Partei am erlaubten Konflikt des Verfahrens zu beteiligen. Die Ungewissheit „muss daher während des Verfahrens mit aller Sorgfalt und mit Mitteln des Zeremoniells gepflegt und erhalten werden"[30]. Dies geschieht etwa durch die demonstrative Zuschaustellung von richterlicher Unabhängigkeit. Selbst in dem Fall, wo allen klar ist, dass es zur Verurteilung kommt, muss so getan werden, als ob die Entscheidung erst noch mühsam zu erarbeiten wäre. Damit wird auch – und zwar wiederum im Medium von Rollen und Rollentrennung – zum Ausdruck gebracht, dass nicht die Streitenden selbst entscheiden, sondern Dritte. Die Offenheit der Entscheidung ist nämlich, wie Luhmann eher beiläufig bemerkt, der „eigentlich legitimierende Faktor" im Verfahren – und nicht etwa die Findung von Wahrheit und Gerechtigkeit.

---

27 *Kieserling,* Kommunikation unter Anwesenden, 264.

28 *Luhmann,* Legitimation durch Verfahren, 102.

29 Vgl. dazu ausführlich den Beitrag von André Kieserling in diesem Band.

30 *Luhmann,* Legitimation durch Verfahren, 116.

Die Ungewissheit motiviert die Betroffenen, um ihr Recht zu kämpfen, und gerade ihre Mitwirkung zeitigt zentrale Machteffekte des Verfahrens. Es sei sogar vermutlich „die heimliche Theorie des Verfahrens: dass man durch Verstrickung in ein Rollenspiel die Persönlichkeit binden, umbilden und zur Hinnahme von Entscheidungen motivieren könne“[31]. Wer sich auf eine Rolle einlässt, verpflichtet sich jedenfalls selbst auf ein „Handeln, das persönlich bindet, das der Handelnde als ‚Teil von sich selbst' vertreten muss“[32]. Anders als die Soziologen und Historiker nehmen die Verfahrensbeteiligten einander nämlich selbst nicht als Rollenträger wahr, sondern als Individuen und Persönlichkeiten mit spezifischer Identität[33]. Diese Identität ist es, die durch das Verfahren eingefangen und zur Akzeptanz von Entscheidungen genötigt werden soll. Deswegen werden auch Selbstdarstellungen, die ein Beteiligter im Medium des Rollenhandels zum Ausdruck bringt, nicht auf die Rolle, sondern auf die Person und ihre Identität zurückgerechnet[34]. Es ist eine bestimmte Person, die sich immer mehr in Lügen verstrickt oder die ihre Unschuld nachweisen kann. Und es ist diese Person, die am Ende mit den Schlussfolgerungen leben muss, die aus der Verfahrensgeschichte in Form eines Urteils gezogen werden. Die Mitwirkung des Betroffenen hat für das Verfahren also einen besonderen Wert, er leistet dabei nämlich „unbezahlte zeremonielle Arbeit [...]. Nach deren Ableistung findet er sich wieder als jemand, der die Normen in ihrer Geltung und die Entscheidenden in ihrem Amte bestätigt und sich selbst die Möglichkeiten genommen hat, seine Interessen als konsensfähig zu generalisieren und größere soziale oder politische Allianzen für seine Ziele zu bilden. Er hat sich selbst isoliert.“[35]

Der erlaubte Konflikt erfüllt somit für das Verfahren einen doppelten Zweck: Er ermöglicht die Abarbeitung und damit die Entschärfung des umstrittenen Themas sowie zugleich die soziale Isolation desjenigen, der sich nicht durchsetzen konnte. Dies ist im Kern das, was Luhmann mit Legitimation durch Verfahren meint. Ein Verfahren bringt den Verurteilten nicht notwendig zur Einsicht oder den Kläger zum Nachgeben, es führt nicht „zu realem Konsens, zu gemeinschaftlicher Harmonie der Ansichten über Recht und Unrecht“[36]. Gegenüber den Betroffenen und der Öffentlichkeit fungiert das Verfahren auch nicht als Instanz zur Vermittlung wahrer und gerechter Einsichten, sondern als Machtfaktor, der den Verlierer wehrlos macht und dafür sorgt, dass die Entscheidung unabhängig von innerer Bereitschaft als

---

31 Ebd., 87.

32 Ebd., 85.

33 Ebd., 84.

34 Zum Verhältnis von Rolle, Person und Identität vgl. *Krappmann,* Soziologische Dimensionen der Identität.

35 *Luhmann,* Legitimation durch Verfahren, 117.

36 Ebd., 119.

verbindlich akzeptiert wird. Zielte das Verfahren auf die Verinnerlichung der Entscheidung durch den Betroffenen, also seine Bekehrung, dann würde das nicht nur die Frage aufwerfen, was bei Unbelehrbarkeit der Fall wäre. Es wäre auch für sein soziales Umfeld irritierend: Man kann für gewöhnlich nicht als „harter Junge“ in ein Verfahren gehen und vollkommen geläutert wieder hinauskommen[37]. Nicht-Identifikation, Trotz, Empörung oder Wut sind die wahrscheinlicheren Reaktionen auf ein Urteil. Der Betroffene wird durch das Verfahren nicht genötigt, in Widerspruch mit sich selbst, seiner Biographie, seinen Werten und Überzeugungen zu treten. Es geht im Verfahren nicht darum, die Identität des Betroffenen zu verändern, sondern vielmehr öffentlich darzustellen, dass dieser Mensch infolge eines Urteils keine Unterstützung mehr verdient. Öffentlichkeit fungiert dabei als jene (fiktive) Instanz, gegenüber der der Verurteilte als Problemquelle demonstrativ isoliert wird und die damit indifferent gemacht wird dagegen, ob der Betroffene der Entscheidung nun zustimmt oder nicht[38].

Verfahrenseigene Wahrheiten

Es dürfte nunmehr deutlich geworden sein, warum Luhmann ein Verfahren nicht als einen Prozess intersubjektiver Wahrheitsfindung versteht. Faktisch wird mit einer Entscheidung nicht so lange gewartet, bis sich in der Meinung aller Wahrheit und Gerechtigkeit herauskristallisiert haben. Eine Entscheidung wird vielmehr dann getroffen, wenn nach verfahrenseigenen Kriterien die Anhörung berechtigter Redebeiträge (Verhöre, Debatten, Expertenmeinungen usf.) als beendet gilt. Durch verfahrenseigene Kriterien wie Beweis- und Prozessrechtsordnungen oder parlamentarische Geschäftsordnungen wird Wahrheit nicht ‚gefunden‘, sondern in einer für das Verfahren spezifischen Weise konstruiert und durch bestimmte Regeln wie das Beweisrecht oder die Mehrheitsentscheidung sanktioniert. Wenn Verfahren den Anforderungen an den neuzeitlichen Wahrheitsbegriff mit seinem „nur hypothetischen Charakter“ und der „jederzeitige[n] Falsifizierbarkeit durch dezentralisierte (!) Forschung“[39] Rechnung tragen sollten, dann müssten sie völlig anders gebaut sein und etwa als Labor oder Symposium in Erscheinung treten. Nur der „zwanglose Zwang des besseren Arguments“ (Habermas) dürfte gelten. Im Kontext rechtlichen und politischen Entscheidens wäre eine solche, nicht nur auf wissenschaftlicher Forschung gründende, sondern selbst als Wissenschaft vorgehende Verfahrensweise[40] nicht bloß viel zu zeitaufwendig. Es würde sich vor allem die Frage stellen,

37 Ebd., 34 ff.

38 Ebd., 117 ff.

39 *Luhmann,* Rechtssoziologie, 224.

40 Was das konkret heißt skizziert *Luhmann,* Wissenschaft der Gesellschaft.

was zu tun ist, wenn trotzdem keine intersubjektiv zwingenden Gewissheiten zu erreichen sind. Faktisch sind moderne Verfahren gegen solche Probleme von Wahrheit gefeit. Sie entscheiden nicht auf der Grundlage der Unterscheidung von wahr / unwahr, sondern auf der von Recht / Unrecht bzw. Regierung / Opposition[41].

Von der Mikrosoziologie des Gerichtsprozesses zur Theorie politischer Verfahren

Während Luhmann für das Gerichtsverfahren eine detaillierte Mikrosoziologie entworfen hat, werden politische Verfahren (und Entscheidungsprozesse der Verwaltung) eher mit grundsätzlichen Überlegungen bedacht. Denn anders als vor Gericht interagieren in Politik und Verwaltung der Moderne Entscheider und Betroffene nicht unmittelbar miteinander, so dass etwa das Verstrickungsparadigma allein hier nicht weiterführt[42]. Luhmann geht daher davon aus, dass in der modernen Politik Verfahren nicht in erster Linie dazu dienen, die von den Gesetzen Betroffenen durch einen Lernprozess an die Beschlüsse zu binden, sondern Probleme zu lösen, die sich durch die Positivierung des Rechts in den konstitutionellen Monarchien und den demokratischen Verfassungsstaaten des 19. und 20. Jahrhunderts ergeben haben[43].

Positivierung des Rechts heißt, dass sämtliche Formen traditionaler Legitimation von Staat, Recht und Herrschaft – alle Berufungen auf Gewohnheit und Herkommen – (revolutionär) außer Kraft gesetzt wurden, so dass Recht nur noch dann gilt, wenn es ausdrücklich als solches in Verfassungen und Gesetzbüchern gesetzt wurde – und zwar aufgrund entsprechender Verfahren. Die politisch-rechtliche Ordnung moderner Rechtsstaaten beruht daher auf einem Geflecht einander wechselseitig legitimierender Verfahren: Wahlen, die parlamentarische Gesetzgebung möglich machen, die wiederum Prämissen für gerichtliches Entscheiden setzt, aufgrund deren dann über Probleme des Wahlverfahrens entschieden werden kann. Moderne Staaten besitzen keine Legitimationsquellen außerhalb des politisch-rechtlichen Systems und seiner Verfahren selbst[44]. Dass dieser „Abgrund an Beliebig-

---

41 Auch die Politologen Bernd Guggenberger und Claus Offe nennen es Dilemma der politischen Modernität, dass kollektiv verbindliche Entschlüsse nicht nach dem „Vorbild materiell ‚wahrer' Norm-Erkenntnis" ohne zeitliche Eingrenzung getroffen werden, sondern „vielmehr über formelle und befristete empirische Feststellung des mehrheitlich präferierten", vgl. *Guggenberger / Offe,* Politik aus der Basis, 9.

42 *Luhmann,* Legitimation durch Verfahren, 193 f., 230.

43 Vgl. dazu ebd., 141 ff.; *ders.,* Rechtssoziologie, 190–353. Damit ist auch ausgeschlossen, dass Diktaturen auf Legitimation durch Verfahren angewiesen sind. Wenn dort Verfahren abgehalten werden, dann nur zur Inszenierung bestimmter ‚Werte' in Form von Schauprozessen und Scheinwahlen.

44 Vgl. *Luhmann,* Selbstlegitimation des Staates.

keit“[45], der sich durch die Positivierung des Rechts auftut, in modernen Staaten durch Verfahren überbrückt wird, ist offensichtlich. Wie diese modernen politischen Verfahren allerdings im Detail genau funktionieren, Macht und Legitimation generieren und einander wechselseitig stützen, ist immer noch eine der großen offenen Fragen von Soziologie, Politik- und Geschichtswissenschaft[46]. Moderne Demokratietheorien bezweifeln jedenfalls, dass die Legitimation politischer Entscheidungen allein durch formale Verfahren und das Beharren auf der numerischen Mehrheit erreicht werden kann. Vor ihrer Verabschiedung müssen viele Gesetze mit den Betroffenen im Vorfeld schon ausgehandelt oder mit Blick auf Proteste entschärft werden. Informelles „Bargaining“ ist in vielen Fällen die Voraussetzung für die formale parlamentarische Gesetzgebung. Bei besonders umstrittenen Fragen oder bei Entscheidungen, die von autonomen, korporativ nicht oder nur locker eingebundenen Akteuren (Tarifparteien, souveräne Staaten) getroffen werden sollen, wird auf die rigide Verfahrenslogik mit ihrer Entscheidungsgarantie in aller Regel verzichtet. Als Form der Entscheidungsfindung wird in solchen Kontexten eine auf Konsens zielende *Verhandlung* gewählt, die allerdings nicht garantieren kann, dass tatsächlich eine Entscheidung getroffen wird[47].

Auch Luhmann zweifelt an einer Legitimation politischer Entscheidungen allein durch Verfahren[48]. Anstelle demokratietheoretischer Verständigungsmodelle verweist er jedoch auf Rationalitätsmythen und Nachrationalisierungen[49], die wiederum mit einem hohen Maß an gesellschaftlicher „Ignoranz und Apathie“ korrespondieren und so die kontinuierliche Durchsetzung von Entscheidungen ohne allzu große politisch-soziale Bri-

---

45 *Luhmann,* Legitimation durch Verfahren, 141.

46 So *Guggenberger / Offe,* Politik aus der Basis, 8. Zumindest gibt es keine umfassende Soziologie staatlicher Macht- und Legitimitätsgenerierung. Auch die Systemtheorie ‚beschränkt‘ sich auf eine Rekonstruktion des politischen Systems der Gesellschaft, was aber nicht gleichbedeutend ist mit einer Soziologie staatlich-politischer Verfahren in Analogie zur Soziologie des Gerichtsverfahrens. Die wichtigsten Erklärungsangebote zur Legitimation und Akzeptanz politischer Macht kommen derzeit aus dem Bereich der institutionentheoretischen Perspektive der Politikwissenschaft, vgl. etwa *Göhler,* Institution – Macht – Repräsentation; *Vorländer,* Verfassung und Konsens; *Brodocz,* Die symbolische Dimension der Verfassung; *Schaal,* Faktoren der gesellschaftlichen Akzeptanz; *Rehberg,* Institutionen als symbolische Verkörperungen; *ders.,* Weltrepräsentanz und Verkörperung.

47 Vgl. dazu im Detail *Vollmer,* Akzeptanzbeschaffung.

48 Seine Skepsis gründete sich auf die Beobachtung der neuen politischen, ökologischen und pazifistischen Protestbewegungen nach 1968, vgl. dazu die Beiträge in *Luhmann,* Protest. Luhmann war freilich nicht der einzige, der in diesem – man möchte sagen: postmodernen – Zusammenhang von Protest und Politik eine Abschwächung moderner (!) Legitimationsweisen durch Verfahren sah. Kurioserweise wurde dabei allerdings das Prinzip Legitimation (allein!) durch Verfahren ausgerechnet von jenen Juristen betont, die zuvor Luhmanns Ansatz scharf kritisiert hatten, etwa von *Zippellius,* Rechtfertigung des Mehrheitsprinzips; zur Kritik an Luhmann vgl. *Zippellius,* Legitimation durch Verfahren?

49 *Luhmann,* Politik der Gesellschaft, 153 f.

sanz ermöglichen[50]. Selbst Wahlen sollen den Bürgern in erster Linie das Gefühl der Beteiligung suggerieren, um sie aus den tatsächlichen Entscheidungen gerade heraushalten zu können. Das Verfahren der parlamentarischen Gesetzgebung und seiner medialen Darstellung erlaubt dem Bürger allenfalls einen „Mechanismus symbolischer Identifikation auf Distanz"[51]. Bei brisanten politischen Entscheidungen komme es wiederum auf den richtigen Zeitpunkt (etwa nach den Wahlen) sowie auf eine Intensivierung und Perfektionierung der öffentlichkeitswirksamen Außendarstellung der Politik mit symbolischen Mitteln an, während hinter den Kulissen ganz andere Entscheidungen getroffen werden[52]. Weil politische Entscheidungen in der Moderne zudem massenhaft, tagtäglich sowie mit völlig unterschiedlichen und hochspezialisierten Inhalten produziert werden, können die Betroffenen dabei weder den Überblick behalten noch für alles und jedes Überzeugungen und damit Protestpotential ausbilden. In aller Regel verhindern auch materielles Eigeninteresse und Opportunitätsgründe, womöglich sogar der Webersche Legitimitätsglaube, aber vor allem das (verfahrenstechnisch erwünschte) Gefühl der individuellen Hilflosigkeit, sich gegen missliebige Entscheidungen persönlich zu engagieren. Nur für wenige Fragen lassen sich ernst zu nehmende Proteste organisieren. In Bezug auf die Herstellung, Darstellung, Vermittlung und Durchsetzung politischer Entscheidungen in der Moderne sind Luhmanns Vermutungen also höchst desillusionierend: Die von Politologen und Historikern der Zeitgeschichte kritisch herausgearbeiteten Tendenzen zum *Politainment,* der Theatralisierung und Inszenierung der Politik[53], sind offenbar notwendige Ressourcen zur Legitimation politischer Beschlüsse in modernen Massen- und Mediendemokratien.

II. Die Verfahrenstheorie in der historischen Forschung

Wenn Historiker die Verfahrenstheorie für ihre Arbeit fruchtbar machen wollen, dann kann es nicht darum gehen, die Geschichte daraufhin zu überprüfen, wo solche von Luhmann skizzierten Verfahren vorkamen. Ebenso wenig ist es sinnvoll, bestimmte historische Verfahrensformen mit der Theorie in Kontrast zu setzen und daraufhin als mehr oder weniger gerecht, funktional, modern usf. zu bewerten. Wenn hier dafür geworben wird, den Begriff des Verfahrens in der historischen Forschung einzusetzen, dann im Sinne eines Idealtyps, also eines Analyseinstruments, dessen Bezug zur Empirie notwendig gebrochen sein muss.

---

50 *Ders.*, Legitimation durch Verfahren, 191 f.

51 Ebd., 194.

52 *Ders.*, Soziologie des Risikos, 156 ff.

53 Etwa *Edelman,* Symbolic Uses of Politics; *Dörner,* Politainment.

Die Leistung von Idealtypen besteht darin, der ganzen Unbestimmtheit, Komplexität und Widersprüchlichkeit der sozialen Empirie die größtmögliche Eindeutigkeit auf der Ebene der Begrifflichkeit gegenüberzustellen. Idealtypen werden daher „durch einseitige Steigerung eines oder einiger Gesichtspunkte und durch Zusammenschluss einer Fülle von diffus und diskret, hier mehr, dort weniger, stellenweise gar nicht vorhandenen Einzelerscheinungen" gewonnen. „In seiner begrifflichen Reinheit ist dieses Gedankengebilde nirgends in der Wirklichkeit empirisch vorfindbar". Idealtypen sind für den Historiker eine erkenntnisleitende Utopie, nicht „Darstellung des Wirklichen", sondern ein Mittel, um historischer Wirklichkeit auf geschichtswissenschaftliche Weise Ausdruck zu verleihen[54]. Dabei stand schon für Max Weber fest: „Je schärfer und eindeutiger konstruiert die Idealtypen sind: je weltfremder sie also, in diesem Sinne, sind, desto besser leisten sie ihren Dienst, sowohl terminologisch und klassifikatorisch wie auch heuristisch."[55]

Genau diese *weltfremde,* oder, wie neuere Wissenschaftstheorien es formulieren: *kontraintuitive* heuristische Funktion sehen wir auch mit der Verfahrenstheorie gegeben, die gleichsam einen Idealtypus mit verschiedenen Komponenten und Dimensionen zur Verfügung stellt. Dabei spricht für Historiker nichts dagegen, die Theorie selektiv zu rezipieren. Man braucht *Legitimation durch Verfahren* nicht als „Paket" zu übernehmen, sondern kann die Theorie auf jene Unterbegriffe zuspitzen, die für die jeweilige Fragestellung naheliegend sind.

Die geschichtswissenschaftliche Operationalisierung der Theorie wird zudem dadurch erleichtert, dass Luhmann sie selbst mit einer historischen Dimension ausgestattet hat. Wie andere politische und rechtliche Systeme sind nämlich auch Verfahren das Resultat von Ausdifferenzierungsprozessen, also der Ausbildung spezifischer Rationalitäten und Rollenmuster, die sich im Laufe der Geschichte allmählich von denen anderer sozialer Systeme in ihrer Umwelt unterschieden, also Autonomie gewonnen haben. Für die hier zur Debatte stehenden Verfahren vollzogen sich die Ausdifferenzierungsprozesse in Mittelalter und Frühneuzeit. Dabei ist Luhmann freilich von einem recht schematischen Bild des Mittelalters ausgegangen[56]. Aber gerade das kann zu vertiefter historischer Forschung in Auseinandersetzung mit den Idealtypen der Verfahrenstheorie Anlass geben. Dabei kommt es für den Historiker nicht darauf an, die Theorie zu verbessern, sondern Erkenntnisse über Verfahrensformen in älteren Zeiten zu gewinnen. Die Theorie erfüllt ihre heuristische Funktion letztlich gerade dadurch, dass sie eine methodische Provokation darstellt.

---

54 Alle Zitate *Weber,* Gesammelte Aufsätze zur Wissenschaftslehre.

55 Ebd., 522.

56 Vgl. dazu zuletzt *Arlinghaus,* Mittelalterliche Rituale, 110 ff.; ferner *Oexle,* Luhmanns Mittelalter; *Luhmann,* Mein Mittelalter.

In der historischen Erforschung besonders der Vormoderne ist es wichtig, den Begriff des Verfahrens vor allem mit Blick auf seine soziale Logik zu akzentuieren. Es ist vollkommen berechtigt, einen frühmittelalterlichen Rechtsgang nicht mit dem modernen Begriff des Gerichtsverfahrens als eines verbindlich geregelten Prozesses zur Überprüfung eines Sachverhalts auf seine Rechtsfolgen zu belegen[57]. Auch ist klar, dass vormoderne Verfahren nicht den gleichen Grad an Autonomie besaßen wie moderne Gerichtsprozesse. Der springende Punkt ist aber: So archaisch und rudimentär vormoderne Entscheidungsprozesse auch gewesen sein mochten – sobald sie auch nur in bestimmter Hinsicht formalisiert worden waren, entwickelten sich typische soziale Praktiken und Logiken, die man mit der Verfahrenstheorie analysieren bzw. mit dem Idealtyp des Verfahrens in Kontrast setzen kann. Denn selbst nur ansatzweise formalisierte Wege der Entscheidungsfindung konnten zur Ausbildung von verfahrenseigenen Rollen, von Handlungsrationalitäten und Verhaltenserwartungen, zur Definition von Situationen, zur Verstrickung der Beteiligten wie auch zur Entschärfung der dem Verfahren zugrunde liegenden Konflikte führen. Es scheint, dass man gerade wegen dieser ungewollten sozialen Folgen eines Verfahrens in der Vormoderne häufig auf formalisierte Entscheidungsprozesse verzichtete und stattdessen informelle Wege des Aushandelns und der gütlichen Einigung gesucht wurden. Mit Hilfe der Verfahrenstheorie können die Gründe für die Wahl von Alternativen zum Verfahren erörtert werden: Ließ sich etwa der soziale Status der Beteiligten nicht mit den sozialen Rollen im Verfahren in Einklag bringen? Wollten sich die Betroffenen nicht durch ein Verfahren festlegen lassen? Fehlte es an politischer Macht, um die Beteiligten überhaupt auf ein Verfahren zu verpflichten?

Allerdings geht es bei der Erforschung vormoderner Wege der Entscheidungsfindung nicht nur um die Kontrastierung mit dem idealtypischen Verfahren. Denn auch Entscheidungsprozesse, die nicht auf räumlicher, zeitlicher und personeller Einheit beruhten, wie Luhmann sie vor Augen hatte, konnten jene Effekte haben, die die Verfahrenstheorie nennt. Ich will das im Folgenden an einem Beispiel skizzieren.

Die Forschung hat in letzter Zeit immer wieder auf die Handlungsoptionen einfacher Untertanen verwiesen, denen es darum ging, ihre Ansprüche, Interessen und Positionen geltend zu machen. Zu diesen Optionen gehörte auch die Nutzung lokaler, territorialer und oberster Justizinstitutionen[58].

---

57 Vgl. in diesem Sinne etwa *Weitzel,* Dinggenossenschaft und Recht; *Dilcher,* Mittelalterliches Recht und Ritual.

58 Allg. dazu *Dinges,* Justiznutzung; vgl. zu den obersten Reichsgerichten: *Sailer,* Untertanenprozesse vor dem Reichskammergericht; *Westphal,* Kaiserliche Rechtsprechung und herrschaftliche Stabilisierung; zur territorialen Ebene vgl. *Rublack,* Frühneuzeitliche Staatlichkeit und lokale Herrschaftspraxis; *Holenstein,* Kommunikatives Handeln im Umgang mit Policeyordnungen; zuletzt *Blockmans / Holenstein / Mathieu,* Empowering Interactions.

Wenn man dies jedoch als einseitige Form der Aneignung beschreibt[59] und damit impliziert, dass die Untertanen die Justizinstitutionen und ihre Verfahren durch Umdeuten und neu Kombinieren den eigenen Interessen angepasst hätten, dann übersieht man, dass solche Aneignungspraktiken eine Menge latenter Folgen nach sich zogen. Denn selbst die selektive Nutzung von Institutionen und Verfahren ging immer einher mit der ungewollten Übernahme der dort geltenden normativen und sozialen Regeln, Werte, Sprech- und letztlich auch Denkmuster. In der Verfahrenspraxis wurden die Untertanen und ihre Interessen daher gleichsam auch umgekehrt von den Institutionen angeeignet. Selbst derjenige, der bloß eine Supplik verfasste[60], ließ sich damit schon auf die obrigkeitlichen Vorstellungen des Sag- und Machbaren ein. Justiznutzung stärkte also nicht nur die Position der Untertanen, sondern auch die der Justiz.

Das gleiche Prinzip latenter Reziprozität gilt auch für die im Alten Reich charakteristische Verrechtlichung sowohl von Unruhen in der bäuerlich-stadtbürgerlichen Gesellschaft als auch von Konfessionskonflikten[61]. Sobald in solchen Fällen Reichskammergericht, Reichshofrat oder Corpus Evangelicorum eingeschaltet wurden, hatte dies erhebliche Auswirkungen auf die Form der Konfliktführung vor Ort. Wie Werner Troßbach es für Untertanenprozesse am Reichshofrat formuliert hat, verwandelte sich „in zahlreichen Zusammenkünften und Aktionen unmittelbarer Resistenz [...], von Advokaten unterstützt, diffuser Unmut in konsistente Programmatik“[62]. An die Stelle aufgebrachter Zusammenrottungen traten Popularklagen, Gravamina, Desideria, Demonstrationen, Eingaben und Bittschreiben[63]. Das Betreten des Rechtswegs bändigte die vorherrschende Entrüstung und kanalisierte diese in rhetorische Energie um[64]. Nahm ein Gericht einen Fall an, dann wurde damit auch das unmittelbare Protestpotential entschärft, während der Konflikt im Zuge der Informationseinholung durch Nachfragen, Zeugenverhöre, Kommissionen, Beraten und nochmaliges Rückfragen allmählich kleingearbeitet wurde. Mit dem Rechtsweg wurde die dem Konflikt zugrunde liegende Sachlage auf den Code Recht / Unrecht bzw. auf Tatsachen und Rechtsfragen zugeschnitten, und ob es sich um Recht oder Unrecht handelte, darüber entschieden Dritte und nicht die Protestierer selbst[65]. Mit der rechtlichen Codierung des Konflikts setzte also auch die Konstitution und Trennung der Rollen von Entscheidern und

59 So im Band von *Blauert / Schwerhoff*, Kriminalitätsgeschichte, Kap. V.

60 Vgl. dazu *Holenstein*, Bittgesuche, Gesetze und Verwaltung; *Nubola / Würgler* (Hrsg.), Formen der politischen Kommunikation in Europa.

61 Im Sinne von *Schulze*, Bäuerlicher Widerstand und feudale Herrschaft, 73 ff.

62 *Troßbach*, Untertantenprozesse.

63 Vgl. *Hodler*, Doléances; *Würgler*, Desideria und Landesordnungen.

64 Beispiele bei *Lau*, Bürgerunruhen und Bürgerprozesse, 394 ff., 418 ff.

65 *Kalipke*, Weitläufftigkeiten und Bedencklichkeiten, 440 ff.

Betroffenen ein. Ab diesem Punkt war nur noch ein erlaubter Konflikt sinnvoll, der die klagenden und Eingaben formulierenden Untertanen auf verfahrensförmige Rollen festlegte. Diese Rollen waren freilich nicht derart ausdifferenziert wie solche, die in einem Verfahren unter Anwesenden übernommen wurden. Gleichwohl entfaltete sich auch in einem Verfahren, das nicht auf der räumlichen Kopräsenz der Beteiligten beruhte, eine verstrickende, disziplinierende und damit legitimierende Wirkung. Dazu reichte es aus, dass die Beteiligten an den offenen Ausgang des Verfahrens glaubten, einander wechselseitig als legitime Streitparteien (und damit als Träger verfahrenseigener Rollen) wahrnahmen, Zeit und Geld investierten und ihren Ärger mit Blick auf die schwebende Sache im Zaume hielten[66]. Wenn dabei – wie wohl in den meisten Fällen – Anwälte eingeschaltet wurden, dann hatte dies einen zusätzlich legitimierenden Effekt, denn ein Anwalt vertrat neben der Sache seines Klienten immer auch das Rechtssystem als solches, dessen Rationalitäten, Werte und Regeln er reproduzierte und damit seiner Partei, die sich selbst womöglich gar nicht so weit engagieren wollte, anverwandelte. Als Agent des Rechtssystems und eben nicht als persönlicher Unterstützer des Protestes kanalisierte der Anwalt die Anliegen der Protestierer in eine Semantik, die für das Gerichtsverfahren anschlussfähig war. Im Falle einer Niederlage interpretierte der Anwalt diese vor seinen unterlegenen Klienten als zwangsläufige Folgerung aus Normen und Fakten – und auch das war im Sinne des Rechtssystems. Selbst wenn die Verfahren der Reichs- und Territorialgerichte notorisch entscheidungs- und durchsetzungsschwach waren, sorgten der eingeschlagene Rechtsweg und die doppelte – nämlich zeitliche und sachliche – Offenheit des Verfahrens für eine Zersplitterung und Absorption der Konflikte, die dann nicht unbedingt mehr dazu taugten, allgemeine Empörung hervorzurufen und zum Politikum zu werden. Die meisten Unruhen mündeten nämlich nicht in einen einzelnen Prozess, sondern in mehrere, die wiederum Sonderprobleme behandelten und dann nicht mehr jedermanns Fall waren.

Die verfahrensförmige Abarbeitung von Unruhen, die keine breite Solidarisierung mehr mobilisieren konnten, die nicht alle Betroffenen unzufrieden zurückließen, die mit Tauschangeboten verlockten und Vorteile für manche in Aussicht stellten, war und ist ein genuiner Faktor der Legitimation durch Verfahren. Deren Effekte erhöhten sich vermutlich noch dadurch, dass in vielen Fällen eine Öffentlichkeit medial und publizistisch konstituiert wurde[67], in deren Beobachtung sich der Verlierer während des Verfahrens isolierte. Man könnte deswegen vermuten, dass die Verrechtlichung von Resistenz durch Justiznutzung und Aushandlungsprozesse die Obrigkeiten nicht nur zu Kompromissen nötigte, sondern immer auch die Staatsgewalt stärkte, die

66 Vgl. etwa *Lau*, Bürgerunruhen und Bürgerprozesse, 255.

67 *Kalipke*, Weitläufftigkeiten und Bedencklichkeiten 441 f.; allg. *Würgler*, Unruhen und Öffentlichkeit.

nämlich, wie Wolfgang Reinhard es formulierte, in aller Regel eine nicht-intendierte Nebenfolge politisch-sozialen Handelns war[68].

Die Verrechtlichung von Untertanen- und Konfessionskonflikten ist ein Gegenstand, der von Luhmanns Verfahrenstheorie zunächst einmal weit entfernt zu sein scheint. Dennoch kann gerade hier die Anwendung der Theorie mit ihrer Betonung latenter Folgen sozialen Handelns neue Erkenntnisse liefern. Es lässt sich nämlich erkennen, wie aufgrund der Absorption von Gewaltbereitschaft durch schriftliche Klagen, durch Rollenübernahme oder den Glauben an den offenen Ausgang des Verfahrens die Hinnahme von Entscheidungen zumindest weitgehend vorbereitet wurde. Wie auch immer es um die Durchsetzbarkeit der Urteile bestellt war: Die Erwartungen und Überzeugungen in Bezug auf die vor Gericht behandelte Sache hatten sich durch einen Prozess sozialen Lernens entweder geändert oder waren bestärkt worden.

III. Rationalitätsdarstellungen und Unsicherheitsabsorption im Verwaltungsverfahren

Mit der Ausbreitung von Verwaltungsinstitutionen im spätmittelalterlichen Europa an den Fürstenhöfen und auf lokaler Ebene kam es auch zur Ausbildung von formalisierten Verfahren der Beratung und Entscheidungsfindung[69]. Man wird dabei freilich von einem weiten Begriff des Verwal-

---

68 *Reinhard*, Zusammenfassung, 438.

69 Unter Institutionen verstehe ich hier – in einem engeren Sinne – eine soziale Strukturbildung, die durch Habitualisierung und Typisierung die dauerhafte Reproduktion bestimmter Handlungs- und Rollenmuster ermöglicht, die dem Einzelnen dann wiederum als objektive Wirklichkeit entgegentritt, vgl. *Berger / Luckmann*, Konstruktion der Wirklichkeit, bes. 49 – 98. In diesem Sinne kann alles Mögliche eine Institution sein. Beispiele dafür sind Stadt-, Hof- und Geheimräte, Kanzleien, Gerichte, Verwaltungsbehörden etc. Entscheidend für unser Institutionenverständnis ist vor allem die Wendung, die Karl-Siegbert Rehberg dem Begriff gegeben hat, wenn er sie als soziale Formationen, „in denen die Prinzipien und Geltungsansprüche einer Ordnung symbolisch zum Ausdruck gebracht werden" definiert, vgl. *Rehberg*, Institutionen als symbolische Ordnungen, 56. Folgt man Rehbergs Institutionenverständnis, dann ist die hier zur Debatte stehende Expressivität von Entscheidungshandeln nicht nur eine Art und Weise, durch die Institutionen in Erscheinung treten. Diese Expressivität wird vielmehr auch selbst wesentlich von der Eigenlogik der Institution und ihren zentralen Werten bestimmt. Organisationen sind wiederum ein Sonderfall von Institutionen, insofern die Handlungs- und Rollenmuster dieses sozialen Systems formalisiert sind. Das heißt: die Zugehörigkeit (Mitgliedschaft) ist eindeutig geregelt und beruht nicht (wie etwa bei der Institution des frühneuzeitlichen Hofes) auf An- oder Abwesenheit. Rangfragen, Verantwortlichkeiten, Zuständigkeiten, die Austragung möglicher Konflikte, der Umgang mit Fehlern und Sanktionen etc. beruhen auf klaren Regeln, über die im Zweifelsfall verbindlich entschieden werden kann, vgl. dazu *Luhmann*, Funktionen und Folgen formaler Organisation. Anders als Institutionen sind Organisationen eher eine Erscheinung der modernen Welt, wobei dies aber noch im Einzelfall zu prüfen wäre, vgl. dazu allg. *Türk / Lemke / Bruch*, Organisationen in der modernen Gesellschaft.

tungsverfahrens ausgehen und darunter sowohl „Verfahrensformen [...], die in erster Linie Vermittlungsaufgaben zwischen Zentren und Peripherien leisteten"[70], verstehen als auch solche, die primär Organisationsaufgaben in den Zentralen selbst erfüllten. In beiden Fällen stellt sich auch hier die Frage, mit Hilfe welcher Theorien Historiker die soziale Logik von Verwaltungsverfahren, den Formen ihrer Entscheidungsfindung und ihrer Legitimationsweisen erörtern können[71]. Darauf möchte ich zum Abschluss noch kurz eingehen. Genauso wie im Fall der Verfahrenstheorie gilt freilich auch hier, dass Historiker die theoretischen Angebote als Idealtypen und Kontrastmittel bei der empirischen Arbeit betrachten sollen.

Luhmann hat in seinem Verfahrensbuch die Verwaltung neben Gerichten und Politik eigens berücksichtigt, ohne jedoch eine Theorie auszuarbeiten, wie Legitimation durch Verfahren in diesem Fall funktioniert. Er begnügte sich, wie schon im Fall des Politischen, eher mit allgemeinen Überlegungen. Auch seine organisationstheoretischen Arbeiten bieten keine ausgefeilte Soziologie des Verwaltungsverfahrens. Dies hat seinen Grund vermutlich unter anderem darin, dass Verwaltungsverfahren nicht auf einer vergleichbaren schematischen Prozedur beruhen wie etwa Gerichts- und Gesetzgebungsverfahren. Während letztere in aller Regel durch eine Prozess- und Geschäftsordnung formalisiert werden können, operieren Verwaltungsverfahren häufig mit einem „Denken in Wahrscheinlichkeiten und Chancen, gleitenden Skalen, Nutzenschätzungen, Wertverhältnissen und zeitbedingten Opportunitäten"[72]. Deswegen verweist Luhmann darauf, dass das Spannungsverhältnis bei Verwaltungsverfahren nicht, wie im Fall von Recht und Politik, zwischen Wahrheit, Gerechtigkeit und Legitimität, sondern zwischen Rationalität und Legitimität oszilliert: „Die Ordnung von Entscheidungsschritten unter dem Gesichtspunkt rationaler Problembearbeitung und hoher Chancen für brauchbare Ergebnisse [...] wird kaum eine Form annehmen können, die zugleich ein Optimum an werbender Wirkung erbringt und dem Bürger das Gefühl des Beteiligtseins an einer eigenen Sache vermittelt. Gerade in den Augen des Publikums trennen sich dann Effizienz auf der einen und Befriedigungswert oder Legitimität der Entscheidung auf der anderen Seite."[73]

Der von Luhmann im Verfahrensbuch nicht weiter verfolgte Hiatus zwischen Rationalität und Legitimität im Verwaltungsverfahren ist seit mehr als fünfzig Jahren Gegenstand des sogenannten Neoinstitutionalismus in-

70 So Stefan Brakensiek in diesem Band, S. 365.

71 Solche Erörterungen sollen die bereits vorliegenden verwaltungsgeschichtlichen Erkenntnisse natürlich nicht obsolet machen, sondern ergänzen, vgl. v. a. *Willoweit*, Allgemeine Merkmale der Verwaltungsorganisation.

72 *Luhmann*, Organisation und Entscheidung, 266; erst nach Fertigstellung des Manuskripts erschienen: Niklas *Luhmann*, Politische Soziologie, hrgs. v. André Kieserling, Berlin 2010, zur Soziologie der Verwaltung: 151–249, 376–396.

73 *Luhmann*, Legitimation durch Verfahren, 207.

nerhalb der Organisationssoziologie[74]. Ausgangspunkt dieser Theorie war die Skepsis gegenüber Rationalitätsbehauptungen bei Entscheidungen sowohl staatlicher als auch betrieblicher Verwaltungsorganisationen[75]. Im Neoinstitutionalismus wird Rationalität deswegen nicht als ein exaktes Handlungskalkül verstanden, sondern als „eine kollektive Vorstellung, ein Glauben, dem aus Gründen der Legitimität zumindest auf der Ebene der Darstellung entsprochen werden muss“[76].

Die Organisationssoziologen sprechen gewöhnlich davon, dass Entscheidungsprozesse in Organisationen nie auf vollständigen Informationen beruhen und daher stets nur eingeschränkte Rationalität (*bounded rationality*) besitzen[77]. Und weil Entscheidungen in der Regel auf die Gestaltung von Zukunft zielen, ist eine Vollständigkeit der Informationen auch gar nicht zu erlangen: Denn wie soll man genau wissen, was die Entscheidungen bewirken werden? Ein solches Informationsdefizit aber macht ein wirklich rationales Entscheiden, nämlich im Sinne vollständiger Transparenz aller Präferenzen, Erwartungen, Regeln, möglichen Alternativen und ihrer Folgen im Hinblick auf den zu erreichenden Zweck, illusorisch; es führt zu Unsicherheiten, die nicht eliminiert, sondern nur *absorbiert* werden können. Absorption meint hier alle Praktiken, die Unsicherheiten in einen erträglichen Zustand überführen können, die Begründungs- und Geltungslücken übertünchen und so den Entscheidungsprozess trotz massiver Unwägbarkeiten überhaupt erst in Gang halten. Rationales Entscheiden bleibt also letztlich ein Ideal, das empirisch nie erreicht werden kann – auch wenn die Akteure rational handeln *wollen* und dies durchaus mehr oder weniger auch tun[78].

Der Neoinstitutionalismus zieht daraus den Schluss, dass die Funktion von Entscheidungsprozessen in Verwaltungsorganisationen nicht nur und nicht einmal in erster Linie in der Verwirklichung bestimmter Zwecke besteht, sondern in der Stiftung von Sinn beim Herstellen von Entscheidungen, also in der *Darstellung* von Rationalität[79]. Organisationen bieten für solche Nachrationalisierungen (*retrospective sensemaking*) einen besonders geeigneten Rahmen, da sie offen sind für Anpassungsprozesse an soziale

---

74 Vgl. für eine erste Übersicht der durchaus unterschiedlichen Ansätze *Kieser / Walgenbach,* Organisation, 40 – 50.

75 *March,* Primer on Decision Making.

76 *Tacke,* Rationalität, 90.

77 *Simon,* Administrative Behaviour; *March / Simon,* Organizations, bes. 137 ff.

78 *March,* Primer on Decision Making, 9.

79 Vgl. etwa *Weick,* Sensemaking in Organizations. In diesem Sinne erfüllen Organisationen ähnliche Funktionen, wie Karl-Siegbert Rehberg sie Institutionen prinzipiell zuschreibt, nämlich die „symbolische Darstellung bestimmter Ordnungsprinzipien“, vgl. *Rehberg,* Weltrepräsentanz, 9. Bemerkenswerterweise wurden diese kulturalistischen Parallelen in der auf die amerikanischen Theorien fokussierten Organisationstheorie in Deutschland übersehen, vgl. etwa zuletzt *Walgenbach / Meyer,* Neoinstitutionalistische Organisationstheorie.

Umwelten und flexibel genug, um ganz unterschiedliche Handlungsmuster zu integrieren – ohne dabei aber ihre eigene Identität als Entscheidungsinstanz, also ihre Autonomie, Preis zu geben[80]. Die Theoretiker nennen dies institutionelle und mimetische Isomorphie[81]. Damit ist gemeint, dass durch die Adaption von Vorstellungen – oder besser gesagt: Mythen – von Rationalität in der gesellschaftlichen Umwelt die Akzeptanz und Legitimität von Organisationen und ihren Entscheidungen gesichert werden soll.

Wenn Organisationen Rationalitätsvorstellungen durch Isomorphie in ihre formalen Strukturen integrieren, dann erhöht dies allerdings zumeist nicht die sachliche Richtigkeit und Effizienz des Entscheidungshandelns, sondern vielmehr dessen soziale „Angemessenheit und symbolische Konformität". Das Entscheidungshandeln in Verwaltungsorganisationen versucht immer auch, „kollektiv geteilte[n] Glaubensvorstellungen" zu entsprechen, „Vertrauenswürdigkeit" herzustellen, „zeremonielle Regeltreue und Sicherung von Legitimität" zu berücksichtigen – was immer darunter im historischen Wandel jeweils verstanden wurde[82]. Stets ging und geht es darum, den kollektiven Vorstellungen von rationalem Handeln und den Erwartungen an rationales Handeln auch in institutionalisierten und organisierten Entscheidungskontexten zu entsprechen und so die Akzeptanz der Entscheidungen wahrscheinlicher zu machen. Entscheidungshandeln muss also unterschiedlichen und häufig widersprüchlichen organisatorischen, institutionellen und sozialen Rationalitäten folgen. Kollektive Rationalitäts- wie auch Wertvorstellungen, die außerhalb der Entscheidungsinstitutionen existieren, müssen kopiert und in den Institutionen reproduziert werden – und zwar unabhängig davon, ob damit der Zweckerfüllung gedient ist oder nicht. Beispiele dafür sind in der Moderne der rituelle Einsatz von EDV[83], die Erstellung von Businessplänen oder die Adaption von Unternehmensberatern und ihrer Rhetorik („Wettbewerb", „Qualitätsmanagement") in Bildungsanstalten[84]. Tatsächlich beruht, wie die Organisationstheoretiker immer wieder betonen, Entscheidungshandeln vielfach auf „Rationalitätsfiktionen, -fassaden und -mythen"[85].

Ein von den Theoretikern häufig zitiertes Beispiel für einen Rationalitätsmythos, auf das ich zur Veranschaulichung kurz eingehen möchte, ist die symbolische Funktion von Informationen im Entscheidungsprozess. Es

80 Vgl. zum Organisationsbegriff Anm. 68.

81 Dazu *Hasse / Krücken,* Neo-Institutionalismus, 25 ff.

82 So *Tacke,* Rationalität, 90; zum Legitimitätsbegriff in diesem Kontext vgl. allg. *Hellmann,* Organisationslegitimität.

83 *Ortmann,* Als Ob, 100 ff.

84 *March,* Primer on Decision Making, 209; *Münch,* Legitimität und politische Macht.

85 *Ortmann,* Als Ob, 39. Der grundlegende Aufsatz dazu stammt von *Meyer / Rowan,* Institutionalized Organizations.

wurde nämlich beobachtet, dass zahlreiche von den Entscheidern angeforderte Informationen entweder nur wenig Entscheidungshilfe bieten können, erst ausgewertet werden, nachdem die Entscheidung im wesentlichen schon gefallen ist, gar nicht berücksichtig bzw. bewältigt werden können – und trotzdem noch fortlaufend angehäuft werden[86]. James March spricht daher auch, in Anlehnung an eine Formulierung von Torstein Veblen, von demonstrativem Informationskonsum (*conspicious consumption of information*) als einer performativen Strategie (*scenario of performance*) zur Legitimation von Entscheidungen als rational und wohlbegründet[87]. Dass demonstrativer Informationskonsum zur Legitimation von Entscheidungen beitragen kann, ist freilich nur zu erklären mit Blick auf die prinzipielle Hochschätzung schriftlicher und gedruckter Informationen in den westlichen Kulturen der Neuzeit[88]. Die Beschaffung und Bereithaltung von Informationen und „Fakten“ weist daher nicht nur eine technisch-instrumentelle, sondern auch eine symbolisch-rituelle Dimension auf, insofern „Fakten“ innerhalb dieser Kulturen einen Entscheidungsprozess „legitimieren“ können, ohne dass dabei logisch zwingende, entscheidungsrelevante Verknüpfungen hergestellt werden[89]. Informationen repräsentieren „Kompetenz und sind eine Neubestätigung sozialer Werte. Die Herrschaft über Informationen und Informationsquellen vergrößert die wahrgenommene Kompetenz und erweckt Vertrauen“[90].

Man findet symbolische Informationsverarbeitung oder demonstrativen Informationskonsum nun nicht nur in modernen Bürokratien, sondern auch in vormodernen Entscheidungsinstitutionen[91]. Die Explosion von Schriftlichkeit in den Reichsstädten, den fürstlichen Räten, Kanzleien und Kammern des 17. Jahrhunderts gehörte vermutlich ebenso dazu[92] wie die frühneuzeitliche Gutachtenpraxis[93]. Häufig existierte nämlich zwischen den im Gutachten präsentierten Informationen und der darauf gefassten Entscheidung kein zwingender kausaler Zusammenhang. Trotzdem symbolisierten die Gutachten die Praxis wohl fundierter (juristischer) Entscheidungsfindung[94]. Es ist natürlich klar, dass ohne ausreichende Informationsbasis

86 *Feldman / March,* Information in Organizations, 414.

87 Ebd., 418 f.

88 *Goody,* Logik der Schrift; *Vismann,* Akten; am Beispiel: *Friedrich,* Strukturprinzip, bes. 129 ff.

89 Vgl. ebd., 155: „Je größer die Notwendigkeit einer Koordination in der Organisation ist, desto größer ist die Verwendung legitimierender ‚Fakten‘“.

90 *Feldman / March,* Informationen in Organisationen, 465 f.

91 Vgl. schon für die Ebene der frühmodernen Theorie *Nipperdey,* Information.

92 So etwa in den Regierungen der Reichsstädte, die an massenhafter Schriftproduktion festhielten, ohne die Informationen auch nur ansatzweise verarbeiten zu können, vgl. *Schlaak,* Grenzen des Machbaren; zur höfischen Sphäre *Hengerer,* Prozesse des Informierens.

93 Vgl. dazu *Falk,* Consilia.

keine sinnvollen Entscheidungen getroffen werden konnten und die angeforderten Berichte nicht nur zum schönen Schein angehäuft wurden. Doch selbst dann, wenn die Informationen wirklich vollständig in die Entscheidungsfindung eingegangen sein sollten, wiesen sie symbolische und legitimierende – oder, mit Cornelia Vismann gesprochen: medientechnische – Funktionen auf[95]. Das ist schon daran erkennbar, dass sie nach allen Regeln der Kanzleikunst in Aktenform gebracht und wie als Beweismaterial für die Nachwelt aufbewahrt wurden.

Es geht dem Neoinstitutionalismus keineswegs darum, Entscheidungshandeln oder die Anhäufung von Informationen per se als eigentlich irrational und „nur symbolisch" zu entlarven. Vielmehr soll deutlich werden, dass Entscheidungen immer instrumentelle und symbolische Dimensionen aufweisen, und zwar in der Vormoderne ebenso wie in der Moderne. Wer Gottesurteile für irrational und typisch vormodern hält, der sollte dringend die unzähligen „abergläubischen Praktiken" und die „organisierte Anarchie" moderner Bürokratien als Strukturmerkmal zur Kenntnis nehmen[96]. Doch all dies muss keineswegs notwendig dysfunktional sein. Die Organisationssoziologen weisen darauf hin, dass es sich bei Rationalitätsfiktionen um ein Problem handelt, das schon Max Weber im Auge hatte, wenn er die Abhängigkeit sozialer Ordnungen von Legitimitäts- und Geltungs*glauben* betonte[97].

Die Herstellung als legitim geltender Entscheidung in und durch Verwaltungsinstitutionen ist demnach allenfalls zu einem gewissen Teil ein vergleichbarer Effekt formaler Verfahren wie im Fall von Gerichtsverfahren. Die Legitimität von Entscheidungen durch Gerichte ist das Resultat eines Lernprozesses von Betroffenen, Beteiligten und Öffentlichkeit. Legitimität

94 Vgl. Beispiele bei *Hengerer,* Prozesse des Informierens; auch was André Holenstein für den obrigkeitlichen Informationsbedarf in der Markgrafschaft Baden im 18. Jahrhundert feststellte, erinnert an demonstrativen Informationskonsum: „Es gibt wohl kaum einen politisch-administrativen Gegenstand, zu dem die Regierungskollegien keinen Bericht von ihren Amtleuten in den Amtsbezirken angefordert haben. Unüberschaubar ist die Zahl jener Berichte, die im Hinblick auf konkrete Einzelfragen zu erstellen waren. Daneben fallen aber besonders jene Berichte ins Auge, die die Oberamtsbehörden alle Jahre, jedes Quartal oder sogar monatlich unaufgefordert erstatten sollten. (...) Idealerweise sollte damit sichergestellt werden, dass Hofrat und Rentkammer im Sinne einer regelmäßigen Erfolgskontrolle Fortschritte und Rückschritte (...) feststellen und rechtzeitig entsprechende Maßnahmen anordnen konnten", vgl. *Holenstein,* Kommunikatives Handeln, 196; ausführlich dazu *ders.,* „Gute Policey", 253–281. Auf eine besondere Variante der symbolischen Wirkungen von Informationen hat Lars Behrisch aufmerksam gemacht, nämlich auf die scheinbar selbstevidente Objektivität von Zahlen, die wiederum der Statistik als einem Verwaltungsverfahren seit der Sattelzeit bis heute so enorme politisch-soziale Relevanz verliehen hat, vgl. *Behrisch,* „Politische Zahlen"; *ders.,* Zu viele Informationen!

95 *Vismann,* Akten.

96 *Berger / Bernhard-Mehlich,* Die verhaltenswissenschaftliche Entscheidungstheorie, 187 und 200.

97 *Ortmann,* Als Ob, 100; *Tacke,* Rationalität, 96.

im Kontext von Verwaltungsorganisationen muss demgegenüber vor allem als die Konsequenz unterschiedlicher symbolischer Handlungen betrachtet werden, die darauf zielen, gesellschaftlich verbreiteten Vorstellungen von Rationalität, Modernität, Legalität, Wertorientierung usf. zu entsprechen. Sind Verwaltungsorganisationen dabei erfolgreich, dann wird ihnen und ihren Verfahren vom Publikum Legitimität zugeschrieben[98]. Zugespitzt könnte man formulieren: Durch Gerichtsverfahren wird Legitimität produziert, bei Verwaltungsverfahren hingegen wird Legitimität von Beobachtern attribuiert.

Rationalitätsmythen oder Nachrationalisierungen sind allerdings nicht zur Irreführung des Publikums gedacht. Es handelt sich dabei (in der Regel) auch nicht um bewusste und perfide Strategien, die von Historikern oder Journalisten als Skandal zu enthüllen wären[99]. Die Mythen bilden vielmehr unvermeidliche Dimensionen von Entscheidungshandeln, die wesentliche Funktionen auf der Ebene der Darstellung übernehmen: „Die Entscheidung muss, so könnte man auch sagen, eine Meta-Information mitkommunizieren, die besagt, dass der Entscheider das Recht oder die Autorität oder gute Gründe hatte, so zu entscheiden, wie er entschieden hatte“[100].

Dargestellt werden fiktionale Rationalität und Legitimität nicht allein, und nicht einmal in erster Linie, für ein Publikum, sondern auch für die Akteure selbst. Die performativen Dimensionen organisierten Entscheidungshandelns ermöglichen es den Akteuren, nicht nur „eine ungewisse Zukunft durch Selektionsprozesse zu bestimmen; sie ermöglichen es vor allem, eine ungewisse Zukunft auszuhalten“. Es kommt darauf an, „angesichts einer Überforderung durch eine unübersehbare Komplexität von Möglichkeiten (...) gegenwärtige Sicherheit zu schaffen, und ein darstellendes, expressives, sinnerfülltes, verpflichtendes Verhalten in der Gegenwart zu ermöglichen“[101]. Wer sich dem aus soziologischer Sicht letztlich ziemlich waghalsigen Unternehmen aussetzt, über Vergangenes und Zukünftiges zu entscheiden, benötigt zumindest Sicherheit in der aktuellen Gegenwart.

Zusammenfassung

Politische und rechtliche Entscheidungen sind Zumutungen, und zwar sowohl für diejenigen, die entscheiden, als auch für jene, die davon betroffen sind. Weder die Produktionsbedingungen noch die Durchsetzungschancen von Entscheidungen sollten daher von der Geschichtswissenschaft

98 Vgl. *Hellmann,* Organisationslegitimität, 81.

99 So *Ortmann,* Als Ob, 99.

100 *Luhmann,* Organisation und Entscheidung, 142.

101 Beide Zitate aus *ders.,* Legitimation durch Verfahren, 232.

außer Acht gelassen werden. Der Beitrag stellt entsprechende Erklärungsansätze und Theorien aus den sozialwissenschaftlichen Nachbardisziplinen vor, und zwar die systemtheoretische Verfahrenslehre von Niklas Luhmann sowie die Entscheidungstheorien der Organisationssoziologie. Beide Theoriestränge lassen sich in mindestens einem Punkt auf einen gemeinsamen Nenner bringen: Technik und Symbolik des Entscheidungshandelns stehen in aller Regel nicht in einer Zweck-Mittel-Relation, sondern erfüllen jeweils unterschiedliche und häufig miteinander konkurrierende Funktionen. Eine Entscheidung wird nicht nur hergestellt, sondern in ihrer Herstellung auch dargestellt, und zwar durch formale Verfahren. Dabei führen – und das ist der springende Punkt der Verfahrenstheorien – Verfahren nicht unbedingt zu einer guten, gerechten, rationalen oder effizienten Entscheidung, sie verschaffen dem Akt des Entscheidens und der Entscheidung aber unter bestimmten und historisch sich wandelnden Umständen gesellschaftliche Legitimation. In beiden Theorien wird deswegen betont, dass es sich bei einem formalen Verfahren stets auch um soziales Geschehen handelt, das neben dem Zweck der Entscheidungsfindung latent soziale Funktionen erfüllt, nämlich 1. die Abarbeitung, Zersplitterung und Entschärfung der dem Verfahren zugrunde liegenden Konflikte, 2. die Situationsdefinition und das symbolisch-identifizierende Miterleben der Entscheidungsfindung, 3. die Verstrickung der Beteiligten in das Verfahren durch expressives Handeln und Rollenübernahme, 4. die Ausbildung von verfahrenseigenen Rollen und deren Schonung vor zersetzenden Angriffen während des Verfahrens, 5. die Ermöglichung temporärer Konflikte, 6. die Erzeugung von Legitimität durch die mimetische Adaption sozialer Wertvorstellungen und Handlungsrationalitäten, 7. die Absorption von Unsicherheit durch die Erzeugung von Vertrauen, Sicherheitsgefühl, Gewissheit und Zuversicht sowie 8. die Nachrationalisierung und Verbreitung von Rationalitätsmythen.

Für die Anwendung in der historischen Forschung wird wiederum vorgeschlagen, die Verfahrensbegriffe als Idealtypen zu sehen. Es geht also nicht darum, anhand der Theorien eine Art Leistungsbilanz historischer Verfahrensformen zu erstellen. Vielmehr sollen durch die Kontrastierung mit den Idealtypen Eigenheiten und soziale Funktionen von Entscheidungsprozessen in den Blick geraten, die so bislang noch nicht gesehen worden sind. Und insofern Entscheidungen im Zentrum des Politischen stehen, kann über einen theoretisch fundierten verfahrensgeschichtlichen Zugriff eine weitere Perspektive auf Genese und Wandel von staatlicher Macht zwischen Vormoderne und Moderne geworfen werden.

Literatur

Arlinghaus, Franz-Josef: Gnade und Verfahren. Kommunikationsmodi im spätmittelalterlichen Stadtgerichtsverfahren, in: Interaktion und Herrschaftsbildung. Politische Kulturen in der frühneuzeitlichen Stadt, hrsg. v. Rudolf Schlögl (Historische Kulturwissenschaft, 5), Konstanz 2004, 137–162.

Arlinghaus, Franz-Josef: Mittelalterliche Rituale in systemtheoretischer Perspektive. Übergangsriten als basale Kommunikationsform in einer stratifikatorisch-segmentären Gesellschaft, in: Systemtheorie und Geschichte. Exemplarische Fallstudien, hrsg. v. Frank Becker (Campus Historische Studien, 37), Frankfurt am Main / New York 2004, 108–156.

Behrisch, Lars: „Politische Zahlen". Statistik und die Rationalisierung der Herrschaft im späten Ancien Régime, in: Zeitschrift für Historische Forschung 31 (2004), 551–577.

Behrisch, Lars: Zu viele Informationen! Die Aggregierung des Wissens in der Frühen Neuzeit, in: Information in der Frühen Neuzeit. Status, Bestände und Strategien, hrsg. v. Arndt Brendecke / Markus Friedrich / Susanne Friedrich (Pluralisierung und Autorität, 16), Münster 2008, 455–474.

Berger, Peter L. / *Luckmann,* Thomas: Die gesellschaftliche Konstruktion der Wirklichkeit. Eine Theorie der Wissenssoziologie, Frankfurt am Main 1969.

Berger, Ulrike / *Bernhard-Mehlich,* Isolde: Die verhaltenswissenschaftliche Entscheidungstheorie, in: Organisationstheorien, hrsg. v. Alfred Kieser / Mark Ebers, Stuttgart 2006, 169–214.

Blauert, Andreas / *Schwerhoff,* Gerd (Hrsg.): Kriminalitätsgeschichte. Beiträge zur Sozial- und Kulturgeschichte der Vormoderne (Konflikte und Kultur. Historische Perspektiven, 1), Konstanz 2000.

Blockmans, Wim / *Holenstein,* André / *Mathieu,* Jon (Hrsg.): Empowering Interactions. Political Cultures and the Emergence of the State in Europe 1300–1900, Aldershot 2009.

Brodocz, André: Die symbolische Dimension der Verfassung. Ein Beitrag zur Institutionentheorie, Wiesbaden 2003.

Dilcher, Gerhard: Mittelalterliches Recht und Ritual in ihrer wechselseitigen Beziehung, in: Frühmittelalterliche Studien 41 (2007), 297–316.

Dinges, Martin: Justiznutzung als soziale Kontrolle in der Frühen Neuzeit, in: Kriminalitätsgeschichte. Beiträge zur Sozial- und Kulturgeschichte der Vormoderne, hrsg. v. Andreas Blauert / Gerd Schwerhoff (Konflikte und Kultur. Historische Perspektiven, 1), Konstanz 2000, 503–544.

Dörner, Andreas: Politainment. Politik in der medialen Erlebnisgesellschaft, Frankfurt am Main 2001.

Edelman, Murray: The Symbolic Uses of Politics, Urbana / Chicago 1964.

Falk, Ulrich: Consilia. Studien zur Praxis der Rechtsgutachten in der frühen Neuzeit (Rechtsprechung. Materialien und Studien, 22), Frankfurt am Main 2006.

Feldman, Martha S. / *March,* James G.: Information in Organizations as Signal and Symbol, in: Decisions and Organizations, hrsg. v. James G. March, Oxford 1988, 409–428.

Feldman, Martha S. / *March,* James G.: Informationen in Organisationen als Signal und Symbol, in: Entscheidungen und Organisation. Kritische und konstruktive Beiträge, Entwicklungen und Perspektiven, hrsg. v. James G. March, Wiesbaden 1988, 455–477.

Feuerbach, Anselm von: Über Öffentlichkeit und Mündlichkeit der gerichtlichen Verhandlungen, Gießen 1821.

Friedrich, Markus: „Delegierter Augenschein" als Strukturprinzip administrativer Informationsgewinnung. Der Konflikt zwischen Claudio Acquaviva und den memorialistas um die Rolle von „Information" im Jesuitenorden, in: Informationen in der Frühen Neuzeit. Status, Bestände, Strategien, hrsg. v. Arndt Brendecke / Markus Friedrich / Susanne Friedrich (Pluralisierung und Autorität, 16), Berlin 2008, 109–136.

Gehlen, Arnold: Der Mensch. Seine Natur und seine Stellung in der Welt, 13. Aufl., Wiesbaden 1986 [1940].

Göhler, Gerhard (Hrsg.): Institution – Macht – Repräsentation. Wofür politische Institutionen stehen und wie sie wirken, Baden-Baden 1997.

Goody, Jack: Die Logik der Schrift und die Organisation von Gesellschaft, übers. v. Uwe Opolka, 1. Aufl., Frankfurt am Main 1990.

Goppold, Uwe: Politische Kommunikation in den Städten der Vormoderne. Zürich und Münster im Vergleich, Köln / Weimar / Wien 2007.

Guggenberger, Bernd / *Offe,* Claus: Politik aus der Basis – die Herausforderung der parlamentarischen Mehrheitsdemokratie, in: An den Grenzen der Mehrheitsdemokratie. Politik und Soziologie der Mehrheitsregel, hrsg. v. dens., Opladen 1984, 8–21.

Hasse, Raimund / *Krücken,* Georg: Neo-Institutionalismus, 2. Aufl., Bielefeld 2005.

Hellmann, Kai-Uwe: Organisationslegitimität im Neo-Institutionalismus, in: Einführung in den Neo-Institutionalismus, hrsg. v. Konstanze Senge / Kai-Uwe Hellmann, Wiesbaden 2006, 75–88.

Hengerer, Mark, Instruktion, Praxis, Reform: Zum kommunikativen Gefüge struktureller Dynamik der kaiserlichen Finanzverwaltung (16. und 17. Jahrhundert), in: Im Schatten der Macht – Kommunikationskulturen in Politik und Verwaltung 1600–1950, hrsg. v. Stefan Haas / Mark Hengerer, Frankfurt am Main / New York 2008, 75–104.

Hengerer, Mark: Prozesse des Informierens in der habsburgischen Finanzverwaltung im 16. und 17. Jahrhundert, in: Information in der Frühen Neuzeit. Status, Bestände, Strategien, hrsg. v. Arndt Brendecke / Markus Friedrich / Susanne Friedrich (Pluralisierung und Autorität, 16), Berlin 2008, 163–199.

Hodler, Beat: Doléances, Requêtes und Ordonnances. Kommunale Einflußnahme auf den Staat in Frankreich im 16. Jahrhundert, in: Gemeinde und Staat im alten Europa, hrsg. v. Peter Blickle (Historische Zeitschrift, NF, Beih. 25), München 1998, 23–68.

Holenstein, André: Bittgesuche, Gesetze und Verwaltung. Zur Praxis „guter Policey" in Gemeinde und Staat des Ancien Régime am Beispiel der Markgrafschaft Baden(-Durlach), in: Gemeinde und Staat im alten Europa, hrsg. v. Peter Blickle (Historische Zeitschrift, NF, Beih. 25), München 1998, 325–357.

Holenstein, André: „Gute Policey" und lokale Gesellschaft im Staat des Ancien Régime. Das Fallbeispiel der Markgrafschaft Baden(-Durlach) (Frühneuzeitforschungen, Bde. 9.1 u. 9.2), Tübingen 2003.

Holenstein, André: Kommunikatives Handeln im Umgang mit Policeyordnungen. Die Markgrafschaft Baden im 18. Jahrhundert, in: Staatsbildung als kultureller Prozess. Strukturwandel und Legitimation von Herrschaft in der Frühen Neuzeit, hrsg. v. Ronald G. Asch / Dagmar Freist, Köln / Weimar / Wien 2005, 191 – 208.

Kalipke, Andreas: Weitläufftigkeiten und Bedencklichkeiten – die Behandlung konfessioneller Konflikte am Corpus Evangelicorum. Kulturwissenschaftliche Perspektiven, in: Zeitschrift für Historische Forschung 35 (2008), 405 – 447.

Kielmansegg, Peter Graf: Legitimität als analytische Kategorie, in: Politische Vierteljahrsschrift 12 (1971), 367 – 401.

Kieser, Alfred / *Walgenbach,* Peter: Organisation, 5. Aufl., Stuttgart 2007.

Kieserling, André: Kommunikation unter Anwesenden. Studien über Interaktionssysteme, Frankfurt am Main 1999.

Krappmann, Lothar: Soziologische Dimensionen der Identität. Strukturelle Bedingungen für die Teilnahme an Interaktionsprozessen, 10. Aufl., Stuttgart 2005.

Lau, Thomas: Bürgerunruhen und Bürgerprozesse in den Reichsstädten Mühlhausen und Schwäbisch Hall in der frühen Neuzeit, Bern u. a. 1999.

Luhmann, Niklas: Funktionen und Folgen formaler Organisation, 5. Aufl., Berlin 1999 [1964].

Luhmann, Niklas: Zweckbegriff und Systemrationalität. Über die Funktion von Zwecken in sozialen Systemen, Frankfurt am Main 1973 [1968].

Luhmann, Niklas: Legitimation durch Verfahren, 3. Aufl., Frankfurt am Main 1993 [1969].

Luhmann, Niklas: Mein Mittelalter, in: Rechtshistorisches Journal 10 (1991), 66 – 70.

Luhmann, Niklas: Rechtssoziologie, 3. Aufl., Opladen 1987 [1980].

Luhmann, Niklas: Selbstlegitimation des Staates, in: Legitimation des modernen Staates, hrsg. v. Norbert Achterberg / Werner Krawietz (Archiv für Rechts- und Sozialphilosophie, Beih. 15), Wiesbaden 1981, 65 – 83.

Luhmann, Niklas: Die Wissenschaft der Gesellschaft, Frankfurt am Main 1990.

Luhmann, Niklas: Das Recht der Gesellschaft, Frankfurt am Main 1993.

Luhmann, Niklas: Protest. Systemtheorie und soziale Bewegungen, hrsg. v. Kai-Uwe Hellmann, Frankfurt am Main 1996.

Luhmann, Niklas: Organisation und Entscheidung, 2. Aufl., Wiesbaden 2006 [2000].

Luhmann, Niklas: Rationalität in der modernen Gesellschaft, in: *ders.,* Ideenrevolution. Beiträge zur Wissenssoziologie, hrsg. v. André Kieserling, Frankfurt am Main, 2008, 186 – 233.

Luhmann, Niklas: Politische Soziologie, hrsg. v. André Kieserling, Berlin 2010.

Machura, Stefan: Niklas Luhmanns „Legitimation durch Verfahren" im Spiegel der Kritik, in: Zeitschrift für Rechtssoziologie 14, 1993, 96 – 114.

March, James G.: A Primer on Decision Making. How Decisions Happen, New York 1994.

March, James G. / *Simon,* Herbert A.: Organizations, New York / London / Sidney 1958.

Meyer, John W. / *Rowan,* Brian: Instituionalized Organizations. Formal Structure as Myth and Ceremony, in: American Journal of Sociology 83 (1977), 340 – 363.

Münch, Richard: Legitimität und politische Macht, Opladen 1976.

Nipperdey, Justus: „Intelligenz“ und „Staatsbrille“. Das Ideal der vollkommenen Information in ökonomischen Traktaten des 17. und frühen 18. Jahrhunderts, in: Informationen in der Frühen Neuzeit. Status, Bestände, Strategien, hrsg. v. Arndt Brendecke / Markus Friedrich / Susanne Friedrich (Pluralisierung und Autorität, 16), Berlin 2008, 277 – 300.

Nubola, Cecilia / *Würgler,* Andreas (Hrsg.): Formen der politischen Kommunikation in Europa vom 15. bis 18. Jahrhundert. Suppliken, Gravamina, Briefe / Forme della comunicazione politica in Europa nei secoli XV – XVIII. Suppliche, gravamina, lettere (Jahrbuch des italienisch-deutschen historischen Instituts in Trient, Beiträge / Annali dell'istituto storico italo-germanico in Trento, Contributi, 14), Bologna / Berlin 2004.

Oexle, Otto Gerhard: Luhmanns Mittelalter. Rezension zu N. Luhmann, Gesellschaftsstruktur und Semantik, Bd. 3, in: Rechtshistorisches Journal 10 (1991), 53 – 66.

Ortmann, Günther: Als Ob. Fiktionen und Organisationen, Wiesbaden 2004.

Rehberg, Karl-Siegbert: Institutionen als symbolische Ordnungen. Leitfragen und Grundkategorien zur Theorie und Analyse institutioneller Mechanismen, in: Die Eigenart der Institutionen. Zum Profil politischer Institutionentheorie, hrsg. v. Gerhard Göhler, Baden-Baden 1994, 47 – 84.

Rehberg, Karl-Siegbert: Weltrepräsentanz und Verkörperung. Institutionelle Analyse und Symboltheorien. Eine Einführung in systematischer Absicht, in: Institutionalität und Symbolisierung, hrsg. v. Gert Melville, Köln / Weimar / Wien 2001, 3 – 49.

Reinhard, Wolfgang: Geschichte der Staatsgewalt. Eine vergleichende Verfassungsgeschichte Europas von den Anfängen bis zur Gegenwart, München 1999.

Reinhard, Wolfgang: Zusammenfassung: Staatsbildung durch „Aushandeln“?, in: Staatsbildung als kultureller Prozess. Strukturwandel und Legitimation von Herrschaft in der Frühen Neuzeit, hrsg. v. Ronald G. Asch / Dagmar Freist, Köln / Weimar / Wien 2005, 429 – 438.

Rublack, Ulinka: Frühneuzeitliche Staatlichkeit und lokale Herrschaftspraxis in Württemberg, in: Zeitschrift für Historische Forschung 24 (1997), 347 – 376.

Sailer, Rita: Untertanenprozesse vor dem Reichskammergericht. Rechtsschutz gegen die Obrigkeit in der zweiten Hälfte des 18. Jahrhunderts, Köln / Weimar / Wien 1999.

Schaal, Gary S.: Faktoren der gesellschaftlichen Akzeptanz von Entscheidungen des Bundesverfassungsgerichts. Empirische und theoretische Aspekte (Dresdner Beiträge zur Politischen Theorie und Ideengeschichte, 7), Dresden 1999.

Scheffers, Thomas / *Michaeler,* Matthias / *Schank,* Jan: Starke und schwache Verfahren. Zur unterschiedlichen Funktionsweise politischer Untersuchungen am Beispiel der englischen „Hutton Inquiry“ und des „CIA-Ausschusses“ der EU, in: Zeitschrift für Soziologie 37 / 5 (2008), 423 – 444.

Schlaak, Alexander: An den Grenzen des Machbaren. Zur Entwicklung von Schriftlichkeit in frühneuzeitlichen Reichsstädten am Beispiel des Esslinger Supplikenwesens, in: Esslinger Studien 44 (2005), 63 – 83.

Schlögl, Rudolf: Kommunikation und Vergesellschaftung unter Anwesenden. Formen des Sozialen und ihre Transformation in der Frühen Neuzeit, in: Geschichte und Gesellschaft 24 (2008), 155–224.

Schulze, Winfried: Bäuerlicher Widerstand und feudale Herrschaft, Stuttgart/Bad Canstatt 1980.

Sikora, Michael: Der Sinn des Verfahrens. Soziologische Deutungsangebote, in: Vormoderne politische Verfahren, hrsg. v. Barbara Stollberg-Rilinger (Zeitschrift für Historische Forschung, Beih. 25), Berlin 2001, 25–51.

Sikora, Michael: Formen des Politischen. Der frühmoderne deutsche Reichstag in systemtheoretischer Perspektive, in: Geschichte und Systemtheorie, hrsg. v. Frank Becker, Frankfurt am Main 2004, 157–184.

Simon, Herbert A.: Administrative Behaviour. A Study of Decision-Making Process in Administrative Organizations, New York 1945.

Stollberg-Rilinger, Barbara (Hrsg.): Vormoderne politische Verfahren (Zeitschrift für Historische Forschung, Beih. 25), Berlin 2001.

Tacke, Veronika: Rationalität im Neo-Institutionalismus, in: Einführung in den Neo-Institutionalismus, hrsg. v. Konstanze Senge/Kai-Uwe Hellmann, Wiesbaden 2006, 89–101.

Troßbach, Werner: Untertantenprozesse am Reichshofrat, in: zeitenblicke 3:3 (2004), [http: //www.zeitenblicke.de/2004/03/trossbach/ndex.html] (Zugriff am: 03. 10. 2009).

Türk, Klaus/*Lemke,* Thomas/*Bruch,* Michael: Organisationen in der modernen Gesellschaft. Eine historische Einführung, 2. Aufl., Wiesbaden 2006.

Vismann, Cornelia: Akten. Medientechnik und Recht, 2. Aufl., Frankfurt am Main 2001.

Vollmer, Hendrik: Akzeptanzbeschaffung. Verfahren und Verhandlungen, in: Zeitschrift für Soziologie 25 (1996), 147–164.

Vorländer, Hans: Verfassung und Konsens. Der Streit um die Verfassung in der Grundlagen- und Grundgesetz-Diskussion der Bundesrepublik Deutschland. Untersuchungen zu Konsensfunktion und Konsenschance der Verfassung der pluralistischen und sozialstaatlichen Demokratie, Berlin 1981.

Walgenbach, Peter/*Meyer,* Renate: Neoinstitutionalistische Organisationstheorie, Stuttgart 2008.

Weber, Max: Wirtschaft und Gesellschaft, Grundriss der Verstehenden Soziologie, 5. Aufl., Tübingen 1976 [1922].

Weber, Max: Gesammelte Aufsätze zur Wissenschaftslehre, hrsg. v. Johannes Winckelmann, 7. Aufl., Tübingen 1988 [1968].

Weick, Karl E.: Sensemaking in Organizations, Thousand Oaks 1995.

Weitzel, Jürgen: Dinggenossenschaft und Recht. Untersuchungen zum Rechtsverständnis im fränkisch-deutschen Mittelalter, Köln 1985.

Westphal, Siegrid: Kaiserliche Rechtsprechung und herrschaftliche Stabilisierung. Reichsgerichtsbarkeit in den thüringischen Territorialstaaten. 1648–1806 (Quellen und Forschungen zur höchsten Gerichtsbarkeit im Alten Reich, Bd. 43), Köln/Weimar/Wien 2002.

Willoweit, Dietmar: Allgemeine Merkmale der Verwaltungsorganisation in den Territorien, in: Deutsche Verwaltungsgeschichte. Vom Reichsdeputationshauptschluss bis zur Auflösung des Deutschen Bundes, hrsg. v. Kurt Jeserich/Hans Pohl/Georg-Christoph von Unruh, Stuttgart 1983, 289–346.

Würgler, Andreas: Unruhen und Öffentlichkeit. Städtische und ländliche Protestbewegungen im 18. Jahrhundert (Frühneuzeitforschungen, Bd. 1), Tübingen 1995.

Würgler, Andreas: Desideria und Landesordnungen. Kommunaler und landständischer Einfluß auf die fürstliche Gesetzgebung in Hessen-Kassel 1650–1800, in: Gemeinde und Staat im alten Europa, hrsg. v. Peter Blickle (Historische Zeitschrift, NF, Beih. 25), München 1998, 149–207.

Zippellius, Reinhold: Zur Rechtfertigung des Mehrheitsprinzips in der Demokratie, Wiesbaden 1987.

Legitimation durch Verfahren in der Rechtswissenschaft

Von *Fabian Wittreck*, Münster

I. Die Soziologie vor den Toren der Jurisprudenz

„Soziologie vor den Toren der Jurisprudenz", das ist nicht nur der Titel eines berühmten Buches von Rüdiger Lautmann aus dem Jahre 1971[1], sondern auch das unter Juristen wohl treffendste Pendant zum römischen Wehgeschrei „Hannibal ad portas"[2]. Die teils bis heute nachklingende Erregung über Lautmanns Bubenstück[3] lässt freilich vergessen, dass bereits 1969 ein erstes Mal die Soziologie vor den Mauern der Zitadelle der Rechtswissenschaft erschienen war: Die Rede ist natürlich von Niklas Luhmanns nicht weniger berühmtem Buch „Legitimation durch Verfahren"[4]. Auch in diesem Falle kam die Attacke aus der Feder eines Renegaten, noch dazu eines ehemaligen Verwaltungsjuristen[5], und damit einer Spezies, deren ganze Disposition sie doch eigentlich vom Nachsinnen über grundstürzende Neuerungen abhalten sollte[6].

Die Herausforderung, die in den Thesen Luhmanns lag, wurde sogleich erkannt und benannt – prominent etwa von Wolf Lepenies[7]. Nicht anders als beim Buch von Lautmann war die Reaktion ganz einhellig durch Ab-

---

1 *Lautmann*, Soziologie vor den Toren der Jurisprudenz, Stuttgart u. a. 1971.

2 *Cicero*, I. Philipische Rede 11 (Die politischen Reden, Bd. III, 18): *Hannibal, credo, erat ad portas (...)*. Vgl. *ders.*, De finibus bonorum et malorum 4.(9).22 (Von den Grenzen im Guten und Bösen) 310: *(...) si Hannibal ad portas venisset.*

3 Siehe nur die einleitenden Bemerkungen bei *Machura*, Rechtssoziologie in der Juristenausbildung, 953–957, 953.

4 *Luhmann*, Legitimation durch Verfahren; im Folgenden wird nach der 3. Aufl., Frankfurt a. M. 1993 zitiert. – Nach der Einschätzung von *Dreier*, Niklas Luhmanns Rechtsbegriff, 322, ist der Band „seine im juristischen Schrifttum vermutlich meistzitierte Schrift". Der Einschätzung von *Calliess*, Systemtheorie: Luhmann / Teubner, 57 Anm. 1, der Band sei „[u]nter Juristen besonders erfolgreich", kann der Verfasser allerdings nicht zustimmen.

5 Zur Vita Luhmanns vgl. nur die Angaben in: *Luhmann*, Zur soziologischen Beobachtung des Rechts, 48.

6 Vgl. zu den speziellen „Werthaltungskomplexe[n]" der Verwaltungsjuristen die Untersuchung von *Lange / Luhmann*, Juristen – Berufswahl und Karrieren, 113–162, 134.

7 *Lepenies*, in: Frankfurter Allgemeine Zeitung Nr. 127 v. 5.6. 1970, 27.

wehr gekennzeichnet[8]: Joachim Heidorn sprach von „Verfahren statt Legitimation“[9], und Josef Esser legte in seinem einflussreichen Werk „Vorverständnis und Methodenwahl in der Rechtsfindung“ eingehend dar, dass und warum Luhmanns Ansatz für die Rechtswissenschaft weder anschlussfähig noch überhaupt zulässig sei; er habe, so der Vorwurf, ein „Instrument interessenblinder Institutionendarstellung“[10] geschmiedet. Diese Einschätzung darf bis in die Gegenwart hinein als vorherrschende gelten.

Während etwa die Systemtheorie als Theorieangebot in der Jurisprudenz sehr wohl angekommen ist und zumindest in ambitionierteren Arbeiten berücksichtigt wird[11], bleiben direkte Rekurse auf „Legitimation durch Verfahren“ ausgesprochen selten. Das belegt auch der Blick in die gängigen Lehrbücher zur Rechtssoziologie und Rechtstheorie[12]: Luhmann und die Systemtheorie werden hier im einleitenden historischen Rückblick als „wichtige Vertreter“ museal entsorgt[13] (oder in Luhmanns eigenen Worten „symbolisch entschärft“[14]); „Legitimation durch Verfahren“ in diesem Rahmen als epochales Werk erwähnt, aber nicht weiter fruchtbar gemacht[15].

Ich will im Folgenden zunächst die Gründe für diese bislang verweigerte Rezeption darlegen (II). Danach gilt es, den Blick auf neuere Entwicklungen in der Rechtswissenschaft zu richten, die zwar in ihrer Mehrzahl nicht explizit Anschluss an Luhmann suchen[16], aber Ausdruck einer Neubewertung des Verfahrensmoments sind, die zumindest Denkanstöße aus „Legitimation durch Verfahren“ aufnimmt. Allerdings werden wir sehen, dass gerade

---

8 So auch das Fazit von *Luhmann,* Vorwort zur Neuauflage (1975), in: ders., Legitimation durch Verfahren, 1–8, 1: „Der Versuch wurde als eine Herausforderung für die Juristen angezeigt und hat wohl nicht nur auf Juristen so gewirkt.“ – Gleichsinnig die Einschätzungen von *Machura,* Niklas Luhmanns „Legitimation durch Verfahren“ im Spiegel der Kritik, 106; *Henze,* Lernen durch Verfahren?, 84 f. Positive Ausnahme ist wohl die freundliche Besprechung von *Hagen,* Legitimation durch Verfahren, 485 ff.

9 *Heidorn,* Legitimität und Regierbarkeit, 118.

10 *Esser,* Vorverständnis und Methodenwahl in der Rechtsfindung, 209. – Vgl. zur Kritik von Esser die Replik von *Luhmann,* Legitimation durch Verfahren, 3 f.

11 Nur zwei aktuelle Beispiele aus unterschiedlichen Teildisziplinen des Rechts: *Möllers,* Gewaltengliederung, 94 ff. u. passim; *Theile,* Wirtschaftskriminalität und Strafverfahren.

12 Die disziplinäre Zuordnung bereitet bezeichnenderweise einige Schwierigkeiten.

13 Beispielhaft *Raiser,* Grundlagen der Rechtssoziologie, 119 ff.; vgl. auch *Vesting,* Rechtstheorie, 108 ff.

14 *Luhmann,* Legitimation durch Verfahren, 119.

15 Nochmals *Raiser,* Grundlagen der Rechtssoziologie, 132 f.

16 Ausnahmen bestätigen die Regel und erfolgen regelmäßig nach einem Schema, das schon infolge seiner methodischen Defizite auffällig wirkt: Statt eines präzisen Fußnotennachweises (geschweige denn einer genauen Seitenangabe) erfolgt die bloße Berufung auf die Maxime „Legitimation durch Verfahren“, versehen mit dem Klammerzusatz „Luhmann“. Siehe als Beispiel für diese Handhabung etwa *Fromm,* Aussichten auf das deutsche Inhalts- und Bestandsschutzrecht, 1551.

im rechtspolitischen Bereich auch gegenläufige Tendenzen auszumachen sind, die auf eine substantielle Schwächung von Verfahrenselementen zielen (III). Am Ende steht die Frage nach der Funktion, die der Topos „Legitimation durch Verfahren" heute in der Rechtswissenschaft erfüllt (IV).

II. Rezeptionshürden für das Konzept „Legitimation durch Verfahren"

Woher rührt die eingangs geschilderte einhellige Ablehnung? Nur hinweisen möchte ich auf die nach wie vor nicht zu unterschätzenden unterschwelligen Animositäten gegenüber der Soziologie im Allgemeinen[17] und der Systemtheorie im Besonderen[18] – die Jurisprudenz hat ein phänomenales Gedächtnis für Versuche, ihr die Deutungshoheit streitig zu machen. Ansatzpunkte sollen stattdessen die beiden Bestandteile der Maxime „Legitimation durch Verfahren" sein:

Hier ist auf der einen Seite die „Legitimation" für die bundesdeutsche Rechtswissenschaft fest mit der Rechtsprechung des Bundesverfassungsgerichts zur demokratischen Legitimation verschweißt (1). Auf der anderen Seite bringt die Luhmannsche Betonung des Verfahrensaspekts die latente Geringschätzung der formalen Aspekte des Rechts unter Rechtfertigungsdruck, die für die praktische Arbeit des Juristen unverzichtbar ist (2).

1. Das bundesverfassungsgerichtliche Konzept der demokratischen Legitimation

Mit der „Legitimation" hat Luhmann nicht nur einen Terminus neu zu deuten versucht[19], der die Last von ganzen Generationen Rechts- und Staatsphilosophie zu schultern hat[20], sondern gerade in der deutschen Wissenschaft vom öffentlichen Recht prominent und noch dazu eindeutig besetzt ist. Gemeint ist die vom Bundesverfassungsgericht entwickelte Lehre von der demokratischen Legitimation aller Staatsgewalt[21]. Ich will

---

17 Dazu *Dreier,* Einleitung, 1–7, 3 f. sowie zuletzt luzide *Wrase,* Rechtssoziologie und Law and Society, 289–312, 298 f.

18 Zur Anschlussfähigkeit der Systemtheorie vgl. die Übersichtsdarstellungen von *Di Fabio,* Luhmann im Recht, 139 ff. sowie *Vesting,* Kein Anfang und kein Ende, 302 ff.; siehe auch *Dreier,* Niklas Luhmanns Rechtsbegriff, 319 ff.

19 *Luhmann,* Legitimation durch Verfahren, 27 ff.; dazu die Detailkritik von *Heidorn,* Legitimität und Regierbarkeit, 73 ff.

20 Dazu nur der kompakte Überblick von *Würtenberger,* Art. Legitimität, Legalität, 677 ff.

21 Im Überblick *Böckenförde,* Demokratie als Verfassungsprinzip, § 24 Rn. 11 ff.; *Schmidt-Aßmann,* Das allgemeine Verwaltungsrecht als Ordnungsidee, 89 ff.; *Hanebeck,* Bundesverfassungsgericht und Demokratieprinzip, 901–909, 904 ff.; *Dreier,*

diese zunächst skizzieren und darlegen, warum Luhmanns Verständnis von Legitimation in ihr keinen Platz hat; danach gilt es die neueste Entwicklung zu betrachten, die einige aufschlussreiche Änderungen mit sich gebracht hat.

Ausgangspunkt des Bundesverfassungsgerichts ist der Grundsatz, dass jede Form von Staatsgewalt demokratischer Legitimation bedarf, sich also auf den Willen des Volkes zurückführen lassen muss[22]. Das auch und gerade von Luhmann scharf herausgearbeitete Problem, dass jede solche Zuschreibung letztlich hochgradig fiktiv ist[23], sucht das Gericht zu umgehen, indem es drei Arten der Legitimationsvermittlung unterscheidet, die gemeinsam ein hinreichendes Legitimationsniveau und damit einen tatsächlichen Einfluss des Volkes auf die Ausübung von Hoheitsgewalt sicherstellen sollen[24]. Näher sind dies die funktionell-institutionelle Legitimation (sie fragt danach, ob Träger bzw. Formen der Ausübung von Staatsgewalt in der Verfassung vorgesehen sind, etwa die Gerichte [Art. 92 ff. GG] oder die Bundesbank [Art. 88 S. 1 GG])[25] und die materiell-inhaltliche Legitimation (sie ist gewährleistet, wenn und soweit das staatliche Handeln durch Parlamentsgesetze und die Aufsicht der dem Parlament verantwortlichen Regierung gesteuert wird)[26]. Zentralfigur ist schließlich drittens die personelle Legitimation; sie ist gegeben, wenn der handelnde Amtsträger seinen Posten auf eine Kette von Berufungsakten zurückführen kann, die beim Volk endet[27]. Diese sprichwörtliche „Legitimationskette" wird wie folgt gespannt: Das Volk wählt den Bundestag, der den Bundeskanzler, der wiederum den Bundesfinanzminister ernennt, aus dessen Hand schließlich der einzelne Zollinspektor vor Ort seine Urkunde erhält. Dass hier eine hochgradige Verdünnung, ja Fiktionalisierung des Volkseinflusses stattfindet, belegt ein einfaches Beispiel: Die Einsetzung der Rektorin der Universität Münster

---

Grundgesetz-Kommentar, Rn. 113 ff.; *Wittreck*, Die Verwaltung der Dritten Gewalt, 114 ff.; *Tschentscher*, Demokratische Legitimation der dritten Gewalt, 30 ff.

22 BVerfGE 77, 1–64, 40; 83, 60–81, 72; 93, 37–85, 66. Gestützt wird dies auf Art. 20 Abs. 2 GG: „Alle Staatsgewalt geht vom Volke aus. Sie wird vom Volke in Wahlen und Abstimmungen und durch besondere Organe der Gesetzgebung, der vollziehenden Gewalt und der Rechtsprechung ausgeübt."

23 *Luhmann*, Legitimation durch Verfahren, 174 ff.

24 BVerfGE 83, 60–81, 72; 93, 37–85, 67; 107, 59–103, 87; *Böckenförde*, Demokratie als Verfassungsprinzip, § 24 Rn. 14, 23; *Dreier*, Grundgesetz-Kommentar, Art. 20 (Demokratie), Rn. 117; kritisch *Tschentscher*, Demokratische Legitimation der dritten Gewalt, 58 ff.

25 Näher BVerfGE 49, 89–147, 125; 68, 1–111, 88 f.; dazu statt aller *Dreier*, Grundgesetz-Kommentar, Art. 20 (Demokratie), Rn. 114.

26 BVerfGE 83, 60–81, 72; 93, 37–85, 67; 107, 59–103, 88; *Böckenförde*, Demokratie als Verfassungsprinzip, § 24 Rn. 21 f.; *Tschentscher*, Demokratische Legitimation der dritten Gewalt, 54 ff.

27 BVerfGE 47, 253–285, 275 f.; 68, 1–111, 88; 77, 1–64, 40; 83, 60–81, 73; 93, 37–85, 66; 107, 59–103, 87; näher *Dreier*, Grundgesetz-Kommentar, Art. 20 (Demokratie), Rn. 115.

durch den Wissenschaftsminister wäre nach diesem Modell dem Grunde nach „demokratischer“ als ihre Wahl durch das im Senat repräsentierte „Universitätsvolk“[28]. Spötter haben nicht ohne Grund die Anklänge an das Theorem der apostolischen Sukzession kraft Weiheakt bemerkt[29].

Verständlich wird diese Rechtsprechung nur aus ihrem Kontext heraus, näher aus der Fragestellung, wogegen sie sich richtet. Sitz im Leben der Judikate sind die Debatte um die Mitbestimmung im öffentlichen Dienst, konkret um den Einfluss der Gewerkschaften auf die Erfüllung öffentlicher Aufgaben[30], sowie der Streit um die Beteiligung von Ausländern an der Legitimation deutscher Staatsgewalt[31]. In den einschlägigen Entscheidungen hat die Gerichtsmehrheit beiden Formen einer „Öffnung“ des Legitimations- bzw. Demokratiebegriffes eine klare Absage erteilt[32].

Bedeutsam ist ferner die Funktion dieser Legitimationslehre für die Rechtswissenschaft: Im Sinne Luhmanns erfüllt auch sie den Zweck der Komplexitätsreduktion; das Kardinalproblem demokratischer Legitimation wird mit ihrer Hilfe fast rechenhaft handhabbar[33]. Der dazu notwendige kategorische Ausschluss weiterer möglicher Legitimationsfaktoren (wie Betroffenenpartizipation, Akzeptanz der Entscheidungen etc.[34]) trägt dem Konzept die Bezeichnung als formales oder hierarchisches Demokratiemodell ein[35]. Er macht zugleich deutlich, dass und warum Luhmanns Erwägungen keinen Zugang finden können: Erstens zielt das Gericht auf genau die „normative Sinnbeziehung“, die der Soziologe gerade nicht herstellen will[36]. Und zweitens beschreibt er Legitimationsfaktoren, die wie

---

28 Zur Problematik sog. Teilvölker statt aller *Böckenförde,* Demokratie als Verfassungsprinzip, § 24 Rn. 31 f., 33 ff.

29 *Bryde,* Die bundesrepublikanische Volksdemokratie als Irrweg der Demokratietheorie, 305–330, 316.

30 Einschlägig sind namentlich BVerfGE 9, 268–291 – Bremer Personalvertretung sowie E 93, 37–85 – Mitbestimmungsgesetz Schleswig-Holstein. Aus der Kritik etwa *Rinken,* Demokratie und Hierarchie, 282–309, 304; abgewogene Gesamtdarstellung der Problematik durch *Ehlers,* Mitbestimmung in der öffentlichen Verwaltung, 180 ff.

31 Leitentscheidungen: BVerfGE 83, 37–59 – Ausländerwahlrecht Schleswig-Holstein; E 83, 60–81 – Ausländerwahlrecht Hamburg. Kritisch zur Abwehrhaltung beider Judikate namentlich *Bryde,* Die bundesrepublikanische Volksdemokratie als Irrweg der Demokratietheorie, 318 ff. u. passim.

32 Plädoyer für eine Öffnung des Demokratiebegriffs zuletzt namentlich bei *Tschentscher,* Demokratische Legitimation der dritten Gewalt, 112 ff., 189 ff. (dort auch w. N.).

33 *Dreier,* Grundgesetz-Kommentar, Art. 20 (Demokratie), Rn. 118; *Wittreck,* Die Verwaltung der Dritten Gewalt, 116.

34 Näher *Dreier,* Grundgesetz-Kommentar, Art. 20 (Demokratie), Rn. 118, 132 f.; zu den Gegenmodellen auch *Wittreck,* Die Verwaltung der Dritten Gewalt, 118 ff. (beide m. w. N.).

35 Zurückgehend auf *Schulze-Fielitz,* Wirkung und Befolgung verfassungsgerichtlicher Entscheidungen, 385–420, 397.

36 Vgl. *Luhmann,* Legitimation durch Verfahren, 37.

der „ungestörte Lernprozess im sozialen System“ im versäulten Dreierschema des Gerichts Fremdkörper bleiben müssen[37].

Ich hatte von sich abzeichnenden Änderungen gesprochen. Tatsächlich hat das Bundesverfassungsgericht in seiner jüngsten einschlägigen Entscheidung erstmals eine Lockerung dieses rigiden Legitimationskonzepts vorgenommen[38]. Gegenstand des Beschlusses war das nordrhein-westfälische Gesetz zum Lippeverband, das Unternehmen und Kommunen am Unterlauf der Lippe zu einer Körperschaft zusammenfasst und dieser im Interesse der Koordination aller Nutzungsinteressen am Fluss zahlreiche wasserwirtschaftliche Befugnisse überträgt[39]. Stein des Anstoßes war einmal mehr die Mitgliedschaft von Arbeitnehmervertretern im zentralen Entscheidungsgremium; ihretwegen, so der Vorwurf, sei der Lippeverband nicht hinreichend personell legitimiert[40]. Unter Zugrundelegung seiner bisherigen Rechtsprechung hätte das Gericht das Gesetz aufheben müssen[41]. Das tat es aber nicht, und die Begründung überrascht: Das demokratische Prinzip sei „entwicklungsoffen“, insbesondere „offen für andere [...] Formen der Ausübung und Organisation von Staatsgewalt“[42], hier konkret die besondere Beteiligung der Betroffenen an der Entscheidungsfindung. Ohne dass die Karlsruher Richter an dieser Stelle explizit oder auch nur implizit auf Luhmann verweisen, taucht doch erkennbar der Gedanke auf, dass die Einbindung in das Entscheidungsverfahren als solche eine höhere Akzeptanz und damit einen Mehrwert erzeugt[43].

37 Von dieser gegenseitigen Sprachlosigkeit ist nochmals die Kritik zu unterscheiden, die Luhmanns Legitimationsbegriff aufgrund seiner fehlenden inhaltlichen Anreicherung auch und gerade von Juristen erfahren hat: vgl. hier etwa *Kielmannsegg,* Legitimität als politische Kategorie, 367–401, 367 f. u. passim; *Zippelius,* Legitimation im demokratischen Verfassungsstaat, 84–94, 87 f. sowie *Nehl,* Europäisches Verwaltungsverfahren und Gemeinschaftsverfassung, 204 ff.; zusammenfassend zu dieser und weiterer gleichgerichteter Kritik *Machura,* Legitimation durch Verfahren, 101 ff.

38 BVerfGE 107, 59–103 – Lippeverbandsgesetz.

39 Näher die Sachverhaltsschilderung in BVerfGE 107, 59–103, 62 ff.

40 Vgl. oben bei Anm. 20.

41 So auch der Vorlagebeschluss des Bundesverwaltungsgerichts: BVerwGE 106, 64–85.

42 BVerfGE 107, 59–103, 91; zustimmend *Hanebeck,* Bundesverfassungsgericht und Demokratieprinzip, 907; *Dreier,* Grundgesetz-Kommentar, Art. 20 (Demokratie), Rn. 117, 133 sowie zuletzt *Neumann,* Demokratieprinzip und funktionale Selbstverwaltung, 155–170, 167 ff.; Kritik hingegen von *Jestaedt,* Demokratische Legitimation, 649 ff.

43 So i. E. jetzt auch *Kingreen,* Legitimation und Partizipation im Gesundheitswesen, 113–121, 113, der vom „‚Mehrwert‘ eines geordneten Verfahrens“ spricht.

2. Latente Geringschätzung von Verfahren und Form

Die in der Überschrift enthaltene These muss zunächst irritieren, ja energischen Widerspruch auslösen: Wer, wenn nicht die Juristen, insistiert mit einer an Unerbittlichkeit grenzenden Penetranz auf der Einhaltung von Form- und Verfahrensvorschriften? Und wahrscheinlich hat mancher Wissenschaftler einen konkreten Vertreter des Fachs aus der Universitätsverwaltung vor Augen, von dem er sich in der Behandlung eines Einzelfalls vielleicht ein wenig mehr Geringschätzung von Form- und Verfahrensvorschriften gewünscht hätte. Gleichwohl glaube ich meine These gegen alle Evidenz des Alltags begründen zu können. Dazu muss ich erläutern, welchen Standort und welchen Stellenwert die Prüfung von Verfahrensfragen in der Arbeit des Juristen hat.

Bei der Prüfung eines Rechtsakts, sei es ein Gesetz oder ein sog. Verwaltungsakt, also eine Einzelfallentscheidung einer Behörde, unterscheiden wir zunächst die formelle von der materiellen Rechtmäßigkeit[44]. Die Prüfung der formellen Rechtmäßigkeit wird in einem klassischen Dreischritt weiter differenziert nach Zuständigkeit, Verfahren und Form[45]. „Zuständigkeit" fragt danach, wer den jeweiligen Rechtsakt erlassen darf (Bund oder Land, Arbeitsagentur oder Sozialamt u.s.f.). „Verfahren" meint die ordnungsgemäße Abarbeitung der Vorschriften für das Zustandekommen des Rechtsaktes (also in der Gesetzgebung auf Bundesebene die formgerechte Mitwirkung des Bundesrates[46], im Verwaltungsrecht insbesondere die Anhörung des Bürgers). Unter „Form" fallen schließlich Erfordernisse der Schriftlichkeit oder der Begründung[47].

Die materielle Rechtmäßigkeit ist demgegenüber gegeben, wenn und soweit der Rechtsakt mit höherrangigem Recht inhaltlich übereinstimmt[48]; das ist etwa dann nicht der Fall, wenn ein Gesetz gegen Grundrechte

---

[44] Übersichtlich für das Verwaltungsrecht *Maurer,* Allgemeines Verwaltungsrecht, § 10 Rn. 2, 9 ff., 14 ff.; für das Staatsrecht vgl. *Gersdorf,* Verfassungsprozessrecht und Verfassungsmäßigkeitsprüfung, Rn. 183 ff.

[45] Eingehend jüngst *Sachs,* Zur formellen Rechtswidrigkeit von Verwaltungsakten, 573 ff.

[46] Bekanntestes Beispiel für einen ausnahmsweise erheblichen Verfahrensfehler ist die Abstimmung über das Zuwanderungsgesetz, die vom Bundesverfassungsgericht für verfassungswidrig erachtet wurde; siehe BVerfGE 106, 310–337 und zur Debatte im Vorfeld die Dokumentation: Abstimmungskonflikt im Bundesrat im Spiegel der Staatsrechtslehre, hrsg. v. Hans Meyer, Baden-Baden 2003. – Bemerkenswert ist, dass im Rahmen dieser Debatte das Verdikt des Verfassungsverstoßes ausdrücklich auf die Maxime „Legitimation durch Verfahren" gestützt wird: so – allerdings ohne Nennung Luhmanns – *Starck,* Legitimation politischer Entscheidungen durch Verfahren, 81–91, 87.

[47] Einschlägige Vorschriften sind niedergelegt in §§ 37 und 39 VwVfG bzw. für Bundesgesetze in Art. 82 GG.

[48] Siehe nur *Peine,* Allgemeines Verwaltungsrecht, Rn. 663 ff.

verstößt oder ein Verwaltungsakt ergeht, obwohl die vom Gesetz vorgesehenen Voraussetzungen nicht erfüllt sind.

Zentral ist nun die Frage nach den Folgen möglicher Fehler: während materielle Verstöße in der Regel zur Aufhebung des Rechtsaktes führen, ist das bei formellen ebenso regelmäßig nicht der Fall[49]. Vielmehr sind Verfahrensfehler entweder ganz unbeachtlich oder können im Juristendeutsch „geheilt" werden, sofern sie sich nicht auf das Ergebnis ausgewirkt haben (und davon gehen die deutschen Gerichte und Behörden – anders als ihre Pendants in Frankreich oder Großbritannien – im Zweifelsfall nicht aus[50]). Mit anderen Worten: solange der Rechtsakt inhaltlich richtig oder wenigstens vertretbar erscheint, sehen Juristen über Verfahrens- und Formfehler gerne hinweg (das typische Argument lautet, dass es sinnwidrig sei, etwa einen Verwaltungsakt wegen Verfahrensfehlern aufzuheben, wenn er mit identischem Inhalt sogleich wieder erlassen werden könnte oder sogar müsste[51]). Dahinter steckt natürlich genau die „Ergebnisseligkeit"[52], die Luhmann kritisiert[53]. Ausdruck dieses Denkens sind etwa die Heilungs- und Unbeachtlichkeitsvorschriften des Verwaltungsverfahrens- und des Baugesetzbuches[54]. Hierher gehört auch der Hinweis, dass Verstöße gegen die Geschäftsordnung des Bundestages generell ohne Auswirkung auf die Rechtmäßigkeit von Gesetzen oder anderen Rechtsakten bleiben, sofern

49 Eingehend *Hufen,* Fehler im Verwaltungsverfahren, Rn. 492 ff.; siehe ferner *Sodan,* Unbeachtlichkeit und Heilung von Verfahrens- und Formfehlern, 729–738, 729 ff.; *Schenke,* Die Heilung von Verfahrensfehlern, 592–610, 592 ff.; *Durner,* Die behördliche Befugnis zur Nachbesserung fehlerhafter Verwaltungsakte, 345–380, 346 ff.

50 Die deutsche Rechtsprechung neigt sogar in der jüngeren Entwicklung dazu, sich noch stärker am (vermeintlich) richtigen Ergebnis zu orientieren, so zumindest die Beobachtung zweier ausgewiesener Sachkenner: *Ziekow,* Von der Reanimation des Verfahrensrechts, 263–267, 264 sowie *Hufen,* Das VwVfG nach 30 Jahren, 38–55, 51. – Zur französischen und britischen Praxis, die bei der materiellen Prüfung sehr zurückhaltend verfährt, dafür aber die strenge Einhaltung von Verfahrensvorschriften anmahnt, siehe nur die rechtsvergleichende Darstellung *Sydow / Neidhart,* Verwaltungsinterner Rechtsschutz, 72 ff., 94 ff.

51 Auch „Steine statt Brot-Argument" genannt: mokante Zusammenfassung bei *Hufen,* Das VwVfG nach 30 Jahren, 49.

52 Ebd., 41.

53 Vgl. *Luhmann,* Legitimation durch Verfahren, 13 u. ö. mit dem Hinweis, dass das Verfahren nach dem von ihm beschriebenen Modell gerade nicht der Gewährleistung eines inhaltlich richtigen oder „wahren" Ergebnisses dient.

54 Der Hinweis auf §§ 45 f. VwVfG und §§ 214 f. BauGB auch bei *Knill / Winkler,* Konvergenz oder Divergenz nationaler Rechts- und Verwaltungsstrukturen?, 1–29, 11, 16 f. – § 45 VwVfG erlaubt die sog. Heilung von Form- und Verfahrensfehlern, indem der fehlende Rechtsakt nachgeholt wird; § 46 VwVfG erklärt generell solche Rechtsverstöße für unbeachtlich, die sich nicht auf das Ergebnis ausgewirkt haben (können). §§ 214 f. BauGB enthalten eine lange Liste von Rechtsverstößen, die in der gerichtlichen Prüfung einer Satzung nach dem BauGB (typischerweise sog. Bebauungspläne, s. u. III.3.b) unbeachtlich sind, also nicht zur Folge haben, dass das Gericht die Satzung ihretwegen für unwirksam erklärt. Die Mechanismen schildert näher *Lorenz,* Verfahrensvorschriften und Fehlerfolgen; knappe Zusammenfassung bei *Hufen,* VwVfG nach 30 Jahren, 49 ff.

nicht ausnahmsweise zugleich in der Verfassung garantierte Minderheiten- oder Abgeordnetenrechte verletzt sind[55].

Diese zunächst überraschende Minderung der Wirkkraft von Vorschriften des geltenden Rechts erfüllt für die Rechtspraxis eine wichtige Funktion[56]: Neben der schlichten Entlastung geht es auch hier um die Reduzierung von Komplexität durch die Beschränkung der Prüfung auf (vermeintlich) Wesentliches. Gleichwohl steht damit jede Verfahrensvorschrift unter dem Vorbehalt der sachlichen Richtigkeit der Entscheidung, die sie nicht beachtet hat. Verfahrensrecht ist Recht eines latent geringeren Ranges[57]; dass ausgerechnet seine Anwendung Legitimation (wie auch immer sie verstanden sein mag) vermitteln soll, erschließt sich dem Juristen daher nicht auf Anhieb.

III. Legitimation und Delegitimation von Verfahren in Teildisziplinen der Rechtswissenschaft

Das bis hierhin gezeichnete Bild der rechtswissenschaftlichen Rezeption von „Legitimation durch Verfahren" ist trist. Über den jüngsten Wandel in der Rechtsprechung des Bundesverfassungsgerichts hinaus[58] gibt es aber noch weitere Aufhellungen am Horizont zu verzeichnen, die ich im Folgenden anhand von Beispielen aus verschiedenen juristischen Disziplinen erläutern will.

Vorab gilt es zwei Überlegungen vor die Klammer zu ziehen.

Erstens ist darauf hinzuweisen, dass die beschriebenen Deutungsversuche ganz überwiegend nicht explizit Anschluss an Luhmanns Konzept suchen. Sie lassen sich aber sachgerecht als systeminterne Verarbeitung von Irritationen durch seine These deuten. Man kann von „Legitimation durch Verfahren im weiteren Sinne" sprechen, wenn man darunter Überlegungen in der Rechtswissenschaft versteht, die dem Verfahren neue Leistungen zuschreiben, die zumindest Überschneidungen mit Luhmanns Programm aufweisen[59].

55 Näher (und kritisch) *Mengel,* Gesetzgebung und Verfahren, 326 ff. – Ein bemerkenswertes Plädoyer für die Ernstnahme des Gesetzgebungsverfahrens haben zuletzt *Hölscheidt / Menzenbach,* Das Gesetz ist das Ziel, 139 ff. vorgelegt (dort auch w. N. zum Stand der Debatte).

56 Siehe zum positiven Sinn der Heilungs- und Unbeachtlichkeitsvorschriften *Kment,* Die Stellung nationaler Unbeachtlichkeits-, Heilungs- und Präklusionsvorschriften im europäischen Recht, 204 f.

57 Zusammenfassend *Schmidt-Aßmann,* Ordnungsidee, 356; *Pfeffer,* Das Recht auf eine gute Verwaltung, 226 f.

58 Oben bei und in Anm. 21 ff.

59 Ähnlich das Fazit von *Machura,* Legitimation durch Verfahren, 113. – Eine Betonung des Verfahrensmoments unter – wiederum nicht ausdrücklicher – Abgrenzung von Luhmanns Konzept findet sich bei *Rüssel,* Zukunft des Widerspruchsverfahrens,

Dieses Näheverhältnis lässt sich zweitens darauf stützen, dass den zu beschreibenden Phänomenen wenn nicht ein Paradigmenwechsel, so doch eine Besinnung auf den Eigenwert des Verfahrens zu Grunde liegt[60]. Anders gewendet dokumentieren sie ein wachsendes Unbehagen an der überkommenen Vorstellung, für jeden Fall lasse sich eine punktgenau inhaltlich richtige Entscheidung finden[61]. An ihre Stelle tritt mehr und mehr die Überzeugung, dass sich eine solche Punktlandung nicht garantieren lasse[62]. Gewährleisten könne die praktische Jurisprudenz ganz im Gegenteil eigentlich bestenfalls die korrekte Anwendung der Verfahrensvorschriften[63].

1. Rechtsphilosophie: Prozedurale Theorien der Gerechtigkeit

Dieser Perspektivenwechsel weg von der Substanz hin zum Procedere begegnet prominent in der Rechtsphilosophie, und zwar in Gestalt zahlreicher neuerer Versuche, die ewige Frage nach der Gerechtigkeit unter Zuhilfenahme von Verfahrensmomenten zu lösen. Entsprechende Entwürfe von „prozeduralen Gerechtigkeitstheorien" haben im deutschen Sprachraum etwa Arthur Kaufmann[64], Gralf-Peter Calliess[65] sowie zuletzt Axel Tschentscher[66] erörtert; das auf einem diskursiven Verfahren basierende Konzept von Jürgen Habermas schließlich gehört zwar thematisch hierher, darf aber guten Gewissens nicht für die Jurisprudenz reklamiert werden[67].

523–528, 524; konkret widerspricht die Verfasserin implizit Luhmanns These, das Verwaltungsverfahren solle von Legitimationsfunktionen freigehalten werden (vgl. *ders.*, Legitimation durch Verfahren, 211). Ähnliche Vorbehalte finden sich bei *Pfeffer,* Das Recht auf eine gute Verwaltung, 237 f.

60 Programmatisch *Würtenberger,* Akzeptanz durch Verwaltungsverfahren, 260 ff.

61 Sie begegnet im Verwaltungsrecht in Gestalt der „einzig richtigen Entscheidung" (kritisch *Hufen,* Verwaltungsprozessrecht, § 1 Rn. 38); in der allgemeinen Methodenlehre ist sie mit der Richtung der sog. Begriffsjurisprudenz verknüpft; siehe dazu jetzt die kritische Darstellung von *Haferkamp,* Georg Friedrich Puchta und die „Begriffsjurisprudenz".

62 Als „Lebenslüge" hat namentlich die verwaltungsrechtliche Lehre von der „einzig richtigen Entscheidung" schon früh *Meyer,* Die Kodifikation des Verwaltungsverfahrens und die Sanktion für Verfahrensfehler, 521 bezeichnet. – Viel grundsätzlicher ist in der Juristischen Methodenlehre anerkannt, dass die Vorstellung einer aus dem Gesetz nachvollziehbar ableitbaren „richtigen" Entscheidung des Einzelfalls hochgradig naiv ist; für diese skeptische Position statt aller die einflussreiche Schrift von *Esser,* Vorverständnis, 113 ff.

63 Derartige Bescheidung etwa bei *Würtenberger,* Akzeptanz, 262 f.; *Classen,* Strukturunterschiede zwischen deutschem und europäischem Verwaltungsrecht, 2459; vgl. auch *Kment,* Präklusionsvorschriften, 210.

64 *Kaufmann,* Prozedurale Theorien der Gerechtigkeit. Kaufmann geht es wohlgemerkt eher um die Darstellung der verschiedenen Theorieangebote als um die Begründung einer eigenen verfahrensbasierten Theorie der Gerechtigkeit.

65 *Calliess,* Prozedurales Recht, insb. 181 ff.

66 *Tschentscher,* Prozedurale Theorien der Gerechtigkeit, 309 ff.

Gemeinsam ist allen der Ausgangspunkt, dass sie eine normative Aussage dann und nur dann als gerecht ansehen, wenn sie das „Ergebnis eines durch bestimmte Bedingungen und Regeln ausgezeichneten Verfahrens ist“[68]. Mit anderen Worten nehmen sie Abschied von einer im Kern naturrechtlich fundierten inhaltlichen oder materiellen Bestimmung des objektiv Gerechten und suchen im Anschluss an Kant nach einem Verfahren der Erkenntnis von Gerechtigkeit[69].

Allerdings ist all' diesen Ansätzen auch gemein, dass sie sich zwar mit Luhmann auseinander-, zugleich aber klar und unmissverständlich von ihm absetzen[70]. Grund ist der im Kern unabweisbare Befund, dass dessen soziologische Lehre keinen Platz für einen normativ verstandenen Gerechtigkeitsbegriff hat; Otfried Höffe spricht insofern plastisch von einer „‚Gerechtigkeit' ohne Gerechtigkeit“[71]. Zugleich belegen diese Abgrenzungsversuche aber eindrucksvoll, dass Luhmann das „Urheberrecht“ für die Betonung des Verfahrensmoments zugesprochen wird.

2. *Rechtsgeschichte: Renaissance der Kanonistik*

Neue Aufmerksamkeit für die in dieser Form von Luhmann thematisierten Verfahrensgesichtspunkte kennzeichnet auch die historische Rechtswissenschaft; hier mögen Hinweise genügen. Neben der Neubewertung des Alten Reiches, dem nunmehr bescheinigt wird, nach 1648 durch rechtlich geregelte Verfahren eine funktionierende konfessionelle Friedensordnung geschaffen zu haben[72], erscheint mir hier das gerade in internationaler Perspektive gesteigerte Interesse am kanonischen Recht bemerkenswert[73] (wenn es auch national mit einer ebenso beispiellosen wie kurzsichtigen Streichungs- und Umwidmungswelle kirchenrechtlich ausgerichteter Lehrstühle an den juristischen Fakultäten einhergeht).

Worauf richtet sich dieses Interesse? Im Vordergrund steht die Bedeutung des kanonischen Verfahrensrechts für die Rezeption des gelehrten Rechts[74],

---

67 *Habermas*, Faktizität und Geltung, 151 ff., 468 ff.; dazu näher *Tschentscher*, Gerechtigkeit, 238 ff.

68 *Calliess*, Prozedurales Recht, 29.

69 Näher zur „kantischen Grundposition“ oder „Universalität“ als gemeinsamer Klammer *Tschentscher*, Gerechtigkeit, 198 f.

70 Deutlich *Tschentscher*, Gerechtigkeit, 149 f. (dort auch w. N.).

71 *Höffe*, Politische Gerechtigkeit, 183.

72 Statt vieler *Willoweit*, Deutsche Verfassungsgeschichte, 140 ff., 167 ff. u. ö.

73 Zu nennen ist in diesem Kontext insbesondere die im Entstehen begriffene „History of Medieval Canon Law“; bislang sind unter der Ägide der Hrsg. Wilfried Hartmann und Kenneth Pennington folgende Bände erschienen: *Kéry*, Canonical Collections of the Early Middle Ages; *Jasper / Fuhrmann*, Papal Letters in the Early Middle Ages.

aber auch für die Herausbildung moderner Ordnungsvorstellungen und Rechtsinstitute[75]. Max Webers vielzitierter Satz vom kanonischen Recht als „Führer auf dem Weg zur Rationalität"[76] gewinnt seine Plausibilität gerade aus dem Hinweis auf neue Beweis-, Abstimmungs-, Verhandlungs- und Wissenssicherungsverfahren des mittelalterlichen Kirchenrechts.

3. Rechtsdogmatik: Wiederentdeckung der Verfahrensdimension

Auch in der Rechtsdogmatik und damit der juristischen Teildisziplin mit der größten praktischen Relevanz finden sich Anzeichen dafür, dass die latente Höherschätzung der materiellen Entscheidung einer Besinnung auf den Eigenwert des Verfahrens Platz macht. Ich will das anhand von Beispielen aus drei Bereichen erläutern.

a) Grundrechtsdogmatik: Lebenslange Freiheitsstrafe

Beginnen wir mit der verfassungsgerichtlichen Rechtsprechung zu den Grundrechten. Hier hat sich der Rekurs auf die prozedurale Dimension der Grundrechte[77] regelrecht zum Passepartout für die Lösung schwieriger Abwägungsfragen zwischen kollidierenden Verfassungswerten entwickelt: Steht das Bundesverfassungsgericht vor der Aufgabe der Herstellung der vielzitierten „praktischen Konkordanz"[78] von Grundrechten oder anderen Werten von Verfassungsrang, so erweitert es durch die Einbeziehung von Verfahrensfragen seinen argumentativen Spielraum. Die Lösung zu Lasten der einen Seite wird dadurch kompensiert, dass für diese Eingriffe besondere verfahrensrechtliche Anforderungen gelten sollen. Systemtheoretisch gesprochen wird auf diese Weise Komplexität erhöht, indem das Abwägungsparallelogramm erweitert wird, das der gerichtlichen Entscheidung zu Grunde liegt.

---

74 In vieler Hinsicht grundlegend *Trusen*, Anfänge des gelehrten Rechts in Deutschland, 34 ff. – Vgl. ferner *Plöchl*, Geschichte des Kirchenrechts, 353 ff.; *Wieacker*, Privatrechtsgeschichte der Neuzeit, 71 ff.; *Berman*, Recht und Revolution, 144 ff., 327 ff.; *Brundage*, Medieval Canon Law, 120 ff.; *Di Fabio*, Staat und Kirche, 129 – 141, 133 ff. (vgl. aber auch die kritischen Anmerkungen von Andreas Thier, Diskussionsbeitrag, ebd., 145 ff.).

75 Dazu *Berman*, Recht, 405 ff.; *Landau*, Der Einfluss des kanonischen Rechts auf die europäische Rechtskultur, 49 ff.; zusammenfassend unlängst *Dreier*, Kanonistik und Konfessionalisierung, 137 f.

76 *Weber*, Rechtssoziologie, 237.

77 Allgemein zu dieser Kategorie *Dreier*, in: *ders.*, Grundgesetz-Kommentar, Vorb. Rn. 105; vgl. auch *Goerlich*, Grundrechte als Verfahrensgarantien.

78 Die Wendung geht zurück auf *Hesse*, Grundzüge des Verfassungsrechts der Bundesrepublik Deutschland, Rn. 317.

Illustriert sei das anhand der unlängst noch einmal bestätigten und verfeinerten Rechtsprechung zur lebenslangen Freiheitsstrafe für Mord[79]. Hier stehen sich das auf das Lebensrecht (Art. 2 Abs. 2 S. 1 GG) gestützte Sicherheitsinteresse der Gesellschaft auf der einen und das Recht auf Freiheit der Person (Art. 2 Abs. 2 S. 2 GG) sowie die Menschenwürde des Verurteilten (Art. 1 Abs. 1 GG) auf der anderen Seite gegenüber. Das Bundesverfassungsgericht hält in dieser Situation selbst die buchstäblich bis zum Lebensende fortdauernde Vollstreckung einer Haftstrafe für zulässig, sofern dem Verurteilten nur eine realistische Chance bleibt, jemals wieder die Freiheit zu erlangen[80]. Das aber erfordere prozedurale Absicherungen, also etwa die regelmäßige gerichtliche Überprüfung, ob die Gefährlichkeit des Täters die Fortdauer der Freiheitsentziehung weiterhin fordert. Gleichsinnige Versuche, eine argumentativ nicht weiter aufzulösende Kollisionslage durch die Formulierung von Verfahrensvorgaben zu entspannen, begegnen auch im Versammlungs-[81] und Datenschutzrecht[82] sowie in der Rechtsprechung zu Haftsachen[83].

b) Bauplanungsrecht: Bürger- und Behördenbeteiligung

Begeben wir uns nunmehr aus den lichten Höhen der Grundrechtsdogmatik in die Niederungen des besonderen Verwaltungsrechts, konkret des Bauplanungsrechts[84]. Im Zentrum dieses Rechtsgebiets steht die Frage, ob einzelne Bauvorhaben zulässig sind. Wichtigstes Steuerungsinstrument ist die Bauleitplanung, also die Aufstellung von Bebauungsplänen durch die Ge-

79 BVerfGE 117, 71–126; zuvor E 45, 187–271; 64, 261–285; vgl. dazu die Besprechungen bzw. Zusammenfassungen von *Arloth*, Strafzwecke im Strafvollzug, 403 ff.; *Kinzig*, Zur Verfassungsmäßigkeit der gefährlichkeitsbedingten Vollstreckung der lebenslangen Freiheitsstrafe und zu deren Anforderungen, 165 ff.

80 BVerfGE 117, 71–126, 95, 109; näher *Wittreck*, Freiheit der Person, § 147 Rn. 40.

81 Erstmals in der „Brokdorf"-Entscheidung: BVerfGE 69, 315–372, 355 ff.; dazu und zur weiteren Entwicklung der Rechtsprechung statt aller *Schulze-Fielitz*, in: *Dreier*, GG I, Art. 8 Rn. 113 f.

82 Jüngstes Beispiel für diese Vorgehensweise ist die Entscheidung des Bundesverfassungsgerichts zur Zulässigkeit von sog. Online-Durchsuchungen vom 27. Februar 2008 (Neue Juristische Wochenschrift 2008, 822–837, Rn. 257, 832), Hier heißt es: „Weiter muss eine Ermächtigung zum heimlichen Zugriff auf informationstechnische Systeme mit geeigneten gesetzlichen Vorkehrungen verbunden werden, um die Interessen des Betroffenen verfahrensrechtlich abzusichern. Sieht eine Norm heimliche Ermittlungstätigkeiten des Staates vor, die – wie hier – besonders geschützte Zonen der Privatheit berühren oder eine besonders hohe Eingriffsintensität aufweisen, ist dem Gewicht des Grundrechtseingriffs durch geeignete Verfahrensvorkehrungen Rechnung zu tragen (vgl. BVerfGE 118, 168–211). Insbesondere ist der Zugriff grundsätzlich unter den Vorbehalt richterlicher Anordnung zu stellen."

83 Zusammenfassend *Schulze-Fielitz*, in: *Dreier*, GG I, Art. 2 II Rn. 114 ff.

84 Gut zugängliche Überblicksdarstellungen dazu: *Oldiges*, Baurecht, 363–575, Rn. 22 ff.; *Krebs*, in: Besonderes Verwaltungsrecht, Rn. 73 ff.; eingehend *Birk*, Bauplanungsrecht in der Praxis.

meinde, in denen mehr oder minder detailliert geregelt wird, welche Teile des Gemeindegebiets für welche Art von Bebauung offen stehen und welche Anforderungen einzelne Bauten erfüllen müssen (bis hin zu Farbe und Neigungswinkel der Dächer).

Dieses Verfahren der Bauleitplanung hat 2006 eine grundlegende Novellierung erfahren[85], als deren Leitgedanken man wiederum den Übergang von der Dominanz der Ergebnisrichtigkeit zum Eigenwert der Verfahrensvorschriften bestimmen kann. Kern der Novelle sind Vorschriften zur Öffentlichkeits- und Behördenbeteiligung in §§ 3–4a Baugesetzbuch (BauGB)[86]. Danach ist den Gemeindebürgern, anderen Gemeinden sowie zuständigen Behörden ein Anspruch auf Unterrichtung über die Ziele eines neuen Bauleitplans sowie auf Erörterung seiner Vor- und Nachteile eingeräumt; eine Verletzung dieser Vorschriften macht den Bebauungsplan (mit eng gefassten Ausnahmen) unwirksam, § 214 Abs. 1 Nr. 2 BauGB[87]. Nach einhelliger Auffassung sollen diese Vorschriften nicht allein die Berücksichtigung möglichst vieler Gesichtspunkte in der abschließenden Abwägungsentscheidung (und damit wiederum mittelbar die Ergebnisgerechtigkeit) gewährleisten (vgl. dafür § 4a Abs. 1 BauGB), sondern zielen auf eine Steigerung der Akzeptanz der Planung durch Einräumung echter Mitwirkungsrechte für die Bürger.

c) Europarecht: Legitimationstranslation durch Indienstnahme des Bürgers

Die Novellierung des Baugesetzbuches leitet bereits zum dritten Punkt über, geht sie doch auf europarechtliche Vorgaben zurück[88]. In diesem Rechtsbereich lässt sich in der jüngsten Entwicklung der deutlichste Paradigmen- oder besser Politikwechsel weg von der Ergebnisrichtigkeit hin zur Verfahrensgerechtigkeit beobachten[89]. Dem liegt – soweit ersichtlich –

---

85 Im Überblick *Battis / Krautzberger / Löhr,* Die Änderungen des Baugesetzbuchs durch das Europarechtsanpassungsgesetz Bau (EAG Bau 2004), 2553–2559, 2553 ff.; *Kobor,* Ausbildungsrelevante Änderungen durch das Europarechtsanpassungsgesetz Bau, 1071 ff.; *Upmeier,* Einführung zu den Neuerungen durch das Europarechtsanpassungsgesetz Bau (EAG Bau), 1382–1392, 1382 ff.

86 Näher *Oldiges,* Baurecht, Rn. 64 ff.; Wolfgang Schrödter, in: Baugesetzbuch, § 3 Rn. 2a; *Battis,* in: *Battis / Krautzberger / Löhr,* Baugesetzbuch, Einl. Rn. 53 ff., § 3 Rn. 1 ff.; § 4 Rn. 1 f., § 4a Rn. 1 f.

87 Im Detail *Battis,* in: BauGB, § 214 Rn. 5 f.

88 Die Novelle firmiert als Europarechtsanpassungsgesetz Bau 2004 (BGBl. 2004 I 1359; vgl. oben Anm. 23); vgl. dazu noch *Krautzberger,* Zur Europäisierung des Städtebaurechts, 197 ff.

89 Zum „Eigenwert des Verfahrens" im Europarecht vgl. die Darstellungen von *Wahl,* Das Verhältnis von Verwaltungsverfahren und Verwaltungsprozessrecht in europäischer Sicht, 1285–1293, 1287 f.; *Kahl,* Grundrechtsschutz durch Verfahren in Deutschland und der EU, 8 ff.; *Ziekow,* Reanimation, 265 ff.; *Knill / Winkler,* Konvergenz, 5, 10 f., 16 f.; *Kment,* Präklusionsvorschriften, 203 ff.; *Pfeffer,* Recht auf eine gute Verwaltung, 233 ff.; *Schulze-Fielitz,* Die Verwaltung im europäischen Verfas-

allerdings kein systemtheoretisch informiertes Konzept, sondern schlichtes Machtkalkül der europäischen Institutionen zugrunde. Das Brüsseler Insistieren auf korrekten Verfahren hat zwei Ziele: Die „transnationale Fusionsbürokratie“ (Mario Rainer Lepsius)[90] will vordergründig die Umsetzung ihrer Vorgaben gegen Widerstände der nationalen Behörden sicherstellen (man könnte mit Blick auf diese von Limitation durch Verfahren sprechen)[91] und zugleich die eigene Akzeptanz bei den Unionsbürgern steigern, indem „Europa“ weniger mit bürokratischen Idiosynkrasien nach Art der sprichwörtlichen Gurkenkrümmungsverordnung[92] assoziiert wird als mit der Gewährung und Verteidigung individueller Rechte gegenüber den Nationalstaaten (deshalb die Redeweise von der „Legitimationstranslation“)[93].

Was ist damit konkret gemeint und was heißt in diesem Kontext „Indienstnahme des Bürgers“[94]? Es geht um die Einräumung von Verfahrensrechten in Form von Informationsansprüchen, Antrags- und in letzter Konsequenz auch Klagerechten[95]. Beschränkte sich die Gemeinschaft ursprünglich darauf, den Mitgliedstaaten inhaltliche Vorgaben etwa zum Agrarmarkt oder zum Umweltschutz zu machen, und überließ sie ihnen das Verfahren der Umsetzung[96], so treten jetzt detaillierte Vorschriften zum Procedere an die Seite oder gar an die Stelle der materiellen Regeln[97]. Prominentestes Beispiel ist die Zuerkennung des Verbandsklagerechts im Umweltschutz (vgl. § 61 Bundesnaturschutzgesetz); das Kalkül lautet hier, dass Umweltschutzorganisationen kraft ihrer intrinsischen Motivation die nationalen Behörden besser zur Einhaltung gemeinschaftsrechtlicher Umweltvorgaben zwingen können als die womöglich auf Obstruktion bedach-

sungsgefüge, 120 ff.; *Kugelmann*, Wirkungen des EU-Rechts auf die Verwaltungsorganisation der Mitgliedstaaten, 94 f.; *Hufen*, VwVfG, 52.

90 Näher *Lepsius*, Die Europäische Union als rechtlich konstituierte Verhaltensstrukturierung, 289–305.

91 Diesen Kontrollaspekt unterstreicht *Schulze-Fielitz*, Verwaltung, 120, 121 f., 125 f.

92 Präziser Verordnung (EWG) Nr. 1677/88 der Kommission zur Festsetzung von Qualitätsnormen für Gurken.

93 Dazu *Pfeffer*, Recht auf eine gute Verwaltung, 241 f.

94 Grundlegend *Masing*, Die Mobilisierung des Bürgers für die Durchsetzung des Rechts; vgl. zum Gedanken der Indienstnahme ferner *Sittard / Ulbrich*, Informationsfreiheitsgesetze, 205 ff.

95 Zusammenfassend *Walter*, Internationalisierung des deutschen und Europäischen Verwaltungsverfahrens- und Verwaltungsprozessrechts – am Beispiel der Aarhus-Konvention, 302–338, 305 f., 315 f., 317 ff. sowie *Lecheler*, Europarechtliche Vorgaben für die Öffentlichkeitsbeteiligung und den Rechtsschutz im deutschen Wirtschaftsverwaltungs- und Umweltrecht, 305 ff.

96 Von diesem Modell des „dezentralen Vollzugs“ geht etwa noch die Darstellung von *Oppermann*, Europarecht, Rn. 640 ff. aus.

97 Diesen Mechanismus beschreibt näher *Reinhardt*, Die „strategische“ Umweltprüfung im Wasserrecht, 499 ff. – Zu den Auswirkungen dieser Vorgaben auf die oben (vgl. II.2) beschriebenen Vorschriften zur Heilung von Verfahrensfehlern eingehend *Kment*, Präklusionsvorschriften, 223 ff.

ten Aufsichtsbehörden der Mitgliedstaaten[98]. Im Sinne Luhmanns wird den Bürgern und Verbänden hier ein Rollenwechsel angesonnen, der zugleich die entpolitisierende Isolierung mindert, die er als charakteristisch für den gerichtlichen Prozess schildert[99].

Der gleiche Gedanke der Indienstnahme begegnet im Umweltinformationsgesetz[100] sowie in zahlreichen anderen Rechtsakten[101]. Besondere Hervorhebung verdient in diesem Kontext die Dienstleistungsrichtlinie[102], die durch diverse Verfahrensvorgaben sicherstellen will, dass die einzelnen Unionsbürger den Staaten Europas bei der Umsetzung der Dienstleistungsfreiheit auf die Sprünge helfen[103]. Als Teilgehalt des „Rechts auf gute Verwaltung" ist diese Hebelwirkung in der unlängst unterzeichneten Grundrechtecharta sogar individualrechtlich angeseilt[104]. Hinzuweisen ist allerdings darauf, dass gerade die Verfahrensregeln der Dienstleistungsrichtlinie doppelfunktional sind, zielen sie doch neben der reibungslosen Durchsetzung europäischen Rechts auch auf eine allgemeine Verfahrensbeschleunigung[105].

98 Weitere Informationen zur Verbandsklage finden sich bei *Seelig / Gündling,* Die Verbandsklage im Umweltrecht, 1033 ff.; *Michael,* Fordert § 61 Bundesnaturschutzgesetz eine neue Dogmatik der Verbandsklagen?, 35 ff.; *Gellermann,* Europäisierte Klagerechte anerkannter Umweltverbände, 7 ff.; vgl. zuletzt zur Problematik *Caspar,* Verbandsklage im Tierschutzrecht durch Landesgesetz?, 145 ff.

99 Vgl. *Luhmann,* Legitimation durch Verfahren, 122.

100 Dazu *Nolte,* Die Herausforderung für das deutsche Recht der Akteneinsicht durch europäisches Verwaltungsrecht, 364; *Nowak,* Informations- und Dokumentenzugangsfreiheit in der EU, 272 ff.

101 Zusammenfassend *Hendler,* Innovative Impulse für das deutsche Umweltrecht durch europäisches Gemeinschaftsrecht, 257 ff. sowie *Lecheler,* Planungsbeschleunigung bei verstärkter Öffentlichkeitsbeteiligung und Ausweitung des Rechtsschutzes?, 714 ff.

102 Richtlinie 2006 / 123 / EG des Europäischen Parlaments und des Rates v. 12. 12. 2006 über Dienstleistungen im Binnenmarkt (Amtsblatt der Europäischen Union L 376 / 36); vgl. dazu jetzt die Kommentierung von *Schlachter,* Europäische Dienstleistungsrichtlinie sowie *Ohler,* Der Binnenmarkt als Herausforderung an die Verwaltungsorganisation in den Mitgliedstaaten, 261 ff.; aus der Diskussion im Vorfeld *Schliesky,* Von der Realisierung des Binnenmarkts, 887 ff.

103 Konkret sieht das Kapitel II („Verwaltungsvereinfachung") neben einer generellen Vereinfachung der nationalen Verfahren die Institution des „Einheitlichen Ansprechpartners" vor (Art. 6), der für Dienstleistungserbringer als eine Art „Lotse" durch den Behördendschungel führen soll; ferner finden sich Informationsrechte (Art. 7) sowie Vorgaben für die nationalstaatlichen Genehmigungsverfahren. – Dazu wie zum deutschen Umsetzungsaufwand *Windoffer,* Die Implementierung einheitlicher Ansprechpartner nach der EU-Dienstleistungsrichtlinie, 495 ff.

104 Zum „Recht auf eine gute Verwaltung" *Grzeszick,* Das Grundrecht auf eine gute Verwaltung, 161 ff.; *Galetta / Grzeszick,* in: Kölner Gemeinschaftskommentar zur Europäischen Grundrechte-Charta, Art. 41 Rn. 11 ff.; *Classen,* Gute Verwaltung im Recht der Europäischen Union. – Der Frage einer weitergehenden völkerrechtlichen Verankerung geht *Rudolf,* Is ‚Good Governance' a Norm of International Law?, 1007 ff. nach (zur Partizipation siehe 1022 f.).

105 Vgl. nur Erwägungsgrund Nr. 43 der Richtlinie (Anm. 23), der ausdrücklich auf die „Langwierigkeit" der bisherigen Verfahren hinweist.

4. Rechtspolitik: Ökonomisierung statt/als Legitimation?

Dieser zuletzt genannte Gedanke ist allerdings zweischneidig, kann er doch auch dafür streiten, Verfahren ganz abzuschaffen, in ihrer Wirkung zu minimieren, im Ergebnis auf jeden Fall zu entlegitimieren. Genau dies geschieht – gegenläufig zur bislang geschilderten Renaissance des Verfahrens in der Rechtswissenschaft – in der gegenwärtigen Rechtspolitik. Die Globaltendenz zur Aufwertung des Verfahrens trifft hier auf die keinen Deut weniger mächtige Maxime der Deregulierung[106], die als Teil der umfassenderen Tendenz zur Ökonomisierung des Rechts angesprochen werden kann[107].

Als aktuellstes Beispiel sei hier die weitgehende Abschaffung des Widerspruchsverfahrens in Nordrhein-Westfalen zum 1. November 2007 vorgestellt[108]. Das in der Verwaltungsgerichtsordnung (§§ 68 ff.) niedergelegte Widerspruchsverfahren ist ein behördeninternes Verfahren zur Überprüfung von Verwaltungsakten. Erhebt der Bürger Widerspruch, wird der Verwaltungsakt zunächst von der erlassenden Behörde nochmals geprüft; sieht diese keinen Anlass zur Selbstkorrektur, so legt sie die Akte der vorgesetzten Behörde vor. Erst wenn auch diese den Verwaltungsakt bestätigt, ist der Weg zu einer gerichtlichen Kontrolle eröffnet[109].

Die Abschaffung dieser Überprufungsmoglichkeit erweist sich gleich in zweifacher Hinsicht als bedenkliche Hintansetzung von Verfahrensgesichtspunkten[110]: Fragwürdig ist erstens das Gesetzgebungsverfahren, beruhen die Entscheidungen doch weniger auf empirisch gesättigten Erkenntnissen zu den Auswirkungen der Reform (immerhin hat Nordrhein-Westfalen in der „Modellregion Ostwestfalen-Lippe" durchaus so etwas wie einen Großversuch durchgeführt, der bloß noch nicht ausgewertet ist[111]) als der sattsam bekannten Rhetorik vom „schlanken Staat". Für

106 Statt aller der aktuelle und kritische Bericht von *Schütz,* Das Gesetz zur Beschleunigung von Planungsverfahren für Infrastrukturvorhaben, 441 ff. (zur gezielten Schwächung von Verfahrensvorschriften 443 f.).

107 Zu dieser Globaltendenz einer Orientierung der Rechtswissenschaft und -praxis an ökonomischen Begriffen und Strategien siehe die Überblicksdarstellungen von *Wallerath,* Der ökonomisierte Staat, 209 ff.; *Voßkuhle,* „Ökonomisierung" des Verwaltungsverfahrens, 347 ff.; *Grzeszick,* Lässt sich eine Verfassung kalkulieren?, 647 ff. sowie zusammenfassend *Wittreck,* Verwaltung, 25 f.

108 Bürokratieabbaugesetz II v. 9. 10. 2007 (GV. NRW 2007 393). – Vgl. dazu als erste Besprechung *Kamp,* Reform des Widerspruchsverfahrens in Nordrhein-Westfalen, 41 ff.

109 Einen ersten Zugriff verschaffen die Darstellungen von *Vetter,* Mediation und Vorverfahren; *Hufen,* Verwaltungsprozessrecht, §§ 5, 8; *Jäde,* Verwaltungsverfahren, Widerspruchsverfahren, Verwaltungsprozess, 65 ff.

110 Kritisch wie hier *Hofmann-Hoeppel,* Statistik als Wille und Vorstellung, 78; *Allesch,* Zur Abschaffung oder weitgehenden Einschränkung des Widerspruchsverfahrens, 24 ff.; *Hufen,* VwVfG, 44; positive Prognose hingegen bei *Kamp,* Reform, 48 f. (alle m. w. N.).

unsere Fragestellung wichtiger ist die Hintansetzung der Funktionen, die das Widerspruchsverfahren bislang für den effektiven Rechtsschutz, die Selbstkontrolle der Verwaltung sowie die Entlastung der Gerichte gespielt hat. Systemtheoretisch gewendet wird ein Verfahrensbestandteil ausgeschaltet, der bislang in hohem Maße zur Akzeptanz von Verwaltungsentscheidungen beigetragen hat; stattdessen wird den Bürgern ein neuer Lernprozess mit ungewissem Ausgang angesonnen.

IV. Welche Funktion erfüllt der Topos „Legitimation durch Verfahren" für die Rechtswissenschaft?

Ich breche hier ab und komme zum Schluss. Welche Rolle spielt „Legitimation durch Verfahren" für die Rechtswissenschaft? Praktisch keine, wenn man nach der unmittelbaren, vollständigen und noch dazu deutlich ausgeflaggten Rezeption von Luhmanns Buch fragt[112]. Sie muss daran scheitern, dass seine Argumentation quer zu den gängigen juristischen Herleitungs- und Begründungssträngen verläuft: Luhmann antwortet auf Fragen, die die Jurisprudenz nicht stellt, und kommt dabei zu Ergebnissen, die für sie nicht anschlussfähig sind, weil sie ihren normativen Anspruch in Frage stellen müssten[113] (und umgekehrt[114]).

Anders muss die Antwort lauten, wenn man „Legitimation durch Verfahren" in einem weiteren Sinne versteht und prüft, ob von Luhmanns These einzelne Denkanstöße ausgegangen sind. In diesem Fragehorizont lässt sich nun plausibel belegen, dass die in verschiedenen Disziplinen der Rechtswissenschaft zu beobachtende Tendenz, den Eigenwert des Verfahrens namentlich für die Akzeptanz von Entscheidungen zu betonen und nicht umstandslos dem Primat der materiellen Richtigkeit unterzuordnen, implizit Anschluss an Luhmann sucht oder von ihm beeinflusst ist[115].

Die Grenze dieser Kryptorezeption markiert die selbst in dieser Perspektive nach wie vor lediglich dienende Funktion des Verfahrens: Sofern es nicht ohnehin – dies klar gegen Luhmanns Intention – ausschließlich der

---

111 Knapper Überblick über die Reformschritte bei *Kamp*, Reform, 41.

112 Vgl. nochmals oben Anm. 20.

113 So im Ergebnis *Dreier*, Luhmanns Rechtsbegriff, 319 f. sowie letztlich auch *Luhmann* selbst: *ders.*, Vorwort, 3 f., 6 f.

114 Will sagen: Würde sich die Jurisprudenz in ihrer Alltagsarbeit an „Legitimation durch Verfahren" im Sinne eines normativen Arbeitsprogramms orientieren, müsste sich auch ihre durch die Systemtheorie zu beschreibende Funktion ändern, orientierte sich die Kommunikation im Rechtssystem doch nicht mehr am binären Code „Recht – Unrecht".

115 Fraglich könnte allerdings sein, ob sich Luhmann ohne Widerspruch in eine „Tradition der Rechtsphilosophie von Cicero bis Luhmann und Rawls" einordnen lassen würde, wie es *Hufen*, VwVfG, 40 tut.

Gewährleistung einer besseren inhaltlichen Entscheidung dienen soll, treten andere Primärziele wie Akzeptanz, Effizienz oder Überwindung bürokratischer Hemmnisse ein, die mit dem von Luhmann beschriebenen Lernprogramm nicht identisch sind[116].

„Legitimation durch Verfahren" wird so für die Rechtswissenschaft zu einem Fundus, der einzelne Argumentationstopoi bereitstellt und dem Juristen erlaubt, bereichsspezifisch oder gar punktuell durch die Höherbewertung von Verfahrensaspekten Begründungshindernisse zu überwinden. Dieser Topos erfüllt eine wiederum in der Sprache der Systemtheorie zu beschreibende Funktion: Die situative Einbeziehung von Verfahrensgesichtspunkten zieht eine Komplexitätssteigerung nach sich, die den Spielraum des professionellen Rechtsanwenders erhöht[117]. Der juridische Rekurs auf „Legitimation durch Verfahren" bleibt so notwendig bruchstückhaft, präziser: hochselektiv im Zugriff. Anders gewendet: Eine vollständige Rezeption der Lehren aus Luhmanns Buch durch die Rechtswissenschaft müsste im Sinne seines Autors als Fall von evolutionär unwahrscheinlicher interdisziplinärer Lernbereitschaft gelten[118].

Literatur

Allesch, Erwin: Zur Abschaffung oder weitgehenden Einschränkung des Widerspruchsverfahrens, in: Modernisierung von Justiz und Verwaltung. Gedenkschrift für Ferdinand O. Kopp, hrsg. v. Dirk Heckmann, Stuttgart u. a. 2007, 16–36.

Arloth, Frank: Strafzwecke im Strafvollzug, in: Goltdammer's Archiv für Strafrecht 135 (1988), 403–425.

Battis, Ulrich / *Krautzberger,* Michael / *Löhr,* Rolf-Peter: Baugesetzbuch, 10. Aufl., München 2007.

Battis, Ulrich / *Krautzberger,* Michael / *Löhr,* Rolf-Peter: Die Änderungen des Baugesetzbuchs durch das Europarechtsanpassungsgesetz Bau (EAG Bau 2004), in: Neue Juristische Wochenschrift 57 / 36 (2004), 2553–2559.

Berman, Harold J.: Recht und Revolution. Die Bildung der westlichen Rechtstradition, 2. Aufl., Frankfurt am Main 1991.

Birk, Hans-Jörg: Bauplanungsrecht in der Praxis, 5. Aufl., Stuttgart u. a. 2007.

Böckenförde, Ernst-Wolfgang: Demokratie als Verfassungsprinzip, in: Handbuch des Staatsrechts der Bundesrepublik Deutschland, hrsg. v. Josef Isensee / Paul Kirchhof, Bd. II, 3. Aufl., Heidelberg 2004.

---

116 Tatsächlich hat sich Luhmann in der Rückschau dagegen verwahrt, mit seinem Buch etwa für eine „Prozeduralisierung' des Rechts" in Anspruch genommen zu werden: vgl. *Luhmann,* Das Recht der Gesellschaft, 332 Anm. 73.

117 Dass Luhmanns Systemtheorie im Ergebnis „entschieden justiz-, oder allgemeiner: juristenfreundlich" ist, unterstreicht auch *Dreier,* Luhmanns Rechtsbegriff, 321.

118 In Anlehnung an die berühmte Wendung von *Luhmann,* Legitimation durch Verfahren, VII.

Brundage, James A.: Medieval Canon Law, London / New York 1995.

Bryde, Brun-Otto: Die bundesrepublikanische Volksdemokratie als Irrweg der Demokratietheorie, in: Staatswissenschaften und Staatspraxis 5 (1994), 305–330.

Calliess, Gralf-Peter: Prozedurales Recht (Studien zur Rechtsphilosophie und Rechtstheorie, 19), Baden-Baden 1999.

Calliess, Gralf-Peter: Systemtheorie: Luhmann / Teubner, in: Neue Theorien des Rechts, hrsg. v. Sonja Buckel / Ralph Christensen / Andreas Fischer-Lescano, Stuttgart 2006, 57–75.

Caspar, Johannes: Verbandsklage im Tierschutzrecht durch Landesgesetz?, in: Die Öffentliche Verwaltung 61 / 4 (2008), 145–152.

Cicero, Marcus Tullius: Die politischen Reden, hrsg. v. Markus Fuhrmann, Bd. III, München 1993.

Cicero, Marcus Tullius: De finibus bonorum et malorum. Von den Grenzen im Guten und Bösen, übers. v. Karl Atzert, Zürich / Stuttgart 1964.

Classen, Claus Dieter: Strukturunterschiede zwischen deutschem und europäischem Verwaltungsrecht – Konflikt oder Bereicherung?, in: Neue Juristische Wochenschrift 48 / 35 (1995), 2457–2464.

Classen, Kai-Dieter: Gute Verwaltung im Recht der Europäischen Union (Hamburger Studien zum Europäischen und Internationalen Recht, 49), Berlin 2008.

Di Fabio, Udo: Luhmann im Recht: die juristische Rezeption soziologischer Beobachtung, in: Niklas Luhmanns Denken, Interdisziplinäre Einflüsse und Wirkungen, hrsg. v. Helga Gripp-Hagelstange, Konstanz 2000, 139–155.

Di Fabio, Udo: Staat und Kirche: Christentum und Rechtskultur als Grundlage des Staatskirchenrechts, in: Essener Gespräche zum Thema Kirche und Staat 42 (2008), 129–141.

Dreier, Horst: Einleitung, in: Rechtssoziologie am Ende des 20. Jahrhunderts, Gedächtnissymposion für Edgar Michael Wenz, hrsg. von Horst Dreier, Tübingen 2000, 1–7.

Dreier, Horst (Hrsg.): Grundgesetz-Kommentar, Bd. I–II, 2. Aufl., Tübingen 2004–2006.

Dreier, Horst: Kanonistik und Konfessionalisierung – Marksteine auf dem Weg zum Staat, in: Artibus Ingenuis, hrsg. v. Georg Siebeck, Tübingen 2001, 133–169.

Dreier, Ralf: Niklas Luhmanns Rechtsbegriff, in: Archiv für Rechts- und Sozialphilosophie 88 (2002), 305–322.

Durner, Wolfgang: Die behördliche Befugnis zur Nachbesserung fehlerhafter Verwaltungsakte, in: Verwaltungsarchiv 97 (2006), 345–380.

Ehlers, Dirk: Mitbestimmung in der öffentlichen Verwaltung, in: Jura 19 (1997), 180–186.

Esser, Josef: Vorverständnis und Methodenwahl in der Rechtsfindung (Studien und Texte zur Theorie und Methodologie des Rechts, 7), Frankfurt am Main 1970.

Fromm, Erwin: Aussichten auf das deutsche Inhalts- und Bestandsschutzrecht. Zugleich eine Besprechung des neuen Gemeinschaftskommentars zum neuen Kündigungsschutzgesetz, in: Betriebs-Berater 54 (1999), 1549–1552.

Galetta, Diana-Uriana / *Grzeszick*, Bernd: Kommentierung zu Art. 41, in: Kölner Gemeinschaftskommentar zur Europäischen Grundrechte-Charta, hrsg. v. Peter J. Tettinger / Klaus Stern, München 2006.

Gellermann, Martin: Europäisierte Klagerechte anerkannter Umweltverbände, in: Neue Zeitschrift für Verwaltungsrecht 25 / 1 (2006), 7 – 14.

Gersdorf, Hubertus: Verfassungsprozessrecht und Verfassungsmäßigkeitsprüfung, 2. Aufl., Heidelberg 2005.

Goerlich, Helmut: Grundrechte als Verfahrensgarantien. Ein Beitrag zum Verständnis des Grundgesetzes für die Bundesrepublik Deutschland, Baden-Baden 1981.

Grzeszick, Bernd: Das Grundrecht auf eine gute Verwaltung – Strukturen und Perspektiven des Charta-Grundrechts auf eine gute Verwaltung, in: Europarecht 41 (2006), 161 – 181.

Grzeszick, Bernd: Lässt sich eine Verfassung kalkulieren?, in: Juristenzeitung 58 / 13 (2003), 647 – 655.

Habermas, Jürgen: Faktizität und Geltung, Frankfurt am Main 1992.

Haferkamp, Hans-Peter: Georg Friedrich Puchta und die „Begriffsjurisprudenz" (Studien zur europäischen Rechtsgeschichte, 171), Frankfurt am Main 2004.

Hagen, Johann J., Legitimation durch Verfahren, in: Juristische Schulung 12 (1972), 485 – 488.

Hanebeck, Alexander: Bundesverfassungsgericht und Demokratieprinzip, in: Die Öffentliche Verwaltung 2004, 901 – 909.

Heidorn, Joachim: Legitimität und Regierbarkeit. Studien zu den Legitimitätstheorien von Max Weber, Niklas Luhmann, Jürgen Habermas und der Unregierbarkeitsforschung (Sozialwissenschaftliche Schriften, 4), Berlin 1982.

Hendler, Reinhard: Innovative Impulse für das deutsche Umweltrecht durch europäisches Gemeinschaftsrecht, in: Fiat iustitia. Recht als Aufgabe der Vernunft. Festschrift für Peter Krause, hrsg. v. Maximilian Wallerath, Berlin 2006, 253 – 266.

Henze, Raphaela: Lernen durch Verfahren – Niklas Luhmanns Konzept der Legitimation, in: Forum Recht 3 (2000), 82 – 85.

Hesse, Konrad: Grundzüge des Verfassungsrechts der Bundesrepublik Deutschland, 20. Aufl., Heidelberg 1995.

Höffe, Otfried: Politische Gerechtigkeit, 2. Aufl., Frankfurt am Main 1989.

Hofmann-Hoeppel, Jochen: Statistik als Wille und Vorstellung, in: Bayerische Verwaltungsblätter 138 / 3 (2007), 73 – 79.

Hölscheidt, Sven / *Menzenbach*, Steffi: Das Gesetz ist das Ziel: Zum Zusammenhang zwischen gutem Verfahren und gutem Gesetz, in: Die Öffentliche Verwaltung 61 / 4 (2008), 139 – 145.

Hufen, Friedhelm: Das VwVfG nach 30 Jahren: Wahrgenommene Chance – Hürde – Meilenstein?, in: Modernisierung von Justiz und Verwaltung. Gedenkschrift für Ferdinand O. Kopp, hrsg. v. Dirk Heckmann, Stuttgart u. a. 2007, 38 – 55.

Hufen, Friedhelm: Fehler im Verwaltungsverfahren, 4. Aufl., Baden-Baden 2002.

Hufen, Friedhelm: Verwaltungsprozessrecht, 6. Aufl., München 2005.

Jäde, Henning: Verwaltungsverfahren, Widerspruchsverfahren, Verwaltungsprozess, 5. Aufl., Stuttgart u. a. 2006.

Jasper, Detlev / *Fuhrmann,* Horst: Papal Letters in the Early Middle Ages, Washington 2001.

Jestaedt, Matthias: Demokratische Legitimation – quo vadis?, in: Juristische Schulung 44 / 8 (2004), 649 – 653.

Kahl, Wolfgang: Grundrechtsschutz durch Verfahren in Deutschland und der EU, in: Verwaltungsarchiv 95 (2004), 1 – 37.

Kamp, Manuel: Reform des Widerspruchsverfahrens in Nordrhein-Westfalen, in: Nordrhein-Westfälische Verwaltungsblätter 22 (2008), 41 – 49.

Kaufmann, Arthur: Prozedurale Theorien der Gerechtigkeit (Sitzungsberichte der Bayerischen Akademie der Wissenschaften, Philosophisch-Historische Klasse 1989 / 7), München 1989.

Kéry, Lotte: Canonical Collections of the Early Middle Ages (ca. 400 – 1140). A Bibliographical Guide to the Manuscripts and Literature, Washington 1999.

Kielmannsegg, Peter Graf: Legitimität als politische Kategorie, in: Politische Vierteljahresschrift 12 (1971), 367 – 401.

Kingreen, Thorsten: Legitimation und Partizipation im Gesundheitswesen. Verfassungsrechtliche Kritik und Reform des Gemeinsamen Bundesausschusses, in: Neue Zeitschrift für Sozialrecht 2007, 113 – 121.

Kinzig, Jörg: Zur Verfassungsmäßigkeit der gefährlichkeitsbedingten Vollstreckung der lebenslangen Freiheitsstrafe und zu deren Anforderungen, in: Juristische Rundschau 61 (2007), 165 – 169.

Kment, Martin: Die Stellung nationaler Unbeachtlichkeits-, Heilungs- und Präklusionsvorschriften im europäischen Recht, in: Europarecht 41 (2006), 201 – 235.

Knill, Christoph / *Winkler,* Daniela: Konvergenz oder Divergenz nationaler Rechts- und Verwaltungsstrukturen? Der Effekt der Europäisierung am Beispiel der Umweltverträglichkeitsprüfung in Deutschland und England, in: Verwaltungsarchiv 98 (2007), 1 – 29.

Kobor, Hagen: Ausbildungsrelevante Änderungen durch das Europarechtsanpassungsgesetz Bau, in: Juristische Schulung 45 / 12 (2005), 1071 – 1073.

Krautzberger, Michael: Zur Europäisierung des Städtebaurechts, in: Deutsches Verwaltungsblatt 120 / 4 (2005), 197 – 202.

Krebs, Walter: in: Besonderes Verwaltungsrecht, hrsg. v. Eberhard Schmidt-Aßmann, 13. Aufl., Berlin 2005, 455 – 550.

Kugelmann, Dieter: Wirkungen des EU-Rechts auf die Verwaltungsorganisation der Mitgliedstaaten, in: Verwaltungsarchiv 98 (2007), 78 – 100.

Landau, Peter: Der Einfluss des kanonischen Rechts auf die europäische Rechtskultur, in: Europäische Rechts- und Verfassungsgeschichte, hrsg. v. Reiner Schulze, Saarbrücken 1991, 49 ff.

Lange, Elmar / *Luhmann,* Niklas: Juristen – Berufswahl und Karrieren, in: Verwaltungsarchiv 65 (1974), 113 – 162.

Lautmann, Rüdiger: Soziologie vor den Toren der Jurisprudenz, Stuttgart u. a. 1971.

Lecheler, Helmut: Europarechtliche Vorgaben für die Öffentlichkeitsbeteiligung und den Rechtsschutz im deutschen Wirtschaftsverwaltungs- und Umweltrecht, in: Gewerbearchiv 2005, 305–312.

Lecheler, Helmut: Planungsbeschleunigung bei verstärkter Öffentlichkeitsbeteiligung und Ausweitung des Rechtsschutzes?, in: Deutsches Verwaltungsblatt 122 (2007), 713–719.

Lepsius, Mario Rainer: Die Europäische Union als rechtlich konstituierte Verhaltensstrukturierung, in: Rechtssoziologie am Ende des 20. Jahrhunderts, Gedächtnissymposion für Edgar Michael Wenz, hrsg. von Horst Dreier, Tübingen 2000, 289–305.

Lorenz, Jana: Verfahrensvorschriften und Fehlerfolgen. Ein Vergleich der Regelungen des Baugesetzbuchs und des Verwaltungsverfahrensgesetzes (Beiträge zur Raumplanung und zum Siedlungs- und Wohnungswesen, 204), Münster 2002.

Luhmann, Niklas: Das Recht der Gesellschaft, Frankfurt am Main 1993.

Luhmann, Niklas: Legitimation durch Verfahren, 1. Aufl., Neuwied am Rhein u. a. 1969; 3. Aufl., Frankfurt am Main 1975.

Luhmann, Niklas: Zur soziologischen Beobachtung des Rechts (Würzburger Vorträge zur Rechtsphilosophie, Rechtstheorie und Rechtssoziologie, 3), Frankfurt am Main 1986.

Machura, Stefan: Niklas Luhmanns „Legitimation durch Verfahren" im Spiegel der Kritik, in: Zeitschrift für Rechtssoziologie 14 (1993), 97–114.

Machura, Stefan: Rechtssoziologie in der Juristenausbildung, in: Juristische Schulung 37 (1997), 953–957.

Masing, Johannes: Die Mobilisierung des Bürgers für die Durchsetzung des Rechts. Europäische Impulse für eine Revision der Lehre vom subjektiv-öffentlichen Recht (Schriften zum öffentlichen Recht, 719), Berlin 1997.

Maurer, Hartmut: Allgemeines Verwaltungsrecht, 16. Aufl., München 2006.

Mengel, Hans Joachim: Gesetzgebung und Verfahren. Ein Beitrag zur Empirie und Theorie des Gesetzgebungsprozesses im föderalen Verfassungsstaat (Schriften zum öffentlichen Recht, 722), Berlin 1997.

Meyer, Hans: Die Kodifikation des Verwaltungsverfahrens und die Sanktion für Verfahrensfehler, in: Neue Zeitschrift für Verwaltungsrecht 5 (1986), 513–522.

Michael, Lothar: Fordert § 61 Bundesnaturschutzgesetz eine neue Dogmatik der Verbandsklagen?, in: Die Verwaltung 37 (2004), 35–49.

Möllers, Christoph: Gewaltengliederung (Jus Publicum, 141), Tübingen 2005.

Nehl, Hanns Peter: Europäisches Verwaltungsverfahren und Gemeinschaftsverfassung. Eine Studie gemeinschaftsrechtlicher Verfahrensgrundsätze unter besonderer Berücksichtigung „mehrstufiger" Verwaltungsverfahren (Hamburger Studien zum europäischen und internationalen Recht, 34), Berlin 2002.

Neumann, Volker: Demokratieprinzip und funktionale Selbstverwaltung, in: Rechtstheorie in rechtspraktischer Absicht. Freundesgabe für Friedrich Müller, hrsg. v. Ralph Christensen / Bodo Pieroth, Berlin 2008, 155–170.

Nolte, Georg: Die Herausforderung für das deutsche Recht der Akteneinsicht durch europäisches Verwaltungsrecht, in: Die Öffentliche Verwaltung 52 (1999), 363–374.

Nowak, Carsten: Informations- und Dokumentenzugangsfreiheit in der EU. Neue Entwicklungen und Perspektiven, in: Deutsches Verwaltungsblatt 119 / 5 (2004), 272–281.

Ohler, Christoph: Der Binnenmarkt als Herausforderung an die Verwaltungsorganisation in den Mitgliedstaaten, in: Bayerische Verwaltungsblätter 137 / 9 (2006), 261–267.

Oldiges, Martin: Baurecht, in: Besonderes Verwaltungsrecht, hrsg. v. Udo Steiner, 8. Aufl., Heidelberg 2006, 363–575.

Oppermann, Thomas: Europarecht, 2. Aufl., München 1999.

Peine, Franz-Joseph: Allgemeines Verwaltungsrecht, 8. Aufl., Heidelberg 2006.

Pfeffer, Kristin: Das Recht auf eine gute Verwaltung – Art. II-101 der Grundrechtecharta des Vertrages über eine Verfassung für Europa (Schriftenreihe Europäisches Recht, Politik und Wirtschaft, 316), Baden-Baden 2006.

Plöchl, Willibald: Geschichte des Kirchenrechts, Bd. 2, 2. Aufl., Wien 1962.

Raiser, Thomas: Grundlagen der Rechtssoziologie, 4. Aufl., Tübingen 2007.

Reinhardt, Michael: Die „strategische" Umweltprüfung im Wasserrecht. Ein Beitrag zur fortschreitenden Prozeduralisierung im umweltrechtlichen Verwaltungsverfahren, in: Natur und Recht 27 / 8 (2005), 499–504.

Rinken, Alfred: Demokratie und Hierarchie. Zum Demokratieverständnis des Zweiten Senats des Bundesverfassungsgerichts, in: Kritische Vierteljahresschrift für Gesetzgebung und Rechtswissenschaft 79 (1996), 282–309.

Rudolf, Beate: Is ‚Good Governance' a Norm of International Law?, in: Völkerrecht als Wertungsordnung. Common Values in International Law. Festschrift für Christian Tomuschat, hrsg. v. Pierre-Marie Dupuy u. a., Kehl 2006, 1007–1028.

Rüssel, Ulrike: Zukunft des Widerspruchsverfahrens, in: Neue Zeitschrift für Verwaltungsrecht 25 (2006), 523–528.

Sachs, Michael: Zur formellen Rechtswidrigkeit von Verwaltungsakten, in: Verwaltungsarchiv 97 (2006), 573–591.

Schenke, Wolf-Rüdiger: Die Heilung von Verfahrensfehlern gem. § 45 VwVfG, in: Verwaltungsarchiv 97 (2006), 592–610.

Schlachter, Monika: Europäische Dienstleistungsrichtlinie, Baden-Baden 2008.

Schliesky, Utz: Von der Realisierung des Binnenmarkts über die Verwaltungsreform zu einem gemeineuropäischen Verwaltungsrecht? Die Auswirkungen der geplanten EU-Dienstleistungsrichtlinie auf das deutsche Verwaltungsrecht, in: Deutsches Verwaltungsblatt 120 / 14 (2005), 887–895.

Schmidt-Aßmann, Eberhard: Das allgemeine Verwaltungsrecht als Ordnungsidee, 2. Aufl., Berlin 2004.

Schrödter, Wolfgang: in: Baugesetzbuch, hrsg. v. Hans Schrödter, 7. Aufl., München 2006.

Schulze-Fielitz, Helmuth: Die Verwaltung im europäischen Verfassungsgefüge, in: Verwaltung unter dem Einfluss des Europarechts, hrsg. v. Wilfried Erbguth / Johannes Masing, Stuttgart u. a. 2006, 91 – 136.

Schulze-Fielitz, Helmuth: Kommentar, in: Grundgesetz-Kommentar, hrsg. v. Horst Dreier, Bd. II, 2. Aufl., Tübingen 2006.

Schulze-Fielitz, Helmuth: Wirkung und Befolgung verfassungsgerichtlicher Entscheidungen, in: Festschrift 50 Jahre Bundesverfassungsgericht, hrsg. v. Peter Badura / Horst Dreier, Bd. 1, Tübingen 2001, 385 – 420.

Schütz, Peter: Das Gesetz zur Beschleunigung von Planungsverfahren für Infrastrukturvorhaben – ein Überblick, in: Verwaltungsblätter für Baden-Württemberg 28 / 12 (2007), 441 – 446.

Seelig, Robert / *Gündling,* Benjamin: Die Verbandsklage im Umweltrecht. Aktuelle Entwicklung und Zukunftsperspektive im Hinblick auf die Novelle des Bundesnaturschutzgesetzes und supranationale und internationale rechtliche Vorgaben, in: Neue Zeitschrift für Verwaltungsrecht 21 / 9 (2002), 1033 – 1041.

Sittard, Ulrich / *Ulbrich,* Martin: Informationsfreiheitsgesetze, in: Juristische Arbeitsblätter 63 / 3 (2008), 205 – 209.

Sodan, Helge: Unbeachtlichkeit und Heilung von Verfahrens- und Formfehlern, in: Deutsches Verwaltungsblatt 114 (1999), 729 – 738.

Starck, Christian: Legitimation politischer Entscheidungen durch Verfahren. Das Zuwanderungsgesetz im Bundesrat und vor dem Bundesverfassungsgericht, in: Zeitschrift für Gesetzgebung 18 (2003), 81 – 91.

Sydow, Gernot / *Neidhart,* Stephan: Verwaltungsinterner Rechtsschutz (Neue Schriften zur Verwaltungsrechtswissenschaft, 5), Baden-Baden 2007.

Theile, Hans: Wirtschaftskriminalität und Strafverfahren – Systemtheoretische Überlegungen zum Regulierungspotential des Strafrechts, Tübingen 2009.

Trusen, Winfried: Anfänge des gelehrten Rechts in Deutschland, Wiesbaden 1962.

Tschentscher, Axel: Demokratische Legitimation der dritten Gewalt (Jus Publicum, 147), Tübingen 2006.

Tschentscher, Axel: Prozedurale Theorien der Gerechtigkeit (Studien zur Rechtsphilosophie und Rechtstheorie, 24), Baden-Baden 2000.

Upmeier, Hans Dieter: Einführung zu den Neuerungen durch das Europarechtsanpassungsgesetz Bau (EAG Bau), in: Baurecht 35 (2004), 1382 – 1392.

Vesting, Thomas: Kein Anfang und kein Ende. Die Systemtheorie des Rechts als Herausforderung für Rechtswissenschaft und Rechtsdogmatik, in: Jura 23 / 5 (2001), 299 – 305.

Vesting, Thomas: Rechtstheorie, München 2007.

Vetter, Stefan: Mediation und Vorverfahren. Ein Beitrag zur Reform des verwaltungsgerichtlichen Vorverfahrens (Schriften zum öffentlichen Recht, 939), Berlin 2004.

Voßkuhle, Andreas: „Ökonomisierung" des Verwaltungsverfahrens, in: Die Verwaltung 34 (2001), 347 – 369.

Wahl, Rainer: Das Verhältnis von Verwaltungsverfahren und Verwaltungsprozessrecht in europäischer Sicht, in: Deutsches Verwaltungsblatt 118 (2003), 1285 – 1293.

Wallerath, Maximilian: Der ökonomisierte Staat. Zum Wettstreit zwischen juristisch-politischem und ökonomischem Paradigma, in: Juristenzeitung 56 / 5 (2001), 209–218.

Walter, Christian: Internationalisierung des deutschen und Europäischen Verwaltungsverfahrens- und Verwaltungsprozessrechts – am Beispiel der Aarhus-Konvention, in: Europarecht 40 (2005), 302–338.

Weber, Max: Rechtssoziologie, aus dem Manuskript herausgegeben und eingeleitet von Johannes Winckelmann, Neuwied u. a. 1967.

Wieacker, Franz: Privatrechtsgeschichte der Neuzeit, 2. Aufl., Göttingen 1967.

Willoweit, Dietmar: Deutsche Verfassungsgeschichte. Vom Frankenreich bis zur Wiedervereinigung Deutschlands, 5. Aufl., München 2005.

Windoffer, Alexander: Die Implementierung einheitlicher Ansprechpartner nach der EU-Dienstleistungsrichtlinie. Problemfelder und Anpassungsbedarf im nationalen Recht, in: Neue Zeitschrift für Verwaltungsrecht 26 (2007), 495–501.

Wittreck, Fabian: Die Verwaltung der Dritten Gewalt (Jus Publicum, 143), Tübingen 2006.

Wittreck, Fabian: Freiheit der Person, in: Handbuch des Staatsrechts der Bundesrepublik Deutschland, hrsg. v. Josef Isensee / Paul Kirchhof, Bd. 7, 3. Aufl., Heidelberg 2009.

Wrase, Michael: Rechtssoziologie und Law and Society – Die deutsche Rechtssoziologie zwischen Krise und Neuaufbruch, in: Zeitschrift für Rechtssoziologie 27 (2006), 289–312.

Würtenberger, Thomas: Akzeptanz durch Verwaltungsverfahren, in: Neue Juristische Wochenschrift 44 / 5 (1991), 257–263.

Würtenberger, Thomas: Art. Legitimität, Legalität, in: Geschichtliche Grundbegriffe, hrsg. v. Otto Brunner / Werner Conze / Reinhart Koselleck, Bd. 3, Stuttgart 1982, 677–740.

Ziekow, Jan: Von der Reanimation des Verfahrensrechts, in: Neue Zeitschrift für Verwaltungsrecht 24 / 3 (2005), 263–267.

Zippelius, Reinhold: Legitimation im demokratischen Verfassungsstaat, in: Legitimation des modernen Staates, hrsg. v. Norbert Achterberg / Werner Krawietz, Wiesbaden 1981.

Erfahrung mit Verfahren

Zur Legitimation politischer Entscheidungen

Von *André Brodocz,* Erfurt

I. Weber und die Legitimation durch Verfahren

Herrschaft ist eine Frage des Gehorsams. Nach Max Weber kann Herrschaft jedoch nur dauerhaft fortbestehen, wenn die Bürger politischen Entscheidungen folgen, weil sie deren Bindungsanspruch als grundsätzlich legitim anerkennen. Jede Form der Herrschaft versucht deshalb, „den Glauben an ihre ‚Legitimität' zu erwecken und zu pflegen"[1]. Bekanntlich kann Weber legitime Herrschaft im nächsten Schritt deshalb auch nach den Quellen unterscheiden, aus denen der Legitimitätsanspruch der Herrschenden und der Legitimitätsglauben der Beherrschten entspringt. Von einer legalen Herrschaft spricht Weber, wenn die beherrschten Bürger politischen Entscheidungen Folge leisten, weil sie aus Verfahren hervorgehen, die rechtlich gesetzt sind. Legal ist diese Herrschaft, weil der Gehorsam nicht der entscheidenden Person oder Institution gilt, sondern dem Recht, das dieser Person oder Institution die Chance dazu verleiht. Traditional ist dagegen eine Herrschaft, in der politischen Entscheidungen gefolgt wird, weil sie entweder die überlieferten und als unantastbar geltenden Traditionen vergegenwärtigen oder von Personen bzw. Institutionen getroffen werden, deren herausgehobene Stellung traditional verbürgt ist. Wie in der legalen Herrschaft entspringt also auch hier der Gehorsam dann nicht dem Glauben an die konkret entscheidende Person oder Institution. Im Unterschied zur legalen Herrschaft gehorchen die Bürger in diesem Fall aber nicht dem Recht, sondern den Traditionen, die den Personen und Institutionen diese Chance zur Durchsetzung kollektiv verbindlicher Entscheidungen eröffnen. Ganz anders stellt sich der Legitimitätsglaube dann in der charismatischen Herrschaft dar. Hier entspringt der Gehorsam allein der Person, die entschieden hat. Wie eine Entscheidung zustande gekommen ist und wie sie ausfällt, ist hier sekundär gegenüber der Frage, wer entschieden hat. Charismatisch ist diese Herrschaft schließlich, weil die Bürger hier nur Personen Gehorsam entgegenbringen, die sie als außeralltäglich betrachten.

---

1 *Weber,* Wirtschaft und Gesellschaft, 122.

Im Hinblick auf das Verhältnis von Person und Gehorsam grenzt sich die charismatische Herrschaft somit strikt von legalen und traditionalen Herrschaftsformen ab, die sich hier in ihrer Ablösung des Legitimitätsglaubens von den herrschenden Personen einig sind. Vor dem Hintergrund des Verhältnisses von Erfahrung und Verfahren verschieben sich jedoch die Gemeinsamkeiten und Unterschiede zwischen charismatischer, traditionaler und legaler Herrschaft. Hier ist traditionalen und charismatischen Herrschaftsformen gemein, dass der Legitimitätsglauben sich aus Erfahrungen speist. Im Fall der charismatischen Herrschaft sind dies individuelle Erfahrungen, und zwar in doppelter Hinsicht: Zum einen glauben in einer charismatischen Herrschaft die Bürger an die Legitimität ihres Herrschers, weil sie die Erfahrungen mit seiner konkreten Person als außeralltäglich dazu motivieren; zum anderen sind diese Erfahrungen individuell, weil sie von den Bürgern selbst gemacht worden sind. Die beherrschten Bürger akzeptieren eine Herrschaft in diesem Fall also als legitim, wenn sie selbst den Herrscher und seine Herrschaft als außeralltäglich erfahren haben. Außeralltäglich sind wiederum Handlungen, die sich bestehenden Regeln widersetzen. Der charismatische Herrscher bewährt sich deshalb geradezu im Bruch mit vorherrschenden Verfahren und kollektiv tradierten Erfahrungen. Der charismatische Herrscher muss sich zudem immer wieder neu beweisen, sonst droht die „Veralltäglichung des Charisma“[2]. Insofern kennzeichnet die charismatische Herrschaft also eine Legitimation durch Erfahrung statt Verfahren.

Auch in der traditionalen Herrschaft gründet sich der Legitimitätsglauben der beherrschten Bürger auf Erfahrungen. Allerdings sind es hier weder die Erfahrungen mit einer konkreten Person, noch müssen diese Erfahrungen von den Bürgern selbst gemacht worden sein. Im Vordergrund stehen hier die kollektiven statt der individuellen Erfahrungen. Als ‚heilig‘ werden allerdings nur kollektive Erfahrungen anerkannt, die ihre Geltung aus der Tradition beziehen. Diese „Geltung des immer Gewesenen“[3] manifestiert sich in einer historischen Regelmäßigkeit, gegen die der Herrscher gerade nicht verstoßen darf, sondern der er gerecht werden muss[4]. Die Unterworfenen akzeptieren eine solche Herrschaft deshalb dann als legitim, solange die Bestimmung des Herrschers und seine Herrschaftsausübung traditionell erfolgten. Erfahrungen werden hier zwar durchaus prozeduralisiert. Doch diese Verfahren bleiben normativ gegenüber den Erfahrungen zweitrangig, die sich als gemeinsame Traditionen immer schon bewährt haben. Darum erfolgt auch in der traditionalen Herrschaft die Legitimation durch Erfahrung statt Verfahren.

---

2 Ebd., 142 ff.

3 Ebd., 19.

4 Willkürliches Handeln ist in der traditionalen Herrschaft deshalb nicht zur Gänze ausgeschlossen, aber sie darf sich nur im Rahmen des „üblicherweise“ gestatteten vollziehen, vgl. ebd., 130.

Anders als in der charismatischen und traditionalen Herrschaft stellt sich das Verhältnis von Erfahrung und Verfahren in der legalen Herrschaft dar. Sie bezieht ihre Legitimation aus Verfahren, genauer: aus „dem Glauben an die Legalität gesatzter Ordnungen und des Anweisungsrechts der durch sie zur Ausübung der Herrschaft Berufenen“[5]. Die Bürger akzeptieren eine Herrschaft in diesem Fall als legitim, weil die Bestimmung der Herrschenden und die Ausübung ihrer Herrschaft selbst den Verfahren der Rechtsordnung gehorchen. Sowohl die Herrschenden als auch die Beherrschten gehorchen in diesem Fall allein dem Recht. Dessen Legitimation kann sich zwar auch aus kollektiv tradierten Erfahrungen speisen. Aber im Konfliktfall beruht sie allein auf den Verfahren der Rechtsetzung. Deshalb kehrt sich in der legalen Herrschaft das Verhältnis von Erfahrung und Verfahren um. Hier erfolgt die Legitimation durch Verfahren statt Erfahrung.

Dass Verfahren in legalen Herrschaften den Glauben an ihre Legitimität nähren und dass Verfahren in legalen Herrschaften ebenso als Rechtfertigung ihres Legitimitätsanspruchs herangezogen werden, ist sicherlich unstrittig. Fragwürdig ist jedoch, ob die Geltung dieses Legitimitätsglaubens und dieses Legitimitätsanspruchs allein auf der Legalität dieser Verfahren beruht: „Kann bloß formelle Legalität den Glauben an die Legitimität wecken“[6]? Und erzeugen alle legalen Verfahren Legitimitätsglauben? Weber gibt hier keine weiterführende Antwort[7]. Dass eine Differenzierung von Verfahren an dieser Stelle sinnvoll ist, zeigt eine analoge Differenzierung hinsichtlich der Erfahrungen bei der Unterscheidung zwischen der charismatischen und traditionalen Herrschaft. Beide Herrschaftstypen gewinnen Legitimation aus Erfahrung. Aber nicht jede Erfahrung, sondern nur bestimmte Erfahrungen lassen in beiden Typen die Herrschaft legitim erscheinen. Im Fall der charismatischen Herrschaft ist es die Erfahrung der Außeralltäglichkeit des Herrschers; im Fall der traditionalen Herrschaft sind es die kollektiv tradierten Erfahrungen der Beherrschten. Vor dem Hintergrund dieser analogen Differenzierung wirft Webers Antwort auf die Frage nach den Legitimitätsquellen legaler Herrschaft – Verfahren – eine neue Frage auf: Welche Verfahren können Legitimität generieren?

Genau dies ist die Frage der gegenwärtigen Demokratietheorie. Und ihre Antwort lautet: Als legitim gelten die Verfahren, die von den Betroffenen als gerecht anerkannt werden können. Niklas Luhmann hat dagegen eine Verbindung zwischen Legitimität und Gerechtigkeit aus zwei Gründen verworfen: Zum einen trage Gerechtigkeit zur Erläuterung von Legitimität konzeptionell nichts Neues bei; zum anderen könne man in hochkomplexen Gesellschaften nicht ernsthaft erwarten, dass zwischen allen Betroffenen

5 Ebd., 124.

6 *Anter*, Max Webers Theorie des modernen Staates, 71.

7 Siehe zur daran anschließenden kritischen Diskussion überblicksartig ebd., 69 ff.

ein Konsens darüber möglich ist, ob eine Entscheidung gerecht sei[8]. Luhmann verkürzt dabei jedoch den Zusammenhang zwischen Gerechtigkeit und Legitimität auf den Entscheidungsinhalt. Den Aspekt des Verfahrens blendet er interessanterweise an dieser Stelle aus. Die demokratietheoretische Pointe besteht aber gerade darin, dass Verfahren den Zusammenhang zwischen Legitimität und Gerechtigkeit herstellen. Nicht die Entscheidungsinhalte, sondern die prozeduralen Bedingungen ihrer Herstellung begründen also die Legitimität. Verfahren zielen zweifellos dabei auch auf gerechte Entscheidungen, doch können sie diese nicht verbürgen. Anders gesagt: In der legalen Herrschaft finden alle Entscheidungen Gehorsam, solange sie aus Verfahren hervorgehen, die von den Bürgern als gerecht anerkannt werden. Denn dies bietet dem Bürger schließlich die Möglichkeit, voller Überzeugung auch jenen Entscheidungen zu folgen, deren Inhalte als ungerecht abgelehnt werden. Welche Verfahren werden jedoch als gerecht anerkannt?

Im folgenden werde ich kurz zwei der demokratietheoretischen Antworten auf diese Frage nach der prozeduralen Genese von Legitimität skizzieren – und zwar die von John Rawls (II) und die von Jürgen Habermas (III). Beide Antworten sind vor allem deshalb interessant, weil sie zunächst nicht nur strikt prozedural, sondern zudem universalistisch vorgehen. Gerechtigkeit, so ihr gemeinsamer Ausgangspunkt, lässt sich nur durch Verfahren herstellen, die von partikularen Erfahrungen gereinigt sind. Beide denken mit diesem prozeduralen Universalismus im reinen Typus der legalen Herrschaft. Die Entwicklung beider Theorien zeigt allerdings, wie sie nach und nach von der Partikularität der Erfahrungen wieder eingeholt wurden. Meine These ist, dass diese Einholung unvermeidlich ist, weil die Legitimation durch Verfahren genau genommen als eine Legitimation durch Erfahrung mit Verfahren funktioniert. Zum Schluss will ich wenigstens noch kurz andeuten, welche Perspektiven dieses veränderte Legitimitätskonzept der legalen Herrschaft eröffnet (IV).

II. Rawls und die Legitimation durch die Versetzung in den Urzustand

Nach John Rawls ist Gerechtigkeit zuerst eine Frage der Fairness. Der Prototyp eines gerechten Verfahrens ist danach die Einigung der Bürger im so genannten „Urzustand“, denn „die Entscheidung, die vernünftige Menschen in dieser theoretischen Situation der Freiheit und Gleichheit treffen würden, bestimmt die Grundsätze der Gerechtigkeit“[9]. Als einen solchen Urzustand bezeichnet Rawls eine Situation, in der die Bürger nicht wissen,

8 Vgl. *Luhmann*, Legitimation durch Verfahren, 2.

9 *Rawls*, Eine Theorie der Gerechtigkeit, 30.

welche soziale und ökonomische Position sie in ihrer Gesellschaft innehaben werden. Das heißt, dass über der konkreten Identität jedes einzelnen Bürgers im Urzustand ein so genannter „Schleier des Nichtwissens“ liegt[10]. Diese Verschleierung ihrer sozialen und ökonomischen Positionen ermöglicht nach Rawls Fairness, weil so zum einen die Einsichtsfähigkeit aller Bürger um ihre partikularen Erfahrungen bereinigt wird. Daraus resultierende Sonderinteressen bleiben im Urzustand damit außen vor. Zum anderen verhindert der Schleier des Nichtwissens den Einbezug von Handlungsoptionen, die sich allein aus der sozialen und ökonomischen Privilegierung eröffnen könnten. Daraus resultierende Sanktionsressourcen, mit denen einzelne Bürger ihre Sonderinteressen gegen andere im Konfliktfall durchsetzen können, bleiben so im Urzustand ungewiss.

Wenn dieses Verfahren befolgt wird, wenn also der Urzustand angenommen und der Schleier des Nichtswissens über die faktische Identität geworfen wird, dann einigen sich – so Rawls – alle Individuen auf zwei Gerechtigkeitsgrundsätze[11]. Der erste Grundsatz betrifft die politische Freiheit der Bürger. Politische Freiheit erfordert ein System gleicher Grundrechte und Freiheiten. Darauf haben alle Bürger einen Anspruch. Denn nur unter den Bedingungen politischer Gleichheit können die Bürger auch faktisch von ihren politischen Freiheiten Gebrauch machen. Rawls' Gerechtigkeitskonzeption fordert also nicht absolute, sondern nur politische Gleichheit. Das deutet bereits darauf hin, dass Rawls soziale und ökonomische Ungleichheiten nicht grundsätzlich als ungerecht beurteilt. Der zweite Gerechtigkeitsgrundsatz formuliert deshalb die Bedingungen, unter denen soziale und ökonomische Ungleichheiten gerecht sein können. Konkret hat Rawls zwei Bedingungen im Blick. Erstens müssen alle Bürger die Chance haben, die sozial und ökonomisch privilegierten Positionen zu erreichen. Niemand darf per se davon ausgeschlossen sein. Zweitens müssen sich diese Ungleichheiten zum größtmöglichen Vorteil für die am wenigsten begünstigten Bürger auswirken. Ungerecht sind soziale und ökonomische Ungleichheiten also nur, wenn diese Gruppe durch die relative Ungleichheit absolut nicht besser gestellt wird. Allerdings gibt es auch hier noch eine Grenze: Die sozialen und ökonomischen Ungleichheiten dürfen die politische Gleichheit der Bürger in keinem Fall beeinträchtigen – und zwar auch dann nicht, wenn die Unterprivilegierten in ökonomischer oder sozialer Hinsicht davon profitieren würden. Falls beide Gerechtigkeitsgrundsätze kollidieren, dann geht also der erste Gerechtigkeitsgrundsatz dem zweiten normativ voran[12].

Legitimität können diese beiden Gerechtigkeitsgrundsätze demnach beanspruchen, weil ihnen ihre Geltung von den Individuen nicht abgespro-

---

10 Ebd., 36.

11 Ebd., 80 ff.

12 Vgl. ebd., 275 ff.

chen werden kann, sobald sich diese in den Urzustand versetzen. Dieses Verfahren ermöglicht im ersten Schritt, dass sich alle Individuen überhaupt auf die gleichen Grundsätze einigen können. Durch die Versetzung in den Urzustand kann Rawls zufolge ausgeschlossen werden, das angeführte Argumente nur für jeweils einige überzeugend sind. Weil die Individuen schließlich durch die Versetzung in den Urzustand die Unterschiede zwischen sich nicht kennen und alle gleichermaßen vernünftig und in der gleichen Lage sind, müssen sich alle von den gleichen Argumenten überzeugen lassen. Dass die Individuen sich dann materiell auf die beiden von Rawls postulierten Gerechtigkeitsgrundsätze einigen, hängt also im zweiten Schritt von Argumenten ab. Nach Rawls finden die beiden Gerechtigkeitsgrundsätze schließlich allgemeine Anerkennung, weil seine Argumente hinreichend reziprok sind, d.h. vor jedermann und wechselseitig gerechtfertigt werden können. Die durch die Versetzung in den Urzustand hergestellte Symmetrie verhindert somit in materieller Hinsicht die Akzeptanz von Argumenten, die aus einer spezifischen Position oder Lage heraus durchaus vernünftig erscheinen könnten.

Rawls' Verfahren der Versetzung in den Urzustand blieb nicht ohne Kritik[13]. Nach Ronald Dworkin ist diese Einigung über die Gerechtigkeitsgrundsätze unter den Bedingungen des Urzustands nur hypothetisch; faktisch wird niemand durch diesen Vertragsschluss gebunden[14]. Michael Sandel hält Rawls' Verfahren zudem für ahistorisch und deshalb utopisch. Individuen können sich gar nicht von ihren Erfahrungen entbinden. Sie sind immer schon in partikularen Kontexten sozialisiert, die ihre Loyalitäten und Überzeugungen prägen[15].

Rawls hat auf diese Kritiken reagiert und sein Theoriedesign grundsätzlich umgestellt. In „Eine Theorie der Gerechtigkeit" nennt er den Urzustand noch „den angemessenen Ausgangszustand, der gewährleistet, daß die in ihm erzielten Grundvereinbarungen fair sind. [...] In diesem Sinne wird die Frage der Rechtfertigung durch Ausführung eines Gedankenexperiments entschieden [...]"[16]. Die Versetzung in den Urzustand ist demnach noch als ein Verfahren angelegt, das die Gerechtigkeitsgrundsätze hervorbringt. In „Politischer Liberalismus" wird der argumentative Stellenwert dieser Legitimation durch Verfahren relativiert. Jetzt benutzt Rawls den Urzustand „modellhaft" als ein „Darstellungsmittel", das „faire Bedingungen" zur Einigung über die Gerechtigkeitsgrundsätze und „akzeptable

---

13 Siehe überblicksartig zur Kritik an Rawls, aber auch grundsätzlich zu seiner Theorie *Niesen,* Die politische Theorie des politischen Liberalismus.

14 Vgl. *Dworkin,* Bürgerrechte ernst genommen, 253.

15 Vgl. *Sandel,* Die verfahrensrechtliche Republik. Sowohl Dworkins als auch Sandels Einwände sind klassische Argumente gegen das vertragstheoretische Denken. Bereits Hume hat damit Hobbes' „Leviathan" kritisiert.

16 *Rawls,* Eine Theorie der Gerechtigkeit, 34 f., meine Hervorhebungen.

Beschränkungen" für ihre vernünftige Rechtfertigung „nachbildet"[17]. Entscheidend dabei ist, dass die Versetzung in den Urzustand weder grundsätzlich die Fairness der Gerechtigkeitsgrundsätze garantiert noch über deren Rechtfertigung letztendlich entscheidet. Stattdessen ist die Versetzung in den Urzustand jetzt ein Verfahren, das „als Darstellungsmittel der öffentlichen Reflexion und Selbstklärung [dient]" und „uns [hilft] herauszufinden, was wir gegenwärtig für die Forderungen der Gerechtigkeit halten, wenn wir die Gesellschaft als ein Generationen übergreifendes System der Kooperation unter freien und gleichen Bürgern verstehen und die Sache klar und unverstellt betrachten"[18].

Die Basis seiner Gerechtigkeitsvorstellung, ihren konkreten Gehalt, entnimmt Rawls also der öffentlichen politischen Kultur, in diesem Fall der politischen Kultur der USA, die er als „Fundus implizit anerkannter Ideen und Grundsätze" betrachtet[19]. Dieser Fundus umfasst zudem die Explikation dieser „stillschweigend geteilte[n] Ideen und Grundsätze" in den „grundlegenden Institutionen der Gesellschaft" und den „anerkannten Formen ihrer Interpretation"[20]. Dass diese Grundsätze und Ideen implizit und stillschweigend gelten, bedeutet aber nicht, dass sich diese Gerechtigkeitsvorstellungen systemisch, sozusagen hinter dem Rücken der Akteure ausbilden. Im Gegenteil: „In einer demokratischen Gesellschaft gibt es eine Tradition des demokratischen Denkens, deren Inhalt zumindest dem gebildeten *common sense* der Bürger im allgemeinen vertraut und verständlich ist"[21].

Rawls nimmt also die Kritik von Sandel an und lässt so die Kritik von Dworkin ins Leere laufen. Er opfert damit zwar seinen universalistischen Anspruch, doch gleichzeitig gewinnt er damit die in Frage gestellte Bindungskraft seiner Gerechtigkeitsgrundsätze. Denn durch die Entnahme aus der öffentlichen politischen Kultur verfügen die Gerechtigkeitsgrundsätze bereits schon über die Bindung, die Dworkin noch bezweifelt hat. Die Kritik an der Legitimation durch das Verfahren einer Versetzung in den Urzustand und Rawls' Revision machen aber noch etwas anderes deutlich: Die legale Herrschaft beruht nicht auf einer Legitimation durch Verfahren, sondern auf einer Legitimation durch Erfahrungen mit Verfahren. Es braucht Erfahrungen, in denen sich Verfahren in der Praxis als gerecht bewährt haben. Ansonsten bleibt der Glaube an ihre Legitimität hypothetisch.

---

17 *Rawls*, Politischer Liberalismus, 93 f.

18 Ebd., 94, meine Hervorhebung.

19 Ebd., 73.

20 Ebd., 79.

21 Ebd., Hervorhebung im Original.

III. Habermas und die Legitimation durch das Verfahren intersubjektiver Verständigung

Auch nach Habermas sind nur jene politischen Entscheidungen legitim, die gerecht sind. Gerecht sind politische Entscheidungen wiederum nur unter der Bedingung, dass sich die Adressaten der Entscheidung auch als ihre Autoren verstehen können. Hinter dieser Bedingung steht die generelle These eines universalistischen Diskursprinzips, das jede intersubjektive Verständigung zwischen Individuen kennzeichnet. Danach sind schließlich „genau die Handlungsnormen [gültig], denen alle möglicherweise Betroffenen als Teilnehmer an rationalen Diskursen zustimmen könnten“[22]. Ein solches Diskursergebnis, das Normen durch das Verfahren intersubjektiver Verständigung legitimiert, ist aber nur möglich, wenn die Diskursteilnehmer auch verständigungsorientiert handeln. Verständigungsorientierung verlangt von den Diskursteilnehmern eine doppelte Bereitschaft: Zum einen muss jeder bereit sein, seine Geltungsansprüche zu begründen. Denn nur mit guten Gründen begründbare Äußerungen sind nach Habermas rational. Gut sind dabei allein jene Gründe, die sich nicht widerlegen lassen. Zum anderen muss jeder bereit sein zu lernen. Das heißt, er darf bereits widerlegte Gründe nicht noch einmal einsetzen.

Legitimität ist schließlich für Habermas nichts anderes als die Anwendung dieses Diskursprinzips auf die Rechtsform. Dies ist aber nur mit demokratischen Verfahren möglich. „Allein die Verfahrensbedingungen der demokratischen Genese von Gesetzen sichern die Legitimität des gesatzten Rechts“[23]. Habermas bleibt hier nicht stehen. Nicht jedes „demokratisch“ genannte Verfahren wird dem Diskursprinzip gerecht. Habermas sieht hier die deliberative Konzeption von Demokratie im Vorteil. Im Zentrum dieser Konzeption steht die These vom internen Zusammenhang von Rechtsstaat und Demokratie. Danach sind Prinzipien des Rechtsstaates nichts Geringeres als die institutionalisierten Bedingungen für „die anspruchsvollen Kommunikationsformen einer demokratischen Meinungs- und Willensbildung“[24]. Das heißt, diese Prinzipien genügen dem Diskursprinzip. Eine dermaßen gesicherte deliberativ-demokratische Rechtsgenese erfüllt darum zwei Bedingungen, die nach Habermas für einen rationalen Diskurs notwendig sind: So ist die Rechtsgenese durch diese Verfahren zum einen offen für die Interessenartikulation aller Betroffenen und zum anderen sensibel gegenüber rationalen Meinungsveränderungen.

Häufig wird Habermas' Anspruch an eine legitime politische Entscheidung als „zu hoch“ und damit als utopisch zurückgewiesen: Es sei unmög-

---

22 *Habermas,* Faktizität und Geltung, 138.

23 Ebd., 320, Hervorhebung im Original.

24 Ebd., 361.

lich, dass alle möglicherweise Betroffenen einer Entscheidung zustimmen. Zweifellos ist Habermas' Anspruch an eine legitime politische Entscheidung sehr hoch. Aber dennoch ist dieser Utopie-Vorwurf aus zwei Gründen vorschnell: Erstens geht es nur darum, dass alle möglicherweise Betroffenen diesen Entscheidungen zustimmen könnten. Wichtig sind für Habermas darum Institutionen wie NGOs, Verbände, Bürgerinitiativen, die die Zivilgesellschaft und die politische Entscheidungsproduktion vernetzen und die advokatorisch an der politischen Meinungs- und Willensbildung mitwirken. Außerdem muss man Habermas noch etwas Zweites in Rechnung stellen. Er geht nicht davon aus, dass sich alle Themen gleichermaßen verallgemeinern lassen. Habermas unterscheidet drei unterschiedliche Ansprüche an politische Fragen und Entscheidungen: pragmatische, ethische und moralische. Pragmatisch nennt er einen Diskurs zur Verständigung über die richtige Mittelwahl. Betroffen sind hier allein die in den zu entscheidenden Fragen interagierenden Akteure. Folglich lässt sich das Ergebnis der Verständigung auch nicht über diesen Kreis bzw. über die durch diesen Kreis Repräsentierten hinaus verallgemeinern. Ethisch nennt er dagegen einen Diskurs zur Verständigung über den gemeinsamen Willen. Betroffen ist hier eine politische Gemeinschaft, ein Kollektiv. Im Hinblick auf das betroffene Kollektiv ist das Ergebnis dieses Diskurses zumindest bedingt verallgemeinerbar. Moralisch nennt er schließlich Diskurse zur Verständigung über Gerechtigkeit. Betroffen sind hier alle Menschen, genauer gesagt: die Menschheit. Die Ergebnisse moralischer Diskurse sind demnach auch absolut verallgemeinerbar. Allerdings gesteht Habermas durchaus ein, dass „politische Fragen [normalerweise] so komplex [sind], daß sie gleichzeitig unter pragmatischen, ethischen und moralischen Aspekten behandelt werden müssen. Diese lassen sich freilich nur analytisch trennen"[25]. Nach Thomas McCarthy ist es aber nicht das Problem, wie sich diese Aspekte in der Praxis trennen lassen. Vielmehr ist es problematisch, dass jeder Aspekt stets durch den anderen in Frage gestellt werden kann. Das heißt, dass dabei das, was für alle gerecht ist (moralischer Aspekt), und das, was für uns gut ist (ethischer Aspekt), stets zwei unterschiedliche Geltungsaspekte sind, die faktisch in derselben Entscheidung Berücksichtigung finden müssen[26].

Bei der Frage nach der Legitimation durch Verfahren ist jedoch vor allem ein anderer Strang der Kritik interessant: Ist es legitim, wenn eine Demokratie die Verständigung über ihre Verfahren selbst blockiert? Verlangt die Verständigungsorientierung nicht die Bereitschaft, die eigenen Gründe bei guten Gegenargumenten zu revidieren? Und ist es nicht gerade die Funktion einer Verfassung, dem demokratischen Prozess bestimmte Fragen zu entziehen? Sind also Demokratie und Verfassung überhaupt vereinbar? Haber-

25 Ebd., 667, Fn. 3, Hervorhebung im Original.

26 Vgl. *McCarthy*, Legitimacy and Diversity, 348.

mas' Antwort ist differenziert. Zunächst, so Habermas, muss genau beobachtet werden, welche Aspekte dem politischen Diskurs durch eine Verfassung entzogen werden. Vor allem in den Grundrechtsteilen von Verfassungen wird dann deutlich, dass dies in der Regel vor allem genau jene Bedingungen sind, die die rationale Verständigung ermöglichen. Mit einer deliberativen Demokratie ist eine solche Verfassung vereinbar, weil sie nur die Möglichkeitsbedingungen für einen rationalen politischen Diskurs sichert, ohne dessen Ergebnisse zu determinieren.

Simone Chambers hingegen bezweifelt, dass Grundrechte, die dem Zugriff intersubjektiver Verständigung entzogen werden, dieselbe garantieren können. Zum einen sind sie keine hinreichende Bedingung für die Verständigungsorientierung der Diskursteilnehmer. „Weder können wir gezwungen werden zuzuhören, noch die Sichtweisen des anderen zu verstehen, noch auf Täuschungs- und Manipulationsversuche zu verzichten. Nur durch die Übernahme der Orientierungen am Telos Konsens in unsere Gespräche dürfen wir auf Erfüllung der Diskursbedingungen hoffen“[27]. Zum anderen ist ein Grundrecht, wie etwa das der Meinungsfreiheit, auch keine notwendige Bedingung für einen intersubjektiven Diskurs, weil es einem solchen Diskurs nicht vorgängig ist: „Denn schließlich können wir ohne Diskurs auch nicht den Wert von Meinungsfreiheit erkennen“[28]. Anders gesagt: Wir müssen erst im Diskurs die Erfahrung machen, dass eine intersubjektive Verständigung nur möglich ist, wenn jeder einzelne sich selbst beschränkt, indem er den anderen ein Recht auf freie Meinungsäußerung zugesteht. Als legitim werden Grundrechte danach erst anerkannt, wenn sie sich als Möglichkeitsbedingungen für das Verfahren intersubjektiver Verständigung bewährt haben.

Obwohl Habermas diesen Vorrang der Erfahrung bei der Selbstbindung durch Grundrechte nicht diskutiert, gesteht er ihn inzwischen in einem anderen Zusammenhang ein, um die identitätsstiftende Kraft von Verfassungen zu erklären. Auch hier stellt sich zunächst die Frage, wie das möglich ist: Wenn eine Verfassung das universalistische Diskursprinzip in Rechtsform bringt, wie kann sie dann eine politische Identität stiften? Die Identität einer politischen Gemeinschaft benötigt die Abgrenzung von anderen politischen Gemeinschaften. Politische Identität ist also notwendigerweise partikular. Wie ist diese Partikularität aber mit dem Universalismus des Diskursprinzips vereinbar? Nach Habermas löst sich dieser vermeintliche Widerspruch auf, sobald der hohe Abstraktionsgrad des Diskursprinzips in Rechnung gestellt wird. Das bedeutet, dass das Diskursprinzip in der Praxis unterschiedlich umgesetzt wird. Dementsprechend ist jede Verfassung nur eine partikulare Lesart des universalistischen Diskursprinzips[29]. Die Ver-

---

27 *Chambers,* Zur Politik des Diskurses, 181.

28 Ebd., 182, Hervorhebung im Original.

29 Siehe dazu z. B. *Habermas,* Die Einbeziehung des Anderen, 143 und 330.

fassung einer politischen Gemeinschaft bringt somit zum Ausdruck, wie diese Gemeinschaft die Bedingungen interpretiert, die ihres Erachtens für eine rationale Verständigung nötig sind. Nur deshalb ist das Verbot, den Holocaust zu leugnen, in Deutschland mit der Verfassung vereinbar, nicht aber in den USA.

Dieses Beispiel zeigt bereits, dass sich die Partikularität einer Lesart aus der jeweiligen politischen Kultur einer politischen Gemeinschaft, ihrer Geschichte und ihren Erfahrungen, speist. Dementsprechend betont dann auch Habermas, dass „eine rechtlich nicht erzwingbare, in Motiven und Gesinnungen verankerte Verfassungsloyalität der Bürger [...] nämlich nur dann zu erwarten [ist], wenn diese den demokratischen Verfassungsstaat aus den eigenen historischen Zusammenhängen als eine Errungenschaft begreifen können“[30]. Das konkrete Verfassungsrecht ist somit ethisch imprägniert[31]. Dass die unvermeidliche ethische Imprägnierung des Rechts doch eine Tilgung seiner universalistischen Gehalte impliziert[32], weist Habermas explizit zurück: „Wenn verschiedene nationale Verfassungen ebenso viele historische Lesarten derselben – theoretisch rekonstruierbaren – Grundrechte darstellen und wenn verschiedene positive Rechtsordnungen dieselben Grundrechte in ebenso vielen Lebensformen implementieren, dann muß sich die Identität des Sinnes dieser Rechte – und die Universalität ihres Gehalts – nicht im Spektrum dieser verschiedenen Interpretationen auflösen“[33].

Der demokratische Verfassungsstaat ist demnach nach Habermas auf die „Rückendeckung einer entgegenkommenden politischen Kultur“, also auf „jene durch Tradition und Sozialisation vermittelten Gesinnungen einer an politische Freiheit gewöhnten Bevölkerung“ angewiesen[34]. Denn es ist die partikulare „Sicht ihres historischen Erfahrungszusammenhangs“, mit der eine politische Gemeinschaft die universalistischen Prinzipien je verschieden interpretiert[35]. Dass „[sich] der Universalismus der Rechtsprinzipien [...] in einem prozeduralen Konsens [spiegelt], der freilich in den Kontext einer jeweils historisch bestimmten politischen Kultur sozusagen verfassungspatriotisch eingebettet sein muß“[36], macht schließlich deutlich, dass diese Verfahren erst dann Legitimation stiften, nachdem sie auch als gerecht erfahren worden sind. Das aber heißt nichts anderes: Die Legitimation des demokratischen Verfassungsstaats beruht faktisch nicht auf universal gültigen Verfahren, sondern auf partikularen Erfahrungen damit,

30 Ebd., 329.

31 Vgl. Ebd., 331.

32 So die Kritik von *McCarthy,* Legitimacy and Diversity.

33 *Habermas,* Die Einbeziehung des Anderen, 331, Hervorhebung im Original.

34 *Habermas,* Volkssouveränität als Verfahren, 626 f.

35 *Habermas,* Die Einbeziehung des Anderen, 263.

36 Ebd., 264, Hervorhebung im Original.

ob und wie diese Verfahren ihre universalistischen Geltungsansprüche einlösen.

IV. Ausblick: Legitimation durch Erfahrung mit Verfahren

Rawls und Habermas sind sicherlich die beiden wichtigsten Demokratietheoretiker unserer Zeit. Beide verfolgen das Projekt einer rein prozeduralistischen Legitimation legaler Herrschaft. Beide Projekte wurden jedoch von der Partikularität der Erfahrungen wieder eingeholt. Diese Einholung ist unvermeidlich. Doch welche Konsequenzen lassen sich daraus ziehen? Mit Weber ließe sich diese Einholung der reinen legalen Herrschaft durch die Erfahrungen dadurch erklären, dass die legale Herrschaft nur einen Idealtypus darstellt. Historisch-empirisch lässt er sich so niemals vorfinden. Sobald Demokratietheorien wie jene von Rawls und Habermas sich rekonstruktiv reformulieren[37], kommen sie nicht umhin, die Idealtypen legitimer Herrschaft zu vermischen. Das Problem des Idealtypus ist jedoch, dass sich damit vorschnell jede weitere Theoriebildung blockieren lässt: Jede historisch-empirische Abweichung bestätigt danach nur den idealtypischen Charakter dieser Kategorien, und die Falsifikation des Idealtypus wird so zum verifizierenden Argument. Das ist unbefriedigend. Ich will deshalb abschließend zumindest kurz andeuten, welche Konsequenzen sich meines Erachtens aus der Legitimation durch Erfahrung mit Verfahren für die Theoriebildung ziehen lassen.

Wie jede andere Erfahrung setzt auch die Erfahrung mit Verfahren voraus, dass diese Verfahren erlebt werden können[38]. Ob dieses Erleben auch beabsichtigt war oder ob einem dieses Erlebnis widerfährt, ist dabei zunächst zweitrangig[39]. Entscheidend ist zuerst, dass nur diejenigen Erfahrungen machen können, die auch etwas erlebt haben. Erfahrung und Erlebnis sind aber nicht immer zwei Seiten derselben Medaille. Denn nicht jedes Erlebnis führt zu einer Erfahrung. Erfahrungen werden gemacht, wenn zu dem Erlebten eine Einstellung bezogen wird. Auch die Erfahrung mit Verfahren ist darum eine Reflexion, wie diese Verfahren erlebt werden. Entscheidend für die Erfahrung ist aber nicht allein die Reflexion des Erlebten. Vielmehr kommt es bei einer Erfahrung darauf an, dass das Erlebte unter einer Zweck-Mittel-Relation reflektiert wird[40]. Eine Erfahrung wird also

---

37 Vgl. generell zur „reconstructive democratic theory“ *Dryzeck / Berejikian*, Reconstructive Democratic Theory.

38 Siehe zu dem im Folgenden explizierten Erfahrungsbegriff bereits *Brodocz*, Erfahrung – Zur Rückkehr eines alten Arguments.

39 Und zwar unabhängig davon, ob dieses Erleben intendiert ist oder nicht. Vgl. zu dieser Diskussion in der Philosophie auch *Lash*, Experience.

40 Vgl. *Gutmann*, Erfahren.

zweizügig gemacht: Zuerst muss etwas als Mittel zum Erreichen eines Zwecks erlebt werden; und dann muss von diesem Erlebnis das Wissen abstrahiert werden, zu welchem Zweck dieses Mittel zukünftig bei anderen Gelegenheiten verwendet werden kann[41]. In modernen Demokratien stiften Verfahren danach also erst dann Legitimation, wenn sie von den Bürgern als ein Mittel erlebt werden, mit dem das Problem politischer Herrschaft gerecht, zumindest: gerechter als mit alternativen Mitteln, gelöst werden kann[42].

Diese Legitimation durch Erfahrung mit Verfahren ist aber nicht auf die Ebene des Individuums und dessen Akzeptanz politischer Herrschaft beschränkt. Erfahrungen mit Verfahren sind wie alle anderen Erfahrungen darüber hinaus immer auch sozial relevant. Ihre soziale Relevanz beziehen Erfahrungen daraus, dass sich die Verwendung eines Mittels potentiell immer auch anderen zur Verfügung stellen lässt. Sogar das Erlebnis mit einem Selbst kann jederzeit daraufhin reflektiert werden, wie es als ‚Selbsterfahrung' von anderen als Mittel zu einem Zweck verwendet werden kann. Die soziale Relevanz der Erfahrung beruht also darauf, dass sie das Erlebte nicht auf die Wahrnehmung des Einzelnen reduziert, sondern durch ihre Versprachlichung in einen Bezug zu gemeinsamen Tätigkeiten setzt[43]. Darum ist die politische Gemeinschaft, wie schon Carl-Joachim Friedrich festgestellt hat, die „Grundgegebenheit aller politischen Erfahrung"[44]. Darauf gründet sich schließlich auch die Historizität jeder Legitimation durch Verfahren. Legitimation können demokratische Verfahren nur unter der historisch-kulturellen Konstellation stiften, wenn sich eine politische Gemeinschaft als Assoziation von Freien und Gleichen versteht. In einer solchen Konstellation können die demokratischen Verfahren selbst zum symbolischen Ausdruck dieses Selbstverständnisses werden. Herrscht ein solches kollektives Selbstverständnis vor und werden die Prozeduren sogar als deren Symbolisierung anerkannt, dann spreche ich von starken symbolischen Voraussetzungen für eine Legitimation durch Erfahrung mit demokratischen Verfahren. Schwach sind demgegenüber die symbolischen Voraussetzungen für eine solche Legitimation, wenn sich eine politische Gemeinschaft stattdessen zum Beispiel als eine hierarchisch geordnete Assoziation versteht. Die schwachen symbolischen Voraussetzungen für demokratische Verfahren können aber starke symbolische Voraussetzungen für undemokratische Verfahren darstellen, in denen sich wie etwa in verschiedenen vormodernen Verfahren dann das kollektive Selbstverständnis einer Assoziation der Ungleichen praktisch und symbolisch ausdrücken und Legiti-

41 Für *Friedrich,* Prolegomena der Politik, 26, ist „eine Philosophie der Erfahrung" darum unweigerlich „eine Philosophie des Problems".

42 Siehe dazu auch *Warren,* Democratic Theory and Self-Transformation.

43 Vgl. *Berger / Luckmann,* Die gesellschaftliche Konstruktion der Wirklichkeit, 41.

44 *Friedrich,* Prolegomena der Politik, 29.

mation erzeugen kann. Allerdings besteht in politischen Gemeinschaften nicht immer Sicherheit über ihre Identität, so dass sich nicht immer klar zwischen starken und schwachen symbolischen Voraussetzungen für die Legitimation durch Verfahren unterscheiden lässt. Deshalb spreche ich von ungewissen symbolischen Voraussetzungen für diese Form der Legitimation, sofern wie etwa in Postkonfliktgesellschaften ein hohes Maß an Unsicherheit über das kollektive Selbstverständnis besteht[45].

Auch starke symbolische Voraussetzungen für die Legitimation durch Erfahrung mit Verfahren sind jedoch keine Garantie für einen dauerhaft erfolgreichen Legitimationsanspruch. Damit sich eine politische Gemeinschaft permanent als eine solche Assoziation von Freien und Gleichen verstehen kann, muss sie ihren Bürgern auch Verfahren als Gelegenheiten anbieten, ihre Gemeinschaft in der institutionellen Praxis immer wieder als eine aus Freien und Gleichen zu erfahren. Der Erfahrung von Sprache als Mittel gemeinsamer Tätigkeit kommt in dieser Praxis in doppelter Hinsicht eine zentrale Funktion zu. Zum einen kann Sprechen immer schon als gemeinsame Tätigkeit erfahren werden; Erfahrung ist dann nicht nur ein Wissen um etwas, sondern immer auch ein Wissen um uns selber[46]. Zum anderen kann bereits an der Sprache die Möglichkeit erfahren werden, asymmetrische Verhältnisse zu symmetrisieren. Insofern beruht die Legitimation durch Erfahrung mit Verfahren immer auf symbolischen Voraussetzungen, instrumentellen Gelegenheitsstrukturen und institutionellen Praktiken, die selbst in einem internen, prozesshaften Zusammenhang stehen[47]. Das heißt: Dauerhaft werden Verfahren als symbolischer Ausdruck einer demokratischen politischen Gemeinschaft nur anerkannt, wenn sie sich in der weiteren Praxis immer wieder als gerecht bewähren. Ob sich Verfahren in der Praxis als gerecht bewähren, hängt dann wieder von den entsprechenden Gelegenheiten ab. Ob und welche Gelegenheiten sich bieten, hängt wiederum von der konkreten Ausgestaltung der Verfahren ab. Die prozedurale Struktur zur instrumentellen Zweckerfüllung bestimmt nämlich die Gelegenheiten, Verfahren als legitim zu erfahren. Verfahren bieten sich somit selbst immer auch eine instrumentelle Gelegenheitsstruktur. Demokratische Verfahren sind hier im Vorteil: Sie setzen auf Vollinklusion – zumindest: nahezu. Demokratische Verfahren eröffnen so allen Bürgern eine entscheidende Möglichkeit: in der sozialen Praxis ihre eigenen Erfahrungen mit den Verfahren zu machen.

---

45 Zur Entfaltung dieser institutionentheoretischen Unterscheidung zwischen starken, schwachen und ungewissen symbolischen Voraussetzungen siehe am Beispiel der Macht judikativer Institutionen *Brodocz,* Die Macht der Judikative, Kap. IV.

46 Vgl. zur Bedeutung der Erfahrung von Sprache für die Vergemeinschaftung auch *Agamben,* Kindheit und Geschichte.

47 Vgl. zur Prozesshaftigkeit des internen Zusammenhangs zwischen symbolischen Voraussetzungen, instrumentellen Strukturen und institutioneller Praxis *Brodocz,* Die Macht der Judikative, Kap. VI.

Dauerhafte Legitimation spenden Verfahren in modernen Demokratien also nicht bereits dadurch, dass mit ihnen Erfahrungen gemacht werden. Zudem müssen sich diese Verfahren als gut, weil gerecht bewähren. Besonders prekär sind in modernen Demokratien darum Erfahrungen, die die Bürger mit ihrer politischen Gemeinschaft machen. Wie in jeder politischen Herrschaft so sind auch hier Erfahrungen mit politischer Macht asymmetrisch zwischen Regierenden und Regierten verteilt. Trotz der Idee kollektiver Selbstregierung werden auch in modernen Demokratien die Erfahrungen mit politischer Macht nicht gleichermaßen kollektiv gemacht. Besonders deutlich wird das in den Verfahren der repräsentativen Demokratien. Hier machen nur jene Mitbürger die unmittelbare Erfahrung des kollektiven Selbstregierens, die die politische Macht stellvertretend für alle ausüben[48]. Im Unterschied zu den Erfahrungen der Regierenden sind die Erfahrungen der Regierten mit der Macht kollektiver Selbstregierung immer nur die Erfahrungen anderer Erfahrungen, also Erfahrungen zweiter Ordnung, die ihrerseits durch die Massenmedien und ihre eigentümliche Logik gefiltert und aufbereitet werden[49].

Die politischen Entscheidungen sind jedoch in modernen Demokratien nicht die kollektiv bindenden Entscheidungen einzelner. Auch sie werden überwiegend kollektiv getroffen. Unterschiedliche Erfahrungen bilden also auch in diesen Situationen den Kontext gemeinsam zu fällender Entscheidungen. Erfahrung dient den einzelnen Repräsentanten in kollektiven Entscheidungssituationen darum auch dazu, die Festlegungen der anderen Beteiligten sowie des diskursiven Prozesses der Entscheidungsfindung zu beurteilen. Vor diesem Hintergrund können die unterschiedlichen erfahrungsgesättigten Gründe der Beteiligten verglichen und rational gegeneinander abgewogen werden. In der diskursiven Aufbereitung können die unterschiedlichen Erfahrungen der einzelnen schließlich symmetrisierend wirken, wenn es dennoch zu einer gemeinsamen Entscheidung kommt, an der sich die Beteiligten letztendlich sogar gemeinsam selber erfahren können. Der symmetrisierende Gehalt der Erfahrung geht also in den Institutionen der repräsentativen Demokratie nicht notwendigerweise verloren. Vielmehr können deliberative Entscheidungsprozeduren in die asymmetrischen Strukturen der repräsentativen Demokratie eingebettet sein, ohne diese jedoch aufzulösen. Ob die Bürger diese Verfahren repräsentativer Demokratien als legitim anerkennen, ist dann vor allem eine Frage der Erfahrungen zweiter Ordnung: nämlich, inwiefern sie die Erfahrungen der Repräsentanten mit der Deliberation als ihre Erfahrungen erfahren können[50].

---

48 Vgl. *Rehberg*, Erfahrung und Macht.

49 Vgl. *Schulz*, Erfahrung und politische Kultur.

50 Siehe dazu *Goodin*, Democratic Deliberation Within.

Literatur

Agamben, Giorgio: Kindheit und Geschichte. Zerstörung der Erfahrung und Ursprung der Geschichte, Frankfurt am Main 2004.

Anter, Andreas: Max Webers Theorie des modernen Staates. Herkunft, Struktur und Bedeutung, Berlin 1995.

Berger, Peter L. / *Luckmann,* Thomas: Die gesellschaftliche Konstruktion der Wirklichkeit. Eine Theorie der Wissenssoziologie, Frankfurt am Main 1970.

Brodocz, André: Erfahrung – Zur Rückkehr eines alten Arguments, in: Erfahrung als Argument. Zur Renaissance eines ideengeschichtlichen Grundbegriffs, hrsg. v. André Brodocz, Baden-Baden 2007, 9 – 24.

Brodocz, André: Die Macht der Judikative, Wiesbaden 2009.

Chambers, Simone: Zur Politik des Diskurses. Riskieren wir unsere Rechte?, in: Zur Anwendung der Diskursethik in Politik, Recht und Wissenschaft, hrsg. v. Karl-Otto Apel / Matthias Kettner, Frankfurt am Main 1992, 168 – 186.

Dryzeck John S. / *Berejikian,* Jeffrey: Reconstructive Democratic Theory, in: American Political Science Review 87 (1993), 48 – 60.

Dworkin, Ronald: Bürgerrechte ernstgenommen, Frankfurt am Main 1984.

Friedrich, Carl-Joachim: Prolegomena der Politik. Politische Erfahrung und ihre Theorie, Berlin 1967.

Goodin, Robert E.: Democratic Deliberation Within, in: Debating Deliberative Democracy, hrsg. v. James Fishkin / Peter Laslett, Malden, MA 2003, 54 – 79.

Gutmann, Mathias: Erfahren, in: Erfahrung als Argument. Zur Renaissance eines ideengeschichtlichen Grundbegriffs, hrsg. v. André Brodocz, Baden-Baden 2007, 27 – 41.

Habermas, Jürgen: Faktizität und Geltung. Beiträge zur Diskurstheorie des Rechts und des demokratischen Rechtsstaates, 4. Aufl., Frankfurt am Main 1994.

Habermas, Jürgen: Die Einbeziehung des Anderen. Studien zur politischen Theorie, Frankfurt am Main 1996.

Lash, Scott: Experience, in: Theory, Culture & Society 23 (2006), 335 – 341.

Luhmann, Niklas: Legitimation durch Verfahren, 3. Aufl., Frankfurt am Main 1993.

McCarthy, Thomas: Legitimacy and Diversity. Dialectical Reflections on Analytical Distinctions, in: Rechtstheorie 27 (1996), 329 – 365.

Niesen, Peter: Die politische Theorie des politischen Liberalismus: John Rawls, in: Politische Theorien der Gegenwart II, hrsg. v. André Brodocz / Gary S. Schaal, 2. Aufl., Opladen / Farmington Hills 2006, 27 – 63.

Rawls, John: Eine Theorie der Gerechtigkeit, 8. Aufl., Frankfurt am Main 1994.

Rawls, John: Politischer Liberalismus, Frankfurt am Main 1998.

Rehberg, Karl-Siegbert: Erfahrung und Macht. Zu einer Historiographie und Politischen Wissenschaft „von oben“ bei Arnold Gehlen, in: Erfahrung als Argument. Zur Renaissance eines ideengeschichtlichen Grundbegriffs, hrsg. v. André Brodocz, Baden-Baden 2007, 43 – 55.

Sandel, Michael: Die verfahrensrechtliche Republik und das ungebundene Selbst, in: Kommunitarismus, hrsg. v. Axel Honneth, Frankfurt am Main 1993, 18 – 35.

Schulz, Daniel: Erfahrung und politische Kultur, in: Erfahrung als Argument. Zur Renaissance eines ideengeschichtlichen Grundbegriffs, hrsg. v. André Brodocz, Baden-Baden 2007, 219–232.

Warren, Mark: Democratic Theory and Self-Transformation, in: American Political Science Review 86 / 1 (1992), 8–23.

Weber, Max: Wirtschaft und Gesellschaft. Grundriß der verstehenden Soziologie, bes. v. Johannes Winckelmann, 5. rev. Aufl., Tübingen 1980.

Simmels Formen in Luhmanns Verfahren

Von *André Kieserling*, Bielefeld

I.

Es ist mehr als nur ein biographischer Zufall, dass Luhmann sich, ehe er Soziologe wurde, zum Juristen ausbilden ließ, um danach in der öffentlichen Verwaltung zu arbeiten. Denn auch in den frühen Themen des Soziologen, die er bevorzugt dem Überschneidungsbereich von Recht, Politik, Organisation entnimmt, spiegelt sich diese Karriere. Da Luhmann auf diese erste Generation seiner Themen auch später immer wieder zurückkam, kann man an der Folge seiner Beiträge die Umbauten der Theorie ablesen. Das gilt auch für seine Vorschläge zur Soziologie des Verfahrens.

Das frühe Buch darüber, eine der ersten Publikationen, mit denen Luhmann als Soziologe hervortritt, behandelt unterschiedliche Verfahrenstypen[1]. Nicht nur das Gerichtsverfahren, auch die Verfahren der politischen Wahl und der politischen Gesetzgebung finden sich mit eigenen Kapiteln vertreten. Dem entspricht das Selbstverständnis des Buches. Es tritt nicht als Rechtssoziologie auf[2]. Vielmehr soll geklärt werden, inwiefern die Legitimation der Entscheidungen des politischen Systems als dessen Eigenleistung begriffen werden kann. Mit dem Titel eines später publizierten Aufsatzes kann man darum auch sagen, dass es ihm um die „Selbstlegitimation des Staates" geht[3]. Das Interesse am Nachweis von Eigenleistungen hängt zusammen mit der Negation einer hierarchischen Vorstellung vom Aufbau der modernen Gesellschaft. Ihr fällt auch jene kybernetische Kontrollhierarchie zum Opfer, die man bei Parsons findet. Eine soziologische Lesart des modernen Prozeduralismus soll an die Stelle einer legitimierenden Kultur treten, die das politische System von oben her steuert.

---

1 Das Buch „Legitimation durch Verfahren" erschien erstmals im Jahre 1969. Die Seitenangaben im Haupttext beziehen sich auf die Taschenbuchausgabe der zweiten Auflage, Frankfurt am Main 1983.

2 Auch die einige Jahre zuvor publizierte Studie über „Grundrechte als Institution", Berlin 1965, hatte dies ja vermieden und sich als „Beitrag zur politischen Soziologie" annonciert.

3 Der Aufsatz ist erschienen in: *Achterberg / Krawietz*, Legitimation des modernen Staates.

Legt man einem Rückblick auf Luhmanns frühes Buch seine spätere Theorie zugrunde, dann muss auffallen, dass die spezifisch politischen und die spezifisch rechtlichen Verfahren hier noch als Teile eines Systems behandelt werden. Beide gehören in das politische Teilsystem der modernen Gesellschaft, und die Sonderstellung der politisch neutralisierten Justiz ist eine Sonderstellung in diesem System, nicht in seiner Umwelt. Lässt man sich darauf ein, müsste auch die Rechtssoziologie ein Teil der politischen Soziologie sein.

Das wenig später publizierte Lehrbuch zur Rechtssoziologie lässt bereits Zweifel erkennen. Auch hier werden Gerichtsverfahren und Gesetzgebungsverfahren gleichrangig behandelt. Anders als im Verfahrensbuch wird nun freilich eher evolutionstheoretisch als systemtheoretisch argumentiert. In der kulturellen Erfindung des Gerichtsverfahrens und in der daran anschließenden Erfindung des Gesetzgebungsverfahrens sieht Luhmann eine Sequenz von evolutionären Errungenschaften, die zunächst die Ausdifferenzierung und dann auch die volle Positivierung des Rechts ermöglicht haben[4]. Die Frage, wie man das Recht als System begreifen kann, bleibt bei dieser Disposition offen. Dass sie am Ende des Buches an die Rechtstheorie adressiert wird, ist immerhin aufschlussreich.

In späteren Beiträgen zum Thema ist dann nur noch von Gerichtsverfahren die Rede. Das gilt zum einen für zwei Aufsätze, die zugleich rechtstheoretisch und konfliktsoziologisch argumentieren[5], und zum anderen gilt es für die letzte große Behandlung rechtssoziologischer Themen in „Das Recht der Gesellschaft“[6], die diesem Verfahrenstyp einen eigenen Abschnitt widmet.

In dieser zunehmenden Konzentration auf das Gerichtsverfahren spiegelt sich ein Umbau in der Theorie gesellschaftlicher Differenzierung: Während der frühe Luhmann noch, gegen Parsons, der das immer schon anders sah, an der Systemeinheit von Recht und Politik festhielt, folgt der späte Luhmann seinem Lehrer, indem er die Theorie funktionaler Differenzierung auch für das Verhältnis von Recht und Politik gelten lässt und hier daher nun zwei Systeme und nicht nur eines sieht. Man kann das Buch über Verfahren also nicht als das letzte Wort seines Verfassers zitieren. Andererseits lassen die späteren Beiträge über Gerichtsverfahren erkennen, dass er an diesem Teil seiner Argumentation festhielt. Abgerückt ist er nur von einer einheitlichen, Recht und Politik übergreifenden Konzeption.

Diesem Sachstand möchte ich dadurch Rechnung tragen, dass ich mich in einem ersten Teil meines Kommentars auf das Gerichtsverfahren be-

---

4 Vgl. *Luhmann,* Rechtssoziologie, 132 ff.

5 Ich meine die Aufsätze „Kommunikation über Recht in Interaktionssystemen“ und „Konflikt und Recht“. Beide kann man nachlesen in: *Luhmann,* Ausdifferenzierung des Rechts.

6 Frankfurt am Main 1993, 208 ff., siehe auch die Ausführungen 260 ff.

schränke[7]. Dass es dabei nicht um eine komprimierte Wiedergabe der Argumentation gehen kann, liegt auf der Hand. Stattdessen möchte ich mich auf diejenigen Punkte konzentrieren, die ich für ebenso gelungen wie originell halte. Das gilt neben der lerntheoretischen Konzeption des Normbegriffs vor allem für die davon abhängige Fassung des Legitimationsproblems sowie schließlich für jene interaktionssoziologische Deutung des Gerichtsverfahrens, die erklären soll, auf welche Weise die Teilnahme an diesem Verfahren zur Lösung jenes Problems beitragen kann (II). Ein zweiter Teil bringt dann einen allgemeiner ansetzenden Theorievergleich, von dem ich hoffe, dass er nicht nur als historische Rekonstruktion überzeugt, sondern gleichzeitig auch Perspektiven aktueller Theoriebildung erkennen lässt. In diesem Teil werde ich auch jene übergreifende Konzeption behandeln, allerdings aus größerer Distanz zum formulierten Selbstverständnis des Autors und unter dem Aspekt einer sozialtheoretischen Fragestellung (III).

II.

Den besten Einstieg ins Thema bietet der erste Titelbegriff des frühen Buches: Was hat es mit der „Legitimation" auf sich? Zur historischen Semantik des Begriffs gehört es, dass Legitimität einmal ein Rechtsbegriff gewesen ist, von dem juristisch greifbare Folgen abhingen. Unterdessen ist dieser Begriff jedoch juristisch uninterpretierbar geworden, so dass heutige Richter nicht mehr prüfen müssen, ob eine Norm legitim ist, um sie bei Fallentscheidungen anzuwenden, sondern nur noch, ob sie legal ist, also positiv geltendem Recht entspricht. Dieser rechtsdogmatischen Unbestimmbarkeit und Sterilität des Begriffes entspricht es, dass er in der sozialwissenschaftlichen, aber teilweise auch in der rechtstheoretischen Literatur einen rein empirischen Sinn bekommt. Legitimität meint dann einfach den sozialen Erfolg der Gesetze und letztlich der Urteile, also ihre faktische Anerkennung durch die Betroffenen wie durch die Unbeteiligten. Aber auch darum muss der Richter sich nicht kümmern. Sollten nach dem Verfahren irgendwelche Gruppen zu protestieren beginnen, wäre das ein politisches Problem, nicht aber ein juristisches. Richter sind also geschult, den faktischen Erfolg ihrer Kommunikation für irrelevant zu halten. Und natürlich ist es für die Autonomie gegenüber der Politik wichtig, dass ein Richter an diesem Punkte, ähnlich übrigens wie auch der Presse gegenüber, gleichgültig sein darf.

Soziologisch gesehen, ist solche Indifferenz natürlich nur so lange erträglich, wie nicht jedes Urteil zu massenhaften Protesten führt. Ein hohes Maß

7 *Luhmann*, Legitimation durch Verfahren, 55 – 129.

an faktischer Akzeptanz muss also auch wirklich erreicht werden. Wenn dieses Faktum ein erklärungsbedürftiges Datum ist, dann deshalb, weil Gerichtsverfahren ja keineswegs nach dem Modell einer geselligen Kommunikation funktionieren[8]. Man kann ihren sozialen Erfolg also nicht dadurch erklären, dass der Richter den Prozessbeteiligten nach dem Munde redet und nur entscheidet, was ihnen konveniert. Die Gegnerschaft der Beteiligten, die kontradiktorische Struktur ihrer Ansprüche und die binäre Codierung seiner Entscheidungssituation schließen das aus. Jeder Prozess hat denn auch einen Verlierer, und während es bei Gewinnern nicht schwer fällt zu erklären, warum sie das Urteil akzeptieren, ist dies bei Verlierern alles andere als evident.

Luhmanns Argumentation ist funktionalistisch gebaut, also abhängig von einer möglichst instruktiven Formulierung für das Bezugsproblem der Legitimation. Diese Formulierung wiederum setzt eine lerntheoretische Fassung des Normbegriffs voraus, mit der ich eben darum beginnen möchte[9]. In der Soziologie werden Normen manchmal geradezu tautologisch definiert, also etwa dadurch, dass es sich um etwas „Gesolltes" handele. Oder man stellt auf faktische soziale Unterstützung für Norminhalte ab. Gegenüber diesen Versuchen, die den Sinn von Normativität in der Sachdimension oder in der Sozialdimension zu fassen versuchen, greift Luhmann auf Anregungen von Johan Galtung zurück[10], die das Konzept *temporalisieren*. Normen werden also nicht über die Unterscheidung von Sein und Sollen und auch nicht über Konsens definiert, sondern auf ein Zeitproblem bezogen. Dieses Zeitproblem stellt sich als Kontinuitätsproblem bei jeder Erwartungsbildung, die sich auf das kontingente Verhalten eines anderen Menschen bezieht, und es wird aktuell in dem Augenblick, in dem der andere anders handelt, als ich es erwartet hatte. Ich muss dann nämlich entscheiden, ob ich die Erwartung ändere, also in Zukunft ohne sie weiterlebe, oder ob ich trotz der enttäuschenden Realität und gegen sie an der Erwartung festhalte. Auf enttäuschendes Handeln anderer kann man also auf zwei Arten reagieren, durch Lernen und durch Nichtlernen. Legt man sich schon im Voraus auf die eine oder andere Strategie fest, dann entstehen bei Festlegung auf Lernen kognitive, bei Festlegung auf Nichtlernen dagegen normative Erwartungen.

Da die Enttäuschung meine Erwartung in einem gewissen Sinne widerlegt hat, würden Psychologen dazu neigen, die Strategie des verweigerten Lernens als pathologisches Erleben zu buchen, also zum Beispiel als Trotz oder als Projektion im psychoanalytischen Sinne des Wortes. Aber natürlich ist die Gesellschaft ein System, das so manches entpathologisieren kann,

8 Siehe zur vorsoziologischen und soziologischen Tradition dieses Begriffs *Kieserling,* Kommunikation unter Anwesenden, 184 ff., 412 ff., 473 ff.

9 Die erste und für alle weiteren Formulierungen maßgebliche Fassung dieses Begriffs findet sich in: *Luhmann,* Normen in soziologischer Perspektive.

10 Siehe dazu *Galtung,* Expactations and Interaction Process.

und mit entpathologisiertem Trotz hat man es immer dann zu tun, wenn die Norm sich sozialer Unterstützung erfreut, also institutionalisiert ist. Luhmann definiert die Norm nicht durch soziale Unterstützung, wohl aber wählt er seinen eigenen Normbegriff so, dass verständlich wird, was durch solche Unterstützung zu gewinnen ist. Gerade der zeitüberwindend projektive Charakter der Norm, der bei Luhmann zum Kriterium ihres Begriffs wird, macht verständlich, warum normatives Erwarten von sozialer Unterstützung nur profitieren kann. Wenn einer auf eigene Faust nicht lernt, wenn er zum Beispiel nicht lernt, dass seine Ehe geschieden wurde, und stattdessen den ehemaligen Partner verfolgt, dann isoliert er sich selbst. Es ist also schwierig, auf eigene Faust nicht zu lernen, aber mit sozialer Unterstützung ist es relativ leicht.

Diese Unterstützung ist bei Luhmann nicht einfach als Konsens gedacht. Stattdessen bildet er einen Begriff für *reflexives Erwarten*, also dafür, dass Erwartungen sich auf Erwartungen richten, statt auf das Verhalten unmittelbar, um dann sagen zu können, dass die Frage, ob man normativ oder kognitiv erwartet, ihrerseits zum Gegenstand von Erwartungen werden kann, und zwar durchaus auch von normativen Erwartungen. Das Nichtlernen kann dann seinerseits normativ erwartet werden, und dann isoliert sich, wer Erwartungen angesichts von Enttäuschungen aufgibt, statt auf ihnen zu beharren. Wer sich nicht aufregt, nicht klagt und auch sonst keine Sanktionen gegen den Missetäter ergreift, der macht dann seinerseits einen Fehler: „Und das lässt Du Dir gefallen?", fragen die anderen ihn. Aber auch das Lernen kann in diesem Sinne normativ erwartet werden, und viele der Schwierigkeiten, die beim Nichtlernen auf eigene Faust auftreten, haben damit zu tun, dass dies gegen normative Erwartungen verstößt: Wer vom Partner verlassen wurde, der *soll* das gefälligst zur Kenntnis nehmen.

Aus dem zuvor Gesagten zieht Luhmann die Konsequenz, dass *jedes Gerichtsverfahren Lernen zumutet, und zwar demjenigen, der den Prozess verliert.* Der Verlierer soll seinen Rechtsanspruch aus dem Verkehr ziehen und am Urteil des Richters lernen, wie er stattdessen zu erwarten hat. Er soll ohne die Erwartung weiterleben, für die er vor Gericht zog oder gezogen wurde. Es geht also nicht nur um Lernen schlechthin, sondern um Lernen in einem extrem schwierigen und unwahrscheinlichen Sinne. Denn betroffen von dieser Lernzumutung sind ja nicht kognitive, sondern normative Erwartungen. Es geht nicht darum, sich von einer Meinung zu lösen, die man auch vorher schon als bloße Meinung kommuniziert hatte. Es geht nicht um das Räumen von Positionen, die man ohnehin schon unter dem Vorbehalt der Unsicherheit und des Irrtums bezogen hatte. Lernen sollen vielmehr Personen, die sich vorher darauf festgelegt hatten, nicht zu lernen. Psychologisch gesehen ist das eine Zumutung, und soziale Systeme, die dergleichen regelmäßig erreichen sollen, müssten eigentlich wie therapeutische Sitzungen gebaut sein. Gerichtsverfahren sind aber offensichtlich anders strukturiert. Der Richter kann nicht darauf verzichten, Normen als Normen und Abweichungen als Abweichungen zu bezeichnen. Er ist kein Therapeut, und Permissivität ist ihm nicht gestattet.

Damit ist das Problem formuliert, auf das Luhmann zu antworten sucht: Wie ist Legitimation durch Verfahren möglich, wenn Legitimation heißt, dass man dort lernt, wo man sich auf Nichtlernen in einer sozial sichtbaren Weise schon festgelegt hatte.

Man könnte das Problem an die Gesellschaft verweisen und sagen: da das Lernen des Verlierers von anderen normativ erwartet wird, so dass sein Nichtlernen ihn isolieren würde, ist das entscheidende Motiv die Isolationsfurcht des Verlierers. Dass solche Befürchtungen realistisch sind, will ich gar nicht bestreiten. Natürlich kommt es vor, dass einer die Lernhilfe verweigert, die das Verfahren ihm bietet. Und natürlich gehört es zum Gesamtgeschehen sozialer Legitimation, dass ein solches Nichtlernen dann gewissermaßen individualisiert wird, indem andere sagen: das ist ein Dickschädel, der ist störrisch, der hat immer noch nicht begriffen, dass er den Kürzeren gezogen hat. Luhmann sieht in dieser Isolierung der Unzufriedenen ein funktionales Äquivalent zu ihrem eigenen Lernen, da auch auf diese Weise verhindert wird, dass Enttäuschung und Unzufriedenheit weitere Kreise ziehen und jedes Gerichtsurteil sogleich zum Politikum wird.

Aber auch für die miterlebenden Dritten läge es ja näher, von dem, der normativ erwartet hatte, zu erwarten, dass er dabei bleibt. Die Vorfrage lautet also: Was muss geschehen, damit der Rückzug aus normativen Erwartungen nicht als persönliche Schwäche gesehen und zugerechnet wird, sondern als sinnvolle Anpassungsleistung erscheint, in der eine eigene Konsequenz liegt. Und diese Frage führt dann sofort auf die Darstellungsgeschichte im Interaktionssystem des Verfahrens zurück. Gerichtsverfahren müssen so geordnet sein, dass das Lernenmüssen des Verlierers nicht einfach als plötzliche Zumutung auf ihn zukommt, die seinen Rechtsanspruch ohne Vorbereitung kassiert. Das Verfahren muss sich vielmehr eignen, ihn der Unbedingtheit dieses Anspruches zu entfremden und ihm den Übergang in eine Identität nahe zu legen, die mit Preisgabe des Anspruchs vereinbar ist. Die zugemutete Diskontinuität im Verhältnis zu dem, was er vor dem Verfahren war, muss Kontinuität im Verhältnis zu seiner Darstellungsgeschichte im Verfahren selbst sein. Nur wenn das gelingt, kann das fällige Lernen auch als Selbstanpassung statt nur im Wege der sozialen Konformität vollzogen werden.

Eine zweite Artikulation des Legitimationsproblems gewinnt man, wenn man die Gesellschaft als umfassendes System mitsamt ihren jeweiligen Teilsystemen von der Interaktion unter Anwesenden unterscheidet. Projiziert man diese später entwickelte Systemtypenunterscheidung[11] auf das Verfah-

---

[11] Siehe für eine umfassende Behandlung *Luhmann,* Soziale Systeme, 551 ff.

rensbuch zurück, dann handelt es sich bei Gerichtsverfahren um Interaktionssysteme, die sich innerhalb eines gesellschaftlichen Funktionssystems bilden (ob nun Recht oder Politik) und mit diesem die gesellschaftliche Funktion teilen. Luhmanns Theorie des Verfahrens kann daher auch als Antwort auf die Frage gelesen werden, wie man die Einheit der Funktion trotz Differenz der Systemtypen verstehen kann: wie können Verfahren, obwohl bloße Interaktionen, zur Lösung eines gesellschaftlichen Problems beitragen? Wie können Verfahren, die doch als Interaktion aufhören müssen, Leistungen erbringen, die über ihr eigenes Ende in Raum und Zeit hinausreichen? Wie kann unter Anwesenden etwas erarbeitet werden, an das auch Abwesende anschließen können?

Solche Fragen kann man nicht dadurch beantworten, dass man auf die Einheit der Rechtsordnung verweist. Sicher müssen die Urteile des einen Gerichts auch von den anderen respektiert werden. Aber das betrifft nur das Lernen des Rechtssystems, nicht das des Verlierers, um das es in Luhmanns Buch geht.

Es gibt zahlreiche Interaktionen, deren Verhältnis zur Gesellschaft man als Ausdifferenzierung ohne Reintegration bezeichnen könnte. Sie unterscheiden sich in der Gesellschaft von der Gesellschaft, aber diese Differenz endet mit dem Ende der Interaktion selbst. Die Differenz wird also durch absehbare Folgenlosigkeit ermöglicht: niemand erwartet, dass das, was unter den Anwesenden geschieht, weitere Kreise zieht, niemand erwartet, dass es auch außerhalb dieser Interaktion oder nach ihrem Ende zu beachten sein wird. Das Gespräch mit dem Fremden im Zugabteil mag offener und gleichsam geständnisfreudiger geführt werden als das Gespräch mit dem guten Bekannten, weil sicher ist, dass man jenen nicht wiedersieht. Einmaligkeit des Kontaktes ist ein funktionales Äquivalent für Vertrauen in Diskretion. Aber selbst wenn die Anwesenden auch in anderen Systemen kooperieren müssen, können Trennregeln sicherstellen, dass die Interaktion auf sich selbst isoliert bleibt. Den Besuchern amerikanischer Bars sieht man es nach, wenn sie in jedem neuen Gespräch eine andere Geschichte über sich selber erzählen[12], und unter den Angehörigen der britischen Oberschicht gilt eine Regel, derzufolge man niemanden, der sich gemeinsam mit anderen betrank, am nächsten Tag darauf ansprechen darf[13]. Eine vergleichbare Insulierung erreichen schließlich auch gesellige Interaktionen, wenn man sie mit Georg Simmel als Spielform der Vergesellschaftung begreift[14]. Soziale Formen wie Konflikt oder erotische Werbung müssen demnach zu Spielformen ermäßigt werden, ehe man sie in der Geselligkeit

---

12 Siehe dazu *Cavan,* Liquor Licence.

13 So die Auskunft von *Asserate,* Manieren, 324: „Vertraulichkeiten mit bis dahin Fremden gelten als kassiert. Das ganze Fest hat es im Grunde am nächsten Tag gar nicht gegeben".

14 Vgl. dazu *Simmel,* Die Geselligkeit, 48 ff.

praktizieren kann: der Streit zum wechselseitigen Necken und die Werbung zum harmlosen Flirt. Auch die Modalisierung der Kommunikation unter Gesichtspunkten wie Scherz oder Spiel kann garantieren, dass keine Bindungen entstehen, die außerhalb der Interaktion kontinuieren müssten.

Diese Kontrastüberlegung zeigt an, dass Verfahren an diesem Punkt anders gebaut sein müssen. Denn das Problem der Legitimation von kollektiv bindenden Entscheidungen stellt sich nicht nur in der Interaktion und nicht nur für diese. Es kann nicht dadurch gelöst werden, dass man einem Anwesenden, und wenn es der Richter wäre, nur um des lieben Interaktionsfriedens willen zustimmt, ohne sich im übrigen daran gebunden zu fühlen. Durch taktvolles Verbergen abweichender Meinungen ist jenes Problem nicht zu lösen. Es würde sich um reine Beiträge zur Fortsetzung des elementaren Kontaktes handeln (so wie man mit freundlichen Worten zur Entspannung von Anwesenden beitragen kann), nicht aber um etwas, das eine personale Identität engagiert, die den elementaren Kontakt selbst überdauert.

Um an dieser Stelle weiterzukommen, kombiniert Luhmann attributionstheoretische Überlegungen mit solchen, die sich aus der Theorie symbolischer Darstellungen von Erving Goffman herleiten. Die Attributionstheorie gestattet es zunächst einmal, den Begriff freien Handelns zu präzisieren. Damit ist nicht Ursachelosigkeit gemeint, sondern nur, dass weder physischer Zwang noch soziale Verpflichtung sichtbar werden, um das Handeln zu erklären. D. h. Abwesenheit solcher externen Motive dirigiert die Zurechnung wie von selbst auf den Handelnden. Das Handeln kann ihm als Ausdruck seiner Person zugerechnet werden und gerät so unter die Erwartung, zu seinen anderen Handlungen und Einstellungen zu passen. Das schließt die Erwartung ein, dass er sich auch in Zukunft so verhalten wird, wie die zugerechnete Handlung es erwarten lässt. Freies Handeln bindet also, anders als technisch oder sozial vorgezeichnetes, die Selbstdarstellung der Person. Hinter der normativen Erwartung, die dadurch entsteht, steht die Sanktion, dass Abweichungen die Person als Person diskreditieren, also kommunizierbare Zweifel daran wecken, ob sie überhaupt weiß, was sie will. Wer sich als allzu launisch erweist, der scheidet als ernstzunehmender Kommunikationspartner aus. Ein Interesse daran wird man niemandem so leicht unterstellen.

Es ist eine elementare Leistung von Interaktionssystemen, diesen robusten Selbstschutzmechanismus der Person zu eigenen Zwecken zu mobilisieren. Wie das geschieht, darüber sind wir seit Goffman gut informiert. Darstellungen, die einer abgibt, werden für andere zur Handlungs- und Darstellungsgrundlage. Dadurch ist sichergestellt, dass er mit eigenen Inkonsistenzen auch deren Darstellungen durcheinander bringt. Folglich haben auch sie ein Interesse daran, dass er bei der einmal gewählten Linie bleibt. So viel gilt für Interaktionen schlechthin. Um nun den Interaktionstyp des Verfahrens auf die Legitimationsproblematik zu beziehen, muss man zeigen, dass das Verfahren zu frei gewählten Darstellungen führt, deren symbolischer Sinn auf der Linie dessen liegt, was am Ende des Verfahrens benötigt wird. Beide Parteien müssen zu Engagements motiviert werden, die im expressiven Stil ihres Auftretens jene Bereitschaft zum Lernen erkennen lassen, die der Verlierer am Ende benötigen wird.

Die einfachste Form, diese Leistung zu analysieren, besteht in einer Konzentration der sozialen Rolle des Richters. Die Rollen der Parteien und ihrer Vertreter können dann als Komplementärrollen gefasst werden, in denen man gut beraten ist, wenn man eigenes Verhalten so wählt, dass es die Rollenauffassung und Situationsdefinition des Richters nicht diskreditiert, sondern bestätigt.

Die vielleicht wichtigste Anforderung an das expressive Geschick des Richters besteht darin, die Offenheit des Ausganges darzustellen. Nur weil noch nicht feststeht, wie er entscheiden wird, haben die anderen ein Motiv für eigene Teilnahme. Nur weil er auf der Seite keiner Partei steht, ist es für beide sinnvoll, sich an ihn zu wenden. Selbst der bereits Überführte hat ein Motiv sich am Verfahren zu beteiligen, wenn der Ausgang, in diesem Falle das Strafmaß, offen ist. Mit Psychologie hat diese Anforderung übrigens wenig zu tun. Für das geschulte Judiz des Richters mag es klar sein: dieser Betreffende ist dazu bestimmt, den Prozess zu verlieren, den rettet kein Anwalt der Welt. Kompetente Richter mögen das wissen, noch ehe das erste Wort gesprochen ist. Aber kommunikativ müssen sie die Offenheit des Verfahrensausgangs auch dann simulieren.

Daraus ergibt sich ein Druck in Richtung auf komplementäres Verhalten, der auf alle anderen Prozessbeteiligten ausstrahlt. Die Parteien würden sich schaden, wollten sie dem Richter gegenüber darauf bestehen, dass ja wohl nur sie und nicht auch der Gegner im Recht sein können. Auch hier gilt wieder: psychologisch mögen sie es so sehen, aber kommunikativ wäre es unklug, wenn sie es auch so sagten, denn dann könnten sie den Richter nicht behandeln als jemanden, der noch nicht entschieden hat. Prozess- und konfliktstrategisch richtig behandeln sie ihn nur dann, wenn sie die Offenheit, die er darstellt, in die eigene Selbstdarstellung übernehmen. Das aber bedeutet, dass sie mindestens so tun müssen, als könnten sie sich vorstellen, dass es zu dieser Rechtsfrage mehr als eine vertretbare Meinung gibt und dass möglicherweise sogar die Meinung des Prozessgegners die juristisch überlegene ist. So werden sie dazu gebracht, eine Lernfähigkeit darzustellen, die möglicherweise gar nicht vorhanden ist. Muss am Ende dann wirklich gelernt werden, verfügt auch der, den dies trifft, über eine Darstellungsgeschichte, in der dies auch Fortsetzung ist. Seine Freiheit, das Verfahren und den Richter für unmaßgeblich zu halten, hat er durch Mitwirkung am Verfahren verspielt. Der Weg dahin zurück würde über Verzichte an dargestellter Identität führen, also seinerseits als Bruch wirken.

III.

Damit ist der referierende Teil meines Kommentars auch schon zu Ende. Abschließend möchte ich noch einen Vorschlag für eine erneute Lektüre des Buches machen, die sich von der rechtssoziologischen Thematik löst, um statt dessen einer allgemeineren Frage nachzugehen, in deren Rahmen dann auch die im engeren Sinne politischen Verfahren noch einmal auftauchen können. Ihre Thematik lässt sich am besten durch einen kurzen Seitenblick auf die Soziologie Georg Simmels verdeutlichen.

Simmels soziologisches Thema waren bekanntlich soziale Formen wie Tausch oder Kooperation, Konkurrenz oder Konflikt[15]. Auch erste Ansätze zu einer Soziologie des Verfahrens findet man übrigens, wenn auch nicht unter dieser Terminologie, sondern in einer allgemeineren Perspektive auf die streitdämpfende Rolle, die unabhängigen Dritten bei der Schlichtung oder dann auch bei der verbindlichen Entscheidung sozialer Konflikte zufallen mag. Aus Gründen, die in seiner Theorie liegen und auf die ich hier nur sehr kurz eingehen kann[16], hat Simmel diese Formen jedoch in einer gleichsam atomistischen Weise behandelt. Er hat nämlich ihre Isolierbarkeit gegeneinander schlicht unterstellt, um sie sodann auch in einer rein additiven, in einer Form gegen Form isolierenden Weise behandeln zu können. Vermissen mag man daran die Frage, unter welchen Bedingungen es möglich ist, die eine Form ohne Rücksicht auf die anderen zu praktizieren.

Wie schwierig es beispielsweise sein kann, jemanden konsistent als Konkurrenten zu behandeln, mit dem man gleichzeitig auch kooperieren muss, das zeigen die Arbeitsgruppen in Produktionsbetrieben nicht anders als die Gruppenbildung in Schulklassen: Hier wie dort riskiert es der Übereifrige, in den Ruf eines Strebers zu kommen. Simmel selbst sagt über die Konkurrenz sogar, sie funktioniere umso reiner als Konkurrenz, je weniger Kommunikation unter den Konkurrenten erforderlich sei. Das ist eine Einsicht von erheblicher Tragweite. Sie besagt zum Beispiel, dass eine Ausdifferenzierung von Konkurrenzbeziehungen nicht als Ausdifferenzierung eines sozialen Systems möglich ist (denn dazu wäre ja Kommunikation unter den Konkurrenten erforderlich). Aber Simmel geht der Frage nicht nach, unter welchen Bedingungen ein derartiger Verzicht auf Kooperation, ja auf Kommunikation schlechthin gewagt werden kann.

Um Fragen dieses Typs aufzugreifen, müsste man die Trennung der Formen nicht als Konstante behandeln, so wie Simmel es tut, sondern als Variable. Nur auf diese Weise gewinnt man die Chance, das jeweils erreichte Ausmaß an Formentrennung mit anderen Variablen zu korrelieren.

---

15 Dem entspricht auch die Kapitelgliederung in Simmels soziologischem Hauptwerk: *Simmel,* Soziologie: Untersuchungen über die Formen der Vergesellschaftung (1908), zitiert nach der Ausgabe Frankfurt am Main 1992.

16 für eine genauere Diskussion siehe: *Kieserling,* Simmels Sozialformenlehre.

Ist die Differenzierung der Formen auf eine Differenzierung der Partnerkreise angewiesen? Und wenn ja, hat sie dann möglicherweise etwas mit der Größe des Systems zu tun, so dass Kleinsysteme nur relativ undifferenzierte Mischungen, nur Formenkombinate überhaupt praktizieren können? Die Konkurrenzrepression in kooperierenden Gruppen deutet in diese Richtung. Aber andererseits findet man ja auch Beispiele für Systeme, die die Systemgrenze zu den eigenen Mitgliedern als Schema für Formentrennung behandeln können. Die Mitgliedschaft in Organisationen wird tauschförmig entgolten, aber die Arbeitslasten unter den Mitgliedern werden nicht tauschförmig und dezentral, sondern über Hierarchie verteilt. Hier hat man es also mit zwei Formen bei nur einer Population zu tun – und mit Systemgrenzen, die ihre Differenzierung ermöglichen[17]. Ich stelle diese Fragen nicht, um sie an dieser Stelle zu beantworten (das bleibt weiteren Publikationen vorbehalten), sondern nur um festzuhalten, dass sie bei Simmel nicht vorkommen. Aber warum nicht?

Mit den anderen Klassikern der Soziologie teilt Simmel das Interesse am Thema der sozialen Differenzierung, zu dem er maßgebliche Einsichten beisteuert. Aber er verzichtet darauf, den Begriff der sozialen Differenzierung auch auf das Verhältnis der Formen zueinander zu beziehen. Stattdessen behandelt er soziale Differenzierung ganz so, als wäre sie nichts weiter als eine Form neben anderen. Ohne dass die programmatischen Formulierungen hier ganz eindeutig wären, vermittelt die Durchführung dieser Soziologie den Eindruck, dass der Formbegriff den Differenzierungsbegriff führt. Dass Simmel über die bloße Liste seiner Formen nicht recht hinausgelangt, dass es ihm nicht gelingt, sie durch eine Theorie zu integrieren, mag hier ihren Grund haben. Oder jedenfalls ist die Vermutung nicht abwegig, dass eine solche Theorie von der Verwendung des Differenzierungskonzepts profitieren könnte.

Findet man Simmels Themenbehandlung in diesem Punkt unbefriedigend und sucht man nach Alternativen dazu, dann findet man sie unter anderem im Verfahrensbuch von Luhmann. Ich will das zunächst an einigen Beispielen zeigen, deren Prinzip es ist, die Trennung der Formen als Variable zu behandeln.

Das Kapitel über Kontaktsysteme[18] kann als Beschreibung eines Formenkombinats aus *Tausch* und *Konflikt* verstanden werden. Wie sich an den archaischen Institutionen der Rache und Gegenrache ablesen lässt, sind solche Kombinate nichts Ungewöhnliches. Ihre Kettenbildungen passen jedoch schlecht zu der Vorstellung, der Richter entscheide einzelne Fälle und nehme dabei auf andere Fälle nur dann Bezug, wenn es dafür auch sachliche Gründe in zu beachtenden Rechtsregeln oder zu beachtenden Prä-

---

17 Ich folge hier *Luhmann,* Funktionen und Folgen formaler Organisation.

18 *Luhmann,* Legitimation durch Verfahren, 75 – 82.

zedenzbindungen gibt. Die Identität der beteiligten Personen, ihr wiederholtes Auftreten in verschiedenartigen Fällen, gilt als rechtsunerheblich, und Ausnahmen von dieser Regel müssen ausdrücklich formuliert werden. Man kann daher nicht sagen: Dieser Richter hat mir schon einmal Recht gegeben, und also wird er es trotz der Andersartigkeit des Falles auch diesmal tun.

Grenzen dieser Isolierung des Einzelverfahrens zeigen sich Luhmann zufolge überall dort, wo die Beteiligten sich auf wiederholte Begegnungen einstellen müssen, so namentlich im Verhältnis der Verwaltung zu Interessenverbänden aber eben auch im Verhältnis zwischen Anwalt und Richter. Nach der offiziellen Beschreibung ist die Folge der Einzelverfahren, an denen diese beiden beteiligt sind, eine Folge isoliert gedachter Konflikte, in denen je nach der Rechtslage mal die eine und mal die andere Seite sich durchsetzen soll. Diese Prämisse der wechselseitigen Unabhängigkeit der Verfahren durchlaufe, so Luhmann, jedoch einen Wandel in dem Augenblick, in dem die Beteiligten sich an der Möglichkeit künftiger Begegnungen zu orientieren beginnen, in denen die Durchsetzungschancen dann möglicherweise umgekehrt verteilt sind. Statt einfach die vorteilhafte Rechtsposition dem Gegner gegenüber auszunutzen, zeige man sich aus Furcht davor, dass er es bei nächster Gelegenheit ebenso macht, ein wenig verhandlungsbereiter, als es rein von der Rechtslage her notwendig wäre. Konzessionen würden gemacht, und zwar in der Hoffnung, dass der andere sich dafür schon revanchieren würde. Neben der Rechtsordnung selbst kämen daher in allen langfristigen Beziehungen zwischen Anwälten und Richtern immer auch Rücksichten auf „Kontaktsysteme" ihrer guten Beziehungen zum Tragen, und dies in einer Weise, die für die juristisch ungeschulten Prozessparteien selbst kaum antizipierbar seien.

Luhmann würdigt diese eigentümliche Kombination zweier Formen unter dem Aspekt, dass sie es *den Juristen* erleichtere, mit Niederlagen zu leben. Wem so etwas widerfährt, der mag sich damit trösten, dass der andere bei nächster Gelegenheit ein umso stärkeres Motiv hat, sich konziliant zu zeigen. Bestünde das Problem der Legitimation darin, den Anwalt mit dem Verlust eines Prozesses zu versöhnen, dann könnte man auch diesem Formenkombinat aus Konfliktaustragung und Tausch einen eigenen Beitrag zur Lösung des Legitimationsproblems zurechnen. Aber natürlich liegt das Hauptproblem nicht hier, also nicht in der möglichen Kränkung des Berufsstolzes von Spezialisten, sondern in der unvermeidlichen Frustration eines juristischen Laien. Und da *dessen* Kontakte zu den Gerichten aus isolierten Situationen bestehen, die sich nach Thema und Partner nicht wiederholen, trägt diese Ordnung der Dinge auch zur Förderung *seiner* Lernbereitschaft nicht bei.

Aber auch das isolierte Verfahren wird von Luhmann unter dem Aspekt analysiert, dass es zwei Formen miteinander verschmilzt, indem es als Sozialsystem auf keine von beiden festgelegt ist. Gemeint sind hier die Formen von *Kooperation* und *Konflikt*. Das Paradigma eines solchen Formenkombinats ist die Diskussion, also ein selber verfahrensanalog gebauter Interaktionstyp[19]. Die Kombination liegt hier darin, dass man gegen diejenigen argumentiert, die man für Zustimmung gewinnen will. Darin liegt auch das eigentlich zivilisierende Moment, das man der Diskussion häufig nachrühmt. Denn einem Gegner gegenüber, der zugleich auch als Kooperationspartner umworben wird und den ich möglicherweise für ein Bündnis gegen Dritte zu gewinnen suche, muss die in reinen Konflikten übliche Generalisierung der Gegnerschaft, ihre Übertragung vom Thema auf die Person des Gegners und dann auch auf andere Themen und andere Personen (seine Freunde sind meine Feinde), unterbleiben. Man muss vielmehr genau umgekehrt betonen, in wie vielen Punkten man mit ihm übereinstimmt. Das Konfliktthema wird spezifiziert, nicht generalisiert. Erst wenn die Diskussion in einen reinen Konflikt überführt wurde, erst wenn jene Generalisierungen zu greifen beginnen, schreibt man den Gegner als unbelehrbar ab und stellt jede weitere Überzeugungsarbeit ein. Stattdessen versucht man, andere zu überzeugen und gegen ihn einzunehmen.

Das Gerichtsverfahren differenziert zwar auf der Rollenebene zwischen Gegner und Kooperationspartner, indem man auch hier in erster Linie einen Dritten zu überzeugen versucht, nämlich den Richter, mit dem man keinen Streit hat, und nicht etwa den Gegner unmittelbar. Das Verfahren ist daher auch als Fortsetzung eines Konfliktes möglich, in dessen Verlauf die soziale Distanz zwischen den Parteien bereits bis zur wechselseitigen Kontaktunfähigkeit anwuchs. Für ein nachgeschaltetes System der Konfliktentscheidung, das mit den Konflikten oft erst in Berührung kommt, wenn die Parteien einander schon „nichts mehr zu sagen" haben, ist das in hohem Maß adäquat.

Andererseits ist der Richter ja nicht nur *möglicher* Kooperationspartner, sondern auch *möglicher* Gegner, nämlich derjenige, der am Ende möglicherweise gegen mich entscheidet. Er verkörpert also, ähnlich wie der Diskussionspartner, eine in genau dieser Hinsicht ambivalente Position. Die Nichttrennung von Kooperation und Konflikt bezieht sich also eigentlich auf den Richter selbst, auf die Sozialität seiner Rolle und auf die Temporalität seiner Mitwirkung im System. In Diskussionen argumentiert man gegen denjenigen, dessen Zustimmung man damit gewinnen will. Die Gegnerschaft steht bereits, und Argumente werden eingesetzt, sie zu brechen und zu transzendieren. Vor Gericht ist die Gegnerschaft des Richters eher eine Möglichkeit, der man zuvorkommen will. Man argumentiert, um zu verhindern, dass der Richter sich am Ende auf die Seite des Gegners schlägt. Man wirbt um denjenigen, dessen Gegnerschaft man fürchtet. In Diskussionen

---

19 Eine knappe Charakterisierung von Diskussionen unter diesem Aspekt findet sich in: *Luhmann,* Öffentliche Meinung, 11.

steckt die Konfliktkomponente in wirklicher Gegnerschaft, vor Gericht steckt sie in möglicher Gegnerschaft. Im einen Falle ist man damit befasst, jemanden umzustimmen, der eigenes Meinen und Erwarten schon kommuniziert hat, im anderen soll eine noch unfertige Meinungsbildung ins Günstige dirigiert werden. Das setzt vor allem voraus, dass der Satz suspendiert wird: wer nicht für mich ist, der ist gegen mich, und zwar zugunsten des Satzes: wer nicht für mich ist, dem kann ich eben dies ja noch beibringen.[20]

Nach diesem kurzen Rückblick auf das Auftauchen sozialer Formen in Luhmanns Argumentation könnte man auf die Idee kommen, dass er den Verzicht auf Differenzierung zwischen Kooperation und Konflikt für den allein legitimierenden Vorgang hält. Hält man dies gegen die Art und Weise, in der Luhmann sonst argumentiert, wäre dies eine merkwürdige Wertschätzung für Fälle mangelnder Differenzierung. Seine Normalbehandlung des vergleichsweise Undifferenzierten sieht anders aus: Sein Vorkommen wird nicht bestritten, aber es wird nachgewiesen, dass es in einer komplexen Gesellschaft auf Reduktionen angewiesen bleibt, in denen sich Leistungen verbergen, die man nur durch *stärkere Differenzierung* erbringen kann, die *auf anderen Ebenen der Systembildung* institutionalisiert sein müssen.

Nimmt man von hier aus das Buch über Verfahren als Einheit in den Blick, dann zeigt sich rasch, dass es sich auch in diesem Falle nicht anders verhält. Die Reduktion, auf die das Gerichtsverfahren angewiesen bleibt, besteht in einer Limitierung der zugelassenen Themen und Relevanzgesichtspunkte. Das Gerichtsverfahren setzt die Selektion geltenden Rechts voraus und bleibt darin vom Funktionieren (und das schließt ein: vom Legitimationswert) der Gesetzgebungsverfahren abhängig[21]. Diese Verfahren aber finden sich in einer Entscheidungssituation von ungleich höherer Komplexität. Da sie geltendes Recht ändern können, können sie sich auf geltendes Recht nicht berufen, um zugemutete Entscheidungsthemen abzuwehren.

Dieser Komplexitätsdifferenz entspricht es, dass die Verschmelzung von-Kooperation mit Konflikt auf dieser übergeordneten Ebene des Entscheidungsprozesses nicht durchgehalten werden kann. Die Personen, mit denen man kooperiert, und die Personen, mit denen man streitet, sind hier nicht mehr identisch. Was man zunächst für eine reine Faktenbeschreibung halten könnte: dass nämlich politische Parteien wenig Versuche unternehmen, einander zu überzeugen, dass sie im anderen vielmehr nur den Gegner und nicht auch den möglichen Kooperationspartner sehen und sich statt

---

20 Man erkennt leicht, dass dies auf eine Reformulierung der oben vorgestellten Interaktionssoziologie hinausläuft.

21 *Luhmann,* Legitimation durch Verfahren, 174–201.

dessen an das Wählerpublikum wenden, um dessen Unterstützung zu gewinnen, darin steckt für Luhmann eine komplexitätsadäquate Differenzierung[22]. Die Freund/Feind-Differenzierung kennzeichnet das politische System nicht im Ganzen, wohl aber ermöglicht sie es an kritischen Stellen innerhalb des Systems, durchgehaltene Gegnerschaft an die Stelle einer den Entscheidungsprozess überfordernden Sachlichkeit zu setzen und auf diese Weise die Entscheidbarkeit von Themen auch bei hoher Komplexität zu garantieren. Der Preis dafür besteht in einer partikularistischen Würdigung aller Sachthemen und Argumente: Wir sind dagegen, weil sie dafür sind und umgekehrt.

Dieser Differenzierung innerhalb des politischen Systems, dieser Differenzierung zwischen Differenzierung und Nichtdifferenzierung von Kooperation und Konflikt entspricht es, dass die Übereinstimmung der Realität mit der Idee des Verfahrens keine konstante Größe ist, sondern von Verfahrenstyp zu Verfahrenstyp variiert. Luhmann selbst hält es zwar für ein Merkmal aller Verfahren, dass sie zwischen Kooperation und Konflikt nicht differenzieren[23], aber zugleich macht das Buch klar, dass die Begriffe für dieses Formenkombinat die unterschiedlichen Verfahren in unterschiedlichem Maße beschreiben. Nur für das Gerichtsverfahren treffen sie, wie wir gesehen haben, im Großen und Ganzen zu. Für das Gesetzgebungsverfahren können sie dagegen aufgrund von Parteiendifferenzierung, Mehrheitsregel und Fraktionszwang bestenfalls die Darstellung, nicht aber die Herstellung der Entscheidungen ordnen.

Dem parlamentarischen Gesetzgebungsverfahren halten seine Kritiker schon seit langem vor, dass es dem Sozialmodell einer Diskussion unter vernünftigen Individuen, an dem man auf der Ebene des Protokolls nach wie vor festhält, durchaus nicht entspricht. Sicher gibt es Sonderthemen, über die ohne Fraktionszwang abgestimmt werden darf und über die dann auch universalistisch, also ohne Rücksicht auf gleiche oder ungleiche Parteimitgliedschaft, diskutiert werden kann. Aber gerade an solchen Situationen wird deutlich, dass der Normalbetrieb anders läuft. Luhmann würde solchen Kritikern vorhalten, dass sie ein Modell für einfache Situationen auf komplexe Situationen übertragen, auf die es nicht passt, und so an der Einsicht vorbei greifen, dass Reduktionsweisen auf Komplexitätsniveaus eingestellt sein müssen. „Vernunftaufklärung“ war das dafür gefundene Abgrenzungswort.

Ich schließe mit einer knappen Zusammenfassung: An Simmel hatte ich festgehalten, dass er die Trennung seiner Formen nicht als Variable einführt. Das nimmt ihm die Möglichkeit, das Ausmaß dieser Differenzierung mit anderen Variablen zu korrelieren. Luhmann macht es genau um-

---

22 Ebd., 186 ff.

23 Ebd., 50.

gekehrt: die Differenzierung von Kooperation und Konflikt, verstanden als Trennung der entsprechenden Partnerkreise bzw. Bezugspersonen, wird als Variable eingeführt. Dann wird gezeigt, dass der Wert dieser Variable mit dem Verfahrenstyp schwankt, nämlich im Gesetzgebungsverfahren deutlich höher ist als vor Gericht. Und schließlich wird diese Differenz zwischen den Verfahrenstypen daraus erklärt, dass sie es gemäß ihrer unterschiedlichen Stellung innerhalb des Gesamtsystems auch mit unterschiedlichen Versionen von Komplexitätsproblemen zu tun bekommen. Die Komplexität des Gesetzgebungsverfahrens ist für sachgemäße Behandlung zu hoch, darum eignet sich hier die spezifisch soziale Reduktionstechnik einer durchgehaltenen Gegnerschaft, der die Sachthemen, wo immer das ohne Absurditätsrisiko möglich ist, angepasst werden. Die Komplexität des Gerichtsverfahrens ist demgegenüber geringer und besser strukturiert, so dass hier auf eine strukturelle und situationsunabhängige Identifikation von Gegnern verzichtet werden kann. Die etwaige Gegnerschaft des Richters, verstanden als ein für mich ungünstiger Tenor seines Urteils, lässt sich in der Interaktion noch verhindern.

Man kann solche Befunde nun einfach als Beitrag zu ihren jeweiligen Themen lesen, sie also der Rechtssoziologie bzw. der politischen Soziologie zuordnen. Der Vergleich mit Simmel hat aber hoffentlich auch gezeigt, dass es zu seiner Art der isolierenden Behandlung sozialer Formen eine Alternative gibt, die innerhalb einer Theorie der sozialen Differenzierung expliziert werden kann. Sollte das richtig sein, müsste es sich lohnen, auch an anderen Formen zu erproben, was Luhmann für Kooperation und Konflikt vorgeführt hat.

Literatur

Asserate, Asfa-Wossen: Manieren, Frankfurt am Main 2003.

Cavan, Sherry: Liquor Licence. An Ethnography of Bar Behavior, Chicago 1966.

Galtung, Johan: Expactations and Interaction Process, in: Inquiry 2 (1959), 213–234.

Kieserling, André: Kommunikation unter Anwesenden. Studien über Interaktionssysteme, Frankfurt am Main 1999.

Kieserling, André: Simmels Sozialreformlehre. Probleme eines Theorieprogramms, in: Simmels „große" Soziologie, hrsg. v. Ottheim Rammstedt / Hartmann Tyrell, Frankfurt am Main 2010.

Luhmann, Niklas: Das Recht der Gesellschaft, Frankfurt am Main 1993.

Luhmann, Niklas: Funktionen und Folgen formaler Organisation, Berlin 1964.

Luhmann, Niklas: Grundrechte als Institution, Berlin 1965.

Luhmann, Niklas: Kommunikation über Recht in Interaktionssystemen, in: Ausdifferenzierung des Rechts, hrsg. v. Niklas Luhmann, Frankfurt am Main 1981, 53–83.

Luhmann, Niklas: Konflikt und Recht, in: Ausdifferenzierung des Rechts, hrsg. v. dems., Frankfurt am Main 1981, 92–113.

Luhmann, Niklas: Legitimation durch Verfahren, 2. Aufl., Frankfurt am Main 1983.

Luhmann, Niklas: Normen in soziologischer Perspektive, in: Soziale Welt 20 (1969), 28–48.

Luhmann, Niklas: Öffentliche Meinung, in: Politische Planung. Aufsätze zur Soziologie von Politik und Verwaltung, Opladen 1971, 9–35.

Luhmann, Niklas: Rechtssoziologie, 2 Bde., Reinbek 1972.

Luhmann, Niklas: Selbstlegitimation des Staates, in: Legitimation des modernen Staates (Archiv für Rechts- und Sozialphilosophie, Beih. 15), hrsg. v. Norbert Achterberg / Werner Krawietz, Wiesbaden 1981, 65–83.

Luhmann, Niklas: Soziale Systeme. Grundriß einer allgemeinen Theorie, Frankfurt am Main 1984.

Simmel, Georg: Soziologie. Untersuchungen über die Formen der Vergesellschaftung, Frankfurt am Main 1992.

Simmel, Georg: Die Geselligkeit, in: Grundfragen der Soziologie, hrsg. v. Georg Simmel, Berlin 1917.

II. Gerichtsverfahren

Schiedlichkeit und gute Nachbarschaft

Die Verfahrenspraxis der Kommissionen des Reichshofrats in den territorialen Hoheitskonflikten des 16. Jahrhunderts

Von *Sabine Ullmann*, Eichstätt

I.

Zu den Besonderheiten der politischen Struktur des Alten Reiches gehörten die Widersprüche des Territorialverfassungsrechts. Die aus verschiedenen herrschaftsbegründenden Einzelrechten erwachsene Landesherrschaft wurde zwar in der Rechtswissenschaft zu Anfang des 17. Jahrhunderts unter dem Begriff der *superioritas territorialis* summiert, das juristische Fundament territorialer Herrschaft blieb aber weiterhin polymorph. Für die Begründung der Territorialgewalt konnten in den einzelnen Landesteilen die unterschiedlichsten Herrschaftsrechte – die Gerichtsherrschaft ebenso wie die Jagdhoheit, das Geleit, der Judenschutz oder die Vogteirechte – herangezogen werden. Dabei kristallisierte sich ein Fundus staatsrechtlicher Argumente über jene Formen des hoheitlichen Handels heraus, die als sichere Kennzeichen des *ius territoriale* galten, wie Musterungen als Folge militärischer Rechte oder die Einrichtung von Hinrichtungsstätten als Merkmal der Hochgerichtsbarkeit. Obwohl sich in der Praxis in diesem Konglomerat eine gewisse Hierarchiebildung zugunsten der Gerichtsbarkeit beobachten lässt, blieb die Rechtsgrundlage uneinheitlich und damit widersprüchlich[1]. Während etwa in den fränkischen Markgrafentümern auf den Geltungsbereich des Landgerichts gegenüber konkurrierenden Herrschaftsträgern zurückgegriffen wurde, spielte in Main- und Mittelfranken die Vogtei als Basis der Territorialgewalt eine entscheidende Rolle[2].

Problematisch wurde diese geringe Kohärenz der territorialen Verfassungsordnung mit dem zunehmenden Wachstum der territorialen Staatsgewalt. Nun gewann die Zielvorstellung eines arrondierten Herrschaftsgebietes, in dem der jeweilige Landesfürst eine möglichst flächendeckende Verfügungsgewalt über die wichtigsten Herrschaftsmittel inne hatte, an

1 *Willoweit*, Rechtsgrundlagen der Territorialgewalt.

2 *Hofmann*, Adelige Herrschaft und souveräner Staat, 61 f.

Bedeutung. Mehrere Rechte konnten einander am selben Ort ausschließend gegenübertreten, und es gab folglich viele Möglichkeiten, den Träger der Territorialgewalt zu bestimmen. Dieses Konfliktfeld verschärfte sich zudem seit der zweiten Hälfte des 16. Jahrhunderts, als mit der Verknüpfung zwischen dem *ius reformandi* und der Territorialhoheit die Kontroversen auch konfessionell überformt wurden. Besonders im kleinräumigen Süden und Westen des Reiches, wo sich in vielen Gebieten ein verworrenes Geflecht sich überlappender und miteinander konkurrierender Rechtsansprüche gegenüberstand, ließ sich der jeweilige Territorialherr keineswegs immer widerspruchsfrei ableiten. Dies führte zu verfassungsrechtlichen Übergangs- und Zwischenformen, die als singuläre ‚Kuriosa' der Reichsverfassung beschrieben werden[3], in ihrer Gesamtheit aber strukturbedingte Folgen des polymorphen Territorialverfassungsrechts waren. Diese Konflikte und daraus hervorgegangene verfassungsrechtliche Zwitterformen sind folglich typisch für die politische Kultur in kleinräumigen, reichgegliederten Landschaften des Reiches.

So verblieben ganze Herrschaftsgebiete – wie die zu Vorderösterreich gehörende Markgrafschaft Burgau – im Status eines *territorium non clausum,* weil sich die autonomen Rechte der Adels- und Klosterherrschaften gegenüber der Regierung in Innsbruck erfolgreich behaupten konnten und die Markgrafen ihren landeshoheitlichen Anspruch auf der Basis der Regalität absichern mussten[4]. Einige schwäbische Klöster, wie die Benediktinnenabtei Zwiefalten, verharrten in einer Stellung zwischen Landsässigkeit und Reichsunmittelbarkeit. Württemberg übte mit der Schirmvogtei zwar die Gerichtsbarkeit und die Forsthoheit im Klostergebiet aus, aber die zugleich bestehende österreichische Lehnsherrschaft verhinderte die vollständige Einbindung in die württembergische Landeshoheit. Die Abtei konnte sich so die Mitwirkung an einer Reihe von territorialhoheitlichen Rechten bewahren, etwa bei der Ahndung von Delikten im Rahmen der Hohen Gerichtsbarkeit oder bei der Bestrafung von Waldfreveln[5]. Auch in vergleichsweise früh entwickelten Territorialstaaten wie dem Herzogtum Bayern konnten sich Sonderformen konservieren. Als Ergebnis des Konflikts zwischen dem Grafen von Ortenburg und dem Wittelsbacher Herzog um die Ausübung des *ius reformandi* entstand hier die paradoxe Situation, dass der Graf zwar mit seinen Hofmarken dem bayerischen Herzog als Landstand unterstellt blieb, aber für seine Besitzungen in Ortenburg die Reichsfreiheit erfolgreich beanspruchen konnte[6]. Und im Ries – einer Landschaft

---

3 Vgl. die zahlreichen Beispiele in: *Riedenauer,* Landeshoheit.

4 *Wüst,* ‚Ius Superioritas Territorialis', 209–228. Zu den politischen, wirtschaftsgeschichtlichen und kulturellen Auswirkungen vgl. zuletzt: *Kießling,* Schwäbisch-Österreich.

5 *Setzler,* Kloster Zwiefalten.

6 Vgl. zur umfangreichen Literatur zu diesem Fall zuletzt: *Heil,* Die Reichspolitik Bayerns unter der Regierung Herzog Albrechts V., 249–292.

im Norden Schwabens – sorgte der Streit um die räumliche Abgrenzung der Territorialrechte zwischen der Reichsstadt Nördlingen und den Oettinger Grafen für eine derartige Zerstückelung der lokalen Herrschaftsverhältnisse in Bezug auf Grund-, Gerichts-, Orts- und Landesherrschaft, dass eine dazu erfolgte Kundschaft unter den Untertanen zu dem lakonischen Resümee führte: *Man rede wol vil hin und wider vom Ötingischen Landrichter, aber einer sey der, ein anderer der andern Meinung*[7].

II.

Diese Störfaktoren der Territorialverfassung haben sich auch in der Prozesspraxis der beiden Obersten Reichsgerichte niedergeschlagen – mit einem spezifischen säkularen Trend: Für das Reichskammergericht errechnete Filippo Ranieri einen deutlichen Anstieg der Prozesse um hoheitliche Rechtspositionen in der zweiten Hälfte des 16. Jahrhunderts[8]. Ebenso ergab sich für die judikative Tätigkeit des Reichshofrats während der Regierungszeit Kaiser Maximilians II. (1564–1576) ein hoher quantitativer Befund von einem Drittel (33,3 %) der Fälle, in denen es um territoriale Hoheitskonflikte ging[9]. Im 17. und 18. Jahrhundert lässt sich dagegen sowohl am Reichskammergericht als auch am Reichshofrat eine rückläufige Tendenz beobachten[10], und unter Kaiser Ferdinand III. steht dieser Bereich erst an dritter Stelle nach den Feldern ‚Ökonomie' und ‚Familienverband'[11]. Die Prozessstatistik spiegelt folglich die intensive Phase der Territorialisierung des Reiches im 16. Jahrhundert wider und verdeutlicht auch über diese Perspektive die Wechselwirkung zwischen einer uneinheitlichen Rechtsbasis, dem Wachstum der Staatlichkeit und den auftretenden Auseinandersetzungen. Die Studien zum Prozessaufkommen im Ostseeraum erbrachten bei einer vergleichenden Analyse der beiden Reichsgerichte zudem den Befund einer deutlichen Präferenz der Parteien für den Reichshofrat bei Territorialkonflikten[12]. Dies ist ein weiterer Hinweis auf die ausgeprägte politische Funktion des Reichshofrats, dem gerade dieses Feld verfassungsrechtlicher Strukturkonflikte zufiel[13].

---

7 StadtA (Stadtarchiv) Nördlingen, Prozessakten Nördlingen-Oettingen, Ingolstädter Prozess, Fasz. 2, Zeugenaussage von Georg Rueff. Die Zitate aus archivalischen Quellen sind leicht orthographisch modernisiert (u für v; Groß- und Kleinschreibung).

8 *Ranieri,* Recht und Gesellschaft im Zeitalter der Rezeption, 244 f.

9 *Ullmann,* Geschichte auf der langen Bank, 84 f.

10 *Baumann,* Die Gesellschaft der Frühen Neuzeit im Spiegel der Reichskammergerichtsprozesse, 91 f.; *Westphal,* Kaiserliche Rechtsprechung und herrschaftliche Stabilisierung, 46 f.

11 *Ortlieb,* Im Auftrag des Kaisers, 90–97.

12 *Freitag/Jörn,* Die Integration des südlichen Ostseeraumes in das Alte Reich, 137 f.

13 *Ehrenpreis,* Kaiserliche Gerichtsbarkeit und Konfessionskonflikt, 245–263.

Neben dem besonderen Stellenwert, den das kaiserliche Gericht in der Reichspolitik einnahm, spielten die dort angewandten spezifischen Verfahrensformen eine entscheidende Rolle.

Im Gegensatz zum Reichskammergericht kannte der Reichshofrat weder eine öffentliche Audienz noch ein festes Terminsystem, das für die Verfahrensschritte bestimmte Zeitabstände vorgegeben hätte; ebenso fehlte eine einheitliche prozessrechtliche Grundlage. Obwohl die laufenden Arbeiten zur Prozesspraxis des Reichskammergerichts zeigen, dass auch das kammergerichtliche Verfahren – etwa hinsichtlich der Fristsetzungen – flexibel gehandhabt wurde[14], ergeben sich doch erhebliche Unterschiede im *stilus curiae*. Der Verfahrensstil des Wiener Gerichts orientierte sich an der Reichskammergerichtsordnung von 1555, enthielt daraus aber lediglich einzelne Prozessfragmente, die variabel eingesetzt wurden. Auch eine konkrete Festlegung auf weitere normative Grundlagen – die Goldene Bulle, die kaiserliche Wahlkapitulation oder die Reichsabschiede – blieb aus. Ebenso fehlten in der Reichshofratsordnung von 1559 Bestimmungen zum Prozessrecht[15]. Zudem arbeitete der Reichshofrat nicht in Form von Senaten, sondern tagte als Kollegialorgan – daraus ergaben sich weitere Unterschiede in der Verfahrenspraxis. Während der mehrmals wöchentlich stattfindenden Sitzungen wurden die schriftlich vorgebrachten Parteienanträge beraten und mittels der Umfrage zunächst ein konsensfähiger Beschluss über das prozessuale Vorgehen herbeigeführt[16]. Das Verfahren war durch einen weiten Spielraum im Umgang mit den Verfahrensregeln somit insgesamt weniger formalisiert und konnte elastischer gehandhabt werden.

Diese Eigenarten der Gerichtspraxis am Reichshofrat traten besonders deutlich im Kommissionsverfahren zu Tage, einer Form der delegierten Gerichtsbarkeit, für die es am Reichskammergericht keine vergleichbare Parallele gab. Während das Reichskammergericht auf Kommissionen in erster Linie zur Zeugenbefragung zurückgriff, nutzte das kaiserliche Gericht dieses Instrument in unterschiedlicher Gestalt, mit verschiedenen Zielsetzungen und in großem Umfang[17]. Besonders häufig kam das Kommissionsverfahren am Reichshofrat im 16. Jahrhundert zum Einsatz: Für die zweite Hälfte des Jahrhunderts lässt sich der Anteil der Fälle, die unter Beteiligung von Kommissionen bearbeitet wurden, mit ca. 30 % veranschlagen[18], dagegen lag er um die Mitte des 17. Jahrhunderts bei nur noch 10 %[19].

---

14 *Oestmann*, Ein Zivilprozess am Reichskammergericht, 22 f.

15 *Sellert*, Prozessgrundsätze und Stilus Curiae am Reichshofrat, 77–95.

16 *Ullmann*, Geschichte auf der langen Bank, 19–37; vgl. dazu auch *Ehrenpreis*, Kaiserliche Gerichtsbarkeit und Konfessionskonflikt, 32–45.

17 *Sellert*, Prozessgrundsätze und Stilus Curiae am Reichshofrat, 196 f.; *Ortlieb*, Im Auftrag des Kaisers, 97–113.

18 *Ullmann*, Geschichte auf der langen Bank, 50 f. Vgl. dazu auch den übereinstimmenden Befund im Rahmen des Erschließungsprojekts der Reichshofrats-

Entschieden sich die Reichshofräte für diese Vorgehensweise, wurden jeweils den Streitparteien benachbarte Reichsstände, die in der Region ansässig waren, als kommissarische Richter bzw. Schlichter eingesetzt. Über einen kaiserlichen Befehl erhielten die Kommissare nicht nur eine umfangreiche Übertragung kaiserlicher Gewalt und agierten fortan im Namen des Reichsoberhaupts als dessen *judices delegati,* sondern konnten auch die wichtigsten Verfahrensschritte eigenständig durchführen, wie die Beweisaufnahme, die Anhörung der Parteien und die Erarbeitung von Vergleichsvorschlägen. Darüber hinaus war ihnen die Wahl des Ortes und der Zeitpunkt der Verhandlungen freigestellt, ebenso die Option des Einsatzes subdelegierter Räte, die mit entsprechenden Instruktionen ausgestattet die eigentliche Verhandlungsarbeit leisteten. Dabei sind zwei Arten von Kommissionsaufträgen zu unterscheiden: Entweder die Befehle umfassten auch die Führung eines förmlichen Prozessverfahrens oder sie blieben auf die Leitung einer Gütekommission beschränkt. In den meisten Fällen kamen bei den Territorialkonflikten sog. Kommissionen ‚zur Güte' zum Einsatz, in denen die Kommissare Vermittlungsverhandlungen führten und als Schlichter gegenüber den Streitparteien auftraten[20].

Über den Weg einer reichshofrätlichen Gütekommission wurden auch die eingangs erläuterten Konfliktfälle in Angriff genommen. Im Streit zwischen Zwiefalten gegen Württemberg erhielten der bayerische Herzog Wilhelm V. und Pfalzgraf Wolfgang von Pfalz-Neuburg 1565 eine Kommission übertragen[21], für die Reichsstadt Nördlingen und den Oettinger Grafen fungierten im Sommer 1572 Herzog Ludwig von Württemberg, die Reichsstadt Augsburg und Herzog Albrecht V. von Bayern als kommissarische Schlichter[22], der Konflikt um den landeshoheitlichen Anspruch in der Markgrafschaft Burgau wurde 1568 durch Bischof Martin von Eichstätt und den Markgrafen Friedrich von Brandenburg-Ansbach verhandelt[23], und in der Kontroverse zwischen dem Ortenburger Grafen und dem bayerischen Herzog fand sich schließlich nach mehreren Anläufen eine Kommission zusam-

---

akten: *Ortlieb,* Die ‚Alten Prager Akten' im Rahmen der Neuerschließung der Akten des Reichshofrats im Haus-, Hof- und Staatsarchiv Wien, 593–634.

19 *Ortlieb,* Im Auftrag des Kaisers, 58 f.

20 Diese Verfahrensform hat in der Reichsgerichtsforschung unter systematischen Aspekten sowie unter einer sachbezogenen Auswertung zu den Themenfeldern der Untertanenkonflikte oder der landständischen Auseinandersetzungen bereits vermehrt Aufmerksamkeit gefunden: *Fimpel,* Reichsjustiz und Territorialstaat; *Ortlieb,* Im Auftrag des Kaisers; *Ullmann,* Geschichte auf der langen Bank; *Weber,* Die kaiserlichen Kommissionen des Hauses Württemberg in der Neuzeit, 205–236; *Press,* Politische Ordnung und soziale Kräfte im Reich, 85–112; *Haug-Moritz,* Württembergischer Ständekonflikt und deutscher Dualismus.

21 *Ullmann,* Geschichte auf der langen Bank, 314.

22 Ebd., 300.

23 *Steichele / Schroeder,* Das Bisthum Augsburg, historisch und statistisch beschrieben, Bd. 5, 58.

men, die mit dem Augsburger Bischof Markwart II. von Berg und Herzog Ludwig von Württemberg besetzt war[24].

Am Ende dieser sich meist über mehrere Jahre hinziehenden und immer wieder durch längere Verhandlungspausen unterbrochenen Kommissionen standen komplexe Vertragswerke. Auf diesem Wege wurden für die strittige Territorialhoheit in der Markgrafschaft Burgau die Interimsmittel 1587 erstellt[25], die rechtlichen Verhältnisse der Abtei Zweifalten regelte der Speyrer Vergleich des Jahres 1570[26], Nördlingen und Oettingen vereinbarten 1573 den Ingolstädter Vertrag[27], und im Fall Ortenburg gegen Bayern wurde 1566 ebenfalls ein Vertrag erarbeitet, den allerdings die bayerische Seite nicht akzeptierte[28]. Diese Rezesse regelten präzise die Ausübung der einzelnen strittigen Herrschaftsrechte unter den Kontrahenten. Bezeichnenderweise wurde mit ihnen die hauptsächliche verfassungsrechtliche Streitfrage um die territoriale Hoheit aber nicht entschieden, sondern vielmehr eine differenzierte Anweisung für die Herrschaftspraxis in einer nach wie vor widersprüchlichen, offenen Rechtslage gegeben. Ein erheblicher Teil der im Reich nach 1555 virulenten hoheitsrechtlichen Konflikte wurde in dieser Weise über die kaiserlichen Kommissionen des Reichshofrats verhandelt und mit Vergleichen abgeschlossen. Diese Konsensbildung über Verträge stellte das häufigste und erfolgreichste Lösungskonzept dar.

Das Kommissionsverfahren besaß offensichtlich die strukturelle Fähigkeit, derartig strittige und widersprüchliche Problembereiche des Territorialverfassungsrechts zu stabilisieren, in dem es diese in der Praxis über Vergleiche präzisierte und somit konservierte. Da sich die Verhandlungstätigkeit der Kommissionen meist über mehrere Jahre hinzog, konnten auf diesem Wege territoriale Verfassungskonflikte über lange Zeiträume hinweg friedlich in der Schwebe gehalten werden. Der zunächst bestehende Entscheidungsdruck, ausgelöst durch Rechtsverletzungen und Gewaltakte, wurde somit aufgelöst und in Kompromissverhandlungen umgeleitet. Dies setzte die erfolgreiche und v. a. langfristige Einbindung der angeklagten bzw. klagenden Parteien in das Verfahren voraus. Das Kommissionsverfahren des Reichshofrats musste dazu über ein hohes legitimierendes und sinnstiftendes Potential verfügen, das für eine ausgeprägte Verwicklung der beteiligten Parteien sorgte und sie die Verfahrensnormen mittragen ließ. Welche Eigenschaften des Verfahrens entfalteten diese bindende Wirkung, die über das instrumentell-technische Bedürfnis der Entscheidungsfindung hinausreichte? Dazu wird im Folgenden an die methodischen Überlegungen

---

24 *Ullmann,* Geschichte auf der langen Bank, 191 f. und 390.

25 *Wüst,* ‚Ius Superioritatis Territorialis', 216.

26 *Ullmann,* Geschichte auf der langen Bank, 258.

27 Ebd., 270 f.

28 Ebd., 187.

von Barbara Stollberg-Rilinger angeknüpft, die in Anlehnung an die soziologische Verfahrenstheorie von Niklas Luhmann das Kriterium der „strukturellen Autonomie“[29] als Gradmesser für die Durchführung erfolgreicher frühneuzeitlicher Verfahren vorgeschlagen hat. Unter den angeführten Kriterien erscheinen für das Kommissionsverfahren zwei Aspekte maßgeblich: die Reichweite der Rollenakzeptanz sowie der hohe Grad der Selbststeuerung des Verfahrens. Sie sollen im Folgenden besonders im Hinblick auf die Darstellungsleistungen und die latente soziale Handlungslogik des Geschehens empirisch ausgelotet werden.

III.

Da es sich nicht um eine langfristig institutionalisierte Gerichtsinstanz handelte, mussten beide Seite – Kommissare wie Parteien – zunächst in das ad hoc gebildete Gremium eingebunden werden. Ein erstes großes Hindernis, das es daher zu überwinden galt, war das Zustandekommen der jeweiligen Kommission. Für die Parteien beinhaltete dieser Schritt nicht nur die Unterwerfung unter die Spielregeln des Verfahrens, sondern implizierte vor allem einen Wandel hin zum Gewaltverzicht. Im Aktenmaterial der Kommission wird der Übergang mit der zeitgenössischen Sprachformel von „thätlicher Handlung zu rechtlicher Handlung“[30] vielfach positiv konnotiert. Dabei vollzog sich ein fallweiser Verrechtlichungsvorgang, der bei jedem Streitfall eine entsprechende Reflexion der Parteien über ihre politische Lage im Verhältnis zur Gegenseite voraussetzte. Dieser Schritt wurde vielfach dadurch erschwert, dass es sich bei den Territorialkonflikten meist um Kontroversen handelte, die ihren Ursprung bereits in der Phase des spätmittelalterlichen Landesausbaus hatten, so dass lange wirkende feindliche Strukturen aufgebrochen werden mussten. Der Kampf zwischen den Oettinger Grafen und der Reichsstadt Nördlingen war bereits im Zweiten Städtekrieg 1449 / 50 unter dem Vorzeichen des ständepolitischen Konflikts zwischen Fürsten und Städten eskaliert und führte bis 1715 zu insgesamt sieben gewaltsamen Zusammenstößen auf der Ebene kleiner Scharmützel[31]. Die strittigen Rechte des Adels und der Klöster in der Markgrafschaft Burgau wurden erstmals in einem Freiheitsbrief König Maximilians 1492 fixiert und waren seither Gegenstand ständiger Auseinandersetzungen[32], und die Kontroverse zwischen dem Kloster Zwiefalten und dem Herzogtum

---

29 *Stollberg-Rilinger*, Vormoderne politische Verfahren, 15 f.; *Sikora*, Der Sinn des Verfahrens, 25 – 51.

30 HHStA (Haus-, Hof- und Staatsarchiv) Wien, RHR, Antiqua 1174, Schreiben des Kaisers an Herzog Christoph von Württemberg am 19. 2. 1565.

31 *Kudorfer*, Nördlingen, 151 – 158; *Kießling*, Die Stadt und ihr Land, 84 – 106, 180 – 185.

32 *Nebinger*, Entstehung und Entwicklung der Markgrafschaft Burgau, 764 f.

Württemberg reichte ebenfalls bis ins 15. Jahrhundert zurück, als Württemberg über die Schirmvogtei begann, das Herrschaftsgebiet auch räumlich zu arrondieren[33]. Daher konnte es auch mehrere Jahre dauern, bis eine Partei sich zur Einlassung auf ein Kommissionsverfahren bereit fand. Der bayerische Herzog weigerte sich z. B. sieben Jahre lang, vor einer kaiserlichen Kommission zu erscheinen, die im Konflikt zwischen ihm und dem Ortenburger Grafen das gütliche Schlichtungsverfahren durchführen sollte. Obwohl der kaiserliche Befehl dazu bereits am 12. September 1576 erlassen worden war, beugte sich der Herzog erst im März 1583 dem Druck des Kaisers und der reichspolitischen Öffentlichkeit, die durch einen Vorstoß der protestantischen Stände auf dem Reichstag 1582 an Gewicht gewonnen hatte[34].

Auch die kommissarischen Schlichter waren nicht immer sofort zu gewinnen. Neben den Parteien waren es daher auch vielfach die Kommissare, die den Beginn des Verfahrens verzögerten bzw. verhinderten. Trotz einer insgesamt hohen Bereitschaft zur Übernahme der Kommissionsarbeit versuchten viele Reichsstände diese Aufgabe abzuwehren, sei es, dass sie sich mit Parteilichkeit entschuldigten, sei es, dass sie andere Argumente wie eine hohe Arbeitsbelastung oder körperliche Gebrechen vorbrachten. Vielfach wurde als Entschuldigung auch eine fehlende Kenntnis der strittigen Herrschaftsverhältnisse angeführt, weil *man der Sachen nit verstendig*[35].

Diese Argumente gaben wohl nicht immer die tatsächlichen Motivlagen der Reichsstände wieder – dahinter verbargen sich vielmehr auch anderweitige strategische Überlegungen. Der größte Teil der Kommissionsverfahren ist als regionales Geschehen zu begreifen, d. h. die Kommissare kamen meist aus der Region bzw. der unmittelbaren Nachbarschaft der Konfliktparteien. Vorherrschend waren zudem Raumdimensionen, die mit den verkehrstechnischen Mitteln der Zeit in wenigen Tagesreisen zu bewältigen waren[36]. Folglich war die Funktionsweise der Reichshofratskommissionen nicht nur durch das Zusammenwirken des Kaiserhofes mit den Territorien bestimmt, sondern auch durch die Kooperation verschiedener territorialer Obrigkeiten, die in einem Raum angesiedelt waren[37]. Daher spielten regionale Verflechtungen bei der Einsetzung und Durchführung der Kommissionen eine maßgebliche Rolle. Aus politischen Nachbarn, sei es unmittelbar oder innerhalb einer Region, wurden mit kaiserlicher Vollmacht ausgestattete Vorsitzende einer richterlichen Instanz mit weitgehenden Entscheidungsbefugnissen. Dabei erhielten Reichsstände unterschiedlichsten Ranges jeweils die

33 *Setzler,* Kloster Zwiefalten, 59 – 67.

34 *Ullmann,* Geschichte auf der langen Bank, 184 – 194.

35 HHStA Wien, RHR, Res. Prot. XVI / 41 fol. 12r.

36 *Ullmann,* Geschichte auf der langen Bank, 140 – 150.

37 *Ortlieb,* Im Auftrag des Kaisers, 352 f.

gleichen Befugnisse übertragen – eine hierarchische Abstufung in Bezug auf die übertragenen Kompetenzen lässt sich nicht ausmachen. Reichsäbte oder Reichsgrafen waren mit den gleichen kommissarischen Rechten und Pflichten ausgestattet wie Fürsten oder Kurfürsten. Zuvor waren sie den Parteien im regionalen Zusammenhang in einer gewissen funktionalen Gleichordnung gegenübergestanden, gewährten einander vielleicht gegenseitige Unterstützung, kooperierten oder konkurrierten in verschiedenen politischen Belangen. Gerade im kleinräumig gegliederten Süden und Westen des Reiches spielten institutionalisierte Formen regionaler Politik eine zentrale Rolle, wie die Versammlungen auf den Kreistagen, die Bündnispolitik der Reichsstädte auf den Städtetagen oder die Zusammenkünfte des Adels im Rahmen der ritterschaftlichen Kantone. Hinzu traten mehr oder weniger informelle Formen im Kontext wirtschaftlicher Interessen sowie ein insgesamt dichtes ständeübergreifendes Kommunikationsnetz, das sich etwa in der reichsstädtischen Korrespondenz fassen lässt[38].

Dieses ständisch-hierarchisch wie regional geprägte Beziehungsgefüge geriet mit der Einrichtung einer Kommission in Bewegung, bestehende Vertrauensverhältnisse wurden evtl. beeinträchtigt, neue Kontakte begründet. Für die Kommissare bedeutete die Übernahme einer Kommission daher einen weitreichenden Schritt, der sich auf ihr politisches Beziehungsfeld in positiver wie in negativer Hinsicht auswirken konnte. Die Entscheidung zur Übernahme einer Kommission musste folglich von den angesprochenen Reichsständen in vieler Hinsicht abgewogen werden. So konnte der ausgewählte Kommissar seine Rolle als Delegierter des Kaisers durchaus für eigene Interessen nutzen, die Mitwirkung in einer Kommission somit als regionalpolitisches Instrument einsetzen[39]. Die bayerischen Herzoge engagierten sich z. B. bevorzugt als kaiserliche Kommissare in Schwaben, einem traditionellen Einflussbereich Wittelsbacher Politik. Allein zwischen 1564 und 1576 leitete Herzog Albrecht V. in diesem Raum insgesamt 17 kommissarische Einsätze. Er rundete damit seine regionale Politik in dieser Richtung ab, die ausgehend von territorialen Erwerbungen im 16. Jahrhundert v.a. durch informelle Einflüsse geprägt war. Dafür stehen etwa die Klientelbeziehungen schwäbischer Adeliger an den Münchner Hof, Gütererwerbungen auf beiden Seiten sowie die Kontakte zum Bürgertum der schwäbischen Städte[40]. Diese Einflussnahme über die kommissarische Tätigkeit für den Reichshofrat konnte man bewusst anstreben oder gezielt abwehren, um weitere Verwicklungen zu vermeiden. Wenn der Bischof von Eichstätt 1582 den Vorsitz in einer Kommission in der Streitsache zwischen dem bayerischen Herzog und dem Grafen von Ortenburg mit dem Argument ablehnte,

38 *Göttmann,* Die Bünde und ihre Räume, 441–469; *Kießling,* Die „Nachbarschaft" und die „Regionalisierung" der Politik, 262–278.

39 Vgl. dazu am Beispiel Württembergs: *Fimpel,* Reichsjustiz und Territorialstaat.

40 *Ullmann,* Geschichte auf der langen Bank, 150–157.

dass er *lange Jahre mit dem Haus Bayern in nachbarlichen Vertrauen standen und es allerley Verdacht und Argwohn geberen würde, wenn wir uns [er sich] in gedachter strittiger Handlung zu Commissarien gebrauchen lassen*[41], dann steht diese Entscheidung z. B. für die gegenteilige, zurückhaltende Haltung.

Um diesen Problemfeldern – regionale Implikationen, mangelnde Akzeptanz der Kommissare sowie eine fehlende Bereitschaft zu einem ernsthaften Einlassen auf das Kommissionsgeschehen – entgegenzuwirken, wurden die Parteien bereits im Vorfeld in das Auswahlverfahren der Kommissare einbezogen. In der Regel erteilte der Reichshofrat keine Kommissionsbefehle ohne deren Zustimmung, meist handelte es sich dabei sogar um deren Vorschläge, wenn die Parteien bereits in ihrem Antrag eine mögliche Besetzung der Kommission formulierten. In vielen Fällen entsprach das Wiener Gericht mit der Standardformel *fiat ut petitur*[42] dem vorgebrachten Anliegen und erließ einen entsprechenden Befehl an die gewünschten Schlichter. Verzichtete der Kläger auf die Benennung möglicher Kommissare, erkundigte man sich, *wen er* [der Kläger] *zu Comissarien leiden möge*[43]. Geprüft wurde von der Wiener Seite auch stets die Frage, ob der Vorschlag den Konsens der Gegenseite finden würde. Im Streitfall zwischen Zwiefalten und Württemberg kamen zwei Kommissionen in jeweils gleicher Besetzung zum Einsatz. Die ersten beiden Kommissare – Herzog Wilhelm V. von Bayern und Pfalzgraf Wolfgang von Pfalz-Neuburg – erhielten ihren kaiserlichen Befehl zunächst auf Vorschlag Württembergs, die Ernennung erfolgte aber erst, nachdem auch Zwiefalten diesem zugestimmt hatte[44]. Der dritte Kommissar, der Landkomtur der Deutschordens-Kommende Altshausen, trat danach auf Vorschlag des Klosters hinzu, und zwar wieder erst nach Rücksprache mit der Gegenpartei[45]. Die so durch die Abstimmung zwischen den Parteien getroffene Auswahl entsprach den üblichen Kriterien, nach denen viele Kommissionen zusammengesetzt wurden. Um dem konfessionellen Moment der Auseinandersetzung Rechnung zu tragen, war in dem Gremium auch ein Lutheraner vertreten. Alle drei Kommissare waren zudem mit ihren Herrschaftsgebieten im engeren regionalen Umfeld angesiedelt. Für den ständischen Ausgleich war gesorgt, indem mit der Deutschordens-Kommende Altshausen ein geistlicher Reichsstand aus der mindermächtigen Gruppe aufgenommen worden war. Der Reichshofrat griff in diesen Besetzungsmodus nur selten und meist dann ein, wenn dieser dem üblichen Vorgehen einer ausgewogenen ständischen Zusammensetzung ent-

41 Ebd., 190.

42 Vgl. dazu z. B. die folgenden Vermerke in den Protokollen des Reichshofrats: HHStA Wien, RHR, Res. Prot. XVI / 41, fol. 22r oder 165r.

43 HHStA Wien, RHR, Res. Prot. XVI / 27a, fol. 49r.

44 HHStA Wien, RHR, Res. Prot. XVI / 23, fol. 141r.

45 *Ullmann,* Geschichte auf der langen Bank, 214 f.

gegenstand. Als z. B. der Fürstabt von Fulda 1573 in seiner Klage gegen Herzog Johann Wilhelm von Sachsen als alleinigen Kommissar den Würzburger Fürstbischof vorschlug, forderten die Reichshofräte den Fürstabt auf, einen weiteren, weltlichen Kommissar zu benennen, da *one das nit gepreuchig allein uff ein Gaistlichen in causa eines Gaistlichen, sonderlich da derselb auch mit dem Beclagten zu thun, Comission außgehen zu lassen*[46] – so ihre Argumentation.

Wenn die Wiener Reichshofräte den Parteien hier eine weitgehende Mitsprache einräumten, so war dies ein Bestandteil der Verfahrensstrategie, die darauf zielte, einen Kompromiss in Form eines Vertrages zwischen den beiden Parteien auszuhandeln. Der Konsens über die jeweiligen Kommissare war einerseits für die Atmosphäre und die Verhandlungsbereitschaft entscheidend, andererseits stellte die Verständigung darüber bereits einen wesentlich Teil des Einigungsprozesses dar. Somit stand noch vor dem Beginn des eigentlichen Verfahrens das Moment des Aushandelns als implizite Handlungslogik, die das gesamte Kommissionsgeschehen prägte, im Mittelpunkt. Da die Schlichter auf verschiedensten Ebenen in den Rechtsstreit verwickelt sein konnten, bezogen diese ihre Legitimität nicht allein aus der Autorität des kaiserlichen Gerichts oder aus ihrer jeweiligen Position in der ständischen Herrschaftsordnung, sondern vielmehr aus dem Umstand, dass sie von Parteienseite für diese Verfahrensrollen vorgeschlagen und akzeptiert worden waren.

Im Hinblick auf die Komplexität der verschiedenen Motivationen und Interessen verwundert es nicht, dass der Zusammensetzung des Gremiums im Vorfeld der eigentlichen Kommissionstätigkeit viel Zeit eingeräumt und großes Gewicht beigemessen wurde – entsprechend komplex und langwierig konnte sich dieser Vorgang gestalten. In einer Kontroverse um die Hoheits- und Nutzungsrechte im Altdorfer Wald bei Ravensburg zwischen den angrenzenden Herrschaftsträgern, den Truchsessen von Waldburg, der Stadt Ravensburg und den Klöstern Baindt und Weingarten, gelang es den Parteien erst nach elf Jahren, sich auf drei Kommissare zu verständigen: auf die Reichsstadt Ulm, das Kloster Schussenried und die Deutschordens-Kommende Altshausen. Da sich vier Streitparteien mit unterschiedlichen ständischen und regionalen Interessen gegenüberstanden, die gegeneinander ausgeglichen werden mussten, gestaltete sich die Suche nach geeigneten Kommissaren besonders schwierig[47].

46 HHStA Wien, RHR, Res. Prot. XVI / 36a, fol. 130v.
47 *Ullmann*, Geschichte auf der langen Bank, 118 f.

IV.

Obwohl sich innerhalb der Schlichtungstätigkeit für den Reichshofrat verschiedene Reichsstände als regelrechte Kommissionshöfe profilierten, die besonders häufig für diese delegierte Form der Gerichtsbarkeit herangezogen wurden, musste doch für jeden Streitfall einzeln eine Kommission gefunden und in Gang gesetzt werden. Im Gegensatz zum Verfahren am Reichskammergericht sowie an territorialen Gerichten handelte es sich hier folglich um situativ gebildete Gremien. Auch die Rollen der Kommissare erfuhren somit keine langfristige Institutionalisierung, sondern mussten jeweils neu angenommen und vermittelt werden. Um diesen für den gesamten Schlichtungsprozess wichtigen Schritt zu vollziehen, bediente man sich performativer Sprechakte am Beginn und am Ende der Kommissionen, die als fester Bestandteil der Rahmung des Verfahrens auch in der schriftlichen Dokumentation der Verhandlungen festgehalten wurden. Mit der Rollenübernahme wurde bei den Gütekommissionen nicht nur das Verfahren als ein in sich abgeschlossenes Handlungssystem konstituiert, sondern auch der prinzipielle Konsens über die Kommissare zum Ausdruck gebracht und nochmals symbolisch vergegenwärtigt. Dieser Bestandteil besaß somit eine hohe Legitimationskraft für das gesamte Verfahren, da er zugleich den erfolgreichen Abschluss des Findungsprozesses sowie die Aufstellung des Schlichtergremiums verdeutlichte.

Aus den protokollarischen Mitschriften lässt sich der folgende, immer gleiche Ablauf mit standardisierten Redeformeln rekonstruieren: Die Kommissare bzw. deren Subdelegierte verlasen zunächst den ihnen übertragenen kaiserlichen Befehl. Damit stellten sie sich nicht nur den Parteien vor, sondern legitimierten ihr Handeln auch kraft kaiserlicher Autorität als *judices delegati* des Reichshofrats. Danach erläuterten sie ihren Kommissionsbefehl und die darin vorgeschriebene Art des verfahrensrechtlichen Vorgehens – zu Güte und / oder zu Recht – sowie ihre weiteren Instruktionen, die sie evtl. als subdelegierte Räte von ihren Befehlshabern erhalten hatten. Schließlich bedankten sie sich beim Kaiser für den erteilten Auftrag und bekräftigten, diesen mit Ernsthaftigkeit und Nachdruck zu erfüllen: *alles Unverglichene mit vleiss zu begleichen und gütlicher Underhandlung statt zu thun*[48]. Diese repetitive Eröffnung enthielt von Seiten der Parteien ebenfalls drei wiederkehrende Momente: den Dank an den Kaiser bzw. die Kommissare, die grundsätzliche Einverständniserklärung zu der folgenden Verhandlung und die Bekundung, diese mit Nachdruck zu betreiben. Damit wurde auch von dieser Seite das Einlassen in das Verfahren und die Übernahme der Verfahrensrollen fixiert. Anschließend begannen die eigentlichen Verhandlungen mit der ersten Vorlage der Parteienschriften und der wechselseitigen Erörte-

---

48 HStA (Hauptstaatsarchiv) Stuttgart, B 551 Zwiefalten Bü (Büschel) 49, Protokoll vom 20. Mai 1565.

rung der verschiedenen Rechtspositionen. Am Ende der Kommission traten die Kommissare mit einer ebenfalls stets gleichen Redewendung wieder aus ihrer Rolle heraus und entschuldigten sich bei den Parteien: *Da sie etwa mit ainem oder dem andern was geredt, ime nit gefellig, sich nit zu verdenken denn solches seye nit geschehen aines oder des andern Thail Recht und Gerechtigkhait zu negieren, sondern allein guter Wolmainung die Sach destomehr zur Richtigkeit zu bringen*[49]. Mit dieser Formel verabschiedeten sich die Kommissare aus der Verhandlungsrunde. Sie wollten ihre Rede- und Verhaltensweisen hierin bewusst abgekoppelt wissen von künftigen Begegnungen mit den Parteien auf reichspolitischer und regionaler bzw. zwischenständischer Ebene. Bedacht wurde vielleicht auch schon eine Zusammenarbeit bei künftigen Kommissionsverfahren mit anderer Rollenverteilung. Im Hinblick auf die engen Verflechtungen und den häufigen Einsatz von kaiserlichen Kommissionen, z. B. auch bei Erbschaftskonflikten oder Schuldsachen, war dies eine durchaus nachvollziehbare Erwägung.

Über diese Sprachformeln wurde im Eröffnungs- und Schlusszeremoniell die Rollenakzeptanz expressiv-symbolisch dargestellt und für alle Anwesenden unterstrichen. Damit war ein Rahmen geschaffen, der den Beteiligten bei schwierigen, kompromittierenden oder spannungsgeladenen Kommunikationssituationen den Rückzug auf ihre einmal angenommenen Verfahrensrollen ermöglichte und die Einigungsbereitschaft stärken konnte.

Das Ringen um die Rollenübernahme war stets aufs engste mit der Frage verbunden, inwieweit Parteien wie Kommissare sich grundsätzlich auf das Verfahren einlassen wollten. Für die Kommissare war die Schlichtungstätigkeit durch die z. T. bestehenden engen Beziehungen zu den Parteien, mit negativen wie positiven Konnotationen, beeinflusst. Sie mussten sich aus ihren sonstigen Verflechtungen mit den Parteien ein Stück weit lösen, um als übergeordnete Schlichter glaubhaft zu werden und tatsächlich auch zu fungieren. Wie zentral das regelgerechte Funktionieren der Rollenübernahmen für den Erfolg der Schlichtungsverhandlungen war, wird ersichtlich, wenn an diesem Punkt Probleme auftraten. Bezeichnenderweise brachten unklare Zuweisungen ein Verfahren oftmals zum Abbruch, so etwa die Beteiligung Vorderösterreichs im Streit zwischen dem Kloster Zwiefalten und Württemberg. Der Abt hatte Erzherzog Ferdinand als Beistand in das Verfahren hineingezogen, dort war aber seine Rolle höchst problematisch. Er war weder Partei noch Kommissar, sondern verfolgte seine eigenen territorialpolitischen Interessen in diesem Konflikt gerade in Konkurrenz zu Württemberg. Durch die unklare Rollenverteilung war die Form des Verfahrens an einer empfindlichen Stelle nicht mehr gewahrt. Damit blieb auch der Rückzug auf die formale Richtigkeit, der eine wesentliche Entlastung in schwierigen Situationen darstellte, versperrt. Erst als die Räte Erzherzog

---

[49] HStA Stuttgart, B 551 Zwiefalten, Bü 53, Regensburger Verhandlungsprotokoll 1567, Zum Beschluss.

Ferdinands darauf verzichteten, den Verhandlungen beizuwohnen, konnte das Verfahren fortgesetzt werden[50]. Erleichtert wurde der Prozess der Rollenübernahme zudem durch den Einsatz subdelegierter Räte, die in vielen Verfahren in Vertretung der Kommissare wie der Parteien die eigentliche Verhandlungsarbeit leisteten[51]. Wenn sie zum Einsatz kamen, meist bei der von einem kleineren Reichsstand angeklagten fürstlichen Partei oder auf Seiten der Kommissare, so erzeugte ihre Präsenz stets eine erhebliche Versachlichung der Atmosphäre. Die Kontrahenten, die oftmals lange, auch gewaltsame Konflikte miteinander ausgetragen hatten, mussten sich dann nicht persönlich gegenübertreten.

Das Verhältnis zwischen den Parteien und gegenüber den Kommissaren blieb freilich auch nach einer in dieser Form erfolgten Übernahme der Verfahrensrollen von der ständischen Hierarchie zwischen den Kontrahenten geprägt. Ein Stück weit mussten jedoch herrschaftliche Autorität und Prestige überwunden werden, wenn sich der Herzog von Württemberg zu einer Vergleichsverhandlung mit dem Abt von Zwiefalten bereitfand, bei der sich die beiden als formal gleichgestellte Parteien gegenüberstanden, obwohl nach dessen Verständnis der Abt zu seinen Landsassen gehörte und damit seinem Herrschaftsanspruch unterstand.

V.

Der Erfolg dieser Verfahrensform lag schließlich auch darin begründet, dass die zugrundeliegenden normativen Handlungsorientierungen auf einen breiten Konsens der Beteiligten stoßen konnten. Drei Schüsselbegriffe tauchten dabei während der Verhandlungen und im Schriftwechsel immer wieder auf: der Kommissar als redlicher Schlichter, die Schiedlichkeit der Parteien und die gute Nachbarschaft. Diese Verhaltensnormen wurden bei der Eröffnung der Kommissionen z. B. verbal bekräftigt, indem die Parteien *zur Schidlichkait nach bestem Fleiß ermanet*[52] wurden. Mit dem Begriff der Schiedlichkeit sollten beide Seiten auf eine grundsätzliche Kompromissbereitschaft eingeschworen werden. Eine gesprächsbereite Grundhaltung war für den Erfolg einer Gütekommission freilich unabdingbar. Beruhte jeder auf seinem Standpunkt und ließ sich nicht auf die Gespräche ein, war das Verfahren schnell beendet. Folglich erwartete man von den Parteien die prinzipielle Bereitschaft zu einem versöhnlichen Austausch über die zur Debatte stehenden Streitpunkte sowie nicht zuletzt den Verzicht auf weitere Rechtsverletzungen und Gewaltanwendungen während der laufenden Kommission.

---

50 *Ullmann,* Geschichte auf der langen Bank, 231 f.

51 *Ortlieb,* Im Auftrag des Kaisers, 169 f. und 225 f.

52 HStA Stuttgart, B 551 Zwiefalten Bü 49, Protokoll vom 20. Mai 1565.

Die Beteuerung der eigenen, konsensbereiten Haltung im Eröffnungsritual konnte freilich auch zum Ritual erstarrt sein und lediglich vorgetäuscht werden. Die Bedeutung dieser formelhaften Erklärung ist dennoch nicht zu unterschätzen, da sie durchaus eine bindende Wirkung entfalten konnte. Während der Verhandlungen griff eine Verhaltensnormierung, die Niklas Luhmann auch als besondere Darstellungsleistung der Beteiligten beschrieben hat: „Alle Beteiligten werden durch den Sinn und das Zeremoniell des Verfahrens angehalten, ihr Verhalten ernst zu nehmen und als bindend zu betrachten. [...] Ihr eigenes Verhalten wird so Teil der Verfahrensgeschichte."[53] Im Rahmen dieser Innenbindung an das Verfahren entwickelten auch die Beteiligten am Kommissionsgeschehen einen eigenen Stil ihres Verhaltens, der das Ausmaß ihres gezeigten Interesses dokumentierte. Diese Sinndarstellung konnte entgegenkommend und vergleichsbereit bzw. zeitgenössisch gesprochen ‚schiedlich' sein oder standes- und rechtsbewusst auf die eigenen Positionen beharrend gestaltet werden. Je länger die Kommissionsverhandlungen andauerten, desto manifester wurden die einmal eingenommenen Verhaltensstile. Wie hoch dabei der Erwartungsdruck hinsichtlich einer konsensbereiten Vorgehensweise auf den Parteien lastete, wird bei einem vorzeitigen, erfolglosen Abbruch der Verhandlungen ersichtlich. Dann versuchten die Parteien mehrfach ihr Verhalten gegenüber dem Kaiserhof zu rechtfertigen, in dem sie betonten, dass es nicht an ihnen gelegen habe, wenn die *Güte nit verfangen,* obwohl sie sich *allermaß schiedlich erwiesen*[54]. Die im Eröffnungszeremoniell mit einer expliziten Symbolik betonte Schiedlichkeit konnte im Verlauf des Kommissionsgeschehens durch die eigene Darstellung folglich durchaus verstärkt werden und eine bindende Wirkung entfalten.

Die Kommissare hatten dagegen die Erfüllung ihrer Rolle als *redliche Schlichter* unter Beweis zu stellen und mussten durch ihr Verhalten glaubhaft machen, dass sie sich nicht durch evtl. bestehende Verwicklungen in den Konflikt oder die standespolitische Nähe zu einer der beiden Parteien in ihren Entscheidungen beeinflussen ließen. Ein Fehlverhalten wurde entsprechend kritisch konnotiert: So kamen die Verhandlungen in der causa Zwiefalten contra Württemberg zum Stocken, weil sich einer der Kommissare, Pfalz-Neuburg, so der Vorwurf des Klosters, *gar suspekt verhalte und sich heftig gebärde,* und dies wundere nicht, *da doch der Pfälzer mit der Abtei Kaisheim einen ganz ähnlichen Stritt austrage*[55]. Der Fürst von Pfalz-Neuburg versuchte in der Tat zur gleichen Zeit die Abtei Kaisheim auf ihrem Weg zur Reichsunmittelbarkeit zu beschneiden und in die eigene

53 *Luhmann,* Legitimation durch Verfahren, 92 f.

54 Vgl. z. B. HHStA Wien, RHR, Antiqua 1174a, Abt Nikolaus von Zwiefalten an den Kaiser am 6. Juni 1565.

55 HHStA Wien, RHR, Antiqua 1174a, Dr. Thimotheus Jung an den Kaiser am 26. Mai 1565.

Landsässigkeit zu zwingen. Er griff auf vergleichbare Macht- und Rechtsinstrumente zurück wie der Herzog von Württemberg, sodass in beiden Fällen die Abteien von einer übermächtigen Fürstenpartei in ihrer territorialen Existenz bedroht waren.

Welche Bedeutung der ‚guten Nachbarschaft' als weitere normative Orientierung zukam, verdeutlicht der häufige Bezug auf dieses Ideal in den Kommissionsverhandlungen. Darauf zielten die vielfachen Verwendungen der Sprachformel, die Parteien mögen sich *Nachparlich mitainander vergleichen*[56], die Kommission möge *zu Erhaltung guter Nachbarschaft und Freundschaft*[57] beitragen oder der Streit *geraich zu Unnachparschaft* und man solle vielmehr *gute Nachparschaft erhalten*[58]. Neben dem Bezug auf die räumliche Nähe besaß Nachbarschaft offensichtlich eine wesentliche Bedeutungsebene für die politischen Außenbeziehungen auf regionaler Ebene. Wenn sich Herrschaftsträger gegenseitig als ‚Nachbarn' bezeichneten, so verbanden sie damit funktionale Gleichordnung und den Anspruch auf gegenseitige Unterstützung. Die enge Bindung der gemeindlichen Nachbarschaft als Bestandteil der Dorfverfassung war hier vielleicht konnotiert. Dahinter stand die Einsicht in eine wechselseitige Abhängigkeit und den daraus folgenden Zwang zur Zusammenarbeit.

Der Reichshofrat sowie die Parteien waren sich der Bedeutung dieses Beziehungsmusters bewusst und bezogen es reflektierend in ihre Entscheidungen mit ein. Als Markgraf Georg Friedrich von Brandenburg-Ansbach den Kommissionsbefehl für den Streitfall zwischen der Reichsstadt Weißenburg und der Herrschaft Pappenheim um die Geleitrechte erhielt, begründeten die Reichshofräte ihren Entschluss mit dem Hinweis, dass er *ein gut Nachbar und den Parteyen am nechsten gesessen* sei[59]. Ein Jahr später gebrauchte der Reichshofrat bei der Erneuerung des Kommissionsbefehls für diesen Streitfall eine wortgleiche Formulierung[60]. *Als die nechst gesessenen* war folglich eine Sprachformel, die sich in den kaiserlichen Schreiben vielfach findet.

Insofern spielte bei den Auswahlkriterien der Kommissare die räumliche Nähe zu den Parteien nicht nur aus logistischen Gründen eine Rolle, sondern damit wurde auch die Möglichkeit einer stärkeren politischen Einflussnahme verknüpft. Nachbarschaftsbeziehungen konnten in Verbindung mit einer entsprechenden regionalen Machtposition entscheidend zum Gelingen eines Schlichtungsverfahrens beitragen. Diese Argumente lagen z. B.

56 HHStA Wien, RHR, Alte Prager Akten K 198, Waldburg und Ravensburg c. Weingarten und Baindt.

57 HHStA Wien, RHR, Commissiones Fasz. 4, Speyer c. Speyer.

58 HHStA Wien, RHR, Res. Prot. XVI / 36a, fol. 131r.

59 HHStA Wien, RHR, Commissiones Fasz. 3 / 4, Pappenheim c. Weißenburg.

60 HHStA Wien, RHR, Commissiones Fasz. 6, Konv. 4 Pappenheim c. Weißenburg.

auch der Kommissionswahl im Konflikt um den Altdorfer Wald zwischen der Grafschaft Waldburg, der Reichsstadt Ravensburg und den Klöstern Baindt und Weingarten zugrunde. Die Parteien erläuterten dem Reichshofrat ihre Option mit dem Hinweis, dass es sich um *Genachparte und der Sachen nechst gesessner Commissarien* handle, so dass man *Taugenliche unnd zu dieser Sachen qualificierte Personen verordnen möchte [...], die der baiden Thailen wol gesessen und verhoffentlich die Volg bey inen wol werden haben können*[61]. Für die Parteien wie für den Reichshofrat waren folglich mehrere Gründe für die Wahl territorialer Nachbarn als Kommissare ausschlaggebend: Sie verfügten über eine gute Kenntnis der Konfliktsituation, da sie die Herrschaftsverhältnisse aus ihrem unmittelbaren Umfeld kannten, und zugleich erwartete man von ihnen, dass sie ihren besonderen Einfluss als Nachbarn geltend machten.

Das Ideal einer *guten Nachbarschaft* wurde so im Dienste der Konfliktlösung und Friedenssicherung zur Erzielung von Konsens immer wieder thematisiert und aktualisiert. Diese begriffliche Kategorie eröffnet als Schlüsselbegriff im Kommissionswesen auch einen Einblick in die politischen Spielregeln der Herrschaftsvielfalt. Angesichts der Zunahme der Grenzstreitigkeiten als Folge der territorialen Staatsbildung bildete die enge Verknüpfung dieser Kategorie mit der Friedensnorm ein Gegengewicht zu den Konkurrenzen der zahlreichen Territorialgewalten. *Nachbarschaft* stand dabei für eine friedliche Kooperation auch zwischen Reichsständen, die ansonsten durch die Herrschaftsordnung, die Konfession oder territoriale Konkurrenz in einen Gegensatz zueinander geraten waren. In Regionen mit kleinräumigen und komplexen territorialen Verfassungsstrukturen, in denen strittige Herrschaftsverhältnisse für eine hohe Konfliktanfälligkeit sorgten, gewannen diese friedensstiftenden Verhaltensnormen im Gegenzug eine hohe Bedeutung. Indem alle am Verfahren Beteiligten sich darauf verpflichteten, stellten sie bei erfolgreich durchgeführten Kommissionen eine wichtige Handlungsorientierung dar. Damit konnten sowohl ständisch-hierarchische Standpunkte als auch unverrückbare konträre Rechtspositionen aufgehoben werden, ohne dass eine der Parteien einen Prestigeverlust hinnehmen musste. Zugeständnisse in territorialen Konflikten – wie die Gewährung einer neuen Zollstation oder die Vermessung der Geleitgrenzen – mussten so nicht unbedingt als Niederlagen empfunden werden, sondern waren als schiedliches Verhalten auch positiv konnotiert und im Sinne einer ‚guten Nachbarschaft' sogar erwünscht. Insofern war nicht nur die formal rechtmäßige wie konsensfähige und durch performative Sprechakte unterstrichene Übernahme der Verfahrensrollen entscheidend, sondern auch das Verhalten innerhalb dieser Rollen unterlag normativen Erwartungen, die einen Orientierungsrahmen

61 HHStA Wien, RHR, Alte Prager Akten K 198, Waldburg und Ravensburg c. Weingarten und Baindt.

vorgaben und ihrerseits legitimitätsstiftende Wirkung entfalten konnten. Die bindende Kraft des Verfahrens beruhte folglich auch in der immer wiederkehrenden verbalen Bekräftigung und Aktualisierung dieser Grundwerte der politischen Kultur, die auf einen breiten Konsens auch außerhalb des Verfahrens trafen.

VI.

Keineswegs alle, aber doch eine große Anzahl an Kommissionen führte auf diesem Wege ihre Schlichtungstätigkeit erfolgreich zu Ende. Trotz erheblicher Defizite im Kommissionswesen mit einem hohen Anteil früh abgebrochener Schlichtungsverhandlungen oder nie realisierter Kommissionsbefehle[62] banden zahlreiche Verfahren die Parteien dabei über sehr lange Zeiträume in die Verhandlungen ein. Die Kommission im Streitfall zwischen Nördlingen und Oettingen, die im Sommer 1572 in Ingolstadt tagte, arbeitete fast ein Jahr, bis sie im Mai 1573 dem Reichshofrat einen Vergleich vorlegen konnte. Damit wurde die seit dem Herbst 1566 drohende Eskalation des Konflikts, die in mehreren militärischen Machtdemonstrationen und kleineren Zusammenstößen gegipfelt war, erfolgreich abgewendet[63]. Freilich verhandelte man nicht ohne Unterbrechung in Ingolstadt – am Stuttgarter Hof lag die Schriftführung und die Aktenzentrale der Kommission –, aber der Gesprächsfaden und Schriftenaustausch blieben über Monate erhalten. Auch für andere Fälle lassen sich vergleichsweise lange Verhandlungen rekonstruieren – in der causa Zwiefalten contra Württemberg vom 19. April bis zum 9. Juni 1567[64]. Oftmals wurden dabei drei oder vier Gesprächsrunden mit Unterbrechungen von mehreren Monaten aneinandergereiht, so dass eine regelrechte Verfahrenskette entstand, wobei die Kommunikation auch zwischen den einzelnen Kommissionsrunden nicht gänzlich abriss[65]. Diese lange Verwicklung in die Schlichtungsbemühungen war möglich, weil man sich am Ende einer gescheiterten Verhandlung auf den Minimalkonsens einigte, sich später wieder zu einer gütlichen Unterredung zusammenzufinden und den bis dahin erstellten Vertragstext *auf Hinder sich bringen*[66], d. h. probeweise, mit nach Hause zu nehmen. Somit wurde der Gesprächsfaden nicht durchschnitten, ein Austrag in Aussicht gestellt. Wie konnte gerade diese langfristige Einbindung der Parteien in das Kommissionsverfahren erreicht werden?

---

62 *Fimpel,* Reichsjustiz und Territorialstaat, 74 f.; *Ortlieb,* Im Auftrag des Kaisers, 178 f.; *Ullmann,* Geschichte auf der langen Bank, 173 – 177.

63 StadtA Augsburg, Reichsstädte, Nördlingen, Akten 3.

64 HHStA Wien, RHR, Antiqua 1174 und 1174a.

65 Vgl. dazu auch die Beispiele bei *Fimpel,* Reichsjustiz und Territorialstaat; *Ortlieb,* Im Auftrag des Kaisers.

66 HStA Stuttgart, B 551 Zwiefalten Bü 49, Protokoll der Augsburger Verhandlungen vom 20. Mai bis 6. Juni 1565, Eintrag zum 6. Juni 1565.

Ein wesentliches Kriterium bestand darin, dass die Parteien nicht nur auf die Auswahl der Kommissare Einfluss nehmen konnten, sondern auch auf die weitere Verfahrensführung. Aufgrund der bestehenden verfahrensrechtlichen Offenheit entstand eine hohe Flexibilität, die es Klägern wie Beklagten ermöglichte auf verschiedenen Wegen den Verfahrensgang zu beeinflussen. So war es den Parteien meist nicht nur überlassen, den prozessrelevanten Stoff vorzubringen, sondern diese trugen auch die Verantwortung für den Fortgang des Verfahrens und konnten damit auch das Verfahrenstempo durch verspätetes oder schnelles Vorbringen bestimmen. In diesen Kontext gehört der prozessrechtliche Grundsatz des Sollizitatur, mit dem die Parteien ihr Interesse an einer Fortführung und Entscheidungsfindung erst bekunden mussten, bevor der Reichshofrat bzw. die Kommission aktiv wurden[67]. Diese Steuerung des Verfahrens durch die Parteien spiegelt sich in verschiedenen Bearbeitungsvermerken in den Reichshofratsprotokollen wider: Gingen Schriften von einer Seite ein, wurden sie erst der Gegenseite *uff Ansuchen furgehalten*[68]. Gegendarstellungen wurden unbearbeitet liegengelassen, *bis der andere Theil ansucht*[69]. Reichten die Parteien längere Zeit keine Schriften ein, ruhte das Verfahren und wurde erst wieder bei Eingang der nächsten Schrift aufgegriffen. Über eine Rücksprache mit den Parteien konnte auch die Entscheidung für den weiteren Modus der Verhandlungsführung auf den Kommissionstagen erfolgen, z. B. für das summarische Verfahren anstatt des Artikelprozesses[70]. Darüber hinaus schlugen die Parteien selbst neue Verhandlungspunkte vor und erweiterten damit den Prozessgegenstand.

Der große Handlungsspielraum der Parteien sowie der Umstand, dass sie immer wieder in die Verhandlungsführung einbezogen wurden, verlieh dem Kommissionsgeschehen eine Dynamik, die einer starren, durch richterliche Führung gelenkten Verhandlung diametral gegenüberstand. So hatte ein mindermächtiger Reichsstand, der die aggressive und expansive Territorialpolitik einer fürstlichen Gegenpartei abzuwehren suchte, zwar mit ständischen Hierarchien zu ringen, konnte aber durch die Einflussnahme auf den Verfahrensgang doch den Versuch unternehmen, seinen Interessen zum

---

67 *Dick,* Die Entwicklung des Kameralprozesses nach den Ordnungen von 1495 bis 1555, 127; *Sellert,* Prozessgrundsätze und Stilus Curiae am Reichshofrat, 332–229.

68 HHStA Wien, RHR, Res. Prot. XVI / 36a, fol. 117r.

69 HHStA Wien, RHR, Res. Prot. XVI / 36a, fol. 238v.

70 HStA Stuttgart, B 551 Zwiefalten Bü 49, Protokoll der Augsburger Verhandlungen vom 20. Mai bis 6. Juni 1565, Eintrag zum 23. Mai 1565. Im älteren Artikelverfahren wurde der Prozessvortrag noch in einzelne Behauptungssätze gegliedert, zu denen der Beklagte einzeln Stellung nehmen musste. Im summarischen Verfahren beschrieben die Parteien den Sachverhalt dagegen in einer zusammenhängenden Darstellung. Damit war ein Reformschritt im Sinne einer Verfahrensstraffung intendiert. Obwohl der Artikelprozess am Reichshofrat im 16. Jahrhundert nur noch im Rahmen des Zeugenbeweises im Gebrauch war, galt die Anwendung des summarischen Verfahrens in den Lokalkommissionen offensichtlich noch nicht als selbstverständlich.

Durchbruch zu verhelfen – er konnte die Verhandlungen verzögern, beschleunigen oder jederzeit neue Rechtsargumente vorbringen. Diese Möglichkeit, die einzelnen Schritte des Verfahrens selbst produktiv mitzugestalten und sie strategisch zum Einsatz zu bringen, erzeugte ein kreatives Engagement der Parteien. Dadurch wurden Entscheidungsalternativen eröffnet, Austauschprozesse stimuliert und so insgesamt eine experimentelle Atmosphäre geschaffen, die sich äußerst produktiv auf die Findung von Lösungsansätzen auswirken konnte. Eine solche Form der strukturellen Verfahrensautonomie basierte nicht auf der Abkopplung von äußeren Verhältnissen und Einflüssen, sondern auf einer Wahlmöglichkeit an Verhaltensalternativen während der Verhandlungen, die zu einem hohen Grad der Selbststeuerung des Verfahrens führten. Die Einwirkung auf die Verfahrensführung ließ weiterhin den Ausgang für die Parteien ungewiss werden und erhöhte so die Chancen zur Durchsetzung des eigenen Standpunktes. Gerade diese Optionen sorgten dafür, dass die Parteien sich in das Verfahren verwickeln und einbinden ließen – die bindende Wirkung wurde folglich hier durch die Flexibilität der Verfahrensführung und die Chance zu Mitgestaltung erzeugt.

Ein Aspekt wirkte sich dabei besonders produktiv aus: die freie Wahl zwischen schriftlichen und mündlichen Verfahrensschritten. Im Gegensatz zum modernen Verfahren, bei dem die Grundlage mehrheitlich die in der mündlichen Verhandlung vorgebrachten Gegenstände sind, dominierten im Kameralprozess die schriftlichen Eingaben. Während am Reichskammergericht immerhin noch gerichtliche Audienzen für die Übergabe der Schriftstücke und zur Abgabe mündlicher Erklärungen angesetzt wurden, griff der Reichshofrat selten auf mündliche Verfahrenselemente wie eine Anhörung der Parteien zurück – 1617 wurden sie ganz abgeschafft[71]. Das schriftliche Verfahren stellte in der frühneuzeitlichen Rechtswissenschaft eine Modernisierung gegenüber dem Grundsatz der Mündlichkeit des älteren deutschen Rechts dar. Beabsichtigt war damit eine bessere Konservierung des Prozessstoffes, ein höherer Aussage- und Beweiswert sowie die Verhinderung richterlicher Willkürakte. Die Sicherstellung des Anliegens der Parteien spielte nicht zuletzt im Hinblick auf die infrastrukturellen Bedingungen – auch entfernter wohnende Parteien konnten somit ihre Klage unmittelbar vorbringen – eine wichtige Rolle.

Hinsichtlich dieser zeittypischen Orientierung an der Schriftlichkeit im Prozessrecht unterschieden sich die Lokalkommissionen deutlich vom Geschehen am Reichshofrat. Während in den Sitzungen in Wien mit wenigen Ausnahmen die eingereichten Schriften der Parteien den Gegenstand der Beratungen bildeten, spielte in den Kommissionen vor Ort die mündliche

71 *Dick,* Die Entwicklung des Kameralprozesses nach den Ordnungen von 1495 bis 1555, 119–122; *Sellert,* Prozessgrundsätze und Stilus Curiae am Reichshofrat, 134 f.

Verhandlung ebenfalls eine wichtige Rolle. Mit variabel gestaltbaren Bestandteilen wurde den Parteien die Gelegenheit sowohl zu schriftlichen wie mündlichen Einlassungen eingeräumt. Diese Vorgehensweise herrschte nicht nur im 16. Jahrhundert vor, sondern war auch noch im 17. und bis in das 18. Jahrhundert hinein üblich[72]. Im Gegensatz zum Prozess am Reichskammergericht, bei dem die Abfolge mündlicher und schriftlicher Verfahrensteile durch das Prozessrecht geregelt war, erfolgte der wechselweise Einsatz bei den Kommissionen wieder in Absprache mit den beteiligten Parteien. Bei jeder neuen Verhandlungsrunde wurden sie gefragt, ob *Sy ir Furbringen in Schrift stellen oder aber mündlich in die Feder dictieren wollen*[73]. In der Praxis entstand daraus ein vielfacher Wechsel der medialen Formen. Der von den Kommissaren erarbeitete Vertragsentwurf wurde zunächst meist schriftlich verfasst und *uf das Papir gebracht [...]. Darauf die erstellten Mittel verlesen auch allen Tailen Kopien zugestellt mit dem Beschaidt wann die Partheyen darüber gefasst, dass sie sich bey denn Herrn Underhendlern wider anzaigen mögen. Mit weiterem Vermelden, dass baide Thail uf die Mittel mündlich und mit kurzen Replicieren* antworten werden[74]. Der Vergleichsvorschlag lag somit zwar schriftlich vor, wurde aber auch verlesen; zugleich verteilten die Kommissare Arbeitskopien des Textes, anhand derer die Parteien ihre Argumente und Änderungsvorschläge erstellen konnten. Diese brachten sie dann teils mündlich, teils schriftlich in der Verhandlung vor. Unterbrochen wurde dieser Ablauf zudem durch Gespräche über einzelne strittige Punkte, zu denen die Kommissare die beiden Parteien jeweils einzeln vorluden. Im Mittelpunkt stand dann eine intensive Diskussion der gegensätzlichen Argumente zu den einzelnen Konfliktpunkten.

Versucht man eine Systematik in der Wahl zwischen Schriftenaustausch und Gespräch zu erkennen, die auf den ersten Blick in den Verhandlungen regellos nebeneinander erscheinen, so werden die verschiedenen Funktionen sichtbar. Sich *in Schriften zu stellen* bedeutete, dass der getroffenen Aussage mehr Gewicht beigemessen wurde. Für die Erläuterung derjenigen strittigen Herrschaftsrechte, von denen man keinesfalls abweichen wollte, wählte man daher bewusst die schriftliche Form. Die auch in anderen Zusammenhängen zu beobachtende Aufbewahrungs- und Erinnerungsfunktion der Schriftlichkeit erhielt hier zusätzlich noch die Funktion der offensichtlichen Bekundung von Rechtsstandpunkten. Dagegen verhandelte man

---

72 *Fimpel,* Reichsjustiz und Territorialstaat, 65 f.; *Ortlieb,* Im Auftrag des Kaisers, 349 f.

73 HStA Stuttgart, B 551 Zwiefalten Bü 49, Protokoll der Augsburger Verhandlungen vom 20. Mai bis 6. Juni 1565, Eintrag zum 23. Mai 1565. Vgl. mit wortgleichen Formulierungen auch: BayHStA (Bayerisches Hauptstaatsarchiv) München, Kurbayern, Äußeres Archiv Nr. 912, fol. 247v.

74 HStA Stuttgart, B 551 Zwiefalten Bü 49, Protokoll der Augsburger Verhandlungen vom 20. Mai bis 6. Juni 1565, Eintrag zum 23. Mai 1565.

andere, als marginal erachtete Positionen gerne mündlich. Über das Musterungsrecht unter den klösterlichen Untertanen beriet Württemberg mit Zwiefalten z. B. im Gespräch, aber die grundsätzliche Frage der Landsässigkeit des Klosters gegenüber dem Herzogtum wurde *in schriften gethan*[75]. Die Entscheidung für die schriftliche Form enthielt folglich eine Botschaft an die Gegenseite: Man betonte den Stellenwert dieser Punkte gegenüber anderen Streitartikeln und verdeutlichte, dass diese nun nicht mehr in gleicher Weise zur Disposition standen.

Die Schriften im Verfahren entfalteten somit für ihre Verfasser eine wesentlich stärkere bindende Wirkung als die gesprächsweise vorgebrachten Einwände oder Zugeständnisse. Da beide Seiten stets darauf bedacht waren, dass sie mit ihren Handlungen vor der Kommission keine Verpflichtungen eingingen, gehörte es bei besonders heiklen Punkten zu einer prinzipiellen Strategie, kein Präjudiz durch Schriften zu erzeugen. So wurden die Korrekturen zu den vorgeschlagenen Vergleichsmitteln oftmals zwar in Abschriften an die Kommissare bzw. deren subdelegierte Räte verteilt, aber vorsorglich mit dem Hinweis, dass man *hierdurch nichts wolle bekannt und begeben, sich auch in einige schriftliche Gegenhandlung mitnichten eingelassen habe [...] und derowegen sein Bitt den Herrn vom Gegentail davon cain Abschrift volgen zulassen*[76]. Da ihre Vorschläge und Gegenreden selbst Teil der Verfahrensgeschichte waren, konnte sich die Gegenseite später darauf berufen und somit das eigene Verhalten zur Fessel werden. In mündlichen Verhandlungen sah man diese Gefahr offensichtlich weniger, da man glaubte, jedes mögliche Präjudiz leichter zurückweisen zu können, obwohl freilich auch darüber Mitschriften erstellt wurden.

In geradezu idealer Form wurde die experimentelle Offenheit der Verfahrensführung in den Gesprächen realisiert, zu denen die Kommissare die beiden Parteien auch häufig einzeln vorluden. Der Vorteil der Einzelgespräche, die einen erheblichen Teil der Kommissionsverhandlungen ausmachten, bestand darin, dass die Parteien mit den Kommissaren relativ unbefangen verschiedene Varianten durchspielen konnten, ohne die unmittelbare Reaktion der Gegenseite bedenken zu müssen. Dabei übermittelten die Kommissare nicht nur die Stellungnahme der Gegenseite, sondern erörterten auch mögliche Folgen des einen oder anderen Kompromissweges, führten ihnen die Chancen ihres Rechtsstandpunktes vor Augen und versuchten sie v. a. zu einem weiteren Nachgeben zu bewegen[77].

---

75 HStA Stuttgart, B 551 Zwiefalten Bü 49, Protokoll der Augsburger Verhandlungen vom 20. Mai bis 6. Juni 1565, Eintrag zum 5. Juni 1565.

76 HStA Stuttgart, B 551 Zwiefalten Bü 49, Protokoll der Augsburger Verhandlungen vom 20. Mai bis 6. Juni 1565, Eintrag zum 24. April 1567, und in gleicher Weise ebd. Eintrag zum 29. April 1567.

77 Vgl. dazu etwa das ausführlich dokumentierte Gespräch in: HStA Stuttgart, B 551 Zwiefalten Bü 49, Protokoll der Augsburger Verhandlungen vom 20. Mai bis 6. Juni 1565, Eintrag zum 2. Juni 1565.

Dagegen hatte der Einsatz schriftlicher Formen schließlich noch einen anderen Grund: Da das Ziel der Verhandlungen ein konsensfähiger Vertragstext war, wurde dieser durch schriftliche Austauschprozesse bereits vorstrukturiert. Dies wird daran ersichtlich, dass einzelne Formulierungen aus den Parteienschriften direkt – im Falle der Konsensfindung – in den abschließenden Rezess übernommen wurden. Aus Klagepunkten und darauf erfolgten Antworten wurden einzelne Artikel eines Vertrages. Das Abfassen der Klage- und Gegenklageschriften war somit Teil eines umfassenden Reflexions- und Verarbeitungsvorgangs der Konfliktlage im Verlauf der Verhandlungen. In diesem Zusammenhang entfaltete die Schriftlichkeit eine kommunikationsstrukturierende Kraft und erhielt eine reflexiv-ordnende Funktion[78]. Das Geschehen während der Kommissionstage lässt sich daher auch als das vielfache Redigieren von Textentwürfen analysieren. Dabei wird eine Differenzierung und Konkretisierung der Streitgegenstände ersichtlich, die sich auch am zunehmenden Umfang der Schriftstücke zu einzelnen Streitpunkten ablesen lässt. Der strittige Artikel über eine württembergische Forstordnung, mit der der Herzog seine territorialen Grenzen zu fixieren bzw. auszudehnen trachtete, umfasste im ersten Entwurf am Beginn der Kommission z. B. sechs Zeilen und erweiterte sich im Verlauf der Verhandlungen auf 26 Zeilen[79].

Als Entscheidungskriterium bei der Wahl der medialen Formen spielte nicht zuletzt der Faktor der Zeitökonomie eine wesentliche Rolle. Der Mangel an Unmittelbarkeit im Schriftenaustausch konnte die Verhandlungen erheblich verlängern. Mit dieser Argumentation erfolgte oftmals ein bewusster Verzicht auf schriftliche Verfahrensformen: *Wenn der Vortrag schriftlich geschehen solle, werde es ein große Lenge geberen und dieweil sie gern die Zeit gewinnen, auch einmal ab der Sachen gern kommen*[80], gebe man dem Gespräch den Vorzug. Umgekehrt konnte gerade die Entscheidung für die schriftliche Form dafür sorgen, dass ein gewünschter Verzögerungseffekt eintrat und das direkte Gespräch, mit dem ein strittiger Punkt schneller freigelegt war, vermieden wurde. Parteien und Kommissare waren sich dieser zeitverzögernden bzw. beschleunigenden Effekte der medialen Formen bewusst und berücksichtigten diese bei ihrer Auswahl. Diese Chance eröffnete ihnen das Kommissionsverfahren, weil der Ablauf nicht in ein festes Terminsystem eingebunden war. Die Zeitabstände zwischen den einzelnen Schritten – Vorlage der Schriften oder Gespräche – konnten stets der jeweiligen Arbeitssituation angepasst werden, und oft erfolgte der nächste Schritt erst *nach langem Bedacht und ervolgter Unterredung*[81]. Somit bestand genügend

78 Zu diesem Aspekt im Kontext der städtischen Überlieferung: *Schlögl*, Interaktion und Herrschaft, 125 f.

79 *Ullmann*, Geschichte auf der langen Bank, 398 f.

80 HStA Stuttgart, B 551 Zwiefalten Bü 49, Protokoll der Augsburger Verhandlungen vom 20. Mai bis 6. Juni 1565, Eintrag zum 23. Mai 1565.

Verarbeitungszeit für komplexe Inhalte, weniger problematische Punkte konnten auch rasch erledigt werden.

Bei den kaiserlichen Kommissionsverfahren ging es nicht in erster Linie darum, Rang abzubilden, sie hatte auch nicht die Funktion öffentlicher Partizipationsakte, und obwohl es sich um eine rechtliche Verfahrensform handelte, ging es nicht darum, ein Urteil zu fällen. Im Mittelpunkt stand vielmehr das Finden eines vertraglich geregelten Kompromisses für höchst verwickelte Hoheitsrechte zwischen Kontrahenten mit unterschiedlichem politischem Gewicht. Macht- und Herrschaftsbeziehungen sollten dabei im Dienste der Vergleichsfindung weitgehend ausgeschaltet werden. Die lange Bindewirkung, mit der die Beteiligten über mehrere Jahre und viele Verhandlungsrunden hinweg in das Schlichtungsverfahren verwickelt wurden, beruhte in erster Linie auf dem hohen Grad der Parteiensteuerung und dem daraus erwachsenden experimentellen Charakter, der durch die prozessrechtliche Offenheit und Flexibilität des Verfahrens möglich wurde. Neben einer formal korrekten und von allen Beteiligten akzeptierten Rollenübernahme verweisen diese Kriterien auf den hohen Grad der strukturellen Autonomie des Verfahrens. Auf den Kommissionstagen fand daher letztlich ein schrittweises Herantasten an mögliche Lösungen statt. Bindende Wirkung erzeugte somit gerade die nichtbindende, offene Form der Verfahrensführung, sie stellte einen wesentlichen motivierenden Faktor für das Einlassen auf die Verhandlungen dar. Die instrumentelle Funktion dieses Verfahrens, das Finden von Vergleichen im Dienste der Friedenswahrung, wurde unterstrichen durch die Darstellungsleistung. Dabei wirkten implizite Handlungslogiken – etwa die Orientierung am Aushandlungsprinzip – mit symbolisch-expressiven Momenten – etwa bei der Rollenübernahme – zusammen. Die kaiserlichen Kommissionen konnten darüber hinaus eine legitimierende Kraft entfalten, weil in ihrem Verlauf auf normative Orientierungen zurückgegriffen wurde, die ihrerseits einen breiten Konsens erfuhren: Einigungs- und Kooperationsbereitschaft. In dieser Hinsicht entwickelten die reichshofrätlichen Gütekommissionen mit der Schiedlichkeit auch eine eigene Verhaltensnorm für die Verfahrensbeteiligten. Diese wurde durch performative Sprechakte sowie den Verhaltensstil der Beteiligten zum Ausdruck gebracht und verstärkte weiter die Einbindung in das Verfahren. Dem Reichshofrat war es somit über die Kommissionen gelungen, eine Verfahrensform zu etablieren, die sich zwar prozessrechtlich am Kameralprozess orientierte, aber lediglich Elemente davon variabel einsetzte und somit adäquat auf strukturelle verfassungsrechtliche Konfliktfelder reagieren konnte.

---

[81] HStA Stuttgart, B 551 Zwiefalten Bü 49, Protokoll der Augsburger Verhandlungen vom 20. Mai bis 6. Juni 1565, Eintrag zum 23. Mai 1565.

Literatur

Baumann, Anette: Die Gesellschaft der Frühen Neuzeit im Spiegel der Reichskammergerichtsprozesse. Eine sozialgeschichtliche Untersuchung zum 17. und 18. Jahrhundert (Quellen und Forschungen zur Höchsten Gerichtsbarkeit im Alten Reich, 36), Köln u. a. 2001.

Dick, Bettina: Die Entwicklung des Kameralprozesses nach den Ordnungen von 1495 bis 1555, Köln / Weimar / Wien 1981.

Ehrenpreis, Stefan: Kaiserliche Gerichtsbarkeit und Konfessionskonflikt. Der Reichshofrat unter Rudolf II. 1576 – 1612 (Schriftenreihe der Historischen Kommission bei der Bayerischen Akademie der Wissenschaften, 72), Göttingen 2006.

Fimpel, Martin: Reichsjustiz und Territorialstaat. Württemberg als Kommissar von Kaiser und Reich im Schwäbischen Kreis (1648 – 1806) (Frühneuzeitforschungen, 6), Tübingen 1999.

Freitag, Tobias / *Jörn,* Nils: Zur Inanspruchnahme der obersten Reichsgerichte im südlichen Ostseeraum 1495 – 1806, in: Die Integration des südlichen Ostseeraumes in das Alte Reich, hrsg. v. Nils Jörn / Michael North (Quellen und Forschungen zur Höchsten Gerichtsbarkeit im Alten Reich, 35), Köln / Weimar / Wien 2000, 39 – 141.

Göttmann, Frank: Die Bünde und ihre Räume. Über die regionale Komponente politischer Einungen im 16. Jahrhundert, in: Recht und Reich im Zeitalter der Reformation. Festschrift für Horst Rabe, hrsg. v. Christine Roll, Frankfurt am Main u. a. 1996, 441 – 469.

Haug-Moritz, Gabriel: Württembergischer Ständekonflikt und deutscher Dualismus. Ein Beitrag zur Geschichte des Reichsverbands in der Mitte des 18. Jahrhunderts, Hamburg 1983.

Heil, Dietmar: Die Reichspolitik Bayerns unter der Regierung Herzog Albrechts V. (1550 – 1579), Göttingen 1998.

Hofmann, Hanns Hubert: Adelige Herrschaft und souveräner Staat. Studien über Staat und Gesellschaft in Franken und Bayern im 18. und 19. Jahrhundert, München 1962.

Kießling, Rolf: Die Stadt und ihr Land. Umlandpolitik, Bürgerbesitz und Wirtschaftsgefüge in Ostschwaben vom 14. bis ins 16. Jahrhundert (Städteforschung, A / 29), Köln / Wien 1989.

Kießling, Rolf: Die „Nachbarschaft" und die „Regionalisierung" der Politik. Städte, Klöster und Adel in Ostschwaben um 1500, in: Europa 1500. Integrationsprozesse im Widerstreit: Staaten, Regionen, Personenverbände, Christenheit, hrsg. v. Ferdinand Seibt / Winfried Eberhard, Stuttgart 1987, 262 – 278.

Kießling, Rolf (Hrsg.): Schwäbisch-Österreich. Zur Geschichte der Markgrafschaft Burgau (1301 – 1805), Augsburg 2007.

Kudorfer, Dieter: Nördlingen (Historischer Atlas von Bayern, Teil Schwaben, 8), München 1974, 151 – 158.

Luhmann, Niklas: Legitimation durch Verfahren, Frankfurt am Main 1983.

Nebinger, Gerhart: Entstehung und Entwicklung der Markgrafschaft Burgau, in: Vorderösterreich, hrsg. von Friedrich Metz, Freiburg 1977, 753 – 772.

Oestmann, Peter: Ein Zivilprozess am Reichskammergericht. Edition einer Gerichtsakte aus dem 18. Jahrhundert (Quellen und Forschungen zur Höchsten Gerichtsbarkeit im Alten Reich, 55), Köln / Weimar / Wien 2009.

Ortlieb, Eva: Im Auftrag des Kaisers. Die kaiserlichen Kommissionen des Reichshofrats und die Regelung von Konflikten im Alten Reich (1637 – 1657) (Quellen und Forschungen zur Höchsten Gerichtsbarkeit im Alten Reich, 38), Köln / Weimar / Wien 2001.

Ortlieb, Eva: Die ‚Alten Prager Akten' im Rahmen der Neuerschließung der Akten des Reichshofrats im Haus-, Hof- und Staatsarchiv Wien, in: MÖStA 51 (2004), 593 – 634.

Press, Volker: Von den Bauernrevolten des 16. Jahrhunderts zur konstitutionellen Verfassung des 19. Jahrhunderts. Die Untertanenkonflikte in Hohenzollern-Hechingen und ihre Lösungen, in: Politische Ordnung und soziale Kräfte im Reich, hrsg. v. Hermann Weber, Wiesbaden 1980, 85 – 112.

Ranieri, Filippo: Recht und Gesellschaft im Zeitalter der Rezeption. Eine rechts- und sozialgeschichtliche Analyse der Tätigkeit des Reichskammergerichts im 16. Jahrhundert, Köln / Weimar / Wien 1985.

Riedenauer, Erwin (Hrsg.): Landeshoheit. Beiträge zur Entstehung, Ausformung und Typologie eines Verfassungselements des Römisch-Deutschen Reiches (Studien zur Bayerischen Verfassungs- und Sozialgeschichte, 16), München 1994.

Schlögl, Rudolf: Interaktion und Herrschaft. Probleme der politischen Kommunikation in der Stadt, in: Was heißt Kulturgeschichte des Politischen? (ZHF Beiheft 35), hrsg. v. Barbara Stollberg-Rilinger, Berlin 2005, 115 – 128.

Sellert, Wolfgang: Prozessgrundsätze und Stilus Curiae am Reichshofrat im Vergleich mit den gesetzlichen Grundlagen des reichskammergerichtlichen Verfahrens, Aalen 1973.

Setzler, Wilfried: Kloster Zwiefalten. Eine schwäbische Benediktinerabtei zwischen Reichsfreiheit und Landsässigkeit. Studien zu ihrer Rechts- und Verfassungsgeschichte, Sigmaringen 1979.

Sikora, Michael: Der Sinn des Verfahrens. Soziologische Deutungsangebote, in: Vormoderne politische Verfahren, hrsg. v. Barbara Stollberg-Rilinger, Berlin 2001, 25 – 51.

Steichele, Antonius von / *Schroeder,* Alfred: Das Bisthum Augsburg, historisch und statistisch beschrieben, Bd. 5, Augsburg 1895.

Stollberg-Rilinger, Barbara: Einleitung, in: Vormoderne politische Verfahren (ZHF Beiheft 25), hrsg. v. Barbara Stollberg-Rilinger, Berlin 2000, 9 – 24.

Ullmann, Sabine: Geschichte auf der langen Bank. Die Kommissionen des Reichshofrats unter Kaiser Maximilian II. (1564 – 1576) (Veröffentlichungen des Instituts für europäische Geschichte Mainz, Abt. für Universalgeschichte, 214), Mainz 2006.

Weber, Raimund: Die kaiserlichen Kommissionen des Hauses Württemberg in der Neuzeit, in: ZWLG 43 (1984), 205 – 236.

Westphal, Siegrid: Kaiserliche Rechtsprechung und herrschaftliche Stabilisierung. Reichsgerichtsbarkeit in den thüringischen Territorialstaaten 1648 – 1806 (Quellen und Forschungen zur Höchsten Gerichtsbarkeit im Alten Reich, 43), Köln / Weimar / Wien 2002.

Willoweit, Dietmar. Rechtsgrundlagen der Territorialgewalt. Landesobrigkeit, Herrschaftsrechte und Territorium in der Rechtswissenschaft der Neuzeit (Forschungen zur deutschen Rechtsgeschichte, 11), Köln / Wien 1975.

Wüst, Wolfgang: ‚Ius Superioritatis Territorialis'. Prinzipien und Zielsetzungen im habsburgisch-insässischen Rechtsstreit um die Markgrafschaft Burgau, in: Vorderösterreich in der frühen Neuzeit, hrsg. v. Hans Maier / Volker Press, Sigmaringen 1989, 209 – 228.

Herstellung und Darstellung von Entscheidungen im Verfahren des Reichskammergerichts

Von *Maria von Loewenich*, Münster / Berlin

I. Einleitung

Im dritten Buch seines Epos „Gargantua und Pantagruel“ lässt François Rabelais seinen Helden Pantagruel an einer Gerichtsverhandlung teilnehmen, in welcher der Richter Zäumegans sich zu rechtfertigen hat, weshalb er seine Urteile mit dem Würfel gefällt hat[1].

Wenn er eine Entscheidung zu treffen hatte, häufte er nämlich stets die Akten der Parteien an beiden Enden seines Tisches zu zwei Stapeln und würfelte zunächst für den Beklagten, anschließend für den Kläger. Demjenigen, bei dem der Würfel die höhere Augenzahl angezeigt hatte, gab er dann Recht. Zäumegans wurde von seinem Richter gefragt, weshalb er dennoch zunächst so viele Akten angesammelt habe und nicht gleich zu Anfang eines Prozesses das Los habe entscheiden lassen. Darauf antwortete er, erstens sammele er die Akten der Form halber, denn hielte man sich nicht an diese, so wäre alles, was geschehe, wertlos. Zweitens diene es der Leibesertüchtigung und Beschäftigung des Gerichtspersonals. Und drittens solle man keine Sache entscheiden, die noch unausgereift sei. Sei ein Prozess nämlich „abgehangen“, dann neigten die Parteien schon von sich aus zur Einigung und seien leichter auszusöhnen.

Der Richter Zäumegans vertritt also die Auffassung, dass es für die Akzeptanz einer Entscheidung mehr auf die Einhaltung eines bestimmten Verfahrensablaufes ankomme als darauf, wie die Entscheidung tatsächlich ausfalle. Dies entspricht einer Grundthese der Rechtsoziologie Niklas Luhmanns, nach der nicht die Richtigkeit einer Entscheidung deren allgemeine Akzeptanz sichern kann, sondern nur die Art und Weise, wie sie zustande gekommen ist. Dazu muss der Verfahrensgang bestimmte Merkmale aufweisen. Eine besondere Rolle spielt dabei die Darstellung der Entscheidungsfindung. Damit sind nicht allein, oder nicht in erster Linie, explizite symbolische Handlungen gemeint, wie das Aufstehen der im Gerichtssaal

1 *Rabelais*, Gargantua und Pantagruel, 402–418.

Anwesenden beim Eintritt des Richters oder bei der Verkündung eines Urteils. Vielmehr ist dabei auch an die implizite, latente und nicht intendierte Symbolik gedacht, die Handlungen, aber auch Schriftstücken, Gesetzen und Orten innewohnt und jeden sozialen Raum quasi imprägniert[2]. Anhand dieser Überlegungen sollen nun das Reichskammergericht und sein Verfahren in den Blick genommen und danach gefragt werden, auf welche Weise Vertrauen in die Entscheidungen des Reichskammergerichts hergestellt wurde.

In heutigen Gerichtsverfahren wird die Darstellung der Entscheidungsherstellung vor allem in der öffentlichen Verhandlung, aber auch in normativen Texten wie den Prozessordnungen geleistet[3]. Diese erfüllen einen doppelten Zweck hinsichtlich der Legitimation von Entscheidungen durch das Verfahren: Zum einen geben sie Verfahrensregeln vor, sorgen also dafür, dass Entscheidungen nicht das Resultat eines willkürlichen Entscheidungsprozesses sind. Zum anderen stellen sie aber Entscheidungen auch als in einem geordneten Verfahren getroffen dar. Dem Text der Prozessordnungen wohnt also eine implizite Symbolik inne.

Beim Reichskammergericht war das Verfahren zum größten Teil nicht öffentlich. Die Darstellung der Entscheidungsherstellung konnte deshalb in weiten Teilen nur durch die Prozessordnung geleistet werden, die in den Reichskammergerichtsordnungen enthalten ist. Natürlich können die Reichskammergerichtsordnungen als normative Texte keine Auskunft über das tatsächliche Geschehen bei Gericht geben, sondern nur darüber, wie das Verfahren idealerweise verlaufen sollte. Die tatsächliche Umsetzung der Normen ist jedoch auch keine Voraussetzung für die eben skizzierte Wirkung der darstellenden Ebene einer Prozessordnung.

Die durch die Reichskammergerichtsordnungen vermittelte Darstellung des Reichskammergerichtsverfahrens soll im Vordergrund der folgenden Überlegungen stehen. Dennoch werden auch diejenigen Merkmale des Verfahrens, die nicht oder nicht ausschließlich in den Reichskammergerichtsordnungen vorgegeben waren, sondern sich aus der faktischen und unmittelbar sichtbaren Ausgestaltung des Verfahrens ergaben, untersucht werden. In Niklas Luhmanns Verfahrenstheorie ist die unmittelbare, mündliche und öffentliche Verhandlung unter der Beteiligung der Prozessparteien Voraussetzung für die Legitimation durch den Verfahrensgang. Da dies im Reichskammergerichtsverfahren nicht gegeben ist, lehnen sich die folgenden Ausführungen an Luhmanns Überlegungen lediglich an, ohne diese vollständig auf den Untersuchungsgegenstand applizieren zu wollen.

---

2 Vgl. die Einleitung im hiesigen Band.

3 Zu der symbolischen Ebene von Texten vgl. *Rehberg*, Weltrepräsentanz und Verkörperung, 44–46.

Die erste Reichskammergerichtsordnung, die im Zuge der Einrichtung des Gerichts 1495 erlassen wurde, war noch sehr knapp gehalten[4]. Ihr folgten während der ersten Hälfte des 16. Jahrhunderts weitere Ordnungen, bis 1555 im Rahmen des Augsburger Reichstages die Fassung der Reichskammergerichtsordnung erlassen wurde, die offiziell bis zur Auflösung des Reichskammergerichtes 1806 gelten sollte[5]. Als Arbeitsgrundlage diente dem Gericht im 17. und 18. Jahrhundert jedoch das Konzept der Reichskammergerichtsordnung von 1613[6]. Es war auf dem Regensburger Reichstag von 1613 Verhandlungsgegenstand, wurde allerdings aufgrund der komplizierten politischen Lage am Vorabend des Dreißigjährigen Krieges nicht mehr verabschiedet. Das Konzept baute auf der Ordnung von 1555 auf, enthielt aber zahlreiche Verbesserungen und Erweiterungen, die zum großen Teil den Reichskammergerichtsvisitationsabschlüssen des 16. Jahrhunderts entnommen waren[7]. Wegen seiner Ausführlichkeit und seiner inoffiziellen Gültigkeit für das 17. und 18. Jahrhundert soll das Konzept der Reichskammergerichtsordnung hier als Grundlage der Untersuchung dienen.

Im Folgenden soll zunächst ein Einblick in die Struktur und das Verfahren des Reichskammergerichts gegeben werden. Anschließend soll anhand von vier Aspekten der Darstellung – nämlich Autorität, Autonomie, Urteilsqualität und Kontrolle – der Entscheidungsherstellung im Reichskammergerichtsverfahren nachgegangen werden. Zwei abschließende Kapitel beschäftigen sich mit der Rolle der Geheimhaltung im Reichskammergerichtsverfahren und den Schwierigkeiten, die das Gericht mit der Legitimation seiner Entscheidungen hatte.

II. Das Reichskammergericht und sein Verfahren

Das Reichskammergericht war im Zuge der sogenannten Reichsreformen auf dem Wormser Reichstag 1495 als Höchstgericht und letzte Gerichtsinstanz im Heiligen Römischen Reich gegründet worden. Es löste damit das bis dahin am Kaiserhof angesiedelte Kammergericht ab und wurde in einer Stadt fernab des kaiserlichen Einflussbereiches installiert. Seine Gründung stand in engem Zusammenhang mit dem „Ewigen Landfrieden“, weshalb es ursprünglich hauptsächlich der Sicherung des Landfriedens dienen sollte. Im Laufe des 16. Jahrhunderts entwickelte es sich aber bald vor allem zur Instanz in zivilrechtlichen Streitigkeiten aller Art[8].

---

4 Vgl. Reichskammergerichtsordnung (RKGO) von 1495: Ordnung des Kayserl. CammerGerichts zu Worms.

5 Reichskammergerichtsordnung (RKGO) von 1555.

6 [Concept der] Kays. Cammer-Gerichts-Ordnung (CRKGO) 1613.

7 *Laufs,* Einleitung, 29; *Smend,* Das Reichskammergericht, 194 f.; Zu den Visitationen vgl. unten Kap. VI.

8 *Diestelkamp,* Das Reichskammergericht, 27 f.

Oberhaupt des Reichskammergerichts war der Kammerrichter, der den Kaiser als obersten Gerichtsherrn im Reich bei Gericht vertrat. Er leitete die Beratungen und Audienzen des Gerichts, organisierte ihren Ablauf und war für die Beachtung der Formalien zuständig. Eine formale Entscheidungsbefugnis besaß er nicht. Bei seinen Aufgaben unterstützt und bei Abwesenheit vertreten wurde der Kammerrichter von den beiden Präsidenten. Richter im heutigen Sinne waren am Reichskammergericht die Assessoren. Ergänzt wurde das Gerichtspersonal durch die Angehörigen der Kanzlei, die für die Aktenverwaltung und die Ausfertigung von Schriftstücken zuständig waren. Zudem herrschte am Reichskammergericht Anwaltszwang, wobei die Parteien sich von einem der am Gericht eigens aufgeschworenen Rechtsanwälte, den sogenannten Prokuratoren, vertreten lassen mussten[9].

Das Verfahren des Gerichts war sehr kompliziert, weshalb es an dieser Stelle nur in seinen Grundzügen erläutert werden kann[10]: Das Reichskammergericht war sowohl erstinstanzlich zuständig, in der Regel für Klagen gegen Reichsstände, als auch als Appellationsinstanz gegen Entscheidungen territorialer Gerichte. Wurde ein Prozess am Reichskammergericht anhängig, so entschied zunächst ein sogenannter Extrajudicialsenat darüber, ob das Reichskammergericht zuständig und ob die Klage generell berechtigt sei. Wurde dies positiv beurteilt, so wurde der Beklagte bzw. sein Prokurator vor das Gericht geladen und ihm die Klagschrift zugestellt. Es folgte darauf ein Austausch von Schriftsätzen zwischen den Parteien in der öffentlichen Audienz des Kammergerichts, und zwar so lange, bis eine der Parteien beantragte, die Akten komplettieren zu lassen. Daraufhin stellte die Kammergerichtskanzlei die Akten aus den eingereichten Schriften und den Protokollbüchern der Audienz zusammen. Der Kammerrichter bestimmte anschließend einen Referenten sowie in besonders komplizierten Fällen einen Korreferenten, die die Akte beide bearbeiteten und jeweils eine Relation verfassten. Diese Relationen trugen sie dann in einem sogenannten Judicialsenat nacheinander vor, der unter Ausschluss der Öffentlichkeit und auch der Parteien beriet. Zunächst legte der Referent den Sachverhalt des Falles und seine Rechtsauffassung dar. Anschließend ergänzte der Korreferent seine Rechtsauffassung. Die übrigen im Senat vertretenen Assessoren kannten die Akten in der Regel nicht. Den Sitzungen der Senate saß entweder der Kammerrichter selbst oder einer der Präsidenten vor, die die Abstimmung gemäß dem Umfrageprinzip führten. Sie for-

---

9 Zum Reichskammergerichtspersonal vgl. *Smend,* Das Reichskammergericht, 243–374; *Moser,* Neues teutsches Staatsrecht, 353–470; *Diestelkamp,* Von der Arbeit des Reichskammergerichts; *Jahns,* Das Kameralkolleqium des Reichskammergerichts.

10 Zur Organisation des Reichskammergerichts und seines Verfahrens vgl. *Diestelkamp,* Von der Arbeit des Reichskammergerichts; *Dick,* Die Entwicklung des Kameralprozesses; *Sellert,* Prozeßgrundsätze und Stilus Curiae; *Wiggenhorn,* Der Reichskammergerichtsprozess; Ein exemplarischer Prozess lässt sich nachvollziehen anhand der Edition *Oestmann,* Ein Zivilprozess am Reichskammergericht.

derten die Assessoren also im Anschluss an die Referate nacheinander auf, ihr Votum abzugeben. Der Kammerrichter bzw. seine Vertreter hatten dabei keine Stimme, sie fassten allerdings nach der Umfrage die Voten der Assessoren in einem *Conclusum* zusammen. Wenn weder der Kammerrichter noch ein Präsident in einem Senat anwesend war, was im 18. Jahrhundert zunehmend häufiger vorkam, dann führte der ranghöchste Assessor die Umfrage und gab als letzter sein Votum ab. Am Ende der Sitzung wurde eine *Sententia* verfasst, die in einer der folgenden Sitzungen in der Audienz als Urteil verlesen wurde. War die Sache bereits spruchreif, wurde direkt ein Urteil gefällt, ansonsten wurden zunächst Zwischenurteile gefasst. Dies konnte zum Beispiel ein sogenanntes Beweisinterlokut sein. Darin bestimmte der Senat Kommissare, die die Beweise vor Ort erheben sollten, und benannte die Zeugen, die von den Kommissaren vernommen werden sollten. Die Beratungen des Gerichtes fanden ausnahmslos unter Ausschluss der Öffentlichkeit statt. Lediglich das Einreichen der Parteienschriften und die Urteilsverkündung in den Audienzen sowie die vom Gericht ausgefertigten Schriften waren öffentlich sichtbar.

III. Darstellung von Autorität

Für die Legitimation einer Gerichtsentscheidung ist nicht nur die Ausgestaltung des eigentlichen Verfahrens wesentlich, sondern auch die Berechtigung des Gerichts, überhaupt Recht zu sprechen. Diese leitet sich bei modernen Gerichten aus der hoheitlichen Autorität des Staates ab[11]. Für das Reichskammergericht bestand diese Autorität in der obersten Gerichtsgewalt des Kaisers im Reich[12]. Diese übte der Kaiser im späten Mittelalter auf Hoftagen und auch am kaiserlichen Hofgericht bzw. Kammergericht aus. Auch wenn der Hofrichter die Verhandlungen führte, legitimierte nicht dieser, sondern die Anwesenheit am Kaiserhof das Gericht. Mit der Einrichtung des Reichskammergerichts 1495 erst in Frankfurt und später in Speyer und Wetzlar änderte sich diese Situation jedoch, die Ausübung der obersten Gerichtsbarkeit wurde vom Kaiserhof weg verlegt. Deshalb musste das Reichskammergericht seine Legitimation zur Rechtsprechung auf anderem Wege zum Ausdruck bringen, um die Distanz zum Kaiser zu überbrücken. Eine wesentliche Rolle spielte dabei die Audienz des Reichskammergerichts. Der Audienzsaal war der einzige öffentlich zugängliche Bereich des Gerichtes. Von einer Empore aus war es auch dem „gemeinen Mann“ möglich, die Audienzen zu verfolgen[13]. Die Szenerie der Audienz

---

11 Zum Autoritätsbegriff vgl. *Popitz*, Phänomene der Macht, 7–36.

12 *Diestelkamp*, Vom Königlichen Hofgericht zum Reichskammergericht, 48–52; *Battenberg*, Studien zum Personal des königlichen Hofgerichts, 61–63.

13 *Ulmenstein*, Geschichte und Topographische Beschreibung, 100.

war zudem nicht nur im Gerichtssaal wahrnehmbar, sondern wurde auch medial durch Holzschnitte und Stiche vermittelt[14]. Sie prägte also auch außerhalb von Speyer bzw. Wetzlar das Bild des Gerichts.

Die kaiserliche Autorität wurde in den Audienzen durch den Kammerrichter dargestellt, der vor allem dort als Repräsentant des Reichsoberhaupts zeremoniell in Szene gesetzt wurde. So saß er, sofern er anwesend war, während der mehrmals pro Woche stattfindenden Audienzen auf einem um drei Stufen erhöhten und mit rotem Samt bezogen Armsessel, der von einem rotseidenen Baldachin überspannt wurde[15]. Zu seinen beiden Seiten nahmen die in der jeweiligen Audienz anwesenden Assessoren auf ebenfalls rot ausgeschlagenen und um eine Stufe erhöhten Bänken Platz. In den Händen hielt der Kammerrichter den Reichskammergerichtsstab, der die kaiserliche Gerichtsgewalt symbolisierte[16]. Kaiser Maximilian I. hatte ihn dem ersten Kammerrichter Eitelfriedrich von Hohenzollern 1495 bei der Einrichtung des Reichskammergerichts in Frankfurt übergeben und damit dem Reichskammergericht seine oberste Gerichtsgewalt im Reich übertragen[17]. Der Kaiser war in der Person des Kammerrichters also quasi selbst anwesend[18]. Die Findung der in der Audienz verlesenen Reichskammergerichtsurteile wurde dadurch nicht als eigenständiger Akt des Gerichts dargestellt, sondern als kaiserlicher Herrschaftsakt.

Aber nicht nur durch den Kammerrichter und den Reichskammergerichtsstab wurde die Autorität des Kaisers als oberster Gerichtsherr dargestellt. So wurden zwar die Schriften, die beim Gericht eingereicht wurden, an den Kammerrichter adressiert. Alle Schriften, die das Reichskammergericht im Zuge von Prozessen ausfertigte, wie Ladungsbriefe, Urteile usw., wurden dagegen als kaiserliche Urkunden ausgestellt[19]. Die Autorität des Kaisers wurde durch die aufwendige Ausgestaltung dieser Urkunden zum Ausdruck gebracht: Sie hatten ein sehr großes Format, und der Text begann

---

14 Vgl. Abb. 1. Zu weiteren Abbildungen von Reichskammergerichtsdarstellungen vgl. *Hausmann,* Fern vom Kaiser; *Scheurmann,* Frieden durch Recht; Neben der Audienz wurde vor allem die Kanzlei dargestellt, vgl. *Hausmann,* Fern vom Kaiser, 87. Eine der seltenen Abbildung einer Beratung des Reichskammergericht ist ein Stich von A. Nunzer, Mitte des 18. Jh., abgedruckt in: *Döhring,* Geschichte der Rechtspflege, Abb. 16; vgl. außerdem Abbildungen von Gerichten: *Röhl,* Bilder in gedruckten Rechtsbüchern.

15 *Ulmenstein,* Geschichte und Topographische Beschreibung, 100 f.; Vgl. auch *Scheurmann,* „Mit rothem Sammet und goldenen Borden".

16 *Harpprecht,* Staats-Archiv Des Kayserl. und des H. Röm. Reichs Cammer-Gerichts, 51 – 54; *Balemann,* Beiträge zur Revision und Verbesserung, 84 – 88.

17 *Harpprecht,* Staats-Archiv Des Kayserl. und des H. Röm. Reichs Cammer-Gerichts, 51 f.; *Balemann,* Beiträge zur Revision und Verbesserung, 203.

18 Zu Präsenzsymbolen vgl. *Gumbrecht,* Ten Brief Reflections; *Rehberg,* Weltrepräsentanz und Verkörperung, 29 – 35; zur Gestaltung von Audienzsälen von Gesandten und der Repräsentierung von abwesenden Fürsten vgl. *Winkler,* Bildnis und Gebrauch, 156 – 173.

19 *Moser,* Neues teutsches Staatsrecht, 363 f.

in der Regel mit einer großen ausgestalteten Eingangsinitiale sowie einer kalligraphisch hervorgehobenen Intitulatio[20]. Zudem wurden die Schriftstücke mit dem kaiserlichen Siegel ausgestattet, das dem Reichskammergericht von jedem neuen Kaiser überschickt wurde[21]. In Zeiten des Interregnums, wie etwa nach dem Tod Kaiser Josephs I. am 17. April 1711, wurde das Gericht mit einem gemeinsamen Siegel der Reichsvikare, des Kurfürsten von der Pfalz bzw. von Bayern und des Kurfürsten von Sachsen, ausgestattet[22]. Denn ohne das Siegel des Reichsoberhauptes oder der Vikare konnte das Gericht keine Dokumente ausfertigen.

Gleichwohl war die kaiserliche nicht die einzige Autorität, die in der Außendarstellung des Reichskammergerichts zum Ausdruck kam. Dies zeigt der Bildtypus, an den sich die Sitzordnung in der Gerichtsaudienz anlehnte. Er entspricht der Ikonographie des Jüngsten Gerichtes, wie es seit der Spätantike dargestellt wurde[23]. Dabei thront Christus im Zentrum, während zu seinen beiden Seiten die zwölf Apostel sitzen. Deshalb ist es sicher kein Zufall, dass in der bekannten Darstellung der Audienz von Peter Fehr genau zwölf Assessoren abgebildet wurden[24]. Die ikonographische Anlehnung der Darstellung an das Weltgericht vermittelte die sakrale Legitimation des Reichskammergerichts, die göttliche Ordnung zu wahren und irdisches Recht zu sprechen[25]. Diese göttliche Autorität wurde dem Gericht über den Kaiser vermittelt, der diese wiederum aus der sakralen Weihe bei der Krönung erhalten hatte[26].

Des Weiteren entsprach die Sitzordnung in den Audienzen auch der Art politischer Repräsentationsformen auf dem Reichstag wie etwa bei der Verlesung der Proposition oder dem Sitzen *in majestate*[27]. Dabei saß der Kaiser erhöht auf einem Thron, während die Kurfürsten zu seinen beiden Seiten auf Bänken Platz nahmen. Auch diese Darstellung lehnte sich an die Darstellungstradition des Jüngsten Gerichts an. Die Gruppe aus Kaiser und

20 Vgl. die Abbildungen und Beschreibungen in: *Hausmann*, Fern vom Kaiser, 121 (Urteil vom 7. Juli 1684); *Scheurmann*, Frieden durch Recht, 141, Nr. 88 (Urteil vom 13. November 1531), sowie 295, Nr. 196 (Ladung vor das RKG 1534) und 301 (Citatio und Zwangsbrief 1588).

21 *Moser*, Neues teutsches Staatsrecht, 347; Eine Abbildung des Reichskammergerichtssiegels Kaiser Karls V. befindet sich bei *Scheurmann*, Frieden durch Recht, 141, Nr. 88.

22 *Sartori*, Reichs-Vicariatisches Staats-Recht, § 70, 140 f.; *Abele*, Versuch über das teutsche Staatsrecht, § 47, 107–110; vgl. auch *Hermkes*, Das Reichsvikariat in Deutschland.

23 *Scheurmann*, „Mit rothem Sammet und goldenen Borden", 78 f.; *Mader*, Richter der Gerechtigkeit, 14 f.; *Stollberg-Rilinger*, Die Würde des Gerichts, 195 f.

24 *Mader*, Richter der Gerechtigkeit, 15.

25 *Brand*, Abgerechnet wird am Schluß, 170–172.

26 *Stollberg-Rilinger*, Würde des Gerichtes, 194.

27 *Stollberg-Rilinger*, Des Kaiser alte Kleider, 55–64; *dies.*, Würde des Gerichtes, 196 f.

Kurfürsten war der älteste Kern des Reichstages und wurde in den Druckmedien seit dem 15. Jahrhundert als pars pro toto für das gesamte Reich genommen. Auf diese ikonographische Ähnlichkeit bezog sich das Kameralkollegium auch selbst. Im berühmten Halbarmsesselstreit von 1757 verwendeten die Assessoren diese Ähnlichkeit als Argument[28]. Der Kammerrichter wollte den Assessoren den Gebrauch von Halbarmsesseln im Plenumssaal nicht gestatten, die das Gericht neu angeschafft hatte. Er selbst saß dort auf einem mit goldenen Tressen geschmückten Armsessel und die neuen Halbarmsessel erschienen ihm als diesem zu ähnlich. Sein Vorrang als kaiserlicher Repräsentant und seine Autorität – und damit auch die des Kaisers – würden dadurch eingeschränkt. Die Assessoren erwiderten darauf, dass das Gericht nicht allein den Kaiser, sondern auch das Reich repräsentiere, da das Kameralkollegium in den Audienzen ebenso sitze wie Kaiser und Reich auf dem Reichstag[29]. Deshalb stünde ihnen der Gebrauch der Halbarmsessel zu. Die Symbolisierung des Reichs wurde zusätzlich durch die Bildnisse von sechs Kurfürsten verstärkt, die etwa seit den 1730er Jahren an den Wänden des Audienzsaales hingen[30]. Und auch in den bildlichen Darstellungen des Reichskammergerichts wird häufig auf die Reichsstände als Autorität Bezug genommen. So wird die Szene der Reichskammergerichtsaudienz oft von den Wappen umrahmt, die die Kurfürsten und Reichskreise repräsentieren[31].

Neben den bisher ausgeführten Aspekten spielte für die Darstellung der Autorität des Gerichtes darüber hinaus der persönliche Rang der Reichskammergerichtspersonen eine Rolle. So schrieb das Konzept der Reichskammergerichtsordnung von 1613 in Tradition der vorherigen Ordnungen vor, dass der Kammerrichter ein Reichsstand sein müsse, mindestens aber ein Graf oder Herr[32]. Dies entsprach zum einen den allgemeinen ständischen Regeln, dass der geburtsständische Rang des Amtsinhabers umso höher sein musste, je höher die Würde eines Amtes bzw. die Würde dessen, den

---

28 Haus-, Hof- und Staatsarchiv (HHStA) Wien MEA RKG 237a; vgl. auch *Scheurmann,* „Mit rothem Sammet und goldenen Borden“, 82 f.; *Stollberg-Rilinger,* Würde des Gerichtes, 205–212.

29 HHStA Wien MEA RKG 237a, das Reichskammergericht an den Kurfürsten von Mainz, Wetzlar 10. Juni 1757.

30 *Ulmenstein,* Geschichte und Topographische Beschreibung, 100 f.; Es handelt sich um Franz Ludwig von Mainz, Franz Georg von Trier, Clemens August von Köln, Friedrich August II. von Sachsen, Friedrich Wilhelm von Brandenburg, Maximilian von Bayern. Ein Bild des Kaisers hing im späteren 18. Jahrhundert dagegen offenbar nur im Plenumszimmer des Reichskammergerichts nicht aber im Audienzsaal. Vgl. *ebd.,* 95 f.

31 Vgl. unter anderem den Kupferstich von Peter Fehr, 1735, Abb. 1. Die Auffassung, dass das Reichskammergericht sowohl Kaiser als auch Stände repräsentiere, wurde durch den Umstand gestützt, dass es im Zuge eines Reichstagsabschiedes eingerichtet wurde und dass die Reichsstände an der Auswahl des Gerichtspersonals beteiligt waren. Vgl. dazu unten Kap. IV.

32 CRKGO 1613, Teil 1, Tit. 1.

Abb. 1: Peter Fehr (1681 – 1740), Audienz des Reichskammergerichts, um 1735, 18,9 × 15,1 cm, Städtische Sammlungen Wetzlar

es repräsentierte, war. Nur ein hochrangiger Adeliger konnte die Würde des Kaisers angemessen repräsentieren[33]. Zum anderen war es ein Prinzip des germanischen Rechts, dass man nur von Gleichen gerichtet werden könne[34].

---

33 *Stollberg-Rilinger,* Würde des Gerichtes, 204.

34 *Balemann,* Beiträge zur Revision und Verbesserung, 42, § 3; *Battenberg,* Studien zur Personalstruktur, 64.

Da am Reichskammergericht auch Reichsstände angeklagt werden konnten, war es also notwendig, dass auch ein Reichsstand das Urteil sprach. So sah die Ordnung auch vor, dass bei der Verkündung von Urteilen gegen Reichsstände stets der Kammerrichter in der Audienz anwesend sein müsse[35]. In die gleiche Richtung weist eine Bestimmung, dass die Assessoren zwar zur einen Hälfte rechtsgelehrt sein sollten, zur anderen Hälfte aber von Adel[36].

Zuletzt sollte das Gerichtspersonal auch in seinem Auftreten die Würde und Autorität des Gerichtes unterstreichen. So sollten die Assessoren, da sie vom Kaiser und den Ständen an das Gericht verordnet seien und an deren Statt dort säßen, *zu Erhaltung Unserer und gemeiner Stände, auch des Gerichts und Ihrer selbst Reputation, Hoheit und Authorität, im Rath, Gericht, und sonst mit langer, zierlicher, ehrlicher Kleidung, und vestitu Rom. Senatore digno tragen*[37]. Hinzu kam, dass dem Kammerrichter und den Assessoren bestimmte Ehrentitel zukamen. So wurden die Assessoren im 18. Jahrhundert in den Audienzen mit „gnädiger Herr“ betitelt, während der Kammerrichter die Titel „Excellenz“ und „gnädigster Herr“ für sich beanspruchen konnte[38].

IV. Darstellung von Autonomie

Eine der wichtigsten Voraussetzungen dafür, dass sich eine Entscheidung aus dem Verfahrensgang legitimieren kann, ist nach Niklas Luhmann die Gewährleistung der Autonomie des Verfahrens[39]. Sie ist dann gegeben, wenn die Gesichtspunkte, die den Verfahrensverlauf und vor allem die Entscheidung bestimmen, im Verfahren selbst erarbeitet werden. Anders formuliert: Ein Verfahren ist dann autonom, wenn die Entscheidungsfindung frei von verfahrensfremden Einflüssen ablaufen kann.

Die Darstellung der Autonomie geschah beim Reichskammergericht bereits durch seinen Standort. Ausgangspunkt für die Gerichtsbarkeit des Reichskammergerichts war, wie oben bereits dargelegt, die oberste Gerichtsbarkeit des Kaisers im Reich[40]. Dementsprechend wurde sie das gesamte Mittelalter hindurch am Königs- bzw. Kaiserhof ausgeübt. Mit der Errichtung des Reichskammergerichts im Zuge der sogenannten Reichsreformen auf dem Reichstag zu Worms 1495 konnte die Reformpartei jedoch

35 CRKGO 1613, Teil 1, Tit. 18.

36 Ebd., Teil 1, Tit. 1, § 2–6.

37 Ebd., Teil 1, Tit. 9.

38 *Moser,* Neues teutsches Staatsrecht, 364, § 12; vgl. auch den Streit zwischen den Präsidenten und dem Kammerrichter Franz Adolf Dietrich von Ingelheim 1735 um das Prädikat „gnädigster Herr“: HHStA Wien MEA RKG 200b.

39 *Luhmann,* Legitimation durch Verfahren, 69 f.

40 Vgl. oben Kapitel III.

durchsetzen, dass das Gericht in einer Stadt im Reich eingerichtet wurde[41]. Der reichsständischen Partei war es wichtig, dass das Gericht an einem zentral gelegenen Ort und zugleich möglichst fern der habsburgischen Einflusssphäre installiert wurde, damit der Kaiser weniger Möglichkeiten hatte, auf das Gericht und seine Entscheidungen einzuwirken. So wurde 1495 das Reichskammergericht in Frankfurt eingerichtet. In den folgenden Jahren versuchte Kaiser Maximilian I. zwar verschiedentlich, das Gericht wieder in seine Einflusssphäre zurückzuziehen, 1527 nahm es aber seinen dauerhaften Sitz in Speyer[42]. Und als das Gericht 1689 im Zusammenhang mit dem pfälzischen Erbfolgekrieg aus Speyer fliehen musste, fand es bis zu seiner Auflösung im Jahre 1806 in Wetzlar seinen letzten Standort.

Diese räumliche Trennung des Reichskammergerichts vom Kaiserhof wurde durch die Löslösung von der Person des Kaisers verstärkt. Sowohl die Vorläufer des Reichskammergerichts, das kaiserliche Hofgericht und das kaiserliche Kammergericht, als auch der später errichtete Reichshofrat waren unmittelbar mit der Person des Kaisers verknüpft[43]. Starb der Kaiser, so wurde das Gericht zumindest nominell aufgelöst. Während des Interregnums wurde dann die oberste Gerichtsbarkeit an den Höfen der Reichsvikare, des Kurfürsten von der Pfalz bzw. von Bayern und des Kurfürsten von Sachsen, ausgeübt[44]. Nach der Wahl eines neuen Königs bzw. Kaisers setzte dieser ein neues Gericht ein oder bestätigte das alte zumindest. Das Reichskammergericht dagegen war eine überzeitliche Institution, die auch während des Interregnums weiter Recht sprach[45]. Selbst der Kammerrichter, der den Kaiser am Gericht repräsentierte, blieb im Amt und konnte auch vom nachfolgenden Kaiser nicht ausgetauscht werden. Der Reichsstaatsrechtler Johann von Abele gab als Grund hierfür an, dass das Reichskammergericht nicht allein den Kaiser repräsentiere, sondern das gesamte Reich. Und das könne im Gegensatz zum Kaiser nicht aufhören zu existieren[46].

Die Abgrenzung des Reichskammergerichts vom Kaiser zeigt sich auch in der Art und Weise der Besetzung der Assessorenstellen. Anders nämlich als beim kaiserlichen Hofgericht, beim kaiserlichen Kammergericht oder beim Reichshofrat wurden die Assessoren am Reichskammergericht nicht allein vom Kaiser ausgewählt. Vielmehr war spätestens seit der Reichskammergerichtsordnung von 1507 bestimmt, dass für einen Teil der zu besetzenden

---

41 *Hausmann,* Die wechselnden Residenzen, 145 f.; Vgl. außerdem *Seyboth,* Kaiser, König, Stände und Städte.

42 *Hausmann,* Die wechselnden Residenzen.

43 *Battenberg,* Studien zum Personal, 68; *Abele,* Versuch über das teutsche Staatsrecht, 29, § 10; *Sartori,* Reichs-Vicariatisches Staats-Recht, 120 f., § 67, 140 f., § 77.

44 *Hermkes,* Das Reichsvikariat in Deutschland.

45 Ebd., 19.

46 *Abele,* Versuch über das teutsche Staatsrecht, 30.

Stellen die Reichsstände den jeweiligen Kandidaten präsentieren durften[47]. Nach der Reichskammergerichtsordnung von 1555 hatte der Kaiser das Recht, den Kammerrichter, die Präsidenten sowie vier Assessoren dem Gericht zu präsentieren. Die Kurfürsten und die Reichskreise konnten je einen Assessor vorschlagen. Mit der Vermehrung der Assessorenstellen im Westfälischen Frieden änderte sich dieser Spiegel für das 18. Jahrhundert noch einmal, wenn auch kaum jemals alle Assessorenstellen gleichzeitig besetzt waren[48].

Für die Autonomie eines Verfahrens ist es zudem wichtig, dass zwischen den unterschiedlichen Rollen der am Verfahren Beteiligten differenziert wird[49]. Hinsichtlich der Parteien heißt dies, dass es für ihre Behandlung vor Gericht nicht entscheidend sein darf, welche Rollen sie außerhalb des Verfahrens einnehmen. Es darf auf das Verfahren also zum Beispiel keinen Einfluss haben, ob der Kläger bzw. Beklagte dem Beruf der Prostituierten oder des Chefarztes nachgeht.

Im Konzept der Reichskammergerichtsordnung wird an verschiedenen Stellen Bezug auf diese Gleichheit der Parteien vor Gericht genommen, und zwar besonders für den Fall, dass ein Untertan gegen seinen Herren klagte. So schworen Kammerrichter, Präsidenten und Assessoren in dem Eid, den sie vor ihrer Aufnahme in das Reichskammergericht ablegten, *den Hohen und Niedern, nach seiner besten Verständnuß, gleich zu richten, und kein Sach sich dagegen bewegen zu lassen*[50]. Und in den Bestimmungen zum Verhalten der Assessoren in den Senaten wird noch einmal explizit darauf hingewiesen, *daß zwischen des Heiligen Reichs Stände und Unterthanen, in gleichen Fällen, gleich Recht und Proceß erkennt, und was einem mitgetheilet, dem andern nicht verweigert werde, damit also einem iedem gleich gebührlich Recht wiederfahren möge*[51]. Für gleich gute Chancen von reichen und armen Parteien sollte außerdem die sogenannte Armenregelung sorgen: Weil armen Parteien möglicherweise die Mittel fehlten, um in Wetzlar einen Prokurator zu bezahlen, sollte der Kammerrichter diesen einen der Prokuratoren zuweisen, der sie unentgeltlich vertreten sollte[52]. Mit solchen Mandaten sollten alle Prokuratoren des Reichskammergerichts gleichmäßig belastet werden. Zudem waren arme Parteien beispielsweise davon entlastet, von ihren Dokumenten mehrere Abschriften einzureichen[53]. Zu Beginn des 17. Jahrhunderts scheint jedoch der Missbrauch dieser Regelung zu einem

47 *Jahns,* Das Kameralkollegium des Reichskammergerichts, 180–219.

48 RKGO 1555, Teil 1, Tit. 1; *Jahns,* Das Kameralkollegium des Reichskammergerichts, 178–352.

49 *Luhmann,* Legitimation durch Verfahren, 60–62, 120.

50 CRKGO 1613, Teil 1, Tit. 71.

51 Ebd., Teil 1, Tit. 22, § 5.

52 Ebd., Teil 1, Tit. 31, § 10.

53 Ebd., Teil 1, Tit. 23, § 23.

Problem geworden zu sein, weshalb sich das Konzept der Reichskammergerichtsordnung von 1613 vor allem den Möglichkeiten widmete, dies zu verhindern[54].

Für die Autonomie des Verfahrens muss darüber hinaus die Rollendifferenzierung in gleicher Weise in Bezug auf die Person der im Verfahren Entscheidenden gewährleistet sein. Es muss also sichergestellt sein, dass ein Richter im Gericht tatsächlich nur als Richter entscheidet bzw. entscheiden kann und nicht als Freund einer Partei, als ihr Verwandter oder als Angehöriger einer Konfession[55]. Auch der Gewährleistung dieser Rollendifferenzierung widmet sich das Konzept der Reichskammergerichtsordnung ausführlich: Da das Gerichtspersonal vor seiner Aufschwörung häufig in Diensten des Kaisers oder eines Reichsstandes stand oder diesen untertan war, bestimmte das Konzept der Reichskammergerichtsordnung, dass Kammerrichter und Beisitzer von allen ihren früheren Eiden gegenüber Kaiser, Kurfürsten und Ständen befreit sein sollten[56]. Kammerrichter und Beisitzer wiederum sollten sich in der Rechtsfindung und auch in ihren sonstigen Aufgaben bei Gericht durch keine andere Pflicht gegen wen auch immer an einem der Ordnung gemäßen Handeln hindern lassen[57]. Ergänzt wurden diese allgemeinen Bestimmungen durch konkrete Handlungsanweisungen im Verfahrensablauf. So sollten der Kammerrichter oder die Assessoren, wenn sie selbst von einem Fall betroffen waren oder aber durch Verwandtschaft oder Freundschaft mit einer der Prozessparteien als befangen gelten konnten, nicht am Verfahren teilhaben[58]. Hatte ein Prokurator den begründeten Verdacht, dass ein Gerichtsangehöriger nicht neutral war, hatte er die Möglichkeit, diesen vom Verfahren ausschließen zu lassen[59]. Ferner sollten die Assessoren weder untereinander noch mit Prokuratoren oder Advokaten verwandt sein, um Absprachen zu verhindern[60]. Und selbst der gesellschaftliche Umgang zwischen Kameralen und Parteivertretern wurde in der Ordnung von 1613 untersagt, um informelle Kontakte zwischen Anwälten und Gericht zu vermeiden[61].

Das Konzept der Reichskammergerichtsordnung von 1613 sah also ein hohes Maß an Rollendifferenzierung vor. Dass dies in vormodernen Gesellschaften faktisch aber weit weniger gewährleistet war als in modernen, ist keine neue Erkenntnis. Und so verwundert es auch nicht, dass sie beim Ge-

---

54 Ebd., Teil 1, Tit. 55.

55 *Luhmann,* Legitimation durch Verfahren, 64 f., 120.

56 CRKGO 1613, Teil 1, Tit. 5, § 10.

57 Ebd., Teil 1, Tit. 7, § 3.

58 Ebd., Teil 1, Tit. 12, § 8 u. 15.

59 Ebd., Teil 1, Tit. 19, § 5.

60 Ebd., Teil 1, Tit. 5, § 18.

61 Ebd., Teil 1, Tit. 12, § 15. Zu Kontakten zwischen Parteien und Richtern und sogenannten Kontaktsystemen vgl. *Luhmann,* Legitimation durch Verfahren, 75–81.

richtspersonal nur eingeschränkt vorhanden war. Welche Auswirkungen dies auf die Legitimation des Verfahrens hatte, wird im letzten Abschnitt darzulegen sein[62]. Dennoch wird die Rollendifferenzierung im Konzept von 1613 und auch in den vorherigen Reichskammergerichtsordnungen als Norm formuliert und damit ein davon abweichendes Verhalten als Korruption definiert. Der Verhinderung von Korruption und damit der Sicherung der Verfahrensautonomie galt auch der Eid, den Kammerrichter und Beisitzer vor ihrer Aufnahme in das Gericht ablegten. So gelobten sie, *durch kein Sach sich dagegen bewegen zu lassen, auch von den Partheyen, oder jemand anders, keiner Sachen halben, so im Gericht hangt oder hängen würde, kein Saab-Geschenk, oder einigen Nutz, durch sich selbst oder andere, wie das Menschen Sinn erdencken möchte, zu nehmen, oder nehmen lassen*[63].

V. Darstellung von Urteilsqualität

Zu den Umständen, die zur Akzeptanz von Gerichtsentscheidungen beitragen können, zählt weiter die Darstellung von Urteilsqualität, also die Versicherung, dass die Urteile mit großer Sorgfalt, Gewissenhaftigkeit und Sachverstand getroffen werden. Hierzu gehört zunächst das Erfordernis der Rechtskunde der rechtsprechenden Personen. Die Sicherstellung der juristischen Qualifikation und der Kompetenz der Entscheidungsträger kann die Überzeugung, dass die Entscheidungen des Gerichts nicht willkürlich, sondern auf der Grundlage des geltenden Rechts getroffen wurden, unterstützen und so die Akzeptanz einer Entscheidung stärken. Nach Max Weber gilt etwa, dass die Fachkompetenz des Beamten zu den Wesensmerkmalen einer „legalen Herrschaft“ mit bürokratischem Verwaltungsstab gehört und damit der Legitimierung eines auf Regeldurchsetzung ausgerichteten Herrschaftssystems dient[64]. Dies gilt in besonderer Weise für das gerichtliche Verfahren als spezifische Ausprägung eines Prozesses obrigkeitlicher Normanwendung: Die Fachkunde des Richters, vermittelt in der Regel durch eine juristische Ausbildung, ist Voraussetzung für das Abfassen richtiger Entscheidungen, das heißt solcher Richtersprüche, die inhaltlich mit dem geltenden Recht übereinstimmen oder zumindest prozessual in einem vorschriftsgemäßen Verfahren zustande gekommen sind. Auch hierfür hielt das Konzept der Reichskammergerichtsordnung von 1613 zahlreiche Bestimmungen parat. Mit der Rezeption des gelehrten Rechts im Reich des ausgehenden Mittelalters setzte sich zunächst an den Reichsgerichten und später auch an den unteren Gerichten der gelehrte Richter durch, der im Recht, insbesondere im *ius commune*, erfahren und in der Lage war, auf dieser

62 Vgl. unten Kap. VIII.
63 CRKGO 1613, Teil 1, Tit. 71.
64 *Weber*, Wirtschaft und Gesellschaft, 160–166.

Grundlage zu entscheiden[65]. Die Hälfte der Assessoren am Reichskammergericht bestand darum aus gelehrten Juristen[66]. Die andere Hälfte setzte sich zwar der Tradition gemäß aus Adeligen zusammen. Obwohl diese aus sozialständischen Vorstellungen der adeligen Vortrefflichkeit keinen Bildungstitel benötigten, schrieb das Konzept der Reichskammergerichtsordnung von 1613 dennoch vor, dass sie gewisse juristische Qualifikationen mitbringen mussten. Beide Gruppen sollten so mindestes fünf Jahre eine Universität besucht und währenddessen die Reichsgesetze studiert haben. Sie sollten bereits Erfahrung in der Tätigkeit an einem Gericht haben, an einem kur- oder fürstlichen Hof tätig gewesen oder auf sonst eine Weise in rechtlichen Dingen versiert sein[67]. Der einzige Unterschied bestand darin, dass die gelehrten Richter im Gegensatz zu den Adeligen einen Universitätsabschluss benötigten. Selbst der Kammerrichter, obwohl an der Entscheidung selbst nicht beteiligt, sollte sich in den Reichsrechten und insbesondere mit der Reichskammergerichtsordnung auskennen und Erfahrung im Dirigieren von Prozessen haben[68].

Doch nicht nur diese „Einstellungskriterien" sollten die juristische Kompetenz des Personals sichern. Wenn eine Assessorenstelle am Reichskammergericht zu besetzen war, sollten dem Reichskammergericht vom jeweils präsentierenden Kurfürst oder Kreis mehrere Kandidaten vorgeschlagen werden. Das Konzept der Reichskammergerichtsordnung betonte, dass die Auswahl der Kandidaten nicht aus Gunst geschehen dürfe, sondern dass die Kandidaten aus Tauglichkeit und Geschicklichkeit präsentiert werden sollten[69]. Um Sachverständige für die verschiedenen Partikularrechte des Reiches am Gericht zu haben, sollten die Präsentierten vor allem im Recht des jeweiligen Kurfürstentums oder Kreises besonders beschlagen sein[70]. Dessen ungeachtet wurden die Kandidaten auch vom Gericht noch einmal geprüft. Dazu ließ das Gericht die Präsentierten eine sogenannte Proberelation anfertigen. Sie bekamen dabei eine Akte, die sie zur Probe bearbeiten sollten. Anschließend prüfte das Plenum des Gerichtes die Qualität der Ausarbeitungen und entschied, ob die Qualifikation des jeweiligen Präsentierten für die Tätigkeit als Assessor ausreichte[71]. Hinzu kam, dass die Prokuratoren ebenfalls fachliche Qualifikationen nachweisen mussten: Das Gericht sollte vor der Annahme eines Prokurators in Erfahrung bringen, ob er rechtskundig

65 *Sellert,* Rechtsbildung in Deutschland, 181 f.

66 CRKGO 1613, Teil 1, Tit. 1, § 2–6.

67 Ebd., Teil 1, Tit. 3.

68 Ebd., Teil 1, Tit. 3 u. 10.

69 Ebd., Teil 1, Tit. 5, § 7. Zur tatsächlichen Umsetzung dieser Anforderungen vgl. *Jahns,* Das Kameralkollegium des Reichskammergerichts, 483–571.

70 CRKGO 1613, Teil 1, Tit. 5, § 9. Dies wurde zumindest im 18. Jahrhundert nicht umgesetzt, wie die Untersuchungen von *Jahns,* Das Kameralkollegium des Reichskammergerichts, 353–482, gezeigt haben.

71 CRKGO 1613, Teil 1, Tit. 5, § 11–16.

war, über einen Universitätsabschluss verfügte und wo er studiert hatte[72]. Dadurch wurde eine qualifizierte Vertretung der Parteien sichergestellt, die ihrerseits mittelbar zur Qualität der Urteile beitragen konnte.

Neben der Sicherung der fachlichen Kompetenz des Personals wurde auch durch die die Prozessabläufe betreffenden Regeln, die eine sorgfältige und gewissenhafte Urteilsfindung unterstützen sollten, Urteilsqualität vermittelt. So sollte die Anzahl der an einer Entscheidung beteiligten Assessoren je nach Schwierigkeit und Wichtigkeit variieren. Bei Zwischenurteilen waren so Senate mit drei bis fünf Assessoren vorgesehen, an Definitiventscheidungen sollten dagegen mindestens sechs Assessoren beteiligt sein[73]. Ebenso verhielt es sich mit den Referenten: Bei unkomplizierten Entscheidungen reichte ein Referent aus, während bei einem schwierigeren Sachverhalt ein Korreferent bestimmt werden sollte[74]. Zudem sollte es sich bei Referent und Korreferent stets um einen ober- und einen niederdeutschen, einen alten und einen jungen Assessor handeln[75]. Und auch die Senate sollten aus ebenso vielen jungen wie alten Assessoren zusammengesetzt sein[76].

Nicht zuletzt sollte nach dem Konzept der Reichskammergerichtsordnung von 1613 die fachlich fundierte Arbeit der Assessoren durch Hilfsmittel unterstützt werden. In der Ratsstube des Gerichts sollten in einem Buch alle Abschlüsse der Reichskammergerichtsvisitationen, alle Memoriale und Ähnliches einsehbar sein[77]. Umstrittene rechtliche Probleme sollten im Plenum erörtert werden und das Ergebnis anschließend in einem eigenen Buch festgehalten werden, damit die Haltung des Gerichts zu ihnen einheitlich war[78]. Zudem sollten die Senatsprotokolle so gestaltet sein, dass leicht nachzuschlagen war, wie das Gericht zuvor ähnliche Fälle entschieden hatte[79]. Und auch die Regeln, die den Ablauf von Senatssitzungen betrafen, zielten auf eine sorgfältige und gewissenhafte Urteilsbildung. Die Assessoren sollten den Referenten gut zuhören und sich gegebenenfalls Notizen machen, damit sie später ein sachkundiges Votum abgeben konnten[80]. Auch der Vorsitzende sollte auf die Voten der Assessoren gut achtgeben, damit er am Ende die Stimmen richtig zusammenfassen konnte. Sollte er sich unsicher sein, sollte er lieber noch ein weiteres Mal umfragen[81].

---

72 Ebd., Teil 1, Tit. 30.

73 Ebd., Teil 1, Tit. 25, § 1.

74 Ebd., Teil 1, Tit. 12, § 16; Tit. 25.

75 Ebd., Teil 1, Tit. 12, § 17.

76 Ebd., Teil 1, Tit. 14, § 7.

77 Ebd., Teil 1, Tit. 16, § 3–4.

78 Ebd., Teil 1, Tit. 16, § 5.

79 Ebd., Teil 1, Tit. 24, § 3–4.

80 Ebd., Teil 1, Tit. 23, § 19; Tit. 24, § 2.

81 Ebd., Teil 1, Tit. 12, § 13–14.

VI. Darstellung von Kontrolle

Zur Akzeptanz von Entscheidungen kann zudem beitragen, dass ein Verfahren und die in ihm getroffene Entscheidung kontrollierbar erscheinen. Wesentlich hierfür kann zunächst die Programmierung des Verfahrens sein. Als Programme versteht man institutionalisierte Entscheidungsregeln, die unter bestimmten Bedingungen angewendet und von denen bestimmte Handlungen bzw. Wirkungen von Handlungen erwartet werden[82]. Grundsätzlich sind zwei Typen von Programmen zu unterscheiden, und zwar finale und konditionale Programme. Bei finalen Programmen steht der zu erreichende Zweck im Mittelpunkt, für dessen Erreichung bestimmte Mittel gewählt werden. Konditionalprogramme laufen dagegen in einer „Wenn-Dann“-Logik ab[83]. Wenn also eine bestimmte Ausgangslage vorliegt, folgt zwangsläufig eine bestimmte Entscheidung. Konditionale Programme haben den Vorteil, dass sie besser kontrollierbar und damit weniger kritisierbar sind. Wird nämlich bei einer finalen programmierten Entscheidung das zuvor definierte Ziel nicht erreicht, so müssen die Entscheidenden ihre Vorgehensweise rechtfertigen. Bei Konditionalprogrammen kann dagegen stets auf die zuvor erlassenen Regeln des Programms verwiesen werden, jede Abweichung ist als Fehler zu identifizieren. Durch die konditionale Programmierung wird das Verfahren also in Form von Steuerung kontrollierbar.

Das Verfahren vor dem Reichskammergericht folgt im Wesentlichen dem Prinzip der konditionalen Programmierung[84]. Als Beispiel soll hier die Strukturierung des Verlaufes im erstinstanzlichen Prozess dienen: Bei diesem wurde zunächst geprüft, ob die Voraussetzungen für ein Verfahren am Reichskammergericht gegeben waren, also ob etwa der Streitwert hoch genug und ob das Reichskammergericht überhaupt zuständig war[85]. Wenn dies erfüllt war, dann wurde das eigentliche Verfahren eingeleitet. Dieses war, zumindest dem Konzept der Reichskammergerichtsordnung von 1613 nach, in acht Termine eingeteilt, die in immer gleicher Weise aufeinander folgten[86]: Beim ersten Termin reichte der Kläger die Klagschrift ein, und dem Beklagten wurde die Ladung zugestellt. Beim zweiten Termin schworen die Parteien die sogenannte *litis contestatio,* durch die die Parteien sich dem Gericht unterwarfen und dessen zukünftige Entscheidung anerkann-

---

82 *Luhmann,* Rechtsoziologie, 87 f.

83 *Luhmann,* Legitimation durch Verfahren, 129–135.

84 Darin unterschied sich das Reichskammergerichtsverfahren vom Verfahren des Reichshofrates, das dem Agieren der Richter und Parteien erheblich mehr Spielraum ließ. Vgl. *Sellert,* Prozeßgrundsätze und Stilus Curiae, 93; vgl. auch *Ortlieb,* Das Prozeßverfahren in der Formierungsphase des Reichshofrates, 117; sowie der Beitrag von Sabine Ullmann im hiesigen Band.

85 CRKGO 1613, Teil 3, Tit. 3; vgl. auch *Wiggenhorn,* Der Reichskammergerichtsprozeß am Ende des Alten Reiches, 98 f.

86 CRKGO 1613, Teil 3, Tit. 11–33.

ten[87]. Beim dritten Termin sollte dann der Beklagte auf die Klagschrift antworten. Das Verfahren setzte sich über den Austausch weiterer Parteienschriften und eventuelle Zeugenbefragungen bis zum achten Termin fort. Anschließend mussten die Parteien die Aktenkomplettierung beantragen, damit der Prozess einem Definitivrat übergeben werden konnte, der dann ein Urteil fällte.

Neben der Programmierung als Kontrolle im Sinne von Steuerung waren im Konzept der Reichskammergerichtsordnung von 1613 auch Möglichkeiten vorgesehen, die Kontrolle im Sinne von Überprüfung gewährleisten sollten. So gehörte es zu den Aufgaben des Kammerrichters, den Geschäftsgang des Gerichtes zu kontrollieren[88]. Er sollte darauf achten, dass die Assessoren und die Mitarbeiter der Kanzlei sich gemäß der Ordnung verhielten. Sollte er beispielsweise bemerken, dass ein Assessor nicht sorgfältig arbeitete, seine Akten in einer anderen Reihenfolge als angewiesen bearbeitete oder sich gar bestechen ließ, war es ihm möglich, diesen gemeinsam mit einigen Assessoren zu verwarnen. Sollte sich das Verhalten des Assessors daraufhin nicht bessern, sollte der Kammerrichter nach Beratung mit den übrigen Assessoren diesen aus dem Dienst entlassen[89].

Daneben sollte auch das Gericht selbst kontrolliert werden und kontrollierbar sein. So sollte am Gericht nach dem Konzept der Reichskammergerichtsordnung von 1613 einmal pro Jahr eine Visitation aus Deputierten des Kaisers und der Reichsstände stattfinden, die das Recht haben sollte, das Gericht *vom Obersten biß zum Untersten, und sonst in allen anderen Mängeln an Gebrechen zu visitieren*[90]. Dabei sollten die Deputierten die Arbeit des Gerichts überprüfen, dortige Mängel abstellen und gegebenenfalls die Reichskammergerichtsordnung verbessern. Parallel dazu war es auch Aufgabe der Visitation, Revisionen zu verhandeln, also Urteile des Gerichtes zu überprüfen[91].

Das Vertrauen, das durch die Kontrolle des Gerichts durch die Visitationen aufgebaut werden konnte, wurde aber durch die Praxis erschüttert. So waren die Visitationen zwar auch im Konzept von 1613 noch vorgesehen, doch hatte zu diesem Zeitpunkt schon lange keine ordentliche Visitation mehr stattgefunden. Der Grund dafür lag im Magdeburger Sessionsstreit von 1582, in dessen Folge unklar blieb, wer an der Visitation teilnehmen durfte[92]. Im 18. Jahrhundert wurden jeweils anlässlich konkreter Ereignisse

---

87 Zur Geschichte der „litis contestatio“ vgl. *Schlinker*, Litis contestatio.

88 CRKGO 1613, Teil 1, Tit. 11, Tit. 23, § 17, Tit. 24, § 5.

89 Ebd., Teil 1, Tit. 6.

90 Ebd., Teil 1, Tit. 64, § 7; Vgl. auch *Moser*, Neues teutsches Staatsrecht, 728–858; *Mencke*, Die Visitationen am Reichskammergericht.

91 CRKGO 1613, Teil 1, Tit. 64, § 6; *Mencke*, Die Visitationen am Reichskammergericht, 126–133.

92 *Leeb*, Der Magdeburger Sessionsstreit; *Smend*, Das Reichskammergericht, 190 f.

zwei außerordentliche Visitationen einberufen. Die erste, die zwischen 1707 und 1713 stattfand, war durch den eskalierenden Streit zwischen dem Kaiser und einem Teil des Gerichts um die Aufnahme des kaiserlichen Präsentatus Nyz in das Gericht ausgelöst worden[93]. Die zweite Visitation fand zwischen 1769 und 1776 statt und war zum einen im Reformwillen Kaiser Josephs II. begründet und zum anderen im Bestechungsskandal um den Sollicitanten Nathan Aaron Wetzlar[94]. Diese letzte Visitation beschäftigte sich zudem gar nicht mit Revisionen[95].

Da die Visitation als Überprüfungsorgan für Urteile des Reichskammergerichts ausfiel, wurde es zu Beginn des 18. Jahrhunderts üblich, sich an den Reichstag zu wenden. Allerdings war diese Praxis sehr umstritten[96]. So war die Überprüfung des Gerichts und seiner Entscheidungen während des 17. und 18. Jahrhunderts nur begrenzt möglich.

VII. Darstellung für Unbeteiligte?

Eine wesentliche Voraussetzung für Luhmanns Theorie von der Legitimation durch Verfahren ist die Darstellung der Entscheidungsfindung im unmittelbaren, öffentlichen und mündlichen Verfahren, und zwar nicht nur für die Parteien, sondern vor allem auch für unbeteiligte Dritte. So ist es im modernen Verfahren abgesehen von einigen Ausnahmen, beispielsweise in Jugendstrafverfahren möglich, jeder Gerichtsverhandlung als Zuschauer beizuwohnen[97]. Zwar wird heute erfahrungsgemäß von diesem Recht in sehr unterschiedlicher Weise Gebrauch gemacht. Doch die prinzipielle Möglichkeit, das Gerichtsgeschehen mit eigenen Augen zu verfolgen und sich vom ordnungsgemäßen Ablauf des Verfahrens selbst überzeugen zu können, trägt maßgeblich dazu bei, dass am Verfahren nicht beteiligte Dritte davon ausgehen, dass die Entscheidung rechtmäßig zustande gekommen ist. Unzufriedene Prozessparteien können zumeist ihr Umfeld nicht davon überzeugen, dass ihnen mit einem Urteil unrecht getan wurde. Zwar enthält auch die heutige öffentliche Verhandlung in Gerichtsprozes-

---

93 *Smend,* Das Reichskammergericht, 217–219; *Duchhardt,* Reichskammerrichter Franz Adolf Dietrich von Ingelheim, 185–190.

94 *Aretin,* Kaiser Joseph II. und die Reichskammergerichtsvisitation; *ders.,* Joseph II. und die Reichskammergerichtsvisitation (Aufs. ZNR); *Smend,* Das Reichskamergericht, 228–238; *Fuchs,* Sollicitatur am Reichskammergericht, 200–221; zudem bereitet Alexander Denzler derzeit eine Dissertation zur letzten Reichskammergerichtsvisitation vor.

95 *Wiggenhorn,* Der Reichskammergerichtsprozeß, 239 f.

96 *Häberlin,* Handbuch des Teutschen Staatsrechts, 514–534; *Sellert,* Prozeßgrundsätze und Stilus Curiae, 373–412; *Wiggenhorn,* Der Reichskammergerichtsprozeß, 237–243.

97 Gerichtsverfassungsgesetz, § 169 Satz 1: „Die Verhandlung vor dem erkennenden Gericht einschließlich der Verkündung der Urteile und Beschlüsse ist öffentlich."

sen nur einen Bruchteil der tatsächlichen Entscheidungsherstellung, doch reicht der ausgewählte Teil für die Darstellung der Entscheidungsherstellung aus[98].

Auf diese Form der Legitimation von Entscheidungen wurde im Reichskammergerichtsverfahren vollständig verzichtet. Vielmehr wurde großen Wert darauf gelegt, sämtliche Prozessdetails vor den Prozessparteien und damit auch vor unbeteiligten Dritten zu verbergen. So sollte auf gar keinen Fall bekannt werden, welche Assessoren als Referenten oder Senatsmitglieder mit einem bestimmten Fall befasst waren[99]. Nicht einmal der Referent eines Falles sollte wissen, wer das Korreferat übernehmen würde[100]. Damit sollte verhindert werden, dass die Parteien oder ihre Vertreter auf die Entscheidungsträger einwirken konnten. So war es dem gesamten Personal des Reichskammergerichts streng untersagt, Prozessdetails den Parteien oder sonst irgendwem zu verraten. In ihrem Eid gelobten so beispielsweise der Kammerrichter und die Assessoren, *was in Ratschlägen und Sachen gehandelt wird, den Partheyen oder niemand zu eröffnen*[101]. Ergänzend dazu enthält das Konzept der Reichskammergerichtsordnung von 1613 zahlreiche Anweisungen für die Kameralen, durch die verhindert werden sollte, dass die Prozessparteien auf anderem Wege Kenntnis von der Entwicklung ihres Prozesses erhalten konnten. So sollten die Assessoren die von ihnen zu bearbeitenden Akten niemals zu Hause offen herumliegen lassen, damit das Personal oder auch Fremde nicht in diese schauen konnten[102]. Wenn sie verreisten, sollten sie die Akten zurück in die Kanzlei bringen, damit sie während ihrer Abwesenheit niemand in ihrem Hause einsehen konnte[103]. Auch die Kanzlei wurde zur Sorgfalt mit den Akten gemahnt: Die Akten sollten dort nach jedem Gebrauch sofort in das Gewölbe, in dem sie während der Speyerer Zeit des Gerichts gelagert wurden, zurückgebracht werden, und es sollten keine Akten offen in der Kanzlei herumliegen[104]. Um sicher zu gehen, dass das Personal der Assessoren keine Informationen weitergab, sollten deren Diener nur in der Kanzlei schreiben dürfen, sofern sie einen entsprechenden Eid geleistet hatten[105]. Und damit die Parteienvertreter nicht heimlich Akten oder Protokollbücher in der Kanzlei einsahen, durften sie diese nur bis zur Schranke betreten und sollten während ihres Aufenthalts stets unter Aufsicht behalten werden[106]. Außerdem sollte verhindert

98 *Luhmann,* Legitimation durch Verfahren, 121–128.

99 CRKGO 1613, Teil 1, Tit. 12, § 23.

100 Ebd., Teil 1, Tit. 43, § 15.

101 Ebd., Teil 1, Tit. 71.

102 Ebd., Teil 1, Tit. 12, § 18, Tit. 20, § 1–3.

103 Ebd., Teil 1, Tit. 12, § 21, Tit. 20, § 1–3.

104 Ebd., Teil 1, Tit. 41, § 22, Tit. 42, § 6.

105 Ebd., Teil 1, Tit. 40, § 11.

106 Ebd., Teil 1, Tit. 36, § 9.

werden, dass jemand die Verhandlungen in den Senaten belauschen konnte, weshalb der Pedell stets darauf achten sollte, dass die Türen der Senatsräume fest verschlossen waren und niemals beide Türen der Ratsstuben gleichzeitig geöffnet wurden[107]. Sollten Kammerrichter, die Assessoren oder aber auch das Kanzleipersonal ihre Stellung am Gericht aufgeben, so waren sie dennoch zu ewiger Geheimhaltung verpflichtet[108].

Der vollständige Verzicht auf die unmittelbare Darstellung der Entscheidungsfindung war kein Fehler in der Konstruktion des Verfahrens, sondern das funktionale Äquivalent zur Öffentlichkeit im heutigen Verfahren, nämlich das autonome Zustandekommen der Entscheidung zu garantieren und damit auch darzustellen. Denn wenn es keiner Partei möglich war, Informationen über den Stand des Verfahrens zu erlangen, war es diesen auch nicht möglich, das Verfahren in ihrem Sinne zu beeinflussen. Die Geheimhaltung ermöglichte den Referenten und Senaten so unter Umständen überhaupt erst, unabhängig von verfahrensfremden Motiven zu entscheiden. So schrieb der Kammerrichter Franz Joseph von Spaur 1767 zur Verteidigung des Referentengeheimnisses, dass potentielle Assessoren von der Übernahme des Amtes abgeschreckt werden könnten, wenn sie *vor ihre Bemühung sich der Gefahr ausgesetztet sähen, nach und nach sich mehrerer grossen H[erren] Ungnade [...] zuziehen und dadurch die Versorgung derer Kinder nach seinem Tode etwa zu erschweren*[109]. Das Prinzip der Geheimhaltung ist aber stets anfälliger für Kritik als das Prinzip der Öffentlichkeit, denn alle Versuche der Geheimhaltung sind, wie Luhmann schreibt, stets dem Misstrauen ausgesetzt[110]. Welche Probleme sich daraus für das Verfahren des Reichskammgerichts ergaben, wird im folgenden Abschnitt noch zu erörtern sein[111].

VIII. Legitimationsprobleme des Reichskammergerichtsverfahrens

Die Reichskammergerichtsordnungen selbst, aber auch diejenigen Merkmale des Verfahrens, die sich aus der faktischen und unmittelbar sichtbaren Ausgestaltung des Verfahrens ergaben, wiesen also zahlreiche Aspekte auf, die Vertrauen in die Entscheidungen des Reichskammergerichts erzeugen konnten. Dennoch gab es bei der Akzeptanz der Urteile Schwierigkeiten. So war es keine Ausnahme, dass ein Urteil des Reichskammergerichts von einer der Parteien abgelehnt wurde, weil sie es für ungerecht hielt oder dem

---

107 Ebd., Teil 1, Tit. 16, § 7–9, Tit. 47, § 2.

108 Ebd., Teil 1, Tit. 19, § 10 f.

109 Zitat nach *Fuchs,* Sollicitatur am Reichskammergericht, 151.

110 *Luhmann,* Legitimation durch Verfahren, 123 f.

111 Vgl. unten Kap. VIII.

Gericht sogar Korruption vorwarf[112]. Die Gründe hierfür lagen in verschiedenen Bereichen des Verfahrens, aber auch in den gesellschaftlichen Rahmenbedingungen. Im Folgenden sollen vier Bereiche besprochen werden, die zur Delegitimation von Entscheidungen des Reichskammergerichts beitragen konnten.

Zunächst einmal sind die Kompetenzen des Kammerrichters zu nennen. So hatte er, wie oben bereits dargelegt, die Aufgabe, die Prozesse den Referenten und den Senaten zuzuweisen[113]. Es wurden dabei die jeweiligen Referenten in einem Prozess nicht durch einen Aktenschlüssel oder durch Los bestimmt, sondern der Kammerrichter sollte die Akten so verteilen, dass alle Assessoren in etwa gleich mit Arbeit belastet waren und nicht einer mehrere besonders komplizierte Prozesse bearbeiten musste[114]. Seit der Reichskammergerichtsordnung von 1555 war vorgesehen, dass die drei Senate jeweils für ein viertel, halbes oder ein ganzes Jahr Bestand haben und dann neu zusammengesetzt werden sollten[115]. Im frühen 18. Jahrhundert war es aber üblich geworden, dass die Assessoren nicht in feste Gruppen von sechs Personen eingeteilt waren, die für eine Definitiventscheidung notwendig waren, sondern nur in Dreier- und Vierergruppen. Immer, wenn ein Prozess zur Entscheidung kam, setzte der Kammerrichter aus diesen Gruppen eigens einen Senat zusammen[116]. Befördert wurde diese Praxis durch den Umstand, dass die Parteien häufig Assessoren für befangen erklärten und vom Verfahren ausschließen ließen.

Die relativ freie Bestimmbarkeit der Referenten und die Instabilität der Senate boten dem Kammerrichter die Möglichkeit, zugunsten einer der Parteien zu handeln. Er konnte also Referenten einsetzen und Senate mit Assessoren bestücken, von denen eine bestimmte Auffassung bekannt war oder die einer der Prozessparteien besonders gewogen waren. Und solches Verhalten wurde den Kammerrichtern auch immer wieder vorgeworfen, so zum Beispiel dem Kammerrichter Franz Adolf von Ingelheim vom Landgrafen von Hessen-Kassel in seinem Prozess gegen den Erzbischof von Mainz um das Freigericht Wilmundsheim in den 1730er Jahren. Dieser Prozess war zu Ungunsten des Landgrafen entschieden worden, und der Landgraf mutmaßte, dass Ingelheim zugunsten des Erzbischofs gehandelt und den Entscheidungssenat mit Assessoren besetzt hatte, von denen ihm zuvor bekannt war, dass sie zugunsten des Erzbischofs entscheiden würden[117].

---

112 Vgl. zum Beispiel die Ausführungen von *Zwierlein,* Vermischte Briefe und Abhandlungen, Teil 1, Kap. II, 10–24.

113 Vgl. Kap. II.

114 CRKGO 1613, Teil 1, Tit. 12, § 2.

115 Ebd., Teil 1, Tit. 14, § 3.

116 *Pütter,* Freimütige Betrachtungen, 1–29; *Mahlblank,* Antleitung zur Kenntniß, 322–327.

117 *Ingelheim,* Fernere Wahrhafte und gründliche Nachricht, 6–9.

Das Misstrauen, das den Befugnissen des Kammerrichters entgegengebracht wurde, war durchaus nicht unbegründet. Das zeigt unter anderem der größte Bestechungsskandal in der Geschichte des Reichskammergerichts, der Anfang der 1760er ruchbar wurde. Der Kammerrichter Karl Philipp von Hohenlohe-Bartenstein hatte über Jahre hinweg vom Frankfurter Schutzjuden Nathan Aaron Wetzlar hohe Summen erhalten und im Gegenzug für dessen Klienten günstige Referenten und Senate zusammengestellt[118]. Insbesondere nach der Erfahrung des Falles Wetzlar wurde im Zuge der letzen Reichskammergerichtsvisitation (1769–1776) eine Reformierung der Senatseinteilung durchgeführt. So sollten die Senate in Zukunft nicht verändert werden, sondern dauerhaft aus denselben Assessoren bestehen. Nur unter besonderen Umständen sollte es dem Kammerrichter nach Beratschlagung mit den übrigen Assessoren des betroffenen Senats möglich sein, außer der Reihe einen Assessor aus diesem zu entfernen[119]. Die Prozesse sollten auch nicht mehr vom Kammerrichter einem Senat zugeordnet werden, sondern durch ein Losverfahren[120]. Für die Referatsvergabe hatte die Visitation keine Regelung getroffen. Das Gericht einigte sich aber darauf, dass in jedem Senat beginnend mit dem ranghöchsten Assessor die Akten reihum ausgegeben wurden, bis alle Akten verteilt waren[121].

Ein weiterer Faktor, der zur Delegitimation von Reichskammergerichtsentscheidungen beitragen konnte, war die faktisch häufig ungenügende Rollendifferenzierung des Gerichtspersonals. Zwar sah die Reichskammergerichtsordnung wie oben dargelegt vor, dass Kammerrichter und Assessoren frei von jeder anderen Pflicht entscheiden sollten[122]. Dennoch sah man sich sowohl im Visitationsabschied von 1713 als auch in den Verhandlungen der letzten Visitation dazu genötigt, mahnend darauf hinzuweisen, dass ein Assessor nicht den Reichsstand repräsentiere, der ihn dem Gericht präsentiert hatte, sondern das gesamte Reich[123]. Ein kaiserliches Reskript von 1775 wies das Gericht so an, den Repräsentationsgeist, der sich verbreitet hätte, zu bekämpfen. Dieser wirke sich auf *die Mittheilung einer unpartheiischen, gleich durchgehenden Jusitz in mehrfältiger Art* negativ aus[124].

---

118 *Fuchs,* Sollicitatur am Reichskammergericht, 200–221; *Sellert,* Richterbestechung am Reichskammergericht; *Schwarz,* Bribery of Judges.

119 Reichsschluß vom 23. Octbr. / 15. Decbr. 1775, 1529; vgl. auch *Mahlblank,* Anleitung zur Kenntniß, 355–358.

120 Reichsschluß vom 23. Octbr. / 15. Decbr. 1775, 1531; *Mahlblank,* Anleitung zur Kenntniß, 393–396.

121 *Mahlblank,* Anleitung zur Kenntniß, 396–401.

122 Vgl. oben Kap. VII.

123 Jüngerer Visitationsabschied 1713, 1153 f. § 22; *Balemann,* Beiträge zur Revision und Verbesserung, 372–375.

124 Kaiserliches Reskript vom 30. November 1775 gedruckt bei *Balemann,* Beiträge zur Revision und Verbesserung, 372 f.

Und das Verhältnis zwischen den Reichsständen und ihren Präsentaten konnte tatsächlich Misstrauen gegen Entscheidungen wecken bzw. als Argument für das Misstrauen gegenüber einem bestimmten Assessor dienen. Im oben bereits erwähnten Prozess zwischen dem Landgrafen von Hessen-Kassel und dem Erzbischof von Mainz um das Freigericht Wilmundsheim warf der Landgraf von Hessen-Kassel beispielsweise dem kursächsischen Assessor und Referenten Heinrich Gottlob von Miltiz vor, im Sinne des Kurfürsten von Sachsen gehandelt zu haben[125]. Dieser habe nämlich ein nicht näher benanntes Interesse daran, dass das Freigericht Wilmundsheim dem Kurfürsten von Mainz zugesprochen werde.

Die mangelnde gesellschaftliche Durchsetzung der Rollendifferenzierung betraf nicht allein das Repräsentationsverhältnis der Kameralen, sondern auch ihre sonstigen sozialen Rollen. Dies lässt sich exemplarisch an der Korrespondenz des Kammerrichters Karl Philipp von Hohenlohe-Bartenstein zeigen. Ihn baten Personen seines persönlichen Umfeldes häufig, positiv auf ihre am Reichskammergericht laufenden Prozesse einzuwirken[126]. So ersuchte etwa Friedrich von Leiningen Hohenlohe, in seinem Prozess gegen den Herrn von Hallberg 1760 den Herrn von Cramer als Korreferenten einzusetzen, wenn der Herr von Reuß schon Referent sein müsse[127]. Dass der Kammerrichter auf solche Ansinnen nicht aus bloßer Gefälligkeit oder persönlicher Bereicherung einging, zeigt ein Brief des Fürsten Karl von Löwenstein vom 9. Oktober 1755 beispielhaft. Darin wies Löwenstein auf die zahlreichen *Proben* seiner Freundschaft gegenüber dem Haus Hohenlohe hin, um den Kammerrichter zum Handeln in seinem Sinne zu motivieren[128]. Hohenlohe handelte also hinsichtlich seiner Aufgaben als Kammerrichter innerhalb seines Netzwerkes, in dem es ihm wahrscheinlich nur im begrenzten Maße möglich war, sich auf seine richterliche Unabhängigkeit zurückzuziehen[129].

Ferner wurde die Legitimation der Reichskammergerichtsentscheidungen durch das Fehlen einer Urteilsbegründung im Reichskammergerichtsverfahren gefährdet. So wurde nur jeweils das Ergebnis bekannt gegeben, zu dem das Gericht gekommen war, nicht aber die Gründe für seine Entscheidung[130]. Damit war die Entscheidung für Außenstehende nicht nach-

---

125 *Ingelheim,* Fernere Wahrhaffte und gründliche Nachricht, 13 f.

126 Nachlass Karl Philipps von Hohenlohe-Bartenstein in Hohenlohe Zentralarchiv (HZA) Neuenstein BA 125, insbes. Bü 53, 58 u. 70.

127 HZA Neuenstein BA 125 Bü 70, Friedrich von Leiningen an Karl Philipp von Hohenlohe-Bartenstein, Mannheim 16. November 1760, Beilage.

128 HZA Neuenstein BA 125 Bü 53, Karl zu Löwenstein an Karl Philipp von Hohenlohe-Bartenstein, Wertheim 9. Oktober 1755 (Kopie).

129 Zum Stand der Forschung zu Netzwerken und Patronage vgl. *Emich,* Stand und Perspektiven der Patronageforschung.

130 Zur Geschichte der Urteilsbegründung vgl. *Sellert,* Zur Geschichte der rationalen Urteilsbegründung; *Hocks,* Gerichtsgeheimnis und Begründungszwang. Hocks

vollziehbar und folglich für Kritik anfällig. Dieses Problem wurde auch schon von den Zeitgenossen gesehen und diskutiert. Bereits am Ende des 16. Jahrhunderts plädierten die Assessoren Gaill und Mynsinger für die Veröffentlichung von Entscheidungssammlungen, um das Ansehen und die Glaubwürdigkeit der Arbeit des Reichskammergerichts zu steigern[131]. Die Begründung von Urteilen gegenüber den Parteien wurde erstmals Mitte des 17. Jahrhunderts von Reichshofratssekretär Franz Winand von Bertram gefordert, und zwar mit dem Argument, dass so verhindert werden könne, dass das Gericht einen *casum pro amico* entscheide[132]. Im 18. Jahrhundert vertrat der Reichskammergerichtsassessor von Cramer die Auffassung, dass nur durch die Urteilsbegründung die Parteien davon überzeugt werden könnten, dass ihnen Gerechtigkeit widerfahren sei[133]. Und ein weiterer, unbekannter Autor schrieb um 1723, dass Urteile, wenn sie von den Betroffenen wirklich akzeptiert werden sollten, nicht allein durch die Autorität des Gerichts, sondern mit Gesetzen begründet werden müssten[134]. Eingeführt wurde trotz dieser Forderungen die Urteilsbegründung am Reichskammergericht bis zu seiner Auflösung 1806 nicht.

Der letzte hier zu besprechende Punkt betrifft die Schwierigkeiten bei der Geheimhaltung des Verfahrens. Wie oben dargelegt sollte durch die Geheimhaltung aller Verfahrensdetails die Autonomie des Verfahrens geschützt werden[135]. Anders als das öffentliche Verfahren ist das geheime stärker dem Misstrauen ausgesetzt, da ja nicht sichtbar ist, wie die Entscheidung zustande kommt. Es bleibt also nur, auf die Redlichkeit der Entscheidenden zu vertrauen. Darüber hinaus ist es auch schwieriger zu garantieren, dass wirklich keine der Parteien Kenntnis über den Prozessverlauf erhält und ihr weiteres Handeln daran ausrichten kann. Bereits die oben ausgeführten Bestimmungen etwa zum Schließen der Türen der Senatsräume oder zum sorgfältigen Umgang mit den Akten lassen vermuten, dass es Schwierigkeiten mit der Geheimhaltung des Verfahrens gab. Dementsprechend versuchten die Parteien in der Regel herauszufinden, wer das Referat in ihrem Prozess übernommen hatte, welche Assessoren im Senat saßen und welche Auffassungen diese zu ihrem Fall hatten[136]. Neben dem Bemühen, den Prozess zu beschleunigen, gab es auch häufig Versuche, auf die Entscheidungen inhaltlich Einfluss zu nehmen. Der Visitationsabschied von 1713 ermahnte deshalb die Assessoren, in ihren Gesprächen mit den

---

verfolgt verschiedene Thesen, weshalb man auf die Urteilsbegründung im Alten Reich lange verzichtet hat bzw. diese für schädlich hielt. Vgl. ebd., 24–35.

131 *Sellert,* Prozessgrundsätze und Stilus Curiae, 362 f.

132 Ebd., 364.

133 *Cramer,* Wetzlarer Nebenstunden, 86; vgl. auch *Sellert,* Prozessgrundsätze und Stilus Curiae, 365.

134 Ebd., 365 f.

135 Vgl. oben Kap. V.

136 *Fuchs,* Sollicitatur am Reichskammergericht, 69–71.

Prokuratoren, Sollicitanten und Parteien vorsichtig zu sein und sich nicht auf die Diskussion von Prozessinhalten einzulassen[137]. So konnte das Misstrauen, dass es einer Partei möglicherweise gelungen war, mehr über den Prozess in Erfahrung zu bringen als die andere oder gar den Referenten in ihrem Sinne zu beeinflussen, sich schädlich auf die Legitimation der Entscheidung gegenüber den Parteien und Dritten auswirken.

IX. Zusammenfassung

Die vorliegende Untersuchung hat danach gefragt, auf welche Weise Vertrauen in die Entscheidungen des Reichskammergerichts hergestellt wurde. Dabei wurde auf das theoretische Instrumentarium von Niklas Luhmanns Theorie zur Legitimation durch Verfahren zurückgegriffen, das sich aber auf Grund des geheim und nicht unter Beteiligung der Prozessparteien ablaufenden Verfahrens nicht unmittelbar übertragen lässt, sondern eher als Anregung diente. Im Zentrum der Untersuchung stand Luhmanns These, dass für die Legitimation durch Verfahren die Darstellung der Entscheidungsherstellung entscheidend ist. Die Darstellung der Entscheidungsherstellung geschieht im heutigen Gerichtsverfahren vor allem in den öffentlichen Verhandlungen, kann aber auch durch normative Texte vermittelt werden, die stets auch eine darstellende Dimension besitzen. Im Reichskammergerichtsverfahren erfolgte die Darstellung der Entscheidungsherstellung wegen der Geheimhaltung der Verfahrensdetails vor allem über die in den Reichskammergerichtsordnungen enthaltene Prozessordnung.

Die Elemente, die Vertrauen in die Entscheidungen des Reichskammergerichts erzeugen konnten, wurden anhand verschiedener Kategorien untersucht: Die Befugnis des Gerichtes, überhaupt Entscheidungen treffen zu dürfen, wurde durch die Inszenierung der Autorität des Kaisers sowie durch die Darstellung der göttlichen Autorität und der des Reiches vermittelt. Die Möglichkeit des Reichskammergerichts, unabhängig Urteile zu fällen, wurde in der örtlichen und personellen Trennung vom Kaiser, aber auch in Verfahrensbestimmungen dargestellt, die es den Entscheidenden möglich machen sollten, nur in ihrer Rolle als Richter zu entscheiden. Die Versicherung, dass die Urteile gemäß dem geltenden Recht getroffen wurden, wurde vor allem in den Bestimmungen dargestellt, die die fachliche Befähigung des Gerichtspersonals sicherstellen sollten. Die Kontrollierbarkeit der Entscheidungen des Reichskammergerichts kam zum einen durch die konditionale Programmierung des Verfahrens zum Ausdruck, die abweichendes Verhalten als Fehler erkennbar macht, und zum anderen in der

[137] Jüngerer Visitationsabschied 1713, 1181 § 89; vgl. auch *Fuchs*, Sollicitatur am Reichskammergericht, 145–152.

allerdings eher theoretischen Möglichkeit, Urteile des Gerichtes im Rahmen der Reichskammergerichtsvisitationen überprüfen zu lassen.

Das Geheimhaltungsprinzip im Reichskammergerichtsverfahren zeigte sich insgesamt als kein Fehler in der Verfahrenskonstruktion, sondern war das funktionale Äquivalent zur Öffentlichkeit im heutigen Verfahren. Die Versicherung der absoluten Geheimhaltung drückte aus, dass niemand das Verfahren in seinem Sinne beeinflussen konnte. Vor allem konnten die Assessoren unter Umständen freier von verfahrensfremden Motiven entscheiden, da sie durch die Geheimhaltung des Verfahrens nicht fürchten mussten, dass sie und ihre Familien durch bestimmte Entscheidungen bei mächtigen Parteien in Ungnade fallen würden. Trotz der zahlreichen Merkmale des Reichskammergerichtsverfahrens, Vertrauen in die Entscheidungen des Gerichts zu erzeugen, hatte dieses immer wieder mit mangelnder Akzeptanz seiner Urteile zu kämpfen. Die Gründe hierfür lagen sowohl in der Konstruktion des Verfahrens als auch in den gesellschaftlichen Rahmenbedingungen.

Quellen

Abele, Johann Martin von: Versuch über das teutsche Staatsrecht während eines Zwischenreichs, für seine Mitbürger, welche die Staatsverfassung ihres Vaterlandes näher kennenlernen wollen, aus den besten Quellen geschöpft und aus der Geschichte erläutert, Kempten 1792.

Balemann, Georg Gottlieb: Beiträge zur Revision und Verbesserung der fünf ersten Titeln des Concepts der Kaiserlichen Kammergerichtsordnung. Worinn die Besetzung des Höchstpreißlichen Kaiserlichen- und des Reichskammergerichts aus den neuesten Reichsgesetzen und Visitationsverhandlungen erläutert worden, Lemgo 1778.

Cramer, Johann Friedrich von: Wetzlarer Nebenstunden, Bd. 75, Ulm 1768.

Häberlin, Karl Friedrich, Handbuch des Teutschen Staatsrechts nach dem System des Herrn Geheimen Justizrath Pütter. Zum gemeinnützigen Gebrauch der gebildeten Stände Teutschlands, Bd. 2, neue verb. Aufl., Berlin 1797.

Harpprecht, Johann Heinrich: Staats-Archiv Des Kayserl. und des H. Röm. Reichs Cammer-Gerichts oder Sammlung von gedruckten und mehrentheils ungedruckten actis publicis, Archival-Urkunden, Kayserl. Rescripten, Verordnungen, Praesentations- und Visitations-Handlungen, etc. etc (...), Bd. 2, Ulm 1758.

Ingelheim, Franz Adolf Dietrich Graf von: Fernere Wahrhafte und gründliche Nachricht Daß In Causa Ihro Hochfürstl. Durchl. des Herrn Landgrafen von Hessen-Kassel contra Ihro Churfürstl. Gnaden zu Mayntz, das Frey-Gericht vor dem Berg Wellmitzheim betreffend Von Seiten des Herrn Cammer-Richters Grafen von Ingelheim Excellentz Nach der Cammer-Gerichts-Ordnung / Visitations-Recess, und rechtmäßigen Observantz / in allen und jeden Puncten seye verfahren worden, o. O. 1738.

[Concept der] Kays. Cammer-Gerichts-Ordnung, in: *Schmauss,* Johann Jacob, Corpus Juris Publici S. R. Imperii Academicum, enthaltend des Heiligen Römischen

Reichs deutscher Nation Grund-Gesetze, nebst einem Auszuge der Reichs-Abschiede anderer Reichs-Schlüsse und Vergleiche, hrsg. v. Gottlieb Schumann / Heinrich Gottlieb Franken, Leipzig 1794, ND Hildesheim / New York 1973, 330–703.

Mahlblank, Julius Friedrich: Antleitung zur Kenntniß der deutschen Reichs- und Provincial- Gerichts- und Kanzleyverfassung und Praxis, Bd. 1, Nürnberg / Altdorf 1791.

Moser, Johann Jakob: Neues teutsches Staatsrecht, Bd. 8: Von der Teutschen Justiz-Verfassung, Teil 2, Frankfurt am Main / Leipzig 1774, ND Osnabrück 1967.

Ordnung des Kayserl. CammerGerichts zu Worms, aufgericht Anno M. CCCXCV, in: Neue vollständige Sammlung der Reichsabschiede, welche von den Zeiten Kayser Conrads II. bis jetzo, auf den teutschen Reichs-Tägen abgefasset worden samt des wichtigsten Reichs-Schlüssen (...), Bd. 2, 6–11.

Pütter, Johann Stephan: Freimütige Betrachtungen über die Senate am kayserlichen und Reichs-Cammergerichte und was nach Anleitung des kayserlichen Commissions-Decretes vom 15. Febr. 1772 für eine dauerhafte Einrichtung damit zu treffen sein möchte?, Göttingen 1772.

Die Reichskammergerichtsordnung von 1555, unter Mitarbeit v. Christa Belouschek / Bettina Dick eingeleitet u. hrsg. v. Adolf Laufs, Köln / Wien 1976.

Reichsschluß vom 23. Octbr. / 15. Decbr. 1775, in: *Schmauss,* Johann Jacob, Corpus Juris Publici S. R. Imperii Academicum, enthaltend des Heiligen Römischen Reichs deutscher Nation Grund-Gesetze, nebst einem Auszuge der Reichs-Abschiede anderer Reichs-Schlüsse und Vergleiche, hrsg. v. Gottlieb Schumann / Heinrich Gottlieb Franken, Leipzig 1794, ND Hildesheim / New York 1973, 1528–1539.

Sartori, Josef Edler von: Reichs-Vicariatisches Staats-Recht, Augsburg 1790.

Ulmenstein, Friedrich Wilhelm Frhr. von: Geschichte und Topographische Beschreibung der Stadt Wetzlar, Bd. 3, Wetzlar 1810.

Visitationsabschied des Kayserl. und Heil. Röm. Reichs Cammer-Gerichts zu Wetzlar, nebst darzu gehörigen Memoralien und Beylagende, Anno 1713, in: *Schmauss,* Johann Jacob, Corpus Juris Publici S. R. Imperii Academicum, enthaltend des Heiligen Römischen Reichs deutscher Nation Grund-Gesetze, nebst einem Auszuge der Reichs-Abschiede anderer Reichs-Schlüsse und Vergleiche, hrsg. v. Gottlieb Schumann / Heinrich Gottlieb Franken, Leipzig 1794, ND Hildesheim / New York 1973, 1144–1233.

Zwierlein, Christian Jakob von: Vermischte Briefe und Abhandlungen über die Verbesserung des Justizwesens am Kammergerichte, mit patriotischer Freimütigkeit entworfen, Teil 1, Berlin 1767.

Literatur

Aretin, Karl Otmar von: Kaiser Joseph II. und die Reichskammergerichtsvisitation, Wetzlar 1991.

Aretin, Karl Otmar von: Joseph II. und die Reichskammergerichtsvisitation 1766–1776, in: ZNR 13 (1991), 129–144.

Battenberg, Friedrich: Studien zum Personal des königlichen Hofgerichts im Mittelalter, in: Geschichte der Zentraljustiz in Mitteleuropa. Festschrift für Bernhard Diestelkamp zum 65. Geburtstag, hrsg. v. Friedrich Battenberg / Filippo Ranieri, Weimar / Köln / Wien 1994, 61 – 77.

Brand, Jürgen: Abgerechnet wird am Schluß oder: Das Jüngste Gericht als kollektive Erinnerung, in: Kultur- und rechtshistorische Wurzeln Europas. Arbeitsbuch, Godesberg 2005, 155 – 181.

Dick, Bettina: Die Entwicklung des Kameralprozesses nach den Ordnungen von 1495 bis 1555, Köln / Wien 1981.

Diestelkamp, Bernhard: Vom Königlichen Hofgericht zum Reichskammergericht, in: Recht Gericht, Genossenschaft und Policey. Studien zu Grundbegriffen der germanistischen Rechtshistorie. Symposion für Adalbert Erler, hrsg. v. Gerhard Dilcher / Bernhard Diestelkamp, Berlin 1986, 44 – 64.

Diestelkamp, Bernhard: Das Reichskammergericht. Eine Einführung in seine Geschichte, in: Rechtsfälle aus dem Alten Reich. Denkwürdige Prozesse vor dem Reichskammergericht, hrsg. v. dems., München 1995, 11 – 38.

Diestelkamp, Bernhard: Von der Arbeit des Reichskammergerichts, in: Recht und Gericht im Heiligen Römischen Reich, hrsg. v. dems., Frankfurt am Main 1999, 283 – 308.

Döhring, Eugen: Geschichte der Rechtspflege seit 1500, Berlin 1953.

Duchhardt, Heinz: Reichskammerrichter Franz Adolf Dietrich von Ingelheim (1659 / 1730 – 1742). Eine biographische Skizze, in: Nassauer Annalen 81 (1970), 173 – 202.

Emich, Birgit u. a.: Stand und Perspektiven der Patronageforschung. Zugleich eine Antwort auf Heiko Droste, in: ZHF 32 (2005), 232 – 265.

Fuchs, Bengt Christian: Die Sollicitatur am Reichskammergericht, Köln / Weimar / Wien 2002.

Gumbrecht, Hans Ulrich: Ten Brief Reflections on Institutions and Re / Presentation, in: Institutionalität und Symbolisierung. Verstetigung kultureller Ordnungsmuster in Vergangenheit und Gegenwart, hrsg. v. Gert Melville, Köln / Weimar / Wien 2001, 69 – 75.

Hausmann, Jost (Hrsg.): Fern vom Kaiser. Städte und Stätten des Reichskammergerichts, Köln / Weimar / Wien 1995.

Hausmann, Jost: Die wechselnden Residenzen des Reichskammergerichts bis Speyer, in: Das Reichskammergericht. Der Weg zu seiner Gründung und die ersten Jahrzehnte seines Wirkens (1451 – 1527), hrsg. v. Bernhard Diestelkamp, Köln / Weimar / Wien 2003, 145 – 159.

Hermkes, Wolfgang: Das Reichsvikariat in Deutschland. Reichsvikare nach dem Tode des Kaisers von der Goldenen Bulle bis zum Ende des Reiches, Karlsruhe 1968.

Hocks, Stephan: Gerichtsgeheimnis und Begründungszwang. Zur Publizität im Ancien Régime und im frühen 19. Jahrhundert, Frankfurt am Main 2002.

Jahns, Sigrid: Das Kameralkollegium des Reichskammergerichts im Verfassungs- und Sozialsystem des Alten Reiches, Habil. Gießen 1990.

Laufs, Adolf: Einleitung, in: Die Reichskammergerichtsordnung von 1555, unter Mitarbeit v. Christa Belouschek / Bettina Dick, eingel. u. hrsg. v. Adolf Laufs, Köln / Wien 1976, 1 – 53.

Leeb, Joseph: Der Magdeburger Sessionsstreit von 1582. Voraussetzungen, Problematik und Konsequenzen für Reichstag und Reichskammergericht, Wetzlar 2000.

Luhmann, Niklas: Legitimation durch Verfahren, 3. Aufl., Frankfurt am Main 1978.

Luhmann, Niklas: Rechtsoziologie, 3. Aufl., Opladen 1987.

Mader, Eric-Oliver: Die letzten „Richter der Gerechtigkeit". Die Auseinandersetzung der letzten Generation von Richtern des Reichskammergerichts mit der Auflösung des Heiligen Römischen Reiches Deutscher Nation, Berlin 2005.

Mencke, Klaus: Die Visitationen am Reichskammergericht im 16. Jahrhundert, Köln / Wien 1984.

Oestmann, Peter (Hrsg.): Ein Zivilprozess am Reichskammergericht. Edition einer Gerichtsakte aus dem 18. Jahrhundert, Köln / Weimar / Wien 2009.

Ortlieb, Eva: Das Prozeßverfahren in der Formierungsphase des Reichshofrates (1519 – 1564), in: Zwischen Formstrenge und Billigkeit. Forschungen zum vormodernen Zivilprozeß, hrsg. v. Peter Oestmann, Köln / Weimar / Wien 2009, 117 – 138.

Popitz, Heinrich: Phänomene der Macht. Autorität – Herrschaft – Gewalt – Techniken, Tübingen 1986.

Rabelais, François: Gargantua und Pantagruel, übersetzt und kommentiert v. Walter Widmer / Karl August Horst, Wien 1968.

Rehberg, Karl-Siegbert: Weltrepräsentanz und Verkörperung. Institutionelle Analyse und Symboltheorien – Eine Einführung in systematischer Absicht, in: Institutionalität und Symbolisierung. Verstetigung kultureller Ordnungsmuster in Vergangenheit und Gegenwart, hrsg. v. Gert Melville, Köln / Weimar / Wien 2001, 4 – 49.

Röhl, Klaus F.: Bilder in gedruckten Rechtsbüchern, in: Die Sprache des Rechts. Studien der interdisziplinären Arbeitsgruppe Sprache des Rechts der Berlin-Brandenburgischen Akademie der Wissenschaften, Bd. 3: Recht vermitteln. Strukturen, Formen und Medien der Kommunikation im Recht, hrsg. v. Kent D. Lerch, Berlin / New York 2005, 267 – 348.

Scheurmann, Ingrid (Hrsg.): Frieden durch Recht. Das Reichskammergericht von 1495 bis 1806, Mainz 1994.

Scheurmann, Ingrid: „Mit rothem Sammet und goldenen Borden". Die Ausstattung des Reichskammergerichts im 18. Jahrhundert, in: Fern vom Kaiser. Städte und Stätten des Reichskammergerichts, hrsg. v. Jost Hausmann, Köln / Weimar / Wien 1995, 77 – 90.

Schlinker, Steffen: Litis contestatio. Eine Untersuchung über die Grundlagen des gelehrten Zivilprozesses in der Zeit vom 12. bis zum 19. Jahrhundert, Frankfurt am Main 2008.

Schwarz, Walter: Bribery of Judges in the Eighteenth Century. Goethe as Advocate in a Jewish Case, in: Year Book of the Leo Baeck Institute 18 (1973), 251 – 263.

Sellert, Wolfgang: Prozeßgrundsätze und Stilus Curiae am Reichshofrat im Vergleich mit den gesetzlichen Grundlagen des reichskammergerichtlichen Verfahrens, Aalen 1973.

Sellert, Wolfgang: Zur Geschichte der rationalen Urteilsbegründung gegenüber den Parteien insbesondere am Beispiel des Reichshofrats und des Reichskammergerichts, in: Recht, Gericht, Genossenschaft und Policey. Studien zu Grundbegriffen der germanistischen Rechtshistorie. Symposion für Adalbert Erler, hrsg. v. Gerhard Dilcher / Bernhard Diestelkamp, Berlin 1986, 97 – 113.

Sellert, Wolfgang: Recht und Gerechtigkeit in der Kunst, Göttingen 1993.

Sellert, Wolfgang: Richterbestechung am Reichskammergericht und am Reichshofrat, in: Geschichte der Zentraljustiz in Mitteleuropa. Festschrift für Bernhard Diestelkamp zum 65. Geburtstag, hrsg. v. Friedrich Battenberg / Filippo Ranieri, Weimar / Köln / Wien 1994, 329 – 348.

Sellert, Wolfgang: Rechtsbildung in Deutschland im Zeitalter der Rezeption, in: Kultur- und rechtshistorische Wurzeln Europas. Arbeitsbuch, hrsg. v. Jörg Wolff, Godesberg 2005, 181 – 203.

Seyboth, Reinhard: Kaiser, König, Stände und Städte im Ringen um das Kammergericht 1486 – 1495, in: Das Reichskammergericht in der deutschen Geschichte. Stand der Forschung, Forschungsperspektiven, hrsg. v. Bernhard Diestelkamp, Köln / Wien 1990, 5 – 23.

Smend, Rudolf: Das Reichskammergericht. Bd. 1: Geschichte und Verfassung, Weimar 1911.

Stollberg-Rilinger, Barbara: Des Kaiser alte Kleider. Verfassungsgeschichte und Symbolsprache des Alten Reiches, München 2008.

Stollberg-Rilinger, Barbara: Die Würde des Gerichts. Spielten symbolische Formen an den höchsten Reichsgerichten ein Rolle?, in: Zwischen Formstrenge und Billigkeit. Forschungen zum vormodernen Zivilprozess, hrsg. v. Peter Oestmann, Köln / Weimar / Wien 2009.

Weber, Max: Wirtschaft und Gesellschaft. Grundriss der verstehenden Soziologie. Mit einem Vorwort von Alexander Ulfig, Neu-Isenburg 2005.

Wiggenhorn, Heinrich: Der Reichskammergerichtsprozess am Ende des alten Reiches, Diss. Münster 1966.

Winkler, Hubert: Bildnis und Gebrauch. Zum Umgang mit dem fürstlichen Bildnis in der frühen Neuzeit. Vermählungen – Gesandtschaftswesen – Spanischer Erbfolgekrieg, Wien 1993.

Legitimität durch Autorität und Konsens – Legitimation durch Autonomie

Zum Gerichtsverfahren im frühneuzeitlichen Herzogtum Bayern (16. Jahrhundert)

Von *Christian Wieland*, Düsseldorf

I. München, 1564 – die „Verschwörung" des Adels und die Justiz des Herzogs

Der orthodoxe Katholizismus Bayerns und seiner Herrscher wies unter „Alten-Reichs-Bedingungen" eine derartige Solidität auf, daß man – mehr noch als im Falle Österreichs – die Identität von Territorium, *„foi"*, *„loi"* und, wenn auch nicht *„roi"*, so doch immerhin Herzog und Kurfürst, zu postulieren geneigt ist. Diesen Eindruck harmonischer Übereinstimmung in allen wichtigen Angelegenheiten des Glaubens und Handelns zwischen Herrschern und Beherrschten schrieb nicht zuletzt eine panegyrisch gefärbte Historiographie der Frühen Neuzeit und der beginnenden Moderne im kollektiven Gedächtnis der Bayern und der Deutschen fest, er reflektiert jedoch auch höchst erfolgreiche religionspolitische Praktiken und Repräsentationen der regierenden Dynastie und ihrer exponierten Diener[1].

Die Wittelsbacher ergriffen mit dem Aufkommen der protestantischen Theologie unmißverständlich die Partei der Papstkirche, ohne dabei allerdings im Verhältnis zu ihren der Reformation mit mehr oder weniger großer Entschiedenheit zuneigenden Standesgenossen auf Zugriffsrechte hinsichtlich der Ressourcen ihrer „Landeskirche" verzichten zu müssen; eher im Gegenteil entwickelte sich im Laufe des 16. Jahrhunderts ein weitgehend autonomes bayerisches Kirchenregiment, dessen „Katholizität" den Bayernherzögen nicht nur eine Ausnahmestellung im Verhältnis zu den übrigen weltlichen Fürsten des Reichs bescherte, sondern sie überdies hinsichtlich des Vorrangs im katholischen Deutschland zu den einzigen ernsthaften Konkurrenten des Kaiserhauses machte[2].

---

1 Vgl. grundsätzlich zur bayerischen Religionspolitik im 16. Jahrhundert: *Ziegler*, Bayern, 56–70; *Ziegler*, Reformation und Gegenreformation, 11–32; *Lutz/Ziegler*, Das konfessionelle Zeitalter, 322–392; *Albrecht*, Das konfessionelle Zeitalter, 393–457; *ders.*, Die kirchlich-religiöse Entwicklung, 702–735; *Sammer*, Wilhelm V., 189–201.

Die katholische Eindeutigkeit der Wittelsbacher bedeutete allerdings nicht, daß protestantische Strömungen in Altbayern vollkommen inexistent gewesen wären – *au contraire:* Man spricht von zwei aufeinander folgenden „evangelischen Bewegungen" in Bayern, die wegen ihrer unterschiedlichen sozialen Trägerschichten auf unterschiedliche Weise die Suprematie des Herzogshauses in Frage stellten und unterschiedliche Reaktionen der Fürsten hervorriefen[3]. Während der frühen Phase der Reformation fand der bayerische Protestantismus vor allem bei den Mittel- und Unterschichten der Städte sowie innerhalb der ländlichen Bevölkerung Anhänger. Nachdem man sich dieser Störenfriede durch teilweise drakonische Maßnahmen glücklich entledigt hatte, erlebte seit der Mitte des 16. Jahrhunderts die Reformation erneut Zulauf, dieses Mal jedoch vermehrt bei zahlreichen Mitgliedern der städtischen Eliten und innerhalb des Adels[4]. Diese Entwicklung war für die Herzöge nicht nur insofern bedrohlich, als sie mit zumindest auch konfessionell motivierten Adelsoppositionen im übrigen Europa – so in Franken, Frankreich und den Niederlanden – korrespondierte, sondern man angesichts einer kaum noch zu bewältigenden Schuldenlast und eines nur durch Steuern zu deckenden erhöhten Finanzbedarfs auf die Kooperation der Stände angewiesen war[5]. Diese nun wurden durch den Adel dominiert, und innerhalb des Zweiten Standes waren es vor allem diejenigen „Ritter", deren reichsrechtlicher Status – sie besaßen zum Teil reichsunmittelbare Herrschaften und waren als Besitzer von bayerischen Hofmarken sozusagen nur „nebenbei" auch bayerische Landsassen – und Reichtum, deren Verkehrs- und Heiratskreise sie als die Elite innerhalb der Elite, die Tonangebenden im Adel überhaupt, qualifizierten[6]. Bezeichnenderweise waren es vor allem diese Herren, z. B. der Graf von Ortenburg und der Reichsfreiherr von Hohenwaldeck[7], die mit zunehmender Offenheit darauf drangen, die „Augsburger Konfession" in Bayern zuzulassen, besonders deutlich und mit besonders viel Unterstützung auf dem Ingolstädter Landtag, der im März und April 1563 stattfand[8]. Im selben Jahr führte Graf

2 *Lutz / Ziegler,* Das konfessionelle Zeitalter, 337–360, 387–392; *Flachenecker,* Wittelsbachische Kirchenpolitik in der Frühen Neuzeit, 299–316.

3 *Albrecht,* Die kirchlich-religiöse Entwicklung, 708–713; *Rössler,* Kontakte und Strukturen, 355–366; *Ziegler,* Bayern, 62 f.

4 *Lanzinner,* Fürst, Räte und Landstände, 36.

5 Zu den Ständen im Bayern des 16. Jahrhunderts: *Greindl,* Untersuchungen zur bayerischen Ständeversammlung im 16. Jahrhundert; *Albrecht,* Staat und Gesellschaft, 625–663, v. a. 644–650; *Lanzinner,* Bayerische Landstände, 81–95, hier v. a. 87; *ders.,* Fürst, 14; *Lieberich,* Die bayerischen Landstände.

6 Vgl. zum bayerischen Adel: *Schneider,* Spätmittelalterlicher deutscher Niederadel; *Albrecht,* Staat, 631–636; *Sagstetter,* Hoch- und Niedergerichtsbarkeit, 30 f.; *Lanzinner,* Fürst, 189–193; *ders.,* Zum Strukturwandel, 167–191; *Andrian-Werburg,* Der altbaierische Adel, 48–57; *Greindl,* Der alte Adel, 217–243; *Heydenreuter,* Zur Rechtsstellung, 43–105. Zum Verhältnis von Protestantismus und Aristokratie im Bayern des 16. Jahrhunderts vgl. *Beisel,* The Bavarian Nobility, 58–60.

7 *Greindl,* Landeshoheit, 193–212.

Joachim von Ortenburg gegen den lebhaften Protest des Herzogs von Bayern die Reformation in seiner kleinen, bei Passau gelegenen Grafschaft ein[9].

Herzog Albrecht V. und seine engsten Berater nahmen diese Vorgänge sowie einen als solchen deklarierten „Geheimbericht" über neben den offiziellen Verhandlungen getane Äußerungen protestantischer Adliger auf dem Ingolstädter Landtag, die sich mit hinreichend bösem Willen als Aufrufe zu einer aristokratischen Revolte gegen den Herzog deuten ließen, zum Anlaß, einen großangelegten Vernichtungsschlag gegen die sogenannten „Konfessionisten" zu führen[10]. Dabei bediente man sich des doppelten Instrumentariums der frühmodernen Staaten: der Waffengewalt und der Waffen der Justiz. Im Mai 1564 drangen bayerische Truppen in die Grafschaft Ortenburg ein, stürmten das Schloß des Grafen Joachim, Mattighofen, und beschlagnahmten dessen gesamte Korrespondenz. Dieses Material diente als Grundlage eines Prozesses, der vor dem als Hofgericht fungierenden Münchner Hofrat geführt wurde und in dem die wichtigsten Vertreter des protestantischen, vor allem des niederbayerischen Adels des Hochverrats, des *crimen laesae maiestatis*, beschuldigt wurden[11].

Wenn die Justiz eines Territorialstaats des 16. Jahrhunderts nichts anderes darstellte als eine auf die Ebene des gelehrten Rechts verlagerte Form der Disziplinierung der Untertanen durch den Fürsten, wenn also zwischen dem Krieg der Soldaten und dem „gerichtlich Krieg", wie Prozesse im 16. Jahrhundert genannt wurden, ein Unterschied lediglich in den Mitteln, nicht jedoch in den Machtverhältnissen bestand, dann dürfte über den Ausgang des Hochverratsprozesses von 1564 – dessen Richter schließlich gleichzeitig herzogliche Räte waren – kein Zweifel bestehen: Die Verurteilung und Marginalisierung des Adels – der Wenigen, Besten – zugunsten des Einen. Ganz so kam es allerdings nicht; im Laufe des Prozesses, bei dem es ganz offensichtlich um weit mehr ging als um die Frage „Protestantismus oder Katholizismus", sondern bei dem die zwischen „Monarchie" und „Aristokratie" weit divergierenden Vorstellungen von „Recht", „Land" und „Gemeinwohl" verhandelt wurden, mußte der Vorwurf der Konspiration schließlich fallengelassen werden, und Verurteilungen wurden lediglich aufgrund des Tatbestandes der „Beleidigung des Herzogs" ausgesprochen[12]. Auch dies für die Betroffenen kein ganz angenehmes Ergebnis, da es zudem

[8] *Lanzinner,* Fürst, 151–153, 158, 177 f.; *Ay,* Der Ingolstädter Landtag, 401–416; *Greindl,* Adel, 233 f.

[9] *Theobald,* Die Einführung der Reformation.

[10] Vgl. zum Folgenden: *Wieland,* Adelsverschwörung. Zur sog. „Adelsfronde": *Lutz / Ziegler,* Das konfessionelle Zeitalter, 380–387; *Kraus,* Geschichte Bayerns, 217 f.; *Weinfurter,* Herzog, Adel und Reformation, 1–39.

[11] Dokumentation der Vorgänge im Umfeld des Hochverratsprozesses gegen die „Konfessionisten": *Goetz / Theobald,* Beiträge zur Geschichte Herzog Albrechts V.

[12] Vgl. *Greindl,* Landeshoheit, 203 f.

teilweise mit dem Entzug herzoglicher Lehen und dem Verbot, je wieder auf Landtagen zu erscheinen, einherging. „Erfolg" wird man damit den Strategien Herzog Albrechts V. voll und ganz bescheinigen können, denn nach 1564 waren sowohl der Protestantismus als auch politische Leitvorstellungen hinsichtlich einer adlig-ständischen Mitbestimmung bezüglich der Belange Bayerns zu einer Sache von wenigen, gebrochenen, nicht mehr wirklich ernstzunehmenden Malkontenten geworden[13]. Dennoch: Das Ergebnis einer eindeutigen „Herrschaftsjustiz" hätte anders aussehen müssen. Man kann angesichts dieses Befundes zumindest von einer relativen Offenheit des gerichtlichen Verfahrens, einer zumindest nicht ganz durchgeführten Determiniertheit seines Ausgangs und einer relativen Unabhängigkeit des Rechtssystems vom System der Politik ausgehen – so daß auch oder vielleicht gerade in einem vergleichsweise weit entwickelten „Staat" der Vormoderne, als der Bayern im 16. Jahrhundert gemeinhin gilt[14], die Justiz eher als Medium der Integration von Mehrheitsbevölkerung und Eliten denn als Instrument obrigkeitlicher Unterdrückung beurteilt werden müßte.

II. Zur Struktur der Justiz im Herzogtum Bayern des 16. Jahrhunderts

Die bayerische Justiz der Frühen Neuzeit stellte sich als eine für vormoderne Belange typische Mischung – oder besser: Verzahnung – von autonomen, vielleicht auch: autogenen, lokal legitimierten und organisierten Elementen und eindeutig auf den Herzog ausgerichteten, von ihm ausgehenden und durch ihn legitimierten hierarchischen Institutionen dar[15]. Dabei existierten drei verschiedene Arten der Gerichtsherrschaft und ihrer Begründung neben- und in Teilen gegeneinander: Zum ersten bildete sie ein zentrales Element der genossenschaftlich organisierten Lebenswelt „vor Ort", einen Aspekt der selbstorganisierten Regierung und Justiz vielleicht nicht aller Betroffenen, so doch ihrer Repräsentanten, wie sie sich in Dorf- und Stadtgerichten niederschlug[16]. Zum zweiten war sie notwendiger Bestandteil, ja gewissermaßen das Wesen einer als autogen begriffenen lokalen

13 Vgl. *Greindl,* Adel, 235 f. Zum Prozeß der Marginalisierung der unterlegenen – enttäuschten – Partei und ihres Protestes durch Gerichtsverfahren vgl. *Luhmann,* Legitimation durch Verfahren, 112, 116 f.

14 In diesem Sinne argumentiert *Sagstetter,* Hoch- und Niedergerichtsbarkeit, 16, 27, 31 u. passim; zur Diskussion des Staatsbegriffs: *Reinhard,* Geschichte der Staatsgewalt, 15–29; zum Verhältnis von Staatsbildung und Verstaatlichung der Justiz in der Frühen Neuzeit: Ebd., 281–306.

15 *Hiereth,* Gerichts- und Verwaltungsorganisation; *Albrecht,* Staat, 651–657; *Sagstetter,* Hoch- und Niedergerichtsbarkeit, 302–316.

16 *Schlosser,* Spätmittelalterlicher Zivilprozess, 52 f., 57–59. Allgemein zu den Dorf- und Landgerichten des Spätmittelalters: *Krischer,* Im Dienst der Gemeinde, 333–369.

Herrschaft von Adel und Klerus, der andernorts als Gutsherrschaft bezeichneten „Hofmarksgerechtigkeit“, in der sich die Hierarchie ländlicher Lebensverhältnisse nicht lediglich abbildete, sondern die sie als örtlich umschriebene Jurisdiktion im Kern ausmachte[17]. Drittens schließlich war Gerichtshoheit als Ausweis von vom Kaiser abgeleiteter „Herrschaft“ ein, wenn nicht das proprium der Hoheit des Herzogs[18], und die Gliederung des Herzogtums Bayern in zahlreiche „Landgerichte“[19], in vier Regierungen – München und Burghausen für Ober-, Landshut und Straubing für Niederbayern, die zugleich Hofgerichtssprengel darstellten[20], – sowie die Etablierung des Hofrats als übergeordnete Justizstelle für das gesamte Fürstentum symbolisierten eben diesen Anspruch auf eine gewissermaßen „totale“ jurisdiktionelle Erfassung aller Untertanen durch herzogliche Behörden[21].

Diese drei Typen von gerichtlicher Herrschaft waren zumindest ansatzweise harmonisier- und integrierbar, häufig jedoch bedeuteten ihre alles andere als eindeutig voneinander abzugrenzenden Kompetenzen, daß mit verschiedenen Gerichten auch verschiedene lokale und überlokale Herrschaften und konkurrierende Auffassungen von „Gerechtigkeit“ und gerichtlicher Zuständigkeit: ergo Herrschaft, miteinander wetteiferten. Denn wenn auch die Grenze zwischen autogener, lokaler und „monarchischer“, überörtlicher Rechtsprechungskompetenz sich mit der Unterscheidung von Nieder- und Hochgerichtsbarkeit juristisch systematisieren ließe, war doch genau diese Demarkationslinie auch noch im 16. Jahrhundert alles andere als eindeutig[22]. Diese Schwierigkeit lag nicht – oder doch nur: auch – in den Hochgerichtsbarkeitsprivilegien einiger weniger reichsunmittelbarer Adelsgeschlechter oder anderer herausgehobener Landleute innerhalb des bayerischen Herrschaftsbereichs begründet; die als „Vitztumhändel“ definierten Strafbestände, deren Behandlung einzig und ausschließlich vor den herzoglichen Hofrichtern und Räten möglich sein sollte, stellten Kataloge dar, über deren Deutung sich zwischen Herzog und Landständen trefflich streiten ließ, und so schwankte die Zahl der Vitztumhändel in den Landesfreiheitserklärungen des 16. Jahrhunderts beträchtlich, je nach der jeweiligen Stärke oder Schwäche des Herzogs oder des Adels[23].

---

17 *Sagstetter,* Hoch- und Niedergerichtsbarkeit, 22–26, 304–308, 317–321; *Schlosser,* Zivilprozeß, 54–57; *Lütge,* Die bayerische Grundherrschaft, 53–56.

18 Vgl. *Schlosser,* Rechtsetzung und Gesetzgebungsverständnis, 41–61, v. a. 44–46; *Schlosser,* Zivilprozeß, 26–30; *Lieberich,* Zur Feudalisierung der Gerichtsbarkeit, 243–338, v. a. 254, 267, 307.

19 *Schlosser,* Zivilprozeß, 39–50.

20 Ebd., 59–62; *Schwertl,* Geschichte der Regierungen, 237–263; *Lanzinner,* Fürst, 22.

21 *Heydenreuter,* Der landesherrliche Hofrat; *Rosenthal,* Geschichte des Gerichtswesens, 409–425.

22 *Schlosser,* Zivilprozeß, 59–78, 80–91.

23 *Sagstetter,* Hoch- und Niedergerichtsbarkeit, 233–291; *Schlosser,* Zivilprozeß, 96–99; *Ay,* Land und Fürst, 128; *Heydenreuter,* Kriminalgeschichte Bayerns, 66 f.

Dennoch gelang im 16. Jahrhundert aufs Ganze gesehen die Herstellung eines homogenen Gerichtssystems in Bayern, in dem die herzoglichen Stellen die Spitze und damit auch die legitimatorische Grundlage der adligen und klerikalen Hofmarksjustiz bildeten. Diese Entwicklung ging einerseits mit dem zwar graduellen, dafür jedoch um so nachhaltigeren Verschwinden der Dorfgerichte einher, deren Kompetenzen ganz auf die Hofmarks- oder Landgerichte übergingen, so die Zugriffsmöglichkeiten sowohl des Herzogs als auch besonders des Adels auf die ihm zugeordneten Bauern in für die Landherren erfreulicher Weise intensivierend[24]. Andererseits wurden die Hofmarksgerichte des Adels und des Klerus in den Instanzenzug der herzoglichen Justiz integriert und ihm damit untergeordnet; dabei erfuhr jedoch vor allem der Adel in der Mitte des 16. Jahrhunderts nochmals eine spürbare Stärkung seiner lokalen Herrschaftsposition, denn mit der Verleihung der sogenannten „Edelmannsfreiheit" übertrug Herzog Albrecht V. im Jahr 1557 dem Landesadel das Recht, die niedere Gerichtsbarkeit auch über Bauern auszudehnen, die nicht innerhalb eines geschlossenen Hofmarksbezirks, sondern auf sogenannten „einschichtigen Gütern" ansässig waren[25]. Dieses im Gegenzug für großzügige Steuerbewilligungen ausgetauschte Privileg stellte neben der Zurückdrängung der Dorfgerichte eines der wesentlichen Elemente eines do-ut-des-Verhältnisses zwischen Herzog und Adel dar, in dessen Kontext und nach dessen Regeln der Adel sich auf die Anerkennung der herzoglichen Suprematie in Gerichtssachen einlassen konnte.

In organisatorischer bzw. personeller Hinsicht blieben die beiden Gerichtstypen – herzoglich-zentrale einerseits, adlige und klerikale lokale andererseits – weitgehend unabhängig voneinander; zugleich wurden sie jedoch in verfahrensrechtlicher Hinsicht eindeutig aufeinander bezogen und somit zu einem kohärenten System amalgamiert; das geschah einerseits durch die Abgrenzung von Zuständigkeiten, andererseits durch die Festlegung eines Instanzenzuges, von den Untergerichten der Städte, Märkte und Hofmarken sowie der Landgerichte an das entsprechende Hofgericht, von dort zum Hofrat, gekrönt durch den Appell an den Herzog selbst, die sogenannte „supplicatio ad manus principis"; schließlich erhielt die bayerische Gerichtsbarkeit letztgültige Einheitlichkeit durch die 1520 erlassene „Gerichtsordnung", die eine identische Prozeßführung für alle Gerichte des Herzogtums, von der Hofmark zum Hofrat, festschrieb[26]. Diese Ordnung der bayerischen Gerichte orientierte sich wesentlich an der Ordnung des

---

24 Vgl. *Sagstetter,* Hoch- und Niedergerichtsbarkeit, 314; *Schlosser,* Zivilprozeß, 68–74.

25 *Wieland,* Edelmannsfreiheit, 41–56; *Sagstetter,* Hoch- und Niedergerichtsbarkeit, 317–321; *Lanzinner,* Fürst, 184–186, 250 f.; *Hiereth,* Gerichts- und Verwaltungsorganisation, 15.

26 Gerichtsordnung. Vgl. auch *Schlosser,* Zivilprozeß, 5 f.; *Heydenreuter,* Hofrat, 190–196.

Reichskammergerichts, was auch die Anerkennung der kaiserlichen Gerichtsbarkeit als übergeordneter, letztgültiger Instanz durch die Wittelsbacher implizierte und sich in der im Text der bayerischen Gerichtsordnung ausdrücklich zugestandenen Möglichkeit der Appellation an das Reichskammergericht niederschlug[27]. Diese Integration der territorialen Gerichtsbarkeit in das Justizsystem des Reichs war einerseits nicht nur nicht zu vermeiden, sondern auch gar nicht in sinnvoller Weise in Frage zu stellen; andererseits widersprach dieses Angewiesensein der bayerischen Gerichte auf die kaiserliche Rechtsprechung als legitimatorische Grundlage und institutionelle Krönung ganz evident den dynastischen Ambitionen der Bayernherzöge[28]. Mit der Übertragung der pfälzischen Kurwürde im Jahr 1623 erhielt Herzog Maximilian I. auch das „privilegium de non appellando illimitatum“ und konnte so sein um die Oberpfalz beträchtlich vergrößertes Territorium als gewissermaßen juridisch autonom betrachten; das im Jahr 1625 errichtete Revisorium ersetzte als Appellationsgericht Reichskammergericht und Reichshofrat fast vollständig[29]. Mit der erfolgreichen Konstruktion einer weitgehend autarken bayerischen Justiz endete jedoch nicht der sachliche Austausch mit den Entwicklungen der Reichsgerichtsbarkeit: Die Reichskammergerichtsordnung blieb auch nach 1625 ein zentrales Vorbild, ebenso dessen Rechtsprechung, zudem läßt sich auch für das spätere 17. Jahrhundert ein bedeutender personeller Austausch zwischen den Reichsgerichten und den bayerischen Gerichten und Zentralbehörden ausmachen[30]. Nicht übersehen werden sollte zudem das Gewicht der bayerischen Landesuniversität Ingolstadt für die intellektuelle Prägung der Juristenausbildung im katholischen Deutschland[31].

III. Das Verfahren der bayerischen Gerichte

Die bayerische Gerichtsordnung von 1520 schrieb für mehr als hundert Jahre die Verfahren aller Gerichte des Herzogtums fest; ohne auf im spezifischen Sinne juristische und verfahrensrechtliche Aspekte gesondert einzugehen, soll diese Prozeßordnung im folgenden vor allem auf Art und Grad der Autonomie des durch sie strukturierten Verfahrens, die Rollenübernahme durch die Parteien und den Aspekt der „Darstellung“ befragt werden[32].

---

27 Vgl. *Laufs,* Reichskammergericht, 655–662, v. a. 658; *Laufs,* Die Reichskammergerichtsordnung; *Duchhardt,* Das Reichskammergericht, 1–13; *Sellert,* Prozeß des Reichskammergerichts, 29–36.

28 Vgl. *Lieberich,* Frühe Reichskammergerichtsprozesse, 419–446, v. a. 438 f.

29 *Heydenreuter,* Hofrat, 215–217; *Schlosser,* Zivilprozeß, 28–30. Zu den mittelalterlichen Appellationsprivilegien der Wittelsbacher: *Battenberg,* Die Gerichtsstandsprivilegien, 642, 644, 810, 826 f.

30 *Heydenreuter,* Hofrat, 224–227.

31 *Kraus,* Geschichte, 219.

Die Mehrzahl der bayerischen Gerichte der Frühen Neuzeit – das galt offensichtlich selbst für Hofmarks- und Landgerichte – bestanden aus einem Richter und bis zu dreizehn Beisitzern, die als „Urteiler" oder „Urteilssprecher" bezeichnet wurden[33]; wenn das abschließende Urteil durch die Geschworenen gefällt wurde, agierte der Richter noch deutlicher, als wenn er selbst als „Entscheidender" hervortrat, als Herr des Verfahrens, als Moderator und Schiedsrichter, der das korrekte Spielen der Rollen durch die professionellen und die betroffenen Beteiligten am Prozeß zu beaufsichtigen und Formverstöße zu sanktionieren hatte[34]. Die Kriterien für „Korrektheit" galten deshalb für Richter und Beisitzer in ganz ähnlicher Weise, so die Verpflichtung zur Unparteilichkeit, das Verbot, Geschenke von einer der Parteien anzunehmen, die Pflicht zur Verschwiegenheit und Geheimhaltung, das Fehlen von Befangenheitsgründen[35]. Das Recht der Parteien, den Richter, einzelne Beisitzer oder auch ein ganzes Gericht wegen Befangenheit (ein Vorwurf, der nach normierten Vorgaben erhoben und bewiesen werden mußte) entweder zu ersetzen oder ein anderes, höherrangiges Gericht anzurufen, kann als Versuch gelten, durch die Individualisierung und Marginalisierung einzelner „Interessierter" das Gerichtssystem insgesamt als vertrauenswürdig darzustellen[36]. Die Ernennung der Richter und Beisitzer erfolgte durch die jeweiligen Gerichtsherren nach vergleichsweise dehnbaren Kriterien[37]; die Ernennung mußte urkundlich bezeugt und diese Urkunde vor dem ersten Richten durch den neuen Richter öffentlich verlesen werden – erst dieser Akt „machte" den Richter im eigentlichen Sinne zum Richter, und alle Verhandlungen, denen diese Verlesung nicht vorausgegangen war, waren keine legitimen – oder legitimierten – Prozesse[38].

Zur Pflichtausstattung eines Gerichts gehörten zudem ein Gerichtsschreiber, der die Verfahren dokumentierte, nachprüfbar machte und archivierte[39], sowie schreib- und lesekundige Fronboten, die Ladungsschreiben, Klagen und Klageerwiderungen an die jeweiligen Parteien übergaben und

---

32 Kategorien nach *Luhmann*, Legitimation, 69 (Autonomie), 82 (Rollenübernahme), 91 (Darstellung). Vgl. auch *Luhmann*, Rechtssoziologie, 3.

33 Gerichtsordnung, 4v.; vgl. *Ay*, Land, 129 f.

34 Zum Rollenwechsel des Richters, zu seiner Transformation zum „Moderator" im gütlichen Verfahren: Gerichtsordnung, 31v.

35 Gerichtsordnung, 3v, 5r-v.

36 Die Erläuterung der Befangenheitsregelungen: Gerichtsordnung, 32v-35r.

37 Richter sollten von „edler Herkunft" oder sonst „ehrbar, redlich und von ehelicher Geburt" sein, zudem „verständig" und siegelfähig, das übrige Gerichtspersonal durfte sich vor der Bestellung keiner nicht-ehrbaren Handlung schuldig gemacht haben und sollte einen guten Leumund besitzen; Gerichtsordnung, 3r. Für die Richter und Beisitzer der Hofmarksgerichte wurde der Grundsatz formuliert, daß es sich um die *besten, rechtlichsten und verständigsten* Bewohner des betreffenden Ortes handeln sollte; Gerichtsordnung, 4v. Vgl. *Sagstetter*, Hoch- und Niedergerichtsbarkeit, 311; *Schlosser*, Zivilprozeß, 96–115.

38 Gerichtsordnung, 4r-v.

39 Gerichtsordnung, 5v, 6r.

diese Akte, deren fristgerechte und formalisierte Ausführung für den Fortgang des Verfahrens essentiell waren, bezeugen und garantieren konnten[40]. Dies sowie die ausdrückliche Ermahnung an die Richter, bei allen Prozessen immer ein Exemplar der bayerischen Gerichtsordnung im Ort des Gerichts präsent zu halten[41], verdeutlichen das große Gewicht der durch Schriftlichkeit garantierten Regelhaftigkeit und Gleichförmigkeit, die mit der Formulierung des Gesetzes von 1520 erreicht werden sollten – präskriptive und dokumentierende Schriftlichkeit als Bollwerke gegen individuelle Willkür[42].

Kläger und Beklagte hatten außer in Strafprozessen die Wahl, ob sie persönlich vor Gericht erscheinen oder sich durch einen Anwalt vertreten lassen wollten[43]; diese Trennung der Personen und Rollen in den anwesenden Nicht-Betroffenen und den abwesenden Betroffenen[44], die sogenannte „Gewaltübertragung", konnte durch einen persönlichen mündlichen Akt vor Gericht oder die Formulierung eines kaum Variationsmöglichkeiten zulassenden „Gewaltbriefs" geschehen[45]. Die dadurch etablierte Stellvertretung – oder Repräsentation – war so vollkommen, daß die Anwälte sogar Eide im Namen ihrer Auftraggeber – *in seinem namen und in sein seele* – schwören konnten[46], die eine Selbstverpflichtung sowohl in bezug auf die Regeln des Verfahrens als auch hinsichtlich der Akzeptanz seines – ungewissen – Ausgangs implizierten. Die im Falle der Vertretung durch Anwälte sehr weitgehende „Entpersönlichung" des Verfahrens, was die unmittelbar Betroffenen angeht, wurde noch weiter getrieben durch die Möglichkeit, so gut wie alle Teile des Verfahrens – die Klageerhebung, Klageerwiderung, Repliken, Tripliken, die Benennung von Beweismitteln und Zeugen sowie deren Zurückweisung – in schriftlicher Form vorzubringen[47].

Wenn ein Prozeß durch die Formulierung einer Klage in der Form eines streng normierten „Klagelibells" einmal angestoßen war, existierte jenseits einer gütlichen Einigung durch beide Parteien, der der Richter grundsätzlich zuzustimmen hatte[48], keine legitime Möglichkeit, sich dem Verfahren in

40 Gerichtsordnung, 6r-v. Für die Hofgerichtsboten galten noch höhere Anforderungen als für die Fronboten der Niedergerichte und Schrannen: Gerichtsordnung, 6v, 7r. Vgl. *Sagstetter*, Hoch- und Niedergerichtsbarkeit, 19 f.

41 Gerichtsordnung, 7r-v.

42 Zur allmählichen Verdrängung des öffentlichen und mündlichen Prozesses durch den schriftlichen, „geheimen" Prozeß vgl. *Ay*, Land, 128 f.

43 Gerichtsordnung, 7v, 8r-v, 25r. Ausführliche Regelungen für Anwälte: Gerichtsordnung, 24v-29r: *Der Vierdt Tittl. Von Anwällden und gewalthabern, wie die in Recht gesetzt unnd zugelassen söllen werden.*

44 Vgl. *Luhmann*, Legitimation, 108.

45 Gerichtsordnung, 26r-v, 27r-v.

46 Ebd., 38r-v.

47 Ebd., 11v.

48 Zu den Mechanismen der „gütlichen Einigung": Gerichtsordnung, 31v. Vgl. *Heydenreuter*, Hofrat, 190–192; *Rosenthal*, Geschichte, 420–423.

seiner unbarmherzigen Folgerichtigkeit zu entziehen. Die Möglichkeit, einen Vergleich herzustellen, bestand jedoch zu jedem Zeitpunkt des Verfahrens; dabei traten Richter und Beisitzer aus ihrer Rolle als Entscheider heraus und wurden zu Moderatoren, wechselten also mit der Form der Verhandlung auch die *persona*. Der Versuch, ordentliche Prozesse und formale Gerichtsurteile möglichst zu vermeiden, reflektierte gesellschaftliche Ordnungsvorstellungen, die eher auf Äquivalenz als auf Distanz der Parteien abzielten, in der eine gegebenenfalls uneindeutige *concordia* der eindeutigen *iustitia*, die Sieger und Besiegte, Triumphierende und Enttäuschte produzierte, vorzuziehen war.

Das Nicht-Erscheinen des Beklagten nach der Übergabe eines Ladungsbriefs galt als „Ungehorsam", der mit einem Schuldeingeständnis gleichgesetzt wurde und empfindliche vermögensrechtliche Konsequenzen nach sich zog[49]. Insofern blieb dem durch die Klageerhebung zum Beteiligten gewordenen Beklagten nur wenig anderes übrig, als innerhalb der durch das Gericht festgelegten Fristen in den über das Gericht und die Person des Richters kanalisierten formalisierten Austausch mit seinem Gegner, dem „Widerteil", zu treten. Mit der formalen Rückweisung der Klage durch den Beklagten stellte der Richter die „Befestigung des Kriegs" fest[50], eine Form des Sprachgebrauchs übriges, die man als Verweis auf das prekäre Verhältnis von Justiz und physischer Gewalt lesen kann, und zwang die beklagte Partei zur Mitwirkung an diesem Drama der Justiz, sowohl von außen als auch durch wiederholte Akte der Selbstverpflichtung[51]. Dazu zählten vor allem bestimmte Eidesleistungen, die an unterschiedlichen Orten des Verfahrens stattfinden konnten und die zum einen, im *iuramentum calumniae*, Aussagen über den aufrichtigen Glauben an die Rechtmäßigkeit und Wahrheit der eigenen Sache beinhalteten[52], zum anderen, im *iuramentum malitiae*[53], den Verzicht auf ehrverletzende Aussagen im Laufe des Prozesses garantieren sollten[54], die also die sich als in ihrem ganzen Sein geschädigte Person und die vor Gericht agierende Partei weitgehend trennten. Schließlich besaß der Richter das Recht, Akte, die er als mutwillige Verzögerung des Prozesses deutete, mit Geldbußen und Urteilen zugunsten der Gegenpartei zu sanktionieren[55].

Dem in Maßnahmen dieser Art implizierten Wert der zügigen Abwicklung von Gerichtsverfahren, der Harmonisierung von Zeit- und Effizienzvorstel-

---

49 Gerichtsordnung, 13r-v, 14r-v, 15r, 17r-v, 18r-v.

50 Ebd., 35v, 38r.

51 Vgl. *Luhmann*, Legitimation, 91–97.

52 Gerichtsordnung, 35v, 38r.

53 Ebd., 39r.

54 Zur Strafbarkeit von Beschimpfungen der gegnerischen Partei im Prozeßverlauf vgl.: Gerichtsordnung, 31r.

55 Ebd.

lungen der Umwelt mit der Zeit der Justiz[56], scheinen die Vorschriften über die Fristen zwischen den einzelnen, deutlich voneinander abgegrenzten Schritten des Verfahrens zumindest teilweise zu widersprechen[57]: Die in der Regel relativ großzügig bemessenen Abstände von Klage und Klageerwiderung, der Benennung und Zurückweisung von Zeugen (es handelte sich jeweils um zwei bis vier Wochen[58]) und die explizite Benennung von „Rechtstagen" für die einzelnen Vorgänge innerhalb des Verfahrens lassen sich vielmehr als der Versuch deuten, eine eigene Zeit des Gerichts zu schaffen, Input und Output zeitlich zu trennen, auch auf die Gefahr hin, der typischen Justizkritik, dem Vorwurf der Langsamkeit, zu begegnen[59].

Neben der Eröffnung des Prozesses wies das bayerische Gerichtsverfahren auffällig wenige Elemente auf, die sich – vor einem Publikum abspielend und die Kooperation der Beteiligten erzwingend – als performative Akte, zur Herstellung von Bedeutung, deuten lassen[60]; auch die Befragung der Zeugen vollzog sich nicht in der Öffentlichkeit, sondern lediglich im Beisein des Gerichtsschreibers durch den Richter und die Beisitzer[61]. Zu den „dramatischen" Elementen des Verfahrens zählten jedoch die Verkündigung der „Zeugensage" gegenüber den Parteien[62], die als „Beschließung" bezeichnete Beendigung der Reden, Gegenreden, Beweismittel und Zeugenverhöre[63] sowie die Verkündigung des Urteils. Dazu mußten beide Parteien an einem vom Richter genannten „Gerichtstag" vor Gericht erscheinen und formulieren, daß sie die Eröffnung des Urteils begehrten. Die Form des „Endurteils", das einen ordentlichen Prozeß abschloß, war außerordentlich streng reglementiert; es mußte u. a. in schriftlicher Form vorliegen, die Namen des Richters und der Parteien benennen, die Substanz der Klage wiederholen und Auskunft über den Inhalt der Entscheidung des Gerichts geben; bemerkenswerterweise machten Urteilsbegründungen, die in den Text des Endurteils aufgenommen wurden, dieses ungültig – und ebenso die falsche Körperhaltung des Richters bei seiner Verlesung: Dies mußte auf jeden Fall und fraglos im Sitzen vonstatten gehen[64]. Für Entscheidungen

56 Gerichtsordnung, 11v.

57 Zur Regelung der Fristen innerhalb eines Prozesses: Gerichtsordnung, 35r-v-37r-v: *Das dreyzehent Gesatz. Wie von ainem Termin und Gerichtztag, auf den andern, in der haubtsach, auch in den auffzüglichen unnd endtlichen außzügen der Erstn instanntz, in Recht, vom clager und antwurer, sol verfarn werdn.*

58 Gerichtsordnung, 45r-v.

59 Ebd., 12r, 37r-v, 40v. Vgl. *Luhmann,* Legitimation, 70.

60 Vgl. *Luhmann,* Legitimation, 121–124. Zum Konzept der Performanz: *Bachmann-Medick,* Cultural Turns, 104–133.

61 Gerichtsordnung, 46r. Zur demonstrativen Vermeidung von geheimen Elementen im modernen Gerichtsverfahren und zu den damit verbundenen Versuchen der Vermeidung von Mißtrauen: *Luhmann,* Legitimation, 123 f.

62 Gerichtsordnung, 47r-v.

63 Ebd., 58r-v, 59r-v.

64 Zu den Formen der Urteilsverkündung: Gerichtsordnung, 60r-v-66r.

und Urteile der bayerischen Gerichte des 16. Jahrhunderts blieb eine Formel charakteristisch, die in die eigentlich eindeutige Zuordnung von „Rechthaben“ und „Im-Unrecht-Sein“ einen Aspekt des Ausgleichs integrierte, der eben diese Deutlichkeit wieder modifizierte; in den Protokollen des Münchner Hofrats hieß es in fast stereotyper Wiederholung: *[...] aber baider Thail disen Irrung halben aufgelauffen Expens, sonnder aus beweglichen Ursachen gegen ainander compensiert und aufgehebt*[65]. Die Nicht-Anrechnung der Gerichtskosten für die als unterlegen definierte Partei läßt sich als Scheu der Justiz vor ihrer eigenen Konsequenz deuten, eine Art von systemimmanenter, bewußt intendierter Unvollkommenheit.

Die relativ zahlreichen Mechanismen, mit denen die Parteien auf das Verfahren und seinen ungewissen Ausgang verpflichtet wurden, verhinderten selbstverständlich nicht die systemendemischen „Enttäuschungen“[66]; die ausführlichen Regelungen der Bayerischen Gerichtsordnung zur Appellation an die Hofgerichte und das Reichskammergericht (und auch zu ihren Beschränkungen) waren ganz offensichtlich der Versuch, mit dem Verweis auf eine höhere, gleichzeitig jedoch in die Instanzen der Justiz harmonisch integrierte Gerechtigkeit, Ressentiments so zu kanalisieren, daß sie das System nicht nur nicht in Frage stellten, sondern im Kern stabilisierten[67].

IV. Quellen der Legitimität der Justiz

Die Vorrede zur bayerischen Gerichtsordnung beginnt – wenig überraschend – im Namen des regierenden Bruderpaars, der Herzöge Wilhelm und Ludwig, und mit dem Verweis auf verschiedene Arten von Recht bzw. Quellen der Gerechtigkeit, denen jeder Mensch sich zu unterwerfen hat: Gott, das geschriebene Gesetz und die Billigkeit. Daran schließen sich Betrachtungen zur Rechtskenntnis und Gerichtspraxis in Bayern an, deren mangelnde Homogenität, deren „ungleicher Brauch“ als Quelle der Ungerechtigkeit gedeutet wird – Homogenisierung erscheint hier also als Maßnahme der Verbesserung im Sinne der Steigerung der Gerechtigkeit. Genau dies, die Schaffung von „besserem“ Recht durch Vereinheitlichung, wird nun als politischer Akt, der auf einen gemeinsamen Beschluß der Landstände und Fürsten zurückgeht, dargestellt, dessen Durchführung das Produkt einer am kaiserlichen Recht orientierten Gemeinschaftsarbeit von

---

65 Bayerisches Hauptstaatsarchiv München, Kurbayern, Hofrat 1 (1557–1580), passim.

66 Vgl. *Luhmann*, Legitimation, 112; *ders.*, Rechtssoziologie, 42 f., 53–63.

67 Zu den Regelungen der Appellation: Gerichtsordnung, 66v-77v: *Der Zehent Tittl. Von Appellationen, unnd wie die beschwärten, von bey unnd enndtuteiln, apellirn und dingen mögen, auch wie derhalben appostl und urkhünd, begert unnd geben, unnd was zuvollfuerung der Appellation gethan werden sol.* Vgl. *Heydenreuter*, Hofrat, 204.

fürstlichen Räten und Vertretern des Adels ist – der Eliten des Landes, die das Land in einer Weise repräsentieren, daß sie es gewissermaßen „sind“[68].

Abb. 1: Frontispiz der bayerischen Gerichtsordnung von 1520

Das vollkommen konventionell gestaltete Frontispiz der Druckfassung der Gerichtsordnung zeigt unter dem Titel des Werks eine nach drei Seiten

[68] Dagegen nahm die Praxis einer fürstlichen Gesetzgebung ohne Mitwirkung der Landstände und im einzelnen auch im Widerspruch zu den Direktiven des „alten Rechts“ im Bayern des 16. Jahrhunderts immer mehr zu; vgl. *Heydenreuter*, Kriminalgeschichte, 67.

offene Halle, die vorn von antikisierenden Säulen getragen wird und die nach links und rechts sowie durch zwei an der Rückwand befindliche Fenster auch nach hinten Ausblicke zuläßt. Am vorderen Rand dieser Halle – und damit im Vordergrund des Bildes – stehen zwei dem Betrachter in leichter Drehung frontal zugewandte männliche Gestalten, Ritter im Harnisch, mit gepanzerten Armen und Beinen, an der Seite Schwerter, auf dem Kopf tragen sie Helme, deren Spitzen von bekrönten und beflügelten Löwen gebildet werden. Die geöffneten Visiere erlauben den Blick auf die bärtigen Gesichter, die zwar nicht unbedingt grimmige, jedoch durch Alter – und Erfahrung – geadelte Ernsthaftigkeit vermitteln. Zwischen den Rittern befindet sich ein von diesen gehaltener gevierter Wappenschild, dessen Felder abwechselnd den bewehrten goldenen Löwen, Symbol der Pfalzgrafenwürde, und die schrägen silbernen und blauen Rauten der Grafen von Bogen zeigen – der Verweis auf die Pfalzgrafen bei Rhein und Herzöge von Ober- und Niederbayern ist eindeutig, er wird verstärkt durch die an den äußeren Seiten der Decke der Halle, rechts und links von den Köpfen der Ritter angebrachten Schilder mit den Initialen „HW“ und „HL“ – Herzog Wilhelm und Herzog Ludwig. Der Hintergrund wird von einer gebirgigen Landschaft gebildet, die – von links nach rechts – mit einer Kirche, einer Burg und einem umzäunten Anwesen besetzt ist, den Wirkungs- und Lebensstätten von Klerus, Adel und Drittem Stand, mit denen und für die das Gesetzeswerk entstand[69].

V. Autonomie des Verfahrens?

Überlegungen zur Grenze zwischen Vormoderne und Moderne in der Justiz

Für Niklas Luhmann wird die vollständige Legitimation einer Entscheidung durch Verfahren erst in dem Moment möglich, in dem die naturrechtlich-teleologische Begründung des Rechts durch die Positivierung des Rechts ersetzt wird – in dem also der Gerichtsprozeß wesentlich als die konsequente Durchführung eines „Wenn-Dann-Programms“ begriffen wird[70]. Damit stellen sich Rechtsvorstellungen, die Prozeduren der Gesetzgebung und gerichtliche Verfahren der Moderne ab 1800 als grundsätzlich andere Überzeugungen und Vorgänge als die entsprechenden Prozesse der Vormoderne dar, so daß die tradierte Epochenschwelle innerhalb der Neuzeit auch auf der Ebene der Justiz mit Berechtigung angenommen werden müßte[71].

---

69 Zum Verhältnis von „Propaganda“ und Durchsetzung im Gesetzgebungsverfahren der frühmodernen Staaten vgl.: *Schlumbohm,* Gesetze, 647–663, v. a. 660 f.; vgl. auch *Polverini Fosi,* Justice and Its Image, 75–95.

70 *Luhmann,* Legitimation, 59 f., 64, 129–134.

Anders ausgedrückt: Wenn Recht gemacht werden muß – und kann – und es nicht eigentlich „schon immer da" und im Kern unveränderlich ist und lediglich aufgefunden werden kann, wird die Autonom-Setzung eines Verfahrens möglich und notwendig.

In der Bayerischen Gerichtsordnung von 1520 tauchen an zentraler Stelle Bezüge auf das „göttliche Recht" auf[72], die die Vermutung nahelegen, es handle sich auch bei diesem Gesetzeswerk um genau dies: Den Versuch, die in Gott verdichteten und von ihm ausgehenden Normen in eine sprachliche Form zu gießen, deren Veränderbarkeit lediglich mit dem mangelhaften Verständnis der ihnen zugrundeliegenden Prinzipien begründet werden könnte[73]. Andererseits sind neben Formulierungen dieser Art Verweise plaziert, die die Entstehung des Gesetzeswerks als Produkt einer Übereinkunft zwischen Herzog, Landständen und Räten – und damit als ein „Gemachtes" – charakterisieren, das zudem unter dem Vorbehalt der gewissermaßen „jederzeitigen" Veränderlichkeit steht, und dessen Änderung nicht mit einem Verweis auf Gott oder „die Gerechtigkeit" begründet werden muß, sondern die sich aus Anwendung, Praktikabilität – und ihren Grenzen – und den Anforderungen des „gemeinen Nutzens" speist[74].

Insofern scheint sich in dieser überaus konkreten Form der Formulierung und Anwendung von Recht zu bestätigen, daß in der klassischen, von Thomas von Aquin formulierten Deutung des Naturrechts menschliche Gesetze eben nicht – oder nur höchst eingeschränkt – aus den in der Natur vorfindbaren Prinzipien abgeleitet werden können, sondern deren Konkretisierung immer von Zeit und Raum abhängig bleiben muß[75]. Folglich müßte auch ein unter den Bedingungen des klassischen Naturrechts ablaufendes Gerichtsverfahren „Autonomiepotential" haben, und angesichts der Deutung der bayerischen Gerichtsordnung von 1520 sprechen gewisse Indizien dafür, die Epochenschwelle zwischen Vormoderne und Moderne zu relativieren. Dennoch lassen sich die frühneuzeitlichen Verfahren der territorialen Justiz des Reichs nicht – oder doch nur sehr teilweise – als autonom im modernen Sinne bezeichnen; der zentrale Unterschied zur Moderne scheint in dem unterschiedlichen Grad der Steuerung des Einflusses zu liegen, den zentrale Werte der Umwelt, der Gesellschaft, sowohl auf die Behandlung der Gerichtsparteien als auch auf die Rekrutierung des am Gericht tätigen Personals hatten, sowie in der engen Verknüpfung von Gesetzgebung, Regierung und Rechtsprechung.

Hofgerichte waren im Bayern der Frühen Neuzeit zugleich „Regierungen", der Münchner Hofrat vereinigte bis zur Gründung des Revisoriums

---

71 *Luhmann,* Rechtssoziologie, 24, 195 f.

72 Gerichtsordnung, 1r, Vorred.

73 Vgl. *Luhmann,* Rechtssoziologie, 183 f.

74 Vgl. dazu auch *Schlosser,* Rechtsetzung, 49, 56–59.

75 Vgl. *Strauss,* Naturrecht und Geschichte, 124–170.

die Funktionen einer Zentralbehörde mit denen des obersten bayerischen Gerichts, Vitztume und Regierungsräte waren politische Berater des Herzogs, an der Formulierung von Gesetzen beteiligt und Richter[76]. Allerdings entwickelten sich bereits im Laufe des 16. Jahrhunderts zumindest ansatzweise unterschiedliche Tätigkeitsbereiche und Zuschreibungen von Zuständigkeiten innerhalb derselben Behörde, so daß beispielsweise mit der Verengung des Amts des Rentmeisters als Finanzbeamter der Herzöge die Spezialisierung des Vitztums auf das Gericht vorangetrieben wurde[77]. Mit der Entstehung des Geheimen Rats seit den späten 50er Jahren des 16. Jahrhunderts verlor der Hofrat schrittweise seine politischen und legislativen Funktionen und wurde mehr und mehr zum „Gericht", parallel zu der Entwicklung weiterer funktional ausdifferenzierter Zentralbehörden[78].

Als Gerichtspartei blieb der Adel während der gesamten Frühen Neuzeit privilegiert – diese gewohnheitsrechtlich begründete und gesetzlich fixierte Sonderbehandlung war allen Aufforderungen an Richter und Schöffen zur strikten Gleichbehandlung aller Parteien, unabhängig von Herkunft und Stand, gewissermaßen „immer schon" vorgelagert und manifestierte sich am deutlichsten im *privilegium fori,* im Recht auf Anklage ausschließlich vor dem Herzog, also den Hofgerichten bzw. dem Hofrat, und der Be- und Verurteilung ausschließlich durch Standesgenossen. Hinzu kamen verfahrensrechtliche Details wie beispielsweise die den Angehörigen des Dritten Standes nicht zugestandene Möglichkeit, sich auch in Strafprozessen durch einen Anwalt vertreten zu lassen, sowie ein differenziertes Strafmaß, bei dem auf demonstrative Entehrungen sowie Vermögensstrafen, die das Fortleben des adligen Hauses grundlegend in Frage stellen konnten, weitgehend verzichtet wurde[79].

Des weiteren war der Adel qua Adel als Gerichtspersonal privilegiert, denn unter den Kriterien für die Zulassung zum Richteramt rangierte das „edel" an erster Stelle – und für das Amt des Vitztums sowie für einen Platz auf der Ritterbank der Hofgerichte und des Hofrats war es notwendige Voraussetzung[80].

Schließlich lesen sich die persönlichen Voraussetzungen für die Bestellung zum Richter und Beisitzer unter modernen Bedingungen höchst unscharf, denn spezifische, gar durch eine universitäre Abschlußprüfung nachgewiesene juristische Kenntnisse werden nirgends gefordert, stattdessen ist neben der Siegelmäßigkeit und der ehelichen Geburt die Rede von

---

76 *Rosenthal,* Geschichte, 418–420.

77 *Rankl,* Der bayerische Rentmeister, 617–648, 620–622.

78 Zur Entstehung des Geheimen Rats vgl. *Fischer,* Der Geheime Rat, 2–6.

79 *Heydenreuter,* Rechtsstellung, 49–54.

80 Vgl. zum Verhältnis von Homogenisierung und Privilegierung des Adels in der und durch die Justiz: *Wieland,* Die Ausnahme in der Sprache des Allgemeinen, 107–135, 107–113; *ders.,* Selbstzivilisierung zur Statusbehauptung, 326–349, 334–338.

Ehrbarkeit, Redlichkeit, Verständigkeit – also von Eigenschaften, die sich der intersubjektiven Nachprüfbarkeit und Objektivierbarkeit so gut wie vollkommen entziehen und eher die Funktion zu haben scheinen, die Gerichtsherren, die die Bestellung des Gerichtspersonals zu verantworten haben, und das Gerichtspersonal gegen Kritik zu immunisieren[81]. Von einer „künstlichen Annullierung der persönlichen Erfahrungen des Richters" kann zudem im bayerischen Gerichtsverfahren keine Rede sein[82].

Insofern war der Grad der Autonomie des frühneuzeitlichen bayerischen Gerichtssystems, mit dem es die Einflüsse der Umwelt auf das Verfahren zu steuern in der Lage war, in wesentlichen Punkten eingeschränkt, denn es war ein zentrales Kriterium des gesellschaftlichen Status, ja des Systems „Gesellschaft" überhaupt, das die im und durch das Gerichtsverfahren zugeschriebenen Rollen bestimmte, die ständisch definierte Ehre[83]. Es ist fraglich, inwieweit die Definition einer Person und ihres Platzes innerhalb der Gesellschaft durch ihre spezifischen Anteile an Ehre ein ausschließliches Charakteristikum der Vormoderne ist; andererseits ist die Versachlichung, Objektivierung und Verwissenschaftlichung von Eignungskriterien für eine professionelle Rolle im System „Gericht" kein ausschließliches Signum der Moderne, denn nicht nur für die bürgerlichen Beisitzer der Hofgerichte, sondern zunehmend auch für die große Zahl an Landrichtern, Gerichtsschreibern und Advokaten setzte sich die juristische Graduierung zunehmend als Norm – wenn nicht notwendig in der Theorie, so doch in der Praxis – durch, ein Prozeß, dem sich auch der Ritterstand nicht gänzlich entziehen konnte[84]. Insofern erscheint das frühneuzeitliche Gerichtswesen in der allmählichen Überlagerung eines durch „Ehre" bestimmten Konfliktlösungsmechanismus durch eine eigene – gewissermaßen fremde, „objektivierte" – Sprache der Austragung von Differenzen als ein Nebeneinander von verschiedenen Systemen, die für lange Zeit in der Lage waren, eine prekäre Symbiose einzugehen.

Quellen

Beiträge zur Geschichte Herzog Albrechts V. und der sog. Adelsverschwörung (Briefe und Akten zur Geschichte des sechzehnten Jahrhunderts mit besonderer Rücksicht auf Baierns Fürstenhaus, 6), bearb. v. Walter Goetz / Leonhard Theobald, Leipzig 1913.

81 Gerichtsordnung, 3r.

82 *Luhmann,* Legitimation, 66.

83 Vgl. *Stollberg-Rilinger,* Einleitung, 9–24, v. a. 16; *Dinges,* Die Ehre, 29–62. Zum Verhältnis von „Ehre" und „Gericht" in der Frühen Neuzeit: *Fuchs,* Um die Ehre, v. a. 29–43.

84 *Lanzinner,* Fürst, 130; *ders.,* Strukturwandel, 185 f.; *Lieberich,* Die gelehrten Räte, 120–189.

Die Reichskammergerichtsordnung von 1555 (Quellen und Forschungen zur höchsten Gerichtsbarkeit im Alten Reich, 3), hrsg. v. Adolf Laufs, Köln / Wien 1976.

Gerichtsordnung im Fürstnthumb Obern- und Nidern Bayrn Anno 1520 aufgericht, München 1520.

Literatur

Albrecht, Dieter: Das konfessionelle Zeitalter. Zweiter Teil: Die Herzöge Wilhelm V. und Maximilian I., in: Handbuch der bayerischen Geschichte, Bd. II: Das alte Bayern. Der Territorialstaat vom Ausgang des 12. Jahrhunderts bis zum Ausgang des 18. Jahrhunderts, hrsg. v. Andreas Kraus, 2. Aufl., München 1988, 393–457.

Albrecht, Dieter: Die kirchlich-religiöse Entwicklung. Zweiter Teil: 1500–1745, in: Handbuch der bayerischen Geschichte, Bd. II: Das alte Bayern. Der Territorialstaat vom Ausgang des 12. Jahrhunderts bis zum Ausgang des 18. Jahrhunderts, hrsg. v. Andreas Kraus, 2. Aufl., München 1988, 702–735.

Andrian-Werburg, Klaus von: Der altbaierische Adel im landesfürstlichen Staat der Wittelsbacher bis zum Abschluß der ritterschaftlichen Verfassung, in: Deutscher Adel 1430–1555 (Büdinger Vorträge 1963. Schriften zur Problematik der deutschen Führungsschichten in der Neuzeit, 1), hrsg. v. Hellmuth Rößler, Darmstadt 1965, 48–57.

Ay, Karl-Ludwig: Der Ingolstädter Landtag von 1563 und der bayerische Frühabsolutisms, in: ZBLG 41 (1978), 401–416.

Ay, Karl-Ludwig: Land und Fürst im alten Bayern, 16.–18. Jahrhundert, Regensburg 1988.

Bachmann-Medick, Doris: Cultural Turns. Neuorientierung in den Kulturwissenschaften, Reinbek 2006.

Battenberg, Friedrich: Die Gerichtsstandsprivilegien der deutschen Kaiser und Könige bis zum Jahr 1451 (Quellen und Forschungen zur höchsten Gerichtsbarkeit im Alten Reich, 12 / I-II), Köln / Wien 1983.

Beisel, David R.: The Bavarian Nobility in the Seventeenth Century: A Socio-Political Study, Ann Arbor, Michigan 1970.

Dinges, Martin: Die Ehre als Thema der historischen Anthropologie. Bemerkungen zur Wissenschaftsgeschichte und zur Konzeptualisierung, in: Verletzte Ehre. Ehrkonflikte in Gesellschaften des Mittelalters und der Frühen Neuzeit (Norm und Struktur, 5), hrsg. v. Klaus Schreiner / Gerd Schwerhoff, Köln / Weimar / Wien 1995.

Duchhardt, Heinz: Das Reichskammergericht, in: Oberste Gerichtsbarkeit und zentrale Gewalt im Europa der Frühen Neuzeit (Quellen und Forschungen zur höchsten Gerichtsbarkeit im Alten Reich, 29), hrsg. v. Bernhard Diestelkamp, Köln / Weimar / Wien 1996, 1–13.

Fischer, Stefan: Der Geheime Rat und die Geheime Konferenz unter Kurfürst Karl Albrecht von Bayern 1726–1745 (Schriftenreihe zur bayerischen Landesgeschichte, 86), München 1987.

Flachenecker, Helmut: Wittelsbachische Kirchenpolitik in der Frühen Neuzeit. Beobachtungen zur Funktion bayerischer Wahlkommissare bei Bischofswahlen, in: ZBLG 56 (1993), 299–316.

Fuchs, Ralf-Peter: Um die Ehre. Westfälische Beleidigungsprozesse vor dem Reichskammergericht 1525–1805 (Forschungen zur Regionalgeschichte, 28), Paderborn 1999.

Goetz, Walter / *Theobald*, Leonhard: Beiträge zur Geschichte Herzog Albrechts V. und der sog. Adelsverschwörung (Briefe und Akten zur Geschichte des sechzehnten Jahrhunderts mit besonderer Rücksicht auf Baierns Fürstenhaus, 6), Leipzig 1913.

Greindl, Gabriele: Der alte Adel in der bayerischen Landschaft des 16. Jahrhunderts, in: Aus Bayerns Geschichte. Festschrift für Andreas Kraus, München 1992, 217–243.

Greindl, Gabriele: Landeshoheit und Religionsbann: Der Fall Hohenwaldeck, in: Landeshoheit. Beiträge zur Entstehung, Ausformung und Typologie eines Verfassungselements des römisch-deutschen Reiches (Studien zur bayerischen Verfassungs- und Sozialgeschichte, 16), hrsg. v. Erwin Riedenauer, München 1994.

Greindl, Gabriele: Untersuchungen zur bayerischen Ständeversammlung im 16. Jahrhundert. Organisation, Aufgaben und die Rolle der adeligen Korporation (Miscellanea Bavarica Monacensia, 121), München 1983.

Heydenreuter, Reinhard: Der landesherrliche Hofrat unter Herzog und Kurfürst Maximilian I. von Bayern (Schriftenreihe zur bayerischen Landesgeschichte, 72), München 1981.

Heydenreuter, Reinhard: Kriminalgeschichte Bayerns. Von den Anfängen bis ins 20. Jahrhundert, Regensburg 2003.

Heydenreuter, Reinhard: Zur Rechtsstellung des landsässigen Adels im Kurfürstentum Bayern zwischen dem 16. und 18. Jahrhundert, in: Adel und Adelskultur in Bayern (ZBLG, Beiheft 32), hrsg. v. Walter Demel / Ferdinand Kramer, München 2008, 43–105.

Hiereth, Sebastian: Die bayerische Gerichts- und Verwaltungsorganisation vom 13. bis 19. Jahrhundert. Einführung zum Verständnis der Karten und Texte (Historischer Atlas von Bayern. Teil Altbayern), München 1950.

Kraus, Andreas: Geschichte Bayerns. Von den Anfängen bis zur Gegenwart, 3. Aufl., München 2004.

Krischer, André: Im Dienst der Gemeinde. Zur Funktion des spätmittelalterlichen Landgerichts, in: Archiv für hessische Geschichte 60 (2002), 333–369.

Lanzinner, Maximilian: Bayerische Landstände und der Aufbau des frühmodernen Staates im 16. Jahrhundert, in: Der Bayerische Landtag vom Spätmittelalter bis zur Gegenwart. Probleme und Desiderate historischer Forschung (Beiträge zum Parlamentarismus, 8), hrsg. v. Walter Ziegler, München 1995, 81–95.

Lanzinner, Maximilian: Fürst, Räte und Landstände. Die Entstehung der Zentralbehörden in Bayern 1511–1598 (Veröffentlichungen des Max-Planck-Instituts für Geschichte, 61), Göttingen 1980.

Lanzinner, Maximilian: Zum Strukturwandel des altbayerischen Adels in der Frühen Neuzeit, in: Staat und Verwaltung in Bayern. Festschrift für W. Volkert, hrsg. v. Konrad Ackermann / Alois Schmid, München 2003, 167 – 191.

Laufs, Adolf: Die Reichskammergerichtsordnung von 1555 (Quellen und Forschungen zur höchsten Gerichtsbarkeit im Alten Reich, 3), hrsg. v. Adolf Laufs, Köln / Wien 1976.

Laufs, Adolf: Reichskammergericht, in: HRG 4 (1990), 655 – 662.

Lieberich, Heinz: Die bayerischen Landstände 1313 / 40 – 1807 (Materialien zur bayerischen Landesgeschichte, 7), München 1990.

Lieberich, Heinz: Die gelehrten Räte. Staat und Juristen in Baiern in der Frühzeit der Rezeption, in: ZBLG 27 (1964), 120 – 189.

Lieberich, Heinz: Frühe Reichskammergerichtsprozesse aus dem Baierischen Reichskreis, in: Festschrift für Ernst Carl Hellbling, hrsg. v. Hans Lentze / Peter Putzer, Salzburg 1971, 419 – 446.

Lieberich, Heinz: Zur Feudalisierung der Gerichtsbarkeit in Baiern, in: ZRG GA 71 (1954), 243 – 338.

Lütge, Friedrich: Die bayerische Grundherrschaft. Untersuchungen über die Agrarverfassung Altbayerns im 16. – 18. Jahrhundert, Stuttgart 1949.

Luhmann, Niklas: Legitimation durch Verfahren, Neuwied / Berlin 1969.

Luhmann, Niklas: Rechtssoziologie (WV Studium, 1 / 2), 3. Aufl., Opladen 1987.

Lutz, Heinrich / *Ziegler,* Walter: Das konfessionelle Zeitalter. Erster Teil: Die Herzöge Wilhelm IV. und Albrecht V., in: Handbuch der bayerischen Geschichte, Bd. II: Das alte Bayern. Der Territorialstaat vom Ausgang des 12. Jahrhunderts bis zum Ausgang des 18. Jahrhunderts, hrsg. v. Andreas Kraus, 2. Aufl., München 1988.

Polverini Fosi, Irene: Justice and Its Image: Political Propaganda and Judicial Reality in the Pontificate of Sixtus V, in: Sixteenth Century Journal 24 (1993), 75 – 95.

Rankl, Helmut: Der bayerische Rentmeister in der frühen Neuzeit. Generalkontrolleur der Finanzen und Justiz, Mittler zwischen Fürst und Bevölkerung, Promotor der „baierischen Libertät", in: ZBLG 60 (1997), 617 – 648.

Reinhard, Wolfgang: Geschichte der Staatsgewalt. Eine vergleichende Verfassungsgeschichte Europas von den Anfängen bis zur Gegenwart, München 1999.

Rössler, Hans: Kontakte und Strukturen als Voraussetzung für die evangelische Bewegung des 16. Jahrhunderts im Herzogtum Bayern, in: ZBLG 32 (1969), 355 – 366.

Rosenthal, Eduard: Geschichte des Gerichtswesens und der Verwaltungsorganisation Baierns. Bd. I: Vom Ende des 12. bis zum Ende des 16. Jahrhunderts (1180 – 1598), Würzburg 1889.

Sagstetter, Maria Rita: Hoch- und Niedergerichtsbarkeit im spätmittelalterlichen Herzogtum Bayern (Schriftenreihe zur bayerischen Landesgeschichte, 120), München 2000.

Sammer, Marianne: Wilhelm V. Katholische Reform und Gegenreformation, in: Die Herrscher Bayerns. 25 historische Porträts von Tassilo III. bis Ludwig III., hrsg. v. Alois Schmid / Katharina Weigand, München 2001, 189 – 201.

Schlosser, Hans: Rechtsetzung und Gesetzgebungsverständnis im Territorialstaat Bayern im 16. Jahrhundert, in: ZBLG 50 (1987), 41 – 61.

Schlosser, Hans: Spätmittelalterlicher Zivilprozeß nach bayerischen Quellen. Gerichtsverfassung und Rechtsgang (Forschungen zur deutschen Rechtsgeschichte, 8), Köln / Wien 1971.

Schneider, Joachim: Spätmittelalterlicher deutscher Niederadel. Ein landschaftlicher Vergleich (Monographien zur Geschichte des Mittelalters, 52), Stuttgart 2003.

Schlumbohm, Jürgen: Gesetze, die nicht durchgesetzt werden. Ein Strukturmerkmal des frühneuzeitlichen Staates?, in: GG 23 (1997), 647 – 663.

Schwertl, Gerhard: Geschichte der Regierungen und Rentmeisterämter Landshut und Straubing 1507 – 1802, in: Verhandlungen des Historischen Vereins für Niederbayern 116 – 117 (1990 – 1991), 237 – 263.

Sellert, Wolfgang: Prozeß des Reichskammergerichts, in: HRG 4 (1990), 29 – 36.

Stollberg-Rilinger, Barbara: Einleitung, in: Vormoderne politische Verfahren (ZHF, Beiheft 25), hrsg. v. ders., Berlin 2001, 9 – 24.

Strauss, Leo: Naturrecht und Geschichte, 2. Aufl., Frankfurt am Main 1989.

Theobald, Leonhard: Die Einführung der Reformation in der Grafschaft Ortenburg (Beiträge zur Kulturgeschichte des Mittelalters und der Renaissance, 17), Leipzig / Berlin 1914.

Weinfurter, Stefan: Herzog, Adel und Reformation. Bayern im Übergang vom Mittelalter zur Neuzeit, in: ZHF 10 (1983), 1 – 39.

Wieland, Christian: Die bayerische Adelsverschwörung von 1563. Ereignis und Selbstdeutungen, in: zeitenblicke 4 (2005), Nr. 2, [2005 – 06 – 28], URL: [http://www.zeitenblicke.de/2005/2/Wieland/indx_html] (Zugriff am: 22. 10. 2008).

Wieland, Christian: Die Ausnahme in der Sprache des Allgemeinen. Bayerischer Adel und Gericht im 16. Jahrhundert, in: Adel und Adelskultur in Bayern (ZBLG, Beiheft 32), hrsg. v. Walter Demel / Ferdinand Kramer, München 2008, 107 – 135.

Wieland, Christian: Edelmannsfreiheit aus fürstlicher Gnade. Alter und neuer bayerischer Adel im 16. und 17. Jahrhundert, in: Zwischen Stagnation und Innovation. Landsässiger Adel und Reichsritterschaft im 17. und 18. Jahrhundert (Schriften zur südwestdeutschen Landeskunde, 56), hrsg. v. Kurt Andermann / Sönke Lorenz, Ostfildern 2005, 41 – 56.

Wieland, Christian: Selbstzivilisierung zur Statusbehauptung. Untersuchungen zum Verhältnis von adligen Lebenswelten und Rechtssystem im 16. Jahrhundert am bayerischen Beispiel, in: GG 33 (2007), 326 – 349.

Ziegler, Walter: Bayern, in: Die Territorien des Reichs im Zeitalter der Reformation und Konfessionalisierung. Land und Konfession 1500 – 1650. Bd. 1: Der Südosten, 2. Aufl., hrsg. v. Anton Schindling / Walter Ziegler, Münster 1989, 56 – 70.

Ziegler, Walter: Reformation und Gegenreformation 1517 – 1648. Altbayern, in: Handbuch der bayerischen Kirchengeschichte. Zweiter Band: Von der Glaubensspaltung bis zur Säkularisation, hrsg. v. Walter Brandmüller, St. Ottilien 1993, 11 – 32.

Das Verfahren als Rollenspiel?

Englische Hochverratsprozesse im 17. und 18. Jahrhundert

Von *André Krischer*, Münster

Niklas Luhmann hat seine Theorie zur Legitimation durch Verfahren im Wesentlichen am Modell des Gerichtsverfahrens entwickelt[1]. Gerichtsverfahren seien, so Luhmann, in der historischen Entwicklung der modernen Verfahren in Politik und Recht nicht nur der „ursprüngliche Tatbestand" gewesen. An ihnen lasse sich auch besonders deutlich erkennen, welchen Beitrag „elementares Handeln von Angesicht zu Angesicht" für die Funktion von Verfahren erbringe[2]. Denn das ist der Kerngedanke von Luhmanns Verfahrenstheorie: Wenn eine Entscheidung durch Verfahren eine kollektive Verbindlichkeit erfährt – und das heißt hier Legitimation –, dann kann dieser Effekt nicht allein auf die normativen Prämissen des Verfahrens und die Absichten seiner Veranstalter zurückgeführt werden. Mindestens ebenso wichtig sind „latent bleibende Aspekte des sozialen Verhaltens, (...) symbolisch-expressives Handeln, das die Beteiligten in implizierte Rollen, die Nichtbeteiligten durch dramatische Darstellung des Verfahrens in seinen Sinn einbezieht und sie alle den Reduktionsprozeß aktiv oder symbolisch vermittelt mit vollziehen läßt"[3]. So unstrittig es ist, dass jedes Verfahren durch seine Normen gerahmt wird und eine spezifische Gestalt erhält, so bildet es doch als konkretes, gegenwärtiges Geschehen ein Eigenleben und eine soziale Logik aus, die von keiner Prozessordnung erwähnt werden. Ein Verfahren muss daher stets als eine „Matrix möglicher Ereignisse" betrachtet werden[4]. Die Macht, die ein Verfahren erzeugen kann, um den Betroffenen eine Entscheidung auch gegen deren Widerstreben aufzunötigen[5], wird erst durch einen holistischen Blick auf dieses soziale System verständlich[6]. Wie Luhmann gezeigt hat, erlangen vor allem die symbolisch-expressiven Dimensionen eines Verfahrens enorme Signifikanz, und darunter vor allem

---

1 *Luhmann,* Legitimation durch Verfahren, 55–135.

2 Ebd., 139.

3 Ebd., 224.

4 Ebd., 45.

5 Im Sinne von *Weber,* Wirtschaft und Gesellschaft, 28.

6 Zur Deutung des Verfahrens als soziales System vgl. *Luhmann,* Legitimation durch Verfahren, 38–53; *Krischer,* Problem des Entscheidens, in diesem Band.

das Agieren der Beteiligten in Rollen[7]. Es sei sogar vermutlich „die heimliche Theorie des Verfahrens: daß man durch Verstrickung in ein Rollenspiel die Persönlichkeit binden, umbilden und zur Hinnahme von Entscheidungen motivieren könne“[8].

Durch die Betonung mikrosoziologischer Formen wie Rollenhandeln ist die systemtheoretische Verfahrenstheorie besonders gut für eine Anwendung in der historischen Forschung geeignet. Sie kann dazu beitragen, die Funktionsweise eines Verfahrens durch eine Rekonstruktion seines faktischen Ablaufs in all seinen Facetten besser zu verstehen. Gleichwohl haben Geschichtswissenschaft und Rechtsgeschichte noch kaum davon Gebrauch gemacht[9]. Das liegt wohl zum einen daran, dass Luhmann sein Modell des Gerichtsverfahrens mit Blick auf eine moderne, durch Unmittelbarkeit, Mündlichkeit und Öffentlichkeit gekennzeichnete Verfahrensform entwickelt hat[10]. Für eine Analyse des bis ins 19. Jahrhundert auf dem europäischen Kontinent überwiegenden Inquisitionsprozesses, der größtenteils nichtöffentlich und schriftbasiert geführt wurde[11], schien die Verfahrenstheorie nicht unmittelbar geeignet – mittelbar ist sie das meines Erachtens allerdings schon. Das vormoderne englische Gerichtsverfahren wiederum, das seit dem Mittelalter durch die Trias Unmittelbarkeit, Mündlichkeit und Öffentlichkeit gekennzeichnet war, wurde vor allem von Historikern aus der englischsprachigen Welt untersucht, die die Verfahrenstheorie nicht rezipiert haben[12]. Ich möchte daher in diesem Beitrag zeigen, welchen Erkenntnisgewinn die Theorie für die Untersuchung von Gerichtsverfahren bietet und dabei zugleich vorführen, inwiefern sie konkret in die Analyse einfließen kann: nämlich nicht, indem man sie den historischen Prozessen gleichsam überstülpt, sondern indem man die Eigenheiten der Vormoderne in Auseinandersetzung mit und Abgrenzung zum modernen Modellfall betont. Als Beispiel wähle ich englische Hochverratsprozesse des 17. und frühen 18. Jahrhunderts. Dabei gehe ich folgendermaßen vor: Ich skizziere zunächst das Delikt Hochverrat sowie die historischen Kontexte der Verfahren und beschreibe dann einige Grundlagen der Verfahrensweise. Drittens frage ich nach Formen zur Integration bzw. Verstrickung des Angeklagten in das Verfahren und skizziere dies mit Hilfe der Rollentheorie. Viertens konzentriere ich mich auf die Legitimationsschwierigkeiten, die das traditionelle englische Hochverratsverfahren bis zum Ende des

7 *Luhmann,* Legitimation durch Verfahren, 82–90; *Krischer,* Problem des Entscheidens, in diesem Band.

8 *Luhmann,* Legitimation durch Verfahren, 87.

9 Eine Ausnahme bildet *Steinmetz,* Begegnungen vor Gericht, 467–533.

10 Dazu *Geppert,* Grundsatz der Unmittelbarkeit.

11 Vgl. dazu jetzt grundlegend *Härter,* Strafverfahren im frühneuzeitlichen Territorialstaat; ferner *Trusen,* Der Inquisitionsprozeß.

12 Eine Brücke gebaut haben jetzt *King / Thornhill,* Niklas Luhmann's Theory of Politics and Law; vgl. dazu auch *Krischer,* Problem des Entscheidens, in diesem Band, S. 48–51.

17. Jahrhunderts vielfach aufwies. In einem fünften Punkt gehe ich dann noch kurz auf den Wandel von Legitimationsformen im Kontext des reformierten Strafverfahrens des frühen 18. Jahrhunderts ein.

I. Zwischen Fakten und Fiktionen: Das Delikt Hochverrat

Das Delikt wurde bereits 1352 in einem Statut in seiner wesentlichen Gestalt für die kommenden Jahrhunderte umrissen und diente vor allem der Abwehr adliger Usurpationsversuche. Hochverrat war, *when a man doth compasse or imagine the death of our lord the king, of my lady his queene, or of their eldest sonne and heire: or if a man doe violate the kings compagnion, or the kings eldest daughter unmarried, or the wife of the kings eldest sonne and heire: or if a man doe levie warre against our lord the king in his realme, or be adherent to the kings enemies in his realme, giving to them aide and comfort in the realme or elsewhere* [...][13]. Das Statut nannte noch weitere Sachverhalte, die den Tatbestand von Hochverrat erfüllten, wie die Fälschung des königlichen Siegels, die Ermordung des Lordkanzlers und der höchsten Richter[14]. Doch tatsächlich waren es die ersten Sätze des Statuts, die in den frühneuzeitlichen Jahrhunderten im Zentrum des juristischen Interesses standen: Um Hochverrat handelte es sich nämlich genau dann, wenn sich jemand den Tod des Königs vorstellte und Mittel ergriff, um dieser Vorstellung Wirklichkeit zu verleihen: *to compasse or imagine the death of our lord the king*[15]. Dabei handelte es sich bei dieser Passage nicht einfach um die Formulierung des Vorsatzprinzips (*dolus*) in der Begrifflichkeit des Common Law. Vielmehr ging es tatsächlich darum, dass die bloße Absicht, die reine Intention schon Hochverrat konstituierte. Die konkreten Maßnahmen zur Durchführung eines Anschlags aber oder dieser selbst waren lediglich Beweismittel, sogenannte *overt acts*, nicht aber schon das Delikt selbst. Jeder Angeklagte wurde daher vor Gericht damit beschuldigt, *falsely and traitorously [to] imagine in his heart to deprive, depose, and disinherit the Queen's most excellent Majesty from her Royal Seat* [...][16]. Verglichen mit den frühneuzeitlichen Normen zu politischer Delinquenz und Majestätsverbrechen im kontinentalen Europa ging das englische Hochverratskonzept also über das Faktische des konkreten oder versuchten Königsmords hinaus und beanspruchte, auch das Fiktionale als strafwürdig zu bewerten[17]. Damit war der politischen Instru-

---

13 Zitiert nach *Sheppard,* Selected Writings and Speeches of Edward Coke, 952.

14 Grundlegend zum Delikt Hochverrat vgl. *Bellamy,* Law of Treason in England.

15 Vgl. zum ideengeschichtlichen Kontext jetzt *Butler,* Imagination and Politics.

16 *Emlyn,* State-Trials, Bd. 1, 191, aus einem Verfahren der elisabethanischen Zeit.

17 Vgl. dazu jetzt den europäischen Überblick von *Rustemeyer,* Dissens und Ehre, 30–101.

mentalisierung dieses Delikts Tür und Tor geöffnet, und schon im 15. Jahrhundert sprach man von *constructive treason*, wenn sich die Beweise allein auf verbale Äußerungen oder Schriften stützten[18].

Im 16. Jahrhundert fungierten Hochverratsprozesse als Mittel zur Durchsetzung der königlichen Suprematie in weltlichen und geistlichen Belangen. In Reaktion auf die Exkommunikation von Königin Elizabeth I. 1570 wurde in den folgenden Jahrzehnten der katholische Glaube tendenziell und die Mitgliedschaft in einem katholischen Orden definitiv mit Hochverrat gleichgesetzt[19]. Zudem richteten sich die Prozesse immer wieder auch gegen Höflinge, die aus ganz verschiedenen Gründen für die Tudor-Monarchen zum Problem geworden waren[20]. Allerdings waren Hochverratsprozesse keineswegs allein Machtmittel des Monarchen, wie sich im Vorfeld und während des englischen Bürgerkriegs zeigen sollte. Es wurden nämlich zuerst enge Vertraute (der Earl of Stafford und Erzbischof Laud) und dann der König schließlich selbst 1649 wegen Hochverrats hingerichtet[21]. Nach der Restauration der Monarchie 1660 überzog man nicht nur Königsmörder, Anhänger und Exponenten der untergegangenen Republik und Kritiker mit Prozessen[22]. Hochverratsprozesse wurden zunehmend auch zum Instrument in den Konflikten der beiden Parteiungen, die am Ende des 17. Jahrhunderts entstanden[23]. Tories und Whigs brachten sich im Kontext von Verschwörungstheorien gegenseitig vor Gericht. Dieses Szenario erreichte beim so genannten Popish Plot 1678–1681 seinen Höhepunkt. Traditionelle antikatholische Ressentiments verbanden sich mit der Furcht vor einem katholischen Thronfolger zu einer im Herbst 1678 nahezu kollektiven Verschwörungsangst. Angestachelt von einer kleinen Gruppe um den Hochstapler Titus Oates glaubte die Öffentlichkeit, dass katholische Heere England überfallen und alle Protestanten ermorden würden. Vermeintliche Drahtzieher wie der königliche Sekretär Edward Coleman, katholische Lords wie der Viscount Stafford und vor allem die in England verbliebenen Jesuiten wurden wegen Hochverrats hingerichtet[24]. In der ersten Hälfte des 18. Jahrhunderts waren es dann in erster Linie die so genannten Jakobiten, Anhänger des 1688 gestürzten Königs Jakob II., die als Hochverräter ange-

---

18 *Rezneck,* Constructive Treason by Words; *Harris,* Censoring Disobedient Subjects.

19 Vgl. *Bellamy,* Tudor Law of Treason.

20 Bekanntlich wurden auch Ehefrauen Heinrichs VIII. wie Anne Boleyn wegen Hochverrats hingerichtet.

21 Dazu *Orr,* Treason and the State.

22 Dazu *Nenner,* Trial of the Regicides; *Russell,* Theory of Treason in the Trial of Strafford.

23 Dazu *Steffen,* Defining a British State; *Goldie,* John Locke's Circle; *Schwoerer,* Trial of Lord William Russell.

24 Vgl. dazu allgemein *Kenyon,* The Popish Plot; zur Vorgeschichte *Millar,* Popery and Politics in England; zuletzt *De Krey,* London and the Restoration.

klagt und verurteilt wurden[25]. Im späten 18. Jahrhundert versuchten die Obrigkeiten zunehmend, auch sozialen Protest, politische Radikalität und Jakobinertum als Hochverrat anzuklagen, allerdings ohne damit vor den Gerichten Erfolg zu haben[26].

II. Eine Art Gewissenserforschung

Grundzüge der Verfahrensweise bis zum Ende des 17. Jahrhunderts

Bei Strafprozessen im Common Law wurde die Entscheidung über die Tatfrage (*matter of fact*), also die Frage nach Schuld oder Unschuld, von einer Jury aus zwölf Geschworenen geklärt. Dieses Prinzip strukturierte das gesamte Verfahren als öffentlich, mündlich und unmittelbar. Um die Geschworenen zu einer Entscheidung gelangen zu lassen, wurde der zugrunde liegende Sachverhalt mit verfahrenseigenen Mitteln rekonstruiert. Die Geschworenen wurden in Kenntnis darüber gesetzt, worum es ging und ob sich der Angeklagte dazu schuldig oder nicht schuldig bekannte. Im Verlauf des Verfahrens konnten die Geschworenen dann die Festlegung des Angeklagten im Lichte von Beweisen (v. a. Zeugenaussagen) überprüfen. Die Beteiligten agierten dabei von Angesicht zu Angesicht (mit dem Fachterminus des Common Law: *viva voce*) miteinander. War die Beweisaufnahme abgeschlossen, zogen sich die Juroren zur Beratung zurück und gaben anschließend ihr Verdikt ab, aufgrund dessen der Richter dann das Urteil sprach[27].

In dieser Form verliefen im Common Law nun grundsätzlich alle Strafverfahren. Außergewöhnlich waren die Hochverratsverfahren deswegen, weil sie häufig prominente Angeklagte involvierten und ein beachtliches Maß an Öffentlichkeit mobilisierten. Sie waren zudem stets Gegenstand von Rechtsinnovationen. Wenn die großen Common Lawyer der Frühneuzeit wie Edward Coke oder Matthew Hale über das Verfahrensrecht in Kriminalsachen reflektierten, dann hatten sie dabei in aller Regel Hochverratsprozesse vor Augen. Dort wurden die maßgeblichen Präzedenzfälle geschaffen und dort wurden auch zuerst Reformen appliziert, die dann mit einer Verzögerung von einigen Jahrzehnten in die gewöhnlichen Strafprozesse diffundierten[28].

---

25 *Sankey,* Jacobite Prisoners of the 1715 Rebellion; vgl. für die Hochverratsprozesse infolge der Französischen Revolution *Barrell,* Imagining the King's Death.

26 Dazu *Barrell,* Imaginary Treason; *Haydon,* Anti-Catholicism, 237.

27 Allgemein zum Verfahren *Baker,* Criminal Courts and Procedure; *Beattie,* Crime and the Courts in England.

28 Dazu grundlegend *Langbein,* The Origins of Adversary Criminal, 86 ff.

Mitglieder der Peerage besaßen das Recht auf einen besonderen Prozess im Oberhaus, der im übrigen aber nach vergleichbaren Verfahrensregeln geführt wurde wie Prozesse gegen Nicht-Aristokraten vor den Common Law-Gerichten auch[29]. Aufgrund ihrer brisanten politischen Natur wurden Hochverratsverfahren in der Regel nicht in der Provinz im Rahmen der Assizen-Gerichtstage geführt[30], sondern nach London an die King's Bench verwiesen. Als politisches Zentrum war London ohnehin der Ort, wo die Obrigkeiten am häufigsten wegen Hochverrats ermittelten und Prozesse anstrengten. Deswegen stellte das für London und Middlesex zuständige Gericht Old Bailey neben dem Westminster-Gericht King's Bench in den meisten Fällen die Bühne für die Hochverratsverfahren.

Im Unterschied zu gewöhnlichen Strafprozessen, bei denen die Geschädigten selbst die Anklage führten und der Richter häufig der einzige professionelle Jurist war[31], traten bei Hochverratsprozessen die Kronanwälte als Ankläger auf und verschafften den Verfahren damit ein ungleich höheres Maß an professioneller juristischer Qualität. Bis um 1700 fiel dies allerdings zum Nachteil des Angeklagten aus, dem ein Verteidiger verwehrt wurde. Dieses Anwaltsverbot wird in der Rechtsgeschichte gewöhnlich als bewusste und perfide Benachteiligung des Angeklagten gedeutet, und am Ende der Stuart-Herrschaft traf eine solche Einschätzung auch zu. Im historischen – also politischen, sozialen und religiösen – Kontext betrachtet besaß diese aus moderner Sicht bizarr anmutende Regel allerdings ihren Sinn[32].

Strafverfahren des 16. und 17. Jahrhunderts galten den Zeitgenossen keineswegs als rein juristisches Geschäft. Vielmehr wurde es – und verstärkt infolge der englischen Reformation – als öffentliche Gewissenserforschung wahrgenommen, als eine forensische Wahrheitssuche unter göttlicher Inspiration[33]. Deshalb war der dem Angeklagten zu Beginn jedes Prozesses abverlangte Satz, *by god and my country* verhört zu werden, keineswegs ein leeres Ritual, sondern die Beschreibung einer Verfahrensweise, die man als transzendent abgesichert betrachtete. Es war die gemeinsame Überzeugung

---

29 Dazu immer noch *Lovell,* The Trial of Peers.

30 Vgl. dazu *Cockburn,* History of the English Assizes.

31 Vgl. zur Entwicklung der Anklage ex officio *Langbein,* Origins of Public Prosecution.

32 Für die historische Deutung von Rechtspraktiken gilt das gleiche, was Quentin Skinner für die politische Ideengeschichte gefordert hat: Nämlich in bestimmten Praktiken und Ideen nicht immer nur die Vorläufer späterer Konzepte zu sehen, sondern sie im Hinblick auf ihre zeitgenössischen Wahrnehmungen und Funktionszuschreibungen zu untersuchen, vgl. *Skinner,* Bedeutung und Verstehen in der Ideengeschichte; vgl. für eine differenziertere Deutung allerdings auch *Lemmings,* Criminal Trial Procedure.

33 Umgekehrt wurde auch die Beichtpraxis der protestantischen Kirche mit einer aus dem Forensischen stammenden Semantik beschrieben, vgl. etwa *Riley,* Triall of Conscience; vgl. dazu im europäischen Kontext die Beiträge in *Esders / Scharff,* Eid und Wahrheitssuche; sowie in *Burschel,* Das Quälen des Körpers.

sowohl der Common Lawyer als auch der höchst einflussreichen protestantischen Theologen, dass die Wahrheit nur dann zu ermitteln sei, wenn der Angeklagte unmittelbar und ohne jede Form der Stellvertretung zur Sache aussagte[34]. Der Angeklagte galt nämlich als bester Augenzeuge. Entweder entsprach seine Aussage dem Sachverhalt der Wahrheit oder sie war eine Lüge, und ein Anwalt, der *wonderfully amplified small matters with great words,* hätte die Wahrheitssuche nur erschwert[35]. Der Wahrheit auf die Spur kam man aber, weil das Gerichtsverfahren als ein *Outward Tryall* in unmittelbarer Verbindung zum inneren *Tryal of Conscience* stand, also in letzter Konsequenz eine Erforschung des Gewissens des Angeklagten war[36].

Nun galt das Gewissen nicht nur als eine innerliche Reflexionsinstanz[37], sondern als ein aktives Prinzip, das sich unwillkürlich auch nach außen hin darstellte und auf dem Körper Zeichen hinterließ, die als eindeutige Hinweise gelesen werden konnten[38]. Als sichere Zeichen eines schlechten Gewissens und damit der Unwahrheit des Ausgesagten galten z. B. fahrige Gesten, Erschrecken, Stammeln, Schreien, Zittern, Erbleichen oder Erröten[39]. Die Common Lawyer beharrten daher darauf, dass *the very Speech, Gesture and Countenance, and Manner of Defence of those who are Guilty, when they speak for themselves, may often help to disclose the truth*[40]. Solche Schuld indizierenden Gebärden und Körperzeichen ließen sich nur dann erkennen, wenn der Angeklagte ohne Vermittlung durch einen Anwalt, der alle diese Zeichen wie ein Puffer unkenntlich gemacht hätte, befragt werden konnte. Die Geschworenen wurden über die Lesbarkeit und die Bedeutung dieser Zeichen instruiert[41]. Damit sie und die Zuschauer sie gut erkennen konnten, wurden in den Gerichtssälen zumindest über dem Kopf des Angeklagten Spiegel installiert, die zum einen Licht auf ihn lenkten und zum anderen den hinter ihm Sitzenden die Lektüre der Körperzeichen ermöglichten (Abb. 1).

---

34 Die enge Verschränkung von Recht und Theologie in der englischen Frühneuzeit wurde vor allem durch die Institution der Assizen-Predigten hergestellt. Am Beginn einer jeden Gerichtssitzung in den englischen Rechtskreisen hörten die von Westminster in die Provinz entsandten Richter und Juristen die Predigt eines prominenten Geistlichen, in der dieser die Grundsätze der protestantischen Rechtslehre entfaltete. Die sogenannten Assize Sermons erhielten vor allem deswegen herausragende Bedeutung für die englische Rechtsentwicklung, weil sie in aller Regel gedruckt wurden und so den öffentlichen Diskurs beeinflussten, vgl. dazu die Hinweise bei *Cockburn,* Assizes, 65 ff.

35 *Johnson,* The Judge's Authority, 21 f.

36 *Bourne,* Anatomie of Conscience, 11.

37 Vgl. allgemein zu den Vorstellungen über das Gewissen *Braun / Vallance,* Contexts of Conscience; *Kittsteiner,* Entstehung des modernen Gewissens.

38 Solche Wissensbestände hielten die Bußkompendien bereit, vgl. etwa: Sin Dismantled.

39 Vgl. dazu grundlegend *Niehaus,* Das Verhör, 242 ff.

40 Beide Zitate aus *Hawkins,* Treatise of the Pleas of the Crown, 400.

41 *Prest,* Lay Legal Knowledge.

Nach der Vertreibung der Stuarts 1688/89, deren tyrannische Herrschaft die Whigs gerade auch am Strafverteidigerverbot in Hochverrats- und Kapitalsachen festmachten, bemühte sich das Parlament um eine Reform der Prozessordnung[42]. Ein 1695 beschlossenes Gesetz sorgte tatsächlich für ein ausgewogeneres Kräfteverhältnis zwischen Anklage und Angeklagtem, insofern dieser nun einen oder mehrere Verteidiger aufbieten durfte[43]. Spätestens seit den Jakobitenprozessen der 1720er Jahre dominierten Juristen das Geschehen vor Gericht, die forensische Kommunikation und Rhetorik wurde immer mehr professionalisiert und das Beweisrecht verfeinert, selbst wenn die Angeklagten dabei keineswegs völlig verstummten.

III. Nicht aus Eisen: Handlungsketten und Rollenspiele im Verfahren

Die Verfahrensbeteiligten handeln und kommunizieren vor Gericht in Form von Rollen, also in der Rolle des Richters, des Angeklagten, des Zeugen usf. Solche Verfahrensrollen differenzierten sich in England im Laufe des 16. und 17. Jahrhunderts allmählich aus. Richter agierten immer weniger als Höflinge, Ankläger nicht als persönlich betroffene Rächer und die Zuschauer nicht als Mitwirkende am Verfahren. Noch 1601, im Prozess gegen Robert Devereaux, earl of Essex (1565–1601), war es hingegen möglich, dass der bis dahin unbeteiligte Robert Cecil, earl of Salisbury (1563–1612) urplötzlich in die Westminster Hall und damit in das Verfahren eintrat, um eine Sache richtig zu stellen[44]. Als Walter Raleigh 1603 wegen seiner angeblichen Beteiligung an einer spanischen Verschwörung gegen Jakob I. in Winchester Castle der Prozess gemacht wurde, konnte sich wiederum Chefankläger Edward Coke kaum im Zaum halten: *Thou viper, for I thou thee, thou traitor! I will prove thee the rankest traitor in all England,* brüllte er Raleigh entgegen – und wurde vom Gericht zur Ordnung gerufen[45]. Persönliche Animositäten zwischen dem Juristen und dem dichtenden Abenteurer, die letztlich beide Höflinge waren und um das knappe Gut der königlichen Gunst konkurrierten, schlugen sich auch im Verfahren nieder. Verfahrens-

42 Dabei haben schon die Zeitgenossen auf die Heuchelei der Whigs hingewiesen, die nämlich bis zum Tag des Inkrafttretens der Reform am 25. März 1696 (Mariä Verkündigung) mit den Jakobiten eben jenen kurzen und anwaltslosen Prozess machten, den sie immer als Stuart-Willkür gegeißelt hatten. Sir John Hawles, der 1689 die Prozesse gegen whiggistische Angeklagte in den Jahren 1683–1685 in einem viel gelesenen Traktat als Unrecht klassifiziert hatte (vgl.: Remarks Upon the Tryals), verteidigte in seinem Amt als Kronanwalt unter Wilhelm III. energisch das Anwaltsverbot, als sei das nie ein Problem gewesen, vgl. dazu die sarkastischen Kommentare von *Salmon,* Critical Review, 679.

43 An Act for Regulateing of Tryals, 6–7; zu der Reform allgemein *Shapiro,* Political Theory; *Phifer,* Law, Politics and Violence.

44 *Jardin,* Criminal Trials, 353.

45 Ebd., 410.

Abb. 1: Szene aus dem Saal des Gerichts Old Bailey in der Londoner City, um 1800. Am rechten Bildrand der Angeklagte in der Box, über seinem Kopf ein Spiegel. In der Bildmitte, wiederum in einer Box, befinden sich Zeugen. Eine Zeugin wird gerade verhört, über ihrem Kopf befindet sich ein Brett, um die Akustik zu verbessern. In der Bildmitte hinten die Box der Geschworenen, hinter den Säulen die Zuschauer. Am linken Bildrand, erhöht sitzend, die Richter, davor Vertreter von Anklage und Verteidigung. Im Bildvordergrund weitere Zuschauer, aus: Rudolph Ackermann, The Microcosm of London, Bd. 2, London 1808, nach S. 212, aus Privatbesitz.

rollen waren selbst Gegenstand historischer Entwicklungen, was wiederum zur Folge hatte, dass Verfahren erst allmählich eigene Sinnsphären und Handlungslogiken ausdifferenzierten[46].

Im Verfahren eine Rolle zu spielen heißt, dass sich die Beteiligten auf bestimmte Verhaltenserwartungen einlassen[47]. Die Erfüllung dieser rollenspezifischen Erwartungen, die immer noch viel Raum für individuelle Stilisierung lässt, ist im Verfahren eine Voraussetzung für kontinuierliche Interaktion. Im Falle der qua Amt am Verfahren beteiligten Personen, also der Richter und der Kronanwälte, ist es nicht verwunderlich, dass sie ihre Rolle übernahmen und konstant spielten. Doch gerade auch „die Mitwirkung derer, die möglicherweise den Kürzeren ziehen, hat für die Bestätigung der Normen, für ihre Fixierung als verbindliche, persönlich-engagierende Verhaltensprämissen besonderen Wert“[48]. Für ein Strafverfahren kommt es also darauf an, dass gerade auch der Angeklagte seine Rolle spielt – und damit, um bei der Spielmetapher zu bleiben, nolens volens genau jene Spielregeln anerkennt, nach denen über Gewinner und Verlierer entschieden wird. Zwei Faktoren waren dabei wesentlich für diese Form der Arbeitsleistung durch den Angeklagten: Eine Art Auftaktzeremoniell und der ungewisse Ausgang des Prozesses.

Im englischen Verfahren war eine Sequenz ganz zu Beginn grundlegend für die Konstitution der Rolle des Angeklagten, nämlich das so genannte *Arraignment,* das auf Abbildung 2 zu sehen ist[49]. Nachdem der Angeklagte von den Wachleuten an die Schranke geführt wurde, forderte ihn der Gerichtsdiener auf, seine Hand hochzuhalten: *John Twyn, hold up thy Hand*[50]. Die zeitgenössischen Juristen verstanden darunter eine *Ceremony for making known the Person of the Offender to the Court* und deuteten es also als ein einfaches Identifikationsritual[51]. Das war es sicher, aber auch mit der latenten Folge, dass damit zum ersten Mal vom Angeklagten die Spielregeln des Verfahrens anerkannt wurden. Tatsächlich verlief dieses Ritual keineswegs störungsfrei. Die Delinquenten versuchten regelmäßig, sich den symbolischen Implikationen des Handhochhaltens zu entziehen. Ein besonders drastisches Beispiel dafür bot der Hochverratsprozess gegen John Lilburne 1649, der zwar vor einem neu geschaffenen Revolutionsgericht der Republik abgehalten wurde, bei dem sich aber ganz exemplarisch jener Konflikt abspielte, der auch die Prozesse der monarchischen Zeit vorher und nachher kennzeichnete.

46 *Luhmann,* Legitimation durch Verfahren, 59 – 68.

47 Vgl. dazu *Krischer,* Problem des Entscheidens, in diesem Band, S. 39 ff.

48 *Luhmann,* Legitimation durch Verfahren, 114 f.

49 Dazu *Baker,* Criminal Courts, 282 ff.

50 *Emlyn,* State Trials, Bd. 2, 528.

51 Vgl. *Hawkins,* Pleas of the Crown, Bd. 2, 308.

Lilburne war die Galionsfigur der radikalen Levellers und galt aufgrund seiner Konflikte mit den Royalisten in den 1640er Jahren als Freiheitsheld („Free Born John“)[52]. Nach der Gründung der Republik hatte er jedoch auch diese in verschiedenen Pamphleten als Tyrannei bezeichnet und damit nach der neuen Gesetzeslage Hochverrat begangen[53]. Wegen seiner Reputation als Volkstribun war es nicht verwunderlich, dass das Gericht einen ganzen Tag mit Lilburne nur um das Arraignment rang. Man wollte ihm mit Blick auf die öffentliche Meinung gerade keinen kurzen Prozess machen. Lilburne weigerte sich indes partout, seine Hand hochzuhalten, weil ihm nämlich die Konsequenzen dieses symbolischen Akts durchaus bewusst waren. So erklärte er: *You demand I should hold up my Hand at the Bar; and I know not what it means, neither what in Law it signifies. [...] Therefore if you please but to explain what the Meaning and Signification of holding up the Hand at the Bar is, I shall seriously consider of it. [...] For me to hold up my Hand at the Bar before I understand the true Signification of it in Law (which tells me it is inself a ticklish Thing) were for me to throw away my own Life upon a Punctilio or Nicety that I am ignorant of*[54]. Als ihm das Gericht darauf antwortete, es ginge dabei doch nur um die Identifikation des Angeklagten, antwortete Lilburne, dass man das dann doch auch anders machen könne, nämlich mit Worten und nicht mit Gesten: *I am John Lilburne, Son of Mr. Richard Lilburne* [...]. Er wolle sich jedenfalls nicht aufgrund einer ihm semiotisch unklaren formellen Feinheit des Verfahrens (an anderer Stelle sprach er von *Niceties or Formalities of the Law*) um Kopf und Kragen bringen.

Dass Lilburne am Ende freigesprochen wurde, hatte nicht nur, aber eben doch auch mit seiner konstanten Verweigerung des Handhochhaltens zu tun. Als man die Geschworenen nämlich verhörte, warum sie denn nicht auf schuldig erkannt hätten, antworteten einige, dass sie sich nicht sicher gewesen seien, ob der Mann an der Schranke wirklich der in der Anklageschrift genannte John Lilburne gewesen sei[55]. Es gab indes verschiedene Gründe dafür, das Handhochhalten zu verweigern. Es war auch ein Versuch, dem Gericht den Respekt zu verweigern oder es zu delegitimieren. Das hatte Lilburne ebenso im Sinn gehabt wie der 1661 angeklagte Fifth-Monarchy-Man John James, der wiederum in Predigten die restaurierte Monarchie als Teufelszeug gebrandmarkt hatte. James erhob zwar seine Hand, behielt dabei aber seinen Handschuh an, was von allen Anwesenden als despektierliches Zeichen gewertet wurde[56].

---

52 *Foxley,* John Lilburne and the Citizenship.

53 *Peacey,* Hunting of the Leveller.

54 *Emlyn,* State Trials, Bd. 2, 28.

55 Ebd., 81 f.

56 Ebd., 470.

Für den Angeklagten ebenso prekär und daher umstritten war auch der anschließende Schritt beim Arraignment, nämlich das sog. *Pleading*[57]. Nachdem ein Angeklagter die Hand erhoben hatte, verlas der Gerichtsdiener die Anklageschrift (*Indictment*), woraufhin der Angeklagte aufgefordert wurde, sich mit Bezug darauf zum einen schuldig oder unschuldig zu bekennen und zum anderen die Art der Wahrheitsfindung zu wählen[58]. Das Pleading stand dabei unter dem Gesetz vom ausgeschlossenen Dritten: Der Angeklagte konnte nur entweder schuldig oder unschuldig sein, aber nichts dazwischen. Man konnte sich nicht in einigen Punkten für schuldig, in anderen aber für nicht schuldig erklären.[59] Das Gericht beharrte stets auf Eindeutigkeit, weil ja auch die Geschworenen am Ende in ihrem Verdikt über genau diese klar definierte Dichotomie – schuldig / nicht schuldig – zu befinden hatten. Teilbekenntnisse waren im älteren Verfahrensgang nicht justiziabel. Der Angeklagte wurde mit der Frage allerdings stillschweigend auch aufgefordert, die zur Debatte stehende Sachlage selbst auf klare Entscheidbarkeit hin zuzuspitzen und sie damit erst zum Gegenstand des Verfahrens werden zu lassen[60]. Mit seiner Antwort auf die Schuldfrage traf der Angeklagte eine irreversible Festlegung, die ein protokollierter Teil der Verfahrensgeschichte wurde. Das Unschuldsbekenntnis – bei einem Schuldbekenntnis war der Prozess sofort zu Ende – stand dann während des weiteren Verfahrens als jener Fluchtpunkt im Raum, mit dem alle weiteren Beweise abgeglichen wurden. Der Angeklagte erschien Schritt für Schritt entweder als Lügner, als jemand, der fälschlich behauptete, unschuldig zu sein, oder aber auch als jemand, der die Wahrheit gesprochen hatte. Auf jeden Fall geriet der Angeklagte mit seinem Bekenntnis in den „Trichter des Verfahrens", das von diesem Punkt an auf eine Entscheidung zusteuerte.

Besonders verfänglich und ein Beispiel für die Mikrophysik der Macht von Verfahren war das Arraignment auch deswegen, weil es von Juristen als ein Beispiel für die unbedingte Freiheit des Engländers vor dem Recht gedeutet wurde. Schließlich konnte sich jeder Angeklagte die Freiheit nehmen, sich entweder für schuldig oder für unschuldig zu erklären. Das Arraignment war deswegen ein Beispiel für das von den Soziologen so genannte attributive freie Handeln. „Damit ist nicht Ursachelosigkeit gemeint, sondern nur, dass weder physischer Zwang noch soziale Verpflichtung sichtbar werden, um das Handeln zu erklären. Und wenn beides abwesend ist, dann dirigiert das die Zurechnung wie von selbst auf den Handelnden. Das Handeln kann ihm als Ausdruck seiner Person zugerechnet

57 *Baker*, Criminal Courts, 282 ff.

58 Diese letzte Frage war allerdings wirklich nur rhetorisch, denn die Möglichkeit, die Wahrheit per Zweikampf oder Gottesurteil (*trial by battle*) zu finden, existierte schon im Spätmittelalter selbst für Aristokraten nicht mehr.

59 Solche Beispiele bei *Bellamy*, Tudor Law, 138.

60 Im Sinne von *Seibert*, Gerichtsrede, 143.

werden und gerät so unter die Erwartung, zu seinen anderen Handlungen und Einstellungen zu passen“[61]. Tatsächlich achtete die Strafjustiz genau darauf, dass auch die äußeren Umstände beim Arraignment den Eindruck freier Handlungsmöglichkeit verstärkten. Der einflussreiche Kommentator William Hawkins (1681–1750) notierte dazu, dass der Angeklagte beim Arraignment mit *humanity and gentleness* behandelt werde sollte. Um wen es sich bei dem Angeklagten auch handele: auf keinen Fall sollte er in einer respektlosen Form (*contumelious manner*) vorgeführt werden *as with his Hands tied together, or any other Mark of Ignomity and Reproach, nor even with Fetters on his Feet* [...][62]. Die Abbildung aus dem 15. Jahrhundert, auf der der Angeklagte noch Fußfesseln trägt, stellte also die frühneuzeitlichen Verhältnisse nur eingeschränkt dar. Gerade weil es so aussah, als ob die Angeklagte frei und ungezwungen aussagte, wurden „Szene und Zeremoniell des Verfahrens [...] zur Norm-Falle für Beteiligte, die sich gar nicht so weit engagieren wollten. Außerdem wird ihr eigenes Verhalten zur Verfahrensgeschichte und damit zur Fessel“[63].

Weil sie sich der Macht der Formen bewusst waren, versuchten die Angeklagten beim Arraignment, dem Verfahren Einhalt zu gebieten. Wenn sie sich weigerten, die Hand hochzuhalten und auf die Schuldfrage zu antworten, dann auch deshalb, um vor diesen Ritualen Erklärungen abzugeben, sich also selbst ein Sprechen außerhalb der Subjektformung durch die Angeklagtenrolle zu ermöglichen. Tatsächlich hatten Angeklagte im Verfahren nämlich nur wenig Raum zur rhetorischen Selbstdarstellung. Die klassische Gerichtsrede war Sache der Anklage, und die Angeklagten durften nur indirekte Fragen an die Zeugen stellen. Wenn ihnen am Ende das Recht zum abschließenden Plädoyer gewährt wurde, waren sie entweder physisch oder rhetorisch schon so zermürbt worden, dass sie kaum noch Wirkung entfalten konnten. Das Geheimrezept für Strafverfahren im Common Law lautete daher: Verteidige dich möglichst energisch, bevor das eigentliche Verfahren beginnt. Lilburne und einige andere Angeklagte der republikanischen Zeit hatten so über bemerkenswert lange Zeit in eigener Sache sprechen können. Nach der Restauration, als die Verantwortlichen für die Hinrichtung von Karl I. am 9. Oktober 1660 in Old Bailey vorgeführt wurden, wollte das Gericht aber unbedingt alle Ausflüchte und Bemerkungen vor dem Pleading vermeiden. Als Thomas Harrison (1616–1660) der Frage auswich, klärten ihn die Richter zunächst einmal über die Rechtslage auf. Weil er dann immer noch nach Redemöglichkeiten suchte, wurde ihm – und das protokollieren die Quellen genau – vom Clerk das Wort abgeschnitten:

Clerk: Are you Guilty, or Not Guilty?
Harrison: I am speaking. Shall I not peak two words?

---

[61] *Kieserling,* Simmels Formen in Luhmanns Verfahren, in diesem Band, S. 116.

[62] *Hawkins,* Pleas of the Crown, Bd. 2, 308.

[63] *Luhmann,* Legitimation durch Verfahren, 93.

Court: If you will not put yourself upon your trial, you must expect that course that the law directs.
Harrison: May it please your lordships, I am now …
Clerk: Are you Guilty, or Not Guilty?
Harrison: I desire to be advised by the law, this is a special case.
Court: The law allows nothing now, but to plead Guilty, or Not Guilty.
Harrison: Give me advice in this.
Clerk: Thomas Harrison, Are you Guilty? Or Not Guilty?
Harrison: I would willingly render an account of all my doings …
Clerk: Are you Guilty or? Or Not Guilty?
Court: You have been acquainted with the legal proceedings. You never found in all your experience that any prisoner at the bar, for Felony or Treason, was suffered thus to discourse, or to answer otherwise than Guilty, or Not Guilty?
Clerk: Are you Guilty? or Not Guilty?
Harrison. Will you refuse to give me any satisfaction?
Court: Are you Guilty, or Not Guilty?
Harrison: Will you give me your advice?
Court: We do give you advice. The advice is, there is no other plea, but Guilty, or Not Guilty. You shall be heard when you have put yourself upon your trial.
Clerk: Are you Guilty, or Not Guilty?
Harrison: You do deny me counsel, then I do plead Not Guilty.
Clerk: You plead Not Guilty? Is this your Plea?
Harrison: Yes.[64]

Während das Gericht in diesem Fall Harrison, der um 1660 als Staatsfeind Nr. 1 galt, demonstrativ streng begegnete, ließ sich das gleiche Ziel, nämlich den Angeklagten zur korrekten Antwort zu bringen, auch auf anderen, weniger drastischen Wegen erreichen. Dennoch lag auch scheinbar konzilianteren Vorgehensweisen eine diskursive Gewalt des Rechts zugrunde. Der Prozess gegen John Twyn (1619–1664), der am 20. Februar 1663 in Old Bailey des Hochverrats angeklagt worden war, ist dafür ein Beispiel. Der Chefzensor der Restauration, Roger L'Estrange, hatte nachweisen können, dass Twyn Autor und Drucker des Traktats *Of the Execution of Justice* war[65]. Darin war zu lesen, es sei die göttliche Pflicht eines jeden Engländers, die *bloody and oppressing* Dynastie der Stuarts wieder zu vertreiben[66]. Für die Kronanwälte war es ein leichtes, daraus eine Hochverratsklage zu konstruieren. Denn wer den König vertreiben wollte und zum Widerstand aufrief, nahm den Tod des Monarchen wissentlich in Kauf, und das war nun einmal Hochverrat (*imagining the King's death*). Nachdem nun die Anklage im Gericht verlesen worden war, fragte der Clerk wie üblich: *What say'st thou, John Twyn, art thou Guilty of this High-Treason whereof thou standest indicted, or Not Guilty?* Doch anstatt darauf wie verlangt zu antworten, versuchte Twyn noch einmal informell mit dem Richter über seinen Fall zu sprechen und sich über die bis zum Prozessbeginn erfahrene

64 *Emlyn,* State Trials, Bd. 2, 308 f.

65 *Kemp,* „Twyn, John".

66 A Treatise of the Execution of Justice, 15.

schlechte Behandlung zu beschweren: *I desire leave to speak a few words: My Lord, I am a very poor Man; I have been in Prison several Months* [...] Sofort wurde er vom Clerk unterbrochen: *Are you Guilty, or Not Guilty?* Doch Twyn ließ noch nicht locker: *With all due Submission to your Honours, I desire to speak a few Words* [...]. Nun unterbrach ihn der Richter selbst: *You must first plead to your Indictment, and then you may say what you will; that's the Rule of Law. We receive non Expostulations till you have pleaded to the Indictment, Guilty or Not Guilty.*

Twyn war sich ganz offenbar der Gefahr bewusst, sich durch sein Bekenntnis auf ein Verfahren einzulassen, das er selbst nur als weiteren Beleg für die Tyrannei der restaurierten Stuarts betrachtete. Noch einmal versuchte er daher, sich Gehör zu verschaffen: *I do not intend to answer to the Indictment, by what I shall now say: I am a poor Man, have Family and three small Children, I am ignorant of the Law, and have been kept Prisoner divers Months* [...]. Erneut intervenierte der Richter, geduldig, durchaus freundlich, aber bestimmt: *Pray plead to the Indictment; you shall be heard, say what you will afterwards.* Twyn fuhr fort: *I humbly thank you, my Lord,* und der Clerk fragte erneut: *Are you Guilty, or Not Guilty?* Twyn gab immer noch nicht auf: *I beseech you to allow me Counsel, and some Consideration; I desire it with all Submission.* Das Gericht ließ sich durch Twyns Ausweichversuche keineswegs aus der Fassung bringen. Schließlich bekannte sich Twyn doch: nicht schuldig. Auf die darauf folgende, obligatorische Frage: *How wilt thou be try'd?* antwortete Twyn allerdings erneut nicht korrekt und verlangte statt dessen: *I desire to be try'd in the presence of that God that is the Searcher of all Hearts, and the Disposer of all things.* Der Richter blieb weiterhin geduldig: *God Almighty is present here; there is no other Trial by the Law of England, but by God and the Peers, that is the Country, honest Men. You shall have all your Challenges, and all that's due to you, by the help of God; we are bound to be your Counsel, to see you have no wrong: therefore put yourselfe upon your Trial, say how you will be try'd.* Aber Twyn blieb hartnäckig: *I desire to be try'd in the Presence of God.* In aller Ruhe erklärte ihm der Richter noch einmal, warum das keine Antwort auf die Frage sein konnte. Gott überwache das Verfahren ohnehin, blicke herab auf alle Beteiligten und bemerke alle Fehler. Erst jetzt gab Twyn auf und antwortete: *By God and the Country,* und der Clerk konnte rasch die übliche Schlusskadenz des Initiationsritus hinzufügen: *God send thee a good Deliverance*[67].

Nach der unbeirrbaren Strenge, mit der das Gericht das Bekenntnis des Angeklagten zuvor erzwungen hatte, markierten diese Worte nach der Ansicht des Juristen William Blackstone (1723–1780) die *humane language of the law, which always hopes that the party's innocence rather than his guilt*

67 Alle Zitate aus *Emlyn,* State Trials, Bd. 2, 529.

may appear[68]. Es gehörte aber zur geheimen Dramaturgie des Verfahrens, das Wohlverhalten des Angeklagten zu honorieren und seiner Kooperationswilligkeit mit Ritualen der Konzilianz zu begegnen – mit verbalen Ritualen wohlgemerkt, die dem Verfahren nichts von seiner Strenge nahmen.

Die geduldige Gewalt, mittels derer das Gericht die Angeklagten auf ihre Rollen verpflichten wollte, zielte darauf, jeder Form von individueller Stilisierung vor den Schranken der Justiz den Boden zu entziehen. Als der Buchbinder Nathan Brooks, der 1663 zusammen mit Twyn vor Gericht stand, auf die Frage nach Schuld oder Unschuld antwortete: *I am not, by the laws of England, Guilty,* berichtigte ihn der Richter: *You shall be tried by the Laws of England, whether you are Guilty or not,* und forderte ihn auf, die richtigen Worte zu benutzen[69]. Schon minimale Abweichungen wurden gerügt, wie etwa im Fall des Katholiken Sir Thomas Gascoigne (1679), der sich beim Plädoyer bekreuzigte und erklärte: *Gloria Patri, Filio, & Spiritui Sancto: I am not guilty,* und vom Clerk zu hören bekam: *Not Guilty, you must say*[70]. Das Beharren des Gerichts auf diese und nur diese Worte besaß eine eigene soziale Logik, die über forensische Traditionspflege weit hinausging. Es handelte sich beim Arraignment und seinen Ritualen um einen performativen Akt, also um einen Handlungszusammenhang, der danach beurteilt wurde, ob er gelungen oder misslungen war[71]. Dieser Akt diente – um es mit Fritz Teufel zu sagen – nicht der Wahrheitsfindung[72], sondern dem Verfahren als sozialem Geschehen: Er implizierte den für das Verfahren notwendigen Statuswechsel einer Person von ihren Alltagsrollen zum Angeklagten. Indem der Angeklagte sich auf die vom Gericht verlangten Sprechakte festlegen ließ, leistete er „unbezahlte zeremonielle Arbeit" für das Verfahren[73]. Mit der Rollenübernahme wurde zum ersten Mal demonstrativ das ganze System an Normen in seiner Geltung bestätigt, aus denen auch das für den Betroffenen existenzielle Urteil gefolgert wurde.

Wie essentiell dieses integrative Ritual für das ältere englische Strafverfahren war, zeigt sich an den Konsequenzen, die die englische Strafjustiz zog, wenn sich der Angeklagte weigerte, beim Pleading erwartungsgemäß zu antworten. Bei Delikten wie Raub und Mord wandte man noch bis ins späte 18. Jahrhundert dann die so genannte *peine forte et dure* an. Dazu brachte man den Angeklagte in ein Verließ und häufte auf seiner Brust solange Gewichte an, bis er entweder plädierte oder zu Tode gequetscht wurde[74].

---

68 *Blackstone,* Commetaries, Bd. 4, 340.

69 *Emlyn,* State Trials, Bd. 2, 529.

70 Ebd., Bd. 3, 2.

71 Dazu *Krischer,* Problem des Entscheidens, in diesem Band, S. 37 ff.

72 Nachgewiesen bei *Carini,* Fritz Teufel, 84.

73 *Luhmann,* Legitimation durch Verfahren, 114.

74 *McKenzie,* This Death Some Strong and Stout Hearted Man Doth Choose.

Abb. 2: Die King's Bench in der Mitte des 15. Jahrhunderts,
mit freundlicher Genehmigung der Inner Temple Library Misc. Ms. 188
(Court of King's Bench), Foto: Ian Jones,
mit Genehmigung der Masters of the Bench of the Inner Temple.

In Hochverratsfällen wertete man Schweigen oder die falsche Antwort auf die Fragen indes als Schuldbekenntnis. Gleichwohl versuchten die Gerichte in solchen Fällen stets, den Angeklagten doch noch zum Plädoyer zu überreden. Man ahnte wohl, dass man mit einem kurzen Prozess auf die legitimierende Wirkung des Verfahrens verzichten müsste. Wie am Beispiel von Lilburne, Harrison und Twyn gesehen, bemühten sich die Gerichte, den Prozess durch das korrekt vorgetragene Unschuldsbekenntnis doch noch in Gang zu bringen. Der berühmteste Fall für die Weigerung, auf die Fragen entsprechend zu antworten, war das Verfahren gegen König Karl I. 1649. Eines der vielen Probleme des vom Rumpfparlament konstituierten *High Court of Justice* war auch, den König während des Verfahrens zu keiner Zeit in die Rolle eines Angeklagten drängen zu können, weswegen der Prozess letztlich nie wirklich in Gang kam und damit als Legitimation durch Verfahren scheiterte[75]. Der König wurde am Ende wegen seiner Weigerung zu plädieren zum Tode verurteilt, also letztlich aufgrund einer *Nicety or Formality of the Law.*

Neben dieser expressiven Form der Rollenkonstitution beim Arraignment war es die *Offenheit* der Hochverratsverfahren, die für eine Verstrickung des Angeklagten sorgte. Offenheit ist hier im Sinne des Umstands gemeint, dass über den Ausgang des Verfahrens Ungewissheit bestand oder dies für den Angeklagten doch zumindest so aussah. Gerade der englische Strafprozess beruhte zwar auf zahlreichen rituellen Sequenzen. Er war aber keineswegs als Ganzes ein Ritual, also das Gegenteil eines ergebnisoffenen Verfahrens[76]. Speziell Hochverratsverfahren werden zwar in der Forschung häufig als Schauprozesse (also als nicht ergebnisoffene Rituale) bezeichnet – und auf einige Fälle trifft diese Qualifikation auch sicherlich zu. Dennoch zeigte sich immer wieder, dass sich die Prozesse nicht einfach im Sinne der Veranstalter instrumentalisieren ließen. Die Regeln und die aus dem gegenwärtigen Geschehen erzeugte soziale Eigenlogik des Common Law-Verfahrens schufen einen gewissen Puffer gegenüber der politischen Funktionalisierung. Belegen lässt sich dies an Verfahren, die überraschend mit einem Freispruch endeten – und das waren gar nicht wenige[77] – oder die abgebrochen und mit anderen Mitteln fortgeführt wurden, weil sich nämlich ein Freispruch abzeichnete, der den Interessen seiner Veranstalter widersprach[78]. Anders als in Schauprozessen diktatorischer Regime, etwa in Moskau 1936–38, waren die Angeklagten in Hochverratsprozessen auch keine „Geständnisvirtuosen". Mit diesem Begriff hat der Soziologe Klaus-Georg Riegel das Phänomen bezeichnet, wenn Angeklagte aufgrund von Folter, Erpressung oder Gehirnwäsche theatralisch ihre Schuldbekenntnisse vor Gericht inszenierten und selbst ihre Hinrichtung als reinigenden Akt für die Gemeinschaft forderten[79]. In Schauprozessen leisteten die Angeklagten

75 Zuletzt dazu *Kelsey,* Staging the Trial of Charles I.

76 Vgl. zu den Unterschieden *Krischer,* Problem des Entscheidens, in diesem Band, S. 38.

77 Einer der berühmtesten Freisprüche war der des Sir George Wakeman inmitten der Popish-Plot Hysterie, vgl. *Kenyon,* Acquittal of Sir George Wakeman.

78 Wie im Fall des Strafford-Prozesses 1641, vgl. dazu *Kilburn,* Public Context of the Trial and Execution; zur Person: *Asch,* Krone, Hof und Adel, 183–220.

ein Höchstmaß an Kooperation, damit das Verfahren als ein moralisches Lehrstück gelang[80]. Die Angeklagten in den englischen Hochverratsprozessen gingen hingegen mit dem Vorsatz in das Verfahren, um einen Freispruch und damit um ihr Leben zu kämpfen. Deswegen engagierten sie sich energisch an dem vor Gericht zeitweilig erlaubten Konflikt, der aber nach den Spielregeln des Verfahrens ausgetragen wurde, und das heißt: verbalisiert nach Maßgabe der üblichen forensischen Semantik[81], diszipliniert durch die Verfahrensordnung und gegebenenfalls durch den Richter oder das Gerichtspersonal. Die Verfahrenstheorie lehrt, dass das Engagement des Angeklagten in der Moderne eine immer weitergehende Verstrickung in das Rollenspiel des Verfahrens zur Folge hat. Allerdings trieb sich der Angeklagte in den alten Hochverratsprozessen durch seine Beteiligung keineswegs zwangsläufig in die soziale Isolation, die im modernen Verfahren als eine latente Folge von Konflikthandeln gilt und damit einen legitimierenden Effekt besitzt.

IV. Defizite vormoderner Legitimation durch Verfahren: Subjekt- und Geständniszentrierung

Während es im Fall des kontinentalen Inquisitionsprozesses keineswegs garantiert war, dass am Ende auch ein Urteil erfolgte[82], war genau diese Entscheidungsgarantie, und zwar zeitnah zum Prozessauftakt, ein Kennzeichen schon des traditionellen englischen Verfahrens[83]. Dennoch war diese Kapazität zur Herbeiführung von Urteilen zumindest bis zum Ende des 17. Jahrhunderts keineswegs immer ein Beispiel für Legitimation durch Verfahren. Zwar wurden die zum Tode verurteilten Hochverräter am Ende auch tatsächlich hingerichtet. Dies geschah allerdings vielfach um den Preis breiter sozialer Unterstützung und Parteinahme selbst für jene Verurteilte, die eigentlich nicht das Zeug zum politischen Märtyrer hatten. Die Verfah-

79 *Riegel,* Die Inszenierung von Verbrechen.

80 Vgl. dazu auch *Riegel,* Inquisitionssysteme von Glaubensgemeinschaften.

81 *Seibert,* Gerichtsrede, 143.

82 Die neuere kriminalitätshistorische Forschung hat gezeigt, dass das Ziel von Strafverfahren im Bereich des Gemeinen Rechts keineswegs immer auf eine normgerechte Bestrafung zielte. Vielmehr ging es um selektiven Sanktionsverzicht, um restitutive Bußenstrafen statt punitiver Kapitalstrafen, um Reintegration statt physischer Exklusion aus der Gesellschaft. Dies führte allerdings dazu, dass das römisch-rechtliche Strafverfahren in vielen Fällen eher eine Aushandlungs- und Vermittlungsinstanz war und auf urteilsförmige und an den Normen orientierte Entscheidungen verzichtete, vgl. dazu *Schwerhoff,* Historische Kriminalitätsforschung, 31 ff.

83 Eine der kontinentalen Strafjustiz vergleichbar breite Möglichkeit zum Aushandeln von Strafen bot das englische Kriminalverfahren nicht. Die im Vergleich hohe Zahl an vollstreckten Todesurteilen in England war auch die Folge der Eigenlogik des Common Law Verfahrens, das in der Regel nur zwischen Unschuld und Schuld, der die Strafe zu folgen hatte, unterschied., vgl. dazu allg. *Wettmann-Jungblut,* Von Robin Hood zu Jack the Ripper; *King,* Crime, Justice, and Discretion in England.

ren erreichten also gerade nicht die soziale Isolation der Verurteilten, machten diese nicht völlig wehrlos, sondern beließen ihren Protesten subversives Potential. Als Lernprozess zur Umstrukturierung von Rechtserwartungen auf Seiten der Betroffenen und des Publikums scheiterten nicht wenige Prozesse[84]. Zwar beruhten die Legitimationsdefizite, wie häufig betont wurde, auch auf einem wenig elaborierten und zudem zwischen den Parteien umstrittenen Beweisrecht, auf parteiischen Richtern und gekauften oder sonstwie beeinflussten Geschworenen[85]. Aber ein Faktor kam immer noch hinzu: Solange der Angeklagte allein vor Gericht stand und direkter Ansprechpartner für Richter und Ankläger war, besaß er auch enormen Raum zur Selbstdarstellung, und zwar in der Regel als Opfer der Justiz.

Ein solcher Eindruck ließ sich dann leicht erwecken, wenn die Entscheidungsfindung als inkonsistent erschien. Ein Verfahren galt dann als gelungen, wenn sein Verlauf das am Ende getroffene Urteil für alle Beteiligten – und nicht nur für einen spitzfindigen juristischen Sachverstand oder erpresste Geschworene – logisch nachvollziehbar vorbereitete. Die Common Lawyer beschrieben dieses Prinzip mit dem aus dem Römischen Recht bekannten Diktum *ex facto ius oritur* und meinten damit, dass aus den von Zeugen geschilderten Fakten (*matters of fact*) das Recht (*matters of law*) wie eine mathematische Gleichung notwendig hervorgehen müsse[86]. Am Ende fasste der Urteilsspruch des Richters den Prozess in aller Kürze noch einmal zusammen und stellte ihn mit der Entscheidung in eine unabwendbare, konditionale Verbindung. So war dies etwa beim erwähnten John James der Fall: *Thou hast been here indicted, arraigned, and tried as a false Traitor to his Majesty [...], and hast put yourself upon the Trial of God and the Country, and the Country have found thee guilty; and therefore, John James, thour art to be carried away from hence to Prison, and from thence to the Place of Execution [...]*[87]. Wenn jedoch die Zeugen der Anklage alles andere als glaubhaft agiert hatten, die Unhaltbarkeit der Vorwürfe für alle Zuschauer eigentlich klar im Raum stand und die Geschworenen aber trotzdem überraschend einen Schuldspruch fällten, dann konnte der Angeklagte den Richter mit seiner Urteilsschelte massiv aus dem Takt bringen. Der vermeintliche katholische Verschwörer Edward Coleman unterbrach zum Beispiel seinen Richter Sir William Scroggs bei dessen Urteilsbegründung immer wieder und brachte diesen dazu, von einer Semantik der Gewissheit zu einem für die Performanz von Rechtsakten eher prekären Rekurs auf Vermutungen auszuweichen: *You are not Innocent, Mr. Coleman, I am sure [...]*[88]. Als Coleman aber nicht aufhörte, das Urteil in Frage zu stellen,

84 Vgl. zur diesen Faktoren *Luhmann,* Legitimation durch Verfahren, 116 ff.

85 Vor allem *Langbein,* Criminal Trial, 10–66.

86 Vgl. dazu *Shapiro,* To a Moral Certainty.

87 *Emlyn,* State Trials, Bd. 2, 476. Vgl. zu den Ritualen des Urteilens jetzt die Beiträge in *Vismann / Weitin,* Urteilen / Entscheiden.

blieb dem Richter nichts anders übrig, als das Urteil durch ein dem Angeklagten auferlegtes und von Gerichtsdiener gewaltsam durchgesetztes Sprechverbot zu tabuisieren. Die Zuschauer, das zeigen zahlreiche Selbstzeugnisse, konnten auf diese Weise kaum überzeugt werden. Vielmehr verdichteten sich für viele Beobachter durch solche Prozesse die Anzeichen für eine Krise der englischen Strafjustiz insgesamt.

Der Angeklagte konnte die Urteilsbegründung nicht nur durch Einwände auf der Sachebene aus dem Gleichgewicht bringen. Mindestens ebenso schwer wogen Unschuldsbehauptungen, die mit einer dem Eid funktional äquivalenten Formel unterfüttert wurden. Anders als die Zeugen der Anklage wurden die Angeklagten vom Gericht gerade nicht vereidigt. Sie konnten sich allerdings selbst zu Geschworenen machen, und zwar mit Sprachformeln wie *Upon the words of a dying man and upon the expectation I have of Salvation, I am innocent*[89] oder: *Upon my salvation, I am as innocent as a Child unborn*[90]. Wenn der Angeklagte seinen Dissens mit einer quasisakramentalen Manifestation ausstattete, indem er sich noch unmittelbar vor seinem Tod und der mutmaßlichen Konfrontation mit seinem Schöpfer bedingt selbst verfluchte (*upon my salvation*)[91], dann irritierte er damit die Zuschauer und die medial erreichte Öffentlichkeit erheblich. Da sich das Gerichtsverfahren als öffentliche Gewissenserforschung darstellte, konnte der Angeklagte mit seiner eidesstattlichen Gewissenserklärung für erheblichen Wirbel sorgen. Um Urteilen Legitimation zu verleihen, kam es für das traditionelle englische Hochverratsverfahren darauf an, dass der Betroffene die Entscheidung gleichsam auch selbst als verbindlich akzeptierte. Deswegen zielte das Gericht darauf, den Angeklagten persönlich von seiner Schuld zu überzeugen, und zwar buchstäblich: Bei der Urteilsverkündigung agierte der Richter auch als Theologe und hielt dem Verurteilten eine Strafpredigt, bei der er ihm nahe legte, die mit dem Urteil juristisch festgestellte Schuld auch als Sünde zu betrachten und Buße zu tun. Im Verfahren gegen den erwähnten Drucker Twyn 1663 zum Beispiel empfahl der Richter dem Angeklagten in seiner Urteilsbegründung: *Do not think of any Time here, make your Peace with God, wich must be done by Confession [...]. God have mercy upon you, and if you so do, he will have mercy upon you*[92]. Auf Empfehlung von Richter Scroggs sollte auch Edward Coleman bei der Hinrichtung im Zustand der *attrition* erscheinen. Damit gemeint war die im Konzil von Trient definierte eingeschränkte Buße, die der Gläubige aus einem bestimmten Grund leistet, etwa aus Furcht vor der Hölle

88 *Emlyn,* State Trials, Bd. 2, 693.

89 So Coleman, in Ebd., 695.

90 So der Jesuit Gavan 1679, in Ebd., 836.

91 Vgl. dazu grundlegend *Holenstein,* Seelenheil und Untertanenpflicht; *ders.,* Rituale der Vergewisserung.

92 *Emlyn,* State Trials, Bd. 2, 538.

und um doch noch in den Himmel zu kommen[93]. Die Protestanten erachteten *attrition* immer als bloße Heuchelei und grenzten sie von der wahren Buße, nämlich der aus der unbedingten Gottesliebe fließenden *contrition* ab. In diesem Fall ging es Scroggs aber nicht um konfessionelle Polemik, sondern darum, Coleman auf ein expressiv bußfertiges Verhalten zu verpflichten. Ob aufgrund von *attrition* oder *contrition:* Die Öffentlichkeit sollte bei Coleman auf jeden Fall sinnlich wahrnehmbare Zeichen der Zerknirschung und des schlechten Gewissens erkennen – und dazu zählten Tränen, Schluchzen, zum Himmel gerichtete Augen oder eine Faust, die sich auf die Brust schlug[94]. Vor allem aber sollte Coleman sein Verbrechen öffentlich gestehen und bereuen und nicht allein mit der Absolution durch die katholische Ohrenbeichte aus dem Leben scheiden: *I know that Confession is very much owned in your Church, and you do well in it; but as your Offence is publick, so should your Confession be; and it will do your more service than all your Auricular Confessions. Were I in your case, there should be nothing at the bottom of my Heart that I would not disclose*[95]. Um seine quasi-pastoralen Unterweisungen über die notwendige Verinnerlichung der Strafe und das demonstrative Bereuen der Tat durch den Verurteilten zu unterfüttern, distanzierte sich Scroggs während seiner Rede von seiner offiziellen Verfahrensrolle als Richter, um über die Konfessionsgrenzen hinweg gleichsam ein Wort von Mensch zu Mensch zu sprechen: *I have, Mr. Coleman, said thus much to you as you are a Christian, and as I am one, and I do it out of great Charity and Compassion, and with great sense and sorrow that you should be misled to these great offences under pretence of Religion*[96].

Vergleichbare Reden waren symptomatisch für das traditionelle englische Hochverratsverfahren und seine Legitimationsstrategien. Durch sie redete der Richter dem Angeklagten nämlich ins Gewissen, wie der Theologe Martin Madan noch am Ende des 18. Jahrhunderts schrieb: *He adresses, in the most pathetic terms, the consciences of the trembling criminals*[97]. Beruht das idealtypische (!) Verfahren der Moderne auf einem Lernprozess, bei dem allein neue „Erwartungsstrukturen in die alte, identisch bleibende Persönlichkeit" eingebaut werden[98], so vollzog sich das vormoderne englische Strafverfahren im Falle der Todesstrafe als Bekehrungsprozedur, bei dem es darauf ankam, den Angeklagten auf seine neue Rolle als *Dying Penitent* einzustimmen. Damit wies das ältere Common Law-Verfahren deutliche Parallelen zum Inquisitionsprozess auf, bei dem – wie Richard van

---

93 *Hanna,* „Attrition".

94 Vgl. zur Theorie und Praxis der demonstrativen Buße: Sin Dismantled, 4, 10, 13 und 17: *Grief of heart cannot be made known unto man without some senisble sign.*

95 *Emlyn,* State Trials, Bd. 2, 693.

96 Ebd., 694.

97 *Madan,* Thoughts, 27.

98 *Luhmann,* Legitimation durch Verfahren, 33.

Dülmen, Jürgen Martschukat, Gerd Kleinheyer und andere herausgearbeitet haben – das öffentlich abgelegte Geständnis / Bekenntnis am Endlichen Rechtstag oder spätestens bei der Hinrichtung zentral war[99]. Hier wie dort musste also ein „Persona-Wechsel" zum „Armen Sünder" stattfinden[100], um dem Urteil der Strafjustiz die hinreichende Legitimation zu verleihen. In England missionierte der Richter den Angeklagten daher richtiggehend, damit dieser demonstrativ in einer Weise aus dem Leben schied, die dem ganzen Prozess einen roten Faden verlieh und das Urteil als eine konsistente Folge aus Normen und Fakten erscheinen ließ: von der Anklageerhebung, der Unschuldsbehauptung, der Beweisaufnahme, der Feststellung der Schuld, über den Wahrspruch der Geschworenen, das Urteil des Richters bis hin zum bußfertigen und demütigen Betragen des Todeskandidaten, der auf dem Schafott schließlich doch noch sein Verbrechen gestand, seine Unschuldsbehauptung selbst als Lüge entlarvte und damit seine Hinrichtung persönlich legitimierte[101].

Anders als im modernen Verfahren, das Luhmann zufolge darauf zielt, den Angeklagten als „Problemquelle zu isolieren und die Sozialordnung von seiner Zustimmung oder Ablehnung [des Urteils] unabhängig zu stellen", ihn aber nicht innerlich an das Urteil zu binden, kam es im englischen Strafverfahren noch bis zum Ende des 17. Jahrhunderts also genau darauf an. Obwohl es völlig anders verlief als der Inquisitionsprozess, so beruhte seine soziale Logik doch genau wie dieser auf einer Subjekt- und Geständniszentrierung[102]. Selbst wenn die Common Lawyers immer betont hatten, dass das englische Verfahren nicht auf Geständnisse angewiesen sei, dass diese ohnehin nur erfoltert werden könnten und schon daher dem englischen Recht wesensfremd seien[103] und auch, wenn vom Angeklagten während des Verfahrens kein Schuldeingeständnis verlangt wurde – ohne *confessions* kam auch das traditionelle englische Verfahren nicht aus. Für Gericht und Obrigkeit hatte dies zur Konsequenz, möglichem Dissens des Verurteilten mit seinem Urteil im Grunde bis zum Schluss, also bis zur Vollstreckung des Urteils durch eine Hinrichtung, mit allen Mitteln und öffentlichkeitswirksam widersprechen zu müssen[104]. Konkret musste – und zwar vor allem durch intensive seelsorgerische Therapie vor der Hinrichtung – die Fiktion erzeugt werden, als ob der Verurteilte sein Urteil innerlich

---

99 *van Dülmen,* Theater des Schreckens; *Martschukat,* Inszeniertes Töten, 33 ff.; *Kleinheyer,* Zur Rolle des Geständnisses im Strafverfahren.

100 Im Sinne von *Kittsteiner,* Entstehung des modernen Gewissens, 332 ff.

101 Diesen Beitrag des Subjekts am Funktionieren der vormodernen Strafjustiz hat bekanntlich schon *Foucualt,* Überwachen und Strafen, 51 – 58, herausgearbeitet.

102 Im Sinne von *Hahn,* Zur Soziologie der Beichte.

103 Diese Selbstdeutung wurde zuerst von John Fortescue im 15. Jahrnundert entfaltet und galt in der Frühneuzeit als kanonisch, vgl. *Fortescue,* On the Laws and Governance of England, 31 ff.

104 Dazu *Royer,* Dead Men Talking.

akzeptiert hätte[105]. Die obrigkeitlich bestellten Seelsorger ermahnten den Todeskandidaten daher, beim Gang zur Hinrichtungsstätte für die Zuschauer sowohl sichtbare Zeichen seiner Schuld an den Tag zu legen als auch seine Taten laut und deutlich vor allen zu gestehen[106].

Freilich ließen sich Hochverräter – bei denen es sich in aller Regel entweder um Überzeugungstäter oder um Unschuldige handelte – nur sehr selten tatsächlich zum *Dying Penitent* bekehren. Wenn öffentliche Schuldeingeständnisse abgelegt wurden, dann waren diese eher die Folge von Erpressung. Die Obrigkeiten drohten den Verurteilten nämlich immer wieder mit Repressalien gegen ihre Familien, sollten sie dem Urteil auf der Richtstätte widersprechen[107]. Auch führten geschlechts- und standesspezifische Verhaltenserwartungen dazu, dass der Verurteilte die von der Obrigkeit gewünschte Rolle spielte. Es schickte sich für einen Gentleman eben nicht, mit allzu viel Aufhebens, mit Unschuldbeteuerungen oder gar in Todesangst aus dem Leben zu scheiden[108].

Hatte man es allerdings mit hartnäckigen Unschuldsbehauptungen auf dem Schafott zu tun, dann mussten diese als Lügen diffamiert werden. Nun waren Hochverratsprozesse im Zeitalter der Restauration Gegenstand massenmedialer Berichterstattung. Nicht nur stenographierten private Prozessbeobachter wortwörtlich die Verfahren, um mit ihrem Druck Geld zu verdienen, wobei die Konkurrenz unter den Publizisten für ein beachtliches Niveau an Qualität und Authentizität der Drucke sorgte[109]. Auch die Zeit zwischen Verurteilung und Hinrichtung und dann vor allem diese selbst avancierten zum Thema zahlloser Pamphlete, die sowohl von der Obrigkeit und anderen Gegnern der Todeskandidaten als auch von deren Unterstützern in Umlauf gebracht wurden. Am 24. Januar 1679 wurden zum Beispiel fünf Jesuiten auf Tyburn hingerichtet, die auf dem Schafott ihre Unschuld beteuerten, und zwar mit Hilfe eidesförmiger Sanktionen (*I do solemnly swear, protest, and vow, by all that is sacred in Heaven and on Earth that I am not guilty*)[110]. Angesichts der weit verbreiteten antikatho-

---

105 Vgl. dazu *Martin,* Henry Goodcole, Visitor of Newgate; *Lake,* Prisons, Priests and People; *Hutson,* Rethinking the „Spectacle of the Scaffold". Mit Michel Foucault lässt sich diese seelsorgerische Therapie als Pastoralmacht deuten, vgl. dazu *Foucault,* Sicherheit, Territorium, Bevölkerung, 239–277.

106 Und genau diese beiden Ebenen, nämlich *the inward sorrow and the outward demeanour thereof,* sowie das vor der Gemeinde öffentlich abgelegte Sündenbekenntnis, waren die Prinzipien der protestantischen Bußlehre, vgl. Sin Dismantled, 4 und 43; vgl. zu den Parallelen auf dem Kontinent *van Dülmen,* Theater des Schreckens, 88 ff.; *Martschukat,* Inszeniertes Töten, 37–41; *Danker,* Räuberbanden im Alten Reich um 1700., 156 ff.; allg. *Brandt,* Die evangelische Strafgefangenenseelsorge, 17–55.

107 Vgl. *Smith,* English Treason Trials and Confessions.

108 Dazu jetzt grundlegend *McKenzie,* Tyburn's Martyrs, 195 ff.; *dies.,* Martyrs in Low Life?; *Brady,* Dying with Honour.

109 Vgl. dazu jetzt *Mendle,* „Prints" of the Trials.

lischen Hysterie in dieser Zeit hätte man eigentlich vermuten können, dass solche Behauptungen von Jesuiten, die als Verkörperung allen katholischen Unheils galten, ungehört verhallten. Doch spätestens als diese Äußerungen einige Tage später auch im Druck erschienen, sah sich die Obrigkeit genötigt zu reagieren[111]. So schärfte ein Autor seinen Lesern ein, dass die Jesuiten ein in jeder Hinsicht faires Verfahren gehabt hätten und nicht als Katholiken an sich, sondern als notorische Verräter verurteilt worden seien: *Never had Malefactors a more fair and equal Tryal, nor any Court of Justice more patience to heard and examine all that the Prisoners could alleadge for themselves; nor was the method or proceeding less mild and gentle*[112]. Man war sich im Klaren darüber, dass die *Dying Speeches* und das überaus gefasste Verhalten der Verurteilten *penetrate more deeply than can be imagin'd in the hearts of the credulous & unstable*[113]. Die Pamphlete versicherten immer wieder, die Jesuiten seien *justly executed, condemn'd by National Justice* – was also offenbar so für eine weitere Öffentlichkeit nicht klar war[114]. Es musste eigens versichert werden, dass die Reden *of these so notorious Malefactors* nur dazu hätten dienen sollen, ihre unzweifelhafte Schuld fortzuwischen und sie sich bei den Eiden – die bei den Zuschauern offenkundig größte Bedenken wegen der Legitimität der Urteile hervorgerufen hatten – der Kunst der *Equivocation,* also der methodischen Heuchelei, bedient hätten[115]. Ein weiteres Pamphlet brachte die obrigkeitliche Deutung der Hinrichtung noch knapper auf den Punkt: *Lying allowable with Papists to decieve Protestants*[116].

V. Wandel der Legitimation im Kontext des reformierten Strafverfahrens des 18. Jahrhunderts

Wirft man nun abschließend einen Blick auf die Hochverratsverfahren des 18. Jahrhunderts, so wird man zunächst einmal feststellen können, dass es solche Formen der nachträglichen Rechtfertigungen von Todesurteilen bei Hochverratsverfahren nicht mehr gab. Klagten Jakobiten auf dem Schafott über Justizmord, so verhallte dies weitgehend ungehört[117]. Die Obrig-

110 Vgl. *McKenzie,* God's Tribunal.

111 Dazu auch *Lake / Questier,* Agency, Appropriation and Rhetoric.

112 Some Account of the Tryals of Five Notorious Jesuits, Popish Priests, and Traytors.

113 The Last Speech of the Five Notorious Traitors and Jesuits.

114 Ebd.

115 Zum Hintergrund *Zagorin,* Ways of Lying, 131–152 / 186–220.

116 Ein anderer Versuch, die öffentliche Rezeption der Reden zu steuern, bestand darin, sie zu übertönen wie im Fall des Königsmörders Henry Vane 1662, vgl. The Dying Speeches and Behaviour of the Several State Prisoners, 296; zur Fälschung von Dying Speeches vgl. *Schwoerer,* Trial of Lord William Russell.

117 Vgl. *Szechi,* Jacobite Theatre of Death.

Abb. 3: The Punishment formerly inflicted on those who REFUSED PLEADING to an Indictment, aus einer populären Sammlung von Gerichts-, Gefängnis- und Hinrichtungsgeschichten, William Jackson: The New and Complete Newgate Calendar; or, Villany Displayed in all its Branches (...), London 1795, nach S. 254.

keit sah sich jedenfalls nicht mehr veranlasst, in Form von Pamphleten zu widersprechen[118]. Man könnte nun freilich vermuten, dass die Obrigkeit die

118 Entsprechend nahm auch die forensische Bedeutung von Berichten über die seelsorgerische Therapie ab, die zunehmend zur Trivialliteratur wurden, vgl. *McKen-*

Jakobiten nicht mehr so wichtig nahm, wenn man sie einmal auf die Richtstätte gebracht hatte, und auch die Öffentlichkeit über diese unverbesserlichen Anhänger einer überwundenen Tyrannei nur mehr den Kopf schüttelte. Doch so einfach scheint die Sache nicht zu liegen, denn erstens war Jakobitismus im 18. Jahrhundert eine weit verbreitete kulturelle Konfiguration, innerhalb deren Hochverrat nur die extremste Erscheinungsform darstellte, die sich aber auch in typischen Geselligkeitsformen, literarischen Texten, Trinksprüchen usf. äußern konnte[119]. Zweitens ist die gleiche Tendenz, nämlich die Indifferenz des juristisches Apparats gegenüber dem Verlauf der Hinrichtung, auch bei allen anderen Strafverfahren zu beobachten[120], so dass ich drittens – und darauf kommt es mir hier eigentlich an – vermute, dass die Gründe für die allmähliche Entkopplung von Verfahren und Vollzug nicht allein in der Person der Verurteilten zu finden sind, sondern bereits in den Verfahren selbst. Es ist nicht zu übersehen, dass die Macht des Verfahrens, aus sich heraus legitime, also kollektiv verbindliche Urteile zu produzieren, im 18. Jahrhundert stetig zunahm[121]. Vieles deutet darauf hin, dass einer der Gründe für diese Zunahme an Macht die andere Seite einer Reform darstellte, die in der Rechtsgeschichte als enormer Fortschritt gefeiert worden ist, nämlich die erwähnte Zulassung von Strafverteidigern nach 1700[122]. Durch ihre Präsenz im Gerichtssaal kam es zu einer enormen Juridifizierung der forensischen Kommunikation, die sich nunmehr in erster Linie zwischen ihnen und den Kronanwälten abspielte und den traditionell so aktiven Angeklagten auf eine eher passive Rolle festlegte.

Was sich durch Strafverteidigung in auffälliger Weise änderte, war die Zeit, die das Verfahren der Austragung des Konflikts vor Gericht zur Verfügung stellte[123]. Es wurde üblich, dass die Prozesse mehrere Tage dauerten[124]. Dem Angeklagten und seinen Verteidigern wurde erlaubt, alles vorzubringen und jeden noch so verwinkelten juristischen Trick auszuprobieren. So versuchten etwa die Anwälte des 1722 vor Gericht gestellten jakobitischen Verschwörers Christopher Layer (1683–1723) den Prozess durch Formfehler zu unterminieren[125]. Dazu verwiesen sie auf orthographi-

zie, From True Confessions to True Reporting?; *Linebaugh,* Ordinary of Newgate and his Account.

119 Dazu *Monod,* Jacobitism and the English People.

120 Dazu *Krischer,* Traditionsverlust; *McGowen,* „Making Examples"; *Sharpe,* Civility, Civilizing Process; *Gatrell,* Hanging Tree, 298–321.

121 Dies zeigte sich auch daran, dass der Eid als zentrales Medium des traditionellen Beweisrechts an Bedeutung einbüßte. An die Stelle der transzendental fundierten Wahrheitssuche des 17. Jahrhunderts traten immanente Medien wie z. B. das Kreuzverhör, vgl. *Langbein,* Historical Foundations of the Law of Evidence.

122 Dazu *Lemmings,* Criminal Trial Procedure; *Beattie,* Scales of Justice.

123 Vgl. *Langbein,* Shaping the Eighteenth-Century Criminal Trial.

124 *May,* Advocates and Truth-Seeking.

125 *Emlyn,* State Trials, Bd. 6, 234 ff.; zum Hintergrund vgl. *Cruickshanks / Erskine-Hill,* The Atterbury Plot.

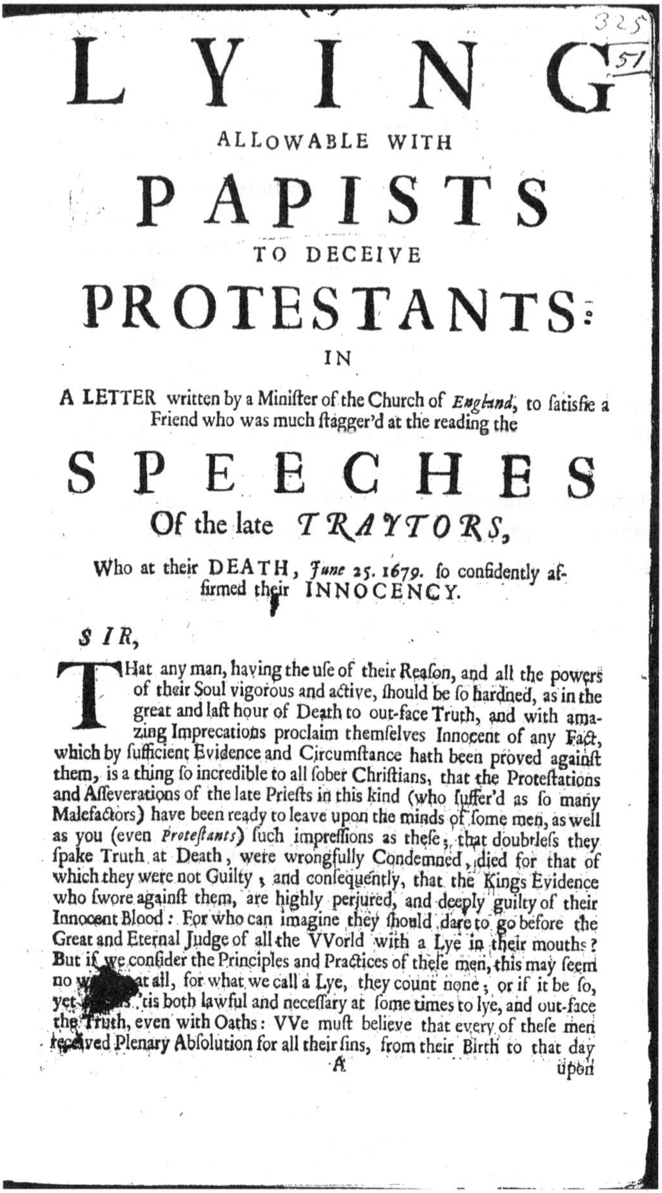

LYING
ALLOWABLE WITH
PAPISTS
TO DECEIVE
PROTESTANTS:
IN
A LETTER written by a Miniſter of the Church of *England*, to ſatisfie a Friend who was much ſtagger'd at the reading the
SPEECHES
Of the late *TRAYTORS*,
Who at their DEATH, *June* 25. 1679. ſo confidently aſ-firmed their INNOCENCY.

SIR,

THat any man, having the uſe of their Reaſon, and all the powers of their Soul vigorous and active, ſhould be ſo hardned, as in the great and laſt hour of Death to out-face Truth, and with amazing Imprecations proclaim themſelves Innocent of any Fact, which by ſufficient Evidence and Circumſtance hath been proved againſt them, is a thing ſo incredible to all ſober Chriſtians, that the Proteſtations and Aſſeverations of the late Prieſts in this kind (who ſuffer'd as ſo many Malefactors) have been ready to leave upon the minds of ſome men, as well as you (even *Proteſtants*) ſuch impreſſions as theſe, that doubtleſs they ſpake Truth at Death, were wrongfully Condemned, died for that of which they were not Guilty; and conſequently, that the Kings Evidence who ſwore againſt them, are highly perjured, and deeply guilty of their Innocent Blood: For who can imagine they ſhould dare to go before the Great and Eternal Judge of all the VVorld with a Lye in their mouths? But if we conſider the Principles and Practices of theſe men, this may ſeem no w[illegible]at all, for what we call a Lye, they count none; or if it be ſo, yet [illegible] 'tis both lawful and neceſſary at ſome times to lye, and out-face the Truth, even with Oaths: VVe muſt believe that every of theſe men received Plenary Abſolution for all their ſins, from their Birth to that day
A upon

Abb. 4: Beispiel für eine nach der Hinrichtung der Jesuiten publizierte Flugschrift, in der die Unschuldsbehauptungen der Verurteilten auf dem Schafott als Lügen dargestellt werden, London 1680, aus Privatbesitz.

Abb. 5: Der earl of Strafford 1641 verkörperte während des Hochverratsverfahrens in der Westminster Hall den Idealtyp des sich mit Worten und Gesten selbst verteidigenden Angeklagten. Strafford steht mit dem Rücken zum Betrachter in der Box im Bildvordergrund, neben ihm sein Bewacher. Vor ihm liegen auf dem Rand der Box Papiere mit Notizen. Im hinteren Teil der Box beraten sich Straffords Anwälte, die allerdings nicht in das Geschehen eingreifen durften, Wenceslaus Hollar: Abbildung der Session des Parlaments zu London vber den Sententz des Grafen von Stafford, London 1641, mit freundlicher Genehmigung des British Museum.

sche und grammatische Fehler in der stets lateinisch verfassten Hauptanklageschrift[126]. Da offenbar nicht nur die Anwälte, sondern auch die Richter altsprachlich gebildet waren, avancierte das Verfahren für eine Stunde zu einer philologischen Disputation, die allerdings die Mühlen der Justiz keineswegs aufhalten konnte. Es ist nämlich nicht zu übersehen, wie sehr der Fall mit solchen und anderen Vorstößen und Kniffen Schritt für Schritt klein gearbeitet wurde, wie der Angeklagte auf diese Weise mit der Verurteilung auch darauf zusteuerte, zum Verlierer zu werden, der keine soziale Solidarität für sich mehr mobilisieren konnte[127]. Auch sein Verteidiger

---

126 Zur rechtlichen Relevanz solcher Fehler vgl. *Braithwaite,* Errors in the Indictment.

Abb. 5.1.: Detailansicht

hatte sich nur von Berufs wegen für ihn engagiert. Er lotete nach dem Urteil zwar noch die möglichen Rechtsmittel aus, teilte damit aber nicht die Weltsicht seines verurteilten Mandanten, wurde nicht zum letzten Freund, den dieser noch hatte und trat auch nicht dessen Unterstützerszene bei. Am Ende des reformierten Verfahrens stand der Verurteilte weitgehend isoliert da als jemand, der Zeit und Ressourcen gehabt hatte, um seine Sicht der Dinge – also nicht schuldig zu sein – vor Gericht durchzusetzen, damit aber gescheitert war. Seiner passiven Rolle im Verfahren entsprach dabei die Insignifikanz seiner Unschuldsbehauptungen im Verfahren oder auch auf dem Schafott. Die Richter wiederum hielten kaum noch Strafpredigten und versuchten sich auch nicht mehr daran, den Verurteilten innerlich an das Urteil zu binden und zum Geständnis / Bekenntnis zu bewegen. Es scheint so, als ob eines der wesentlichen Prinzipien moderner Verfahren, nämlich die Entkopplung der Legitimität des Urteils vom Konsens des Betroffenen[128], sich schon in den englischen State Trials des 18. Jahrhunderts andeutete.

Man könnte nun eine ganze Reihe von latenten Konsequenzen nennen, die sich aus der Passivstellung des Angeklagten im Verfahren für die Performanz des Entscheidens ergeben haben, ich will aber, an schon Gesagtes

---

127 Vgl. *Sherry,* Present Horrid Conspiracy.

128 Vgl. zu dieser Tendenz generell *Luhmann,* Rechtssoziologie, 259 – 266.

anknüpfend, nur eine nennen, nämlich den Verlust der traditionellen, konstitutiven Bedeutung des Pleading. Blieb ein Angeklagter dabei stumm, so wurde sein Schweigen nämlich im Laufe des 18. Jahrhunderts immer mehr so gewertet, als ob er sich unschuldig bekannt hätte[129]. Die Legalisierung des Schweigens war freilich ein wichtiger Schritt auf dem Weg zum *Privilege against Self-Incrimination*. Gleichzeitig jedoch verlor damit der Angeklagte immer mehr seinen Status als Subjekt im Verfahren. Er wurde buchstäblich zu einer juristischen Fiktion, mit der das Verfahren zuverlässig operieren konnte, den es in seine Verfahrensgeschichte integrieren konnte, dem es vor allem auch rechtsverbindlich etwas zuschreiben konnte, ohne dass der Angeklagte auch nur eine Silbe sagte oder eine Handbewegung machte. Am Ende war – zumindest zeitweilig – nicht einmal mehr seine physische Präsenz im Prozess notwendig.

Die Rolle des Angeklagten war aber nicht die einzige, die eine entscheidende Veränderung durchlief. Ebenso passiv gestellt wurden die Geschworenen, die noch im 17. Jahrhundert häufig Fragen gestellt hatten, sowie die Zuschauer, die erst jetzt zu einer unbeteiligten Öffentlichkeit wurden und letzte Reste ihrer Eigenschaft als Gerichtsgemeinde verloren. Die Formierung des von Common Lawyers getragenen juristischen Diskurses implizierte auch, Zwischenrufe eindeutig als Störung zu klassifizieren – und nicht als Beitrag, der bei der Entscheidungsfindung noch irgendwie zu berücksichtigen wäre. An den Hochverratsverfahren des 18. Jahrhunderts kann man also den Prozess der Ausdifferenzierung von Recht und Gesellschaft gewissermaßen in der Praxis beobachten. Erheblichen Anteil daran hatte auch die allmähliche Formierung eines neuen Beweisrechts, das zur Konstruktion einer spezifisch forensischen Wahrheit beitrug[130]. Das reformierte Verfahren hatte nicht nur auf der Ebene der Rollen in sozialer Hinsicht an Autonomie gewonnen, sondern auch in sachlicher Hinsicht: Im Verfahren konnte nun selbst anhand bestimmter Regeln verbindlich darüber entschieden werden, was als wahr, als wahrer Beweis und daraus gefolgerte wahre Schlussfolgerung galt, und was nicht. Und was vor Gericht für wahr galt, musste nicht notwendig auch im theologischen, moralischen und gemein-gesellschaftlichen Sinne als wahr betrachtet werden, um gleichwohl aber legitim zu sein[131].

Dies ist im Übrigen nicht nur bei Verurteilungen zu beobachten, die auch unabhängig vom Dissens des Betroffenen galten, sondern auch bei Freisprüchen, bei denen das öffentliche Missfallen keine rechtlichen Auswirkungen mehr hatte. Tatsächlich hatte die britische Gesellschaft des späten 18. Jahrhunderts, als Strafverteidigung bei allen Kriminalsachen üblich

---

129 Vgl. *Chitty*, Practical Treatise on Criminal Law, Bd. 1, 289.

130 Dazu *Langbein*, Historical Foundations of the Law of Evidence; *Thayer*, Preliminary Treatise on Evidence.

131 *Shapiro*, Probability and Certainty.

geworden war, erhebliche Schwierigkeiten mit den Erfolgen der Anwälte[132]. Die Zeitungen publizierten bissige Kommentare und ätzende Satiren, in denen auf das Auseinanderfallen von ‚gefühlter' und forensischer Wahrheit abgehoben wurde[133].

Abb. 6: Cato Street Verschwörer 1820 als Beispiel für den neuen Typus der passiven Angeklagten, für die ihr Anwalt spricht, Abb. aus: George Theodore Wilkinson, An Authentic History of the Cato-Street Conspiracy. With the Trials at Large of the Conspirators, for High Treason and Murder (...), London 1820, aus Privatbesitz.

Dennoch entfaltete diese Kritik keine unmittelbare Wirkung im sich ausdifferenzierenden Rechtssystem. Selbst die Krone musste sich 1794 damit abfinden, dass die Mitglieder der von ihr als höchst subversiv eingestuften London Corresponding Society, also englische Jakobiner, aufgrund der Leistung ihres prominenten Verteidigers Thomas Erskine (1745–1828) freigesprochen wurden[134]. In beiden Fällen, bei Verurteilungen und bei Frei-

132 *Langbein,* Origins of Adversary Criminal Trial, 306 ff.

133 *May,* The Bar, 118–145.

134 Dazu *Barrell,* Imagining the King's Death, 318–441; *Russell,* Theatre of Crim. Con.; zum Vergleich: Richter Scroggs sollte 1680 seines Amtes enthoben werden, nachdem er in mehreren Prozessen den Geschworenen nahe gelegt hatte, die angeblichen Verschwörer für unschuldig zu befinden. Aufgebrachte Londoner warfen wiederum einen toten Hund in seine Kutsche, als Zeichen der Schande, vgl. *Haydon,* Anti-Catholicism; *Kenyon,* Popish Plot, 178.

sprüchen, besaßen die Strafverteidiger also einen erheblichen Anteil an der Legitimation durch Verfahren.

Abb. 7: Der Anwalt hat einen Freispruch erreicht auf Kosten von Wahrheit und Gerechtigkeit, koloriertes Flugblatt von 1789. Auf den Schultern des Anwalts in seiner Robe sitzt der freigesprochene Angeklagte. Der Anwalt sagt: „You are not the first T——f that I have brought off by mere dint of Impudence“. In der Hand hält der Anwalt einen Geldsack sowie eine Rolle mit der Aufschrift *Insinuation against Truth*. Der Anwalt trampelt über die Figur der Wahrheit, neben dieser und teilweise verdeckt liegt, offenbar tot, Justitia mit ihren zerbrochenen Insignien Schwert und Waage. Unterhalb des Titels: *The Old Bailey Advocate bringing off a thief*. Der Reim: *Did not the Felon firmly fix his hope / On flaw or jaw, and so escape the rope, / Justly he'd meet that Fate without reprieve, / (Which come when Advocate fails to deceive,) / Or, doom made sure for want of quibling aid, / He'd quit bad ways to seek an honest trade,* mit freundlicher Genehmigung des British Museum.

VI. Schluss

Niklas Luhmanns Verfahrenstheorie bietet eine Reihe von Möglichkeiten, um die rechtsgeschichtliche Sicht auf den vormodernen Strafprozess zu erweitern und zu vertiefen. So lassen sich Verfahren mit Hilfe dieser Theorie in einer mikrohistorischen Perspektive beschreiben. Damit wird der Blick frei für die soziale Logik des Verfahrens als die eines Rollenspiels unter Anwesenden mit daraus folgenden unbeabsichtigten Handlungsfolgen, die zur Verstrickung der Beteiligten in den Prozess der Urteilsfindung führen. Darüber hinaus macht die Theorie aufmerksam für latente Folgen von Reform- und Modernisierungsprozessen, so dass Strafrechtsgeschichte nicht als linearer Prozess von immer mehr Humanität und Aufklärung betrachtet werden kann, sondern als ständiger Zuwachs von Macht, um verfahrensförmig herbeigeführte Entscheidungen auch unabhängig vom Konsens der Betroffenen und des sozialen Umfelds verbindlich zu machen. In diesem Beitrag wird die Entwicklung von Verfahrensmacht am Beispiel englischer Hochverratsprozesse nachgezeichnet. Bis um 1700 besaß das Hochverratsverfahren eine deutlich vormoderne Gestalt. Es vollzog sich als öffentliche Gewissenserforschung, bei der die subjektive Zustimmung des Angeklagten zu seiner Strafe auf verschiedenen Wegen forciert werden sollte. Um vor Gericht der Wahrheit auf die Spur zu kommen, wurden Worte und Gesten des Angeklagten als Zeichen eines guten oder schlechten Gewissens gelesen. Aus diesem Grund durfte der Angeklagte nicht durch einen Anwalt vertreten werden. Die Pflicht zur Selbstverteidigung eröffnete dem Angeklagten allerdings auch die Möglichkeit zur Selbstdarstellung als Opfer der Justiz. Diese fand besonders dann Nachhall in der Öffentlichkeit, wenn er seine Unschuldsbehauptungen mit eidesförmigen Versicherungen ausstattete. Das vergleichsweise schwache Legitimationspotential der älteren Hochverratsverfahren hatte also auch mit dem spezifischen Agieren der Angeklagten zu tun, es war situationsabhängig und kann nicht allein auf eine defizitäre normative Rahmung zurückgeführt werden. In diesen Prozessen beschränkten sich die Legitimationsformen zudem nicht nur auf das Geschehen im Gerichtssaal, sondern mussten auch darüber hinaus fortgesetzt werden. Damit etwa Unschuldsbeteuerungen kein subversives Potential entfalteten, musste ihnen laufend und öffentlichkeitswirksam widersprochen werden. Bis um 1700 waren die Hochverratsverfahren deswegen in besonderer Weise abhängig von publizistischen Medien. Durch seinen Charakter als öffentliche Gewissenserforschung war der forensische Diskurs schließlich von einer religiösen Semantik grundiert. Das Verfahren besaß noch keine autonome Logik, sondern bediente sich der Sprach- und Handlungsformen unterschiedlicher sozialer Felder. Die Einführung von Strafverteidigern nach 1700 verschaffte den Verfahren ein höheres Maß an Professionalität, sie sorgte für ein ausgeglichenes Verhältnis zwischen den Parteien und bewahrte viele Angeklagte vor dem Schafott. Die Reform nutzte allerdings nicht nur den Angeklagten, sondern auch dem Verfahren als sozialem System. Seine Macht, aus sich heraus und ohne Rückgriff auf Ressourcen der sozialen Umwelt Verbindlichkeit zu erzeugen, wurde allmählich größer. Die Passivstellung des Angeklagten durch Anwälte ging einher mit seiner Dezentralisierung als Subjekt im Verfahren. Unschuldsbeteuerungen verhallten weitgehend ungehört. Die im juristischen Diskurs als solche festgestellte Wahrheit konnte der Angeklagte nicht länger selbst unterminieren.

Quellen

A Treatise of the Execution of Justice wherein is Clearly Proved that the Execution of Judgement and Justice is as well the Peoples as the Magistrates Duty, and that if Magistrates Pervert Judgement, the People are Bound by the Law of God to Execute Judgement without them and upon them, London 1660.

Blackstone, William: Commentaries on the Laws of England in Four Books, Bd. 4, Oxford 1775.

Bourne, Immanuel: The Anatomie of Conscience Or a Threefold Reuelation of Those Three Most Secret Bookes: 1. The Booke of Gods Prescience, 2. The Booke of Mans Conscience, 3. The Booke of Life, In a Sermon Preached at the Generall Assises Holden at Derby, in Lent last. 1623, London 1623.

Chitty, Joseph: A Practical Treatise on Criminal Law (...), Bd. 1, London 1819.

Emlyn, Sollom: A Complete Collection of State-Trials, and Proceedings for High-Treason, and Other Crimes and Misdemeanours (...), Bde. 1 u. 2, London 1742.

Hawkins, William: Treatise of the Pleas of the Crown, Bd. 2, London 1721.

Hawles, Sir John: Remarks upon the Tryals of Edward Fitzharris, Stephen Colledge, Count Coningsmark, the Lord Russel, Collonel Sidney, Henry Cornish, and Charles Bateman as also on the Earl of Shaftsbury's Grand Jury, Wilmore's Homine Replegiando, and the Award of Execution against Sir Thomas Armstrong / by John Hawles, London: Printed for Jacob Tonson (...), London 1689.

Jardin, David: The Lives and Criminal Trials of Celebrated Men, Philadelphia 1835.

Johnson, James: The Judge's Authority or Constitution a Sermon Preached in the Cathedral Church of St. Peter in York, Cambridge 1670.

Raithby, John, Statutes of the Realm, Bd. 7: 1695 – 1701, London 1820.

Remarks Upon the Tryals of Edward Fitzharris, Stephen Colledge, Count Coningsmark, the Lord Russel, Collonel Sidney, Henry Cornish, and Charles Bateman as also on the Earl of Shaftsbury's Grand Jury, Wilmore's Homine Replegiando, and the Award of Execution Against Sir Thomas Armstrong / by John Hawles., London: Printed for Jacob Tonson (...), London 1689.

Riley, Thomas: Triall of Conscience in a Quotidian Exercise Written by Tho. Riley, London: Printed by J. Okes, for John Benson, and Are to be Sold at his Shop in St. Dunstans Church-yard, London 1639.

Salmon, Thomas: A Critical Review of the State Trials, London 1735.

Sin Dismantled, Shewing the Loathsomnesse Thereof, in Laying it Open by Confession; with the Remedy for it by Repentance & Conversion Wherein is Set Forth the Manner How We Ought to Confess Our Sins to God and Man, with the Consiliary Decrees from the Authority Thereof (...), London 1664.

Some Account of the Tryals of Five Notorious Jesuits, Popish Priests, and Traytors, (viz.) Thomas White alias Whitebread, William Harcourt, John Fenwick, John Gavern, alias Gawen, Anthony Turner, & Mr. Langhorn the counsellor. Found Guilty of High Treason, for Conspiring to Murder the King, Subvert the Government, Root out the Protestant Religion, and Establish Popery, &c. On a Fair Tryal by Virtue of a Commission of Oyer and Terminer at the Old Bailey, June the 13th and 14th. 1679, London 1679.

The Dying Speeches and Behaviour of the Several State Prisoners that Have Been Executed in the Last 300 Years, London 1730.

The Last Speech of the Five Notorious Traitors and Jesuits viz. Thomas White alias Whitebread (...) William Harcourt alias Harirson [sic] (...) John Gavan alias Gowen, Anthony Turner and John Fenwick (...) Who Were Justly Executed at Tyburn, June 20, 1679, for Conspiring the Death of His Sacred Majesty, and the Subversion of the Government and Protestant Religion: with Animadversions, Dublin 1679.

Literatur

Asch, Ronald G.: Krone, Hof und Adel in den Ländern der Stuart Dynastie im frühen 17. Jahrhundert, in: Zeitschrift für Historische Forschung 16 (1989), 183–220.

Baker, John Hamilton: Criminal Courts and Procedure at Common Law. 1550–1800, in: The Legal Profession and the Common Law. Historical Essays, hrsg. v. dems., London / Ronceverte 1986, 259–302.

Barrell, John: Imaginary Treason, Imaginary Law. The State Trials of 1794, in: The Birth of Pandora and the Division of Knowledge, hrsg. v. dems., London / Philadelphia 1992, 119–143 / 230–232.

Barrell, John: Imagining the King's Death. Figurative Treason, Fantasies of Regicide 1793–1796, Oxford 2000.

Beattie, John M.: Crime and the Courts in England. 1660–1800, Oxford 1986.

Beattie, John M.: Scales of Justice. Defense Counsel and the English Criminal Trial in the Eighteenth and Nineteenth Centuries, in: Law and History Review 9 (1991), 221–267.

Bellamy, John: The Law of Treason in England in the Later Middle Ages, Cambridge 1970.

Bellamy, John: The Tudor Law of Treason. An Introduction, London 1979.

Brady, Andrea: Dying with Honour. Literary Propaganda and the Second English Civil War, in: Journal of Military History 70 (2006), 9–30.

Braithwaite, A. W.: Errors in the Indictment and Pardons. The Case of Theophilus Green, in: Journal of the Friends' Historical Society, 49 / 1 (1959), 24–30.

Brandt, Peter: Die evangelische Strafgefangenenseelsorge. Geschichte – Theorie – Praxis, Göttingen 1985.

Braun, Harald E. / *Vallance*, Edward: Contexts of Conscience in Early Modern Europe. 1500 – 1700, Basingstoke, 2004.

Burschel, Peter (Hrsg.): Das Quälen des Körpers. Eine historische Anthropologie der Folter, Köln 2000.

Butler, Todd, Imagination and Politics in Seventeenth-Century England, Aldershot 2008.

Carini, Marco: Fritz Teufel – Wenn's der Wahrheitsfindung dient, Hamburg 2003.

Cockburn, James S.: A History of the English Assizes 1558 – 1714, Cambridge 1972.

Cruickshanks, Eveline / *Erskine-Hill*, Howard: The Atterbury Plot (Studies in Modern History), Basingstoke 2004.

Danker, Uwe: Räuberbanden im Alten Reich um 1700. Ein Beitrag zur Geschichte von Herrschaft und Kriminalität in der Frühen Neuzeit, Frankfurt am Main 1988.

De Krey, Gary Stuart: London and the Restoration. 1659 – 1683, Cambridge 2005.

Esders, Stefan / *Scharff*, Thomas (Hrsg.): Eid und Wahrheitssuche. Studien zu rechtlichen Befragungstechniken in Mittelalter und früher Neuzeit, Frankfurt am Main 1999.

Fortescue, Sir John: On the Laws and Governance of England, hrsg. v. Shelley Lockwood, Cambridge 1997.

Foucault, Michel: Sicherheit, Territorium, Bevölkerung. Geschichte der Gouvernementalität I. Vorlesungen am Collège de France 1977 – 1978, hrsg. v. Michel Sennelart, Frankfurt am Main 2006.

Foucault, Michel: Überwachen und Strafen. Die Geburt des Gefängnisses, Frankfurt am Main 1994.

Foxley, Rachel: John Lilburne and the Citizenship of „free-born Englishme", in: Historical Journal 47 (2004), 849 – 874.

Gatrell, V. A. C.: The Hanging Tree. Execution and the English People. 1770 – 1868, Oxford 1994.

Geppert, Klaus: Der Grundsatz der Unmittelbarkeit im deutschen Strafverfahren, Berlin / New York 1979.

Goldie, Mark: John Locke's Circle and James II, in: Historical Journal 35 (1992), 557 – 586.

Hahn, Alois: Zur Soziologie der Beichte und andere Formen institutionalisierter Bekenntnisse. Selbstthematisierung und Zivilisationsprozess, in: Konstruktionen des Selbst, der Welt und der Geschichte, hrsg. v. dems., Frankfurt am Main 2000, 197 – 236.

Hanna, Edward: „Attrition", in: The Catholic Encyclopedia, Bd. 2, New York 1907, [http: //www.newadvent.org/cathen/02065a.htm] (Zugriff am: 26. 08. 2009).

Harris, E. Kay: Censoring Disobedient Subjects. Narratives of Treason and Royal Authority in Fifteenth-Century England, in: Reputation and Representation in Fifteenth-Century Europe, hrsg. v. Douglas Biggs / Sharon D. Michalove / Compton Reeves (The Northern World, 8), Leiden 2004, 211 – 233.

Härter, Karl: Strafverfahren im frühneuzeitlichen Territorialstaat. Inquisition, Entscheidungsfindung, Supplikation, in: Kriminalitätsgeschichte. Beiträge zur Sozial- und Kulturgeschichte der Vormoderne, hrsg. v. Andreas Blauert / Gerd Schwerhoff, Konstanz 2000, 459 – 480.

Haydon, Colin: Anti-Catholicism in Eighteenth-Century England, a Political and Social Study, Manchester 1993.

Holenstein, André: Rituale der Vergewisserung. Der Eid als Mittel der Wahrheitsfindung und Erwartungsstabilisierung im Mittelalter und in der frühen Neuzeit, in: Riten, Gesten, Zeremonien. Gesellschaftliche Symbolik in Mittelalter und Früher Neuzeit, hrsg. v. Edgar Bierende u. a., Berlin / New York 2008, 229 – 250.

Holenstein, André: Seelenheil und Untertanenpflicht. Zur gesellschaftlichen Funktion und theoretischen Begründung des Eides in der ständischen Gesellschaft, in: Der Fluch und der Eid. Die metaphysische Begründung gesellschaftlichen Zusammenlebens und politischer Ordnung in der ständischen Gesellschaft, hrsg. v. Peter Blickle (Zeitschrift für historische Forschung, Beih. 15), Berlin 1993, 11 – 63.

Hutson, Lorna: Rethinking the „Spectacle of the Scaffold". Juridical Epistemologies and English Revenge Tragedy, in: Representations 89 (2005), 30 – 58.

Kelsey, Sean: Staging the Trial of Charles I, in: The Regicides and the Execution of Charles I, hrsg. v. Jason Peacey, Basingstoke / New York 2001, 71 – 93.

Kemp, Geoff: „Twyn, John (bap. 1619, d. 1664)", in: Oxford Dictionary of National Biography, Oxford 2004, [http: //www.oxforddnb.com/view/article/68209] (Zugriff am: 16. 03. 2007).

Kenyon, John Philipps: The Acquittal of Sir George Wakeman. 18 July 1679, in: Historical Journal 14 (1971), 693 – 708.

Kenyon, John Philipps: The Popish Plot, New York 1972.

Kilburn, Terence / *Milton,* Anthony: The Public Context of the Trial and Execution of Strafford, in: The Political World of Thomas Wentworth, Earl of Strafford, 1621 – 1641, hrsg. v. Julia F. Merritt, Cambridge 1996, 230 – 251.

King, Michael / *Thornhill,* Chris: Niklas Luhmann's Theory of Politics and Law, Basingstoke 2005.

King, Peter: Crime, Justice, and Discretion in England. 1740 – 1820, Oxford 2000.

Kittsteiner, Heinz D.: Die Entstehung des modernen Gewissens, Frankfurt am Main 1995.

Kleinheyer, Gerd: Zur Rolle des Geständnisses im Strafverfahren des späten Mittelalters und der frühen Neuzeit, in: Beiträge zur Rechtsgeschichte. Gedächtnisschrift für Hermann Conrad, Paderborn u. a. 1979, 367 – 384.

Krischer, André: Traditionsverlust. Die Krise der Todesstrafe in England. 1750 – 1868, in: Strafzweck und Strafform zwischen religiöser und weltlicher Wertevermittlung, hrsg. v. Reiner Schulze u. a., Münster 2008, 233 – 263.

Lake, Peter / *Questier,* Michael C.: Agency, Appropriation and Rhetoric Under the Gallows. Puritans, Romanists and the State in Early Modern England, in: Past & Present 153 (1996), 64 – 107.

Lake, Peter / *Questier,* Michael C.: Prisons, Priests and People, in: England's Long Reformation 1500 – 1800, hrsg. v. Nicholas Tyacke, London, 1998, 195 – 234.

Langbein, John H.: Historical Foundations of the Law of Evidence. A View from the Ryder Sources, in: Columbia Law Review, 96 / 5 (1996), 1168 – 1202.

Langbein, John H.: Shaping the Eighteenth-Century Criminal Trial. A View from the Ryder Sources, in: University of Chicago Law Review, 50 / 1 (1983), 1 – 136.

Langbein, John H.: The Origins of Adversary Criminal Trial (Oxford Studies in Modern Legal History), Oxford 2003.

Langbein, John H.: The Origins of Public Prosecution at Common Law, in: American Journal of Legal History 17 (1973), 313 – 335.

Lemmings, David: Criminal Trial Procedure in Eighteenth-Century England. The Impact of Lawyers, in: Journal of Legal History 26 / 1 (2005), 63 – 70.

Linebaugh, Peter: The Ordinary of Newgate and his Account, in: Crime in England. 1500 – 1800, hrsg. v. James S. Cockburn, Princeton, NJ 1977, 246 – 269.

Lovell, C. R.: The Trial of Peers in Great Britain, in: American Historical Review 55 (1949), 69 – 81.

Luhmann, Niklas: Legitimation durch Verfahren, 3. Aufl., Frankfurt am Main 1993.

Luhmann, Niklas: Rechtssoziologie, 3. Aufl., Opladen 1987.

Martin, Randall: Henry Goodcole, Visitor of Newgate: Crime, Conversion, and Patronage, in: Seventeenth Century 20 / 2 (2005), 153 – 184.

Martschukat, Jürgen: Inszeniertes Töten. Eine Geschichte der Todesstrafe vom 17. bis zum 19. Jahrhundert, Köln / Weimar / Wien 2000.

May, Allyson Nancy: Advocates and Truth-Seeking in the Old Bailey Courtroom, in: Journal of Legal History 26 / 1 (2005), 71 – 77.

McGowen, Randall: „Making examples" and the Crisis of Punishment in Mid-Eighteenth-Century England, in: The British and Their Laws in the Eighteenth Century, hrsg. v. David Lemmings, Woodbridge 2005, 182 – 205.

McKenzie, Andrea: „This Death Some Strong and Stout Hearted Man Doth Choose". The Practice of Peine Forte et Dure in Seventeenth- and Eighteenth-Century England, in: Law and History Review 23 / 2 (2005), 279 – 314.

McKenzie, Andrea: From True Confessions to True Reporting? The Decline and Fall of the Ordinary's Account, in: London Journal 30 / 1 (2005), 55 – 70.

McKenzie, Andrea: God's Tribunal. Guilt, Innocence, and Execution in England. 1675 – 1775, in: Cultural and Social History. The Journal of the Social History Society 3 / 2 (2006), 121 – 144.

McKenzie, Andrea: Martyrs in low life? Dying „Game" in Augustan England, in: Journal of British Studies 42 / 2 (2003), 167 – 205.

McKenzie, Andrea: Tyburn's Martyrs. Execution in England 1675 – 1775, London / New York 2007.

Mendle, Michael J.: The „Prints" of the Trials. The Nexus of Politics, Religion, Law and Information in Late Seventeenth-Century England, in: Fear, Exclusion and Revolution. Roger Morrice and Britain in the 1680s, hrsg. v. Jason Mc Elligott, Aldershot 2006, 123 – 137.

Millar, John: Popery and Politics in England. 1660 – 1688, Cambridge 1973.

Monod, Paul K.: Jacobitism and the English People. 1688–1788, Cambridge 1989.

Nenner, Howard: The Trial of the Regicides, Retribution and Treason in 1660, in: Politics and the Political Imagination in Later Stuart Britain. Essays presented to Lois Green Schwoerer, hrsg. v. Howard Nenner, Rochester, NY / Woodbridge 1998, 21–42.

Niehaus, Michael: Das Verhör. Geschichte – Theorie – Fiktion, München 2003.

Orr, D. Alan: Treason and the State. Law, Politics and Ideology in the English Civil War, Cambridge 2002.

Peacey, Jason: The Hunting of the Leveller. The Sophistication of Parliamentarian Propaganda. 1647–53, in: Historical Research 78 / 199 (2005), 15–42.

Phifer, J. R.: Law, Politics and Violence. The Treason Trials Act of 1696, in: Albion 12 / 3 (1980), 235–256.

Prest, Wilfrid R.: Lay Legal Knowledge in Early Modern England, in: Learning the Law. Teaching and the Transmission of Law in England. 1150–1900, hrsg. v. Jonathan A. Bush / Alain A. Wijffels, London 1999, 303–313.

Rezneck, Samuel: Constructive Treason by Words in the Fifteenth Century, in: American Historical Review 33 (1928), 544–552.

Riegel, Klaus-Georg: Die Inszenierung von Verbrechen. Die Moskauer Schauprozesse (1936–1938), in: Inszenierungsgesellschaft, hrsg. v. Herbert Willems / Martin Jurga, Opladen 1998, 235–252.

Riegel, Klaus-Georg: Inquisitionssysteme von Glaubensgemeinschaften. Die Rolle von Schuldbekenntnissen in der spanischen und der stalinistischen Inquisitionspraxis, in: Zeitschrift für Soziologie 16 (1987), 175–189.

Royer, Katherine: Dead Men Talking. Truth, Texts and the Scaffold in Early Modern England, in: Penal Practice and Culture 1500–1900. Punishing the English, hrsg. v. Simon Devereaux / Paul Griffiths, Basingstoke 2004, 63–84.

Russell, Conrad S. R.: The Theory of Treason in the Trial of Strafford, in: English Historical Review 80 (1965), 30–50.

Russell, Gillian: The Theatre of Crim. Con.: Thomas Erskine, Adultery and Radical Politics in the 1790s, in: Unrespectable Radicals? Popular Politics in the Age of Reform, hrsg. v. Michael T. Davis / Paul A. Pickering, Aldershot 2008, 57–70.

Rustemeyer, Angela: Dissens und Ehre. Majestätsverbrechen in Russland (1600–1800), Wiesbaden 2006.

Sankey, Margaret D.: Jacobite Prisoners of the 1715 Rebellion. Preventing and Punishing Insurrection in Early Hanoverian Britain, Aldershot 2005.

Schwerhoff, Gerd: Historische Kriminalitätsforschung im deutschen Sprachraum. Zum Profil eines „verspäteten" Forschungszweiges, in: Kriminalitätsgeschichte. Beiträge zur Sozial- und Kulturgeschichte der Vormoderne, hrsg. v. Andreas Blauert / Gerd Schwerhoff, Konstanz 2000, 21–67.

Schwoerer, Lois G.: The Trial of Lord William Russell (1683). Judicial murder?, in: Journal of Legal History 9 / 2 (1988), 142–168.

Seibert, Thomas-Michael: Gerichtsrede. Wirklichkeit und Möglichkeit im forensischen Diskurs, Berlin 2004.

Shapiro, Alexander H.: Political Theory and the Growth of Defensive Safeguards in Criminal Procedure. The Origins of the Treason Trials Act of 1696, in: Law and History Review 11 (1993), 215 – 255.

Shapiro, Barbara: Probability and Certainty in Seventeenth-Century England. A Study of the Relationship between Natural Science, Religion, History, Law, and Literature, Princeton, NJ 1983.

Shapiro, Barbara: To a Moral Certainty. Theories of Knowledge and Anglo-American Juries 1600 – 1850, in: Hastings Law Journal 38 (1986 / 87), 153 – 194.

Sharpe, James Anthony: Civility, Civilizing Processes, and the End of Public Punishment in England, in: Civil Histories. Essays presented to Sir Keith Thomas, hrsg. v. Peter Burke / Brian Howard Harrison / Paul Slack, Oxford 2000, 215 – 230.

Sheppard, Steve: The Selected Writings and Speeches of Edward Coke, Bd. 2, Indianapolis 2003.

Sherry, T. F.: The Present Horrid Conspiracy. Dublin Press Coverage of two Political Trials in the Early 1720s, in: Eighteenth-Century Ireland. Iris an dá chultúr 4 (1989), 143 – 157.

Skinner, Quentin: Bedeutung und Verstehen in der Ideengeschichte, in: Visionen des Politischen, hrsg. v. dems., Frankfurt am Main 2009.

Smith, Lacey Baldwin: English Treason Trials and Confessions in the 16th Century, in: Journal of the History of Ideas 15 (1954), 471 – 498.

Steffen, Lisa, Defining a British State. Treason and National Identity. 1608 – 1820, Basingstoke 2001.

Steinmetz, Willibald: Begegnungen vor Gericht. Eine Sozial- und Kulturgeschichte des englischen Arbeiterrechts (1850 – 1925), München 2002.

Szechi, Daniel: The Jacobite Theatre of Death, in: The Jacobite Challenge, hrsg. v. Eveline Cruickshanks / Jeremy Black, Glasgow 1988, 57 – 73.

Thayer, James B.: A preliminary Treatise on Evidence at the Common Law, 2 Bde, Bd. 1: Development of Trial by Jury , Bd. 2: A Preliminary Treatise on Evidence, Boston, MA 1898.

Trusen, Winfried: Der Inquisitionsprozeß. Seine historischen Grundlagen und frühen Formen, in: Zeitschrift der Savigny-Stiftung für Rechtsgeschichte, Kanonistische Abteilung 74 (1988), 168 – 230.

van Dülmen, Richard: Theater des Schreckens. Gerichtspraxis und Strafrituale in der frühen Neuzeit, München 1985.

Vismann, Cornelia / *Weitin,* Thomas: Urteilen / Entscheiden, München 2006.

Weber, Max: Wirtschaft und Gesellschaft, Grundriss der Verstehenden Soziologie, 5. Aufl., Tübingen 1976.

Wettmann-Jungblut, Peter: Von Robin Hood zu Jack the Ripper. Kriminalität und Strafrecht in England vom 14. bis 19. Jahrhundert, in: Kriminalitätsgeschichte. Beiträge zur Sozial- und Kulturgeschichte der Vormoderne, hrsg. v. Andreas Blauert / Gerd Schwerhoff, Konstanz 2000, 69 – 88.

Zagorin, Perez: Ways of Lying. Dissimulation, Persecution and Conformity in Early Modern Europe, Cambridge, MA / London 1990, 131 – 152 / 186 – 220.

Selbstreferenz und Legitimation im modernen und vormodernen Gerichtsverfahren

Ein Kommentar

Von *Thomas-Michael Seibert*, Frankfurt am Main

Seitdem Niklas Luhmann die Perspektive auf die historische Entwicklung gesellschaftlicher Semantik ausgerichtet hat, beginnt die frühe Moderne in besonderem Ausmaß zu interessieren[1]. Dort findet man den Übergang von stratifizierten zu funktional ausdifferenzierten Herrschaftssystemen, und dort lassen sich auch die Veränderungen in der Legitimation zuerst beobachten. „Legitimation" erscheint dann zwar immer noch als moderner Begriff, die Frage, um die es dabei geht, ist aber altehrwürdig. Max Weber war davon überzeugt, dass keine Herrschaft sich nur mit materiellen oder gefühlsmäßigen oder wertrationalen Motiven begnüge, sondern nach aller Erfahrung auch den Glauben an ihre Legitimität erwecken und pflegen wolle[2]. Wenn Recht als Mittel der Herrschaft eingesetzt wird, kommt außerdem Gerechtigkeit als Kontrollwert ins Spiel, und in der Tradition stellen wir uns die Kontrolle außerrechtlich vor. Sollte „Gerechtigkeit" selbst eine Entscheidung legitimieren, dann würde diese Entscheidung allen legitimen und damit auch den extralegalen Ansprüchen genügen. Aber welche konnte das sein? Konnte es sein, dass legitim wirkt, was dem System entspricht, den Entstehungsbedingungen einer Entscheidung, ihren Verfahrensanforderungen, entspricht? Es war auch hier wieder Max Weber, der Legitimation in Bezug auf Recht von dessen Positivität, Formalität und Verfahren abhängig sah[3]. Manche fanden deshalb, dass Weber den Kern der Frage gar nicht richtig beschreiben könne, weil seine Art, die Legitimationsfrage zu stellen, kritische Inhalte durch Äußerlichkeiten ersetze[4], andere – und zu ihnen gehörte Niklas Luhmann – haben

---

1 Dazu vier Bände zu Gesellschaftsstruktur und Semantik, zum Rechtsbereich beginnend mit „Subjektive Rechte. Zum Umbau des Rechtsbewusstseins für die moderne Gesellschaft", in: *Luhmann*, Gesellschaftsstruktur und Semantik, Bd. 2., 45 ff.

2 *Weber*, Wirtschaft und Gesellschaft, 679.

3 Ebd., 503 ff.

4 *Habermas*, Legitimationsprobleme im Spätkapitalismus, 134 f.

die Äußerlichkeiten noch zugespitzt und dabei gleichzeitig die Sprechweise über Innen und Außen, Inhalt und Form oder Legitimation und Kritik verändert. Ihnen folge ich.

Die Theorie des Rechtssystems lehrt Selbstbezügliches, in der Sprache der Systemtheorie: Sie ist selbstreferentiell[5]. Systemprobleme werden im System behandelt, nirgendwo sonst, und „behandelt“ heißt: nicht „gelöst“, sondern weiter prozessiert, in Folgeoperationen tradiert, zu neuen Formen entfaltet. Das erörtere ich zunächst unter Bezug auf Luhmanns Schriften (I). An die Verschiebung der Legitimationsfrage muss man sich in diesem Zusammenhang noch gewöhnen. Legitimation gewinnt ein Verfahrensergebnis gerade dann, wenn es nicht wegen einer besonderen Wertbindung, eines für richtig befundenen Inhalts oder einer politischen Überzeugung akzeptiert wird, sondern als verfahrensförmig gewonnenes Ergebnis respektiert wird, das auch anders hätte ausfallen können (II). Welche Übergangsformen die Gerichtsverfahren der frühen Moderne in diesem Zusammenhang veranschaulichen, erläutere ich abschließend (III). Zu beginnen ist mit dem merkwürdigen Phänomen der Selbstreferenz.

I. Selbstreferenz

„Referenz“ ist ein Begriff der extensionalen Semantik, mit der eigentlich der Bezug auf wirklich vorhandene Gegenstände hervorgehoben werden sollte – ein fragwürdiges Unterfangen nach den Ontologie-Angriffen in der Sprachkritik[6]. Der Ausdruck „Selbstreferenz“ hat deshalb auf die Kritik an der Existenz außersprachlicher Wesenheiten schon reagiert. Referiert wird auf Eigenschaften, Fragen und Objekte, die der Prozess des Fragens, Objektivierens und Eigenschaften-Bildens selbst hervorruft. Diese merkwürdige tautologische oder paradoxe Operation lässt sich mit einer wiederkehrenden Frage aus Prozessen sehr vereinfachen. Sie lautet: Wie bringt man den Verlierer dazu, mit seinem Verlust zu leben? So formuliert, handelt es sich (nur) um ein intern psychisches Problem. Man darf aber auch selbstreferentiell und rechtsbezogen fragen: Unter welchen Bedingungen darf man erwarten, dass der Protest der Prozessverlierer gegen eine für sie ungünstige Entscheidung nicht mehr plausibel wirkt? – und kann sich dann weitere Gedanken über die Umstände von Plausibilität und Umwelt eines Verfahrenssystems machen. Denn für den Zusammenhang im Rechtssystem ist nicht entscheidend, ob jemand die für ihn ungünstige Entscheidung be-

---

5 Das ist ein Eintrag in *Krause*, Luhmann-Lexikon, 179 und eine Grundannahme in der neueren Rechtstheorie, vgl. *Frey*, Vom Subjekt zur Selbstreferenz; *Teubner*, Recht als autopoietisches System, 23 ff.

6 Wofür William *van Orman Quine*, The Roots of Reference, Abschnitt III, als Vertreter eines aufgeklärten Referenzbegriffs die Einsätze zeigt.

fehden will. Entscheidend ist, ob er Genossen für die Fehde findet, auf Zuspruch rechnen kann, Unterstützer trifft oder am Ende gar eine Gegenöffentlichkeit mobilisiert. Den Prozessverlierer Michael Kohlhaas mag ein gerechter Sinn ausgezeichnet haben, aber Aufmerksamkeit und Geschichtlichkeit hat sein Protest erst deshalb gefunden, weil die Kohlhaasischen Mandate Kriegsleute rekrutiert haben und haufenweise von Ungerechtigkeit die Rede war[7]. Nur selten geht der Protest gegen eine Entscheidung so weit. Normalerweise werden die Systemprobleme im System bearbeitet und gehen auf selbstreferentielle Fragen zurück. Sinn wird selbstreferentiell erzeugt[8], und Entscheidungen werden eben dann akzeptiert, wenn ein Rechtsmittel dagegen ausbleibt oder wenn der außergerichtliche Protest zur Privatsache wird. Legitim sind Entscheidungen, die darauf aufbauen dürfen, dass die Betroffenen – ob sie ihren Inhalt nachvollziehen oder nicht bzw. dessen Ergebnis folgen oder nicht – sie akzeptieren, weil entschieden worden ist, und zwar nicht von irgendjemandem, sondern von einem Gericht oder nicht nur von einem, sondern von mehreren oder sogar nicht nur von mehreren, sondern vom jeweils höchsten Gericht[9]. Das ist jedenfalls die ausgeprägte selbstreferentielle Fassung von Legitimation, die immer wieder dem Appell begegnet, man müsse Akzeptanz inhaltlich fassen und überzeugen, ja sogar den Unterlegenen oder den, dem die Folgen der Entscheidung nachteilig sind, überzeugen. Der Angeklagte soll seiner eigenen Verurteilung zustimmen können.

Die allgemeine Rechtstheorie setzt mit dieser Leitdifferenz ein und entwickelt daran fast die Gesamtheit des Rechtskonzepts. Da stehen die angloamerikanischen Rechtskonzepte von Jeremy Bentham über John Austin bis zu H.L.A. Hart, nach denen Recht primär als nur stumm akzeptierter Normbefehl zu denken ist, den (alt-)europäischen Vorstellungen gegenüber, die von altliberalen Juristen des 19. Jahrhunderts wie Carl Theodor Welcker bis zu idealistisch ganzheitlich gesonnenen Philosophen wie Jürgen Habermas gepflegt worden sind[10] und die den – wenn auch unter Sonderbedingungen gesetzten – allgemeinen moralischen Diskurs als allein legitimierend für die Gründe einer Entscheidung halten. Die Formel von der „Legitimation durch Verfahren" hatte nach eigenem Eingeständnis von Niklas Luhmann eine in diesem Sinne ironisch polarisierende, nicht einfach nur beschreibende Färbung. Und doch hat die Formel Bestand, denn sie macht erfolgreich Gebrauch von der Selbstreferenz des Verfahrens. Es ist das Verfahren

---

7 Dazu insgesamt *Duncker*, Hans Kohlhase.

8 So Luhmanns allgemeine Formel, vgl. posthum: *Luhmann*, Ideenevolution, Frankfurt a. M. 2008, 13 ff.

9 Chaïm Perelman ist der nichtsystemische Gewährsmann für die Legitimität dieses Legitimationsbegriffs, *Perelman*, Justice, Law, and Argument, 133 f.

10 Im Überblick nachzulesen bei *Lüderssen*, Genesis und Geltung in der Jurisprudenz, 20 ff.

selbst, das die Beteiligten einbindet und ihnen die Nichtbeliebigkeit seiner Entwicklung und seines Ergebnisses nahe legt.

Ich will zunächst eine praktische Besonderheit hervorheben, die nach meiner Auffassung aus der Formel entwickelt werden muss, weshalb man sie unter Aussparung des Legitimationsbegriffs in den Satz fassen sollte: Verfahrensprobleme werden nur und ausschließlich in Verfahren behandelt. So wenig sinnvoll es ist, nach der Legitimation des Geldes oder der Liebe jenseits von geldorientierten Tauschbeziehungen oder jenseits von Intimbeziehungen zu fragen, so wenig Sinnvolles erfährt man, wenn man gerichtliche (oder privat administrierte) Verfahren nach ihrer Rechtfertigung jenseits des Verfahrens untersucht. Was im Verfahren möglich ist, bestimmen die juristischen und nichtjuristischen Akteure nämlich selbst durch die Art und Weise ihres eigenen Verhaltens. Beobachter irritiert allerdings immer wieder, dass Verfahren eine Zweiteilung verlangen zwischen dem, was man aktuell tut, und dem, was man sonst noch glaubt und meint. Man kann diese Zweiteilung mit der Beschreibung erfassen, dass Anwälte und Gericht nicht an das glauben müssen, was sie gerade verkünden, aber auch nichts verkünden, woran niemand glauben kann – und wenn sie es doch tun müssten (weil Politik oder Religion es so wollen), die Verkündung mit einem Augenzwinkern für Eingeweihte verbinden – dem rechten Sinn für das Dahingestelltseinlassen der angeblich letzten Wahrheiten[11]. Solche Verhaltensweisen haben bei Niklas Luhmann eine abstrakte Darstellung mit Theorieanspruch gefunden. Gegenüber und zusammen mit binärer Schematisierung hat Luhmann den Sinn für Selbstreferenz empfohlen und im Übergang zur Moderne entdeckt. Der Soziologe Luhmann findet seine Beispiele in den Anweisungen für höfisches Verhalten, im Verständnis von Genuss, Liebe oder gepflegter Kommunikation[12]. Bei Hofe soll man sich galant, manierlich und auf Wirkung bedacht präsentieren, man darf über seine wahren Absichten täuschen, aber gerade deshalb kann es besonders geschickt sein, Tricks und Finessen beiseite zu lassen und sich unverstellt und ehrlich zu geben. Juristen brauchen die historische Entwicklung nicht zu kennen. Sie erlernen die Pflege von Verfahren im Verfahren. „Legitimation durch Verfahren“ wirkte insofern als antilegitimatorische Formel, in der Gründe ihre Rolle an Handlungsformen abgetreten haben. Übersehen wurde in der Kritik, dass die schon mit der Beschreibung von „Funktionen und Folgen formaler Organisation“ angelegte und dann 1969 insbesondere auf das Gerichtsverfahren konzentrierte Deutung Luhmanns die eines (schon von der Ausbildung her: juristischen)

---

11 Perelman war der Jurist und Philosoph mit Sinn für diese Zweitrangigkeit des Rechts. „What the Philosopher may Learn from the Study of Law“ endet mit der „dialectics of imperfect human will“, *Perelman,* Justice, Law, and Argument, 167.

12 Dazu Luhmanns Beitrag über „Selbstreferenz und binäre Schematisierung“, in: *Luhmann,* Gesellschaftsstruktur und Semantik, Bd. 1, 301 ff.

insiders zu einem Zeitpunkt war, in dem alle nicht an Verfahren Beteiligten deren Autonomie in Frage stellten[13].

Die Grenzziehung, die ein Verfahren vollzieht, steht bereits an seinem Anfang. Durch Schriften – Klagen, Anklagen, Anzeigen oder Beschwerden – wird etwas hervorgehoben und gleichzeitig jemand von etwas und jemand anderem abgesondert, und diese Grenzziehungen setzen sich im Verfahren fort. Als zentrale Grenzziehung betont Luhmann beispielsweise die Verfahren der Beweiserhebung und -würdigung[14]. Machte der Gottesbeweis das Verfahrensergebnis von einer religiösen Deutung und einem nicht steuerbaren Zufall abhängig und band der rollenabhängige Beweis über eine Anzahl bestimmter freier Bürger das Verfahrenssystem an die Herrschaftsmacht, so dient das Institut der freien Beweiswürdigung modern als wichtige Abgrenzung gegenüber konkurrierenden Entscheidungsansprüchen in Politik, Religion oder Gesellschaft. Es ist selbstreferentiell. Die Überzeugung des Richters bildet sich im Verfahren anhand der Mittel des Verfahrens. Die Möglichkeit für Grenzziehungen wird damit zu allererst geschaffen, und Alternativen werden eröffnet, indem der Ablauf des Verfahrens kontroversen Darstellungen überlassen wird. Man muss den Prozess nicht mit der Zustimmung zu den allgemein beobachteten Normalformen beginnen. Damit wachsen die Anforderungen an das taktische Geschick der Parteien, die Differenzen pflegen können. Die gepflegte Differenz ist das Leitbild, das dem Verfahrensstil juristischer Provenienz zugrunde liegt. Man bleibe in der Kontroverse sachlich und suche die Differenz nicht überall und um jeden Preis[15].

Luhmann siedelt die Autonomie des Verfahrens in einer phänomenologischen Dreistufigkeit an. Dessen Zeitrahmen braucht mit den Erlebnissen des Alltags nicht überein zu stimmen; die Entscheidung kann so schnell herbeiprozessiert werden, dass die Beteiligten wegen der Schnelligkeit sprachlos werden, und die Entscheidung kann andererseits in so entfernte Stadien verschoben werden, dass die Beteiligten am Ende die Eröffnungszüge schon vergessen haben. Die Zeitautonomie erlaubt es, einen anderen sachlichen Sinn als rechtserheblich auszuzeichnen und damit im Rahmen des gleichen Zeichenvorrats etwas anderes als die Beteiligten zu meinen[16]. In der Regel kommt es hier nicht mehr auf die Motive an, sondern auf Handlungen, die während des Handelns im Verfahren recht beiläufig und zufällig erschienen. Dennoch wird ihnen im Prozess entscheidende Bedeutung zugemessen. Der juristische Sinn – so lautet das Postulat – sei

---

13 Ohne Bezug auf Recht, aber durch die grundsätzliche Anspruchshaltung bleibt in Erinnerung: *Habermas,* Legitimationsprobleme, 99: „(...) es gibt keine administrative Erzeugung von Sinn".

14 *Luhmann,* Legitimation durch Verfahren, 60 f.

15 *Seibert,* Gerichtsrede, 21 ff.

16 *Luhmann,* Legitimation durch Verfahren, 70.

nicht der alltägliche, er bezieht sich nämlich auf verfahrensspezifische Sinnsetzungen und ist selbstreferentiell. In die Selbstreferenz werden die Beteiligten in Luhmanns Verfahrensdeutung prozessual schrittweise eingebunden. Die Prozessbeteiligung entbindet die Akteure aus schon vorhandenen anderen Kontaktsystemen und lässt sie nicht nur zu Verteidigern oder Staatsanwälten, sondern auch zu Angeklagten oder Zeugen werden. Auch der Abteilungsleiter im Justizministerium, der die Motive eines Gesetzgebungsverfahrens formuliert hat, muss im Gerichtsverfahren die dafür vorgesehene Rolle des Zeugen übernehmen[17]. Vor allen Dingen muss jeder, dessen Rechte bestritten werden, die Rolle des Verteidigers entweder selbst übernehmen oder mit professionellen Anwälten besetzen lassen. Er erlebt sein Recht als bestritten und gewöhnt sich mit der Intensität des Bestreitens daran, dass man Erwartungen auch anders bilden kann. In diesem hinter dem Verfahren und jenseits der artikulierten Rede angesiedelten Sinn sah Luhmann die eigentliche Legitimationsaufgabe. Ausgedrückt findet man es in dem Satz, der in den Beiträgen der Autoren zur Vormoderne die stärkste Anziehungskraft entwickelt: „Vermutlich ist dies die heimliche Theorie des Verfahrens: dass man durch Verstrickung in eine Rollenspiel die Persönlichkeit einfangen, umbilden und zur Hinnahme von Entscheidungen motivieren könne."[18]

Die These von der Hinnahme von Entscheidungen, die nicht selten als „affirmativ" bezeichnet wird, schien eine antiaufklärerische Tendenz zu haben und sollte sie nach Luhmanns Verständnis (das die Abkehr von „alteuropäischen" Beständen – wohlgemerkt und nach den Titeln seiner Sammlungen aber: nicht der Aufklärung – vorsieht) wohl auch haben. Luhmann hat in diesem Zusammenhang zunächst strikt zwischen der sog. „Herstellung" einer Entscheidung und ihrer Darstellung unterschieden. Die Darstellung – lautete die These – sei nicht herstellungsabhängig, und sie sei vor allen Dingen nicht abhängig von der Qualität einzelner guter oder schlechter Gründe. Der Verurteilte gehe niemals mit dem Gefühl nach Hause, eine gerechte Strafe erhalten zu haben, ebenso wenig wie der säumige Schuldner dem Erlass des Zahlungstitels applaudiere, wie immer er auch begründet sei. An dessen Stelle setzt der Stil der gepflegten Semantik etwas anderes. Man ist als professioneller Jurist wie als beteiligter *repeat player* nachträglich in der Lage, die Verfahrenszüge und Entscheidungen der anderen als zwangsläufigen Ausdruck ihrer Verfahrensrolle zu verstehen. Man ist dann auch in der Lage, die eigenen Fehler zu erkennen, die zu einem bestimmten Ergebnis geführt haben, und kann zumindest nachträglich die Entscheidung als durch die Verfahrensmöglichkeiten gerechtfertigt verstehen[19]. Denn die Beteiligten werden durch die Sequenzen des Verfahrens nicht nur

---

17 Ebd., 60.

18 Ebd., 87.

19 *Seibert*, Gerichtsrede, 62.

auf eine konsistente eigene Darstellung verpflichtet, sie können die jeweils anderen auch aus personalen Verpflichtungen entlassen, mit denen ein Verhalten im Alltag immer verbunden werden muss. Als solche Entlastungen durch Verhaltensdifferenz hat Luhmann die Pflicht zu unpersönlichem Handeln und „eine Art expressiver Rollendistanz"[20] hervorgehoben. Damit bleiben Differenzen und Konflikte im Verfahren zwar erlaubt oder gefordert, in ihrer personalen Wirkung werden sie aber gleichzeitig abgemildert. „Jede Partei gibt der anderen gleichsam einen Freibrief für Gegnerschaft, ohne dass dadurch der Ausgang des Konflikts beeinflusst würde."[21] Die Differenz besteht dann nicht wesentlich in einem persönlichen Verhältnis. Man pflegt sie als „sachlich" zu bezeichnen, was freilich verdeckt, dass die Sache durch personale Beteiligung an Verfahrensschritten zustande kommt. Zu den Verfahrenseigentümlichkeiten zählt paradoxerweise auch eine sprichwörtlich gebrochene Beziehung zu Wahrheit und zu Recht – paradox deshalb, weil es auf Wahrheit und Recht nach der Außendarstellung des Verfahrens, die durchaus bewusst inszeniert wird, gerade ankommt. Dem Anspruch nach sind sie unverzichtbare Grundbedingungen jeder Entscheidung. Das Urteil soll auf wahren Tatsachen beruhen und dem geltenden Recht entsprechen. Dennoch bezeichnet Luhmann als Sinn und Zweck des Verfahrens etwas anderes und drückt das mit einer doppelten Ironie aus, die manche eben als zynisch zu bezeichnen pflegen. Sinn sei es, den Entscheidungsempfänger zu unbezahlter zeremonieller Arbeit zu veranlassen. „Nach der Urteilsverkündung findet sich der Unterlegene wieder als jemand, dem die Chance genommen ist, seine Interessen als konsensfähig zu generalisieren."[22]

In der Rückschau von 40 Jahren schon wieder traditionell wirkt freilich die Konzentration auf eine Urteilsverkündung. Dabei weiß der systemisch denkende Verfahrenspraktiker – und Luhmann betont es an entscheidender Stelle –, dass die Urteilsverkündung gerade nicht die Verfahrensförmigkeit des Verfahrens ausmacht. Wenn das Verfahren mit der Abgrenzung von einer Umwelt, der Ausgrenzung von Personen und der Bezeichnung von Sachen beginnt, dann wird es getragen und in der Zeit prozessiert durch den Aufschub, durch eine Verhaltensweise, die ich selbst in Anlehnung an Derrida den „Stil der juristischen *différance*" genannt habe. Zwischen dem Anfang einer Klage und dem Ende der Urteilsverkündung werden viele Zwischenschritte zurückgelegt, die gerade daran hindern, sogleich oder zunächst zu einem Urteil zu kommen. Das Urteil wird aufgeschoben in dem Sinne, dass zwar im Regelfall nicht behauptet wird, es werde nie eines geben, aber keiner der Beteiligten so bald damit rechnen kann zu erfahren, was denn wahr oder richtig sei. Das Verfahren gliedert und zergliedert den

---

20 *Luhmann,* Legitimation durch Verfahren, 95.

21 Ebd., 103.

22 Ebd., 117.

Weg zu einer Entscheidung, von der man unterwegs nicht immer weiß, ob sie wirklich ergehen wird. Verfahren sind immer auch zerfahren.

II. Verfahrensförmigkeit der Legitimation

„Verfahren" gibt es viele, und sie sind als Plural zu denken und zu schreiben. Zum Verfahren gehört auch, dass es immer noch weitere Verfahren gibt, um die Ergebnisse von Verfahren zu „überprüfen" – wie man juristisch sagt – oder auch nur zu bereden, zu zerreden und zu etwas anderem zu machen, als sie zunächst schienen. Für Legitimationsfragen gibt es Verfahren. Wir erfahren zeitgenössisch, dass Legitimationsprobleme – eben solche der Akzeptanz von Entscheidungen – nicht mehr im ordentlichen Rechtsstreit etwa durch die Einlegung von Rechtsmitteln weiter behandelt werden, sondern weitere Foren und Formen erzwingen. Seit etwa fünfzig Jahren sind solche Verfahren weltweit unter verschiedenen Bezeichnungen nach und neben den nationalen Rechtsstreit getreten. An erster Stelle – und das noch ganz national – sind Verfassungsbeschwerden zu nennen, die von rechtlichen Laien heutzutage fast schon wie normale Rechtsmittel verstanden werden. Nachdem der Instanzenzug beendet ist, steht eine weitere Institution zur Verfügung, die paradoxerweise prüft, ob Recht auch wirklich Recht im Namen der Verfassung heißen soll. Die Entwicklung ist schon seit einiger Zeit weiter und vielfältiger vorangeschritten. Wir kennen einen Europäischen Gerichtshof für Menschenrechte und wir kennen – für alle Lebenslagen und je nach Bedarf und Geschmack – einen Europäischen Gerichtshof für alle Rechtsfragen, die ihre Verfahren mehr oder weniger anbieten und darauf warten, dass sich ein Beschwerdeführer findet oder ein nationales Gericht eine Rechtsfrage anhand eines Falls dem übernationalen Gemeinschaftsgericht vorlegt[23]. Alle diese Erweiterungen und Verzweigungen der Gerichtsbarkeit bewegen sich aber noch im alten Entscheidungsdenken. Danach findet man Recht, wenn man einem Dritten eine Rechtsfrage vorlegt und dieser Dritte sie entscheidet – was so viel heißt wie: ihr eine autoritative Antwort gibt, die man nur entweder akzeptieren kann oder von anderen Dritten revidieren lassen muss. Nur langsam gewöhnen wir uns an den auf den ersten Blick paradoxen Gedanken, dass man einem Dritten eine Rechtsfrage vorlegt, dieser Dritte die Frage aber weder beantwortet noch entscheidet, sondern damit eben „verfährt" und die Parteien die Frage selbst entscheiden.

„Mediation" heißt dieser Modus im neuen Rechts-Systemdeutsch[24], und er hat mannigfache Abarten und Vorläufer im alten Rechtsstreit. Klassisch

---

23 Vgl. zu dieser Praxis der „juristischen Dialoge" *Haltern,* Europarecht, 352 f.

24 Tatsächlich handelt es sich dabei inzwischen um ein eigenes Rollensystem mit besonderen Verdienstmöglichkeiten (auch für Juristen), dessen Systemverfassung schildern: *Haft / Gräfin von Schlieffen,* Handbuch Mediation.

heißt die Mediation „Vergleich", wenn die Beteiligten sich nämlich ausdrücklich vertraglich über das Ende eines Streits einigen und jeder dabei ein Stück weit nachgibt (geregelt in § 779 des deutschen Bürgerlichen Gesetzbuchs). Solche Vergleiche kommen auch in hybrider Form vor. Eine Seite nimmt die Klage zurück, die andere stellt keinen Kostenantrag, eine Seite erkennt einen Teil einer Forderung an, die andere nimmt den Verfahrensantrag zurück. Ein teilweiser Vergleich liegt im Grunde in jeder Form der Rechtskraft einer Entscheidung. Sie hätte nicht rechtskräftig werden können, wenn eine oder manchmal auch beide Seiten Rechtsmittel eingelegt hätten. In allen diesen Fällen zeigt sich, dass bestimmte Verfahrenshandlungen selbst legitimieren. Das Problem der Legitimation wird im Verfahren behandelt.

Wenn aber Rechtsfragen von Dritten wirklich entschieden werden, dann – so heißt die selbstbezügliche, verfahrensbezogene systemische These – akzeptieren sie die Verfahrensbeteiligten einfach deshalb und insofern, als sie am Verfahren beteiligt waren. Die Sache ist nicht ganz so paradox, wie sie klingt. Zunächst einmal setzt sie voraus, dass Beteiligte am Verfahren „wirklich" beteiligt waren. Niklas Luhmanns geht in seiner nicht empirisch bearbeiteten Studie von einer Verhandlungsform aus, wie sie in deutschen Strafsachen üblich ist. Dort sind Angeklagte, Gericht und sonstige Verfahrensbeteiligte physisch präsent, sie inszenieren ihre Sache und lassen sie eine messbare Zeit lang dauern, in der alle jeweils auch anwesend sein müssen. Wer so viele Leistungen erbringen musste, ist anschließend erschöpft. Demgegenüber kann der private Rechtsstreit so geführt werden, dass der materiell Beteiligte gar nicht bemerkt, dass es einen Prozess gibt – bis er ihn verloren hat. Die werbewirksame Einladungsformel „Das erledigt alles mein Anwalt" ist gleichzeitig auch der Einstieg, der in Anwaltsschelte und Anwaltsregress führt, wenn der Kommentator die Sache verliert und das Ergebnis nicht akzeptiert. Aber schon die Einkleidung als Anwaltsregress – d. h. als Schadensersatzforderung wegen des nach Ansicht eines Verfahrensbeteiligten nur aufgrund anwaltlichen Unvermögens verlorenen Prozesses – zeigt, dass wiederum ein Verfahrensproblem durch ein (neues) Verfahren behandelt wird. Ansonsten setzt „Beteiligung" ausdrückliche Formen des sog. „rechtlichen Gehörs" voraus. Der Beteiligte wird beteiligt, wenn er selbst, nicht durch Anwälte vermittelt etwas sagen kann und muss. Der Beteiligte erfährt seine Beteiligung dadurch, dass das Verfahren lange andauert und allerlei geschieht. Er erfährt, dass nicht nur nicht etwa von Anfang an feststeht, wer sich im Recht befindet, sondern dass das im ganzen Verlauf des Verfahrens offen bleibt, offen sogar noch über die Entscheidung hinaus, gegen die man ja Rechtsmittel einlegen kann[25]. Er erfährt, dass das Verfahren nicht nur Zeit kostet, sondern von Anfang an auch Geld.

---

25 „Ungewissheit" als dritten Wert der Rechtszuteilung – oder: als Aufschub der Zuteilung – eingeführt von: *Luhmann*, Das Recht der Gesellschaft, 207.

Verfahren sind kostspielig. Man muss selbst überlegen, ob und wie lange man sich einen derartigen Luxus leisten will[26]. Schließlich erfährt man auch, dass die Frage, die man eigentlich gestellt hat, so – wie sie gestellt worden ist – nicht beantwortet wird. Sie verwandelt sich unter der Hand und während des Prozesses in etwas anderes. Es kann sogar sein, dass – je weiter das Verfahren voranschreitet – die einzige noch interessante Rechtsfrage dahin geht, wie man das Verfahren beenden könnte. Probleme des Verfahrens entstehen also überhaupt erst im Verfahren, und dann sind sie gleichzeitig auch Entscheidungsprobleme.

Je weiter die Beteiligung der Beteiligten am Verfahren nämlich voranschreitet, je länger der Prozess dauert, je öfter dort gesprochen wird, je mehr Schriftsätze ausgetauscht werden, je mehr Verhandlungen stattfinden und desto teurer das Verfahren infolgedessen wird, um so schwieriger wird es zu entscheiden. Am Ende wird womöglich gar nicht entschieden und das Verfahren endet nur „irgendwie“.

III. Geschichtlichkeit des Verfahrens

Luhmann selbst hat seine Verfahrensbeschreibung ausdrücklich auf die Modernität und Positivität des Rechts bezogen[27]. Möglicherweise lehrt die geschichtliche Betrachtung von Verfahrensgeschichten etwas anderes; mindestens treibt sie die Differenzierung weiter voran. Es könnte sein, dass die Verfahrensform selbst Modernität aufpfropft (ohne dass man sicher sein kann, dass solche Modernisierung auf schon vorhandene Lernbereitschaft stößt), und es könnte weiter sein, dass Rechtsveränderungen und damit Positivierung erst möglich werden, wenn auf offene Formen verwiesen werden kann, in denen Ungewissheit prozessiert wird, auf Rechtsverfahren also.

Die Tagung hat dafür Anschauung in zwei räumlich wie sachlich unterschiedenen Bereichen geboten, nämlich für England, dort speziell bezogen auf Hochverratsprozesse, und für Bayern, dort sowohl im allgemeinen Verfahrensbild wie auch bezogen auf eine spezielle Form der Bearbeitung von Territorialkonflikten, den Kommissionsverfahren des Reichshofrats.

Der englische Common Law-Prozess – so wie André Krischer ihn vorgestellt hat – wirkt schon ganz modern und bezieht seine Inhalte aus dem Ablauf des Verfahrens selbst. Praktiziert wird die Selbstreferenz der Verfahrensbeteiligten. So erklärt Krischer, dass eine Entscheidung über die Tatfrage (*matter of fact*) als Frage nach Schuld oder Unschuld von einer Jury aus zwölf Geschworenen erwartet worden ist und sich von diesem Ergebnis her das gesamte Verfahren als öffentlich, mündlich und unmittelbar

26 *Seibert,* Gerichtsrede, in der „Vorrede“.

27 *Luhmann,* Legitimation durch Verfahren, 141 ff.

– eben juryzugänglich – gestaltet hat. So verstehen wir bis zum heutigen Tage die Aufgabe von Richtern und Schöffen im Strafprozess: Um zu wissen, worum es geht, und zu hören, ob sich der Angeklagte schuldig oder nicht schuldig bekennt, muss man im Gerichtssaal anwesend sein, Fragen stellen und zuhören. Aus dieser Selbstverpflichtung und Selbstbindung des Gerichtspersonals entsteht – wie Krischer verdeutlicht hat – freilich auch die mögliche Legitimationskrise. Solange der Angeklagte vor Gericht steht und direkter Ansprechpartner für Richter und Ankläger ist, besitzt er auch enormen Raum zur Selbstdarstellung, beispielsweise als Opfer der Justiz. Seine Unschuldsbehauptungen, sein Dissens mit dem Urteil haben Verfahrensgewicht mit der Folge, dass die Amtsträger nicht nur Juristen, sondern vor allem auch Rhetoren oder – wie Krischer sagt – „Theologen" sein müssen und dem zu Verurteilenden eine Strafpredigt halten, bei der nahe gelegt werde, das Urteil auch persönlich zu akzeptieren, die juristische Schuld auch als Sünde zu betrachten und Buße zu tun. Darüber hinaus bezeichnet Krischer zwei weitere Verfahrenssituationen als Stationen verfahrensbezogener Selbstreferenz: das so genannte *Arraignment,* das nicht nur Identifikations-, sondern vor allem Initiationsritual sei, und das daran anschließende *Pleading,* das den Angeklagten verpflichtet, sich schuldig oder unschuldig zu bekennen und damit die zentrale binäre Schematisierung eines Strafverfahrens zu übernehmen. Bemerkenswert ist in diesem Zusammenhang der Hinweis, auch wenn man nach den Verfahrensregeln Schweigen oder unpassende Antworten als Schuldbekenntnis habe werten dürfen, hätten die Gerichte in solchen Fällen stets versucht, den Angeklagten doch noch zum Plädoyer zu überreden. Bezeichnet werden damit nämlich jene unvermeidlichen rhetorischen Schnittstellen, an denen aktuell prozessiert werden muss und der Verweis auf Regeln nur denjenigen hilft, die diese Regeln kennen und an sie glauben. Der Angeklagte muss mitspielen, er muss jedenfalls als Darsteller – wenn nicht als Schuldübernehmer – gewonnen werden. Krischer betont die Folge der Selbstreferenz, die an die Stelle inhaltlicher Übernahmen und Schuldbekenntnisse tritt und den Charakter des Verfahrens erst ausmacht: Ergebnisoffenheit im Sinne des Umstands, dass über den Ausgang des Verfahrens Ungewissheit bestehe oder dies für den Angeklagten doch zumindest so aussehe.

Selbstreferenz und Verfahrensautonomie werden im reformierten englischen wie später auch deutschen Strafverfahren gesteigert durch die Zulassung von Strafverteidigern während der gesamten mündlichen Verhandlung. Durch ihre Präsenz im Gerichtssaal – führt Krischer aus – sei es zu einer enormen Juridifizierung der forensischen Kommunikation gekommen. Investiert wird nun Zeit, nämlich die Zeit, die das Verfahren der Austragung des Konflikts vor Gericht kostet. Man kann an Krischers historischem Vergleich sehen, dass die später beklagte Verfahrensverlängerung auch und gerade seiner Autonomie dient: Dem Angeklagten und seinen Verteidigern sei tagelang erlaubt worden, alles vorzubringen und jeden noch verwinkelten juristischen Trick auszuprobieren. Zu Recht verweist Krischer darauf, dass das reformierte Verfahren insofern nicht nur personale, sondern vor allem auch sachliche Autonomie gewinnt: Im Verfahren und nur dort kann anhand bestimmter Regeln verbindlich darüber entschieden werden, was als wahr, als wahrer Beweis und daraus gefolgerte wahre Schlussfolgerungen gelte und was nicht.

Der Beobachter sollte im Blick auf frühneuzeitliche Gerichtsverfahren eines nicht vergessen: Sie sind ein Beispiel für die Interaktion in Oberschichten. Weder sind frühneuzeitliche Verfahren allgegenwärtig (wie heute dem Anspruch nach), noch sind sie für alle gedacht und gemacht. Die Schichtenbesonderheit im Gerichtsverfahren hat Christian Wieland hervorgehoben, und sie muss gesehen werden, um nicht einfach in eine Perspektive des Immer-schon-so-ähnlich-Anzutreffenden für historische Semantik zu verfallen. Luhmann selbst hat die semantischen Umstellungen in der Oberschichtenkommunikation betont[28]. Denn man muss berücksichtigen, was Wieland berichtet: Als Gerichtspartei blieb der Adel während der gesamten frühen Neuzeit privilegiert. Wieland zeigt am Detail, was Luhmann für die Oberschichtenkommunikation allgemein skizziert hat. Gleichheit ist hier ein gerichtssysteminternes Kriterium im Rahmen einer ungleichen Gesellschaft. Der Adel verfügt über das *privilegium fori,* und dessen Bedeutung darf nicht unterschätzt werden in einer Gesellschaft, die Stratifizierung räumlich praktiziert. Adlige werden vor dem Herzog und damit vor den Hofgerichten angeklagt. Sie dürfen sich – wie Wieland berichtet – durch einen Anwalt vertreten lassen, sie dürfen ein differenziertes Strafmaß erwarten, das die weitere Existenz in den Grundlagen bestehen lässt. Denn Adlige wurden von Ihresgleichen beurteilt, Edelleute nehmen Platz auf der Ritterbank der Hofgerichte und des Hofrats. Das führt dazu, dass auch inszenierte Gerichtsverfahren noch einigermaßen glimpflich verlaufen, wie Wieland über den Prozess gegen den Grafen Joachim von Ortenburg berichtet, an dessen Ende nur noch wegen „Beleidigung des Herzogs“ verurteilt wurde.

Die Änderungen in der Verfahrensform erscheinen im historischen Überblick durchaus als begrenzt. Das Prunkstück des modernen Gerichtsverfahrens, das Urteil, auf das sich alle Ausbildungsbemühungen richten, wird von Christian Wieland für das frühneuzeitliche Verfahren so beschrieben, wie es die Moderne lehrt – mit einem Unterschied. Ein „Endurteil“, das einen Prozess hätte abschließen können, habe – berichtet Wieland – in schriftlicher Form vorliegen sollen, die Namen von Richter und Parteien enthalten, die Substanz der Klage wiederholen und Auskunft über den Inhalt der Entscheidung des Gerichts geben müssen, es habe dennoch – und

[28] *Luhmann,* Gesellschaftsstruktur, Bd. 1, 72 ff.

dies allein hat sich geändert – als formwidrig erlassen gegolten, wenn es in „falscher Körperhaltung“ verkündet worden sei. Denn die Verkündung habe auf jeden Fall und fraglos im Sitzen vonstattengehen müssen. Demgegenüber werden die Urteile des späteren richterlichen Beamten ebenso selbstverständlich und verpflichtend im Stehen verkündet, und auch der demokratische Richter verfährt genauso. Aber es handelt sich dabei eher um historische Kuriosa eines fortwährenden Formwillens, der das Verfahren beherrscht und unabhängig von jeder einzelnen Operation zu einem besonderen Erfahrungsfeld macht, dem Forum. Das Forum wird frühneuzeitlich von der Oberschicht beherrscht.

Die forensische Kommunikation in der Oberschicht erlaubt auch einen Einblick in die frühen Formen der Vermeidung jener binären Schematisierung, die das Forum dem Gerichtsverfahren eigentlich und in der Doktrin immer aufzwingt[29]. Man muss entscheiden, aber man tut es lieber nicht. Diese Entwicklung kann – nachdem die Verfahren alle Gegenstände mit jeder Person zu jedem Zeitpunkt behandeln sollen – postmodern aus diesem Grund beobachtet werden. Das System bewältigt nicht oder nicht mehr alles in der doktrinär zugemuteten Form, es findet aber eigene Wege. Diese eigenen Wege finden sich wiederum von Anfang an. Man beginnt ein Verfahren, um zu entscheiden, entscheidet aber im Ergebnis, nicht zu entscheiden, sondern sich zu einigen. Theoretisch hat Niklas Luhmann die Entwicklung mit der These über die Paradoxierung der Entscheidung erfasst – konkreter: Zur Vermeidung von Entscheidungen werden die Verfahrensregeln in einem auf Entscheidbarkeit angelegten System informell gehandhabt. Wir wissen, was wir tun müssten, aber wir können auch anders – was wir wiederum nicht müssen.

Dieses bemerkenswerte Phänomen demonstriert Sabine Ullmann an einem Beispiel für die Interaktion in Oberschichten, dem Kommissionsverfahren zur Behandlung von territorialen Hoheitskonflikten. Die Kommissionsverfahren versteht Ullmann als Form der delegierten Gerichtsbarkeit, in der für konkrete Streitparteien benachbarte Reichsfürsten als Richter eingesetzt worden sind, die in der Region ansässig waren. Man ist versucht, darin ein Schiedsgericht zu sehen, ein Tribunal, wie es heutzutage für internationale völkerrechtliche Streitigkeiten zwischen Staaten empfohlen, aber nur gelegentlich praktiziert wird, weil moderne Staaten ihre Souveränität nicht durch solche Verfahren beschränken lassen wollen. Sabine Ullmann beschreibt den Reichshofrat denn auch als über- und vorgerichtliche Verfahrensinstanz, die nicht öffentlich verhandelt, kein festes Terminsystem besitzt und keine prozessrechtliche Grundlage kennt. Der daraus im 16. Jahrhundert erwachsene Verfahrensstil des Wiener Gerichts habe sich

---

29 Zur grundsätzlichen Bedeutung dieses Mechanismus vgl. *Luhmann*, Gesellschaftsstruktur, Bd. 1, 301 ff.

zwar ebenfalls an der Kammergerichtsordnung von 1555 orientiert, daraus aber nur variabel einsetzbare Teile entlehnt. Man blieb „elastisch“ in der Handhabung der Form. Zu notieren gegenüber dem später flächendeckenden Anspruch der staatlichen Justiz ist die eingeschränkte Klientel im Kommissionsverfahren. Ullmann sieht die eher mindermächtigen Reichsstände als Nachfrager vor dem Zugriff der wachsenden Landesfürstentümer. Der Reichshofrat habe über diesen Verfahrensweg den Bestand vieler kleiner Herrschaftsträger gesichert, die fortan zur spezifischen kaiserlichen Klientel im Reich gehörten. Verfahrenstheoretisch am bedeutsamsten erscheint freilich der Ausgang oder die Beendigung solcher Kommissionsverfahren. Ullmann hebt hervor, dass am Ende komplexe Vertragswerke eines Vergleichs, nicht aber ein Urteil gestanden hätten. Das lässt aufhorchen. Die These, bindende Wirkung habe gerade die nichtbindende, offene Form der Verfahrensführung erzeugt, lässt zu Beginn der funktionalen Ausdifferenzierung des Verfahrens jenen Befund deutlich werden, den ich für die gegenwärtige, postmoderne Praxis der verfahrensförmigen Legitimation (unter II) vorgestellt habe. Dabei darf nicht übersehen werden, dass es sich nicht um dasselbe handelt. Das Kommissionsverfahren entstammt – um es zu wiederholen – der Interaktion in Oberschichten; wenn dort – wie Ullmann zitiert – von „guter Nachbarschaft“ die Rede ist, die sich in den Kommissionshandlungen zeigen möge, und wenn dort die Sprachformel verwendet wird, die Parteien mögen sich *nachparlich miteinander vergleichen,* so muss man sich klarmachen, unter welchen Bedingungen jemand „Nachbar“ hat sein können und wer damit gemeint war. Dennoch kehren die Verfahrenszüge, die Ullmann vorstellt, im postmodernen Vergleichs- und Aushandlungsbetrieb der Form nach wieder. So wie der Kommissionsbefehl nicht ohne die Zustimmung der Parteien hat ergehen sollen, so bemüht sich der postmoderne Richter darum, Vergleichsvorschläge von den Parteien selbst hervorzulocken – und es gilt, was Sabine Ullmann hervorhebt: Das ist „eine wichtige Voraussetzung für die Rollenakzeptanz“.

„Rollenakzeptanz“ ist zweifellos ein Ausdruck, den weder frühneuzeitliche noch moderne oder postmoderne Teilnehmer in Verfahrensrollen gebrauchen, um ihre eigene Einstellung zu bezeichnen. Die systemische, soziologische Perspektive[30] führt an dieser Stelle rollenfremde Kategorien für die Rollenbeschreibung ein. Darin liegt ihr Gewinn. Im historischen Vergleich kann man das leichter sehen, als wenn man den Kläger des Jahres 2000, der sich über ungünstige Justizentscheidungen beklagt, an die notwendige Rollenakzeptanz erinnert. Heute pflegt man zu übergehen, dass Akzeptanz jeweils aktuell neu zu gewinnen ist. Die punktuell geführten frühneuzeitlichen Verfahren führen gerade das vor. Rollenakzeptanz ist die

30 Zurückverfolgen kann man diese Perspektive bis hin zu Luhmanns immer noch instruktiver Beschreibung: *Luhmann,* Funktionen und Folgen formaler Organisation, 39 ff.

Voraussetzung dafür, dass entschieden und getroffene Entscheidungen als legitim verstanden werden können. Denn von Legitimität lässt sich im verfahrenstheoretischen Sinne erst reden, wenn entschieden werden könnte und offen bleibt, in welcher Richtung oder mit welchem Ergebnis das geschieht. Erst dann stellt sich in der Rechtsevolution auch die Frage nach der besonderen Legitimität eines Rechts, dessen Inhalte doch aktuell jeweils geändert und potentiell immer auch zu einem anderen Ergebnis prozessiert werden können, also kontingent sind[31]. Vor diesem Hintergrund kann man die Kommissionsverfahren ein zweites Mal lesen und Strafprozesse wegen Hochverrats auf ihre internen Möglichkeiten hin überprüfen. In beiden Fällen sind herausgehobene Mitglieder der Gesellschaft beteiligt, die Prozessart entwickelt sich nach eigenen Regeln, und vor dem Hintergrund einer möglichen Entscheidung wird – vielleicht auch nur gelegentlich – wirklich entschieden. Aus der zeitlichen Distanz schwinden die inhaltlichen Parteinahmen, die Legitimationsurteile über moderne Verfahren steuern. Man kann anhand der historischen Semantik beobachten, wie Verfahren prozedieren.

Literatur

Duncker, Arne: Hans Kohlhase. Die Geschichte einer Fehde in Sachsen und Brandenburg zur Zeit der Reformation, Frankfurt am Main u. a. 1999.

Frey, Reiner: Vom Subjekt zur Selbstreferenz. Rechtstheoretische Überlegungen zur Rekonstruktion der Rechtskategorie, Berlin 1989.

Habermas, Jürgen: Legitimationsprobleme im Spätkapitalismus, Frankfurt am Main 1973.

Haft, Fritjof / *Gräfin von Schlieffen,* Katharina: Handbuch Mediation. Verhandlungstechnik, Strategien, Einsatzgebiete, München 2008.

Haltern, Ulrich: Europarecht. Dogmatik im Kontext, Tübingen 2005.

Krause, Detlef: Luhmann-Lexikon, Stuttgart 1996.

Lüderssen, Klaus: Genesis und Geltung in der Jurisprudenz, Frankfurt am Main 1996.

Luhmann, Niklas: Ausdifferenzierung des Rechts. Beiträge zur Rechtssoziologie und Rechtstheorie, Frankfurt am Main 1999.

Luhmann, Niklas: Das Recht der Gesellschaft, Frankfurt am Main 1993.

Luhmann, Niklas: Funktionen und Folgen formaler Organisation, Berlin 1976.

Luhmann, Niklas: Gesellschaftsstruktur und Semantik. Studien zur Wissenssoziologie der modernen Gesellschaft, 4 Bde., Frankfurt am Main 1980–1995.

Luhmann, Niklas: Ideenevolution, Frankfurt am Main 2008.

---

31 „Auf diese Frage kennt die heutige Soziologie keine überzeugende Antwort" befand 1970 *Luhmann,* Ausdifferenzierung des Rechts, 132.

Luhmann, Niklas: Legitimation durch Verfahren, 1. Aufl. Neuwied 1969.

Perelman, Chaïm: Justice, Law, and Argument, Dordrecht 1980.

Seibert, Thomas-Michael: Gerichtsrede. Wirklichkeit und Möglichkeit im juristischen Diskurs, Berlin 2004.

Teubner, Gunther: Recht als autopoietisches System, Frankfurt am Main 1989.

van Orman Quine, William: The Roots of Reference, La Salle 1974.

Weber, Max: Wirtschaft und Gesellschaft, Tübingen 1976.

Kommentar

Von *Ronald G. Asch*, Freiburg

Ausgangspunkt für diese Tagung war die Feststellung, dass für Luhmann das Gerichtsverfahren das Paradigma eines durch formale Mechanismen Legitimität verbürgenden Verfahrens schlechthin ist. Dem liegt in letzter Instanz die Vorstellung zu Grunde, dass Verfahren gewissermaßen einen sozialen Konsens über Werte und materielle Rechtsvorstellungen erübrigen, indem sie eine Rationalitätsfassade herstellen. Diese These ist freilich unverkennbar stark auf die moderne Gesellschaft mit ihrem ausgeprägten Wertepluralismus zugeschnitten. Für die Frühe Neuzeit gälte es zu bedenken, dass dieser Epoche der moderne Rechtspositivismus zunächst mehr oder weniger fremd ist. Ein stärker positivistisches Rechtsverständnis wird dann allerdings spätestens von Thomas Hobbes artikuliert, und sein *auctoritas non veritas facit legem* stellt in der Tat das dezisionistische Verfahren der Gesetzgebung über die materielle Gerechtigkeit und die Moral, die am Ende ähnlich wie bei Luhmann und seinen Anhängern zu bloßen Chimären werden. Jedenfalls hätte Hobbes das Diktum, Moral sei nur gesellschaftlich legitimiertes Mobbing (Kieserling) sicherlich gut gefallen, und er hätte auch die Urheber dieses Mobbings benennen können, den Klerus unterschiedlichster Schattierungen, an dessen Stelle in modernen Gesellschaften die Intellektuellen getreten sind.

Für die frühe Neuzeit insgesamt ist freilich charakteristisch, dass sich eine starke Betonung öffentlicher Zeremonien und Rituale, die Ansprüche auf Autorität und Rechtstitel sichtbar machen und zugleich verbürgen sollen, mit nachdrücklichen Vorbehalten gegen einen Rechtspositivismus verbinden, der im Recht wie bei Hobbes nur das Ergebnis eines formalen Verfahrens der Gesetzgebung sieht. Erst mit der Aufklärung wird beides in Frage gestellt, die Vorbehalte gegen eine nicht mehr an die Tradition gebundene souveräne Gesetzgebung und die überkommenen Formen des politischen Zeremoniells und des ritualisierten Verfahrens. Damit stellt sich freilich die Frage, ob sich die politische und soziale Ordnung der Frühen Neuzeit insgesamt mit den Kategorien der Soziologie Luhmanns allein, so fruchtbar sie in Teilbereichen sein mögen, angemessen deuten lässt.

Zur Debatte steht aber auch die Deutung von Modernität und Moderne selbst durch Luhmann. Auf den ersten Blick ist es plausibel anzunehmen, dass eine Legitimation durch bloßes Verfahren etwas spezifisch Modernes sei. Dem wurde freilich auf unserer Tagung die These entgegen gehalten (Wittreck), dass das Sichbefreien von strikten Verfahrensregeln ebenso als etwas spezifisch Modernes erscheinen kann, so dass unter Umständen Gesichtspunkte der materiellen Gerechtigkeit den Vorrang vor den strengen Verfahrensregeln haben. Dafür gibt es freilich Beispiele schon in älteren Epochen, auch in der Frühen Neuzeit oder im Mittelalter. Man denke an den Gegensatz von *equity* und *justice* in England. Damit sollte gewährleistet sein, dass auch Klägern Gerechtigkeit widerfuhr, für deren Anliegen es keinen spezifischen *writ* im Common Law gab. Gesichtspunkte der Billigkeit wurden über solche der strikten Verfahrensgerechtigkeit gestellt. Es kann einem durchaus erscheinen, als sei ein solches Vorgehen „moderner" als eine unbedingte Orientierung an der Idee des *due process,* und ähnliches mag für den Sieg des Inquisitionsprozesses über den Akkusationsprozess im Strafrecht auf dem Kontinent gelten, so problematisch die Begleiterscheinung dieses Sieges, die verbreitete Anwendung der Folter, auch erscheint. Hier stehen also unterschiedliche Vorstellungen von Modernität nebeneinander, deren Konflikt zumindest eines deutlich macht, dass die Deutung der modernen „funktional" differenzierten Gesellschaft durch Luhmann auf der methodisch sicherlich nicht per se illegitimen Isolierung bestimmter Wirklichkeitselemente durch die Systemtheorie beruht; ein Gesichtspunkt, den es bei der Anwendung dieser Theorie zu bedenken gilt.

Wichtig wäre es überdies zu klären, was Rechtsverfahren in der Frühen Neuzeit eigentlich sind. Ein Teilnehmer der Konferenz warf in die Debatte ein, Rechtsverfahren seien all jene Vorgänge, mit denen sich Juristen beschäftigten. Hier ist vielleicht doch eine leichte Differenzierung erlaubt. In der Frühen Neuzeit ist die Grenze zwischen Justiz und Verwaltung selten scharf gezogen. Viele Behörden vereinten die Befugnis zur Rechtsprechung mit administrativen Kompetenzen. Man denke etwa an die Regierungen in Brandenburg-Preußen. Umgekehrt gibt es juristische Amtsträger, die zugleich Verwaltungsangelegenheiten ordnen, wie die englischen Friedensrichter, aber auch die französischen Parlements haben in dieser Hinsicht eine gewisse Zwitterstellung. Sie sind in erster Linie Gerichte, können aber auch Edikte erlassen mit administrativer Wirkung und haben schließlich auch eine politische Schlüsselfunktion. Was bedeutet das für eine Theorie, die im Gerichtsverfahren, das formalen Regeln folgt, das Muster der Herstellung von Verfahrenslegitimität schlechthin sieht? Lässt sich diese Interpretation auch auf administrative Entscheidungen, die auf ähnliche Weise zu Stande kommen wie Gerichtsurteile, übertragen?

Einleuchtend ist freilich, dass Verfahren ihre Legitimität durch die aktive Beteiligung der betroffenen Personen gewinnen, die gewissermaßen in das Verfahren schrittweise verstrickt werden. Dafür müssen unter Umständen „Köder" ausgelegt werden, die die Beteiligung lohnend erscheinen lassen, etwa indem das Verfahren den Anschein erweckt, ergebnisoffen zu sein, oder dies auch wirklich ist. Interessant schien mir in diesem Kontext die Beobachtung (André Krischer) zu sein, dass die Ersetzung der unmittelbar Beteiligten durch Stellvertreter, etwa professionelle Juristen, zwar die Prozesschancen der Beteiligten erhöhen konnte, aber zugleich das Protestpotential der Parteien herabsetzte. Ein professioneller Anwalt wird sich selten einem Verfahren ganz verweigern, er wird allenfalls etwa über Befangenheitsanträge Einwände gegen einzelne Teile dieses Verfahrens erheben. Damit ist der geregelte Ablauf eines Prozesses gesichert, dem Laien eher Steine in den Weg legen können. Freilich sollte man, wenn man auf die Legitimation gesellschaftlicher Ordnung durch Verfahren blickt, auch das jeweilige Umfeld von Rechtsprozessen im Auge haben. Ein Verfahren in einer Gesellschaft mit einem klaren Gewaltmonopol hat einen ganz anderen Stellenwert als ein Prozess in einer politischen Ordnung, wo dieses Gewaltmonopol fehlt, wie etwa im Heiligen Römischen Reich Deutscher Nation, das eben kein klassischer Staat war, anders als etwa England im 17. Jahrhundert, das zumindest in großem Umfang doch schon Züge eines solchen Staates trägt.

In diesem Kontext wäre auch zu berücksichtigen, inwieweit Rechtsverfahren durch die Durchsetzbarkeit der gefällten Urteile erst ihre Legitimität gewinnen. Nun gibt es aus der Frühen Neuzeit genug Beispiele für Rechtsverfahren, die zu keinem endgültigen Abschluss gekommen sind und trotzdem friedensstiftend wirkten. Das gilt etwa für viele Verfahren vor den Reichsgerichten, aber auch in anderen europäischen Ländern ließen sich dafür Beispiele anführen, jedenfalls in Zivilprozessen. Dennoch lassen sich Verfahrensfragen m. E. nicht von Machtfragen trennen. Und dass Macht selber nur in Verfahren wirklich greifbar werde, dieses Argument, das während der Konferenz anklang, scheint mir nicht einleuchtend. Es ist vielmehr für den, der Macht aus der Position des Überlegenen ausüben kann, gerade charakteristisch, dass er sich das für ihn günstigste Verfahren auszusuchen vermag, wenn er sich nicht sogar über Verfahrensregeln zeitweilig ganz hinwegsetzen kann.

Ein letzter Gesichtspunkt. Eine der Teilnehmerinnen unserer Konferenz (Birgit Emich), räumte in einem unvorsichtigen Moment ein, dass es für sie ein Leben vor Luhmann gegeben habe. So mag es für manche von uns auch ein Leben nach Luhmann geben, so schwer dies vorstellbar ist. Wenn wir uns aber diese Möglichkeit offen halten, so werden wir meines Erachtens erkennen – und hier knüpfe ich an den Anfang meines kurzen Kommentares an –, dass die Legitimität, die durch Verfahren geschaffen wird, doch immer auch davon abhängt, ob die Betroffenen ein gewisses Grundvertrauen zur Billigkeit und Gerechtigkeit der gefällten Urteile haben. Es lässt sich etwa für England durchaus zeigen, dass der Glaube an die Herrschaft des Rechts und an die Gerechtigkeit der Ordnung des Common Law weit verbreitet war, auch bei denen, die faktisch vor Gericht eher schlechte Karten hatten. So skeptisch man also gegenüber der Idee einer gesellschaftlichen Stabilisierung durch gemeinsame Werte sein mag, so scheint doch die stabilisierende Wirkung reiner Rationalitätsfassaden in der Frühen Neuzeit (wie immer es damit heute stehen mag) am Ende begrenzt gewesen zu sein. Aber dies wäre vielleicht ein Gegenstand für eine weitere Diskussion.

III. Verwaltung und Verfahren

Mit Luhmann im Kirchenstaat

Die römische Wasserbauverwaltung in verfahrenstheoretischer Sicht

Von *Birgit Emich*, Erlangen

I.

Ein Verwaltungsverfahren ist nach Ausweis des einschlägigen bundesdeutschen Verwaltungsverfahrensgesetzes „die nach außen wirkende Tätigkeit der Behörden, die auf die Prüfung der Voraussetzungen, die Vorbereitung und den Erlass eines Verwaltungsaktes [...] gerichtet ist". Ein Verwaltungsakt ist im Sinne des Gesetzes „jede Verfügung, Entscheidung oder andere hoheitliche Maßnahme, die eine Behörde zur Regelung eines Einzelfalls auf dem Gebiet des öffentlichen Rechts trifft und die auf unmittelbare Rechtswirkung nach außen gerichtet ist." Als Behörde gilt schließlich „jede Stelle, die Aufgaben der öffentlichen Verwaltung wahrnimmt"[1]. Behörden, also Einrichtungen der Staatsgewalt, die mit der Vorbereitung und dem Erlass von Regelungen für Einzelfälle öffentlich-rechtlicher, d. h. das Verhältnis von Herrschaftsträgern und Untertanen berührender Art befasst sind, gab es bereits in der Frühen Neuzeit. Folglich müsste es auch in der Frühen Neuzeit als Verwaltungsverfahren identifizierbare Vorgänge gegeben haben. Dass sich in solchen vormodernen Verfahren moderne Definitionen und Prinzipien originalgetreu abbilden, wird man nicht erwarten. Vor einer solchen Annahme warnen schließlich die auf die Moderne konzentrierten verfahrenstheoretischen Überlegungen von und im Anschluss an

---

[1] Vgl. § 9 des Verwaltungsverfahrensgesetzes (VwVfG) zum Verwaltungsverfahren; § 35 Abs. 1 VwVfG zum Verwaltungsakt; § 1 Abs. 4 VwVfG zur Behörde.
Es werden folgende Abkürzungen benutzt:
ABent.Corr. Archivio di Stato Ferrara, Archivi di Famiglie e di Persone, Archivio Bentivoglio, Corrispondenza.
CA Archivio di Stato Ferrara, Fondo Comune: Archivio Storico Comunale, Serie H: Ambasciatori, Agenti e Procuratori di Ferrara a Roma – Corrispondenza con la Comunità.
CC Archivio di Stato Ferrara, Fondo Comune: Archivio Storico Comunale, Serie I: Cardinali – Corrispondenza con la Comunità.
CP Archivio di Stato Ferrara, Fondo Comune: Archivio Storico Comunale, Serie L: Prelati – Corrispondenza con la Comunità.
FB Archivio Segreto Vaticano, Fondo Borghese.

Niklas Luhmann ebenso wie die Ergebnisse historischer Forschung zu vormodernen Verfahren, wie sie das Leibniz-Projekt in Münster vorantreibt[2]. Übereinstimmend betonen Theoriebildung und Forschungspraxis, dass Politik und Verwaltung in der Vormoderne weit weniger ausdifferenziert waren als in der Moderne. Verwaltungsverfahren sind in der stratifizierten, nach sozialen Schichten differenzierten Vormoderne mithin weniger scharf abgegrenzt von ihrer Umwelt als in der funktional ausdifferenzierten Moderne. Was dies bedeutet, wird nicht nur, aber besonders gut greifbar im Blick auf die verschiedenen Rollen, die die beteiligten Personen innerhalb und außerhalb des Verfahrens einnehmen: Moderne Verfahren sehen spezifische Verfahrensrollen vor, die (wie etwa bei der Rolle der Richterin oder des Sekretärs) im Verfahren selbst auf dessen funktionsspezifische Aufgaben gerichtet und von den Rollen der Akteure außerhalb des Verfahrens (also etwa als Familienvater oder Parteimitglied) möglichst strikt getrennt sind. Hier ist die Ausdifferenzierung des Verfahrens aus der Gesellschaft mithin auch auf der Ebene der Rollen zu beobachten[3]. In der Vormoderne wirken die Rollen der Akteure außerhalb des Verfahrens, also etwa Standeszugehörigkeit und sozialer Status, hingegen weit stärker auf ihre Rollen im Verfahren ein. Dass etwa die Hierarchiebildung innerhalb einer Behörde gänzlich ohne Rücksicht auf die ständische Rangordnung der Mitglieder erfolgen könnte, ist für die Vormoderne schlichtweg unvorstellbar[4]. Man könnte daher auch sagen: Das Verfahren der vormodernen, stratifizierten Gesellschaft bildet die Strukturen seiner Umwelt ab, es ist weit weniger autonom als das Verfahren der modernen, funktional differenzierten Gesellschaft[5]. Dass dies Folgen für die Frage hat, welches Gewicht der Eigenlogik des Verfahrens zukommt, liegt auf der Hand: Autonome Verfahren können weitgehend unabhängig von der sozialen Logik ihrer Umwelt verlaufen, bei weniger autonomen Verfahren ist diese funktionsspezifische Rationalität eingeschränkt[6]. Das unterschiedliche Maß der Ausdifferenzierung der Verfahren aus ihrer Umwelt hat aber auch Folgen für die Funktionen, die ein Verfahren überhaupt wahrnehmen kann und soll. In modernen, funktional ausdifferenzierten Gesellschaften sorgt laut Luhmann allein die Leistungsfähigkeit, die Effizienz der bürokratischen Verwaltung für die Legitimation des Verwaltungssystems als Ganzes; und auch für die wohlwollende An-

---

2 Grundlegend: *Luhmann,* Legitimation durch Verfahren; *Stollberg-Rilinger,* Vormoderne politische Verfahren.

3 *Luhmann,* Legitimation durch Verfahren, 47 f.: „Die Ausbildung eigentümlicher Verfahrensrollen, die sich erst in systemspezifischen Kommunikationsprozessen konkretisieren, bewirkt eine *Rollentrennung* zwischen dem Verfahren und seiner Umwelt, das heißt eine Ausdifferenzierung des Verfahrens aus der Gesellschaft auf der Ebene der Rollen."

4 Wobei die bürokratische Rangordnung durchaus mit der sozialen konkurrieren kann, vgl. *Stollberg-Rilinger,* Vormoderne politische Verfahren, 16.

5 Vgl. ebd.

6 Vgl. ebd., 17.

nahme von Verwaltungsentscheidungen durch das Publikum ist nicht etwa die Verwaltung selbst, sondern allein die Politik zuständig[7]. Vormoderne Verfahren sind hingegen noch nicht von dieser Nebenfunktion entlastet, die erst allmählich im Rahmen der funktionalen Ausdifferenzierung an die Politik übergeht. Sie müssen Legitimation erzeugen, sie müssen für Akzeptanz sorgen, und zwar für Legitimation und Akzeptanz nicht primär des Verfahrens und seiner Entscheidungen, sondern der gesamten politisch-sozialen Ordnung, deren Strukturen sie abbilden[8]. Gemessen an den Maßstäben des Luhmannschen Konzepts der „Legitimation durch Verfahren" scheiden Verwaltungsverfahren damit streng genommen aus: Dass Verfahren aus sich selbst heraus für die Akzeptanz der von ihnen hergestellten Entscheidungen durch die Verfahrensbeteiligten sorgen, dass Entscheidungen also deswegen akzeptiert und durchsetzbar werden, weil sie auf eine bestimmte formal geregelte Weise zustande gekommen sind – und genau das meint Luhmann ja mit seiner berühmten Formel –, mag auf Gerichtsverfahren oder politische Verfahren zutreffen. Bei Verwaltungsverfahren hingegen ist eine solche Legitimation durch Verfahren für die Moderne nicht erwünscht und für die Vormoderne zu viel verlangt: Moderne Verwaltungsverfahren sollen nach Luhmann im Interesse ihrer Rationalität, d. h. ihrer funktionsspezifischen Orientierung von dieser Nebenfunktion entlastet werden, vormoderne Verwaltungsverfahren können aufgrund ihrer geringen Autonomie eher die gesamte Ordnung, die sie abbilden, als eine einzelne Entscheidung legitimieren. Genau dies aber, die legitimierende Funktion für die gesamte Ordnung, macht vormoderne Verwaltungsverfahren aus der Perspektive der kulturalistischen Politik- und Verwaltungsgeschichte besonders interessant.

Obschon Luhmann selbst Verwaltungsverfahren von einer legitimierenden Funktion entlastet sehen will und sie im Rahmen seiner Theorie daher eher am Rande (gleichwohl als Verfahren!) behandelt, und auch wenn manche Verfechter dieser Theorie davor warnen, den Verfahrensbegriff auf vor-

---

7 *Luhmann,* Legitimation durch Verfahren, 209.

8 Zu den modernen Verfahren vgl. ebd., 209 und 211; zur Vormoderne *Stollberg-Rilinger,* Vormoderne politische Verfahren, 22: „Allen diesen vormodernen Verfahren ist mithin gemeinsam, dass sie symbolisch-expressive Funktionen erfüllten, die aber nicht nur oder in erster Linie zur Legitimierung der im Verfahren produzierten Entscheidungen dienten, sondern vielmehr zur Bekräftigung der gesamten politisch-sozialen Ordnung, von deren Strukturen die Verfahren noch in mehr oder weniger hohem Maße abhängig waren." Zur weiteren Entwicklung heißt es ebd., 18: „Anzunehmen ist, das mit wachsender Autonomie des Verfahrens seine Funktion abnahm, die gesamtgesellschaftlichen Strukturen symbolisch abzubilden und zu legitimieren. Gleichzeitig ist zu vermuten, dass diejenigen symbolischen Elemente zunahmen, die dazu dienten, das Verfahren selbst, seine Eigenlogik, seine spezifischen Rollen etc. gegenüber der gesellschaftlichen Umwelt abzugrenzen." Man könnte wohl auch umgekehrt argumentieren: Dass das Verfahren die stratifizierte Gesellschaftsordnung abbildete, dürfte für seine Legitimation und damit auch für die Legitimation einzelner Entscheidungen unverzichtbar gewesen sein. Dieser Gedanke wird im Verlaufe der Argumentation noch mehrfach begegnen.

moderne Verwaltungen zu übertragen[9] – es könnte sich dennoch lohnen, einige Anregungen Luhmanns aufzugreifen. Ich werde daher im Folgenden von Verfahren in einem Sinn reden, der zwar vormodernen Rahmenbedingungen, nicht aber der reinen Lehre Luhmanns entspricht. Unter Verwaltungsverfahren verstehe ich ganz allgemein die Summe aller Handlungen, die dem Bemühen zuzuschreiben sind, in einer Sachfrage, die das Verhältnis zwischen Herrschaft und Untertanen berührt, eine Entscheidung herbeizuführen und diese umzusetzen. Diese Bemühungen werden im Kern von einer Behörde ausgehen, sich aber nicht im behördlichen Handeln erschöpfen. Mit einzubeziehen sind vielmehr die Versuche der Verfahrensparteien, ihre Positionen durchzusetzen, gleichviel, ob diese Bemühungen der Behörde und ihren Mitgliedern oder Dritten gelten. Und mit einzubeziehen sind schließlich auch alle Einflussnahmen auf die Suche nach einer Entscheidung, die von solchen Dritten ausgehen. Trotz dieser sehr weiten Definition, die auf wesentliche Elemente des Luhmannschen Verfahrensbegriffs verzichtet, möchte ich meine Fragen an solche Verfahren mit Luhmanns Hilfe konkretisieren. So betont Luhmann immer wieder zwei Aspekte, die auch für die Analyse vormoderner Verwaltungsverfahren und ihrer – im Folgenden versuchsweise unterstellten – legitimierenden Funktion erhellend sein dürften. Zum einen können Verfahren nur dann Entscheidungen aus sich selbst heraus, nach einer von der Umwelt unterscheidbaren eigenen Handlungslogik hervorbringen und für deren Akzeptanz sorgen helfen, wenn sie bei aller Anpassung an die Strukturen der Umwelt doch ein gewisses Maß an Autonomie genießen[10]. Zu fragen ist folglich, welche Strukturen seiner Umwelt das Verfahren abbildet und welche nicht, wie es sich von dieser Umwelt absetzt, ob es eine eigene Geschichte, eigene Rollen und eine eigene Logik entwickelt. Zum anderen ist zu klären, welche Bedeutung hierbei der symbolisch-expressiven Dimension des Verfahrens zukommt. Verfahren stellen nicht nur Entscheidungen her, sie stellen diesen Prozess immer auch dar: in ihrer zeremoniellen Gestaltung, in der zeitlichen und räumlichen Rahmung des Verfahrens, in seinen semantischen, visuellen oder symbolischen Repräsentationen. Was Luhmann betont, sieht die historische Forschung bestätigt: Es ist offenbar gerade diese Ebene der Darstellung, die symbolisch-expressive Dimension des Verfahrens, die maßgeblich zur Legitimation durch Verfahren beiträgt[11]. Wie das Verhältnis zwischen Darstellung und Herstellung, zwischen der symbolisch-expressiven und der instru-

---

9 So war auf der hier dokumentierten Tagung ein regelrechtes „Unbehagen am Verfahren" (so André *Holenstein* im Schlusskommentar zu der von ihm moderierten Sektion) auszumachen, sobald es um die Frage nach vormodernen Verwaltungsverfahren ging.

10 *Luhmann,* Legitimation durch Verfahren, 69: „Autonomie (...) ist gegeben, wenn und soweit im Verfahren selbst die Gesichtspunkte erarbeitet werden, die das weitere Verhalten im Verfahren und vor allem das Ergebnis bestimmen."

11 Ebd., 224; zur Vormoderne die Zitate von *Stollberg-Rilinger* in Anm. 8.

mentellen Dimension des Verfahrens beschaffen ist und worin genau das legitimierende Potential der Darstellung im Verfahren liegt – das sind offene Fragen. Es sind zugleich die Fragen, die der hier dokumentierten Tagung zugrunde lagen.

Auf der Suche nach Antworten wird im Folgenden ein konkreter Fall, ein konkretes Verfahren in den Blick genommen: die Wasserbauverwaltung im Kirchenstaat der Frühen Neuzeit. Dass Wasserbau und Hochwasser eine eminent politische Dimension haben, weiß jeder, der sich an die Oderflut mit Platzek als Deichgraf und Schröder als Retter – und Geretteter – in der Not erinnert[12]. Doch auch jenseits der Katastrophen ist Wasserbau eine politische Herausforderung: als Aufgabe der Verwaltung, die Streitfragen klären, Interessen ausgleichen und Konzepte umsetzen muss. Nicht anders steht es mit der Wasserpolitik im Kirchenstaat der Frühen Neuzeit. Der Kirchenstaat, d. h. das Territorium, dem die Päpste als weltliche Landesherren vorstanden, umfasste um 1600 Mittelitalien bis hinauf zum Po. Damit ist bereits das Sorgenkind benannt: Der Po und seine Seitenströme traten alljährlich über die Ufer, mit oftmals verheerenden Folgen für die Anrainer[13]. Schuld daran waren die Nebenflüsse, die vom Apennin herabkamen, von dort große Mengen an Sand anschwemmten und auf diese Weise zur Versandung des Hauptstroms beitrugen. Um dieses Problem zu lösen, wäre zweierlei nötig gewesen: ein wasserbauliches Gesamtkonzept, das die Umleitung zahlreicher Flüsse vorgesehen und daher weite Gebiete umfasst hätte, und der politische Wille aller Beteiligten, diesen Masterplan auch durchzusetzen. Innerhalb des Kirchenstaates waren gleich drei Provinzen von den Problemen des Po betroffen: im Süden Bologna, am Delta des Po bei Ravenna die Romagna und im Norden Ferrara. Ferrara, das ehemalige Herzogtum der Este, war erst 1598 an das Land der Kirche gefallen. Damit aber hatten sich die Chancen auf eine Lösung des Jahrhundertproblems deutlich erhöht. Denn mit der Einverleibung des Ferrareser Territoriums in den Kirchenstaat lagen weite Teile der von den Überflutungen des Po betroffenen Region politisch in einer Hand: in der Hand des Papstes, der als Landesherr nach 1598 darangehen konnte, einen einheitlichen Plan durchzusetzen. Allerdings, und das war das Problem, ging jeder denkbare Plan auf Kosten einer der drei Provinzen. Eine Lösung, die allen Beteiligten genutzt hätte, gab es schlichtweg nicht. So standen sich drei Provinzen mit widerstreitenden hydrologischen Interessen und je eigenen, unvereinbaren Konzepten gegenüber. Das nötige Gesamtkonzept konnte folglich nicht einvernehmlich gefunden und verabschiedet werden: Ein Konsens der Parteien schied aus, eine Entscheidung, die Gewinner wie Verlierer haben musste, konnte nur in

---

12 Vgl. hierzu etwa *Döring,* „Hochwasser wirkt als prima Bindemittel“.

13 Nähere Angaben zu diesem hydrologisch-politischen Komplex, historische Landkarten zur besseren Orientierung sowie Hinweise auf weiterführende Literatur finden sich bei *Emich,* Territoriale Integration, Kap. III, 177–365.

der römischen Zentrale fallen. Wie dort die Wasserfrage beraten und entschieden wurde, welches Verfahren hierbei zum Einsatz kam, auf welche Weise dieses Verfahren die Entscheidung nicht nur herstellte, sondern auch darstellte, will ich im Folgenden darlegen.

Ich gehe dabei in drei Schritten vor. Im Hauptteil des Textes (II.) werde ich zunächst die Entstehung des Verfahrens und seine normativen Vorgaben schildern. In einem zweiten Schritt, dem deutlich längsten, wird das Verfahren als soziales System behandelt. In den Blick kommen also nicht nur die Normen, sondern auch die Praxis, das heißt alle dem Verfahren zuschreibbaren Handlungen[14]. Zu fragen ist hierbei zunächst nach der Autonomie des Verfahrens, d. h. konkret: welche Strukturen seiner Umwelt das Verfahren abbildete und welche nicht. Zu klären gilt es auf diesem Weg aber auch, ob und inwieweit das Verfahren eine legitimierende Wirkung entfalten konnte und welche Rolle hierbei die Dimension der Darstellung spielt. Was der römische Fall zu Tage fördert, sei thesenartig vorweggenommen: Dass die Operationsweise der päpstlichen Wasserbauverwaltung als hinreichend autonomes Verfahren mit eigener Handlungs- und Entscheidungslogik galt, hatte sie vor allem der spezifischen Weise zu verdanken, in der die Beteiligten das Verfahren und seine Entscheidungen darstellten, d. h. konkret: der diskursiven Verfahrenspraxis[15]. Die spezifische Leistung der Darstellung bestand darin, das Verfahren den Strukturelementen der Umwelt weitestgehend anzupassen, seine Autonomie aber zu bewahren. Indem in der Darstellung der Entscheidungsfindung die Strukturen der Umwelt in das Verfahren integriert, entschärft bzw. verschleiert wurden, blieb das Verfahren trotz seiner geringen Autonomie als Verfahren ernst zu nehmen. Es war potentiell im Stande, Entscheidungen herbeizuführen, und gerade deswegen konnte es die Verfahrensbeteiligten auch verstricken, hineinziehen und damit legitimierend wirken: weniger für die einzelnen Entscheidungen als vielmehr für das gesamte System, dessen Strukturen und Regeln es abbildete. Diese Thesen an meinem konkreten römischen Beispiel darzulegen ist die Aufgabe des Hauptteils. Im kurzen dritten Teil (III.) ist nur noch Bilanz zu ziehen und zusammenfassend nach Leistungen und

---

14 Vgl. *Sikora,* Der Sinn des Verfahrens, 34.

15 Den Aspekt der Darstellung auf die diskursive Praxis zu reduzieren, kommt natürlich einer Verengung des Phänomens gleich und ist lediglich als pragmatische Beschränkung für diesen ersten Testlauf zu verstehen. So versteht das CFP zu dieser Tagung unter Darstellung „alles, was während des Verfahrens für die Beteiligten selbst und für eine interessierte Öffentlichkeit wahrnehmbar und sichtbar ist: das Verhalten der Verfahrensbeteiligten ebenso wie die räumliche und zeitliche Rahmung.“ Zu berücksichtigen wären daher auch die im Folgenden nur am Rande erwähnten zeremoniellen Aspekte, die maßgeblich zur räumlichen und zeitlichen Rahmung der Handlungen beitragen, aber auch visuelle Quellen u. a. Zu fragen ist im Lichte der genannten Definition dann aber auch, was mithilfe der Darstellung unsichtbar gemacht werden soll. Dieser Aspekt wird unten unter dem Stichwort der Verschleierung angesprochen.

Nutzen zu fragen: nach den Leistungen des Verfahrens im Allgemeinen und seiner Darstellung im Besonderen; nach dem Nutzen der Theorie für den konkreten Fall und vielleicht auch umgekehrt nach dem Nutzen des Falles für die Theorie.

II.

Zum ersten Punkt, zur Entstehung des Verfahrens und seinen normativen Regelungen. Die Entstehung eines Verfahrens ist nicht immer leicht zu datieren[16]. Oft behilft man sich mit der ersten schriftlichen Fixierung, und eine solche erste Fixierung liegt auch in meinem Fall vor. Im August 1604 ließ Papst Clemens VIII. ein Breve ausfertigen, also eine Art Brief mit besonderer Rechtskraft[17]. In diesem Breve wird zunächst mitgeteilt, zu welcher Grundsatzentscheidung der Pontifex in der Wasserfrage gekommen war. Seit dem Heimfall Ferraras 1598 waren die widerstreitenden Konzepte der Provinzen diskutiert worden. Und am Ende dieser Debatte konnten die Ferraresen jubeln: Weil der Papst die Loyalität seiner neuen Untertanen gewinnen musste, war er zu Geschenken an die Provinz bereit, und zu diesen Geschenken gehörte eben auch die wasserbauliche Grundsatzentscheidung im Interesse Ferraras. So weit zu den politischen Hintergründen. Das Breve geht darauf nicht ein. Welche Gründe den Ausschlag für diese Entscheidung gegeben haben, verschweigt das Dokument. Wie diese Entscheidung in technischer Hinsicht zustande gekommen war, berichtet das Breve hingegen ausführlich. Er habe, so der Papst, die Parteien angehört, unabhängige Gutachter beauftragt, Kardinäle zur Beratung herangezogen[18]. Und genau so, nämlich mit der Anhörung der Parteien, dem Einsatz unabhängiger Gutachter und der Beratung der Sache in einem Gremium aus Kardinälen, sollte in der Wasserfrage von nun an auch offiziell verfahren werden. Mit anderen Worten: Das Dokument verkündet nicht nur eine Sachentscheidung, es fixiert auch erstmals die Regeln des Verfahrens, die fortan gelten sollen. Indem es aber zugleich die Entstehungsgeschichte der Entscheidung erzählt, erfüllt es zwei weitere Funktionen. Zum einen dient der Hinweis

---

16 Vgl. *Sikora,* Sinn des Verfahrens, 50.

17 Ediert ist das Breve Super bonificatione fluminis Padi in: Privilegia summorum Pontificum Constitutiones, 107–112. Eine Zusammenfassung der hierin vorgesehenen Maßnahmen bietet *Frizzi,* Memorie per la storia di Ferrara, 50.

18 Das Breve selbst erzählt seine Entstehungsgeschichte: *(...) idcircò Nos auditis relationibus plurium peritorum, & nominatim dilectorum filiorum Augustini Spernazzatis Laudensis, è Societate IESU, & Everardi Cosserver Flandri, nostro iussu hac in re adhibitorum, ac auditis, & saepiùs Oratoribus, & Procuratoribus Civitatum interesse habentium tandem,* wurden auch mit der Zustimmung von acht Kardinälen, die fortan der Wasserkongregation angehören sollten, sowie des nach seiner römischen Titelkirche benannten Kardinals von San Clemente (Francesco Biandrate), der in diesem Breve als Exekutivorgan vor Ort eingesetzt wurde, die im Folgenden aufgeführten Maßnahmen beschlossen, vgl. Privilegia, 108.

auf die Anhörung auch der unterlegenen Parteien und auf den Einsatz unabhängiger Gutachter der Legitimation der Entscheidung: Sie ist nicht nur objektiv in der Sache, sondern auch unter Beteiligung aller Betroffenen zustande gekommen. Zum anderen verhilft der Rückblick auf den Weg zur Entscheidung dem soeben fixierten Verfahren zu einer Vorgeschichte, zu dem, was man mit Luhmann eine Verfahrensgeschichte nennen könnte. Das Verfahren individualisiert sich durch seine eigene Geschichte[19]. Die hier erzählte Vorgeschichte lässt das Verfahren nicht nur als praktisch erprobt und in der Tradition verwurzelt erscheinen. Sie macht es überhaupt erst sichtbar, grenzt es ab von seiner Umwelt und verleiht ihm damit jenes Mindestmaß an Autonomie, das es braucht, um überhaupt ein Verfahren zu sein. Das Breve von 1604 fixiert also schon vorher praktizierte Verfahrensweisen erstmals schriftlich, trägt damit aber gleichzeitig zur weiteren Institutionalisierung des Verfahrens bei. Es legitimiert mit seinen prozeduralen Ausführungen daher nicht nur die Entscheidung, sondern auch das Verfahren. Vielleicht liegt in dieser doppelten Legitimierungsleistung der Darstellung der Grund, warum viele Breven aus dem kirchenstaatlichen Verwaltungsalltag gewiss auch in der Tradition der klassischen Narratio, aber doch auffallend gründlich ihre Entstehungsgeschichte erzählen: Mit solchen Verfahrensgeschichten ließ sich eben nicht nur die Entscheidung legitimieren, sondern stets auch die Autonomie des Verfahrens behaupten. Damit komme ich zum zweiten Punkt, zur Praxis des Verfahrens und der Frage nach seiner Autonomie.

Um dem Verfahren als sozialer Praxis, d. h. den diesem Verfahren zuschreibbaren Handlungen der Beteiligten und ihren diskursiven Verarbeitungen auf die Spur zu kommen, konzentriere ich mich auf das Geschehen in der Wasserfrage nach der Grundsatzentscheidung von 1604[20]. Dass die

---

19 *Luhmann,* Legitimation durch Verfahren, 120: Das Verfahren „muß bei aller Bindung an Rechtsnormen eine gewisse Autonomie gewinnen, um sich durch eine eigene Geschichte individualisieren zu können“.

20 Der Einwand, das eigentliche Verfahren konzentriere sich in der römischen Wasserbaubehörde, der Wasserkongregation, während es sich bei den hier geschilderten Auseinandersetzungen in der Wasserfrage eher um ein Politikfeld als um ein Verwaltungsverfahren handele, erscheint auf den ersten Blick nicht unberechtigt. Allerdings ist die Frühe Neuzeit ja gerade durch eine geringe Ausdifferenzierung von Verwaltung und Politik gekennzeichnet, so dass die Schwierigkeiten der Abgrenzung durchaus als epochenspezifisch zu betrachten sind. Überdies scheint ein weiter gefasster Verfahrensbegriff nicht nur pragmatisch geboten, sondern auch inhaltlich vertretbar: Dass es die Quellenlage nicht zulässt, die interne Arbeit der Wasserkongregation im Detail nachzuvollziehen, während die Bemühungen der Parteien um eine Entscheidung in ihrem Interesse reich dokumentiert sind, ist zwar zu konstatieren, aber natürlich kein Argument. Entscheidend ist vielmehr, dass diese Bemühungen der Parteien als von der Behörde angeforderte Stellungnahmen und damit durchaus als Teil des Verfahrens zu begreifen sind, etwa im Sinne der mündlichen Anhörung, die ja auch Luhmann – wenngleich kritisch – als Teil des Verwaltungsverfahrens behandelt, vgl. *Luhmann,* Legitimation durch Verfahren, 211–214; vgl. auch *Sikora,* Sinn des Verfahrens, 34, der im Anschluss an Luhmann Verfahren als soziales System begreift und die Leistung des Systembegriffs gerade darin sieht, „daß als Verfahren

Debatte weitergehen würde, hat bereits das Breve mit seinen Vorgaben zum zukünftigen Verfahren angedeutet. Es lag auch auf der Hand. Denn zum einen mussten auch nach der Grundsatzentscheidung zahlreiche Details beraten und entschieden werden. Und zum anderen stand nicht zu erwarten, dass sich die unterlegenen Provinzen, allen voran das kämpferische Bologna, mit dem Konzept zu ihrem Schaden abfinden würden. Tatsächlich kam die Debatte nach dieser Entscheidung erst richtig in Fahrt. Schließlich bedrohten die geplanten Flussverlegungen Ackerland und Ernten, Lebensgrundlagen und Gewinnaussichten. Die Beteiligten hatten also allen Grund, in der Wasserfrage sämtliche Register zu ziehen. Und da überdies die Quellenlage ausgezeichnet ist, drängt sich diese Debatte als Untersuchungsbeispiel geradezu auf[21].

Wie also, so die Leitfrage, stand es um die Autonomie dieses Verfahrens? Welche Strukturelemente der Umwelt bildeten sich im Verfahren ab, ohne dessen Autonomie zu gefährden? Welche Strukturen waren hingegen nicht integrierbar? Und welche Rolle spielte hierbei neben der Herstellung von Entscheidungen auch deren Darstellung, ihre Behandlung in der diskursiven Praxis? Um dies zu überprüfen, ist zunächst zu klären, welche Strukturelemente als Rahmen oder auch als Gefährdung des Verfahrens überhaupt in Frage kamen. Welche Strukturelemente prägten also die römische Umwelt[22]? Zunächst und vor allem: Das Papsttum war und ist eine Monarchie. Der Papst war im Land der Kirche der Alleinherrscher, in der Theorie als *assoluta autorità* bezeichnet[23], in der herrschaftlichen Praxis wie jeder andere Landesherr der Frühen Neuzeit auch auf Kompromiss und Kooperation angewiesen. Er brauchte treue Gefolgsleute als Amtsträger, er brauchte eine Klientel. Dass Loyalität und Gehorsam nur über klienteläre Vernetzung herzustellen waren, gilt auch für andere Staaten der Frühen Neuzeit. Aber im Unterschied zu den erblichen Monarchien mit ihren Dynastien war das Papsttum eine Wahlmonarchie. Mit jedem Wechsel auf

---

eben nicht die vorgegebenen Normen des Ablaufs zu verstehen sind, sondern viel allgemeiner alle dem System Verfahren zuschreibbaren Handlungen, also etwa auch alle jenseits oder vielleicht gar im Widerspruch zu den Normen stehenden Absprachen, Aushandlungen, Beratungen".

21 Dies gilt auch für andere Fragestellungen. So habe ich am Beispiel der Wasserfrage ganz grundsätzlich zu zeigen versucht, wie Politik im Kirchenstaat der Frühen Neuzeit funktionierte, vgl. *Emich,* Territoriale Integration, Kap. III, 177–365, v. a. Kap. III.2: Die Institutionen auf dem Prüfstand. Römische Rollenverteilung und Ferrareser Argumentationsstrategien, 201–311. Die entsprechenden Befunde liefern die empirische Basis für den hier zu unternehmenden Versuch, den Mehrwert einer verfahrenstheoretischen Perspektive für die Analyse frühneuzeitlichen Verwaltungshandelns zu bestimmen. Ich bitte daher um Nachsicht für die zahlreichen Selbstzitate.

22 Ausführlicher zu den im Folgenden genannten strukturellen Rahmenbedingungen des römischen Umfeldes *Emich,* Bürokratie und Nepotismus, 13–41.

23 Vgl. die Relazione di Roma di Paolo Paruta, 412. Das Zitat aus der Finalrelation, die der aus Rom zurückgekehrte Botschafter Paolo Paruta 1595 dem Senat vorlegte, findet sich auch bei *Prodi,* Il sovrano pontefice, 81.

dem Stuhl Petri kam eine neue Familie an die Macht und mit ihr eine neue Klientel. Diese erhöhte Mobilität machte die klienteläre Vernetzung der Gesellschaft noch wichtiger als anderswo. Allerdings ist der Papst auch das spirituelle Oberhaupt der Kirche und als solches hat er wie ein liebender Vater über den Parteien zu stehen. Folglich konnte er sich nicht selbst um den Aufbau und die Pflege der Klientel kümmern, die er als Landesherr benötigte. Nicht zuletzt diesem Umstand hatte der so genannte Kardinalnepot sein Amt zu verdanken: Dieser im 16. und 17. Jahrhundert fest institutionalisierte Amtsträger war ein Neffe des Papstes, der zum Kardinal ernannt wurde und im Pontifikat seines Onkels eine zentrale Rolle spielte: Stellvertretend für den ideologisch verhinderten Onkel übernahm er die Betreuung der Klientel, d. h. die Abwicklung der entsprechenden Korrespondenz und die Versorgung der Klienten mit kleinen und größeren Entgegenkommen. Gleichzeitig bekleidete der Nepot eine Reihe von Ämtern: Er leitete sowohl das für die Außenpolitik zuständige Staatssekretariat als auch die Behörden für die Verwaltung des Kirchenstaats. Ausgestattet mit dem Titel „Superintendent des Kirchenstaates“ war er eine Art Superminister, eine Art Vizepapst für die weltlichen Belange der Kirche. Wenigstens in der Theorie. Denn in der Praxis überließen nicht wenige Kardinalnepoten die Arbeit der Behörden den rangniederen Sekretären. Die Papstneffen unterzeichneten zwar die Amtspost der Kurie, die damit im Namen der regierenden Familie erging. Aber mit den Geschäften der Behörden hatten sie nur wenig zu tun. Umso engagierter kümmerten sich die meisten Nepoten um ihre anderen Aufgaben: um die Betreuung der Klientel, und um die Bereicherung der eigenen Familie. Wenn die Papstfamilie die kurze Zeit an der Spitze der Macht dazu nutzen wollte, ihren Aufstieg in die höchsten Schichten abzusichern, musste sie sich zügig bereichern. Und genau diese Bereicherung übernahm der multifunktionale Kardinalnepot. Dass er zum Inbegriff des viel geschmähten römischen Nepotismus wurde, musste den von seinem päpstlichen Onkel mit Benefizien und anderen Geldquellen überhäuften Nepoten nicht wundern: Seine Ämter dienten auch der Legitimation der Einnahmen, die zu Herrschaftszwecken nötige Klientel der Familie konnte bei Bedarf zur Pflege der Geldquellen eingesetzt werden – das römische System kreiste mithin um Nepotismus und Klientelismus.

Monarchische Herrschaft und deren Wahlcharakter, Klientelismus und die Bereicherungsfunktion des Nepotismus – das waren zentrale Strukturelemente des römischen Systems. Ob und inwieweit diese Elemente die Verwaltungsverfahren im Kirchenstaat strukturierten, ist nun zu klären. Zu fragen ist, inwieweit das Verfahren eine eigene Handlungslogik entfalten konnte, ob also hydrologische Sachargumente den Ausschlag gaben oder Argumente anderer Art überwogen. Zu fragen ist aber auch, ob die beteiligten Personen eine eigene Verfahrensrolle entwickelten, die sich nicht mit ihrer sozialen Rolle außerhalb des Verfahrens deckte. Um das zu klären, werde ich die Perspektive der Ferraresen einnehmen. Ich werde ihnen bei ihren Versuchen, die Interessen der Provinz gegenüber der römischen Wasserbauverwaltung durchzusetzen, quasi über die Schulter schauen. Was sie innerhalb weniger Jahre nach der Einverleibung ihres Gebietes in den Kirchenstaat über dessen Funktionsweise gelernt hatten, mit welchen Argumenten und Diskursen sie ihre Position durchsetzen wollten, wen sie überhaupt ansprachen – all dies sollte sich dabei zeigen.

An Gelegenheiten, Erfahrungen zu sammeln und Strategien zu verfeinern, mangelte es den Ferraresen als noch jungen Untertanen der Kirche gewiss nicht. Denn anstatt das 1604 beschlossene Wasserbauprojekt konsequent umzusetzen, zögerten die Entscheidungsträger. Das bereits Entschiedene wurde immer wieder neu beraten, von Effizienz konnte also keine Rede sein. Diese Schwäche in der Umsetzung von Großprojekten wie der Generalbonifikation der Po-Ebene ist nichts spezifisch Römisches. Sie ist vielmehr ein Strukturelement frühneuzeitlicher Staatlichkeit überhaupt[24]. Ein römisches Spezifikum musste dieses Problem aber verstärken: der Wahlcharakter der Monarchie, der sich ebenfalls im Verfahren abbildete. So wurden mit jedem Wechsel auf dem Thron die Karten neu gemischt: personell, weil alle Ämter mit dem Tod des Papstes vakant und in aller Regel auch neu besetzt wurden, sachlich, weil alle bisherigen Entscheidungen nun wieder zur Disposition standen. So auch in der Wasserpolitik: Nach dem Tod des Ferrara-freundlichen Clemens' VIII. beriet neues Personal die alte Frage von vorne. Der frisch gewählte Papst, Paul V. Borghese, bestätigte nach einer Weile zwar die Grundsatzentscheidung seines Vorgängers[25]. Der stete Wechsel der Dynastie sorgte jedoch für einen strukturellen Mangel an Kontinuität, der sich auch in der Verwaltung des Kirchenstaates niederschlug.

Auswirkungen auf das Verfahren hatte aber nicht nur der Wahlcharakter der Monarchie. Auch der monarchische Charakter der Herrschaft strukturierte Herstellung wie Darstellung von Entscheidungen in der Wasserfrage. Im Blick auf die Darstellung ist abermals das Breve von 1604 zu nennen.

---

24 Vgl. etwa *Sikora*, Sinn des Verfahrens, 43, der mit Verweis auf den fast schon klassischen Text von *Schlumbohm*, Gesetze, die nicht durchgesetzt werden, fragt, „inwieweit die Kommunikation rechtlicher Normen tatsächlich primär deren Durchsetzung intendierte oder vielmehr der Selbstinszenierung einer sich als gerecht darstellenden Obrigkeit diente". Man sollte dabei zwar nicht vergessen, dass Entscheidungen zu treffen wie durchzusetzen durchaus das Ziel herrschaftlichen Handelns in der Vormoderne sein konnte. Auf dem Feld infrastruktureller Großmaßnahmen dürfte die strukturelle Schwäche vormoderner Herrschaft aber unbestritten sein. Vgl. hierzu auch die in Anm. 64 zitierte Einschätzung der römischen und toskanischen Wasserpolitik durch Christian Wieland.

25 Schon im Juli 1605 jubelte die Stadt Ferrara in ihrer Korrespondenz mit ihrem Botschafter an der Kurie darüber, dass die Kongregation das Wasserbreve Clemens' VIII. bestätigt und der neue Papst erklärt hatte, den Kurs beizubehalten (CA 4, 159v). Zum Leidwesen der Ferraresen, die sich ein Breve und damit verbunden eine höhere Rechtssicherheit gewünscht hätten, war diese Erklärung allerdings nur mündlich zu haben, vgl. *Emich*, Territoriale Integration, 234.

Denn auch wenn dieses Dokument für alle Beteiligten von größter Bedeutung war, richtete es sich nicht etwa an die Untertanen. Es war vielmehr adressiert an den so genannten Präsidenten der Generalbonifikation, einen Amtsträger, der mit diesem Breve überhaupt erst eingesetzt wurde und kraft der ihm damit verliehenen Autorität vor Ort für die Umsetzung des Projektes sorgen sollte[26]. Die Entscheidung des Papstes wurde also von der hierarchischen Spitze herab kommuniziert, nicht gegenüber den Untertanen, sondern in Gestalt einer dienstlichen Weisung.

Auch die zeremonielle Gestaltung des Verfahrens wies den Papst als Alleinherrscher aus. Dass alle Klagen an den Papst zu richten waren, hatte das Breve von 1604 vorgegeben. Die Ferraresen folgten dieser Vorgabe. Die Eingaben oder Memoriali, mit denen die Untertanen das Verfahren häufig erst in Gang brachten, richteten sie direkt an den Papst: schriftlich in Adressierung und Anrede, zeremoniell in der Audienz des Pontifex, in der der an der Kurie akkreditierte Botschafter Ferraras dem Papst die Schreiben der Stadt überreichte. Der Landesherr nahm die Memoriali entgegen, überwies sie aber zur weiteren Bearbeitung an die zuständigen Stellen[27]. Zuständig für die Wasserfrage war ein Gremium, das bereits das Breve von 1604 umschrieben hatte: die Wasserkongregation, die sich aus einer Reihe von Kardinälen, einem ebenfalls kardinalizischen Präfekten und einem rangniederen Sekretär zusammensetzte. In dieser Wasserkongregation wurden die Eingaben beraten, aber auch Gutachter befragt, die Vertreter der betroffenen Provinzen an der Kurie angehört und die Korrespondenzen mit den beteiligten Amtsträgern vor Ort geführt. Dass die Kongregation wenigstens in Detailfragen durchaus autonom entschied, macht die interne Korrespondenz sowohl des Gremiums als auch der Beobachter aus Ferrara immer wieder deutlich[28]. In offiziellen Schreiben hingegen wurden die

---

[26] So beginnt das Breve mit den Worten: *Dantes tibi plenam, amplam, & universam facultatem tam omnia, & singula permissa, & alia ad felicem prosecutionem, & expeditionem huius operis necessaria, & opportuna faciendi, ordinandi, & exequendi (...),* Privilegia, 110. Derart angesprochen wird *Dilecto Filio Nostro Francisco tituli S. Clementis Presbytero Cardinali nostro, & Apostolicae Sedis in Provincia nostra Romandiolae de latere Legato, & in Civitate, & Ducatu Ferrariensibus Collegato,* d. h. Francesco Biandrate, Kardinal von San Clemente, in Personalunion Verwaltungschef der Provinzen Ferrara und Romagna und nun auch Superintendent der grenzübergreifenden Generalbonifikation.

[27] Beispiele für Memoriali, die das Verfahren in aller Regel erst in Gang brachten, bei *Emich,* Territoriale Integration, 221.

[28] Dass die Kongregation als Behörde massiven Einfluss auf die römische Wasserpolitik nahm, legen bereits die anhaltenden Bemühungen der Ferraresen um die Mitglieder dieses Gremiums und um seine Zusammensetzung nahe, vgl. *Emich,* Territoriale Integration, 203, 219–232. Dass die Stadt Ferrara die Kongregation für die Entscheidungen in der Wasserfrage verantwortlich machte, mag gegenüber dem Kardinalnepoten Borghese auch einen strategischen Zweck gehabt haben, wäre aber nicht denkbar, wenn diese Einschätzung aus der Sicht Roms nicht zulässig gewesen wäre. So beginnt die Klage der Stadt aus dem Juni 1606 mit der Worten: *La nostra Città, che vede uscir dalla Sacra Congregatione sopra il negotio della bonificatione tutte le determinazioni a suo danno e ruvina (...),* CC 156, 49.

Beschlüsse stets dem Papst und seiner Kongregation oder dem Papst allein zugeschrieben[29]. Die Ferraresen hatten schnell gelernt, dieser Inszenierung der absoluten Herrschaft zu folgen. Und auch die Feinheiten beherrschten sie. So spiegelte sich in der sprachlichen Gestaltung ihrer Korrespondenz das Amtsverständnis der Pontifices: Der Papst war der gerechte, stets an der Sache orientierte Herrscher, der über den Parteien steht und stets das allgemeine Wohl im Auge hat. Als Argumente ihm gegenüber kamen daher vor allem die Interessen des Staates in Frage, allen voran die Einnahmen der Apostolischen Kammer, die unter Überschwemmungen im Ferraresischen leiden könnten[30]. Das ist zwar kein hydrologisches, aber doch ein sachliches Argument. Und als solches wurde es auch dem Schatzmeister der Kurie präsentiert[31]. Dass dieser kein Mitglied der Wasserbehörde war, störte niemanden: nicht den Papst, der seinen Schatzmeister auch in hydrologischen Fragen anhörte, und schon gar nicht die Ferraresen, die in diesem Amtsträger einen natürlichen Verbündeten sahen und daher den Botschafter mit Briefen der Stadt zu ihm schickten. Feste Mitgliedschaft im zuständigen Gremium war offenbar weniger wichtig für das Verfahren als sachliche Zuständigkeit für ein betroffenes Ressort. Der Grund liegt auf der Hand: Wenn der Papst die letztentscheidende Instanz ist, können andere Stellen nur seiner Beratung dienen, die Wasserkongregation ebenso wie der Schatzmeister und jeder andere Amtsträger. Autonomie des Verfahrens gegenüber dem Monarchen ist also nicht gegeben: Der Papst ist ein Teil des Verfahrens, jedes Verfahrens, denn sonst wäre er nicht der absolute Herrscher[32]. Und als solcher trat er auch in den Schreiben auf, in denen er den Ferraresen eine Antwort auf ihre Eingabe übermitteln ließ: sachlich, gerecht, dem Wohle aller verpflichtet[33].

---

29 Tatsächlich hatte der Papst die Kongregation einzuberufen und nahm zuweilen auch auf deren Tagesordnung Einfluss, vgl. *Emich*, Territoriale Integration, 220. Dass formal nicht etwa die selbstständige Entscheidungsfindung, sondern die Beratung des Herrschers die Aufgabe der ja schließlich behördengeschichtlich im Rat des Königs wurzelnden frühneuzeitlichen Verwaltungsgremien war, macht für den römischen Fall schon die Benennung einer der ältesten und wichtigsten Verwaltungsbehörden, der „Consulta" deutlich. Auch wenn der Papst keineswegs an jeder Entscheidung seiner Behörden teilhatte, wurde dies in der Mitteilung offizieller Beschlüsse doch so dargestellt, vgl. ebd., 254.

30 Hierzu vgl. ebd., 232–240.

31 Zur Rolle des Tesoriere ebd., 240–243.

32 Deswegen greift meines Erachtens auch der nahe liegende Einwand nicht, in der Wasserfrage seien Entscheidungen nicht durch ein Verfahren herbeigeführt, sondern vom Papst dezisionistisch getroffen worden und die ganze Debatte nur ein Mittel, um diesen dezisionistischen Aspekt zu überdecken. Folgt man diesem Gedanken, könnte in Monarchien mit absoluter Herrschaftsauffassung von Verfahren als Modus der Entscheidungsfindung in letzter Konsequenz nicht die Rede sein.

33 Typisch für die immer wieder betonte Verpflichtung des Papstes allein auf das Allgemeinwohl ist etwa die Erklärung des Papstneffen Kardinal Borghese vom 29. Juli 1606, *che l'intentione di Sua Santità è volta solo al servitio publico*, FB II 364, 80v.

Bleibt zu fragen, ob er dieser Selbstverpflichtung auf das allgemeine Wohl auch nachkam, vorsichtiger formuliert: ob die Betroffenen der von ihnen diskursiv mitgetragenen Inszenierung des Papstes als über den Parteien stehend auch glaubten. Die Antwort der Ferraresen klingt nach Radio Eriwan: Im Prinzip, so die Stadt im Vorfeld des Konklaves nach dem Tod Pauls V., werde jeder Kandidat mit seiner Wahl sofort zu jenem liebenden Vater aller Untertanen, den der Pontifex eben darstellte. Sicherheitshalber sollten die Ferraresen unter den wahlberechtigten Kardinälen im Konklave aber doch dafür sorgen, dass der nächste Papst nicht ausgerechnet aus dem hydrologischen Feindesland Bologna stammte[34].

Dass die geographische Herkunft die Haltung in der Wasserfrage bestimmte, galt nicht nur für den Papst. Landsmannschaft war neben Verwandtschaft, Freundschaft und Patronage ein Grundbaustein der römischen Netzwerke[35]. Landsmannschaft wirkte mithin sozial strukturbildend, und so bleibt zu klären, ob auch dieses Strukturelement des Klientelismus im Verfahren abgebildet wurde. Tatsächlich verstand es sich für die Ferraresen von selbst, dass Landsleute, die es in Rom zu Amt und Würden gebracht hatten, für die Patria in die Bresche springen würden. Dies wenigstens legen die Briefe nahe, in denen die Stadt Ferrara ihre an der Kurie weilenden Landsleute über die anliegenden Geschäfte informierte und sie an ihre Dienstpflichten gegenüber der Patria erinnerte[36]. Umgekehrt galten den Ferraresen jene Kardinäle der Kongregation als Feinde, die aus Bologna stammten oder dort längere Zeit Dienst getan hatten[37]. Landsmannschaft, ob angeboren oder durch ein Amt erworben, wog schwerer als jedes Sachargument. Das war zwar kein Wunder in einer Frage, in der sich die Provinzen mit unvereinbaren Konzepten gegenüberstanden. Der Darstellung der römischen Wasserpolitik als überparteilich musste die offenkundige Parteilichkeit aber doch gefährlich werden. Entschärfen ließ sich diese Spannung nur auf einem Weg: Der Dissens, der sich beim besten Willen nicht verschleiern ließ, wurde in das Verfahren integriert. Bei der Auswahl neuer Kongregationsmitglieder achtete der Papst wie alle anderen peinlich genau

---

34 Zum Bild des Papstes als *padre comune* vgl. *Reinhard,* Freunde und Kreaturen, 61. Wie selbstverständlich den Zeitgenossen diese Vorstellung war, die ihren deutlichsten Ausdruck in der allgegenwärtigen Bezeichnung des Papstes als *Nostro Signore* fand, belegt die Äußerung des Ferrareser Magistrats in einem Schreiben an den Botschafter im Vorfeld des Konklave nach dem Tod Pauls V. Über den Bologneser Kardinal Ludovisi heißt es dort: *e fatto che fosse Papa divenisse padre di tutti,* CA 12, 23v. Allerdings fuhren die Ferarresen fort: *tuttavia l'amor della patria, che mai non si perde, e la sollicitudine de' Bolognesi ci durebbono un gran che fare a diffenderci,* ebd., weswegen die Ferrareser Wähler die Wahl des Bolognesen (der als Gregor XV. aber tatsächlich Papst wurde) verhindern sollten.

35 Vgl. *Reinhard,* Freunde und Kreaturen.

36 Zum Einsatz der Landsleute in Rom vgl. *Emich,* Territoriale Integration, 262–266.

37 Zu den Kardinälen, die die Ferraresen in „confidenti“ und „avversari“ einteilten, vgl. ebd., 219–232.

auf einen regionalen Proporz. Und selbst bei den unabhängigen päpstlichen Gutachtern, die das Breve von 1604 vorgesehen hatte, begegnet der Versuch, Parteilichkeit verfahrenstechnisch aufzuheben. Indem sie sich für eines der konkurrierenden Konzepte ausgesprochen hatten, galten diese Wasserbauexperten allgemein als Parteigänger der bevorzugten Provinz. Sie wurden zwar weiterhin von Rom berufen und bezahlt. Für unparteiisch hielt sie aber selbst der Papst nicht mehr. Wollte man ihren Sachverstand weiterhin nutzen, musste ihre Parteilichkeit aufgefangen werden, und so beteiligten die Pontifices die Gutachter eben paritätisch am Verfahren[38].

Echte oder erworbene Landsmannschaft war nicht das einzige Element sozialer Strukturierung, das sich im Verfahren abbildete. Auch klienteläre Beziehungen wirkten ein, und das gleich in mehrfacher Hinsicht. Zum einen wurden klienteläre Bindungen angeführt, um eine bestimmte Haltung in der Sachfrage einzufordern. Wer dem verstorbenen Papst Clemens VIII. und seiner Familie, den Aldobrandini, verbunden war, hatte sich, so das Argument der Ferraresen, schon aus Loyalität zu seinem alten Patron an die Grundsatzentscheidung dieses Papstes zu halten[39]. Umgekehrt durfte jeder, der mit einem Votum im Interesse Ferraras hervortrat, damit rechnen, fortan als Patron der Stadt bezeichnet und umworben zu werden[40]. Dies gilt für die Kardinäle der Kongregation, und es gilt auch für den Sekretär der Behörde. Hier aber ist ein Maß an Vorsicht zu beobachten, das auf den ersten Blick ungewöhnlich erscheint. Bei den Sekretären der römischen Behörden kam die Rhetorik des Klientelismus nur gebremst zum Einsatz und auch bei Geschenken und anderen Werbeformen mahnten die Ferraresen zur Vorsicht. Der Verdacht der Parteilichkeit sollte hier offenbar nicht aufkommen[41]. Mit anderen Worten: Beim Sekretär der Behörde zeichnet sich ab, was bisher kaum zu erkennen war: eine von der Umwelt des Verfahrens unterscheidbare Verfahrensrolle, die den Sekretär nicht als Landsmann oder Klienten zeigt, sondern einzig und allein als Inhaber eines Amtes, das ihn zur Konzentration auf die Sache verpflichtete[42].

---

38 Zu den Gutachtern vgl. ebd., 205–219, zur Parität v. a. 217 f.

39 Diese Einschätzung wird mustergültig sichtbar im Bericht des Ferrareser Botschafters an die Stadt vom 17. März 1610 über sein Gespräch mit dem Kardinalnepoten des verstorbenen Papstes Clemens VIII., Kardinal Aldobrandini: *supplicai similmente con particolarissima instanza l'Ill.mo Aldobrandino, (...) perchè oltre il voto suo, che sarebbe stato per noi sicuro, stante l'interesse ch'egli ha di non lasciar distruggere i Brevi fatti da Papa Clemente, havrebbe anche con la sua presenza tenute ferme le sue creature,* CA 7, 165.

40 Vgl. etwa das Beispiel des Kardinals und Kongregationsmitglieds Piatti bei *Emich,* Territoriale Integration, 221–223.

41 Allgemein zu den römischen Sekretären zwischen Gunst und Amtspflicht: *Emich,* Bürokratie, 401–413; zum Sekretär der Wasserkongregation vgl. *Emich,* Territoriale Integration, 266–278. Dem durchaus gegebenen Werben der Stadt entgegnete der Sekretär in einer bezeichnenden Wendung: *non ho altra parte che di buona volontà d'incontrare il gusto di Nostro Signore et il servitio publico,* Santarelli an Ferrara, 3. Januar 1609: CP 171/H, 30.

Zu erkennen ist eine solche Verfahrensrolle auch beim Amtsträger an der Spitze der Behörde: Der Präfekt, d. h. der Vorsitzende der Wasserkongregation, trat in den dienstlichen Anweisungen seines Gremiums an die Vertreter Roms vor Ort als auf die Sache konzentrierter Chefbürokrat auf, dessen Autorität sich aus seiner amtlichen Rolle, seiner Position im Verfahren speiste. Ähnlich klang die amtliche Korrespondenz der Kurie in anderen Belangen. So war auch der Briefwechsel zwischen dem römischen Staatssekretariat und dem Kardinallegaten, d. h. dem Verwaltungschef der Legation Ferrara, von diesem nüchternen Ton der Sachlichkeit geprägt. Von dieser Korrespondenz in allgemeinen Fragen der Staatsverwaltung wissen wir aber, dass der Leiter der römischen Behörde zwar seinen Namen unter die Schreiben setzte, die Bearbeitung der Post inklusive Vortrag vor dem Papst und Ausfertigung der Antwortschreiben jedoch in den Händen der rangniederen Sekretäre lag. Das kann nicht verwundern, denn der Leiter des Staatsekretariats war in aller Regel der Kardinalnepot, und dieser hatte, wie oben bereits erwähnt, mit der Betreuung der Klientel und der Bereicherung seiner Familie noch eine Reihe weiterer Aufgaben. Dass der Papstneffe als nomineller Leiter zahlreicher Behörden deren Post unterzeichnete, diente denn auch nicht zuletzt der Legitimierung seiner enormen Bezüge; persönliches Engagement war dazu nicht vonnöten. Tatsächlich zogen es nicht wenige Nepoten vor, zwar die Korrespondenz in Patronagefragen mithilfe eines eigenen Stabes persönlich zu betreuen, die Amtskorrespondenzen der Behörden aber den rangniederen Sekretären zu überlassen. Und genau das gilt auch für die behördliche Korrespondenz der Wasserkongregation. Auch hier stand der Kardinalnepot der Behörde als Präfekt formal vor, auch hier unterschrieb er die Post des Gremiums. Diese Amtsrolle wurde nicht nur in der amtlichen Korrespondenz inszeniert, sondern auch im Zeremoniell unterstrichen. So war es durchaus noch üblich, dass die Sitzungen der Kongregation in der Wohnung ihres Präfekten stattfanden. Mit den Sachfragen, die in den Sitzungen diskutiert wurden, hatte dieser aber weit weniger zu tun als etwa der sachkundige Sekretär. Die Amtsrolle war eine Fiktion, ein Produkt der Darstellung. Dennoch erfüllte sie eine wichtige Funktion für die Behörde und deren Entscheidungen: Zum einen autorisierte der Name des Kardinalnepoten unter den Weisungen die römischen Beschlüsse, zum anderen musste der Umstand, dass der Chef der Behörde zugleich der oberste Patron aller Klienten und damit für die Verteilung der päpstlichen Patronageressourcen zuständig war, den Dienstwillen der Amtsträger nachhaltig fördern. Offensichtlich konnte die geringe Auto-

---

[42] Dass die Verfahrensrolle des Sekretärs stärker entwickelt war als bei allen anderen Beteiligten, zeigt sich auch in der Selbstsicht der Akteure, wie sie etwa in der Grabmalskultur des 17. Jahrhunderts zum Ausdruck kam. Während Kardinäle und Prälaten stets auf ihre klienteläre Bindungen hinwiesen, inszenierten sich nicht wenige der römischen Sekretäre in ihren Grabmälern als regelrechte Bürokraten, deren Leistung etwa in der kunstvollen Gestaltung der Korrespondenzen, nicht aber in klientelärer Treue bestand. Vgl. hierzu *Emich*, Tot in der zweiten Reihe, 181–201.

nomie der römischen Verwaltung ihrer Umwelt gegenüber durchaus im Interesse der Behörden liegen: Gerade dass in der Darstellung der behördlichen Arbeit stets auch der Nepotismus als Strukturelement des Gesamtsystems mit abgebildet wurde, erhöhte die Chancen der römischen Weisungen, beim Personal auf Gehorsam zu stoßen[43].

Wohlgemerkt: Diese Doppelrolle als Chefbürokrat und Patronagemanager spielte der Nepot gegenüber den Amtsträgern. Die Ferrareser Untertanen hielten es hingegen für günstiger, die Ansätze zur Ausbildung einer Verfahrensrolle beim Vorsitzenden der Wasserkongregation zu übergehen. Als Präfekt der Behörde fungierte unter Paul V. erwartungsgemäß der Superintendent des Kirchenstaates, d. h. der Superminister und Kardinalnepot Scipione Borghese[44]. Der Nepot wurde von den Ferraresen nicht nur, aber auch in der Wasserfrage bei jeder Kleinigkeit angeschrieben – aber niemals, und das ist das Entscheidende, in seiner Rolle als Behördenchef. Offenbar gehörte es sich für die Untertanen nicht, den Nepoten in seiner bürokratischen Amtsrolle anzusprechen: Ihr Gegenüber war der absolute Monarch, nicht etwa ein Vertreter der sich ausdifferenzierenden Behördenlandschaft. Folglich wurde Borghese nicht als Amtsleiter um eine wohlwollende Handhabung der Geschäfte gebeten, sondern als alter ego des Pontifex um die Vermittlung der päpstlichen Gnade ersucht. So sind die Briefe, die die Stadt an Borghese richtete, geprägt von der Rhetorik der Patronage: Ferrara als Kollektivklientin wandte sich an Borghese als ihren Patron. Und dieser Patron versicherte in seinen Antwortschreiben, sich für die Wünsche der Stadt einzusetzen – beim Papst wohlgemerkt, nicht bei der Kongregation[45]. Dass es bei diesen Wünschen um Sachfragen ging, könnte man beinahe übersehen. Denn zum einen wird die Sache selbst, ganz anders als in den Eingaben an den Papst, nur kurz erwähnt. Und zum anderen behandelten

43 Zwei weitere Beobachtungen zum Nutzen dieser Form der von den Umweltbedingungen geprägten Darstellung für die Behörden und ihre Entwicklung kann ich hier nur kurz nennen: Zum einen gelang es den Sekretären im Windschatten des Nepoten, ihre durch den Rückzug des Behördenchefs von der Arbeit erweiterte fachliche Verantwortung längerfristig auch in den sozialen Aufstieg des Amtes umzusetzen: Dass 1692 der Posten des Kardinalnepoten abgeschafft wurde und die Leitung der Geschäfte endgültig und offiziell an einen durch das Kardinalat sozial aufgewerteten Sekretär, eben den Kardinalstaatssekretär, überging, macht diese Entwicklung für das Staatssekretariat augenfällig. Zum anderen dürfte die Rolle des Nepoten an der Spitze zahlreicher Behörden das notwendige monokratische Gepräge der päpstlichen Verwaltung bewahrt und die im Schutz dieser Fiktion tatsächlich fortschreitende Ausdifferenzierung der römischen Behördenlandschaft erleichtert haben. Ausführlich hierzu und zu den anderen in diesem Absatz genannten Aspekten: *Emich,* Bürokratie.

44 Ausführlich zur Rolle Borgheses in der Wasserpolitik: *Emich,* Territoriale Integration, 243–262.

45 Ein Beispiel von vielen: Am 17. Juni 1606 antwortete Borghese der Stadt auf deren Hilfegesuch in der Wasserfrage: *Ho voluto dirle, che si come per corrispondere alla confidenza che hanno in me, ho fatto, et farò sempre ogni amorevol uffitio con Nostro Signore per quelche concerna gl'interessi publici, et particolari di cotesta Città,* CC 156, 79.

alle Beteiligten solche Wünsche in Sachfragen nicht anders als die Bitten eines Klienten um ein Amt oder andere Vergünstigungen. Folglich unterschied sich die Korrespondenz zwischen Ferrara und Borghese in nichts von den Briefwechseln, die der Nepot in seiner Eigenschaft als päpstlicher Patronagemanager mit den Klienten der Papstfamilie in und außerhalb der Ämter führte. Und daher lag es auch nahe, die wasserpolitischen Hilfegesuche der Stadt nicht etwa in der Wasserkongregation, sondern von jener Stelle bearbeiten zu lassen, die auch für die Patronagekorrespondenz des Nepoten zuständig war[46]. Selbst die Sachentscheidungen des Papstes werden in diesen Briefen als von seinem Neffen vermittelte Gnadenakte dargestellt: Auf Fürsprache des dienstfertigen Nepoten, so die gängige Formel, habe sich der Pontifex der Bitte seiner Untertanen gnädig angenommen[47].

In den wasserpolitischen Eingaben Ferraras sind mithin zwei Diskursebenen zu unterscheiden: der staatstragende Diskurs in den Briefen der Stadt an den Papst, und der klienteläre Diskurs in den Schreiben an den Nepoten. Getrennt wurden diese beiden Ebenen im Zeremoniell: Nach jeder Audienz beim Papst hatte der Botschafter den Nepoten aufzusuchen, in der gleichen Sache zwar, aber doch mit einer ganz anderen Rhetorik, in einer anderen Rolle[48]. Verbunden waren die beiden Ebenen hingegen durch den Namen der Papstfamilie. So unterschrieb der Nepot nicht nur die klientelär geprägte Patronagekorrespondenz, die er als Chef der päpstlichen Klientel mit der Kollektivklientin Ferrara führte. Sein Name stand auch unter jenen Briefen, in denen die Stadt eine im Auftrag des Papstes verfasste und stets sehr sachlich formulierte Antwort auf ihre Eingabe an den Pontifex erhielt.

---

46 Zur Unterscheidung von Amtskorrespondenz und Patronagekorrespondenz vgl. ausführlich *Emich*, Bürokratie, 115–152, zum Patronagesekretariat Borgheses vgl. ebd., 263–283.

47 Auch hier mag ein Beispiel genügen: Dass Borghese den Brief vom 10. Juni 1606 *a nome di Nostro Signore* geschrieben hatte, wie die Ferraresen auf der Rückseite vermerkten, war bereits seinem strengen Ton zu entnehmen. Im Auftrag Pauls V. teilte Borghese hier mit, es bleibe bei *tutte quelle provissioni, che stima di essere di utile à cotesta Città, così e necessario ch'elle vadano facilitando di costà l'essecutione di quelche si è risoluto per servitio universale, com'io m'assicuro, che faranno,* CC 156,73. Wie anders klang dagegen das wenige Tage später verfasste Schreiben Borgheses, in dem er als der Protektor Ferraras auftrat und das in Anm. 45 bereits zitiert wurde. Dass auch die Stadt diese Rollenverteilung in ihrer Korrespondenz umsetzte, illustriert das Schreiben des Magistrats vom 18. Januar 1606 an Borghese: Man habe *dalla somma giustizia di Sua Beatitudine* zwar nichts anderes erwartet als die getroffene Entscheidung, aber: *Et si come la riconosciamo principalmente dall'intercessione di V.S.Ill.ma,* wolle man ihm *die umilissime grazie* übermitteln, CC 156, 37.

48 So berichtete der Botschafter Manfredi am 20. Februar 1616 seinem Magistrat vom Verlauf der Papstaudienz und fuhr fort: *Diede anche parte di tutto questo al Signore Cardinale Borghese, presentandogli il memoriale, (...) e ciò mi parve di fare, (...) perchè tale è il costume di tutti gli Ambasciatori in qualsivoglia negozio,* CA 9, 508. Dass es bei den Audienzen beim Papstneffen kaum um Sachfragen ging, belegt das Zitat des gleichen Botschafters in Anm. 50. Borghese selbst bestätigte die Rollenaufteilung zwischen Nepot und Papst: So versicherte er der Stadt am 28. Juli 1607, Paul V. *haverà quella consideratione che conviene, et io farò sempre ogni amorevole offitio appresso Sua Santità,* CC 156, 133.

Und da der Nepot als nomineller Leiter der Wasserbehörde ja auch deren Korrespondenz mit den Amtsträgern unterzeichnete, präsentierte sich jede Facette der römischen Wasserpolitik als Werk der regierenden Familie[49]. Diese parallele Existenz einer amtlichen und einer Patronagekorrespondenz mag umständlich wirken, ist aber auch gegenüber den Untertanen funktional. Denn zum einen sorgte die Allgegenwart des Papstnamens für die Immunisierung der Politik gegen zu laute Kritik auch der Parteien. Zum anderen wurde das Feld der Wasserpolitik auf diese Weise klientelär nutzbar gemacht. Indem die Entscheidungen des Papstes als Gnadenakte präsentiert wurden, für die sich der Nepot bei seinem Onkel verwandt hatte, durften beide Gegenleistungen erwarten: der Pontifex den Gehorsam der dankbaren Untertanen, der Nepot das Entgegenkommen der Ferraresen, wenn er die Stadt um einen kleinen Gefallen, etwa um die Versorgung eines Klienten mit einem Amt bat.

Der klienteläre Diskurs war also auf der Ebene der Darstellung voll in das Verfahren integriert. Dass ein und dieselbe Entscheidung als sachgemäß und gleichzeitig als Gnadenakt präsentiert wurde, schien den Zeitgenossen offenbar kein Widerspruch zu sein. Sollte das daran liegen, dass alle Beteiligten diese Inszenierung als Fiktion durchschauten? Ja und nein: Die Ferraresen gingen in der Tat davon aus, dass der Appell an den Nepoten als Patron der Stadt zwar der Form Genüge leistete, in der Sache aber keine Wirkung hatte[50]. Dennoch war nicht alles nur Fiktion: die Dankespflicht der Untertanen für seinen virtuellen Einsatz klagte der Nepot höchst real ein, und da man wusste, dass Borghese vielleicht nicht half, aber ganz sicher schaden konnte, wäre man schlecht beraten gewesen, seine Wünsche zu ignorieren.

Gelernt hatten die Ferraresen dies in jenen Fällen, in denen der Kardinalnepot tatsächlich aktiv wurde. Diese Fälle verweisen auf eine dritte Ebene der Diskurse, der Korrespondenzen und auch der Politik: auf die Ebene der Privatinteressen, die neben der amtlichen und der klientelären Dimension der römischen Wasserpolitik existierte. Was er zu leisten vermochte, zeigte Borghese vor allem dann, wenn die privaten Interessen besonders enger Klienten oder gar der Papstfamilie selbst betroffen waren. Dann sorgte er für eine Entscheidung zum Vorteil dieser Privatleute. Für die Ferraresen

---

49 Zu dieser kommunikativen Schlüsselstellung des Nepoten, die sich weder auf Borghese noch auf das Wassergeschäft beschränkte, vgl. *Emich*, Bürokratie, zusammenfassend 396–401.

50 So die Einschätzung des Botschafters in einem Schreiben vom 19. März 1616 nach Ferrara, CA 9, 555: *Io non hò mai costumato di dar al Signore Cardinale Borghese le copie precise de' memoriali, che si presentano à Nostro Signore, poiche basta dar parte à S.S.Ill.ma della sostanza della dimanda, che si fà, e supplicarlo à favoreggiarla con Sua Beatitudine, essendoche nella maggior parte de' negozi, il presentargli i memoriali serve più tosto per segno della dovuta riverenza, che per molto profitto delle cose, che si desiderano da Nostro Signore.*

musste das nicht immer schlecht sein. Denn da Borghese auch mit Einnahmequellen in ihrer Provinz bedacht worden war, konnte es in seinem Interesse liegen, mit seinen eigenen Ländereien auch das Ferrareser Territorium zu schützen. Tatsächlich war der Hinweis, das Ackerland der Abteien in der Hand des Nepoten sei von den Maßnahmen bedroht, das stärkste aller Argumente, das die Stadt Ferrara in der Wasserfrage überhaupt besaß. Denn wenn dem so war, dann spielte der Kardinal in Rom seine Macht als Behördenleiter, Klientelchef und Papstneffe aus. Dann verhinderte er die geplanten Maßnahmen, ganz gleich, ob sie dem Wohle aller gedient hätten oder nicht[51]. In diesen Fällen legten weder der Papst noch die Kongregation noch eine andere Instanz dem Nepoten Steine in den Weg: Wenn es um die finanziellen Interessen der Papstfamilie ging, war die Eigenlogik des Verfahrens ausgesetzt.

Mit Widerstand musste Borghese hingegen rechnen, wenn sein Einsatz nicht den Finanzinteressen der Papstfamilie, sondern den Wünschen einzelner Klienten galt[52]. Hier griffen Mechanismen, die die Verwaltung offenbar vor den Schäden dieser Begünstigungen zu bewahren hatten. Die Amtsträger vor Ort waren generell gehalten, auf negative Konsequenzen der römischen Entscheidungen hinzuweisen[53]. Und auch die Kongregation in Rom, allen voran ihr Sekretär, zeigte sich bemüht, Entscheidungen zu Lasten der Mehrheit zu verhindern. Rückendeckung fanden sie im Papst selbst: Dessen Selbstverpflichtung auf das sachlich Richtige und Beste war offenbar doch mehr als eine Floskel, mit der er das Image des liebenden Vaters bediente: Er folgte diesem Prinzip auch in der Praxis[54]. Er musste ihm folgen, wollte er seiner Verwaltung nicht den Boden entziehen. Ein Verfahren, das so offensichtlich von gänzlich kontingenten Faktoren wie dem Interesse von diesem oder jenem Klienten abhängig war, hätte seine Autonomie gänzlich verloren. Ein Mindestmaß an Autonomie musste vor den Vereinnahmungen durch das römische Klientelsystem gerettet werden, und genau dafür sorgte der Papst mit seinem Einfluss auf die Prinzipien der Entscheidungsherstellung.

---

51 Vgl. die entsprechenden Beispiele und Belege bei *Emich,* Territoriale Integration, 257–262.

52 Ein Musterbeispiel hierfür ist der Fall des Ferraresen Enzo Bentivoglio, dem es mit Borgheses Hilfe gelang, den Po anzustauen – was im Interesse seiner Mühlen lag, seinen Nachbarn und der Stadt Ferrara aber Schaden zufügte. Da Bentivoglio der wichtigste Kunstlieferant des Nepoten und dieser ein leidenschaftlicher Sammler war, tat Borghese fast alles für Enzo – bis der Papst das bunte Treiben unterband, vgl. *Emich,* Territoriale Integration, 340–353.

53 Allgemein zu diesem „Vetorecht der Experten im administrativen Alltag" vgl. den entsprechenden Abschnitt bei *Emich,* Bürokratie, 357–363.

54 Fast klagend hielt Borghese dies gegenüber seinem Klienten Enzo Bentivoglio fest: *Sà V.S. meglio d'ogni altro, quanta gelosia governi Nostro Signore della bonificatione Universale di cotesti paesi (...) nondimeno per il desiderio che ho d'ogni suo comodo* werde er ihm helfen, so Borghese an Enzo, 4. Juli 1612, ABent.Corr. 10/57, 117.

Nicht minder wichtig für die Rettung des Verfahrens vor der Überwucherung durch den römischen Klientelismus war aber auch die Darstellung dieser Ebene der Politik. Sonderwünsche einzelner wurden in der Korrespondenz durchaus behandelt: auf einer dritten Diskursebene, im Diskurs der Privatinteressen. Allerdings wurde dieser Diskurs regelrecht verschleiert. Selbst wenn es um die Einnahmen der Papstfamilie ging, wurde deren Schutz in der Amts- und Patronagekorrespondenz nicht als Selbstzweck ausgegeben. Ferraresen wie Amtsträger bemühten sich vielmehr, diese de facto privaten Interessen dienenden Manöver als im Einklang mit Recht und Gerechtigkeit zu präsentieren[55]. Offenbar waren Privatinteressen nicht in das Verfahren zu integrieren, weder bei der Herstellung von Entscheidungen noch bei deren Darstellung. Dies gilt umso mehr für die Briefe, in denen ganz unverhohlen die privaten Vorteile der Klienten behandelt wurden. Solche Post gab es durchaus: In ihrer internen Korrespondenz sahen die Güterverwalter der Borghese keine Veranlassung, die handfesten Interessen der Papstfamilie zu verschleiern. Und auch manch ein Klient konnte es sich erlauben, gegenüber dem Kardinalnepoten auf die Rhetorik des gemeinen Wohls zu verzichten. Diese Post aber wurde säuberlich von der Amts- und auch von der Patronagekorrespondenz getrennt: Immer dann, wenn die gewünschte Entscheidung zu Lasten der Mehrheit in der Po-Region ging, ließ Kardinal Borghese die Korrespondenz an der Kongregation und auch am Papst vorbei über sein Privatsekretariat abwickeln[56]. Der Dienstweg sollte offenbar weder mit diesem Diskurs noch mit der Ebene der Politik, für die er stand, belastet werden. Dem entspricht, dass auch der zeremonielle Raum für die Äußerung von Privatinteressen zum Schaden der Mehrheit gering war: Einzelne konnten zwar Memoriali einreichen und auf diesem Weg Wünsche äußern. Doch für den Papst zählte weit mehr, was die offiziellen Vertreter der Städte und Provinzen zu sagen hatten[57]. Und für

55 Typisch hierfür die Mitteilung Borgheses an die Stadt Ferrara, die ihn gebeten hatte, die Öffnung einer Schleuse, die auch Borgheses Land bedroht hätte, zu verhindern: *Mi fu facile d'ottennere da Nostro Signore l'ordine che le SS.VV. desideravano.* Ihm läge die Sache sehr am Herzen, *perchè l'esserci interessato nel Polesine di S.Giorgio quanto verun altro (...) benche certo se questo rispetto particolare non fosse tanto congionto con il publico di cotesta Città non mi alterarebbe punto,* 19. Dezember 1609, CC 156, 309. Typisch auch die Antwort der Stadt: *Assicurando V.S.Ill. ma che a lei particolarmente abbiamo fatto ricorso non per la comunione degl'interessi, ma per esser ella dopo la persona di Nostro Signore nostro principalissimo prottetore e padrone,* 26. Dezember 1609, CA 137, 890v.

56 So im Falle der erwähnten (vgl. Anm. 52) wasserbaulichen Begünstigung Enzo Bentivoglios zum Schaden aller anderen ganz ausdrücklich auf Anweisung Borgheses, der einen Beteiligten an diesem Manöver anhielt, *che intorno a questo particolare non scriva ad altri ch'a lui stesso,* ABent.Corr. 10 / 66, 863v. Post dieser Art wurde, wie auch die gesamte Korrespondenz, die Borgheses eigene Geldquellen betraf, vom Privatsekretariat des Nepoten bearbeitet. Zu dieser Einrichtung vgl. *Emich,* Bürokratie, 284 – 316.

57 Zumal sich die Eingaben Einzelner ja immer auch als klienteläre Machenschaft diskreditieren ließen, vgl. etwa den Bericht eines Agenten der Bentivoglio aus Rom

diese Anlässe bot die Audienz deutlich mehr Raum als für die vermischten Wünsche Einzelner.

So viel zum Ferrareser Beispiel. Damit komme ich zum dritten Schritt, zur Bilanz. Wie steht es nun mit den Strukturelementen der Umwelt und der Autonomie des Verfahrens?

III.

Festzuhalten bleibt, dass das Verfahren in hohem Maße von seiner Umwelt geprägt war: Die zentralen Strukturelemente der päpstlichen Herrschaft spiegelten sich auch im Verwaltungsverfahren des Kirchenstaats, die Ausdifferenzierung des Verfahrens aus seiner Umwelt und deren sozialer Logik war nur schwach ausgeprägt. Eine Gefährdung der Verfahrensautonomie musste das aber nicht bedeuten. So sollte sich gezeigt haben, dass eine Reihe struktureller Merkmale des römischen Systems integriert oder aufgefangen werden konnten: Die monarchische Herrschaftsstruktur machte den Papst zwar zum Teil des Verfahrens, aber da sich der Pontifex auf verfahrensgemäße Kriterien der Entscheidung verpflichtete, blieb die Autonomie des Verfahrens dadurch zugleich auch gewahrt. Der Faktor Landsmannschaft hatte zwar massiven Einfluss auf die Haltung der Beteiligten in der Wasserfrage, doch mit Hilfe verfahrenstechnischer Anpassungen konnte dieser Einfluss neutralisiert, der Dissens zwischen den Provinzen ins Verfahren integriert und dessen Autonomie vor der Übermächtigung durch die Parteilichkeit geschützt werden. Der Klientelismus als Bauprinzip der römischen Gesellschaft ließ sich durch die Darstellung ebenfalls ins Verfahren integrieren. Als Diskurs spielte er eine allgegenwärtige Rolle, in der Praxis des Entscheidens blieb er hingegen meist Fiktion. Gefahr drohte dem Verfahren und seiner Autonomie erst, wenn Privatinteressen wichtiger Klienten oder gar der Papstfamilie ins Spiel kamen. Diese Kategorie drohte die Autonomie der Entscheidung aufzuheben, sie gefährdete das Verfahren ernsthaft. Deswegen wurden individuelle Wünsche auf ihre Vereinbarkeit mit dem allgemeinen Wohl überprüft, und deswegen wurden jene Anliegen, die sich damit nicht vereinbaren ließen, im Diskurs, in der Darstellung verschleiert: getarnt als Maßnahmen zum Nutzen aller, oder aber, falls dies allzu unglaubwürdig war, auf eine dritte Ebene der Diskurse und Korrespondenzen abgeschoben und geheim gehalten.

Die spezifische Leistung der Darstellung bestand also darin, das Verfahren den Strukturelementen der Umwelt weitestgehend anzupassen, seine

---

del Memoriale che ha voluto il Cardinale Bevilacqua – ein Gegner der Bentivoglio – *far presentare, per mostrare tanto maggiormente la sua mala volontà, Nostro Signore addimandò da chi era sottoscritto a Monsignore Santarello, e gli disse da tutti quelli della famiglia Bevilacqua chi non le piacque molto,* Landinelli an Enzo, 27. Oktober 1612, ABent.Corr. 10 / 68, 263.

Autonomie aber zu bewahren. Strukturelemente der Umwelt, die die Autonomie des Verfahrens nicht gefährdeten, wurden integriert, potentiell bedrohliche Umweltfaktoren verfahrenstechnisch entschärft und jene Strukturen, die dem Verfahren als Modus einer offenen Entscheidungssuche den Garaus machten und zu seiner öffentlichen Infragestellung hätten führen können, schlichtweg verschleiert. Beides, Autonomie wie Anpassung, war notwendig: Ohne ein Mindestmaß an Autonomie wäre das Verfahren nicht als solches ernst genommen worden; ohne die Anpassung des Verfahrens an die Strukturen der Umwelt hätten ihm indes Legitimation wie Autorität gefehlt. Gerade weil vormoderne Verfahren nicht autonom sind, müssen sie sich an die Strukturen ihrer Umwelt gleichsam anlehnen: gewiss auf Kosten ihrer funktionsorientierten Rationalität, aber doch auch im Interesse ihrer Wirksamkeit.

Und die spezifische Leistung des Verfahrens nach Luhmann, seine legitimierende Funktion? Legitimiert wurden zwar auch die Entscheidungen: Nach all den Beratungen, nach all den Gutachten, Anhörungen und Versammlungen solle man doch bei der einmal getroffenen Entscheidung bleiben, heißt es in einem Stoßseufzer der Ferraresen[58]. Aber natürlich galt dieses Plädoyer für die „Legitimation durch Verfahren" einer Entscheidung im Sinne der Provinz, und natürlich hätte gerade eine Grundsatzentscheidung, die dann auch noch durchgeführt worden wäre, zusätzlicher Legitimation bedurft. Aber soweit kam es ja nicht. Dass ständig neu beraten wurde, lässt sich daher auch als Entlastung der Endentscheidung begreifen: Weil jedes vermeintlich letzte Wort irgendwann wohl wieder zur Disposition stand, blieb die Unsicherheit in dieser wichtigen Frage bestehen und das Verfahren in Gang[59]. Weil aber auch nicht auszuschließen war, dass eine Entscheidung dann doch das letzte Wort sein könnte, beteiligten sich die Parteien so dauerhaft wie ernsthaft am Verfahren. Ungewissheit veranlasst die Entscheidungsempfänger zu unbezahlter zeremonieller Arbeit, heißt es bei Luhmann[60]. Ungewissheit, so könnte man auch sagen, zwang die Untertanen zur Mitarbeit an einem Verfahren, das allein mit Effizienz gewiss nicht zu bestechen wusste. Gerade weil sowohl die Ineffizienz der Verwaltung mit

58 So klagte die Stadt am 24. Januar 1610 in einem Brief an Paul V., dass *dopo tanti pareri di Periti conformi, dopo i Brevi, dopo cento decreti, e congressi fatti e pubblicati a favore di quella,* d. h. der Stadt, das Ganze jetzt von vorne beginnen sollte, vgl. CP 171/A, 37.

59 *Luhmann,* Legitimation durch Verfahren, 116: „Motor des Verfahrens aber ist die Ungewißheit über den Ausgang. Diese Ungewißheit ist die treibende Kraft des Verfahrens, der eigentlich legitimierende Faktor. Sie muß daher während des Verfahrens mit aller Sorgfalt und mit Mitteln des Zeremoniells gepflegt und erhalten werden – zum Beispiel durch betonte Darstellung der richterlichen Unabhängigkeit und Unparteilichkeit (...)".

60 Ebd., 119: „Die Ungewissheit wird nämlich als Motiv in Anspruch genommen, um den Entscheidungsempfänger zu unbezahlter zeremonieller Arbeit zu veranlassen".

ihrer Angst vor einer Endentscheidung als auch der Wahlcharakter der römischen Monarchie mit ihren institutionalisierten Kurswechseln die Entscheidung offen hielten, wurden die Ferraresen in das Verfahren hineingezogen. Anders als Luhmann dies für die Legitimation durch moderne Verfahren beschreibt, diente dieses Verstricktwerden keineswegs der Herausarbeitung strittiger Punkte, der Klärung der Positionen und damit letztendlich der Entscheidungsfindung[61]. Gleichwohl hatte die Teilnahme der Ferraresen an diesem Verfahren legitimierende Effekte. Denn zum einen akzeptierten die Untertanen allein schon mit ihrer Teilnahme am Verfahren, mit ihrer Bereitschaft, ihre Position trotz aller Kosten und Enttäuschungen wieder und wieder vorzutragen, die Prämissen und die Gültigkeit des Verfahrens. Zum anderen wurde auf diese Weise das Unvermögen der kirchenstaatlichen Verwaltung, die Wasserfrage zu lösen, zwar nicht überdeckt, aber doch aushaltbar gemacht: Immerhin konnten die Ferraresen wie alle anderen Betroffenen ihre Wünsche äußern, immerhin konnten sie verhindern, dass die hydrologischen Gegner auf ihre Kosten zum Ziel kamen. Selbst die Kurswechsel bei Pontifikatsbeginn ließen sich aus dieser Sicht nicht nur als Hindernis, sondern auch als stets neue Chance begreifen. Zum dritten schließlich und vor allem eigneten sich die Ferraresen mit der dauerhaften Teilnahme am Verfahren jene Strukturen der Umwelt an, die das Verfahren abbildete. So könnte gerade in der stets neuen Beratung des bereits Beschlossenen die eigentlich legitimierende Funktion des Verfahrens liegen: Gerade weil die Ausdifferenzierung so gering war, gerade weil das Verfahren die Strukturelemente der römischen Herrschaft so umfassend abbildete, war mit der Teilnahme an diesem Verfahren die Funktionsweise des gesamten politischen Systems Kirchenstaat zu lernen. Wenn Lernen die Umstrukturierung von Erwartungen bedeutet[62], dann lernten die Ferraresen schnell. Auch durch die Teilnahme am Verfahren stellten sie ihre Erwartungsstrukturen sehr schnell auf die Strukturen des Staates um, der sie 1598 geschluckt hatte. In der steten Auseinandersetzung um die Wasserfrage übten die neuen Untertanen ein, was sich als die politische Kultur des Kirchenstaates bezeichnen lässt: die Hierarchie der Werte, die im Land der Kirche galten, die Spielregeln des Systems, in dem gehorsame Klienten eher zum Ziel gelangten als renitente Untertanen.

Die erstaunlich reibungslose Integration Ferraras in das Land der Kirche ließe sich daher auch als eine Art Integration durch Verfahren beschreiben. An dieser Formel könnte im Übrigen das Nachdenken über die Frage ansetzen, wie Integration als emergenter Prozess zu fassen ist, wie also mit der Beobachtung von Rudolf Smend und anderen umzugehen ist, dass sich Integration nie gänzlich auf Intentionen und Folgen einzelner Handlungen

61 Ebd., 114–116, v. a. 115 zum „Trichter des Verfahrens".

62 Vgl. ebd., 33 f.

zurückführen lässt[63]: Verfahren können zur Legitimation von Systemen beitragen, ohne dass die Akteure dies wollen, wissen oder merken: Auf der Akteursebene nehmen Personen am Verfahren teil, um ihre Ziele zu erreichen; auf der Systemebene, quasi hinter dem Rücken der Akteure, entsteht jedoch gleichzeitig: Legitimation.

Bleibt abschließend zu bilanzieren, welchen Nutzen Fallbeispiel und Theorie voneinander beziehen. Die Fallanalyse verdankt der Verfahrenstheorie zweifellos einen geschärften Blick für das Problem der Autonomie von Verfahren, für die Mechanismen ihrer Sicherstellung, für die entsprechenden Leistungen der Darstellung und schließlich für die Frage nach den legitimierenden Effekten vormoderner Verwaltungsverfahren. Umgekehrt könnte die Analyse vormoderner Verwaltungsverfahren der Theorie einen weiteren Aspekt hinzufügen: Die geringe Autonomie vormoderner Verwaltungsverfahren ändert deren legitimatorisches Potential durchaus, unterläuft es aber nicht gänzlich. Es geht zwar nicht um die Legitimation der Entscheidung durch das Verfahren selbst, wohl aber um die Legitimation des Gesamtsystems durch die Einübung jener Regeln, die das Gesamtsystem strukturieren, die im Verfahren aber erst konkret werden[64]. Möglich wird diese legitimierende Wirkung jedoch nur, wenn sich die Akteure auf das Verfahren einlassen, und genau das ist wiederum der geringen Autonomie der Verfahren zu verdanken. Ein Verfahren, das die Strukturen seiner Umwelt ausblendete, hätte keine Autorität, es hätte keine Legitimation. Autonomie ist kein Allheilmittel: Die frühneuzeitliche Verwaltung brauchte die stabilisierende Wirkung der Umwelt, nicht nur, um überhaupt Entscheidungen treffen und umsetzen zu können, sondern auch, um ihre legitimierende Wirkung zu entfalten. Man könnte vielleicht noch weiter gehen und fragen, ob ein zu großes Maß an Autonomie das Leistungsvermögen von Verfahren nicht beeinträchtigt hätte und daher in der Darstellung der Entscheidungsfindung geradezu verschleiert werden musste[65]. Moderne, d. h.

---

63 Zu diesem Problem vgl. etwa *Brodocz,* Neue Integrationslehre, 191, 193–195.

64 Dies könnte im Übrigen auch das große Gewicht performativer Aspekte mindestens in Wasserfragen, wohl aber auch auf anderen Themenfeldern frühneuzeitlicher Verwaltung erklären helfen: Dass sich die römische wie die toskanische Wasserbaupolitik um 1600 laut *Wieland,* Grenze zwischen Natur und Machbarkeit, 25 „zu weiten Teilen in performativen Akten realisierte (und deswegen bereits in einem Ortstermin, einer angemessen zelebrierten Vertragsunterzeichnung oder dem Erstellen einer Karte, die die Wappen des Papstes und der großherzoglichen Familie trug, gehandelt, sich angemessen ausgedrückt hatte)", war eben auch deswegen möglich, weil es eher um die Einübung von Regeln als um konkrete Ergebnisse ging. Allerdings bleibt die Entscheidungsvermeidung nur dann sinnvoll, wenn das Bemühen um eine solche Entscheidung der Regelfall ist. Mit anderen Worten: Hätte sich die Wasserpolitik in der Herstellung von Karten erschöpft, ohne dass je eine Entscheidung wenigstens möglich gewesen wäre, hätte sie auch ihre Fähigkeit, die Parteien zur Teilnahme anzuregen, eingebüßt.

65 Diesen Gedanken legt wenigstens die in Anm. 43 angerissene Windschattenfunktion des Nepoten für die römische Behördenentwicklung nahe.

autonome, auf ihre eigene Verfahrenslogik konzentrierte Verfahren dürfte es auch in der Vormoderne gegeben haben: nur eben in verschleierter Form, in einer Form der Darstellung, die die Autonomie der Entscheidung wenn nicht verdeckte, so doch den Bedürfnissen der vormodernen Gesellschaft anpasste, etwa indem die Legitimierung der im Verfahren zustande gekommenen Entscheidung pro forma durch ein Plazet des Herrschers erfolgte.

Man mag einwenden, dass angesichts solcher Beschränkungen nicht von Verfahren im Sinne Luhmanns die Rede sein kann. Das stimmt natürlich. Es macht aber nichts. Verfahren nach der reinen Lehre Luhmanns mag es nur in der Moderne geben. Dass Elemente der Luhmannschen Theorie dennoch dazu beitragen können, Funktionen und Folgen vormodernen Verwaltungshandelns zu erhellen, sollte sich aber gezeigt haben.

Quellen

Privilegia summorum Pontificum Constitutiones, indulta et decreta, urbi Ferrariae concessa, Bd. 1: 1598–1632, Ferrara, apud Franciscum Succum, o.J.

Relazione di Roma di Paolo Paruta. Ritornato da quella Legazione nel Novembre del 1595, in: Relazioni degli Ambasciatori Veneti al Senato durante il secolo decimosesto, hrsg. u. erl. v. Eugenio *Albèri*, Bd. 10, Florenz 1857, 355–448.

Literatur

Brodocz, André: Neue Integrationslehre. Über Rudolf Smend und die symbolische Dimension der Verfassung, in: Die Integration des modernen Staates. Zur Aktualität der Integrationslehre von Rudolf Smend, hrsg. v. Roland Lhotta, Baden-Baden 2005, 191–211.

Döring, Martin: „Das Hochwasser wirkt als prima Bindemittel." Die metaphorisch-mediale Konstruktion eines wiedervereinigten Deutschlands in Zeiten der Oderflut 1997, in: Naturkatastrophen. Beiträge zu ihrer Deutung, Wahrnehmung und Darstellung in Text und Bild von der Antike bis ins 20. Jahrhundert, hrsg. v. Dieter Groh / Michael Kempe / Franz Mauelshagen (Literatur und Anthropologie, 12), Tübingen 2003, 299–325.

Emich, Birgit: Bürokratie und Nepotismus unter Paul V. (1605–1621). Studien zur frühneuzeitlichen Mikropolitik in Rom (Päpste und Papsttum, 30), Stuttgart 2001.

Emich, Birgit: Territoriale Integration. Ferrara und der Kirchenstaat, Köln / Weimar / Wien 2005.

Emich, Birgit: Tot in der zweiten Reihe. Die Grabmäler der römischen Staatssekretäre. Ein Versuch über den Zusammenhang von Amt und Grab, in: Grab, Kult und Memoria. Studien zur gesellschaftlichen Funktion von Erinnerung, hrsg. v. Carolin Behrmann / Arne Karsten / Philipp Zitzlsperger, Köln / Weimar / Wien 2007, 181–201.

Frizzi, Antonio: Memorie per la storia di Ferrara. Con giunte e note di Camillo Laderchi, 2. Aufl., Bd. 5, Ferrara 1848.

Luhmann, Niklas: Legitimation durch Verfahren, 3. Aufl., Frankfurt am Main 1978.

Prodi, Paolo: Il sovrano pontefice, un corpo e due anime. La monarchia papale nella prima età moderna, Bologna 1982 (engl. Übersetzung: The Papal Prince. One Body and Two Souls: The Papal Monarchy in Early Modern Europe, Cambridge 1987).

Reinhard, Wolfgang: Freunde und Kreaturen. „Verflechtung“ als Konzept zur Erforschung historischer Führungsgruppen. Römische Oligarchie um 1600 (Schriften der Philosophischen Fachbereiche der Universität Augsburg, 14), München 1979.

Schlumbohm, Jürgen: Gesetze, die nicht durchgesetzt werden – ein Strukturmerkmal des frühneuzeitlichen Staates, in: Geschichte und Gesellschaft 23 (1997), 647–663.

Sikora, Michael: Der Sinn des Verfahrens. Soziologische Deutungsangebote, in: Vormoderne politische Verfahren, hrsg. v. Barbara Stollberg-Rilinger (Zeitschrift für Historische Forschung, Beih. 25), Berlin 2001, 25–51.

Stollberg-Rilinger, Barbara (Hrsg.): Vormoderne politische Verfahren (Zeitschrift für Historische Forschung, Beih. 25), Berlin 2001.

Wieland, Christian: Grenze zwischen Natur und Machbarkeit. Technik und Diplomatie in der römisch-florentinischen Diskussion um die Valdichiana (17. Jahrhundert), in: Saeculum 58 (2007), 13–32.

Organisiertes Chaos

Verfahren des Ressourcentransfers in korporativen Systemen am Beispiel eidgenössischer Politik des 17. und 18. Jahrhunderts

Von *Daniel Schläppi*, Bern

Während ich die Arbeiten an diesem Aufsatz abschließe, steuert der Wahlkampf um das Amt des amerikanischen Präsidenten zwischen den beiden ungleichen Gegnern Barack Obama und John McCain auf den unausweichlichen Showdown zu. Einmal mehr ist viel von den so genannten „Swing States", die mal demokratisch, mal republikanisch wählen, die Rede. Hier wird die Wahl wieder auf Messers Schneide stehen, und unter Umständen werden einzelne Stimmen über die Besetzung des politischen Postens mit weltweit größter Machtfülle entscheiden.

Unwillkürlich kommen da Erinnerungen an das Jahr 2000 auf. Nach wochenlangem juristischem Schlagabtausch trat damals am 13. Dezember der amtierende Vizepräsident Al Gore vor die TV-Kameras dieser Welt und verkündete, dass er soeben telefonisch George W. Bush zum Wahlsieg gratuliert habe. Gore bezog sich auf das Urteil des „US Supreme Court", die Stimmen in Florida sollten nicht nachgezählt werden. Er gestand, er sei enttäuscht, und er verstehe alle, die seine Enttäuschung teilten. Es sei jetzt aber an der Zeit, diese Enttäuschung um der „unity as a people"[1] willen mit „our love of country" zu überwinden. Obwohl er mit dem Entscheid des Gerichts überhaupt nicht einverstanden sei, akzeptiere er ihn, denn die strittige Angelegenheit sei jetzt endlich so entschieden worden, wie es sich gehöre: nämlich „through the honored institutions of our democracy". *Legitimation durch Verfahren*, würde man am liebsten verzückt ausrufen! „The strength of American democracy", so Gore weiter, werde am deutlichsten bewiesen „through the difficulties it can overcome". Dann sprach er von der Liebe zum Vaterland und darüber, was die Amerikaner vereine. Er ziehe sich um der „strength of our democracy" willen zurück.

Dieser denkwürdigen – und wie die Welt unterdessen gelernt hat: äußerst folgenschweren – Erklärung war ein umstrittener und gehässiger Wahl-

---

1 Der Text der Rede von Al Gore findet sich im Wortlaut unter: [www.americanrhetoric.com] (Zugriff am: 24. 10. 2008).

kampf, gepaart mit einem noch nie dagewesenen Medienzirkus vorangegangen[2]. Trotz Gores landesweitem Vorsprung von 500 000 Stimmen entschied sich die Wahl aufgrund des amerikanischen Systems in Florida, also just in jenem Bundesstaat, wo Jeb Bush, der Bruder von George W. Bush, als Gouverneur amtierte. Für den Wahlsieg brauchten beide Kandidaten die Wahlmännerstimmen dieses Staates[3].

Nachdem die erste Auszählung ein hauchdünnes Plus für Bush ergeben hatte, erklärte Floridas Administration diesen formell zum Sieger, worauf Gore vor Floridas „Supreme Court" die Nachzählung der Stimmen verlangte. Während dieses Verfahren noch lief, versuchten Gouverneur Bush und die republikanische Mehrheit in Floridas Kongress die Wahlmännerstimmen per Gesetzgebung George W. Bush zuzusprechen. Die Republikaner gingen davon aus, dass die von Demokraten ernannten Richter Gores Antrag gutheißen würden. Als dies tatsächlich eintraf, klagten die Republikaner vor dem „Supreme Court" der USA. Obwohl Gore letzten Zählungen zufolge nur wenige Dutzend Stimmen hinter Bush lag, entschied dieser mit fünf zu vier Stimmen, jede Form der Nachzählung sei unzulässig. Den Ausschlag gab eine noch von Ronald Reagan ernannte konservative Richterin.

Leider wurde bis zum heutigen Tag nie ermittelt, welcher Kandidat in Florida tatsächlich die Mehrheit der Stimmen auf sich vereinigt hätte. Dies, obwohl sich über Wochen Meldungen über Computerprobleme, veraltete und defekte Zählmaschinen, uneindeutige Stimmzettel oder unerklärlicherweise aus den Wählerlisten verschwundene Namen, die meisten traditionell demokratischen Wählersegmenten angehörend, jagten.

Legitimation durch welche Art von Verfahren, fragt sich vor diesem Hintergrund. Die eigentliche Prozedur einer formal sauberen Ermittlung des Wählerwillens, und darum würde es in demokratischen Wahlen doch gehen, wurde im vorliegenden Fall eher spielerisch-symbolisch, gewissermaßen fiktional, denn konkret-numerisch bzw. real abgewickelt.

Wenn auch von viel kleinerem Format und für das Schicksal des Planeten von ungleich geringerer Bedeutung als der geschilderte Fall, soll nun ein Parallelereignis aus der Eidgenossenschaft des 17. Jahrhunderts dazu dienen, dem Wesen und der legitimatorischen Kraft demokratischer Wahlen nachzuspüren. Trotz offenkundigen Analogien werde ich die beiden Ereignisse nicht direkt vergleichen. Die Gegenüberstellung „moderner" bzw. „vormoderner" Aspekte von Verfahren kann aber gerne Anlass zu komparativen Überlegungen geben.

---

2 Zum Verlauf der Ereignisse mit einschlägigen Quellennachweisen vgl. [http://de.wikipedia.org/wiki/Al_Gore#cite_note-2].

3 Zum Verhältnis der Stimmen vgl. 2000 Official Presidential General Election Results, online publiziert unter: [www.fec.gov/pubrec/2000presgeresults.htm].

I. Der Wahltag, erster Teil: Legitimation durch Verfahren

An der Zuger Landsgemeinde vom 1. Mai 1650 standen sich im Kampf um die Wahl zum Ammann, dem höchsten Amt im Land, Beat II Zurlauben (1597–1663) und Georg Sidler (1594–1672) gegenüber. Die Ereignisse des Wahltags und der folgenden Tage sind dank Tagebuchnotizen des später selber zum Ammann gewählten Politikers Jacob Andermatt (1602–1680) detailliert überliefert[4].

Seit Wochen hatte die Bevölkerung des kleinen Schweizer Kantons der Wahl entgegengefiebert, war die Gerüchteküche heiß gelaufen – ein eindeutiges Indiz dafür, dass es sich bei dieser Wahl um ein „ergebnisoffenes" Verfahren handelte. Als der große Tag endlich gekommen war, zogen die Magistratspersonen hoch zu Ross, begleitet von Trommlern und Pfeifern, im Schlepptau den Tross der einfachen Landleute zum Rathaus, wo man sich für den Aufzug auf dem Landsgemeindeplatz versammelte. Die Ratsherren trugen Amtstracht, d. h. Kragen, Degen, Mantel, aufgestülpten Hut, und waren mit Blumensträußen an der Brust geschmückt[5]. Die Stimmberechtigten, also alle männlichen Landleute nach erfülltem 16. Altersjahr, trugen zum Zeichen ihrer Mannbarkeit und Wehrhaftigkeit Degen und Gewehre an der Seite. In feierlichem Umzug holten die Ratspersonen den regierenden Ammann bei sich daheim ab und begleiteten ihn von dort würdevoll ins Rathaus. Am Mittag marschierten sie wiederum in Begleitung von Trommlern und Pfeifern und nunmehr auch Weibeln und Läufern durch die Neuengasse an den bekannten Wirtschaften „Krone" und „Löwen" vorbei auf den von einer Mauer umgebenen Landsgemeindeplatz[6].

---

4 Die Darstellung des Ereignisverlaufs basiert auf: Eine zuger'sche Ammannswahl von 1650. Zum Protokollstil Andermatts vgl. *Müller*, Aus Ammann Jacob Andermatts Tagebuch, 3–21.

5 Die Blumen waren natürlich mehr als lieblicher Lokalkolorit. Schmückende Accessoires bildeten die soziale Hierarchie äußerlich ab und dienten der Inszenierung von auch in protodemokratischen Gesellschaften durchaus vorhandenen Standesunterschieden. Eine detaillierte Beschreibung von an öffentlichen Anlässen mit rituellem Charakter getragener Kleidung ist nachzulesen im: Bericht, wie man H. LandtsFändrich und SeckelMr. Jost Antoni Schmidt das Ehren=Zeichen den LandtsFahnen Anno 1731. eingebleittet, eingehändiget und ubergeben hat.

6 Die räumliche Umgrenzung des Landsgemeindeplatzes durch eine Mauer ist nicht zufällig. Der physischen Trennung der an politischen Versammlungen stimmberechtigten Landleute vom Rest der Bevölkerung wohnt vielmehr eine deutliche symbolische Aussage inne. In der Tat war die Frage, wer am politischen Gemeinwesen partizipieren durfte, für die korporativ organisierten Gemeinwesen der frühneuzeitlichen Eidgenossenschaft von essentieller Bedeutung. Vgl. dazu zuletzt *Schläppi*, Das Staatswesen als kollektives Gut, 184, 187. Grundlegend daran war, dass der Kreis der zur Korporationsgenossenschaft gehörenden Mitglieder genau zu definieren war. Dieser Punkt barg in traditionalen Gesellschaften erhebliches Konfliktpotential, was beispielsweise in schwelenden Auseinandersetzungen um eine allfällige Lockerung der restriktiven Bürgerrechtspraxis von Dorfgemeinden und Städten zum Ausdruck kommt. Die räumliche Separierung unterschiedlicher

Wichtigstes Traktandum war selbstverständlich die Wahl des Ammanns. Kandidat Zurlauben entstammte dem bedeutendsten Aristokratengeschlecht am Ort, hatte sich als Vermittler in der eidgenössischen Politik einen hervorragenden Namen gemacht, verfügte über beste Kontakte zur französischen Krone und hatte das Amt des Ammanns bereits zweimal bekleidet. Seinen Kontrahenten Georg Sidler könnte man als Volkspolitiker bezeichnen. Er war Ratsherr und amtierender Seckelmeister, war Zurlauben bezüglich Ansehen, Herkommen und Leistungsausweis aber in keiner Weise ebenbürtig. Allerdings war er der Anführer der Spanierpartei, also jener Faktion, welche es in außenpolitischen Dingen und im Soldgeschäft mit Spanien hielt. Aufgrund der machtpolitischen Großwetterlage hatten die Spanier 1650 Oberwasser. Das machte die Wahl spannend[7].

Bevölkerungsgruppen lässt sich vergleichen mit der Funktion von Sitzordnungen, auf die *Sikora,* Der Sinn des Verfahrens, 47, hingewiesen hat. „Wo Sitzordnungen entstanden, entstanden Verfahren", so Sikora. Er sieht darin „kein technisches oder gar nur dekoratives Detail". Vielmehr manifestiere sich darin der „Modus der Beteiligung, der dann eben nicht auf Gleichheit, sondern auf differenzierter Positionierung innerhalb einer hierarchischen Ordnung beruhte". In der Tat kann das geschilderte Prozedere in Anlehnung an *Stollberg-Rilinger,* Zeremoniell, Ritual, Symbol, 392, 396 f. als „Metapher vom politischen Körper" gelesen werden. Demnach erlebte sich das Kollektiv „im politischen Ritual (...) im konkreten, körperlichen Sinne als solches". Indem ständische Prozessionen die politisch-soziale Ordnung inszenierten, machten sie zwangsläufig „die sozialen Beziehungen der Menschen untereinander sichtbar".

7 In Frankreich wütete seit 1648 die Fronde. Der junge Louis XIV und Mazarin kämpften mit Aufständen, die zum Ziel hatten, in einem Moment der Schwäche der Monarchie die Feudalrechte des Adels und die Einspruchsrechte des Parlaments wiederherzustellen, die unter Louis XIII und Kardinal Richelieu stark beschnitten worden waren. Die Krone hatte also andere Prioritäten, als die Machtverhältnisse in einem mittelmäßig bedeutsamen Ort der Eidgenossenschaft zu kontrollieren, wie sie das normalerweise tat. Außerdem steckte die Monarchie in massiven Geldnöten. Beides, den verschobenen Fokus der Franzosen und die Politik der leeren Kassen, bekam der notorische Franzosenfreund Zurlauben im Vorfeld der Wahl von 1650 zu spüren. Die regelmäßigen Zahlungen und die aus Anlass von Wahlen meist noch zusätzlich eingehenden französischen Zuschüsse stockten und blieben schließlich ganz aus. In einem seiner zahlreichen Kommentare zu Sitzungen des Zuger Rats aus der fraglichen Zeit notierte Beat II Zurlauben, der ein hellsichtiger Beobachter und Analytiker der frühneuzeitlichen Politmechanik war, man wolle *mit rumoren (...) us der Fürsten Lehren Sekhlen mit gewalt geldt usspressen.* In der *Zytt des vollen Sekhels* hätten alle *mitlyden undt gedult* mit den Franzosen gehabt, jetzt aber verzeihe man *den Spaniern,* der Gegenpartei, alles. Es sei zu befürchten, *dise Parthyligkeit* werde *bös Spil machen und das unglükh uffen Hals bringen,* Acta Helvetica [1976 ff.], Regesten und Register zu den Acta Helvetica, Gallica, Germanica, Hispanica, Sabaudica etc. necnon genealogica stemmatis Zur-Laubiani, Aarau 1976 ff., Nr. 67/87D, Notizen von Beat II Zurlauben über die Sitzung des Stadt- und Amtsrates vom 7. Februar 1650). Mehrmals appellierte Zurlauben im Vorfeld der Ammannwahl per Eilboten an Ambassade in Solothurn, wo der französische Botschafter in der Eidgenossenschaft residierte, und deponierte dort verzweifelte Hilferufe, die jedoch nicht beantwortet wurden. Auch wenn sich wiederholt Gerüchte um Pariser Goldlieferungen jagten, das Geld kam nicht. Der damalige Ambassador Jean De la Barde (ca. 1600–1692) – ein schlauer Fuchs, mit dem Zurlauben üblicherweise auf gutem oder gar freundschaftlichem, Fuß stand – ließ den treuen Parteigänger der Krone im entscheidenden Moment im Stich. Ob er von der Versaillier Zentrale so angewiesen wurde, oder ob ihm selber schlicht das Geld fehlte, muss offen gelassen werden. Zum Ereignisverlauf

Abgestimmt wurde per Handmehr. Beide Kandidaten durften gleich viele Stimmenzähler bestimmen. Das Resultat des ersten Wahlgangs war so ausgeglichen, dass die Stimmenzähler mit ihren Schätzungen zu keinem eindeutigen Verdikt kamen. Auf dieses Problem war man aus Erfahrung verfahrenstechnisch vorbereitet. Der Ablauf sah vor, dass bei unklaren Ergebnissen nochmals durch Handerheben abgestimmt werde. Doch auch der zweite und ein unmittelbar anschließender dritter Wahlgang brachten kein klares Ergebnis. Als nächster Schritt wurde nun Mann für Mann einzeln ausgezählt, wobei Zurlauben und Sidler auf genau gleich viele Stimmen kamen[8].

Bei der Einzelauszählung stellte man aber fest, dass auf beiden Seiten Minderjährige gewählt hatten, die sich mit einem geborgtem Säbel aber gut als Stimmberechtigte getarnt hatten[9]. Eine klassische Problemstellung: Wer

und zur zeitgenössischen Kommunikationskultur vgl. *Schläppi,* Akteure, 32–36, 75, und zuletzt *Steiner,* „Gibt nit andtwordt uff myne Puncten".

8 Das Urteil von *Brändle,* Demokratie und Charisma, 51, demzufolge die Landsgemeindedemokratien „schlecht auf knappe Entscheidungen vorbereitet" gewesen seien, ist vielleicht etwas voreilig. Natürlich sind Verfahren wie das Handmehr anfällig für Manipulationsversuche und sozialhierarchische Beeinflussung. In der Regel wurde das Resultat nicht rechnerisch ermittelt sondern nach Augenmaß geschätzt. An solchen Merkwürdigkeiten entzündete sich demnach Kritik ausländischer Beobachter, die in ihren Schilderungen teilweise mit Häme und Verachtung über die protodemokratischen Prozeduren und Instanzen herzogen. Insofern ist *Stollberg-Rilinger,* Einleitung, 17, zuzustimmen, die für einen hohen „Grad an Verfahrensautonomie" eine „geheime Mehrheitsabstimmung" voraussetzt, weil nur eine solche „von den verfahrensexternen Rangunterschieden der Beteiligten abstrahiert" und „die Beteiligten von Loyalitätsrücksichten" befreit. Immerhin stellten Abstimmungen, die mindestens formell zur Ermittlung von Mehrheitsverhältnissen abgehalten wurden, in der langen Dauer eine Errungenschaft auf dem beschwerlichen Weg zu politischer Partizipation in modern-demokratischem Sinn dar. Deshalb befasst sich dieser Aufsatz auch ausdrücklich nicht mit den stets monierten Verfahrensmängeln und -schwächen der Landsgemeindedemokratien wie beispielsweise dem fragwürdigen Handmehr oder organisierten Störungen zwecks Verhinderung verfahrenskonformer Entscheidungen.

9 Auseinandersetzungen um abstimmende Minderjährige scheinen an der Tagesordnung gewesen zu sein. Das musste auch der bereits zitierte Jacob Andermatt erfahren, als er im August 1641 an einer Gemeindeversammlung kandidierte, um als Gesandter seinen Ort Zug an der Tagsatzung der dreizehn Orte in Baden – dabei handelte es sich um die wichtigste politische Versammlung im politischen Jahr der alten Eidgenossenschaft – repräsentierten zu können. Die Missionen nach Baden waren in Politikerkreisen sehr begehrt, da auf den eidgenössischen Gesandtenkongressen besser als sonstwo persönliche Kontakte gepflegt und interessante Geschäftsbeziehungen aufgegleist werden konnten. Obwohl die Stimmenzähler parteiisch gewesen seien, bezwang Andermatt seinen Kontrahenten um eine Stimme mit 63 Stimmen. Allerdings wurden ihm nachträglich zwei Stimmen abgezogen. Einer seiner Wähler galt „in diesem jahr als er und werlos". Wie eine solche Person überhaupt in den Kreis der Wählenden gelangen konnte, wäre eine Frage für sich. Jedenfalls deutet diese Unregelmäßigkeit darauf hin, dass es die Gemeindebevölkerung mit der sozialen Ächtung Ehrloser nicht in jedem Fall genau gleich streng nahm. Die zweite Stimme, die Andermatt abgesprochen wurde, stammte von einem Minderjährigen. Der Unterlegene ließ nicht locker und konsultierte am nächsten Tag das Dorfbuch. Dort fand er unter den Wählern seines Opponenten seinerseits drei Minderjährige. Diese

ist berechtigt, an einem Verfahren teilzunehmen? Das individuelle Alter war in der frühen Neuzeit wie die Körpergröße eine weiche Variable. Entsprechend schwer gestaltete sich die Aufgabe der Stimmenzähler, die in dieser verworrenen Situation den Überblick behalten mussten. Jedesmal, wenn die von Zurlauben ernannten Stimmenzähler wegen des Alters einen aus der Anhängerschaft Sidlers aussondern wollten, setzte es ein Geschrei ab – und umgekehrt[10]. Schließlich wurde doch ein verbindliches Resultat ermittelt und Zurlauben vor versammelter Menge zum Sieger erklärt – mit einer Stimme Vorsprung! Dass im unübersichtlichen Bazar um die Frage der Stimmberechtigung schließlich doch Zurlauben obenaus schwang, könnte als Indiz dafür gelesen werden, dass sein Rückhalt im politischen Establishment eben doch größer war als jener, den sein Widersacher genoss. Zurlaubens ökonomische und politische Verflechtungen am Ort waren vielfältig und gut abgesichert. Sein geschichtsträchtiges Geschlecht genoss Kredit. Viele Leute dürften mindestens indirekt vom Goodwill des Magistraten abhängig gewesen sein. Jedenfalls schickte sich der unterlegene Konkurrent Sidler an, Zurlauben zum Sieg zu gratulieren.

Bis zu diesem Moment funktionierten die traditionell eingespielten Verfahrensweisen bestens. Legitimation durch Verfahren in Reinkultur! In Anlehnung an die von Michael Sikora auf Luhmannscher Folie formulierten Charakteristika vormoderner Verfahren fasse ich sieben Aspekte zusammen, die es rechtfertigen, den geschilderten Fall als mustergültiges Verfahren mit gleichsam idealtypischem Impetus zu deuten:

1. Alle Beteiligten waren bereit, sich auf das Verfahren einzulassen, obwohl der Ausgang der Wahl ungewiss, also „ergebnisoffen" war. Nach Michael Sikora sollte „nicht jede Einigung über unterschiedliche Interessen" schon „als Verfahren bezeichnet werden"[11]. Entscheidend sei vielmehr, ob im „Zuge des Verfahrens die Bereitschaft der Teilnehmer erzeugt und erkennbar wird, das Ergebnis schon im Vorhinein zu akzeptieren." Für die beschriebene Abstimmung per Handmehr kann vorausgesetzt werden, dass das Verfahren zwingend ein Ergebnis produzieren würde. Es ging für die Beteiligten also um mehr als bloß darum, an einem Ritual zu partizipieren[12].

Entdeckung rapportierte er umgehend auf dem Rathaus und verlangte von der Regierung sofortige Maßnahmen. Außerdem legte er bei seinem Widersacher und den Stimmenzählern Protest ein. Sie hätten ihm „das mer gnomen wider got und rächt." (*Müller,* Tagebuch, 17 f.). – Zur informellem Bedeutung der Tagsatzung vgl. *Schläppi,* Akteure, 9–16; *Würgler,* Die Tagsatzung der Eidgenossen.

10 Die Analogien zu den Problemen, die sich anlässlich der Wahl von George Bush in Florida stellten, sind verblüffend. Im Gegensatz zu Zug im 17. Jahrhundert konnte im Amerika des Jahres 2000 jedoch nie abschließend ermittelt werden, ob alle Wahlberechtigten bzw. die faktisch Wahlberechtigten ihre Stimme hatten abgeben können.

11 *Sikora,* Sinn des Verfahrens, 48.

2. Sikora setzt einerseits eine „generalisierte Bereitschaft zur Teilnahme“[13] am Verfahren voraus. Andererseits sei entscheidend, dass „Klarheit darüber hergestellt wird, wer tatsächlich unmittelbar am Verfahren teilnehmen darf“. Es bestand mehr als ein bloß „vages Einverständnis über den Teilnehmerkreis“. Vielmehr gab es „überprüfbare Merkmale zur Teilnahmeberechtigung“. Die Frage der Teilnahmeberechtigung stand im vorliegenden Fall also nicht bloß zur Diskussion. Sie konnte vielmehr mit den vom Verfahren vorgesehenen Instrumenten geklärt werden. Der Wahlbetrug durch unberechtigte Teilnehmer wurde aufgedeckt und in der Ermittlung des Endresultates berücksichtigt. Die Stimmberechtigten wurden während des Wahlverfahrens durch die Ummauerung des Landsgemeindeplatzes räumlich und visuell von der nichtprivilegierten Einwohnerschaft getrennt.

3. Das Verfahren war in doppeltem Sinn wiederholbar. Einerseits konnte es vor Ort spontan wiederholt werden, um plötzlich aufgetauchte Unklarheiten auszuräumen. Andererseits hatten Wahlen an Landsgemeinden schon zu Zeiten stattgefunden, die weit vor die persönliche Erinnerung der Beteiligten zurückreichten. Der abstrakte Begriff „Wiederholbarkeit“ war für die stark auf historisches Herkommen ausgerichteten Landsgemeindedemokratien gleichwertig mit Tradition – und deshalb Pflicht[14]. Repetitive Abläufe trugen wesentlich zur Legitimation des politischen Systems bei, indem sie von den Beteiligten als Indizien für die Wirksamkeit der Verfahren gelesen werden konnten. Stabilität, Vertrautes und (vordergründig) einfache Konfliktlösungen stärkten das Vertrauen in die politische Ordnung und deren Potential, Probleme zu meistern.

4. Durch die Ständeordnung gegebene Machtgefälle wurden durch die Zählbarkeit moderiert. Das Ergebnis entzog sich herrschaftlicher Intervention.

5. Die lokale Öffentlichkeit war einbezogen. Die entscheidenden Schritte der Prozedur fanden im öffentlichen Raum statt und wurden für alle Beteiligten sichtbar dargestellt. In Anlehnung an die Theoreme Luhmanns räumt Sikora der „Einbeziehung der Öffentlichkeit eine zentrale Rolle“ für die „Stiftung von Legitimität“ ein. Dies gelte „besonders für politische Verfahren speziell demokratischer Staaten, zu deren wesentlichen Aufgaben die

---

12 Vgl. *Luhmann,* Legitimation durch Verfahren, 28. – In den Kontext der Ergebnisoffenheit gehört auch die Kategorie „Konsens“ bzw. die Konsensfindung, welche nach *Stollberg-Rilinger,* Einleitung, 11, 18, 22, für Verfahren von höchster Bedeutung ist.

13 *Sikora,* Sinn des Verfahrens, 51.

14 Den Überlegungen von *Sikora,* Sinn des Verfahrens, 49, zufolge bezeugt Stabilität „die Akzeptanz der Teilnehmer“. Ferner werde diese Akzeptanz „dadurch vertieft, dass die sich verfestigende Form allen Teilnehmern bekannt ist. Je fester die Form, desto genauer wissen die Beteiligten, worauf sie sich einlassen, und desto deutlicher bringen sie generelle Akzeptanz zum Ausdruck.“

permanente Absicherung prinzipieller Unterstützung durch die Bürger zählt“[15].

6. Das Verfahren beinhaltete zeremonielle Gesten und Abläufe, die selbst nicht zum Fortgang oder zur Entscheidfindung im Verfahren beitrugen, die aber Sinnzusammenhänge und Rollenzuschreibungen symbolisch vergegenwärtigten, so beispielsweise der geordnete Aufmarsch der Magistraten[16].

7. Schließlich war Verfahrensautonomie gewährleistet, d. h. es mischten sich keine äußeren Mächte in das Verfahren ein, und auch kein lokaler Potentat konnte mit seiner Machtfülle den Ablauf des Verfahrens stören oder dieses gar ganz aushebeln[17]. Im Gegenteil wiesen die Verfahrensregeln allen Beteiligten je spezifische Rollen und Handlungsspielräume zu, die ihren Status zwar zum Ausruck brachten, diesen aber nicht zum ausschlaggebenden Moment der Entscheidung werden ließen[18].

So weit, so gut. Man gewinnt den Eindruck, dass in Zug weise Vorväter ein bestens austariertes Wahlverfahren kreiert und über Generationen so

15 *Sikora*, Sinn des Verfahrens, 33. – In Verbindung mit den eingangs geschilderten amerikanischen Verhältnissen verwundert es einigermaßen, dass just in Amerika die Öffentlichkeit keinen Einblick in die Details eines umstrittenen Verfahrens gewährt bekam und sich statt dessen vor einer Mauer der Intransparenz wiederfand.

16 Vgl. ebd., 41 f.

17 Vgl. ebd., 34 f. und *Stollberg-Rilinger*, Einleitung, 17, die sinnigerweise zu bedenken gibt, es „sei dahingestellt“, ob man im geschilderten Sinn autonome „Verfahren ‚modern‘ oder ‚vormodern‘ nennen möchte“, denn aus dieser Perspektive würde manche spätmittelalterliche Stadt moderner erscheinen, „als es etwa die Europäische Union heute ist“ (19). Stollberg-Rilinger hält fest, „gesetzte oder vereinbarte Regeln der Entscheidungsfindung“ müssten im Verfahren „Vorrang haben vor Einflüssen von außen“, damit das Verfahren steuern könne, „was es thematisiert und was nicht“ (17). Hier wird eine bemerkenswerte Parallele vormoderner Verfahren zu aktuellen Forschungen im Feld der „Common Pool Ressources“ deutlich. Für *Ostrom*, Die Verfassung der Allmende, jenseits von Staat und Markt, 259–261, ist lokale Autonomie unverzichtbar, wenn verfahrensbasierte Selbststeuerung korporativer Organisationen funktionieren soll.

18 *Schlögl*, Kommunikation und Vergesellschaftung unter Anwesenden, 192, weist darauf hin, dass „Verfahrensrollen“ in „Programmen klar definiert und von anderen Rollenzuweisungen innerhalb des größeren, über die jeweilige Interaktion hinausgehenden sozialen Zusammenhangs abgegrenzt“ werden. Die von *Sikora*, Sinn des Verfahrens, 46, formulierten Vorbehalte, „ob und in wie weit nicht die Interaktion der Beteiligten im Rahmen politischer Verfahren von ihren ständisch festgelegten Rollen und Hierarchien determiniert und also keine Autonomie aufgebaut“ werde, können im vorliegenden Fall zurückgestellt werden. In unserem Beispiel liegen die Akzente des Verfahrens weniger auf den ständisch unterschiedlich Privilegierten mit ihren virulenten Selbstbestimmungsansprüchen oder auf dem hierarchisierenden Mechanismus ständischer „Über- und Unterordnung“. Vielmehr ist aufgrund der „differenzierenden Quantifizierung“ eine „egalisierende Tendenz“ festzustellen. Und ob Verfahren in actu funktionieren, ist bekanntlich „nicht zwangsläufig von völliger Gleichheit abhängig“. Die Überlegungen bei *Brändle*, Demokratie, 91 weiterdenkend, bestand ein enger Konnex zwischen egalisierender Tendenz und den an politischen Versammlungen in der alten Eidgenossenschaft häufig vorkommenden Provokationen und Beschimpfungen der Herrschenden durch das Fußvolk. Ihm zufolge vergegenwärtigte das Landsgemeinderitual „den Mythos der ‚frummen, edlen puren‘, die sozial gleich gewesen seien“, und diese „Reminiszenz besaß soziale Sprengkraft“.

weit optimiert hatten, dass es selbst kritische Situationen meistern konnte[19]. Allerdings hatten die weisen Zuger unmöglich den ungestümen Sohn eines nicht weiter bekannten Nikolaus Hüsler in ihre Überlegungen einbeziehen können, der am 1. Mai 1650 just in dem Moment, als der unterlegene Sidler seinem Widersacher gerade die Hand reichen und gratulieren wollte, aufsprang, Sidler heftig zurück riss, ihn vom Gratulieren abhielt und auf diese Weise verhinderte, dass die Wahl symbolisch und dem Zeremoniell entsprechend bekräftigt und besiegelt wurde[20].

II. Der Wahltag, zweiter Teil, und die Folgen: Legitimation trotz Verfahren

Anstatt dass man sich, wie sonst nach erfolgter Gratulation, friedlich ins Rathaus verfügte und dort auf Kosten des frisch gekürten Ammanns gemeinsam das sog. „Ammannmahl" verzehrte, brach jetzt ein Tumult los und löste eine mehrtägige Kettenreaktion aus[21]. Empörte Elemente des Elekto-

---

19 Nach *Sikora,* Sinn des Verfahrens, 49, „stellen schriftlich fixierte, womöglich rechtlich sanktionierte Verfahrensregeln einen klaren Hinweis" auf die Verbindlichkeit von Verfahren dar. Es muss aber bedacht werden, „dass auch weniger eindeutig festgelegte Entscheidungsabläufe Verfahrensqualität annehmen können". In diesem Sinn kann auch eingespielten Traditionen aufgrund guter Gewohnheit, ritueller Routine und empirisch wiederholt belegter Funktionstauglichkeit Verfahrenscharakter zuwachsen. Auf die Gewachsenheit von Verfahren spricht *Frefel,* Gemeindeversammlungen, 197 an, indem er feststellt, dass in bernischen Gemeinden eine „für heutige Verhältnisse ungewohnte Verfahrensvielfalt mit Willens- und Zufallsentscheidungen angewendet" wurde. Grundsätzlich bezweckten die in den Versammlungen angewandten Verfahren, „die für die Gemeinde besten Entscheide zu generieren". Dieses Bestreben manifestierte sich beispielsweise in Form stetiger Modifikationen der Wahlabläufe. Die Offenheit für Regelanpassungen an aktuelle Erfordernisse ist auch nach *Schläppi,* Staatswesen, 184, von höchster Bedeutung für den langfristigen Erfolg verfahrensgesteuerter Selbstverwaltung. *Schlögl,* Kommunikation, 193, weist darauf hin, dass Verfahren „über reflexive Elemente" verfügen, d. h. einzelne Verfahrensschritte können im Verlauf modifiziert werden. Anpassungen sind dann aber wieder verfahrensmäßig abzusichern, beispielsweise „durch Anträge zur Geschäftsordnung". Entsprechend handeln schon Kinder, wenn sie die Regeln eines Spieles mitten im Spiel ändern. Bei solchen Vorgehensweisen ist allen Beteiligten intuitiv klar, dass Konsens über die neuen Regeln bestehen muss und alle Mitspieler die Modifikationen überhaupt kennen müssen. In diesem Sinn wurde auch in Zug das Verfahren aufgrund zwischenzeitlichen Scheiterns „in progress" angepasst.

20 Nach *Stollberg-Rilinger,* Einleitung, 14, 16, sind symbolisch-expressive Mittel und Gesten deshalb bedeutend, weil sie Anfang und Ende, den zeitlichen Ablauf sowie die räumlichen Qualitäten von Verfahren visualisierten und markieren. Außerdem tragen sie dazu bei, „die Beteiligten in das Verfahren hineinzuverwickeln und auf ihre Verfahrensrollen zu verpflichten, so dass sie die Verfahrensnormen symbolisch mittragen". Wer an einem Verfahren partizipiert hat, kann sich aufgrund der geleisteten symbolischen Handlungen dem Ergebnis des Verfahrens kaum entziehen, auch wenn es den eigenen Interessen widerspricht.

21 Nach *Schlögl,* Kommunikation, 195, waren „Entscheidung strittiger Fragen nach der Mehrheitsregel" in der vormodernen „Vergesellschaftung unter Anwesenden nicht selbstverständlich". In der anlässlich der Tagung in Münster stattgefunde-

rats stürmten auf die Magistraten los, die sich gerade noch rechtzeitig ins Gasthaus „Löwen“ verziehen konnten, während das Fußvolk beider Parteien anfing, sich mit Scheiten und Stuhlbeinen kräftig zu prügeln, und auf diese Weise einerseits angestaute Energie abließ, andererseits aber auch das politische System in eine Krise stürzte[22]. Erst der Auftritt des Dekans und Stadtpfarrers Oswald Schön im Verbund mit der gesamten Stadtgeistlichkeit vermochte die völlig aus dem Ruder gelaufene Situation zu beruhigen. Pfarrhelfer Wikart notierte konsterniert: *hie mit hed man an dem tag kein aman uber komen.*

Die in den „Löwen“ geflüchteten Magistraten hatten in der Zwischenzeit für den nächsten Morgen eine außerordentliche Ratssitzung anberaumt. Zu dieser Versammlung kamen dann allerdings zahlreiche Parteigänger des

---

nen Diskussion hat Karl Härter darauf hingewiesen, dass ein streng gefasstes Mehrheitsprinzip, d. h. die Auszählung auf die Stimme genau einer frühneuzeitlichen Vorstellung von Mehrheiten zuwiderlaufen musste (vgl. dazu auch *Frefel,* Gemeindeversammlungen, 197). Eine Wahl mit nur einer Stimme Vorsprung für sich zu beanspruchen, habe grundlegende Auffassungen über Funktionieren und Legitimation von Politik verletzt, was die Heftigkeit und die eruptive Entladung des latenten Unwillens zu einem guten Teil erkläre. In der Tat waren (und sind) so knappe Entscheidungen für das demokratische Empfinden eine Provokation. Allerdings lässt das geschilderte Ereignis den impliziten Willen erkennen, im Verfahren ein verbindliches Resultat zu ermitteln. Das Stimmvolk war bei den richtungweisenden Weichenstellungen im Verfahren anwesend und hätte seine Missbilligung einer exakten quantitativen Auswertung mehrfach artikulieren können, so diese denn vorhanden gewesen wäre. Auch der oben beschriebene zweite Fall weist in die gleiche Richtung (vgl. Anm. 9).

22 Latente Gewaltbereitschaft scheint zum fixen Repertoire politischer Ausdrucksformen in den schweizerischen Landsgemeindeorten gehört zu haben. Nach *Brändle,* Demokratie, 93, 320 f., sollte die Spontaneität gewalttätiger Ausschreitungen aber nicht überschätzt werden. Viele derartige Aktionen wurden vorgängig geplant und liefen nach Drehbuch ab. Dies kommt u. a. darin zum Ausdruck, dass das Stimmvolk an sog. „unruhigen“ Landsgemeinden, sprich: Versammlungen mit vorprogrammierten Konflikten, mit Knüppeln, auch „Stecken“ oder „Prügel“ genannt, anmarschierte. Die bäuerliche Drohwaffe diente primär dazu, die eigene Entschlossenheit an die Adresse der Gegenpartei zu visualisieren. Zu ernsthaften Verletzungen kam es jedoch selten. Degen oder Seitengewehr, die beim Gang an die Landsgemeinde ebenfalls nicht fehlen durften, kamen nicht zum Einsatz. Krawallartige Intermezzi und ritualisierte Drohgebärden in Volksversammlungen drückten aber weniger grundsätzliche Kritik an den angestammten Verfahren als vielmehr grundsätzliches Misstrauen gegenüber den Eliten bzw. die Missbilligung von Politikern aus, die der Amtsanmaßung bzw. des -missbrauchs verdächtigt wurden. Es ging darum, den herrschaftlichen Vorrang der Magistratspersonen kurzzeitig auszusetzen. Die momentane Störung von Verfahren war dazu ideal geeignet, wurde damit doch das wichtigste Instrument in der ansonsten akzeptierten Herrschaftsmechanik außer Kraft gesetzt. Vergleichbar effektvoll war die Besetzung der Stätten, wo wichtige Verfahren üblicherweise abgewickelt wurden, so beispielsweise Rathäuser oder Rathausvorplätze. Die symbolische Gewalt kippte aber nie in physische Vernichtung. In kleingliedrigen Face-to-Face-Gesellschaften waren Mord und Totschlag ungeeignet, um langfristig politische Interessen durchzusetzen. Zu komplex und vielschichtig waren die klientelären Verwicklungen, verwandtschaftlichen Verbindungen und ökonomischen Interaktionen zwischen Eliten und einfacher Bevölkerung, als dass der kurzfristige Triumph die langfristigen Auswirkungen der kriegerischen Systemdestabilisierung hätte aufwiegen können.

unterlegenen Sidler. Unter ihnen fielen namentlich Christian Itens zahlreiche und kräftig gebaute Söhne auf. Außerdem erschien ein Weibel mit Schutzwache, um im Namen etlicher Enttäuschter vor dem Rat zu protestieren und zu erklären, sie würden nur Sidler als Ammann akzeptieren. Dieser Aufzug hinterließ die Ratsherren gleichermaßen verschüchtert wie ratlos, so dass sie keine Entscheidung fällten und diese auf ihre nächste reguläre Versammlung am folgenden Mittwoch vertagten[23].

Ratssitzungen waren in Zug für das Publikum öffentlich. In der Regel gab es aber kaum Zuschauer. Doch diesmal erschienen 200 bis 300 Männer, mehrheitlich Anhänger Sidlers[24]. Mit der Eloquenz des geschulten Rhetorikers und Diplomaten verteidigte Zurlauben seinen Anspruch als Erster. Nachdem sich Sidler mit seinen Getreuen beratschlagt hatte, replizierte in seinem Namen der redegewandte Landvogt Kreuel auf Zurlauben[25]. Daraufhin wurde Zurlauben von der Menge heftig beschimpft, und das aufgebrachte Wahlvolk wäre gegen ihn beinahe handgreiflich verfahren, wenn nicht eine Reihe angesehener Männer den geknickten Magistraten persönlich aus dem Ratssaal begleitet hätten.

Nach Zurlaubens Abgang bildete der Rat einen Ausschuss, der Zurlauben zum Verzicht überreden sollte. Der Ausschuss beschloss einstimmig, wegen der vorgefallenen *Ungelägenheiten* sollten kein *Hass, Grollen und Widerwillen* entstehen, damit *Wolstandt und Wolfartt des geliebten Vatterlands* nicht gefährdet würden. Deshalb müsse Zurlauben *um des Vaterlands friedliebenden Einigkeit* willen – Gore lässt grüßen – seinem Gegner die Ammannschaft zugestehen und sich mit ihm versöhnen. Zurlauben zeigte sich als fairer Sieger, überließ Sidler – in den Worten Pfarrhelfer Wickarts – *um des Friedens willen* das bessere Ende und zog sich zurück. Immerhin verlangte er von seinem Widersacher noch eine schriftliche Bestätigung dafür,

23 Das Ratsprotokoll schweigt sich über die in der fraglichen Versammlung geführten Verhandlungen aus. Auch zur ausgearteten Landsgemeinde fehlen Einträge. Zwar hatte ein routinierter Schreiber zwei Seiten frei gelassen, was den durch das unterbrochene Verfahren ausgelösten Schwebezustand wunderbar zum Ausdruck bringt. Aber leider wurde der weitere Verlauf in der Entscheidungssuche nie notiert, wohl eine Folge der allgemein herrschenden Verwirrung vor dem Hintergrund eines Fundamentalversagens im laufenden Verfahren. Die Lücke im Protokoll verweist auf die Anregung bei *Sikora,* Sinn des Verfahrens, 50, wonach in der historischen Analyse darauf zu achten sei, „inwieweit der Gang der Ereignisse schriftlichen Niederschlag findet". Je enger „solche Einbindungen gezogen werden, desto nachhaltiger legen sich die Teilnehmer schon unabhängig vom Endergebnis fest und umso deutlicher schält sich ein Verfahren im Unterschied zu einer bloßen Aushandlung heraus". Die leeren Blätter sind der beste Beleg dafür, wie unerwartet das herrschaftliche Vakuum für die beteiligten Zeitgenossen kam.

24 Zu Problemen mit der physischen Präsenz renitenter Teile des „Souveräns" in Ratsversammlungen vgl. Abschnitt 2.3.1 in *Schläppi,* Reziprozität und sanfte Regulierung.

25 In seinem Tagebuch bezeichnete Pfarrer Jakob Billeter (1630–1712) von Oberägeri besagten Kreuel als *so gelehrten und wohlberedten Herrn,* wie *die Eidgenossen seinesgleichen nicht viele haben* (zit. nach: Ammannswahl, 15).

dass dieser nie zu seinem, Zurlaubens, persönlichen Schaden politisieren dürfe[26].

Die Bilanz des zweiten Aktes müsste lauten: Ein ziemlich verfahrenes Verfahren – Legitimation *trotz* Verfahren.

III. Legitimation ohne Verfahren – mögliche Erklärungen

Die eingespielten Mechanismen hatten angesichts der durch die Ereignisse aufgeladenen Stimmung am Ort offensichtlich versagt. Die bald latente, bald virulente Gewaltbereitschaft einiger Rabauken und Hitzköpfe einerseits und das Fehlen eines schlagkräftigen Repressionsapparates andererseits führten dazu, dass sich der anhand eines seit Generationen bestens funktionierenden Verfahrens gefällte Entscheid realiter nicht durchsetzen ließ[27]. Von pragmatischen Überlegungen geleitet, beugten sich die verant-

---

26 Mit den Zugeständnissen, die Zurlauben seinem Widersacher für die überlassene Wahl abverlangte, entstanden aus dem gescheiterten Verfahren heraus implizite neue Regeln für die Zukunft. Dass Sidler auf diesen Tauschhandel von politischer Loyalität gegen ein geschenktes Amt einging, belegt die grundsätzliche Akzeptanz des Verfahrens selbst in der außerordentlichen Situation des Scheiterns. Hätte Sidler von der Idee her nicht voll und ganz hinter dem formalen Wahlmodus gestanden, aus dem er trotz einer Stimme Rückstand als Sieger hervorgegangen war, hätte er Zurlaubens Forderungen bedenkenlos in den Wind schlagen können und nicht darauf eingehen müssen. Die nun geleisteten Garantien können indes als Gegengeschäft gelten, mit dem sich der siegreiche Putschist zwangsläufig einverstanden zu erklären hatte. Ein unrechtmäßig errungener Wahlerfolg machte der kollektiven Logik zufolge Konzessionen an die betrogene Gegenpartei fällig. Die Sieger leisteten mit ihren Eingeständnissen demokratische Abbitte. Durch die Rückkehr in eine für Kompromisse offene Tonalität wurden die aufgrund einmaliger Dysfunktionalität ihrer realpolitischen Bedeutung vorübergehend beraubten Verfahren für künftige Entscheidungen rehabilitiert und mit neuer Bedeutung ausgestattet. Eine über Generationen verfestigte Verfahrenskultur für kurzfristige Ziele über Bord zu werfen, wäre selbst im Hoch des Triumphs unvernünftig und kurzsichtig. Hingegen empfahl sich, den Verlierer und seinen Anhang in die eigene Machtmechanik einzubinden. So ließ sich etwas von der Legitimität kompensieren, die den Siegern aufgrund des von ihnen unterlaufenen Verfahrens fehlte. Ohne Kompromissbereitschaft riskierte man, bei nächster Gelegenheit mit den gleichen Waffen geschlagen zu werden. Gesprächsbereitschaft vis à vis der Führerfiguren der Gegenseite war die eine Seite. Das hinderte Sidler jedoch nicht daran, als Ammann gegen die unteren Chargen von Zurlaubens Gefolgschaft zu intrigieren. In Acta Helvetica, 97 / 109A, Notizen von Beat II Zurlauben im Zusammenhang mit der umstrittenen Wahl Georg Sidlers als Zuger Ammann ist von einem *Osli Heinrich uff Schneidt* die Rede, der *uff myner Sytten* gewesen sei. Nun sei der *guet Osli* wegen *fridtbruchs* angeklagt und solle 20 Pfund Buße zahlen. Auch *us Raach* sei *der Caspar umb 80 lb. buoss und bis Meyen des Raaths Entsezt. Ehrlos und wehrlos gemacht worden,* weil *das Meer* doch *nur umb ein Hand* gewesen sei. In seinem gewohnt lakonischen Stil stellte sich Zurlauben die rhetorische Frage: *Hat der Amman ein sonderbaaren Hass zuo Jm diewyl er den Verlauff der Landtsgmeindz uff Papyr gesezt?*

27 Die theatralische Wirkung von Massenaufmärschen darf nicht unterschätzt werden. Die Gruppendynamik, welche die aufgebrachte Menge zu wiederholten Malen zusammenlaufen ließ, schüchterte die Mächtigen offensichtlich ein. Gegen entschlossene physische Präsenz war sichtlich kein Kraut gewachsen. Erstaunlich

wortlichen Kreise und Gremien dem Druck der Straße und verstießen damit aber gegen die Grundprinzipien demokratisch und verfahrenskonform legitimierter Herrschaft[28].

Geht es in Verfahren, wie es Barbara Stollberg-Rilinger formuliert hat, um die „Herstellung kollektiver Handlungsfähigkeit"[29], so war dieser Zweck mit der Ernennung Sidlers ja durchaus erreicht. Nach dem Rückzug Zurlaubens kehrten Ruhe und Ordnung wieder ein, und die Dinge nahmen in Zug wieder ihren gewohnten Lauf. Aber warum stand Sidlers Macht nicht auf tönernen Füßen? Warum kam es nicht zu wochenlangen Anfeindungen und Schlägereien, zum Bürgerkrieg? Warum unterwarfen sich die Sieger des Verfahrens widerspruchslos dem abwegigen Verdikt, obwohl man annehmen kann, dass das allgemeine Befinden der Zuger Öffentlichkeit in den Wochen nach der Wahl noch getrübt und spannungsgeladen gewesen sein muss[30]?

Es erstaunt und ist meiner persönlichen Einschätzung zufolge erklärungsbedürftig, dass im archaischen Zuger Kleinstadtmilieu so leicht geregelte Zustände wiederhergestellt werden konnten. Dass es bei der ganzen Geschichte primär darum gegangen sei, aus purer volkstümlicher Aversion einem ebenso kultivierten wie bornierten Aristokraten eine Lektion zu erteilen, wie die ältere Forschung das Ereignis kommentierte, überzeugt nicht. Zu verwickelt waren am Platz die Verwandtschaften und die klientelären Verquickungen. Immerhin konnte es bei nächster Gelegenheit negative Folgen haben, einen aristokratischen Magistraten öffentlich gedemütigt zu haben[31].

---

daran war, dass die Ereignisse sich eigendynamisch zu entwickeln schienen, obwohl sich doch der Führer der unterlegenen Partei von sich aus dem Verdikt des Plebiszits unterzogen hätte.

28 Nach *Stollberg-Rilinger*, Einleitung, 13 f., legten vormoderne Verfahrensordnungen „allgemein und unspezifisch die äußeren Formen des Handelns fest, die Rechtmäßigkeit stiften". Rechtmäßig war demnach, „was einer geregelten Form gehorcht, rechtmäßige Entscheidungen sind solche, die in geregelter Form zustande gekommen sind". Das impliziert, dass Entscheidungen verbindlich akzeptiert und durchsetzbar wurden, wenn sie diese Anforderung erfüllen. An diesen Kriterien gemessen, war der Ausweg, den die Zuger Honoratioren aus dem Schlamassel fanden, nicht rechtmäßig.

29 Ebd., 14.

30 So ganz scheinen die politischen Eliten der eingekehrten Ruhe nicht getraut zu haben. Sie verzichteten nämlich auf übliche öffentliche Eidesleistung des frisch gewählten Ammanns im Rahmen von Gemeindeversammlungen. Statt dessen wurde zuhanden des Stimmvolks formell mitgeteilt, Sidler habe den Amtseid regulär geschworen. Wollten es die Verantwortlichen nicht auf eine neuerliche Konfrontation ankommen lassen und ließen deshalb den üblichen zeremoniellen Abschluss des Verfahrens fallen (vgl. Ammannswahl, 16)?

31 Zum Stellenwert des Klientelismus in der älteren Schweizergeschichte vgl. den programmatischen Aufsatz von *Pfister*, Politischer Klientelismus in der frühneuzeitlichen Schweiz, 28–68 sowie jüngeren Datums *Windler*, „Ohne Geld keine Schweizer".

Nach meinem Dafürhalten bieten sich die folgenden alternativen Erklärungen an:

1. Man kann im Versagen des Verfahrens einen einzigartigen Unfall, eine Panne, das Produkt einer ungeheuerlichen aber einmaligen Regelverletzung sehen. Die Ausnahme würde dann gewissermaßen die Regel bestätigen. Es brauchte die eigendynamische Dramatik der extremen Ereignisse am Wahltag in Verbindung mit dem Moment einer kaum kontrollierbaren Masse, damit sich die aufgestaute emotionale Energie dermaßen explosionsartig und physisch entladen und ein bewährtes Verfahren in actu dekonstruiert werden konnte. Und es liegt auf der Hand, dass die Magistraten von der gewalttätigen Eruption des Fußvolks traumatisiert waren und weitere Ereignisse dieser Art unbedingt verhindern wollten, weshalb sie eine unfaire, aber schnelle Lösung gar keiner vorzogen. Dass die Verantwortlichen trotz gescheitertem Verfahren zu einem Ergebnis gelangten, könnte in dieser Logik als Beleg für die Stabilität des politischen Systems gelesen werden.

2. An Demokratie gewohnte Gesellschaften können das Sinn- und Legitimationsvakuum, das durch ein nicht entschiedenes oder ostentativ verletztes Verfahren entsteht, nur kurzfristig ertragen, sagt dieser Zustand doch aus, dass die verfügbaren Verfahren als Grundfesten von Politik und Zusammenleben den realen Anforderungen nicht standhalten. Kehren nicht schnell genug wieder geordnete Verhältnisse ein, droht die Erosion des fundamentalen Konsenses darüber, dass grundlegende politische Entscheide über Verfahren legitimiert werden müssen, und damit der Systemkollaps. Weil überdies die Machtverhältnisse unbedingt zu klären sind, kehren über Verfahren regulierte Gesellschaften lieber schnellstmöglich in einen politischen Alltag zurück und reden nicht mehr über das durchlebte Debakel, bevor einem usurpatorischen Willkürregime genug Zeit gelassen wird, die Weichen neu zu stellen. Wir hätten es dann mit Krisenmanagement in extremis zu tun[32].

---

[32] In diesem Sinn müssen auch die eingangs geschilderten Ereignisse interpretiert werden, die im Jahr 2000 in Amerika stattgefunden haben. Al Gore zog sich gewissermaßen aus Gründen der Staatsräson zurück, nachdem er die ihm unmittelbar zur Verfügung stehenden Rechtsmittel ergebnislos angewendet hatte. Ein längeres Interregnum bis alle Rekurskanäle ausgeschöpft gewesen wären, hätte dem amerikanischen System wohl nachhaltiger geschadet als ein nur halb legitimierter Präsident. – Unter gewissen Vorzeichen sind geordnete Verhältnisse einfach wichtiger als die rechtmäßige Einhaltung vorgeschriebener Verfahrensregeln. So erlebte Zug im Jahr 1668 schon wieder ein Wahlverfahren mit unklaren Mehrheiten. Damals gratulierte der Statthalter dem vermeintlichen Sieger noch bevor das Wahlergebnis sauber ermittelt worden war. Obwohl den vorliegenden Aufzeichnungen zufolge zahlreiche Anwesende hätten bezeugen können, dass die Wahl irregulär verlaufen war, wurde das Verfahren vor Ort nicht neu aufgerollt. Das durch die Gratulationsgeste besiegelte Ergebnis wurde formell nicht in Frage gestellt. Möglicherweise hatten die tonangebenden Zuger Geschlechter und mit ihnen die Zurlauben aus den Ereignissen von 1650 gelernt und begriffen, dass ein ausgesetztes Verfahren ihre Position stärker bedrohte, als widerrechtlich um ein Amt betrogen worden zu sein. Die nächste Chance

3. Möglicherweise war es für Zurlauben gar nicht entscheidend, auf der Siegerseite zu stehen. Er war in unterschiedlichen Kontexten so gut vernetzt, dass er seine eigenen Interessen und jene seiner Entourage auch wahren konnte, ohne den Ammannposten inne zu haben[33]. Zwei Wochen vor der Wahl teilte er seinem langjährigen Weggefährten und Freund Wolf Dietrich Reding (1593 – 1687) aus Schwyz mit, er wünsche ihm von Herzen, dass er in seinem Kanton zum Ammann gewählt werde, denn dieses Amt sei in Schwyz viel wichtiger als in Zug. *Pour moy,* so Zurlauben weiter, *ayant deja faict le tour de 3 ans par deux foys, J'aymerois mieux estre en repos.* Nachdem er das Amt schon zweimal ausgeübt habe, würde er sich eigentlich lieber zur Ruhe setzen.

Doch warum steckten auch seine Parteigänger die Niederlage ohne Protest weg? Für Zurlaubens Getreue waren die entscheidenden Momente der Ammannwahl wahrscheinlich schon vor dem Wahltag über die Bühne gegangen. Sie hatten schon vor der Wahl Geld und Güter empfangen und waren bereits auf ihre Kosten gekommen, so die Kernthese dieses Beitrags. Materieller Nutzen war für sie unabhängig davon garantiert, ob ihr Parteiführer die Wahl tatsächlich gewann, denn geschmiert wurde von beiden Seiten.

Es mag seltsam anmuten, aber das geschilderte Beispiel legt den Schluss nahe, dass in stabilen Demokratien das Mitmachen einfach wichtiger war als das Gewinnen. Doch wie wurde unter diesen Umständen das politische System legitimiert? Um diese Frage für den vorliegenden Fall zu beantworten, muss der Begriff des „Verfahrens" methodisch geweitet werden. In der Tat dürften unter legitimatorischen Gesichtspunkten die Ereignisse vor der eigentlichen Wahl von eminenter Bedeutung gewesen sein.

IV. Informell-materieller Untergrund trägt Verfahren

Michael Sikora hat darauf hingewiesen, der Einfluss von politischen Akteuren komme darin zum Ausdruck, „mit welchem Nachdruck und Aufwand die Protagonisten im Vorfeld die Sicherung einer allein die Entscheidung legitimierenden Mehrheit betreiben"[34]. Vergegenwärtigt man sich die Unwägbarkeiten, welche sich in durch Handmehr zu entscheidenden Wahlen ergeben können, mussten die Kandidaten im Zuger Beispiel erheblichen Aufwand betreiben, um ihre Wahlchancen zu optimieren.

---

zur Wahl in einen einträglichen Posten würde bestimmt kommen (vgl. Acta Helvetica, 110/74FF).

33 Acta Helvetica, 48/160, 16. April 1650, Beat II Zurlauben an Wolf Dietrich Reding. – Zum Undank und zu den Widerständen, die man sich als unbeliebter Politiker einhandeln konnte, vgl. Abschnitt 3 in *Schläppi,* Reziprozität.

34 *Sikora,* Sinn des Verfahrens, 50.

In der Tat investierten die politischen Häupter in der alten Eidgenossenschaft beträchtliche ökonomische und soziale Ressourcen in ihre Ämterlaufbahnen. Anhand minutiöser Aufzeichnungen von Beat II Zurlauben und zahlreicher Wirterechnungen kann im Fall der Zuger Ammannwahl 1650 bis in kleinste Details rekonstruiert werden, wie er und sein Opponent bereits mehrere Monate vor der Wahl einen intensiven und kostspieligen Wahlkampf begannen[35]. Bei unzähligen Gelegenheiten wurden Leute zum Essen eingeladen oder mit nützlichen Alltagsgegenständen und Geld beschenkt[36].

Die traditionelle schweizerische Frühneuzeitforschung hat schon lange auf das Phänomen des „Ämterkaufs" hingewiesen und darin einen Verstoß gegen demokratische Prinzipien gesehen[37]. Die besagten Techniken monetär motivierter Meinungsbildung, des Einsatzes materieller Ressourcen im Umgang mit dem Elektorat wurden notorisch als „Korruption" bezeichnet und entsprechend kritisch bewertet. Gleichzeitig wurden aber beispielsweise negativ besetzte Quellenbegriffe wie *„Trölen"* und *„Praktizieren"* selbstverständlich zur Analyse und zum Kommentieren von Ressourcentransfers verwendet. Die Termini stammen aber aus dem zeitgenössischen normativen Diskurs und können dazu verleiten, ein modernes Verständnis von Rechtsstaatlichkeit und institutioneller Unabhängigkeit zum Maßstab von Bestechlichkeit zu machen, wenn sie unhinterfragt in die Wissenschaftssprache übergehen. Wertend-negativ kontextualisiert, wird die Bedeutung des Austauschs von materiellen Gütern und ökonomischen Werten für die politische Kultur der alten Eidgenossenschaft aber missverstanden.

In neueren Forschungsansätzen manifestiert sich vermehrt ein „antiessentialistischer Konsens"[38] darüber, dass „Korruption" nicht als „feste Ei-

---

35 Nach *Sikora,* Sinn des Verfahrens, 34, sind als Verfahren nicht nur „die vorgegebenen Normen des Ablaufs zu verstehen". Viel allgemeiner müssen „alle dem System ‚Verfahren' zuschreibbaren Handlungen, also etwa auch alle jenseits oder vielleicht sogar im Widerspruch zu den Normen stehenden Absprachen, Aushandlungen, Beratungen" in die Überlegungen einbezogen werden. Aus heuristischer Perspektive bedeutet dies, dass „die wesentlichen Verständigungen" in Verfahren „außerhalb des geregelten Ablaufs stattfinden" können und deshalb „nicht minder zu einem Entscheidungsprozess" gehören (50).

36 Interessante Aufschlüsse auf Ressourcentransfers in den Wochen vor der Wahl finden sich beispielsweise in Acta Helvetica, 48/160, 67/87D, 73/95N, 74/121, 74/108, 93/73, 98/19, 98/20B, 98/20C, 98/20E, 98/20F, 98/30, 98/43, 98/164, 98/164A, 98/164B, 98/176. – Aus heutiger Optik wird der Stellenwert, den Einladungen zum Essen oder die Schenkung von Gebrauchsgegenständen in der historischen Realität hatten, gerne unterschätzt. *Meyer von Schauensee,* Anrede an die helvetische Gesellschaft (1796), 47, beklagte in seiner Kritik am für das Vaterland so schädlichen Solddienst, dass „Leute, die mit Noth und Elend rangen" schon vom bloßen Anblick einer „mit Speis und Trank übersetzten Tafel" oder von etwas Geld dazu verleitet wurden, sich per Unterschrift auf Jahre für die fremden Dienste zu verpflichten.

37 Vgl. zuletzt *Groebner,* Gefährliche Geschenke; *Landolt,* Trölen und Praktizieren im Alten Land Schwyz.

genschaft bestimmter Verhaltensweisen aufzufassen sei, sondern als variable Zuschreibungskategorie der sie begleitenden und die politische Kommunikation prägenden Deutungsmuster und diskursiven Praktiken betrachtet werden müsse". Damit rücken Fragen hinsichtlich „sozial eingebetteter Werteordnungen und der Konstruktion von Devianz" ins Zentrum des Interesses. Trotz vermehrtem Aufkommen einer reflektierten historischen Perspektive ist sich die Forschung nicht einig, ob „ein am modernen Begriffsverständnis orientiertes Analysekonzept (z. B. Vorteilsnahme und -gewährung, Bestechung, Amtsmissbrauch) notwendig sei, um den engeren Gegenstandsbereich einer historischen Korruptionsforschung zu profilieren und von wichtigen Kontextphänomenen wie Patronagebeziehungen, Gabentausch, allgemeiner Herrschaftskritik oder theologisch-moralischen Verfallsvorstellungen abzugrenzen".

Ich selber bezweifele, ob die moralisierend-wertende Sichtweise den beobachtbaren Sachverhalten gerecht wird. Möglicherweise verstellt sie sogar den Blick auf wesentliche Aspekte des Transfers von Geld und Gütern im Kontext politischer Operationen, denn folgende Sachverhalte sind unbedingt zu bedenken:

1. Ressourcentransfer fand bei Wahlen selbst dann statt, wenn sie gar nicht umstritten waren. In einigen Orten wurden sog. „Auflagen" oder „Promotionsgelder" fixiert. D. h. die „Korruption" oder besser: das Entgelt, welches ein Gewählter für sein Amt zu leisten hatte, wurde rechtlich fixiert, was die Fragwürdigkeit des Begriffs hinreichend dokumentiert.

2. Über Jahrhunderte wurde von obrigkeitlicher Seite erfolglos versucht, die besagten Praktiken zu unterbinden[39]. Entsprechende Mandate bzw. deren Erneuerungen, Modifikationen und Verschärfungen sind zahlreich. Während aber Wahlbetrug wiederkehrend vermutet und eingeklagt wurde, kam es nur zu wenigen Prozessen und nur ausnahmsweise zu Schuldsprüchen, und noch seltener wurden verhängte Urteile auch tatsächlich vollzogen. Aus der verbreiteten Straferlasspraxis ist zu schließen, dass der normative Diskurs weniger eine moralische Läuterung der Politik als vielmehr die Verminderung und Limitierung der materiellen Investitionen bezweckte, die potentielle Amtspersonen für ihre Ämterkarrieren aufbringen mussten. Für gewisse Ämter verschuldeten sich die Kandidaten nämlich so stark, dass sie ihre Auslagen mit den aus den Ämtern generierten Einnahmen niemals amortisieren konnten[40].

---

38 Vgl. den Bericht der vom 22.-24. Februar 2008 in Bielefeld stattgefundenen Tagung zum Thema „Politische Korruption in historischer Perspektive" unter: www.uni-bielefeld.de/ZIF/AG/2008/02-20-Slanicka.html.

39 Exemplarisch dazu die Zusammenstellung von nur im Kanton Schwyz erlassenen Mandaten bei *Landolt,* Trölen und Praktizieren im Alten Land Schwyz, 219-284.

3. Viele Speisungen fanden an öffentlichen Orten, beispielsweise im Rathaus oder in bekannten Wirtshäusern statt. Diese Formen von Politik wurden also nicht subkutan betrieben. Vielmehr sollten sie von Außenstehenden unbedingt wahrgenommen werden. Nur so erlangten die Gaben rituell-affirmative Qualität. Und diese Eigenschaft war unabdingbar, denn großzügige Geschenke entfalteten ihre politische Wirkung erst dann, wenn ein möglichst großer Kreis davon wusste. Von Bestechung ist aber sinnvollerweise dann die Rede, wenn Schmiergelder im Verborgenen bezahlt werden und die entsprechenden Praktiken ausschließlich den unmittelbaren Eigeninteressen der involvierten Personen nützen[41].

4. Liest man sich quer durch die Notizen von Beat II Zurlauben, fällt auf, dass sehr viele Leute in Genuss von direkten und indirekten Zuwendungen kamen. Es ist davon auszugehen, dass sich grundsätzlich jeder Landmann einmal oder mehrmals an einen Tisch setzen und auf Kosten der Magistraten verköstigen lassen durfte. Die moderne Sicht, die derartigen Ressourcentransfer als Korruption brandmarkt, verkennt das legitimatorische Potential, das solchem Ressourcentransfer innewohnte. Dabei haben die Historiker vergessen, dass die Zeitgenossen die angesprochenen Verhaltensformen ganz selbstverständlich und unbefangen praktizierten und darin nichts Unterschwelliges oder Verwerfliches erkennen konnten. Vieles scheint dabei auf Zufall und der Gunst des Moments beruht und sich den Machtintentionen der Herrschenden entzogen zu haben.

5. Stellt man sich die unzähligen im Vorfeld der Wahlen stattgefundenen Kontakte, Begegnungen, Überredungsversuche, Tauschhandlungen, Loyalitätssignale etc. konkret vor, offenbart dieses Treiben eine immanente Ordnung. Die schiere Menge und Unübersichtlichkeit der Vorgänge, die dank Zurlaubens Notizen Schriftlichkeit erlangte, sollten nicht mit Unordnung

---

40 Die Problematik wird deutlich am Emporkömmling Franz Anton Josef Sutter (1720–1784), der mit der Forderung nach Transparenz in der Politik erfolgreich die herrschenden Geschlechter des Kantons Appenzell wegputschte. Ursprünglich Wirt, wurde er von den finanziellen Lasten, die ihm aus den per Staatsstreich erlangten Ämtern erwuchsen, in eine ruinöse Schuldenwirtschaft getrieben (vgl. *Brändle,* Demokratie, 328).

41 Vgl. dazu den Hinweis von *Groebner,* Geschenke, 251 f., 262 f. auf die Bedeutung des Begriffs „Praktizieren“. Die von ihm beschriebenen Strategien politischer Bestechung finden im Hintergrund und für die Öffentlichkeit unsichtbar statt. Im Gegensatz zum akzeptierten, (halb-)öffentlichen Ressourcentransfer, um den sich die Zuger Ammannwahl drehte, provozierten die subkutanen Machenschaften den Unmut der Bevölkerung und gaben wiederholt Anlass zu gewaltsamen Revolten. Das Stichwort dazu: „geheime Pensionen“. Um Zurlauben im Vorfeld der 1650er Wahl zu schaden, wurde laut Acta Helvetica, 98 / 164A in der Stadt herumgeboten, es sei *us frankhrych geschriben worden H. Ambass habe 70 000 lb. empfangen,* um *Jn den ohrten guote Fründt Zemachen.* Zurlauben brauche nur nach Solothurn zu schreiben, und der Ambassador werde ihm Geld schicken. Davon werde der *gmein man* aber nichts bekommen. Vielmehr werde Zurlauben das Geld *nur etlichen heimlich* verteilen. Der Vorwurf, subkutane Geldflüsse zu speisen, war im Vorfeld einer Volksabstimmung schlechteste Propaganda.

gleichgesetzt werden. Vielmehr wird deutlich, wie gründlich, um nicht zu sagen: planmäßig hier Wahlberechtigte bearbeitet wurden. Dass die Gastierungen und Geschenke quasi-verfahrensmäßigen Charakter hatten, kommt beispielsweise darin zum Ausdruck, dass Zurlauben genau Buch führte, welche Personen an einer Tischgesellschaft mitgegessen und wieviel sie konsumiert hatten[42]. Das Prozedere des pluralistischen und permanenten Verteilens kann kontraintuitiv als „organisiertes Chaos“ umschrieben werden.

Ich plädiere dafür, diese flüchtige, normalerweise kaum verschriftlichte Face-to-Face-Politik des Ressourcentransfers, wie sie in den korporativ aufgebauten Demokratien der alten Eidgenossenschaft betrieben wurde, als entscheidenden Teil, wenn nicht gar als Kern der Verfahren zur politischen Entscheidfindung zu deuten. Dafür sprechen namentlich strukturelle Gegebenheiten der alten Eidgenossenschaft.

V. Das staatliche Gemeinwesen als Korporation

Die Eidgenossen verstanden ihre kleinräumigen staatlichen Gemeinwesen – einige der 13 Orte der alten Eidgenossenschaft zählten nur wenige Tausend Einwohner – als korporative Solidarverbände, in denen auch die einfache Bevölkerung Chancen auf politische Mitsprache sowie Nutzen am Gemeinbesitz für sich in Anspruch nehmen durfte[43]. Staatliche Domänen, Herrschaftsrechte, Landvogteien und politische Ämter galten als „Gemeinbesitz“[44]. Dabei soll nicht in Abrede gestellt werden, dass es den sich seit

[42] Wirte- und Privatrechnungen können sehr detaillierte Angaben enthalten. So ist in Acta Helvetica, 90/16, Rechnung für Beat II Zurlauben vom April 1629, festgehalten, dass in der kleinen Ratstube *sin herren* (Ammann bzw. Stabführer und Rat) *und burgeren,* 45 Personen für je einen Gulden gegessen hätten. In der *herren Stuben* hätten 19 Gäste vom guten Wein getrunken. In der Großen Ratstube tafelten 31 namentlich genannte Personen sowie ein weiterer Tisch mit 8 Leuten. Auf Befehl von *H Houptmann Franz Bläsi* wurde zudem ein gesottener Suppenkrebs mit Brot aufgetragen. An weiteren Tischen wurden *Gselen* mit Wein und *supen Kes* bewirtet. Laut Acta Helvetica, 90/20, Abrechnungen von 1629, aßen vor der Gemeindeversammlung bei Zurlauben zwölf Tische *Erbsmuoss, Kes* und *35 hus brod,* von denen jedes *bim becken* einen halben Gulden kostete. Dazu ließ der Kandidat *nüwen lantwi* auftragen. Gleichzeitig wurde im Haus von Michel Wickert Hausbrot und Käse ausgegeben. Insgesamt eine kostspielige Sache, so findet sich in der Abrechnung unter der Signatur Acta Helvetica, 90/22B, zum Posten der 45 von *myner herren und bygesessner* verzehrten Essen die Randspaltennotiz *Ist Zvil.* Am Schluss steht ebenso freimütig wie profan der Zweck der Auslagen: *Zug. Ergangnen umbkosten wegen des Rathsitzes 1629.* Vgl. auch das Dokument Acta Helvetica, 31/13 Ausgaben zu einer Landsgemeinde im Jahr 1637, an der Beat II Zurlauben zum Gesandten auf die eidgenössische Tagsatzung gewählt werden wollte. In allen Stuben des Rathauses wurden damals 80 Personen von neun Dienern bewirtet. Weitere Abrechnungen unter Acta Helvetica, 90/16, 90/17. – Zum Wein und seiner Funktion als „politische Flüssigkeit“ in der frühen Neuzeit vgl. *Groebner,* Geschenke, 52 f., 105, 121, 158, 262.

[43] Ausführlich dazu *Schläppi,* Staatswesen.

dem 16. Jahrhundert mächtig imponierenden aristokratischen Führungsschichten gelang, den Löwenanteil der Erträge aus diesen kollektiven Ressourcen für sich abzuzweigen. Aber immer noch verstanden sich die mit Bürger- oder Landrecht ausgestatteten und somit privilegierten Bevölkerungsteile als Teilhaber und legitime Nutznießer ihrer Gemeinwesen. Wenn jemand ein Amt inne haben wollte, sah das Stimmvolk darin eine Pfründe, und Pfründen waren ohne Gegenleistung nicht zu haben. Politische Positionen wurden nur zu vorübergehender Nutzung ad personam verliehen[45].

Im „Ämterkauf" materialisierte sich der Preis, den zu bezahlen hatte, wer Nutzen aus staatlichen Ämtern und Regalien zog. Deshalb fanden in Verbindung mit Wahlversammlungen, Amtseinsetzungen und Bundesbeschwörungen Massenspeisungen auf Kosten der Kandidaten statt. Von „Korruption" kann nicht die Rede sein, denn der öffentliche Grundzug gab diesen Ereignissen nicht illegalen, sondern vielmehr affirmativen Charakter. Indem die politischen Akteure an der Spitze und Basis der Gesellschaft für die Gruppe sichtbar gaben und nahmen, verpflichteten sie sich auf die in Abstimmungen und Wahlen gefällten Entscheidungen. Legitimität im Sinn von grundsätzlichem Einverständnis mit den Modi politischer Entscheidfindung kann gar nicht nachhaltiger her- und dargestellt werden. Die protodemokratischen Gemeinwesen fanden im vertikalen Transfer materieller Güter zur Abgeltung von gewährten Nutzungschancen und politischen Ämtern ihre adäquate, allgemein verständliche symbolische Darstellungsform. Die korporative Nutzungsgemeinschaft nahm in kollektiven Handlungen Gestalt an und formulierte in pluralistisch performierten Prozeduren ihr kollektives Ziel, das man als den „Gemeinen Nutzen" bezeichnen könnte. Diese soziale Logik prägte den Ressourcentransfer. Deshalb ist es gerechtfertigt, ihn als immanenten Bauteil politischer Verfahren anzusprechen, selbst wenn das Geben und Nehmen außer im Fall der oben erwähnten „Auflagen" oder „Promotionsgelder" nicht formal bzw. schriftlich reglementiert war.

Immerhin scheint ein allgemeines Einvernehmen über implizit gegebene Verhaltensregeln bestanden zu haben. Wenn Beat II Zurlauben die Abrechnungen für politische motivierte Ausgaben – ganz und gar nicht vormodern – bis ins letzte Detail kontrollierte, brachte er diesbezüglich vielsagende Kommentare an. So stand hinter dem Posten von *h. haupman [Stadt- und Amtsrat, Paul] stocker,* er sei ein *Frässer.* Über *h. amma hasler, h. amma drinckler, h. fenderich Etter,* die bei ihrem späten *Nachttrunck* in bester

---

44 Vgl. das Konzept der „Common Pool Resources" bei *Ostrom,* Allmende.

45 Bereits für *Weber,* Wirtschaft und Gesellschaft, 169 waren „kurze Amtsfristen", ein „jederzeitiges Abberufungsrecht" sowie das „Turnus- oder Los-Prinzip" für die Verteilung von Ämtern in „kleinen Verbänden, deren sämtliche Genossen örtlich versammelt werden können und sich untereinander kennen und als sozial gleich werten" zentral. Es ging darum, dass jeder einmal „daran kommt". In der Schweizergeschichte werden die besagten Distributionsmechanismen auch als „Rotation" bezeichnet.

Festlaune für 20 Batzen konsumiert hatten, meinte er: *Das söllendt sy Zallen*[46]. Der After-hour-Umtrunk im privaten Freundeskreis fiel offensichtlich nicht mehr in die finanzielle Zuständigkeit des um politische Loyalität buhlenden Patrons. Wenn man sich vergegenwärtigt, dass Zurlauben die drei genannten Würdenträger auffordern würde, ihm den nächtens aufgelaufenen Betrag zurückerstatten – und das musste er tun, um an das Geld zu kommen –, lässt sich die nüchterne rechnerische Rationalität hinter den Ressourcentransfers erahnen[47].

Während er nicht für das private Vergnügen anderer zahlen wollte, so respektierte Beat II Zurlauben die Nutzungsansprüche an aus politischen Beziehungen gewonnenen Einnahmen unbedingt. Dies verdeutlicht eine bemerkenswerte Episode aus dem Jahr 1634, als er im Rahmen einer diplomatischen Mission der katholischen Orte nach Paris am Hof vorsprach, um die dortigen Zahlmeister an die seit langem ausstehenden französischen Zahlungen zu erinnern. Wie nicht anders zu erwarten, wurde er auf einen späteren Zeitpunkt vertröstet und musste unverrichteter Dinge in die Heimat zurückkehren. Offensichtlich fürchtete er den Zorn der Zuger, die endlich das ihnen aufgrund der Verträge mit Frankreich zustehende Geld sehen wollten. Mit leeren Händen dazustehen, hätte ihn in einen akuten Argumentationsnotstand gebracht. Soviel war für Zurlauben als offiziellem Verteiler der französischen Gelder klar. In seiner Not entschied er sich für eine Strategie, die tief blicken lässt. Er ließ sich von Abraham de Poncher, *Secrétaire-interprète en langue germanique du roi,* schriftlich quittieren (!), dass er in Paris *um Auszahlung der schuldigen Pensionen, Sold- und Stipendiengelder angehalten* habe[48].

Auf der Folie korporativer Nutzungsrechte manifestierte sich die Legitimation von Herrschaft über einen dialektischen Interaktionszusammenhang von oben und unten. Politische Loyalität war Gegenstand von Verhandlungen[49]. Die Wochen vor dem Wahltag könnten als Phase der Preisbildung bezeichnet werden, in der sich die Konten der stimmfähigen Genossen zu mehreren Malen füllten. Deshalb ist es sinnvoll, den heuristischen Fokus über das eigentliche Verfahren hinaus zu weiten. In diesem Sinn ist Barbara Stollberg-Rilinger beizupflichten, die es als Kernkom-

---

46 Beide Beispiele aus Acta Helvetica, 90 / 17, Abrechnung 1629.

47 Ein weiteres Indiz für die kalkulierte Rechenhaftigkeit der formalisierten Einladungen ist auch, dass die Wirte von den Zahlenden offenbar dazu angehalten wurden, die Konsumationen nach einzelnen Personen aufzuschlüsseln.

48 Acta Helvetica, 12 / 35.

49 Diesen Gedanken extrapolierend, könnte die politische Kultur der alten Eidgenossenschaft als verfahrensbasiertes Aushandeln von Nutzungschancen in korporativen Gemeinwesen beschrieben werden. Diesen Aspekt hat der gängige Staatsbildungsdiskurs zur älteren Schweizergeschichte weitgehend ausgeblendet. In *Schläppi,* Der Kompromiss, 69 f., Anm. 16 habe ich deshalb den Begriff „Verfahrensstaat" vorgeschlagen.

petenz einer zeitgemäßen Politikgeschichte erachtet, „auf das Niveau des individuellen sinnhaften Handelns und der konkreten Kommunikationsakte“ herunterzusteigen, um dort zu beobachten, wie sich Politik „in ein kompliziertes Geflecht wechselseitiger Geltungsansprüche, -zuschreibungen und -zurückweisungen“ auflöst[50]. Vor diesem Denkhorizont werden auf den ersten Blick einleuchtende Begebenheiten plötzlich vielschichtig und liefern mehrfache Interpretationsoptionen.

Wenn Beat II Zurlauben notierte, dass *haupt. Osli* dem Herr Crivelli, seines Zeichens Sekretär der mailändisch-spanischen Gesandtschaft in Luzern, *Jn die hand versprechen* musste, *uff Sidlers syten Ze syn!*[51], und diesen Eintrag mit Ausrufezeichen abschloss, so ist vordergründig klar, weshalb diese Neuigkeit für ihn von Belang war: minus eine Stimme für seine Seite. Aber warum sollte ein Parteigänger sich über ein Versprechen binden müssen, wenn man doch von festgeschriebenen, treuen Gefolgschaftsverhältnissen innerhalb der außenpolitischen Lager ausging? Zwei weniger triviale Erklärungsansätze:

1. Das Ausrufezeichen könnte als Signal für Überraschung und Ungläubigkeit verstanden werden. Offenbar agitierten einflussreichste Exponenten und höchste Würdenträger der Gegenpartei im Ort, um der Konkurrenz treue Gefolgsleute abzuwerben. Die Gegnerschaft griff damit gewissermaßen zur Ultima ratio – Grund zu Beunruhigung und Alarmstimmung im eigenen Lager. Dass sich Vertreter der französischen Botschaft in Solothurn in Zug persönlich eingemischt hätten, ist nicht bekannt.

2. Diese Interpretation weiterdenkend, würden etablierte Auffassungen über die Stabilität klientelärer Bindungen grundsätzlich in Frage gestellt. Es würde nämlich bedeuten, dass gewiefte Landleute ihr Stimmrecht so geschickt und gewinnbringend bewirtschafteten, dass sie von allen Seiten und vielleicht mehrmals materiell begünstigt wurden[52]. Um diesem Lavieren ein Ende zu setzen, mussten sich die Unentschiedenen irgendwann festlegen.

Dass politische Loyalität über den Handschlag plötzlich quasi vertragliche Qualität erlangte, öffnet weitere Interpretationsansätze:

a) Der „Vertragsschluss“, die legalistische Note im geschilderten Ereignis, unterstreicht den Verfahrenscharakter des Ressourcentransfers.

---

50 *Stollberg-Rilinger*, Was heißt Kulturgeschichte des Politischen?, 21.

51 Acta Helvetica, 98/164A, 1650 April, Notizen von Beat II Zurlauben. – Leider lässt sich nicht entscheiden, ob es sich bei besagtem „Osli“ um die gleiche Person handelte wie in Anm. 26 oben. Die Koinzidenz wäre jedenfalls nicht zufällig und würde Sinn ergeben.

52 Hier drängt sich ein Vergleich mit den amerikanischen Präsidentschaftswahlen auf. In den letzten Wochen vor der Wahl konzentrieren die Kandidaten ihre Energien jeweils auch auf die sog. „Swing States“, d. h. auf jene Staaten, wo die Mehrheitsverhältnisse aufgrund hoher Anteile an Wechselwählern besonders unsicher sind.

b) Die faktische Option des (wiederholten) Parteiwechsels verschärft die Komplexität des Wahlgeschäfts. Sie zwingt die Politiker dazu, die kurzlebige Klientel über längere Zeit mit wiederholten Einladungen und Zuwendungen bei der Stange zu halten. Auch wenn die Speisungen des Wahlvolks und die Verteilung von Geld an das Elektorat das ökonomische und politische Potential bzw. die Macht der Spendenden zum Ausdruck brachten, so vermittelte das interaktive Geben und Nehmen prioritär doch eine andere symbolische Botschaft. Vor dem Wahltag holten sich die einfachen Leute von den Mächtigen die verdiente Abgeltung und den gebührenden Respekt, an dem es unter dem Jahr vielleicht mangelte. Im Moment, wo sich Herrschaft legitimierten musste, wurden die alten Rechte revitalisiert, und für einmal war zu spüren, dass zwischen Patronen und Klienten eigentlich eine wechselseitige Abhängigkeit bestand. Insofern entwickelte das Materielle gesellschaftliche Bindungskräfte und verpflichtete die unterschiedlichen Interessenträger auf Konsens[53]. So wie es in einer Korporation unter Gleichberechtigten auch sein muss, ist man versucht anzufügen.

VI. Politik – ein ökonomisches Feld?

In diesem Aufsatz war bisher viel von Transaktionen materieller Güter, von ökonomischen Ressourcen und von korporativ organisierten Gemeinwesen die Rede. Diese Aktionsformen machten die Essenz des politischen Wahlverfahrens aus. In der Tat verlangte der korporativ konstituierte Personenverband nach konkreten ökonomischen Handlungen. Die Politik lebte von einem materiellen Grundzug. Nun stellt sich die Frage, ob wir es hier noch mit einem politischen oder eher mit einem wirtschaftlichen Handlungsfeld zu tun haben. Nach meinem Dafürhalten rechtfertigen es die vor-

---

53 Dieser Gedanke geht aus von *Stollberg-Rilinger*, Einleitung, 20, für die in ständischen Partizipations- oder Wahlgremien das Interesse der Beteiligten nicht in erster Linie darin lag, den Ausgang einer Entscheidung tatsächlich zu beeinflussen, als vielmehr darin, „ihre Partizipationsberechtigung als solche zu dokumentieren". Und wie, so wäre in Bezug auf den „Ämterkauf" zu fragen, hätte Partizipation handfester gelebt und dargestellt werden können als durch den Empfang materieller Anteile vom über Machtressourcen generierten Reichtum? In den meisten Konflikten und Unruhen der alten Eidgenossenschaft wurde die Missachtung von traditionellen Partizipations- oder Nutzungsansprüchen eingeklagt. Mit *Thompson*, Die „moralische Ökonomie" der englischen Unterschichten im 18. Jahrhundert, 69, könnte man argumentieren, dass in „fast jeder Aktion der Volksmenge im 18. Jahrhundert" Legitimationsvorstellungen zu entdecken sind. Damit spielt Thompson darauf an, dass die Menschen im „Bewusstsein handelten, traditionelle Rechte und Gebräuche zu verteidigen, und dass sie sich hierbei im allgemeinen auf die Zustimmung des Gemeinwesens stützen konnten. [...] Dieser Konsens wiederum beruhte auf einer in sich geschlossenen, traditionsbestimmten Auffassung von sozialen Normen und Verpflichtungen und von den angemessenen wirtschaftlichen Funktionen mehrerer Glieder innerhalb des Gemeinwesens. [...] Eine gröbliche Verletzung dieser moralischen Grundannahmen war ebenso häufig wie tatsächliche Not der Anlass zu direkter Aktion." Diese Argumentation lässt sich sinngemäss auf Unruhen und Konflikte in der alten Eidgenossenschaft und namentlich auf den Ressourcentransfer im Kontext politischer Entscheide übertragen.

getragenen Überlegungen hinsichtlich des Korporativen sowie der omnipräsenten Regulierung und Verhandlung ökonomischer Nutzungsrechte bzw. -erwartungen, die wirtschaftliche Dimension der geschilderten Abläufe stärker zu gewichten. Will man hier weiterdenken, so ist bei Luhmann hierzu ein nützliches intellektuelles Instrumentarium zu finden, das eine substantielle Reflektion der angesprochenen Sachverhalte erlaubt[54].

Bettina Emmerich hat zuletzt auf die Bedeutung von „Zahlungen“ bei Luhmann hingewiesen. Über „Zahlungsströme“ wird Wirtschaft überhaupt erst „sichtbar“, wobei nach Luhmann unter „Zahlungen“ einerseits „Güter- und Geldströme“, andererseits aber auch „nichtmaterielle Leistungen“ verstanden werden[55]. Es wird also nicht bloß die „Geldwirtschaft“ als Wirtschaft im engeren Sinn beschrieben. Vielmehr werden „alle abstrahierten, kommunizierbaren Austausch- und Reziprozitätsverbindungen auf sozialer und materieller Ebene“ eingeschlossen[56]. Nach Emmerich ist „für die Qualifizierung als ökonomisches Feld“ das Vorhandensein eines „ökonomischen Themas“ entscheidend. Und diese Bedingung ist in der hier diskutierten Thematik durchaus erfüllt.

Semantisch verweist der Begriff der „Zahlungen“ auf Handel im engeren Sinn. Er lässt unmittelbar an Dinge wie Kauf und Verkauf oder Schulden und Guthaben denken. Er könnte allerdings auch bedeutungsgleich für den hier bereits vielfach verwendeten Terminus technicus „Ressourcentransfer“ gelten. In der Tat funktionierte Legitimation in den beschriebenen Beispielen über materielle Leistungen, sprich: mittels benenn- und bei Bedarf auch quantifizierbarer „Zahlungen“[57]. Sobald „Zahlungen“ erbracht werden, braucht es nach Luhmann Preise, „die es ermöglichen, Erwartungen in Bezug auf die zu zahlende Summe zu bilden und darüber zu kommunizieren“[58]. Wo die Modalitäten der Abgeltung nicht beispielsweise über „Auf-

---

54 Die folgenden Überlegungen beruhen auf *Luhmann,* Die Wirtschaft der Gesellschaft, 52–56.

55 *Emmerich,* Geiz und Gerechtigkeit, 19.

56 Ebd., 20.

57 Ebd., 25. Emmerich sieht zu Recht eine analytische Schwierigkeit darin, dass Zahlungen nach Luhmann sogar nur immaterielle Leistungen sein können. Als Anregung im Hinblick auf die Operationalisierbarkeit des Konzeptes schlägt sie vor, dass mindestens „die eine Seite eine materielle Leistung erbringen muss“. Diese Voraussetzung ist in den beschriebenen Beispielen erfüllt.

58 *Luhmann,* Wirtschaft der Gesellschaft, 54. – Von den Auslagen, die ein Kandidat für eine Wahl in Kauf zu nehmen bereit war, kann indes nicht auf die materielle Einträglichkeit des fraglichen Amtes geschlossen werden. So war den Zeitgenossen bewusst, dass sich viele der getätigten Investitionen rein finanziell niemals rechnen würden. Dabei sollte nicht vergessen werden, dass politische Ämter für ihre Inhaber auch noch andere als pekuniäre Vorteile haben konnten. So brachte ein Amt Ehre oder es konnte als Durchgangsstation zu höheren Weihen angestrebt werden, oder man versprach sich von einer bestimmten Position neue Kontakte zu wichtigen Entscheidungsträgern, oder eine Aufgabe vermittelte Kenntnisse und Qualifikationen für anspruchsvollere Tätigkeiten, oder man würde gewonnenes Insiderwissen später

lagen" geregelt waren – also über festgelegte Prämien, die für Ämter entrichtet werden mussten –, kam dem Aushandeln der Nutzungsansprüche erhebliche Bedeutung zu. Darum drehte sich Politik unter korporativen Vorzeichen vielfach.

Parallelisiert man Politik und Wirtschaft in der hier angedachten Weise, so kommt man nicht umhin, das „Kriterium des Profits"[59] in die Überlegungen einzubeziehen. Nach Luhmann tritt Profit dann ein, „wenn die Zahlung dem Zahlenden selbst zugutekommt." Zunächst und direkt bewirken Zahlungen immer, dass die Empfänger zahlungsfähig werden. Aus Sicht der ökonomisch Potenten wird das System aber sinnvollerweise so eingerichtet, „dass indirekt auch der Zahlende selbst Zahlungsmöglichkeiten gewinnt". Genau dieser Effekt realisiert sich im „Ämterkauf". Die Investition materieller Ressourcen in Verfahren ist Bedingung, um an die maßgeblichen Ämter an den Schnittstellen von Ökonomie und Politik zu gelangen (Stichworte: Ämterbewirtschaftung, ausländische Pensionen und Bündnisgelder, Soldunternehmertum, privilegierter Zugang zu Anlage- und Kapitalmärkten, Naturalnutzen, Disponierungskompetenzen hinsichtlich korporativer Ressourcen). Dort einmal angelangt, verfügen Amtsinhaber über exklusive Steuerungsbefugnisse, kraft derer sie einerseits in eigenem Namen materielle Güter verteilen und greifbare Privilegien ad personam gewähren können, andererseits als Repräsentanten des politischen Verbandes aber auch mannigfaltige Zahlungen veranlassen und Kontakte zu interessanten institutionellen Partner pflegen und nutzbar machen dürfen.

Eine dermaßen geschäftlich geprägte Politik barg viel Konfliktpotential. In der Tat waren Auseinandersetzungen um Amtsmissbräuche bzw. der Vorwurf, die Magistraten wirtschafteten unter Missachtung des Gemeinen Nutzens scham- und hemmungslos in die eigene Tasche, die wichtigsten Kampffelder, auf denen vormoderne Korporationen ihre schärfsten inneren Konflikte austrugen[60]. Allerdings mussten mehrere fundamentale Regeln verletzt werden, bevor ein gut positionierter Magistrat gestürzt wurde, was entsprechend selten vorkam[61].

Ein Grund für die erstaunliche Stabilität der auf multiplem Ressourcentransfer beruhenden Legitimation liegt möglicherweise darin, dass „die Zahlung ‚Dritte beruhigt'. Sie können, obwohl sie auch selbst an den

---

gewinnbringend einsetzen können. Zur Bestimmung des einem Amt subjektiv beigemessenen Wertes müssen deshalb unterschiedliche Kapitalsorten in den Blick genommen werden.

59 *Luhmann,* Wirtschaft der Gesellschaft, 55 f.

60 Anlass zu gesellschaftlichen Friktionen gab namentlich die Verletzung angestammter Partizipationsrechte sowie der Ausschluss bestimmter Bevölkerungsgruppen von eben diesen Privilegien.

61 Einen exemplarischen Fall reflektiert *Schläppi,* Reziprozität in Abschnitt 2.3.3. Zum Wesen der in korporativen Verbänden einzuhaltenden Regeln vgl. *Schläppi,* Staatswesen, 184 f., 187 f.

Gütern und Leistungen interessiert sind (oder: in Zukunft interessiert sein könnten) zusehen, wie jemand auf knappe Güter zugreift, ‚weil er dafür zahlt'. Und sie können auch akzeptieren, dass dies zu Bedingungen geschieht, die von Vertragspartnern ohne ihre Beteiligung ausgehandelt werden, weil die Gegenleistung in Geld erfolgt, also in einer Form, die das Medium regeneriert, weil sie nur in Form der Weitergabe nutzbar ist. Die Selektion einer ‚Handlung', nämlich des Zugriffs auf knappe Güter, wird durch den Code des Mediums Geld in ein bloßes ‚Erleben' Dritter transformiert. Sie nehmen es hin wie eine Information über ein Faktum, an dem sie nicht beteiligt sind"[62]. Diesen Überlegungen zufolge war die Verteilung von Machtchancen merkantil moderiert. Es nimmt den Auseinandersetzungen um die Macht im Staat die destruktive Schärfe, wenn Herrschaft nicht usurpatorisch angemaßt wird, sondern wenn alle etwas davon haben. Nach Luhmann werden allfällige „Divergenzen" denn auch „nicht ausgereizt, und das Aufbrechen älterer kommunaler Bedingungen führt nicht sogleich zum Konflikt."

Wer also am Kreislauf des korporativ generierten bzw. gebundenen Kapitals partizipierte und seine über angestammte Rechte begründeten Erwartungen regelmäßig befriedigt bekam, revoltierte nicht gegen die politische Ordnung, selbst wenn elementare Verfahrensvorschriften umgangen wurden. Ein Staat, der keine fiskalische Abschöpfung über direkte Steuern kannte und im Gegenteil den nutzungsberechtigten Genossen materielle Vorteile garantierte (Bau- und Brennholz, Geld, Zugang zu natürlichen Ressourcen, Gemeindeland), war durch seine Leistungen legitimiert. Die privilegierten Bürger ließen sich im Strom vielfältiger Zahlungen treiben, der aus den Ressourcen des korporativen Gemeinwesens gespeist wurde.

VII. Verfahren erfahren – Rituelle Elemente als erlebbare Legitimität

Kehren wir zum Schluss nochmals zur Ammannwahl von 1650 zurück. Warum brauchte es persönliche Kontakte anlässlich zahlreicher Einladungen zum Essen im Kreis der Parteigänger, wenn politische Meinungsbildung und Legitimation im Kern auf der prosaischen Umverteilung von Gütern beruhten?

Der auf einen nüchternen Tauschakt reduzierte Ressourcentransfer hätte für die Beteiligten kaum symbolischen Mehrwert generiert. Vielmehr hatte es etwas Beschämendes, auf Spenden angewiesen zu sein. Keinesfalls durfte der Eindruck entstehen, es würden Almosen verteilt. Deshalb schickten die Honoratioren bei ihren Getreuen auch nicht einfach einen Boten mit einem Fresspaket oder einem Stück Fleisch oder einer Flasche Wein vorbei.

---

62 *Luhmann,* Wirtschaft der Gesellschaft, 69.

Die munteren Tischgesellschaften, zu denen die Landleute und Stadtbürger im Kontext von Wahlen eingeladen wurden, „erscheinen auf den ersten Blick defizient oder funktionslos, wenn man sie allein an dem Maßstab offener und verbindlicher Entscheidungsproduktion misst“[63], um es mit einer allgemeinen Feststellung von Barbara Stollberg-Rilinger über vormoderne Verfahren zu sagen. Um ihre Bedeutung für die politisch-soziale Ordnung erfassen zu können, müssen ihre „symbolisch-expressiven Funktionen“ und „die Motive der Beteiligten“ in den Blick genommen werden. Politische Figurationen und „kollektive Akteure“ – wie beispielsweise Korporationen – haben primär „den Charakter handlungsleitender Fiktionen, als sie erst durch Repräsentationsprozesse [...] zur Existenz gelangen.“[64] Nach Arnd Kluge gab es unter korporativen Vorzeichen keine „automatische Gruppensolidarität“[65]. Vielmehr musste diese „immer wieder mühsam errungen werden“. Dabei diente Geselligkeit dazu, den notwendigen „emotionalen Kitt“ zu produzieren.

Heinz Duchhardt und Gert Melville weisen darauf hin, dass „kulturelle Systeme“[66] nur „durch normative Codes“, über die „gesellschaftlicher Konsens“ besteht, erfolgreich stabilisiert werden können. Nun bestand in der alten Eidgenossenschaft einerseits normativer Konsens darüber, dass *„Trölen“* und *„Praktizieren“* bzw. unterschwellige Korruption und geheime Bestechung keine valablen politischen Mittel darstellten. Die zahlreichen Verbote und Mandate sprechen über subkutane Ressourcentransfers eine deutliche Sprache. Andererseits lesen wir in einer zeitgenössischen Zuger Chronik, im Mai habe *die verechtlichste kleinste Landtsgmeind* stattgefunden, weil *mehr menner sich mit essen und trincken in den Heusern, sonderlich H. Hauptmann zur Lauben aufgehalten als an der Landtsgmeind erschinen* seien[67]. Die diametrale Differenz zwischen rechtlichen und rituellen Codes lässt sich nicht erklären, außer es wird zugestanden, dass symbolisch-expressive Aspekte in vormodernen Verfahren nicht nur zur Legitimation verfahrensbasierter Entscheidungen dienten, „sondern vielmehr zur Bekräftigung der gesamten politisch-sozialen Ordnung, von deren Strukturen die Verfahren noch in mehr oder weniger hohem Maße abhängig waren“[68].

63 *Stollberg-Rilinger*, Einleitung, 20.

64 *dies.*, Kulturgeschichte des Politischen, 14.

65 *Kluge*, Die Zünfte, 364.

66 *Duchhardt / Melville*, Im Spannungsfeld von Recht und Ritual, V.

67 *Henggeler*, Pfarrer Jakob Billeter von Aegeri und seine Chronik, hier Nr. 2. – Zu den Feierlichkeiten aus Anlass der Verteilung der französischen Pensionen und den dabei auflaufenden Kosten vgl. Abschnitt 2.3.2 bei *Schläppi*, Reziprozität.

68 *Stollberg-Rilinger*, Einleitung, 22. – Für begriffliche Differenzierung zwischen „Verfahren“ und „Ritual“ innerhalb luhmannscher Kategorien hilfreich *Schlögl*, Kommunikation, 191–196.

Wenn ein Kandidat sich entschied, zwecks Wählermobilisierung Einladungen zum Essen auszusprechen, setzte dies mehrfache Handlungsabläufe und Bewusstwerdungsprozesse mit unterschiedlicher Symbolwirkung in Gang:

1. Zunächst musste die Botschaft unter den intendierten Adressaten die Runde machen. Bereits die Verbreitung einer Einladung generierte gruppenbildende Effekte. So wartete man auf der Gasse vielleicht, bis der Freund seine Unterhaltung mit dem Angehörigen der Gegenpartei beendet hatte, bevor man sich zu ihm gesellte, um ihm die erfreuliche Neuigkeit zuzuflüstern. Oder man tat das Gegenteil, nutzte den öffentlichen Raum und verkündete lauthals über die Straße hinweg, dass man sich zum Essen bei Soundso wieder sehen werde. Beide Varianten initiierten Zusammengehörigkeitsgefühle, legten die Basis zur Verfestigung normalerweise flüchtiger Beziehungen und dienten der Abgrenzung gegen die Gegnerschaft.

2. Indem die Speisungen sowohl in öffentlichen wie auch privaten Räumlichkeiten stattfanden, mutierte die ganze Kleinstadt zu einem politischen Raum, zur architektonischen Metapher auf das politische Gemeinwesen. Parteiische Geselligkeit visualisierte soziale Gemeinschaft, denn Politik konnte überall stattfinden und konnte alle angehen. Namentlich Einladungen in Privathäusern boten den Akteuren Raum zur Selbstinszenierung als altruistische Landesväter. Umgekehrt dürfte auf Seite der Rezipienten das Gefühl evoziert worden sein, zu einem besonders elitären Zirkel der Gefolgschaft zu gehören. In jedem Fall sprengte die Einladung zum Schmaus mit potentiellen Parteigängern den Rahmen der politischen Routine.

3. Selbstverständlich brachte die Teilnahme an einer bezahlten Tafelrunde eine gewisse Loyalitätsverpflichtung mit sich[69]. Viel wichtiger war aber die gemeinsam als Gruppe durchlebte Zeit. Bei diesen Essen wird es unmöglich nur um die Nahrungsaufnahme gegangen sein. Vielmehr bot sich Gelegenheit, mit den Honoratioren Förmlichkeiten auszutauschen. Es werden Toasts ausgesprochen und Reden gehalten worden sein, was aus der einfachen Geselligkeit ein Ritual, einen *rite de passage* machte. In der Tat waren die Anwesenden nach dem gemeinsamen Essen und Trinken, wenn sie die gleichen Geschichten über private Animositäten gehört, die Schwächen der Gegenpartei verhandelt, den Spender hochleben lassen und die eigene Siegesgewissheit nachgeschmeckt hatten, nicht mehr die Gleichen wie vorher. Gemeinschaftliches Erleben schaffte Vertrautheit und schweißte den Interessenverband zusammen.

4. Die Tischgesellschaft machte soziale Hierarchien und Standesunterschiede zwar nicht vergessen, denn es gab ja Sitzordnungen und andere subtile Distinktionspraktiken. Aber das gemeinsame Essen evozierte für

69 Auf den vertraglichen Charakter namentlich gemeinsamen Weintrinkens verweist *Groebner*, Geschenke, 105.

den Moment auch eine spezifische Fiktion genossenschaftlicher Gleichheit. Nach Georg Simmel symbolisiert der Teller nämlich „die Ordnung, die dem Bedürfnis des Einzelnen gibt, was ihm als einem Teile des gegliederten Ganzen zukommt, aber ihn dafür auch nicht über seine Grenzen hinausgreifen lässt“[70]. Der Teller hebt den „Individualismus“ auf eine „höhere formale Gemeinsamkeit“. Am gleichen Tisch zu sitzen stand im republikanischen Gemeinwesen als Chiffre für gemeinschaftliches Teilen. Der akute Gebrauchswert des Essens und die Sattheit waren starke affirmative Argumente für die faktische Sozialordnung, denn das Regelwerk, das die sozialen Kontakte unausgesprochen überwölbte, brauchte gar nicht mehr zum Gegenstand kontroverser Diskussionen gemacht zu werden.

5. Am gemeinsamen Gesellschaftsritual bei Tisch wurde die Umverteilung von Geld und Gütern auf eine handfeste Basis gestellt. Auf der Folie des materiellen Genusses waren Fragen nach Gesinnung und politischen Präferenzen obsolet. Der Ressourcentransfer klammerte das System zusammen und schuf über Symbolhandeln ein hohes Maß an genossenschaftlicher Faktizität. Wer sich den zweiten Nachschlag auf den Teller laden ließ, verstand in actu, welcher politischen Logik und personalen Allianz er die genossenen Segnungen verdankte.

In diesem Sinn leisteten die Operationen im Umfeld des Wahlverfahrens mehr, als eine verbindliche Entscheidung anzubahnen. Mit Stollberg-Rilinger könnte man sagen, sie stifteten „Sinn“[71], denn sie dienten „auch expressiven Bedürfnissen – also solchen, die unmittelbar durch das Handeln und im Handeln sich selbst erfüllen“. Fasst man den Verfahrensbegriff weit genug, wird deutlich, dass Verfahren zwar Entscheidungen produzieren konnten. Aber Legitimität hing nicht nur vom Ergebnis ab. Vielmehr erzeugte allein schon das subjektive Erleben ritualisierter Verfahrensschritte Legitimität.

VIII. Epilog

Damit schließt sich der Kreis zu der eingangs des Textes erwähnten amerikanischen Präsidentenwahl des Jahres 2000. Vergleichen wir abschließend, wie denn nun die Zuger 1650 und die Amerikaner 2000 ihre Wahlen erlebt haben mögen. Beide hatten am Schluss ein erwiesenermaßen mit der Minderheit der Stimmen und trotz gravierender Verfahrensfehler an die Macht gelangtes Oberhaupt. Und außerdem?

Die Amerikaner hatten während mehr als einem Jahr in einem ans Kollektivdelirium grenzenden Ausnahmezustand gelebt, waren in ein Stahlbad

---

70 *Simmel,* Soziologie der Mahlzeit, 1–2.

71 *Stollberg-Rilinger,* Einleitung, 12.

des medial geschürten Irrsinns eingetaucht. Mit allen Mitteln journalistischer Verführungskunst und millionenschwerer Werbekampagnen war die Spannung hoch gehalten worden. Der Magie der Medien verfallen, hatten sie über Monate im irrationalen Sog eines mit realer Politik kaum in Verbindung zu bringenden TV-Hokuspokus von Analysen, Umfragen, Debatten und Homestories gestanden. Hunderte von Malen waren die Bilder von Tausenden von Gesinnungstreuen, die mal euphorisch, mal hysterisch Schildchen mit dem Namen ihres Lieblings oder mit vielsagenden Parolen vom Typus „XY FOR CHANGE" in die Objektive der TV-Stationen schwenkten, über die Bildschirme geflimmert. In den letzten Jahren hat sich das Internet zu den traditionellen elektronischen Medien gesellt. Die amerikanische Wahlkampf-Maschinerie hat nochmals an Größe und Irrwitz zugelegt[72].

Demgegenüber hatten die Zuger am Wahltag immerhin einige blaue Flecken davongetragen. Außerdem hatten sie im Freundeskreis mehrmals frei gezecht, an der Gasttafel eines Magistraten ein schönes Stück Fleisch oder Käse verzehrt, einen Batzen oder gar ein Paar Hosen ergattert. Ich verstehe alle, die sich da fragen, in welchem Beispiel eigentlich das Rituelle über das Rationale, das „Vormoderne" über das „Moderne" überwiegt.

Quellen

Acta Helvetica, Regesten und Register zu den Acta Helvetica, Gallica, Germanica, Hispanica, Sabaudica etc. necnon genealogica stemmatis Zur-Laubiani, Aarau 1976 ff.

Eine zuger'sche Ammannswahl von 1650, in: Zugerkalender 1881, 13–16.

Bericht, wie man H. LandtsFändrich und SeckelMr. Jost Antoni Schmidt das Ehren=Zeichen den LandtsFahnen Anno 1731. eingebleittet, eingehändiget und ubergeben hat, in: Die Urner Magistratenfamilien. Herrschaft, ökonomische Lage und Lebensstil einer ländlichen Oberschicht 1700–1850, hrsg. v. Urs Kälin, Zürich 1991.

Meyer von Schauensee, Franz Bernhard, Anrede an die helvetische Gesellschaft (1796), in: Verhandlungen der Helvetischen Gesellschaft in Aarau, Basel 1796, 46–55.

---

72 Dennoch haben die Bemerkungen von *Weber,* Wirtschaft und Gesellschaft, 667, über das „Charisma der Rede" nichts an Aktualität eingebüßt. Demnach ist die „Macht der Rede" an sich „nicht an eine bestimmte Kulturlage gebunden. Die indianischen Häuptlingsversammlungen und die afrikanischen Palavers kennen sie auch." Je mehr Massenwirkung allerdings beabsichtigt werde, „desto nebensächlicher wird dabei die Bedeutung des Inhalts und der Rede", so Weber weiter. Denn ihre Wirkung sei, „soweit nicht einfache Klassenlagen und andere ökonomische Interessen gegeben und daher rational zu berechnen und zu behandeln sind [wie beispielsweise im Zug des Jahres 1650, D.S.], rein emotional und hat nur den gleichen Sinn wie Parteiumzüge und Geste: den Massen die Vorstellung von der Macht und Siegesgewissheit der Partei und vor allem von der charismatischen Qualifikation des Führers beizubringen." Als empirische Grundlage stützte sich Weber auf die Präsidentschaftskampagne von Franklin D. Roosevelt (1882–1945) in den 1930er Jahren!

Müller, Carl: Aus Ammann Jacob Andermatts Tagebuch, in: Zuger Neujahrsblatt 1900, 3–21.

Literatur

Brändle, Fabian: Demokratie und Charisma. Fünf Landsgemeindekonflikte im 18. Jahrhundert, Zürich 2005.

Duchhardt, Heinz / *Melville,* Gert: Vorwort, in: Im Spannungsfeld von Recht und Ritual. Soziale Kommunikation in Mittelalter und Früher Neuzeit, hrsg. v. dens., Köln / Weimar / Wien 1997, V–VIII.

Emmerich, Bettina: Geiz und Gerechtigkeit. Ökonomisches Denken im frühen Mittelalter (Vierteljahrschrift für Sozial- und Wirtschaftsgeschichte, Beih. 168), Stuttgart 2004.

Frefel, Sandro: Berner Gemeindeversammlungen im 18. Jahrhundert, Nordhausen 2007.

Groebner, Valentin: Gefährliche Geschenke. Ritual, Politik und Sprache der Korruption in der Eidgenossenschaft im späten Mittelalter und am Beginn der Neuzeit, Konstanz 2000.

Henggeler, Rudolf: Pfarrer Jakob Billeter von Aegeri und seine Chronik, in: Heimatklänge (Sonntagsbeilage zu den Zuger Nachrichten), 2 / 3 (1922 / 23).

Kluge, Arnd: Die Zünfte, Stuttgart 2007.

Landolt, Oliver: Trölen und Praktizieren im Alten Land Schwyz. Wahlbestechungen, Wahlmanipulationen und Ämterkauf als Instrumente politischen Handelns in der frühneuzeitlichen Gesellschaft, in: Geschichtsfreund der V Orte, 160 (2007), 219–308.

Luhmann, Niklas: Legitimation durch Verfahren, Frankfurt am Main 1983.

Luhmann, Niklas: Die Wirtschaft der Gesellschaft, Frankfurt am Main 1988.

Ostrom, Elinor: Die Verfassung der Allmende, jenseits von Staat und Markt. Übersetzt von Ekkehard Schöller, Tübingen 1999.

Pfister, Ulrich: Politischer Klientelismus in der frühneuzeitlichen Schweiz, in: Schweizerische Zeitschrift für Geschichte 42 (1992), 28–68.

Schläppi, Daniel: Akteure in der eidgenössischen Außenpolitik des 17. Jahrhunderts. Strukturen, Ziele, Strategien am Beispiel der Familie Zurlauben von Zug, in: Der Geschichtsfreund 151 (1998), 5–90.

Schläppi, Daniel: Das Staatswesen als kollektives Gut. Gemeinbesitz als Grundlage der politischen Kultur in der frühneuzeitlichen Eidgenossenschaft, in: Neue politische Ökonomie in der Geschichte, hrsg. v. Johannes Marx / Andreas Frings (Historical Social Research, Special Issue, 32 / 4), Köln 2007, 169–202.

Schläppi, Daniel: Der Kompromiss. Überlegungen zur politischen Streitkultur der Schweiz vor 1800, in: StreitKulturen. Polemische und antagonistische Konstellationen in Geschichte und Gegenwart, hrsg. v. Gunther Gebhard / Oliver Geisler / Steffen Schröter, Bielefeld 2008, 57–76.

Schläppi, Daniel: Reziprozität und sanfte Regulierung. Legitimität und Funktionsweise politischer Herrschaft im Raum der alten Eidgenossenschaft (17. und 18. Jahrhundert), in: Transformation politischer Ordnung, hrsg. v. Thomas Jäger / Daniel Lambach (im Erscheinen).

Schlögl, Rudolf: Kommunikation und Vergesellschaftung unter Anwesenden. Formen des Sozialen und ihre Transformation in der Frühen Neuzeit, in: Geschichte und Gesellschaft 34 (2008), 155–223.

Sikora, Michael: Der Sinn des Verfahrens. Soziologische Deutungsangebote, in: Vormoderne politische Verfahren, hrsg. v. Barbara Stollberg-Rilinger, Berlin 2001, 25–51.

Simmel, Georg: Soziologie der Mahlzeit, in: Der Zeitgeist, Beiblatt zum Berliner Tageblatt Nr. 41 vom 10. Oktober 1910, Berlin, 1–2.

Steiner, Carlo: Die Strategien des französischen Ambassadors Jean De la Barde im Zusammenhang mit der Bündniserneuerung und den französischen Zahlungsrückständen während der Fronde (1648–1653), Seminararbeit Universität Bern 2007.

Stollberg-Rilinger, Barbara: Einleitung, in: Vormoderne politische Verfahren, hrsg. v. ders., Berlin 2001, 9–24.

Stollberg-Rilinger, Barbara: Was heißt Kulturgeschichte des Politischen? Einleitung, in: Was heißt Kulturgeschichte des politischen?, hrsg. v. ders., Berlin 2005, 9–24.

Stollberg-Rilinger, Barbara: Zeremoniell, Ritual, Symbol. Neue Forschungen zur symbolischen Kommunikation in Spätmittelalter und Früher Neuzeit, in: ZHF 27 (2000), 389–405.

Weber, Max: Wirtschaft und Gesellschaft. Grundriss der verstehenden Soziologie, 5. rev. Aufl., Studienausgabe, Tübingen 1980.

Windler, Christian: „Ohne Geld keine Schweizer". Pensionen und Söldnerrekrutierungen auf den eidgenössischen Patronagemärkten, in: Nähe in der Ferne. Personale Verflechtung in den Außenbeziehungen der Frühen Neuzeit, hrsg. v. Hillard von Thiessen / Christian Windler, Berlin 2005, 105–133.

Würgler, Andreas: Die Tagsatzung der Eidgenossen. Politik, Kommunikation und Symbolik einer repräsentativen Institution im europäischen Kontext (1470–1798), MS der Habilitation am Historischen Institut der Universität Bern, Bern 2004.

Entscheiden an Ort und Stelle

Verfahren im Straßenbau am Beispiel des Kantons Bern 1740–1850

Von *Daniel Flückiger*, Bern

I. Einleitung

Die Frage nach der Legitimation von Entscheidungen durch Verwaltungsverfahren wirkt aus einer alltäglichen Perspektive möglicherweise irritierend. Die Aufgaben moderner Verwaltungen, lautet eine verbreitete Ansicht, sind das Vorbereiten und Vollziehen der Entscheide von anderen Instanzen. Weshalb also sollten Entscheidungsverfahren in der Verwaltung besondere Aufmerksamkeit erhalten? Darauf lässt sich antworten, dass die Verwaltung nicht nur Maßnahmen vorbereitet und vollzieht, sondern auch interpretiert, gewichtet, begründet, erfindet und vieles mehr.

Die sozial- und geschichtswissenschaftliche Forschung streicht inzwischen schon seit einiger Zeit hervor, dass Verwaltungen über eigene Handlungsspielräume verfügen. Neuere Beiträge formulieren eine Perspektive auf Implementation als vielschichtigen, emergenten Kommunikationsprozess[1]. Niklas Luhmann bezog sich bereits 1969 auf etablierte Sichtweisen, wenn er die Selektionsprozesse in den Verwaltungsorganisationen von Staat und Wirtschaft untersuchte[2].

Auch für Verwaltungen lässt sich nach der Herstellung verbindlicher Entscheidungen durch Verfahren fragen, wie sie Michael Sikora im Anschluss an Luhmann beschreibt. Bei diesen motiviert der zu Beginn offene Ausgang zur Teilnahme. Man muss sich aber zu Beginn darauf festlegen, das Ergebnis später auch zu akzeptieren. Im Verlauf des Verfahrens reduzieren die Beteiligten schrittweise die Komplexität der Ausgangslage, bis zuletzt nur noch eine einzige, verbindliche Alternative übrig bleibt. Auf diese Weise lassen sich in schwer entscheidbaren Situationen verbindliche Ergebnisse erreichen[3]. Wie Luhmann feststellte, sind in der Verwaltung jedoch

---

1 Auf Luhmann bezieht sich dabei *Haas*, Die Kultur der Verwaltung, 36; vgl. auch *Schubert / Bandelow*, Lehrbuch der Politikfeldanalyse; *Landwehr*, Normdurchsetzung; *Ellwein*, Über Verwaltungskunst.

2 *Luhmann*, Legitimation durch Verfahren.

gerade die Entscheidungsprämissen oft umstritten. Er erklärte das damit, dass die Teilnehmer die Auswirkungen von Prämissen auf das Resultat voraussehen und sie darum zu beeinflussen suchen[4].

Es gibt allerdings auch andere Ansätze. Danach geht es bei administrativen Handlungsabläufen in der Moderne häufig nicht darum, Akteure einzubinden, sondern sie von der Entscheidungsfindung auszuschließen. Verwaltungen stellen ihre internen Abläufe gezielt als technische Vollzugsprobleme dar, die vollständig durch Sachzwänge determiniert sind. Auch hier erfolgt eine schrittweise Reduktion von Komplexität, wobei die formalen Regeln von Fachkreisen maßgebend sind[5].

Als Pioniere solcher Praktiken gelten die französischen Straßenbauingenieure im 18. Jahrhundert. Das *corps des ponts et chaussées* plante nicht nur seit der Mitte des 18. Jahrhunderts von Paris aus ein systematisches Straßennetz, sondern es berechnete bereits im frühen 19. Jahrhundert den volkswirtschaftlichen Nutzen von Infrastrukturprojekten. Landkarten oder mathematische Rechnungen lassen sich in diesem Zusammenhang als Darstellungsmittel begreifen, mit denen Aussagen als fachliche Probleme definiert und politischen Diskussionen entzogen wurden[6].

Diese zweite Perspektive dürfte aber zu eng professionelle Autonomiebestrebungen betonen. Im Allgemeinen versuchten Ingenieure längst nicht immer, ihre Tätigkeit von politischem Einfluss abzugrenzen. Oft strebten sie gerade danach, diesen für ihre eigenen Ziele zu mobilisieren[7]. Für die Frage nach der Darstellung von Verfahren ist dieser überspitzte Ansatz jedoch attraktiv, weil er die visuellen Aspekte von Verfahren thematisiert. Diese Anregung soll deshalb im Folgenden aufgenommen werden.

Allgemein bezieht sich dieser Beitrag jedoch auf den Luhmannschen Verfahrensbegriff, wie ihn Michael Sikora formuliert. Solche Verfahren waren kaum je die einzige oder dominierende Quelle von Legitimität[8]. Aber es lässt sich danach fragen, wie sie zu der Verbindlichkeit der darin gefällten Entscheide beitrugen. Neben der erwähnten visuellen Darstellung ist dabei auch auf die Verfahrensgeschichten zu achten, die an verschiedenen Stellen erzählt wurden. Dieser Begriff findet sich bereits bei Luhmann, lässt sich in

---

3 *Sikora,* Der Sinn des Verfahrens, 48; *Luhmann,* Legitimation durch Verfahren, 40–43.

4 Ebd., 204–206.

5 *Reuss,* Seeing Like an Engineer; *Joyce,* The Rule of Freedom, 69; *Barry,* Political Machines, 7; vgl. auch *Gugerli / Speich,* Topographien der Nation.

6 *Joyce,* The Rule of Freedom, 69; *Smith,* The Longest Run.

7 *Reuss,* Seeing Like an Engineer. Das herkömmliche Bild vom Funktionieren des französischen *corps des ponts et chaussées* widerlegt *Ringrose,* Work and Social Presence. Kritisch äußert sich ebenfalls *Iseli,* Bonne police.

8 *Sikora,* Der Sinn des Verfahrens, 42.

Bezug auf die Darstellung des Verfahrens aber in einem weiteren Sinn verstehen.[9]

In Zusammenhang mit der Spannung zwischen Verstrickung in und Ausschluss aus Verfahren ist der Kanton Bern in der Schweiz ein besonders spannendes Beispiel. Einerseits folgte er im Straßenbau eng dem französischen Vorbild, andererseits wies er völlig verschiedene institutionelle Rahmenbedingungen auf. Deshalb dient das Straßenwesen im Kanton Bern von 1740 bis 1850 als Fallbeispiel. Obwohl Bern wie Zug zur Eidgenossenschaft gehörte, unterschied es sich doch deutlich von diesem Kanton, den Daniel Schläppi in seinem Beitrag behandelt.

Am auffälligsten sind die unterschiedlichen Größenverhältnisse. In Bern regierten im ausgehenden 18. Jahrhundert 3600 (theoretisch) vollberechtigte Burger über 400 000 Untertanen[10]. Die Führungsschichten dieses Staatswesens interessierten sich für internationale politische und ökonomische Theorien. Sie rezipierten Bodins Souveränitätslehre vergleichsweise früh und verstanden sich als souveräne Obrigkeit[11]. Der Straßenbau war eine der internationalen Entwicklungen, an denen Bern seit dem 18. Jahrhundert teilhatte. Ab den 1740er Jahren legte die Obrigkeit aufwändige Kunststraßen an. Seit den 1820er Jahren wuchs das staatliche Straßennetz rascher und erfasste in den nächsten Jahrzehnten das ganze Territorium[12]. Damit eiferte der Kanton Bern anderen Staaten außerhalb der Schweiz, vor allem England und Frankreich, nach[13].

Trotz dieser obrigkeitlichen Ambitionen gab es in Bern aber kein stehendes Heer und bis in die erste Hälfte des 19. Jahrhunderts keine direkten (monetären) Steuern auf Kantonsebene[14]. Daneben fehlten bis 1798 und erneut von 1813 bis 1831 auch formale Partizipations- oder Konsultationsverfahren[15]. Erst nach 1831 konnten die Bürger in Bern endgültig ihre politischen Vertreter selbst wählen[16].

---

9 *Luhmann,* Legitimation durch Verfahren, 43.

10 *Böning,* Der Traum von Freiheit und Gleichheit, 8.

11 Dazu sind jüngst erschienen: *Holenstein,* Berns goldene Zeit; Einleitung in: *Stuber / Moser / Gerber-Visser* u. a., Kartoffeln, Klee und kluge Köpfe, 13–60; *Weber,* Auf dem Weg zur Adelsrepublik, 6; *Holenstein / Stuber / Gerber-Visser,* Nützliche Wissenschaft.

12 *Schiedt,* Chausseen und Kunststraßen; *Baumann,* Das bernische Straßenwesen bis 1798.

13 Zum Straßenbau im Allgemeinen: *Popplow,* Europa auf Achse; *Helmedach,* Das Verkehrssystem als Modernisierungsfaktor; *Müller,* Infrastrukturpolitik in der Industrialisierung.

14 *Altorfer-Ong,* State Investment in Eighteenth-Century Berne; *Reinhard,* Geschichte der Staatsgewalt, 251–254. Zu den Steuern auf Gemeindeebene: *Flückiger Strebel,* Zwischen Wohlfahrt und Staatsökonomie, 309. Zu den kantonalen Steuern im 19. Jahrhundert: *Junker,* Die Entstehung des demokratischen Volksstaates; *Junker,* Helvetik, Mediation, Restauration.

15 *Holenstein,* Die Macht der Landschaft.

Damit mangelte es in Bern also nicht nur an den „Machtmitteln“, auf die sich viele frühneuzeitliche Staaten stützten. Anders als in den Länderorten gab es lange auch keine formale Mitbestimmung. Damit war der Einfluss der Obrigkeit vor Ort von der informellen Zusammenarbeit mit den lokalen Oberschichten abhängig[17]. 1831 ersetzten diese ländlich-kleinstädtischen „Mittelschichten“ in der kantonalen Politik die alten Eliten und regierten fortan selbst[18].

Verfahren im Berner Straßenwesen werden im Folgenden an vier Handlungszusammenhängen untersucht: an dem Schätzen von Straßenbaukosten, dem Verhandeln über die Kostenverteilung, den Kontrollen des Unterhalts und den Landenteignungen. Einerseits lässt sich danach fragen, inwiefern diese Bereiche selbst Verfahrenselemente aufwiesen. Andererseits drängt sich aber auch die Feststellung auf, dass sich diese vier Bereiche nicht vollständig trennen lassen. Deshalb sollen sie anschließend auch als Abschnitte eines längeren Verfahrens betrachtet werden.

II. Schätzung der Straßenbaukosten

Wenn Behörden, Gemeinden und andere Akteure über die Finanzierung von Straßenbauten verhandelten, gingen sie immer von den angenommenen Kosten eines Straßenbaus aus. Dazu mussten die Kosten geschätzt werden. Daraus ergaben sich Zahlen, die anschließend als „Tatsachen“ verwendet wurden und den weiteren Verlauf der Planungen und Verhandlungen beeinflussten. Die Kosten von Straßenbauten waren aber eine rechnerisch kaum zu beherrschende Variable und ließen sich nur begrenzt vorhersagen. Das gilt auch für ähnliche Projekte wie Entsumpfungen oder Eisenbahnbau. Die erwarteten und die tatsächlichen Kosten großer Infrastrukturbauten lagen in der Schweiz des 19. Jahrhunderts regelmäßig weit auseinander[19].

Trotzdem ließen die Behörden immer in einem frühen Stadium der Planungsphase die vermutlichen Kosten schätzen und bezogen sich später auf dieses Resultat. Wie solche Zahlen Glaubwürdigkeit erhielten, lässt sich vor allem an Beispielen von angezweifelten Kostenvoranschlägen herausfinden. 1818 reichten die Landschaft[20] Obersimmental und ihr Oberamtmann einen Projektentwurf bei der Zollkammer ein[21]. Die Zollkammer begrüßte den

---

16 *Junker,* Helvetik, Mediation, Restauration.

17 *Hari,* Sanfte Regulierung, 101–109; *Peyer,* Verfassungsgeschichte der alten Schweiz, 115.

18 *Tanner,* „Alles für das Volk“.

19 Zwei Beispiele aus neueren Studien sind *Hügli,* Aarewasser; *Kuoni,* Humanitätsfrage.

20 „Landschaft“ meint hier eine Talschaft oder Talgemeinde, deren Fläche übrigens mit dem gleichnamigen Oberamt identisch war, *Bierbrauer,* Die Oberländer Landschaften.

Vorstoß. Aber der Finanzrat fand den Kostenvoranschlag zu oberflächlich, den ein lokaler Sachverständiger ausgearbeitet hatte. Deshalb lehnte es dieser Rat ab, sich damit zu befassen[22].

Die Zollkammer holte darauf die Meinung zweier anerkannter Experten zu dem Entwurf ein. Einer der beiden, Carl Ludwig Tscharner (1787 – 1856), setzte sich in einem schriftlichen Gutachten mit dem fraglichen Kostenvoranschlag auseinander[23]. Es ist erhellend, dass Tscharner zuerst den Entwurf inhaltlich verteidigte. Er legte nämlich dar, dass bei Straßenbauten im Gebirge die Kosten im Voraus kaum korrekt einzuschätzen seien. Das Projekt sei vorläufig zwar dürftig dokumentiert, aber auf jeden Fall zu unterstützen. Weil die Verwaltung ihre Entscheide aufgrund von Fakten fälle, solle man ausführlichere Unterlagen dazu vorlegen, wie man diese Fakten habe feststellen wollen.

Tscharner hatte klare Vorstellungen, was man hätte tun sollen. Er bemerkte, dass das Terrain bei der Besichtigung genau hätte vermessen werden müssen. Anschließend wäre es möglich gewesen, den verantwortlichen Kammern und Räten exakte Angaben zur Streckenlänge und ein Längenprofil zu präsentieren. Das sei im administrativen Ablauf nötig, *indem man sonst Gefahr liefe dass dieses gewiss sehr nützliche Projekt wegen Mangel an hinlänglicher Vorarbeit zurückgeschoben werden dürfte*[24]. Dass sich die Kosten damit genauer abschätzen ließen, versprach Tscharner aber nicht – er suggerierte es nur. Ein halbes Jahr später stellte er selbst einen neuen Entwurf vor, der akzeptiert wurde[25].

Die Bemerkungen von Tscharner zeigen deutlich, dass er nicht eine sichere Entscheidung zwischen richtigen und falschen Zahlen anbieten konnte. Was er jedoch beurteilte, waren die Formalitäten des Kostenvoranschlags. Das entspricht den Beobachtungen, die Jakob Vogel in seiner Wissensgeschichte des Salzes macht. Danach sagten in umstrittenen Fällen auch Zweit- und Drittgutachter letztlich nicht, ob der zuerst kontaktierte Experte Recht hatte. Sie gaben nur darüber Auskunft, ob seine Argumente den fachlichen Konventionen entsprachen[26].

Die Darstellung des Kostenvoranschlages richtete sich allerdings nicht nur an Ingenieure. Streckenlängen, Höhenprofile und – was Tscharner nicht erwähnte – farbenprächtige Karten lassen sich als Mittel interpretieren, mit denen Verwaltungen „aus der Distanz regierten". Sie eröffneten den Beam-

---

21 Bittschrift, 24. 01. 1818 / Nivellement, 25. 11. 1817, in: Staatsarchiv Bern, BB X 2813.

22 Zedel des Finanzrats, 17. 04. 1818, in: Staatsarchiv Bern, BB X 2813.

23 Gutachten, 18. 05. 1818, in: Staatsarchiv Bern, BB X 2813.

24 Ebd.

25 Gutachten, 03. 10. 1818, in: Staatsarchiv Bern, BB X 2813.

26 *Vogel*, Ein schillerndes Kristall, 59.

ten die Möglichkeit, sich virtuell vor Ort zu begeben und die Lage aus der Ferne zu beurteilen[27]. Die Pläne mit den verschiedenen Varianten unterstützten diese Wirkung, indem sie nicht nur die tatsächlich gemessenen Dreiecke, Winkel und Zahlen zeigten, sondern auch Details wie Bäume, Bäche und Häuser[28].

Es ist aber wichtig, dass sich solche Darstellungsformen nicht universell anwenden ließen. Selbst bei einer so alltäglichen Tätigkeit wie dem Zusammenstellen der Unterlagen zu einem Straßenbauprojekt bildeten einzelne Elemente symbolisch gesellschaftliche Strukturen ab[29]. Die Legitimität der berechneten Zahlen hing entscheidend davon ab, wie diese Elemente eingesetzt wurden. Nachweisen lässt sich dies vor allem für die Pfähle, die im Gelände die Linie der geplanten Straße markierten. Die sinnliche Wahrnehmung von materiellen Objekten vor Ort spielte damit auch nach 1800 eine wichtige Rolle.

Diese Pfähle dienten zumindest teilweise als Hilfsmittel bei den Vermessungen, blieben dann aber stehen und signalisierten in den Augen der Anwohner die geplante Streckenführung[30]. Die Verfasser von Bittschriften bezogen sich nicht auf technische Zeichnungen, sondern auf die Profile im Gelände. Damit entstand neben den Büros der Verwaltung ein anderer, durch die Sichtbarkeit der Pfähle bestimmter Raum, in dem das Projekt beurteilt wurde. Wie das zweite Beispiel der 1835 bis 1838 ausgeführten Wannenfluhstraße im Emmental zeigt, sahen Bittsteller darin einen alternativen Zugang zu den Zeichnungen der Ingenieure[31].

Wenn diese neue Straßen-Anlage de facto bei Wannenfluh eben so sicher, bequem und ohne immerwährende Gefahrdrohung einer ganzen Gegend, ausgeführt werden könnte, brachten Gegner des Projekts vor, *wie dieselbe auf einem Plan zu machen, so würden die Unterzeichneten, nicht das geringste dagegen einwenden*[32]. Damit stellten sie den Berechnungen des Baudepartements ihre Beurteilung der ausgesteckten Linie gegenüber, die sich auf sinnliche Erfahrungen in der physisch vorhandenen Landschaft stützte.

---

27 *Joyce,* The Rule of Freedom, 25; Manual der Straßen-Commission, 17. 01. 1826, 54, in: Staatsarchiv Bern, B X 309. Vorsichtiger äussern sich zum gleichen Effekt bei den statistischen Erhebungen *Holenstein,* „Gute Policey", 279; *Eibach,* Der Staat vor Ort, 146.

28 Plan Ludwig Hug, Winter 1834, in: Staatsarchiv Bern, AA VIII Nr. IV Straßen Nr. 27. Eine literarische Beschreibung der Symbolik des Vermessens findet sich in *Kehlmann,* Die Vermessung der Welt, 268. Für den Hinweis auf dieses ebenso unterhaltende wie anregende Buch danke ich André Krischer.

29 Die Frage nach dieser Symbolik bei rechtlichen und politischen Verfahren stellt *Stollberg-Rilinger,* Verfahren, 17–18.

30 Die Benutzung von Pfählen für Vermessungen ist ersichtlich aus einer Abbildung in: *Exchaquet,* Dictionnaire des ponts et chaussées, Abb. 1.

31 Bittschrift, 16. 02. 1835/Bittschrift, 31. 12. 1834/Bittschrift, 05. 08. 1834, in: Staatsarchiv Bern, BB X 2920.

32 Bittschrift, 18. 07. 1833, in: Staatsarchiv Bern, BB X 2920.

Dieses Misstrauen gegenüber abstrakten Konstruktionszeichnungen und Berechnungen war in den Wissensordnungen des 18. und auch des beginnenden 19. Jahrhunderts keine eidgenössische Besonderheit[33].

Trotzdem hätte man erwarten können, dass die Berner Ingenieure sich über solche Einwände mit dem Überlegenheitsgefühl aufgeklärter Experten hinwegsetzten[34]. Tatsächlich äußerte sich der Präsident des Baudepartements bei einem Vortrag abschätzig über die Kenntnisse der skeptischen Anwohner[35]. Seine Ingenieure dagegen verzichteten auf solche Bemerkungen. Sie stützten sich keineswegs nur auf ihre eigenen Messungen und Berechnungen, sondern kannten selbst die „Sprache der Holzpfähle". Sie benutzten gezielt Pfähle und Bänder, um auf der Baustelle mit den Arbeitern zu kommunizieren. Diese richteten sich beim Abtragen und Aufschütten von Erde nach diesen visuellen Markierungen vor Ort[36].

Viele Berner Ingenieure versuchten zudem, ihre Messungen durch mündliche Erkundigungen zu ergänzen[37]. Sie fragten Anwohner nach der Dynamik von Gewässern, nach Bodenpreisen und anderen Faktoren, die sich rasch ändern konnten. In ihren Berichten wiesen sie explizit auf diese Informationsquellen hin[38]. Es ist wichtig, dass die enge Zusammenarbeit von lokalen Gruppen und Ingenieuren sich nicht nur technisch-instrumentell erklären lässt. Diese Verbindungen spielten auch eine Rolle, wenn es politische Unterstützung für ein Projekt zu mobilisieren galt.

Im Fall der Wannenfluhstraße führten die von den Anwohnern vorausgesagten Kostenüberschreitungen dazu, dass die Regierung dem Parlament 1837 vorschlug, das Projekt aufzugeben. Gegen diesen Antrag wehrte sich das Baudepartement, das diesmal auf die Ratschläge der Anwohner eingehen wollte. Mit diesem Argument gewann es die Abstimmung im Großen Rat[39]. Der Respekt vor lokalem Sachverstand ist deshalb nicht zuletzt in Zusammenhang mit den politischen Verhältnissen zu sehen.

Auch wenn einzelne Pfosten als Fixpunkte für die Vermessungen dienten, waren die Profile im Allgemeinen keine technische Notwendigkeit. Sie

---

33 *Vogel,* Ein schillerndes Kristall, 220.

34 Diese elitäre Haltung beschreiben z. B. *Vogel,* Ein schillerndes Kristall, 48–62; *Brakensiek,* Das Feld der Agrarreformen; *Laufer,* Bäuerliche Bildungs- und Innovationsbereitschaft.

35 Vortrag des Baudepartements, 17. 06. 1834, in: Staatsarchiv Bern, BB X 2920.

36 Offerte 01. 05. 1837, in: Staatsarchiv Bern, BB X 2922; *Exchaquet,* Dictionnaire des ponts et chaussées, 47–49.

37 In einem englischen Lehrbuch zum Straßenbau warnte 1833 Henry Parnell vor solchen Erkundigungen, *Parnell,* A Treatise on Roads, 41.

38 Gutachten, 14. 12. 1836 / Bericht, 12. 04. 1836, in: Staatsarchiv Bern, BB X 2921; Gutachten, 16. 04. 1828, in: Staatsarchiv Bern, BB X 1878; Bericht, 18. 07. 1817, in: Staatsarchiv Bern, BB X 2811.

39 Ratszedel, 23. 02. 1837 / Auszug aus dem Grossratsprotokoll, 21. 02. 1837, in: Staatsarchiv Bern BB X 2922.

ermöglichten stattdessen, geplante Straßenprojekte vor Ort zu publizieren. Damit konnten nicht nur Beamte in ihren Büros, sondern auch betroffene Anwohner vor Ort die Lage beurteilen und allenfalls reagieren. In diesem Sinn sind die „Bauprofile“ als Kommunikationsmittel bis heute in den Bauverordnungen der Schweizer Kantone vorgeschrieben[40].

Dieser Sinn der Markierungen im Gelände zeigt, bis auf welch banale, alltägliche Ebene sich politische Stärkeverhältnisse in administrativen Verfahren abbildeten. Ob es sich bei den Kostenvoranschlägen um ein Verfahren im einleitend beschriebenen Sinn handelt, ist jedoch schwierig zu sagen. Die Betrachter und Betrachterinnen der Profile traten zunächst als Publikum in Erscheinung. Sie hatten anschließend zu wählen, ob sie sich mit dem geplanten Projekt abfinden, es unterstützen oder bekämpfen wollten. Auf diese Weise lässt sich die Publikation vor Ort eher als Eröffnung eines umfassenderen Verfahrens verstehen. Darauf ist später noch zurückzukommen.

III. Verteilung der Baukosten

Die Finanzierung von Straßenbauten war nicht nur in der Schweiz, sondern auch im Deutschen Reich oder in Frankreich ein wichtiger Streitpunkt zwischen der Obrigkeit und anderen kollektiven Akteuren wie Ständen oder Gemeinden[41]. In Württemberg zum Beispiel verhandelte der Herzog jahrzehntelang mit der Landschaft um Beiträge an seine Chausseebauten[42]. Er setzte sich schließlich mit der Rückendeckung des Kaisers und des Schwäbischen Kreises durch[43]. In Bern gab es keine der württembergischen Landschaft entsprechende Institution. Auch der Bezug auf eine übergeordnete Instanz hatte bis 1848 für innerkantonale Belange kaum Bedeutung[44].

Trotzdem dachten Angehörige der Berner Führungsschichten in der zweiten Hälfte des 18. Jahrhunderts vor einem internationalen Hintergrund darüber nach, wie die Kosten von Straßenbauten zu verteilen seien. Die Oekonomische Gesellschaft druckte 1764 in ihren Abhandlungen Vorschläge ab, wie sich Hand- und Spanndienste effizient und gerecht auf die Bevölkerung umlegen ließen[45]. 1787 beschrieb der Ingenieur Henri Excha-

40 Für den Kanton Bern regelt das die Bauverordnung vom 06. 03. 1985, Art. 119.

41 *Iseli*, Bonne police, 204–243; *Helmedach*, Das Verkehrssystem als Modernisierungsfaktor, 83–91; *Wunder*, Chausseebau.

42 Ebd., 529.

43 Ebd., 531–535.

44 Die interkantonale (ebenfalls sehr zurückhaltende) Koordination bei Infrastrukturprojekten behandelt dagegen *Speich*, Helvetische Meliorationen.

45 *Christ*, Anmerkungen über die Frohndienste; *Graffenried / Tscharner*, Anmerkungen zweyer Mitglieder.

quet (1742–1814) in seinem Wörterbuch zum Straßenbau eine ideale Verteilung der Kosten zwischen Obrigkeit und Untertanen[46].

Bei Exchaquet war eine gerechte Verteilung zwischen Staat und Gemeinden Aufgabe der Obrigkeit. Ihr souveräner Entscheid, so Exchaquet mit Hinweisen auf Frankreich und das Deutsche Reich, sei endgültig und nicht verhandelbar. Sowohl nach Exchaquet wie der Oekonomischen Gesellschaft sollten die Kosten anschließend innerhalb der Kirchgemeinden mit Hilfe von Verzeichnissen des Grundeigentums nach Vermögen verteilt werden.

Einen ähnlichen Ansatz wie Exchaquet verfolgte auch die Straßenkommission, die in den 1820er Jahren die Verteilung der Baukosten zwischen Staat und Gemeinden gesetzlich zu fixieren suchte. Damit wollte sie die unterschiedliche Behandlung der Gemeinden vermeiden, die sie als ungerecht bezeichnete. Der Entwurf scheiterte jedoch an anderen strittigen Fragen[47]. Inwiefern wurde das Ideal einer gleichmäßigen Verteilung aber in der gesetzlich nur in Ansätzen geregelten Verwaltungspraxis umgesetzt?

Für das 18. Jahrhundert ist diese Frage aufgrund der Quellenlage schwierig zu beantworten[48]. In den ersten Jahrzehnten des 19. Jahrhunderts lässt sich eine einheitliche Linie der Straßenkommission nicht erkennen. Einerseits wehrte sich die Behörde dagegen, dass Gemeinden Straßen nur ausführen wollten, wenn sie dafür obrigkeitliche Zuschüsse erhielten[49]. Teilweise lehnte sie es auch ab, wenn Gemeinden mit finanziellen Beiträgen die Linienführung einer neuen Straße und ähnliche Fragen beeinflussen wollten[50]. Andererseits gibt es zahlreiche Beispiele, dass die Straßenkommission auf solche Angebote einging[51].

Eine quantitative Zusammenstellung der finanziellen Beiträge von Kanton und Gemeinden zu Straßenbauten 1814–1831 zeigt jedoch, dass der Anteil an den Baukosten massiv schwankte[52]. In diesem Zeitraum blieb ein einheitlicher, von der Verwaltung festgelegter Verteilungsmaßstab eine unerfüllte Forderung. Wenn man den Blick auf die praktischen Verhandlungen zwischen Obrigkeit und Gemeinden richtet, ist das nicht erstaunlich.

---

46 *Exchaquet,* Dictionnaire des ponts et chaussées, 154–156. Vermutlich auf Exchaquet bezieht sich *Ebener,* Der Staat als Bauherr im 18. Jahrhundert, 199.

47 Manual der Straßen-Commission, 28. 12. 1825, in: Staatsarchiv Bern, B X 309.

48 Die Listen der Straßenbauten weisen zwar auf Gemeindeleistungen hin, geben aber gewöhnlich den Umfang nicht an, Übersicht der Straßen-Bauten im alten Canton Bern von den Jahren 1730–1795, in: Staatsarchiv Bern, B X 102a. Vgl. auch *Ebener,* Der Staat als Bauherr, 80.

49 Manual der Straßen-Commission, 08. 12. 1818, 54–56, in: Staatsarchiv Bern, B X 301.

50 Auszug aus dem Straßenkommissions-Manual vom 15.01.1828, in: Staatsarchiv Bern, BB X 2766.

51 Manual der Straßen-Commission, 14. 03. 1826/06. 06. 1826, in: Staatsarchiv Bern, B X 309; Bittschrift, 08. 12. 1822, in: Staatsarchiv Bern, BB X 2765.

52 *Zeerleder,* Bericht an den Grossen Rath, 154–155 (Anhang).

Bei Neubauten verteilten die Behörden nicht einfach Aufträge an die Kirchgemeinden, sondern ließen sich auf Verhandlungen ein.

Beide Seiten tauschten finanzielle Angebote aus, bis die Behörden schließlich für oder gegen ein Projekt entschieden. Dieses vorsichtige Vorgehen der Obrigkeit passt zu ihrer allgemeinen Strategie eines bewussten Machtverzichts[53]. Das gezielte Abfragen von Stellungnahmen der einzelnen Kirchgemeinden ersetzte die Verhandlungen mit einem formalen repräsentativen Organ, wie es in Bern bis mindestens 1798 nicht existierte[54]. In diesen Verhandlungen ging es aber nicht nur um finanzielle Beiträge, sondern auch um die Darstellung von Verkehrsbedürfnissen.

Oberamtmänner und Ingenieure nutzten im 19. Jahrhundert lokale Bittschriften, um gegenüber der Regierung lokale und regionale Infrastrukturbedürfnisse zu belegen. Finanzielle Versprechen, in den 1830er Jahren teilweise begleitet von langen Subskriptionslisten, waren eine Möglichkeit, um solchen Schreiben mehr Gewicht zu verleihen. Dabei hatten die Beträge manchmal im Vergleich zu den ganzen Baukosten eher symbolische Bedeutung[55].

Wenn die Beamten in ihren Vorträgen die Vorgeschichte ihrer Entwürfe erzählten, begannen sie gewöhnlich mit Vorstößen lokaler Gruppen. Daraus leiteten sie ab, dass entsprechende Verkehrsbedürfnisse vorhanden seien. Allerdings begründeten die Behörden auch Ablehnungen mit Bittschriften[56]. Zu bemerken ist, dass die Verfasser von kollektiven Petitionen kaum mehr baten, sondern forderten. Dabei stand das Bemühen im Vordergrund, möglichst glaubwürdig eine regionale öffentliche Meinung zu konstruieren. Dazu gehörte auch die koordinierte Abgabe mehrerer Petitionen mit dem gleichen Anliegen (und oft teilweise identischem Inhalt)[57].

Nach der Verfassungsreform von 1831 blieben die Verhandlungen um finanzielle Beiträge und sachliche Zugeständnisse weiterhin üblich. Lokale Akteure reichten weiterhin Bittschriften ein, die nach 1831 eine neue Öffentlichkeit erhielten. Vor dem Beginn der Verhandlungen des Parlaments wurden jetzt nämlich die Bittschriften zu den geplanten Traktanden abgelesen oder zusammengefasst und anschließend auch in den publizierten Ver-

---

53 *Holenstein,* Wie mächtig war Bern.

54 *Schmidt,* Sozialdisziplinierung?

55 Bittschrift, 14. 06. 1834 (Ranflüh) / Bittschrift, 13. 06. 1834, in: Staatsarchiv Bern, BB X 2920; Subskriptionsliste, 05. 12. 1831, in: Staatsarchiv Bern, BB X 2729.

56 So begründete z. B. die Straßenkommission 1828, dass *das Bedürfnis einer sicheren, möglichst kurzen und ebenen Verbindung (...) längstens gefühlt und gewünscht worden* sei, Vortrag, 11. 11. 1828, in: Staatsarchiv Bern, BB X 1878.

57 Bittschrift, 15. 02. 1837, in: Staatsarchiv Bern, BB X 2922; Bittschrift, 30. 11. 1832 / Bittschrift 04. 04. 1825, in: Staatsarchiv Bern, BB X 2920. Beispiele teilweise identischer Petitionen sind: Bittschrift, 15. 02. 1837 / Bittschrift, 14. 02. 1837, in: Staatsarchiv Bern, BB X 2922; Bittschrift, 24. 01. 1832 / Bittschrift, 12. 12. 1831, in: Staatsarchiv Bern, BB X 2378.

handlungsprotokollen erwähnt. Die Leser der Protokolle gaben je nachdem wiederum Bittschriften ein[58].

1834 verlangten einige der neuen Großräte, dass man die Rolle der Gemeinden in der Planung staatlicher Projekte explizit im Straßengesetz verankere: Einzelpersonen und Gemeinden sollten mit ihren finanziellen Beiträgen die Entscheide der Behörden beeinflussen können. Das Parlament ging zwar nicht darauf ein, lehnte aber einen letzten Vorstoß der Verwaltung ab, die Aufteilung der Kosten zwischen Kanton und Gemeinden rechtlich zu fixieren[59]. 1865 übernahm der Kanton Bern in seinen ersten systematischen Straßennetzplan die finanziellen Beiträge der Gemeinden als ein Kriterium für die Reihenfolge der auszuführenden Bauten[60].

Obwohl Berner Politiker und Beamte die von Fall zu Fall neu verhandelte Mischfinanzierung als informelle Mitbestimmung der Gemeinden verstanden, konnte sie auch andere Bedeutungen annehmen. Der preußische Staat baute Straßen ab 1834 vor allem dort, wo die Anwohner auf Landentschädigungen verzichteten und selbst zu den Baukosten beitrugen. Dabei ging es nicht um die Mitbestimmung lokaler Gruppen, sondern um die Sanierung der Staatsfinanzen[61]. Dieses Konzept funktionierte allerdings nur, weil tatsächlich viele Regierungsbezirke, Kreise und Gemeinden Angebote machten und in diesem Sinn die staatliche Infrastrukturpolitik doch beeinflussten[62].

Wie die Bittschriften[63] war also auch die Mischfinanzierung kein spezifisch bernisches Phänomen. Der unterschiedliche politische Kontext dürfte sich allerdings auf ihre Verwendung ausgewirkt haben. Nach der Mitte des 19. Jahrhunderts erhielten die mit Petitionen verknüpften Unterschriftensammlungen in der demokratischen Bewegung eine neue Bedeutung. Dabei wurde in Bern mit Subventionen an Eisenbahngesellschaften die Finanzierung von Verkehrsinfrastrukturen zum Anlass der Reformen. 1869 erließ der Große Rat – als Reaktion auf Massenpetitionen – ein Gesetz über Volksabstimmungen (Referenden) in Sachgeschäften[64].

Die Behörden konnten nun nicht mehr pro forma auf Bittschriften verweisen und diejenigen Argumente und Anliegen aufnehmen, die ihnen gerade passten. Die Abstimmungen waren vergleichsweise autonome Ver-

58 Zum Beispiel Bittschrift, 05. 08. 1834, in: Staatsarchiv Bern, BB X 2920.

59 Staatskanzlei des Kantons Bern, 29.

60 *Chatelanat,* Kenntniss der Staats-Finanzwirthschaft, 59–62.

61 *Müller,* Infrastrukturpolitik in der Industrialisierung, 245–246.

62 *Müller,* Chausseebaupolitik und Herrschaft, 208; *Müller,* Infrastrukturpolitik in der Industrialisierung, 312.

63 *Schmidt,* Sozialdisziplinierung, 573 f. vergleicht die Rolle der Supplikationen in Bern mit der in Bayern.

64 *Minder,* Nous sommes de Berne!, 62; *Schaffner,* „Direkte" oder „indirekte" Demokratie.

fahren. Es gilt jedoch zu bedenken, dass Schweizer Verwaltungen rasch lernten, Referenden zu vermeiden oder zu gewinnen. Dazu gehörte, dass man Organisationen mit ernst zu nehmenden finanziellen und personellen Ressourcen bereits frühzeitig einzubinden suchte. Obwohl während des Ablaufs der Abstimmung alle Bürger gleich waren, konnten deshalb niemals alle dieses Verfahren im gleichen Maß nutzen[65].

Kam es erst mit den weitgehend formalisierten Abstimmungsverfahren zu einem Entscheidungszwang? Die Antwort auf diese Frage hängt davon ab, was man als Entscheidung definiert. Bei Infrastrukturbauten ist es nicht immer einfach, zwischen „abgebrochenen" Verfahren[66] und einem ablehnenden Entscheid zu differenzieren. In den untersuchten Fällen in Bern kam es jedoch immer zu einem expliziten, begründeten Entscheid. Das entsprach auch den Erwartungen der beteiligten Akteure.

Der Ingenieur und ehemalige Oberamtmann Johann Ludwig Wurstemberger (1783–1862) warnte die Straßenkommission 1819 davor, Bittschriften unbeantwortet liegen zu lassen. Eine begründete Ablehnung, zeigte er sich überzeugt, komme bei den Bittstellern besser an als gar keine Antwort[67]. Eine explizite Ablehnung von Entwürfen forderten vor allem diejenigen, die einen Straßenbau verhindern wollten. Wer zusätzliche Unterhaltslasten befürchtete oder wertvolles Land zu verlieren hatte, verlangte von der Verwaltung eine unmissverständliche Stellungsnahme[68].

Trotzdem handelt es sich bei den behandelten Abläufen zur Schätzung und Verteilung der Kosten um eher offene, unbestimmte Verfahren. Das lässt sich aber nicht nur auf die besonderen Verhältnisse in Bern oder auf eine allgemeine Unbestimmtheit von Verwaltungsverfahren zurückführen. Stattdessen ging es in diesem Beitrag bis jetzt vor allem um die frühe Planungsphase eines Bauprojektes. Später kamen nämlich engere, in einem gewissen Sinn auch autonomere Verfahren zur Anwendung. Das lässt sich an den Kontrollen im Straßenunterhalt und den Landenteignungen zeigen.

IV. Kontrolle des Unterhalts

Anders als beim Straßenbau wies die Obrigkeit den Kirchgemeinden im Straßenunterhalt einseitig Aufgaben zu und kontrollierte mit verschiedenen Mitteln, ob die Untertanen ihre Pflichten erfüllten. Neben Anzeigen von

65 Diese Entwicklung beschreibt für die Ebene des Bundesstaates *Degen,* Haftpflicht bedeutet den Streit.

66 Die Möglichkeit des Abbruchs erwähnt *Sikora,* Der Sinn des Verfahrens, 48.

67 Gutachten, 28. 04. 1819, in: Staatsarchiv Bern, BB X 2764.

68 Bittschrift, 04. 04. 1825, in: Staatsarchiv Bern, BB X 2920.

Postkutschern und Wegknechten war vor allem die regelmäßige Besichtigung der Straßen durch Magistraten von Bedeutung. Bei Beanstandungen setzte der Oberamtmann der säumigen Kirchgemeinde eine letzte Frist und drohte, die Arbeiten auf Kosten der Gemeinde durch einen Unternehmer ausführen zu lassen[69].

Von den 1750er bis in die 1780er Jahre führte die Zollkammer außerdem ein Urbar, in dem die Unterhaltspflichten für jeden neu gebauten Streckenabschnitt genau beschrieben waren. Außerdem legten Ausgeschossene der Kirchgemeinden ein Gelübde auf das Straßenreglement von 1742 ab, das die einzelnen Arbeiten bezeichnete. Teilweise bestätigten sie das mit einer Unterschrift im Urbar[70].

Diese formale Anerkennung der obrigkeitlichen Befehle durch die Untertanen lässt sich einerseits als Hinweis auf die Konsensbedürftigkeit der bernischen Herrschaft deuten[71]. Andererseits dürften sie sich auch in die Bemühungen frühneuzeitlicher Obrigkeiten einordnen lassen, ihre Gesetze und Verordnungen möglichst effektiv zu publizieren. Die Unterschrift wäre dann auch als „Empfangsbestätigung" zu verstehen. Sie hätte damit eine ähnliche Funktion gehabt wie die Mandatenbücher, in denen Oberämter und Gemeinden die obrigkeitlichen Normen sammelten und die periodisch überprüft wurden[72]. Diese Praktiken waren im Allgemeinen nicht spezifisch eidgenössisch, sondern gehörten eher in den internationalen Kontext der „guten Policey"[73].

Ab 1798 kam es zwar zu verschiedenen territorialen Änderungen, die bisherige Unterhaltspflichten in Frage stellten. Die Behörden führten das Urbar der Unterhaltspflichten aber nur teilweise von 1807 bis 1829 nach. Sie wendeten jedoch bei Beanstandungen weiterhin das gleiche Verfahren an wie vor 1798. Wie das Beispiel der Stadt Biel zeigt, ergaben sich dabei im veränderten Umfeld des 19. Jahrhunderts Probleme. Biel war bis 1797 eine halbautonome Stadtrepublik im Fürstbistum Basel und kam erst 1815 zum Kanton Bern. 1825 setzten zuerst der Oberamtmann von Nidau und danach der Finanzrat der Stadt nach dem allgemeinen Verfahren eine letzte Frist, um die Brücke zu reparieren. Der Stadtrat von Biel wehrte sich dagegen mit Hilfe eines 1818 erlassenen Gesetzes über das Verfahren in Administrativtätigkeiten[74].

---

69 Dieses Verfahren gleicht demjenigen in England, das vor allem ältere Studien thematisieren, *Ginarlis / Pollard*, Roads and Waterways; *Webb / Webb*, English Local Government.

70 Straßen-Urbar 1753 – 1829, in: Staatsarchiv Bern, B X 99.

71 Diese Feststellung macht ohne besonderen Fokus auf Bern *Holenstein*, Die Huldigung der Untertanen, 517.

72 Die obrigkeitliche Publikationspraxis im Bern des 18. Jahrhunderts beschreibt *Hari*, Sanfte Regulierung, 44 – 55.

73 *Holenstein*, „Gute Policey", 201.

Das scheinbar straffe Vollzugsverfahren mündete also in einen zweijährigen Administrativprozess. An diesem Prozess wird einerseits klar, dass sich Verwaltungshandeln und Gerichtsprozesse nicht vollständig trennen lassen. Deutlich wird aber auch, dass das „Verfahren" im Sinn einer Komplexität reduzierenden Entscheidungsgeschichte weit über den eigentlichen Gerichtsprozess hinausging. Beide Seiten suchten nach Gelegenheiten, bei denen sich die Gegner in einem Sinn festgelegt hatten, der ihren Absichten im aktuellen Verfahren widersprach.

Der Finanzrat wies darauf hin, dass die Stadt Biel noch 1783 ein Angebot der Berner abgelehnt hatte, sich am Unterhalt der Brücke zu beteiligen. Zudem beziehe die Stadt immer noch Zölle und habe damit einen Sonderstatus, mit dem der Unterhalt der fraglichen Brücke verbunden sei. Der sonst sehr auf seine Privilegien bedachte Stadtrat von Biel verwies dagegen darauf, dass im Allgemeinen die Obrigkeit selbst jeden rechtlichen Zusammenhang zwischen Zöllen und Straßenunterhalt abstritt. Biel habe deshalb nicht mehr zum Unterhalt der Brücken beizutragen als jede gewöhnliche Landgemeinde: nämlich gar nichts.

Obwohl die beiden Parteien lange Anklage- und Verteidigungsschriften austauschten, sollten ihr insgesamt inkonsistentes Verhalten und die inhaltlichen Argumente nicht überbewertet werden. Das Gerichtsverfahren verlief ohnehin einseitig zu Gunsten des Finanzrats, weil der Oberamtmann von Nidau in seiner zweiten Rolle als Administrativrichter weiterhin die obrigkeitliche Sichtweise verteidigte[75]. Damit führte es zwar zu einem rechtlich prinzipiell bindenden Entscheid. Das rechtliche Verfahren entsprach aber nicht dem damals verbreiteten Ideal der Gewaltenteilung, sondern verlief nach von liberalen Juristen grundsätzlich kritisierten Prozessformen[76].

Obrigkeitliche Behörden nahmen es dagegen eher als problematisch wahr, dass an Gerichten über administrative Maßnahmen verhandelt wurde. Dabei stießen sie sich schon daran, dass die Parteien sich überhaupt zu umstrittenen Fragen äußerten. 1822 hielt der Geheime Rat, das oberste Regierungsgremium, an einer Sitzung fest: *Dass mit diesen im hiesigen Gerichtsgebrauch eingeführten Kreuz-Memorialen ein bedenklicher Unfug getrieben wird, hat allerdings seine Richtigkeit [...] In diesen nach geschlossener Actensammlung einseitig erscheinenden Schriften maßen die H. Anwälte sich oft die bitterste Critik des richterlichen Verfahrens, die*

---

74 Der Stadtrat von Biel an den Oberamtmann von Nidau, 16. 12. 1825, in: Staatsarchiv Bern, B X 323. Auf dieses sonst vernachlässigte Gesetz geht kurz ein *Tillier*, Geschichte der Eidgenossenschaft, 19–21.

75 Das kommt in der Urteilsbegründung klar zum Ausdruck, Erkenntnis des Oberamtmanns von Nidau, 16. 05. 1828, in: Staatsarchiv Bern, B X 323.

76 *Klötzli,* Die Bittschriften des Berner Volkes, 79. Die Gewaltenteilung auf Bezirksebene im Kanton Bern behandelt *Weyermann,* Der Regierungsstatthalter.

lieblosesten und unbegründetesten Beschuldigungen des urtheilenden Richters an[77].

Die Gewaltenteilung ist ein Beispiel, wie Verfahrensregeln selbst zu einem eigenständigen Thema wurden. Es ist aber auch zu sagen, dass der erwähnte Prozess für den Straßenunterhalt in den 1820er Jahren nur teilweise repräsentativ ist. Häufiger verließ sich die Obrigkeit bei Konflikten um den Straßenunterhalt in dieser Zeit eher auf Verhandlungsstrategien. Sie zeigte sich dabei mehrmals großzügig, wenn Gemeinden entschlossen und hartnäckig gegen neue Unterhaltslasten protestierten. Dabei übernahm sie dauerhafte Unterhaltslasten selbst[78]. Außerdem stellte die Obrigkeit Proteste der potentiellen Unterhaltspflichtigen auch als einen wichtigen Grund dar, warum sie auf bestimmte Neubauten verzichtete[79].

Das Vollzugsverfahren im Straßenunterhalt mochte aus der rückblickenden Perspektive von Historikern im 20. Jahrhundert als straff und effizient erscheinen, im frühen 19. Jahrhundert fehlte ihm aber die Legitimität. In der Bittschriftensammlung im Dezember 1830 gehörten die Gewaltenteilung und die Reform des Straßenunterhalts zu den häufig erwähnten Themen[80]. Nach den liberalen Verfassungsreformen von 1831 änderte das neue Parlament sowohl die inhaltlichen wie die formalen Grundlagen, die im Prozess zwischen der Stadt Biel und dem Finanzrat zur Anwendung gekommen waren. Hinsichtlich der Rollen nahm die Autonomie des Verfahrens damit sicherlich zu[81].

Sowohl beim Bau wie beim Unterhalt von Straßen wendeten die Behörden nicht nur Verfahren an, sondern sie reflektierten auch Verfahrensfragen. Das häufige Nachdenken darüber lässt sich in verschiedenen Quellengattungen nachweisen[82]. Allerdings nimmt dabei der von Luhmann problematisierte Legalitätsglaube oft schon eine etablierte Stellung ein. Seine Genese lässt sich deshalb um 1830 kaum mehr beobachten[83]. Das kommt auch im letzten zu behandelnden Bereich deutlich zum Ausdruck.

---

77 Protokoll des Geheimen Rats (Abschrift), 18. 02. 1822, in: Staatsarchiv Bern, B I 274.

78 Ratszedel, 27. 08. 1828, in: Staatsarchiv Bern, BB X 2766; Ratszedel, 14. 03. 1828, in: Staatsarchiv Bern, BB X 1614.

79 *Zeerleder*, Bericht an den Grossen Rath, 463.

80 *Raster*, Enteignung und Eisenbahnbau, 91 – 92; *Witschi*, Das Wirtschaftliche in der bernischen Staatsumwälzung, 18 – 19.

81 *Weyermann*, Der Regierungsstatthalter, 38 – 48; Staatskanzlei des Kantons Bern, 23.

82 *Lelevel*, Bericht an das Baudepartement, 64 – 66; Manual der Straßen-Commission, 28. 12. 1825, 4, in: Staatsarchiv Bern, B X 309; Amtsbericht Trachselwald, 30. 03. 1814, in: Staatsarchiv Bern, B I 274; Missivenbücher des Regierungsstatthalters des Kantons Bern, 08. 10. 1800, 226, in: Staatsarchiv Bern, Helv BE 54.

83 Die Luhmannsche Verfahrenstheorie wäre zumindest von ihrem Anspruch her ein Ansatz, um diesen Legalitätsglauben nicht einfach festzustellen, sondern zu erklären, *Sikora*, Der Sinn des Verfahrens, 26 – 28.

Es handelt sich um die Bestimmungen zur finanziellen Entschädigung bei Landenteignungen.

V. Landentschädigungen

Die Enteignung (Expropriation) von Land für Infrastrukturprojekte ist ein lange vernachlässigtes, aber aus verschiedenen Perspektiven höchst wichtiges Thema[84]. Moderne Verkehrsverbindungen wiesen eine möglichst direkte und flache Linienführung aus. Die Präferenzen der betroffenen Grundeigentümer ließen sich bei ihrer Erstellung kaum berücksichtigen. Wo sie nicht freiwillig verkauften, enteigneten Behörden oder Generalunternehmer das Land zwangsweise.

Auf einer theoretischen Ebene kollidierten auf diesem Feld zwei der wirkungsmächtigsten Ideologien im frühen 19. Jahrhundert. Einerseits genoss das Privateigentum einen hohen Stellenwert. In der Philosophie Kants und Fichtes war es eine Voraussetzung der Freiheit und sittlichen Entfaltung[85]. Andererseits entwickelte sich seit dem späten 18. Jahrhundert eine Vorstellung, wonach der wirtschaftliche und soziale Fortschritt von einer zunehmenden internationalen Vernetzung und Arbeitsteilung abhing. Dazu brauchte es Verkehrswege. Und diese ließen sich nur bauen, wenn der Staat und private Unternehmer das individuelle Privateigentum antasten durften[86].

Landenteignungen ließen sich im Kanton Zürich bis in die ersten Jahrzehnte des 19. Jahrhunderts ohne gesetzliche Grundlage durchführen[87]. Im bernischen Territorium bestimmten Erwartungen der Bevölkerung und regionale Rechtsnormen die Grenzen, innerhalb derer die Behörden vorgehen konnten[88]. Schätzungen für Landenteignungen lassen sich spätestens ab Mitte des 18. Jahrhunderts nachweisen[89]. An das übliche Vorgehen halten musste sich die Straßenkommission auch 1822. Gemeindevertreter und Oberamtmänner intervenierten nämlich mehrmals, weil Ingenieure ohne Entschädigungszahlungen Straßen zu verbreitern suchten[90].

---

84 Als neueste historische Studien zu nennen sind *Merriman,* Driving Spaces, 85; *Raster,* Enteignung und Eisenbahnbau.

85 *Marquardt,* Staatsbildung, 241; *Siegrist / Sugarman,* Geschichte als historisch-vergleichende Eigentumswissenschaft, 23.

86 *Revill,* William Jessop; *Kostal,* Law and English Railway Capitalism, 176 – 179; *Scheiber,* Property Law.

87 *Raster,* Enteignung und Eisenbahnbau, 89 f.

88 *Exchaquet,* Dictionnaire des ponts et chaussées, 196 – 204; *Haldimand,* Essai sur la construction des grands chemines.

89 Kostenvoranschlag, 13. 08. 1751, in: Staatsarchiv Bern, BB X 2378.

90 Manual der Straßen-Commission, 02. 07. 1822, 154, in: Staatsarchiv Bern, B X 305.

Die Verrechtlichung der Enteignungsverfahren ab den 1820er Jahren betraf nur die Abwicklung der Enteignungen, nicht aber den grundsätzlichen Entscheid über ihr Zustandekommen. Dieser blieb weiterhin dem Parlament überlassen. Die Straßenkommission sah deshalb die Formulierung rechtlicher Grundlagen im 1824 bis 1830 genehmigten Zivilgesetzbuch[91] als bloße Legalisierung bestehender Praktiken. Sie erwartete nicht, dass die neuen Regeln etwas am Verwaltungshandeln ändern würden. Stattdessen ging es aus ihrer Sicht um die wirkungsvollere Legitimation dessen, was ohnehin geschah: *Die Mäßigung mit welcher hierin* [bei der Landenteignung; D.F.] *schon in älteren Zeiten verfahren wurde, gehört zu den ehrenvollen denkmahlen des milden Charakters Unserer Regierung; – alleine so gross die Schonung war, mit der man sich im Nothfall einen Eingriff in das Privat Eigenthum erlaubte, – so mochte sie dennoch in manchen Fällen den Schein der Willkühr nicht entfernen, den schon darum auf eine solche Verfügung fiel, weil kein ausgedrüktes Gesetz die Befugnis in die Hand der Regierung gesetzt hatte und so erscheint was jetzt mit mehr Strenge in weiterm Umfang durchgesetzt wird, dennoch gesetzmäßig und mithin gerecht*[92].

Es ist wichtig, dass die Verrechtlichung den Grundeigentümern keine Mittel in die Hand gab, um die Enteignung grundsätzlich anzufechten. Hatte der Große Rat einmal einen Straßenbau beschlossen, ließen sich die Landenteignungen nicht mehr verhindern[93]. Wollten sich Grundeigentümer erfolgreich gegen die Expropriation wehren, durften sie es also gar nicht zum Enteignungsverfahren kommen lassen. Sie mussten das Bauprojekt noch in der Planungsphase stoppen.

Trotzdem waren diese Verfahren nicht bloße Rituale[94]. Im Enteignungsverfahren ging es aber allein um die Höhe der Entschädigung. Das wäre eigentlich immer noch eine brisante Angelegenheit gewesen. Je nach Eigentumsbegriff hätte es sich nämlich nicht nur für die prinzipielle Unmöglichkeit einer Expropriation, sondern auch für eine ganze Bandbreite von Entschädigungsforderungen argumentieren lassen[95]. Das Zivilgesetzbuch versprach den Eigentümern eine „vollständige Entschädigung", was sich

---

91 Zweyter Titel im Civil-Gesetzbuch, 2. Teil: Sachen-Recht, 1. Hauptstück: Dingliche Rechte, 15 (Satzung 379). Die Entstehung des Berner Zivilgesetzbuches behandelt *Roth,* Samuel Ludwig Schnell.

92 Manual der Straßen-Commission, 28. 12. 1825, 5, in: Staatsarchiv Bern, B X 309.

93 Am klarsten dargestellt ist die Rechtslage in zwei Gutachten der Redaktoren des Gesetzbuches: Gutachten, 04. 02. 1834 (Samuel Ludwig Schnell), in: Staatsarchiv Bern, BB X 1352; Gutachten, 25. 01. 1830 (Karl Koch), in: Staatsarchiv Bern, A II 3052.

94 *Luhmann,* Legitimation durch Verfahren, 40.

95 Eher knapp diskutiert dieses Thema *Kostal,* Law and English Railway Capitalism, 175 – 179.

unterschiedlich auslegen ließ[96]. Wie sich 1836 bei einer Auseinandersetzung zwischen Grundeigentümern und dem Baudepartement zeigte, beinhaltete eine vollständige Entschädigung nach dem Rechtsempfinden der damals in Bern maßgeblichen Juristen mehr als bloß den Marktwert der Grundstücke[97].

Vor diesem Hintergrund lässt sich die Frage nach der Autonomie des Verfahrens in der Sinndimension stellen[98]. Dabei geht es nicht nur um Konflikte zwischen religiösen Werten und einer eigenständigen politischen Ethik. Die Enteignungsverfahren zeigen, dass im 19. Jahrhundert juristische Argumente gegenüber wirtschaftlichen Überlegungen keineswegs autonom waren. Für Behörden und private Unternehmer stellten die Entschädigungszahlungen einen Kostenfaktor dar, den es zu minimieren galt. Dabei befanden sich die Grundeigentümer in Bern im internationalen Vergleich noch in einer günstigen Situation[99].

Die Darstellung des Verfahrens verschleierte diese Probleme. Sie betonte die sorgfältige Einschätzung des Wertes des Landes vor Ort. Grundeigentümer, Richter und Baubehörden ernannten je einen von insgesamt drei Sachverständigen aus der näheren Umgebung, die mit ihrer Lokalkenntnis Wiesen, Äcker und Bäume angemessen einschätzten. Damit sollte eine unparteiische Schätzung garantiert werden. Machten die Grundeigentümer von allen Rekursmöglichkeiten Gebrauch, kam es zu insgesamt drei Schätzungen an Ort und Stelle[100]. Teilweise wurde auch die Fläche erneut vermessen[101].

Wie es im Abschnitt zu den Kostenvoranschlägen anschaulicher dargestellt wurde, handelte es sich auch hier um eine Inszenierung von Verfahren an Ort und Stelle. Gewöhnlich ließ sich eine Mehrheit der Grundeigentümer vom Schätzungsverfahren beim ersten Versuch überzeugen und akzeptierte die festgelegten Entschädigungssummen[102]. Den anderen bot

---

96 Civil-Gesetzbuch, 2. Teil, 1. Hauptstück, 15.

97 Der Regierungsstatthalter von Trachselwald an das Baudepartement, 08. 07. 1836, in: Staatsarchiv Bern, BB X 2921; Gutachten, 04. 02. 1834, in: Staatsarchiv Bern, BB X 1352.

98 *Sikora,* Der Sinn des Verfahrens, 45 f.

99 Bei der Linthkorrektion in den Schweizer Kantonen Zürich, Schwyz und Glarus, aber auch bei Projekten in den Vereinigten Staaten trugen betroffene Grundeigentümer über einseitige Entschädigungsregelungen einen wesentlichen Teil der Finanzierungslasten: *Speich,* Helvetische Meliorationen, 252–262; *Scheiber,* Property Law, 234–237.

100 Zu den wiederholten Schatzungen: Urteil, 13. 11. 1837, in: Staatsarchiv Bern, BB X 1887; zu den Schatzungsverfahren selbst: Der Regierungsstatthalter von Trachselwald an das Baudepartement, 25. 06. 1836/23. 05. 1836/18. 05. 1836, in: Staatsarchiv Bern, BB X 2921.

101 Erklärung, 25. 09. 1840, in: Staatsarchiv Bern, BB X 2924.

102 1836 akzeptierten im Amtsbezirk Trachselwald alle, in Signau 7 von 10 Betroffenen die erste Schatzung. Der Amtsgerichtspräsident von Signau an das Baudepar-

das Verfahren eine Möglichkeitsstruktur, in der sie zwischen verschiedenen Verhaltensalternativen zu wählen hatten. Wer sich auf das rechtliche Verfahren einließ und einen Rekurs gegen die erste Schätzung ergriff, anerkannte zwar implizit die Enteignung als politisch gegebene Tatsache. Er (oder sie) erhielt aber unter Umständen mehr Geld.

Dieser Anreiz übte offensichtlich auf unzufriedene Grundeigentümer eine genügend starke „Sogwirkung" aus, um sie in das Verfahren zu verwickeln. Hatten sie sich einmal darauf eingelassen, konnten sie sich nicht mehr daraus zurückziehen. Verweigerten sie die Annahme der zuletzt bestimmten Entschädigungssumme, ließ das Baudepartement diese gerichtlich hinterlegen und der Fall galt als abgeschlossen[103]. Ganz im Sinne Luhmanns sollte man dieses Verfahren also nicht als einen persönlichen Lernprozess, sondern als eine Herstellung kollektiver Verbindlichkeiten begreifen[104].

Prozedurale Verstrickungen der Landenteignungsverfahren gab es auch innerhalb der Verwaltung. 1829 zog die Straßenkommission selbst das Zivilgesetzbuch heran, um ihre Vorstellungen vom richtigen Verfahren gegen die Regierung durchzusetzen. Dabei instrumentalisierte sie das Argument der Gesetzlichkeit (Legalität) zu ihren eigenen Zwecken. Die Kommission verlangte neue und andere Befehle, weil *sie befürchten müsste, durch ein Verfahren, das die unabhängige richterliche Behörde nicht gesetzlich finden könnte, Euer Gnaden Befehle (die nie compromittiert seyn sollen) compromittiert zu sehen*[105].

Die Grundeigentümer konnten die Verwaltung in Schwierigkeiten bringen, wenn zu viele von ihnen gegen die Schätzungen Rekurs ergriffen. Eine grosse Zahl der aufwändigen Verfahren brachte die Verwaltung an ihre Kapazitätsgrenzen. Besonders beim Bau der Bielerseestraße in den Jahren 1834 bis 1838 sahen sich die Beamten einer Flut von Enteignungsprozessen gegenüber, mit der sie nicht fertig wurden. Hier benutzten Grundeigentümer den Gang vor Gericht als Druckmittel, um höhere Entschädigungen zu fordern. Entschädigungszahlungen und Prozesskosten gerieten außer Kontrolle und trugen dazu bei, dass die Straße zuletzt dreimal so viel kostete wie ursprünglich erwartet[106].

---

tement, 17. 11. 1836 / Der Regierungsstatthalter von Trachselwald an das Baudepartement, 25. 06. 1836, in: Staatsarchiv Bern, BB X 2921.

103 Johann Jakob Lüthi an das Baudepartement, 28. 04. 1842, in: Staatsarchiv Bern, BB X 2924.

104 Luhmann bezeichnet allerdings auch das als (soziales) „Lernen", *Sikora*, Der Sinn des Verfahrens, 32; *Luhmann*, Legitimation durch Verfahren, 34 – 35.

105 Vortrag, 26. 01. 1830, in: Staatsarchiv Bern, A II 3052.

106 *Rogger*, „Schön – aber ein Skandal"; Carl Müller an das Baudepartement, 09. 05. 1838 / Rapport, 29. 04. 1837 / Rapport, 22. 04. 1837 / Rapport, 08. 04. 1837, in: Staatsarchiv Bern, BB X 1887.

Ingenieure und Bauunternehmer bemühten sich darum, in mündlichen Verhandlungen zu außergerichtlichen Abkommen zu gelangen[107]. Teilweise schlossen sie dabei sogar Verträge ab, bei denen die Kaufsumme unter dem Schatzungsbetrag lag[108]. Auch diese Übereinkünfte folgten aber formalen Regeln. Vor allem legten die Beamten Wert darauf, alle Zugeständnisse schriftlich festzuhalten. Damit wollten sie vermeiden, dass Grundeigentümer nachträglich ihre Meinung änderten und die Verhandlungen neu begannen[109]. Die Schriftlichkeit diente hier dazu, Entscheiden Dauer zu verleihen.

Bei diesen informellen Verhandlungen spielten Beziehungen und juristische Kenntnisse eine wichtige Rolle. Die Grundeigentümer waren deshalb alles andere als gleich, wenn es darum ging, das Verfahren zu instrumentalisieren. Im Verfahren selbst kamen Rollenverletzungen kaum vor. Nur einmal beklagte ein Beamter, dass die Schätzer das Land eines bestimmten Grundeigentümers systematisch zu hoch bewerteten, weil alle bei ihm Schulden hätten[110]. Damit handelt es sich bei den Landenteignungen anders als bei den Finanzierungsverhandlungen um ein vergleichsweise autonomes Verfahren. Dieser Gegensatz war, wie gleich ausgeführt werden soll, auch kaum ein Zufall.

VI. Das ganze Bauprojekt als Verfahren

Anders als bei Gerichten erscheint es bei Verwaltungen oft als unklar, was als Verfahren zu bezeichnen ist. Die vorgestellten Beispiele geben den Eindruck einer Vielzahl ineinander verschachtelter Verfahren auf verschiedenen Ebenen. Dazu gehörten auch politische wie Abstimmungen im Parlament oder rechtliche wie bei Prozessen um Entschädigungszahlungen. Die vier behandelten Bereiche sind in verschiedenen Phasen im Ablauf von Straßenbauten angesiedelt. Außerdem betrafen sie teilweise auch unterschiedliche Maßstabsebenen.

Während die Behörden mit ganzen Gemeinden über die finanzielle Beteiligung am Bau neuer Straßen verhandelten oder sie für mangelhaft unterhaltene Straßen rügten, beauftragten sie individuelle Ingenieure mit Kos-

---

107 Carl Ludwig Müller an das Baudepartement, 21. 12. 1838 / Karl Ludwig Müller an das Baudepartement, 18. 12. 1838 / Karl Ludwig Müller an das Baudepartement, 26. 11. 1838 / Carl Ludwig Müller, 06. 03. 1838 / Bendicht Marti an das Baudepartement, 15. 09. 1837, in: Staatsarchiv Bern, BB X 1887; Oberamtmann Daxelhofer an die Straßenkommission, 18. 11. 1824, in: Staatsarchiv Bern, BB X 2765.

108 Karl Müller an das Baudepartement, 03. 10. 1838, in: Staatsarchiv Bern, BB X 1887.

109 Rechnungsführer Schneider an Karl Müller, 05. 12. 1837, in: Staatsarchiv Bern, BB X 1887.

110 Christian Hirsbrunner an Ludwig Hug, 1835, in: Staatsarchiv Bern, BB X 2921.

tenvoranschlägen und wandten sich bei Landenteignungen unmittelbar an einzelne Grundeigentümer. Dabei waren die Verfahren auf der Mesoebene von Gemeinden und Behörden offener und ließen den Teilnehmern mehr Handlungsspielräume als auf der Mikroebene von einzelnen Grundeigentümern und Ingenieuren.

Bei den Verfahren auf der Mesoebene stellten die Teilnehmer wie bei der Finanzierung von Straßenbau und -unterhalt ziemlich rasch die Regeln in Frage. Auf der Mikroebene kam es kaum dazu. Hier waren die offenen Fragen von Anfang an klar zugespitzt: Wie viel würde die Straße kosten? Wie viel war das zu enteignende Land wert?

Die Verfahren und Verhandlungen auf den unterschiedlichen Maßstabsebenen entwickelten unterschiedliche Legitimationsstrategien. Bei den Verhandlungen um den Bau und den Unterhalt neuer Straßen ging es darum, möglichst viele Akteure einzubinden. Dieses Bemühen versuchten Beamte zu bekräftigen, indem sie ihre Anträge mit Bittschriften begründeten. Teilweise ließen sich auch die Regeln ändern oder Ausnahmen gewähren.

Ein ganz anderes Bild geben die Verfahren ab, in denen Baukosten und Entschädigungssummen geschätzt wurden. Die Darstellung vor Ort und in den Büros der Behörden demonstrierte eine sachlich und rechtlich korrekte Abwicklung. Dabei kam die hohe Autonomie lokaler Verhältnisse bis in die Auswahl der Sachverständigen und die symbolische Funktion der Profile zum Ausdruck. Die aufwändig präsentierten lokalen Schritte zur Entscheidungsfindung suggerierten, dass die Behörden aufgrund der „an Ort und Stelle" angetroffenen Lage lokal angepasste Entscheide fällten[111].

Das war auch nicht bloßer Schein, denn die Bauprofile schufen eine zumindest in der Anfangsphase wichtige lokale oder regionale Öffentlichkeit, in der interessierte Personen sich im Gelände über das fragliche Projekt informieren und mit Bittschriften ihre Meinung dazu abgeben konnten. Betrachtet man die anfängliche „Publikation" des Bauvorhabens im Gelände als Aufforderung zur Stellungsnahme, lässt sie sich als Beginn eines längeren Verfahrens mit mehreren Subverfahren begreifen. Im weiteren Verlauf begannen Pfadabhängigkeiten zwischen den verschiedenen Phasen zu spielen. Die Lage an Ort und Stelle verlor damit an Bedeutung.

Oft widersetzten sich einem Projekt bereits in der ersten Phase diejenigen, die zu einem späteren Zeitpunkt Unterhaltspflichten zu befürchten oder wertvolles Land zu verlieren hatten[112]. Diese Teilnehmer, aber auch

111 In den amtlichen Akten findet sich sehr häufig die Aussage, dass Beamte sich „an Ort und Stelle" begeben würden, z. B. Karl Ludwig Müller an das Baudepartment, 21. 12. 1838 / Karl Ludwig Müller an das Baudepartement, 03. 10. 1838 / Bendicht Marti an das Baudepartement, 15. 09. 1837, in: Staatsarchiv Bern, BB X 1887; Der Bezirksingenieur von Bern an das Baudepartement, 24. 11. 1837, in: Staatsarchiv Bern, BB X 2378.

die Befürworter versuchten einen Straßenbau gewöhnlich über mehrere Phasen und Verfahren hinweg zu beeinflussen. Je mehr Fortschritte ein Projekt machte, desto mehr Niederlagen hatten seine Gegner in den vorangehenden Verfahren bereits erlitten.

Die Enteignungsverfahren waren die letzte Stufe einer Kette von Verhandlungen und Verfahren, die bereits einen grundsätzlichen Entscheid für das Projekt erbracht hatten. Renitenten Grundeigentümern standen deshalb ohnehin keine Möglichkeiten mehr offen, die Expropriation abzuwenden. Die Prozesse um die Höhe von Entschädigungen setzten den Straßenbau als nicht mehr zu ändernde Tatsache oder – in den Worten Luhmanns – als eine „Selbstverständlichkeit“ voraus[113]. Der Prozess der Komplexitätsreduktion, den Luhmann anspricht, zog sich damit von den ersten Initiativen und Vermessungen vor Ort bis zu den letzten Gerichtsentscheiden über Landenteignungen und Unterhaltspflichten hin.

Die symbolische Rücksichtsnahme auf lokale Verhältnisse hatte dabei eine wechselnde Bedeutung. In der Anfangsphase ging es darum, die lokalen Akteure mit ihren politischen Beziehungen einzubinden. Die teilweise Rückkehr des Verfahrens an Ort und Stelle zum Abschluss geschah dann unter ganz anderen Bedingungen als die Markierung der Linie zu Beginn. Die meisten Schritte zur Komplexitätsreduktion waren zu diesem Zeitpunkt bereits getan. Es ging nur mehr darum, die letzten Details zu regeln. In dieser Situation kamen Verfahren zur Anwendung, die am ehesten den modernen Kriterien entsprachen.

VII. Zusammenfassung und Fazit

Moderne Verwaltungen strebten oft gerade nicht nach Bürgerbeteiligung, sondern nach autonomen administrativen oder technischen Abläufen. Die Verwaltungen in der Schweiz galten aus dieser Perspektive lange als defizitär, was sich erst in den letzten Jahrzehnten änderte[114]. Gerade der politisch-administrative „Sonderfall“[115] Schweiz weist jedoch vielfältige administrative Verfahren auf, die sich mit einer an Luhmann angelehnten Begrifflichkeit fassen lassen.

112 Die Bewohner eines einzigen Weilers verfassten im Lauf der Jahre eine ganze Serie von Bittschriften gegen die Wannenfluhstraße: Bittschrift, 19. 02. 1836/Bittschrift, 09. 01. 1836, in: Staatsarchiv Bern, BB X 2921; Bittschrift, 24. 06. 1835/Bittschrift, 18. 07. 1833, in: Staatsarchiv Bern, BB X 2920.

113 Vgl. dazu *Luhmann,* Legitimation durch Verfahren, 34–35.

114 Diese neue Einschätzung hängt besonders mit neuen Theorien der Verwaltungswissenschaften zusammen, *Germann,* Verwaltungsmodernisierung in der Schweiz.

115 *Brändli-Traffelet,* Verwaltung des Sonderfalles.

Der Kanton Bern hob sich allerdings im europäischen Vergleich weniger von den außereidgenössischen Territorien ab als Zug im Beitrag von Daniel Schläppi. Im 18. Jahrhundert war er die größte Stadtrepublik nördlich der Alpen. Eine schmale Führungsschicht regierte ohne formale Partizipation oder Konsultation der Untertanen. Den auch außerhalb der Eidgenossenschaft üblichen Bittschriften kam in dieser Situation eine hohe Bedeutung zu. Die spezifisch eidgenössischen Kräfteverhältnisse zwischen Obrigkeit und Untertanen werden allerdings sichtbar, wenn man den Blick auf die konkrete Abwicklung von Straßenbauprojekten richtet.

Nimmt man nach außen gerichtete Handlungen und erzählte Verfahrensgeschichten als Maßstab, dann begannen Straßenbauprojekte entweder mit einer Bittschrift einer lokalen Gruppe oder mit der Publikation im Gelände. Das entsprach der starken Stellung, die lokale Eliten im Berner Herrschaftsgefüge aufwiesen. Die Bauprofile im Gelände ermöglichten es allen Interessierten vor Ort, sich selbst ein Bild von den Bauvorhaben zu machen. Je nachdem verfassten sie dann weitere Bittschriften für oder gegen das Projekt.

Neben den bisher hervorgehobenen Karten und Statistiken stellten solche Profile im Gelände eine Kommunikationsform dar, die sich gezielt an die betroffene Bevölkerung richtete. Indem sie mit Bittschriften reagierten, konnten sich lokale Gruppen in das Verfahren einbringen. Dabei waren Petitionen seit dem späten 18. Jahrhundert nicht mehr immer nur „Bittgesuche", sondern konnten das Ergebnis politischer Mobilisierungsprozesse sein[116]. Solche Texte forderten die Behörden auf, einer als möglichst allgemein dargestellten Forderung zu entsprechen, und unterstützten diesen Eindruck mit Unterschriftenlisten. Ihre Erwähnung im Parlament und den publizierten Verhandlungsprotokollen führte dazu, dass sie ab 1831 eine neue Öffentlichkeit erhielten.

Die demokratische Bewegung in den 1860er Jahren erreichte schließlich, dass die politisch berechtigten Bürger direkt über die Finanzierung von Infrastrukturprojekten abstimmen konnten. Auch bei den Bauprofilen, bei den administrativrichterlichen Verfahren und bei den Landenteignungen lässt sich eine Verrechtlichung beobachten. Die zunehmende Dichte gesetzlicher Verfahrensregeln führte dazu, dass Teilnehmer stärker an ihre Rolle gebunden und die Verfahren damit autonomer waren. Damit eröffneten sich zusätzliche Nutzungsmöglichkeiten, mit denen die Verwaltung zurechtkommen musste. Allerdings hat man sich diese institutionelle Nutzung keineswegs egalitär vorzustellen. In vielen Fällen setzte sie Geld, Beziehungen oder Rechtskenntnisse voraus.

Dabei ist es wesentlich, nicht nur nach einer allgemeinen Institutionalisierung von Verfahren im Verlauf der Zeit zu fragen. Die vorgestellten Bei-

116 Ausführlicher mit der Verfassung kollektiver Bittschriften als politischer Mobilisierung befassen sich *Lipp / Krempel*, Petitions and the Social Context.

spiele legen nahe, dass der Institutionalisierungsgrad einzelner Verfahren auch mit ihrer Position in längeren Abläufen verbunden war. Während die Verhandlungen über Finanzierungsfragen und die Linienführung zu Beginn noch relativ offen waren, liefen die Landenteignungsverfahren am Schluss auf eine eng begrenzte Bandbreite von Möglichkeiten hinaus. Dabei hielten die Behörden auch dann an der Verbindlichkeit von Entscheiden fest, wenn einzelne Personen sich bis zuletzt nicht überzeugen ließen.

Quellen

Christ: Hieronymus, Anmerkungen über die Frohndienste, in: Abhandlungen der Oekonomischen Gesellschaft in Bern, Bd. 1, Bern 1764, 129–140.

Civil-Gesetzbuch für die Stadt- und Republik Bern, Bd. 2: Sachen-Recht, 1.2 Hauptstück: Dingliche Rechte, Bern 1827.

Exchaquet, Henri: Dictionnaire des ponts et chaussées, contenant les regles de la construciton, les usages, les ordonnances de police, les arrets quie concernent l'entretien des grands chemins, Lausanne 1787.

Graffenried, Emanuel von / *Tscharner,* Niklaus Emanuel: Anmerkungen zweyer Mitglieder der ökon. Gesellschaft in Bern, in: Abhandlungen der Oekonomischen Gesellschaft in Bern, Bd. 1, Bern 1764, 141–143.

Haldimand, Franz Ludwig: Essai sur la construction des grands chemines, in: Abhandlungen der Oekonomischen Gesellschaft in Bern, Bd. 3, Bern 1762, 52–86.

Staatskanzlei des Kantons Bern: Verhandlungen des Großen Rats der Republik Bern, Bern 1834.

Literatur

Altorfer-Ong, Stefan: State Investment in Eighteenth-Century Berne, in: History of European Ideas 33 (2007), 440–562.

Barry, Andrew: Political Machines. Governing a Technological Society, London 2001.

Baumann, Gotthilf: Das bernische Straßenwesen bis 1798, Sumiswald 1924.

Bierbrauer, Peter: Die Oberländer Landschaften im Staate Bern, in: Berner Zeitschrift für Geschichte und Heimatkunde 44 (1982), 145–157.

Böning, Holger: Der Traum von Freiheit und Gleichheit. Helvetische Revolution und Republik (1798–1803), Zürich 1998.

Brakensiek, Stefan: Das Feld der Agrarreformen um 1800, in: Figurationen des Experten. Ambivalenzen der wissenschaftlichen Expertise im ausgehenden 18. und frühen 19. Jahrhundert, hrsg. v. Eric J. Engstrom / Volker Hess / Ulrike Thoms: Frankfurt am Main / Berlin / Bern 2005, 101–122.

Brändli-Traffelet, Sebastian: Verwaltung des Sonderfalles. Plädoyer für eine Verwaltungskulturgeschichte der Schweiz, in: Schweizerische Zeitschrift für Geschichte 54 (2004), 79–89.

Chatelanat, A.: Beiträge zur Kenntniss der Staats-Finanzwirthschaft des Kantons Bern, Bern 1880.

Degen, Bernard: „Haftpflicht bedeutet den Streit, Versicherung den Frieden". Staat und Gruppeninteressen in den frühen Debatten um die schweizerische Sozialversicherung, in: Wissenschaft und Wohlfahrt. Moderne Wissenschaft und ihre Träger in der Formation des schweizerischen Wohlfahrtsstaates während der zweiten Hälfte des 19. Jahrhunderts, hrsg. v. Hansjörg Siegenthaler, Zürich 1997, 137–153.

Ebener, Hans-Anton: Der Staat als Bauherr im 18. Jahrhundert. Öffentliches Bauen auf der Berner Landschaft, Stuttgart 1999.

Eibach, Joachim: Der Staat vor Ort. Amtmänner und Bürger im 19. Jahrhundert am Beispiel Badens, Frankfurt am Main / New York 1994.

Ellwein, Thomas: Über Verwaltungskunst oder: Grenzen der Verwaltungsführung und der Verwaltungswissenschaft, in: Staatswissenschaften und Staatspraxis 1 (1990), 89–104.

Flückiger Strebel, Erika: Zwischen Wohlfahrt und Staatsökonomie. Armenfürsorge auf der bernischen Landschaft im 18. Jahrhundert, Bern 2000.

Germann, Raimund E.: Verwaltungsmodernisierung in der Schweiz, in: Umbruch in Politik und Verwaltung. Ansichten und Erfahrungen zum New Public Management in der Schweiz, hrsg. v. Peter Hablützel / Theo Haldemann / Kuno Schedler, Bern / Stuttgart / Wien 1995, 81–98.

Ginarlis, John / *Pollard,* Sidney: Roads and Waterways 1750–1850, in: Studies in Capital Formation in the United Kingdom 1750–1920, hrsg. v. Charles H. Feinstein / Sidney Pollard, Oxford 1988, 182–224.

Gugerli, David / *Speich,* Daniel: Topographien der Nation. Politik, kartographische Ordnung und Landschaft im 19. Jahrhundert, Zürich 2002.

Haas, Stefan: Die Kultur der Verwaltung. Die Umsetzung der preussischen Reformen 1800–1848, Frankfurt am Main 2005.

Hari, Simon: Sanfte Regulierung. Herrschaft und Verwaltung in der Landvogtei Yverdon 1750–1756, Bern 2004.

Helmedach, Andreas: Das Verkehrssystem als Modernisierungsfaktor. Straßen, Post, Fuhrwesen und Reisen nach Triest und Fiume vom Beginn des 18. Jahrhunderts bis zum Eisenbahnzeitalter, München 2002.

Holenstein, André: Die Huldigung der Untertanen. Rechtskultur und Herrschaftsordnung (800–1800), Stuttgart / New York 1990.

Holenstein, André: „Gute Policey" und lokale Gesellschaft im Staat des Ancien Régime. Das Fallbeispiel der Markgrafschaft Baden(-Durlach), Epfendorf am Neckar 2004.

Holenstein, André: Die Macht der Landschaft. Protest und Widerstand, in: Berns mächtige Zeit. Das 16. und 17. Jahrhundert neu entdeckt, hrsg. v. André Holenstein, Bern 2006, 101–108.

Holenstein, André: Wie mächtig war Bern in seiner „mächtigen" Zeit?, in: Berns mächtige Zeit. Das 16. und 17. Jahrhundert neu entdeckt, hrsg. v. André Holenstein, Bern 2006, 561–565.

Holenstein, André (Hrsg.): Berns goldene Zeit. Das 18. Jahrhundert neu entdeckt, Bern 2008.

Holenstein, André / *Stuber,* Martin / *Gerber-Visser,* Gerrendina (Hrsg.): Nützliche Wissenschaft im Ancien Régime. Akteure, Themen, Kommunikationsformen (Cardanus Jahrbuch für Wissenschaftsgeschichte 7), Heidelberg 2007.

Hügli, Andreas: Aarewasser. 500 Jahre Hochwasserschutz zwischen Thun und Bern, Bern 2007.

Iseli, Andrea: „Bonne police". Frühneuzeitliches Verständnis von der guten Ordnung eines Staates in Frankreich, Epfendorf am Neckar 2003.

Joyce, Patrick: The Rule of Freedom. Liberalism and the Modern City, London / New York 2003.

Junker, Beat: Helvetik, Mediation, Restauration 1798–1830. Geschichte des Kantons Bern seit 1798, Bd. 1, Bern 1982.

Junker, Beat: Die Entstehung des demokratischen Volksstaates 1831–1880. Geschichte des Kantons Bern seit 1798, Bd. 2, Bern 1990.

Kehlmann, Daniel: Die Vermessung der Welt, Reinbek bei Hamburg 2005.

Klötzli, Hans: Die Bittschriften des Berner Volkes vom Dezember des Jahres 1830. Ein Beitrag zur Geschichte der Regeneration, Zürich 1922.

Kostal, Rande W.: Law and English Railway Capitalism 1825–1875, Oxford 1998.

Kuoni, Konrad: „Allein ganz darf man die Humanitätsfrage nicht aus den Augen verlieren." Der Bau des Gotthardtunnels in wirtschaftlicher, politischer und sozialer Hinsicht, Zürich 1996.

Landwehr, Achim: „Normdurchsetzung" in der Frühen Neuzeit. Kritik eines Begriffs, in: Zeitschrift für Geschichtswissenschaft 48 (2000), 146–162.

Laufer, Ulrike: Bäuerliche Bildungs- und Innovationsbereitschaft im Urteil von Beamten und Notabeln am Beispiel der bayerischen Pfalz, in: Landgemeinden im Übergang zum modernen Staat. Vergleichende Mikrostudien im linksrheinischen Raum, hrsg. v. Norbert Franz / Bernd-Stefan Grewe / Michael Knauff, Mainz 1999, 255–277.

Lelevel, Jan: Bericht an das Baudepartement der Republik Bern über die Trockenlegung der Sümpfe des Seelandes, Bern 1834.

Lipp, Carola / *Krempel,* Lothar: Petitions and the Social Context of Political Mobilization in the Revolution of 1848/49. A Microhistorical Actor-Centred Network Analysis, in: International Review of Social History 46 (2001), 151–169.

Luhmann, Niklas: Legitimation durch Verfahren, Neuwied am Rhein / Berlin 1969.

Marquardt, Bernd: Staatsbildung. Geschichte einer Dreifachrevolution. Von der vorstaatlichen Gesellschaft zum Staat der Industriegesellschaft, Stuttgart 2006.

Merriman, Peter: Driving Spaces. A Cultural-Historical Geography of England's M1 Motorway, Malden / Oxford 2007.

Minder, Daniel: „Nous sommes de Berne!" Die Eisenbahnpolitik im Kanton Bern an der Wende vom 19. zum 20. Jahrhundert, Bern 2003.

Müller, Uwe: Chausseebaupolitik und Herrschaft in Preussen vom Ende der Napoleonischen Kriege bis zum Beginn des Eisenbahnbaus, in: Wissen ist Macht. Herrschaft und Kommunikation in Brandenburg-Preussen 1600–1850, hrsg. v. Ralf Pröve / Norbert Winnige, Berlin 2001, 191–208.

Müller, Uwe: Infrastrukturpolitik in der Industrialisierung. Der Chausseebau in der preußischen Provinz Sachsen und dem Herzogtum Braunschweig vom Ende des 18. Jahrhunderts bis in die siebziger Jahre des 19. Jahrhunderts, Berlin 2000.

Parnell, Henry: A Treatise on Roads; Wherein the Principles on which Roads Should Be Made Are Explained and Illustrated, London 1833.

Peyer, Hans C.: Verfassungsgeschichte der alten Schweiz, Zürich 1978.

Popplow, Marcus: Europa auf Achse. Innovationen des Landtransports im Vorfeld der Industrialisierung, in: Transportgeschichte im internationalen Vergleich. Europa – China – Naher Osten, hrsg. v. Rolf P. Sieferle / Helga Breuninger, Stuttgart 2004, 87–154.

Raster, Josua: Enteignung und Eisenbahnbau. Entwicklung und Praxis eines Rechtsinstituts um die Mitte des 19. Jahrhunderts im Kanton Zürich, Zürich 2003.

Reinhard, Wolfgang: Geschichte der Staatsgewalt. Eine vergleichende Verfassungsgeschichte Europas von den Anfängen bis zur Gegenwart, 2. Aufl., München 2000.

Reuss, Martin: Seeing Like an Engineer. Water Projects and the Mediation of the Incommensurable, in: Technology and Culture 49 (2008), 531–546.

Revill, George: William Jessop and the River Trent. Mobility, Engineering and the Landscape of Eighteenth-Century „Improvement", in: Transactions of the Institute of British Geographers (New Series) 32 (2007), 201–216.

Ringrose, Daniel: Work and Social Presence. French Public Engineers in Nineteenth-Century Provincial Communities, in: History and Technology 14 (1998), 293–312.

Rogger, Franziska: „Schon – aber ein Skandal". Bernische Straßenpolitik im 19. Jahrhundert, in: Historische und aktuelle Verkehrsgeographie der Schweiz, hrsg. v. Klaus Aerni / Heinz E. Herzig, Bern 1986, 101–124.

Roth, Urs T.: Samuel Ludwig Schnell und das Civil-Gesetzbuch für den Canton Bern von 1824–1830. Ein Beitrag zur Kodifikationsgeschichte des schweizerischen Privatrechts, Bern 1948.

Schaffner, Martin: „Direkte" oder „indirekte" Demokratie. Konflikte und Auseinandersetzungen, 1830–1848, in: Revolution und Innovation. Die konfliktreiche Entstehung des schweizerischen Bundesstaates von 1848, hrsg. v. Andreas Ernst / Albert Tanner / Matthias Weishaupt, Zürich 1998, 271–277.

Scheiber, Harry N.: Property Law, Expropriation, and Resource Allocation by the Government. The United States 1789–1910, in: The Journal of Economic History 33 (1973), 232–251.

Schiedt, Hans-Ulrich: Chausseen und Kunststraßen. Der Bau der Hauptstraßen zwischen 1740 und 1910, in: Schweizerische Zeitschrift für Geschichte 56 (2006), 13–21.

Schmidt, Heinrich R.: Sozialdisziplinierung? Ein Plädoyer für das Ende des Etatismus in der Konfessionalisierungsforschung, in: Historische Zeitschrift 265 (1997), 673–674.

Schubert, Klaus / *Bandelow,* Nils C. (Hrsg.): Lehrbuch der Politikfeldanalyse, München 2003.

Siegrist, Hannes / *Sugarman,* David: Geschichte als historisch-vergleichende Eigentumswissenschaft. Rechts-, kultur- und gesellschaftsgeschichtliche Perspektiven, in: Eigentum im internationalen Vergleich. 18.-20. Jahrhundert, hrsg. v. dens., Göttingen 1999, 9–32.

Sikora, Michael: Der Sinn des Verfahrens. Soziologische Deutungsangebote, in: Vormoderne politische Verfahren, hrsg. v. Barbara Stollberg-Rilinger, Berlin 2001, 25–51.

Smith, Cecil O.: The Longest Run. Public Engineers and Planning in France, in: The American Historical Review 95 (1990), 657–692.

Speich, Daniel: Helvetische Meliorationen. Die Neuordnung der gesellschaftlichen Naturverhältnisse an der Linth (1783–1823), Zürich 2003.

Stollberg-Rilinger, Barbara, Vormoderne politische Verfahren, Berlin 2001.

Stuber, Martin / *Moser,* Peter / *Gerber-Visser,* Gerrendina u. a. (Hrsg.): Kartoffeln, Klee und kluge Köpfe. Die Oekonomische und Gemeinnützige Gesellschaft des Kantons Bern OGG 1759–2009, Bern / Stuttgart / Wien 2008.

Tanner, Albert: „Alles für das Volk". Die liberalen Bewegungen von 1830 / 31, in: Im Zeichen der Revolution. Der Weg zum schweizerischen Bundesstaat 1798–1848, hrsg. v. Thomas Hildbrand / Albert Tanner: Zürich 1997.

Tillier, Anton, Geschichte der Eidgenossenschaft während der sogenannten Restaurationsperiode, Bern 1850.

Vogel, Jakob: Ein schillerndes Kristall. Eine Wissensgeschichte des Salzes zwischen Früher Neuzeit und Moderne, Köln / Weimar / Wien 2008.

Webb, Sidney / *Webb,* Beatrice (Hrsg.): English Local Government. The Story of the King's Highway, London 1920.

Weber, Nadir: Auf dem Weg zur Adelsrepublik. Die Titulaturenfrage im Bern des 18. Jahrhunderts, in: Berner Zeitschrift für Geschichte und Heimatkunde 70 (2008), 6.

Weyermann, Hans: Der Regierungsstatthalter als Administrativ- und Administrativjustizorgan der bernischen Staatsverwaltung, Bern 1924.

Witschi, Fritz: Das Wirtschaftliche in der bernischen Staatsumwälzung von 1830 / 31, in: Archiv des Historischen Vereins des Kantons Bern 44 (1957), 18–19.

Wunder, Bern: Der Chausseebau in Württemberg während des 18. Jahrhunderts. Infrastrukturpolitik zwischen Regierung, Landschaft und Schwäbischem Reichskreis, in: Aus südwestdeutscher Geschichte. Festschrift für Hans-Martin Maurer, hrsg. v. Wolfgang Schmierer u. a., Stuttgart 1994, 526–538.

Zeerleder, Karl: Bericht an den Grossen Rath der Stadt und Republik Bern über die Staats-Verwaltung in den letzten siebzehn Jahren von 1814–1830, Bern 1831.

Legitimation durch Verfahren?

Visitationen, Supplikationen, Berichte und Enquêten im frühmodernen Fürstenstaat

Von *Stefan Brakensiek*, Duisburg / Essen

Bekanntlich bildeten Politik, Justiz und Verwaltung zu Beginn der Frühen Neuzeit keine ausdifferenzierten funktionalen Systeme. Entsprechend trugen sich politisches Handeln, Rechtsprechung und Verwaltung zunächst ungeschieden voneinander innerhalb einer Vielzahl von Organisationen zu, auf Hof- und Gerichtstagen, Ständeversammlungen etc. Diese Organisationen mit Entscheidungsbefugnissen fanden sich zunächst im 16. Jahrhundert noch auf allen Niveaus der ständischen Gesellschaft und unterschieden sich zwar fundamental in ihrem Anspruch auf räumliche, sozial-ständische und sachliche Geltung ihres Handelns, wiesen jedoch insofern Gemeinsamkeiten auf, als sowohl ein königlicher Hoftag als auch eine bäuerliche Dorfversammlung in Bereichen tätig wurden, die heute funktional in die Systeme Recht, Verwaltung und Politik ausdifferenziert sind[1].

Innerhalb der Frühen Neuzeit begann zwar der Prozess der funktionalen Ausdifferenzierung von Recht, Administration und Politik, kennzeichnend für frühmoderne Staatlichkeit blieben jedoch bis ans Ende des 18. Jahrhunderts weite Überlappungszonen, für die nicht eindeutig anzugeben ist, ob sie zum sozialen System „Fürstenstaat" gehörten oder zur Umwelt dieses Systems. Gemeint sind Stände und Kommunen, die für die Funktionsweise der frühneuzeitlichen Fürstenstaaten unverzichtbar waren, denn über einen umfassenden bürokratischen Apparat, der bis in die lokalen Sphären gereicht hätte, verfügten die entstehenden Staaten bekanntlich nicht[2]. An der Bestellung der ständischen und kommunalen Amtsträger waren die Fürstenstaaten zwar zunehmend beteiligt, zumindest dadurch, dass die Kooptation von neuen Mitgliedern der Korporationen unter den Bestätigungsvor-

---

1 In den ersten Abschnitten orientiert sich die Begrifflichkeit dieses Beitrags an *Luhmann,* Legitimation durch Verfahren, sowie an *Luhmann,* Funktionen und Formen formaler Organisation. Auf Seitennachweise wird verzichtet.

2 Vgl. *Ertman,* Birth of the Leviathan; *Reinhard,* Geschichte der Staatsgewalt; Überblick über die neueren Arbeiten zum deutschsprachigen Raum bei *Brakensiek,* Geschichte der Verwaltung.

behalt des Fürsten gestellt wurde[3]. Gleichwohl stellt sich die Frage, inwieweit an diese Personenkreise generalisierte Verhaltenserwartungen zu richten waren, denn – wie gesagt – ihre Mitgliedschaft im fürstenstaatlichen System blieb bis zur Wende zum 19. Jahrhundert unscharf. Entsprechend entwickelten weder die Deputierten von Ständeversammlungen, noch die Mitglieder städtischer Magistrate und erst recht nicht die Vorsteher bäuerlicher Gemeinden ein eindeutig systemadäquates Rollenverständnis als staatliche Amtsträger, sondern blieben immer auch den Verhaltensanforderungen ihrer ständischen Herkunftsgruppen verpflichtet. Entsprechend störanfällig waren die Prozesse der Normierung, der Rollenbildung und der Institutionalisierung. Niemand konnte sich darauf verlassen, dass diese Personen ohne weiteres in einer Mitgliedsrolle im System des frühneuzeitlichen Territorialstaates funktionieren würden: Im Zweifelsfall überwogen die integralen Ehrvorstellungen des Adels, der städtischen Honoratioren und der dörflichen Führungsgruppen. Entsprechend konnten sich Angehörige des staatlichen Systems in der Kommunikation mit ständischen und kommunalen Amtsträgern auch nicht auf pazifizierende Konsensfiktionen verlassen: Konflikte konnten selbst im Verlauf von oder als Antwort auf völlig regelkonforme Verfahren aufbrechen, der Inhalt einer Entscheidung ganz unverblümt in Frage gestellt werden. Offenbar handelte es sich hierbei nicht um Rollenkonflikte innerhalb eines Systems, sondern um heftige Friktionen, die den Prozess der Ausdifferenzierung von bis dato nicht vollständig funktional geschiedenen Systemen begleiteten.

Es stellt sich demnach die Frage nach dem Erkenntnisgewinn, den die Nutzung der Luhmannschen Begriffe gegenüber den unter Historikern sonst üblichen Terminologien bietet. Bis hierhin ist das nämlich nicht sonderlich überzeugend, denn es handelt sich lediglich um eine Übersetzung im Modus eins zu eins. Die Veranstalter der Tagung haben in ihrem Exposé allerdings sehr wohl ein bedenkenswertes Angebot unterbreitet, indem sie auch schon für die Epoche der fundamentalen Ausdifferenzierungsprozesse nach der Geltung von „Legitimation durch Verfahren" fragen. Diese Idee soll an dieser Stelle probeweise auf ein Feld ausgedehnt werden, das von der deutschsprachigen Frühneuzeithistorie in den letzten Jahren intensiv beackert worden ist: die unterschiedlichen Formen der Herrschaftsvermittlung durch Verfahren[4]. Die gerichtlichen Verfahren sollen dabei außer Acht gelassen werden; sie sind Gegenstand anderer Beiträge in diesem Band. Es sei jedoch angemerkt, dass die Ausdifferenzierung des Rechtssystems be-

---

[3] Zu den dörflichen Amtsträgern vgl. *Wunder,* Die bäuerliche Gemeinde, 80–106; *Troßbach,* Dorfgemeinden und Staatsformierung; siehe dazu in global vergleichender Perspektive die Sammelbände Les communautés rurales – Rural communities, insb. Bd. 4: Europe occidentale; Bd. 5: Europe occidentale et Amérique; Bd. 6: Europe orientale.

[4] Hierzu zusammenfassend: *Brakensiek,* Zur politischen Kultur im frühneuzeitlichen Europa.

sonders frühzeitig und im Alten Reich besonders umfassend erfolgte. Die bedeutenden Legitimitätsgewinne von verrechtlichten Verfahren für die fürstenstaatliche Ordnung sind von Winfried Schulze und anderen Historikern herausgearbeitet worden, die sich mit der Erforschung sozialer Konflikte zwischen bäuerlichen Gemeinden und ihren Herren befasst haben[5].

Außer den gerichtlichen Verfahren waren für die Phase der frühneuzeitlichen Staatsbildung mehrere andere Verfahrensformen typisch, die in erster Linie Vermittlungsaufgaben zwischen Zentren und Peripherien leisteten[6]. Denn trotz der deutlichen Expansion und der sachlichen Ausdifferenzierung von Behörden blieb der frühneuzeitliche Staatsbildungsprozess eigentümlich unabgeschlossen: Die entstehenden Staaten verfügten kaum irgendwo in Europa über eine professionelle Lokalverwaltung, die für die Umsetzung obrigkeitlicher Anordnungen vor Ort hätte sorgen können[7]. Allenthalben stützen sich die Fürstenstaaten auf die Dienste von Klerikern und einheimischen Würdenträgern, auf abkömmliche Honoratioren, die von Haus aus über einen ausreichenden Lebensunterhalt verfügten. Daraus erwuchsen spezifische Probleme der Kontrolle dieser Amtsträgerschaft, der Beschaffung von verlässlichen Informationen und der Einschätzung über Erfolg bzw. Misserfolg von obrigkeitlichen Anordnungen. Zur Lösung dieser Probleme entwickelte man in Anlehnung an Modelle der Antike und der Papstkirche Inspektions- und Implementationsverfahren, die für den frühneuzeitlichen Staatswerdungsprozess charakteristisch waren, namentlich Visitationen, Supplikationen, Berichte und Enquêten[8].

Es stellt sich die Frage, ob, und wenn ja, in welchem Maße und für welche Teile der Bevölkerung diese Verfahren legitimierende Kraft entwickelten. Jedenfalls ermöglichten Visitationen, Supplikationen, Berichte und Enquêten temporär Kommunikation zwischen dem fürstenstaatlichen System zum einen, ständischen und kommunalen Systemen zum anderen sowie mehr oder weniger großen Teilen der Untertanenschaft zum Dritten: Im Rahmen dieser Verfahren wurden auch solche gesellschaftlichen Gruppen in administrative und politische Prozesse inkludiert, deren Teilhabe an Herrschaft innerhalb der ständischen Ordnung sonst nicht vorgesehen war.

5 *Schulze,* Bäuerlicher Widerstand; *Schulze,* Aufruhr und Aufstand; zusammenfassend unter Berücksichtigung der neueren Arbeiten: *Schulze,* Das Reich und der gemeine Mann.

6 Der Begriff „Herrschaftsvermittlung" wurde zunächst von Heinrich Kaak im Zusammenhang mit dem Wirken von Pächtern und Verwaltern auf Adelsgütern geprägt. Vgl. *Kaak,* Herrschaftsvermittlung in der Frühen Neuzeit; Verallgemeinernde Systematisierung bei *Brakensiek,* Herrschaftsvermittlung im alten Europa.

7 Zum Lokalitätsbezug, d. h. zur kommunikativen Überbrückung von räumlicher und sozialer Distanz zwischen Herrschaftszentren und Peripherien, zur Informationsbeschaffung, Implementation von Anordnungen und Kontrolle der Amtsträger vgl. *Aylmer,* Centre and Locality; *Holenstein,* „Local-Untersuchung" und „Augenschein"; *Levi,* The Origins of the Modern State; *Holenstein,* „Gute Policey" (2001).

8 *Reinhard,* Was ist europäische politische Kultur?

Diese Verfahren dienten zum einen der Ermittlung von Informationen über lokale Verhältnisse für Herrschaftszentralen, die mit einem programmierenden Anspruch auftraten. Zum anderen stellten diese Verfahren auch die Resultate von Entscheidungen dar, während die Entscheidungsfindung selbst dem Fürsten und seinen Räten vorbehalten war und dadurch für das Publikum unsichtbar blieb. Die Invisibilität des Entscheidungsprozesses bildete meines Erachtens die Grundlage sowohl für die besondere legitimierende Stärke, als auch für die unübersehbare Schwäche solcher Verfahren.

Bei Visitationen handelte es sich um aufwändige Inspektionsverfahren, die von der mittelalterlichen römischen Kurie entwickelt worden waren, in der Frühen Neuzeit jedoch von kirchlichen[9] und weltlichen Obrigkeiten gleichermaßen genutzt wurden[10]. Weltliche Visitationen waren strafbewehrte Kontrollverfahren, die sich auf Amtsträger und Untertanen gleichermaßen erstreckten. Diese Verfahren wurden durch Symbole und Rituale vom Alltag abgegrenzt: unangekündigtes Erscheinen der Visitatoren, Aufrichtung der fürstlichen Hoheitszeichen am Versammlungsort, ostentative Vermeidung von Vertraulichkeiten mit den örtlichen Amtsträgern, Untersuchung und Versiegelung ihrer Amtsräume, akustische Ankündigung des Visitationsbeginns durch Ausrufen, Glockenläuten oder Salutschüsse, so dass jedermann Bescheid wusste, dass er nunmehr Beschwerden unter Wahrung der Anonymität vorbringen konnte, feierliche Vereidigung von Zeugen usw. Die Visitatoren inszenierten sich dadurch als die Verkörperung von Unparteilichkeit und Unbestechlichkeit. Zumeist wurde Periodizität angestrebt: Jährliche Wiederholung galt als ideal, faktisch blieb man hinter diesem Anspruch überall weit zurück. Anlässlich einer Visitation herrschte allgemeine Denunziationspflicht – wer ein strafwürdiges Vergehen verschwieg, machte sich selbst strafbar. Inwieweit sich die Bevölkerung auf das Verfahren einließ, hing jedoch vom Kontext ab: Oftmals überwogen lokale Solidaritäten und verhinderten, dass dem Vertreter der Zentrale Einblicke in die örtlichen Verhältnisse gewährt wurden. Freilich konnte ein versierter Visitator die stets bestehenden Konflikte zwischen Amtsträgern und anderen Personen, zwischen einzelnen Untertanen oder zwischen verschiedenen lokalen Gruppen systematisch dazu nutzen, um Informationen zu gewinnen, unerwünschte Verhaltensweisen zu bestrafen und sich als Schlichter ins Spiel zu bringen. Dazu bedurfte es jedoch eines ausgeprägten politischen Willens, den die meisten Fürstenstaaten nur in Phasen konfes-

---

9 *Zeeden / Molitor,* Visitation; *Zeeden / Lang,* Kirche und Visitation; *Schnabel-Schüle,* Kirchenleitung und Kirchenvisitation; *Konersmann,* Kirchenregiment und Kirchenzucht; *Freitag,* Pfarrer, Kirche und ländliche Gemeinschaft; *Holzem,* Religion und Lebensformen; *Schlögl,* Bedingungen dörflicher Kommunikation; *Lang,* Visitationsprotokolle.

10 Den engen Zusammenhang zwischen beiden Formen der Visitation betont *Schnabel-Schüle,* Kirchenvisitation und Landesvisitation; aktuellster Überblick bei *Klingebiel,* Ein Stand für sich?; für die Habsburgermonarchie vgl. *Stögmann,* Kirchliche Visitationen.

sionellen, militärischen, fiskalischen oder wohlfahrtspoliceylichen Eifers aufbrachten.

In manchen Reichsterritorien wurden Visitationen nicht nur punktuell durchgeführt, sondern bildeten in Gestalt der sogenannten Rügegerichte ein verstetigtes Inspektionsverfahren. Anlässlich eines Rügegerichts (auch Frevelgericht, Vogtgericht, Landrügegericht, Gogericht genannt) hatten sich alle männlichen Haushaltsvorstände einer Gemeinde zu versammeln. Es wurden Policeyordnungen verlesen, Bürgeraufnahmen mit Abnahme des Huldigungseids abgeschlossen, vakante Ämter besetzt und Anzeigen von Übertretungen der Ordnungsnormen aufgenommen und auf der Stelle geahndet.

Dem Anspruch nach bildeten Visitationen und Rügegerichte Verfahren, die eine direkte mündliche Kommunikation zwischen Vertretern der Zentrale und Untertanen unter Umgehung kommunaler Amtsträger ermöglichten. Bisher ist nur an einigen territorialen und lokalen Beispielen empirisch aufgearbeitet worden, wie bei der Protokollierung des Gesagten und bei der anschließenden Zusammenfassung der verschriftlichten Einzelaussagen Informationen entstanden, die für die Zentralen überhaupt zu verarbeiten waren und dadurch für künftiges Handeln bedeutungsvoll wurden. Hier ist vor allem die Studie von André Holenstein zur Markgrafschaft Baden zu nennen[11], die herauspräpariert, wie solche Informationen in den Implementationsprozess von Maßnahmen der guten Policey eingingen. Diese Studie deutet den gesellschaftlichen Wandel im 18. Jahrhundert auch als das Resultat von zirkulären, durch Rückkopplungseffekte gekennzeichneten Kommunikationsprozessen zwischen Obrigkeiten und Untertanen. Dabei zeitigten Visitions und Rügegerichtsverfahren im badischen Fall deutliche legitimierende und stabilisierende Effekte für die fürstliche Herrschaft, was nicht zuletzt auf die Periodizität der Verfahren zurückzuführen ist. Durch stetige Wiederholung der normativen Ziele, „Einschärfung" von Geboten und Verboten und Bestrafung von deviantem Verhalten standen allen Beteiligten die vergangenen, aktuellen und prospektiven Aspekte des Verfahrens deutlich vor Augen. In diesen Verfahren setzte sich das kleinformatige Reichsterritorium als wohlmeinend-paternalistische Herrschaft wirkungsvoll in Szene.

Deutlich alltäglicher waren Supplikationen, mit denen Untertanen ein „summarisches Verfahren" einleiten konnten. Solche Bittschriften, die Untertanen unmittelbar unter Umgehung des gerichtlichen oder behördlichen Instanzenzuges an den Fürsten richten konnten, bildeten einen unverzichtbaren Bestandteil des fürstenstaatlichen Systems[12]. Es gehörte zu den zeit-

---

11 *Holenstein*, „Gute Policey" (2003).

12 Vgl. *Fuhrmann / Kümin / Würgler*, Supplizierende Gemeinden; *Kümin / Würgler*, Petitions, Gravamina and the Early Modern State; *Nubola / Würgler*, Formen der po-

genössischen Grundrechten eines Untertanen, mittels einer schriftlichen Eingabe beim Landesherrn in Strafsachen um Gnade zu bitten[13], allgemein Anregungen für policeyliche Verbesserungen[14] vorzubringen oder ein Privileg zu erbitten[15]. Überall in Europa fütterten die Supplikationen der Untertanen den Prozess aus allgemeiner Normgebung und individueller Privilegierung und Gnadengewährung. Im 19. und 20. Jahrhundert haben Juristen und Historiker darin etwas Irreguläres, ja geradezu Anrüchiges entdecken wollen. Erst in jüngerer Vergangenheit ist die zeitgenössische Sicht rehabilitiert worden, die in Privileg und Gnade systematisch anzuwendende Mittel sah, Normen in Anbetracht lokaler oder persönlicher Umstände zu modifizieren und zu flexibilisieren[16]. Ein solches Verfahren, das die Entscheidung fürstlicher Gnade anheim stellte, betonte dessen herausgehobene Stellung ganz außerordentlich. Es machte den Fürsten zur Projektionsfläche, freilich nicht nur für legitimierende, sondern auch für dämonisierende Vorstellungen der Supplikanten.

Hinzu kommt eine weitere wesentliche Funktionen von Suppliken: Sie eröffneten den Untertanen einen weiteren legitimen Weg, sich auch außerhalb eines Visitationsverfahrens beim Fürsten über das Handeln lokaler Amtsträger zu beschweren. Zwar bewirkten solche Beschwerden in der Regel keineswegs die sofortige Bestrafung, Versetzung oder gar Entlassung des kritisierten Amtsträgers, gleichwohl munitionierten sie die Zentralen mit Argumenten, die gegebenenfalls gegen eine in Ungnade gefallene Amtsperson eingesetzt werden konnten. Darüber hinaus leisteten Supplikationen im Sinne einer Generalprävention einen wichtigen Beitrag zur Disziplinierung der Stäbe, nicht nur der genuin fürstlichen Dienerschaft, sondern gerade auch der lokalen Honoratioren, die in der fürstlich lizenzierten Selbstverwaltung von Kommunen und Korporationen tätig waren[17].

Ein weiteres charakteristisches Verfahren, das der Kommunikation zwischen Herrschaft und Untertanen institutionelle Gestalt gab, war der gutachtliche Bericht[18]. Den meisten Entscheidungen eines Fürsten ging eine Kaskade von Aufforderungen voraus, zu dem fraglichen Sachverhalt erschöpfend Stellung zu nehmen, so dass zunächst die Zentralbehörden, in

---

litischen Kommunikation; *Nubola / Würgler*, Bittschriften und Gravamina; Forschungsüberblick bei *Würgler*, Bitten und Begehren.

13 *Zemon Davis*, Der Kopf in der Schlinge; *Härter*, Strafverfahren im frühneuzeitlichen Territorialstaat; *Härter*, Das Aushandeln von Sanktionen und Normen; *Ullmann*, Vm der Barmherzigkait Gottes willen; *Ludwig*, Das Herz der Justitia.

14 *Holenstein*, Kommunikatives Handeln; *Holenstein*, „Ad supplicandum verweisen".

15 *Dölemeyer / Mohnhaupt*, Das Privileg im europäischen Vergleich.

16 *Holenstein*, Die Umstände der Normen.

17 *Brakensiek*, Fürstendiener – Staatsbeamte – Bürger.

18 Es mangelt an einer Überblicksdarstellung, gleichzeitig herrscht Abundanz an Studien zu einzelnen Sachverhalten. Auf Einzelnachweise wird deshalb verzichtet.

größeren Territorien dann die regionalen Zwischeninstanzen, anschließend die lokalen Amtsträger des Fürsten ihre „unmaßgeblichen" Gutachten einbrachten. Hierbei ließ man es häufig nicht bewenden, sondern zog die städtischen Magistrate und die Vorsteher der Landgemeinden, eventuell auch betroffene Korporationen und Gemeindedeputierte heran, deren Informationen zu weiteren Nachfragen der vorgesetzten Behörden Anlass gaben. Von der Visitation unterschied sich das Berichtsverfahren durch das Fehlen einer strafbewehrten Denunziationspflicht.

Obwohl tief gestaffelte Berichtsverfahren extrem zeitraubend und anfällig für Verzögerungstaktiken und Störmanöver waren, wurden sie im Ancien Régime immer weiter ausgebaut: Die Zeitgenossen neigten zu der Ansicht, dass solche Verfahren sowohl zur Beschaffung von Informationen als auch zur Implementierung von Anordnungen erforderlich seien. Es lohnt die genauere Analyse, in welchen Regionen und unter welchen Umständen nicht nur die fürstliche Amtsträgerschaft, sondern auch Stände, Kommunen, Korporationen und einzelne Haushaltsvorstände in das Berichtswesen integriert wurden, weil man dadurch konkrete Hinweise auf die Bereitschaft von Obrigkeiten und privilegierten Teilen der Untertanenschaft erhält, zu bestimmten Sachverhalten zu kooperieren. Die Forschung zur Implementation von Maßnahmen der guten Policey in den Städten und Territorien des Alten Reichs hat herauspräpariert, dass die policeyliche Ordnungsgesetzgebung häufig flankiert wurde von Befragungen von im weitesten Sinne Betroffenen, die ihre Sicht der Dinge in diese Prozesse einbrachten[19]. Möglicherweise handelte es sich dabei um ein Spezifikum des Alten Reichs, das besonders kleinräumig strukturiert und besonders umfassend policiert war[20]. Hier besteht Bedarf nach vergleichenden Untersuchungen mit den großen europäischen Monarchien.

Über Berichte zu einzelnen mehr oder weniger bedeutsamen Sachverhalten hinaus wurden zu den zentralen zeitgenössischen Problemen (wie dem Konfessionsstand der Untertanen, der Steuerveranlagung, der Aushebung von Rekruten, dem Ausbau der Infrastruktur, der Wirtschaftsförderung) von eigens dazu ernannten Kommissionen umfangreiche Enquêten vorgenommen[21]. Jüngst wurde von Anton Tantner und Michael Hochedlinger mit der sog. Seelenkonskription von 1770/71 eine solche Enquête in der

19 *Landwehr,* Policey im Alltag.; *Landwehr,* Policey vor Ort.; *Landwehr,* „Normdurchsetzung"; *Holenstein* u. a., Policey in lokalen Räumen.

20 *Brakensiek,* Peut-on parler d'absolutisme dans l'Allemagne moderne?

21 Hohe Bedeutung kommt Fragen nach der Beschaffung und Nutzbarmachung von Informationen über „Land und Leute" zu. Wichtige Anregungen gingen aus von *Spittler,* Abstraktes Wissen als Herrschaftsbasis; aktuelle Arbeiten: *Sandl,* Ökonomie des Raumes; *Esders / Scharff,* Die Untersuchung der Untersuchung; *Becker / Clark,* Little Tools of Knowledge; *Fuchs / Schulze,* Wahrheit, Wissen, Erinnerung; *Schlögl,* Der planvolle Staat; *Behrisch,* „Politische Zahlen"; *Gottschalk,* Wissen über Land und Leute.

Habsburgermonarchie analysiert[22]. Die Seelenkonskription diente der systematischen Erfassung aller Häuser, die erstmals eine Hausnummer erhielten, und ihrer Bewohner, um zu verlässlichen Daten für die Rekrutierung und Steuererhebung zu kommen. Vorgenommen wurden diese Befragungen von Kommissionen, bestehend aus zivilen Beamten der Kreisverwaltung und Offizieren. Beteiligt waren darüber hinaus der Weltklerus, die Amtsträger der adligen Patrimonialgerichte und die Vorsteher der Kommunen. Zu guter Letzt wurden alle Haushaltsvorstände befragt. Das Verfahren war Gegenstand konfligierender Interessen, elementarer Befürchtungen und hochfliegender Erwartungen: Glaubt man den Berichten der Kommissionen, herrschte bei den Juden und den vagierenden Unterschichten blanke Angst vor Ausweisung. Viele sesshafte Christen erhofften sich aber genau ein solches Vorgehen der Obrigkeit. Bei den Tiroler Bauern griff die unbegründete Furcht um sich, dass diese Enquête ein Vorspiel für die Einführung der Leibeigenschaft sein könnte. Größere Teile der männlichen Bevölkerung hegten die völlig berechtigte Sorge, künftig von Rekrutierung zur Armee betroffen zu sein. Unter den Geistlichen grassierte die Angst, dass es sich um ein Vorspiel für die Aufhebung der Orden handeln könnte. Deshalb verweigerten viele von ihnen die Mitwirkung und bestätigten dadurch den Eindruck in der aufgeklärten Beamtenschaft, sie seien gemeinschädlich. Zugleich verbreitete sich unter der böhmischen Landbevölkerung die Hoffnung, die Seelenkonskription werde nicht nur der gleichmäßigeren und gerechteren Verteilung von Steuern und Lasten dienen, sondern bereite die Aufhebung der Leibeigenschaft vor. Das Verhalten der Offiziere und Beamten, die jedermann offen aufforderten, sich über die örtliche Grundherrschaft und ihre Verwalter zu beschweren, weckte auch unter österreichischen Bauern Hoffnungen auf Abhilfe gegen Bedrückungen. Diese Erwartungen wurden bitter enttäuscht. 1775 kam es in Böhmen zu einem Aufstand der bäuerlichen Bevölkerung, als deutlich wurde, dass die Gerüchte über die Aufhebung der Leibeigenschaft ohne Grundlage waren. Offenbar reichten weder die ostentative Responsivität der beteiligten Organisationen noch die Regelkonformität der angewandten Verfahren aus, um einen pazifizierenden Legitimitätsgewinn zu erzielen.

So stellt sich die Frage nach dem möglichen Sinn und den Funktionen dieser Verfahren. Zunächst bestand ein elementarer Sinn der vorgestellten Verfahren in der Beschaffung von Informationen, die für die Zentralen auch verarbeitbar waren. Die Generierung von administrativen Wissensbeständen kam jedoch nicht ohne Mitwirkung der Administrierten aus: Sowohl in die Erhebung als auch in die Verifizierung bzw. Falsifizierung von Tatbeständen waren zumindest Teile der Untertanenschaft involviert und versuchten stets ihre Sicht der Dinge in den Selektionsprozess von adäquatem

[22] Edition von *Hochedlinger/Tantner*, Die Berichte des Hofkriegsrates; Auswertung bei *Tantner*, Ordnung der Häuser.

und inadäquatem Wissen einzubringen. Selbst wenn bereits umfangreiche schriftliche Wissensbestände vorlagen, war deren Aktualisierung von Zeit zu Zeit erforderlich, wozu die Bereitwilligkeit der Untertanen, Auskunft zu geben, abermals vonnöten war. Visitationen, Berichten und Enquêten kommt eine zentrale Funktion für die Staatsbildungsprozesse zu, weil die Verfahren den staatlichen Informationsbedarf befriedigten und sowohl bei den kommunalen Amtsträgern, als auch bei den beteiligten Untertanen Sozialisationsprozesse zur Folge hatten. Nimmt man eine solche Perspektive ein, sind Staatsbildungsprozesse als Verdichtung von Interaktionen zwischen zentralen Behörden einerseits und Korporationen, Haushaltsvorständen und Individuen andererseits zu deuten. Und diese Interaktionen entsprachen je länger je mehr dem Typ eines Verfahrens.

Im Rahmen dieser Verfahren versorgten die Untertanen die fürstlichen Verwaltungen selektiv mit Informationen, zugleich fragten sie autoritative Ressourcen ab, von denen sie hofften, dass sie ihren Forderungen gegenüber Dritten Geltung verschaffen würden. Dadurch setzten diese Verfahren Prozesse zunehmender Machtkonzentration in Gang und trieben sie weiter voran. Zugleich stärkten die Verfahren nicht einseitig die Macht der Fürsten, sondern eröffneten dem „gemeinen Mann" Möglichkeiten zur Wahrnehmung seiner Interessen, wofür freilich ein Preis zu entrichten war. Sollten eine Supplikation, eine Aussage oder ein Bericht Beachtung finden, mussten sich auch „einfache" Bewohner von Dörfern und Städten der formalen Anforderungen der Verfahren bedienen und „erlaubte" Sprachen nutzen. Untertanen passten sich dadurch Logiken an, die außerhalb ihres unmittelbaren lebensweltlichen Zusammenhangs standen. Sie lernten, ihre Aussagen, Eingaben und Klagen auf bestimmte Weise zu adressieren und zu strukturieren sowie erfolgversprechende Argumentationsfiguren zu nutzen. Dies waren stilprägende Bestandteile der politischen Kultur des obrigkeitlichen Fürstenregiments (und sie kennzeichnen in der Moderne in veränderter Form alle autoritären Regime)[23].

Das Ausmaß der Ritualisierung der Verfahren variierte beträchtlich, immer aber finden sich Symbolisierungen für den Beginn und das Ende von Interaktionen, in denen die hierarchische Alltagsordnung unter den Beteiligten zeitweise suspendiert war. Die Verfahren schufen so ein situatives oder sich periodisch wiederholendes System, dem die „alltäglichen" administrativen Systeme zur Umwelt wurden. Allen Verfahren gemeinsam war die Eigenschaft, dass für ihre Dauer eine Dreiecks-Kommunikation zwischen Vertretern der fürstlichen Zentrale, regionalen bzw. lokalen Amtsträgern und Untertanen hergestellt wurde. Durch solche Triangulierung wurde ein Drohpotential für Amtsträger vor Ort aufgebaut, ihrer Disziplinierung – im Sinne von Normgebundenheit ihres Verwaltungshandelns – zugearbeitet.

---

23 Konzeptionell anregend dazu *Foucault*, Die Gouvernementalität.

Diese Dreieckskommunikation war besonders geeignet, die Legitimität der Fürstenherrschaft zu stärken. Sie fügte partizipative Elemente in das Herrschaftssystem ein, was für dessen Akzeptanz förderlich war: Der Monarch bzw. seine Amtsträger konnten als unabhängige Schiedsrichter angerufen werden, die aufgrund ihrer herausragenden Stellung lokalen Konflikten enthoben waren. Gehör huldvoll zu gewähren, verschaffte dem Fürsten in der Provinz Legitimität. Legitimitätsgewinne auf der Grundlage dieser Verfahren setzten allerdings Erreichbarkeit, Zugänglichkeit, Bezahlbarkeit und relative Verlässlichkeit der oberen Gerichte und zentralen Behörden voraus. In dieser Hinsicht lassen sich in Europa beachtliche Unterschiede erkennen. Vor allem die großen zusammengesetzten Monarchien taten sich schwer damit, Institutionen aufzubauen, die von den Bewohnern in Stadt und Land als vertrauenswürdiges Angebot angesehen wurden, das im Konfliktfall half, den lokalen Machthabern etwas Ernsthaftes entgegenzusetzen.

Die Formalisierung der hier vorgestellten Verfahren garantierte, dass die Geltung der Interaktionen nicht stets neu verhandelt werden musste. Für die Dauer des Verfahrens war es in der Tat schwierig, sich den darin geltenden Spielregeln und Verhaltenserwartungen zu entziehen. Trotz Verstrickung durch Teilnahme an einem Verfahren blieb jedoch die Anerkennung der Legitimität der daraus resultierenden Entscheidung abhängig von deren materiellem Gehalt: Insofern waren die Autonomieeffekte der Verfahren begrenzt – das konkrete Ergebnis wurde von den Beteiligten stets rückgebunden an die eigenen Vorstellungen von Billigkeit und Gerechtigkeit. Allein die formale Korrektheit des Zustandekommens von Entscheidungen reichte nicht aus, damit diese allgemein akzeptiert wurden. Denn so sehr die Unsichtbarkeit seiner Entscheidungsfindung den Fürsten mit einem Nimbus von Huld und Gnade ausstattete, so sehr setzte die Invisibilität der Letztentscheidung die Verfahren selbst einem Manipulationsverdacht aus.

Solche Verfahren waren demnach zwar prinzipiell geeignet, das Bild vom gnädigen, gerechten und legitimen Fürsten zu formen und zu stützen. Autoritäre Herrschaft bedient sich bis in die Moderne solcher Mechanismen. Die Legitimitätsgewinne der Fürsten stellten sich jedoch insofern als prekär dar, als sie zu guten Teilen auf Kosten der Ortsobrigkeiten gingen, auf deren Kooperation man im Verwaltungsalltag jedoch angewiesen blieb. Die Vorwürfe von Untertanen sind Legion, lokale Amtsträger hätten ein Verfahren manipuliert, auch die Mitglieder der fürstlichen Kommission seien parteilich gewesen, hätten sich Durchstechereien mit den lokalen Machtträgern schuldig gemacht. Die Stützung der Fürstenmacht war mit der Delegitimation der örtlichen Obrigkeiten teuer erkauft. Erst wenn man bereit und in der Lage war, dauerhaft große Anstrengungen zu unternehmen, wenn Periodizität, Stetigkeit und Seriosität der Verfahren das Vertrauen in ihr Funktionieren förderte, mochte sich Legitimität eines fürstenstaatlichen Regiments insgesamt einstellen. Insofern ist die Ausgangsfrage nach „Legitimation durch Verfahren" weder eindeutig positiv noch eindeutig negativ zu beantworten: Alles hing davon ab, inwieweit Verfahrensautonomie ermöglicht und geglaubt wurde.

Literatur

Aylmer, Gerald Edward: Centre and Locality. The Nature of Power Elites, in: Power Elites and State Building, hrsg. v. Wolfgang Reinhard, Oxford 1996, 59–77.

Becker, Peter / *Clark,* William (Hrsg.): Little Tools of Knowledge. Historical Essays on Academic and Bureaucratic Practises, Ann Arbor 2001.

Behrisch, Lars: „Politische Zahlen". Statistik und die Rationalisierung der Herrschaft im späten Ancien Régime, in: ZHF 31 (2004), 551–577.

Brakensiek, Stefan: Fürstendiener – Staatsbeamte – Bürger. Amtsführung und Lebenswelt der Ortsbeamten in niederhessischen Kleinstädten (1750–1830), Göttingen 1999.

Brakensiek, Stefan: Herrschaftsvermittlung im alten Europa. Praktiken lokaler Justiz, Politik und Verwaltung im internationalen Vergleich, in: Ergebene Diener ihrer Herren? Herrschaftsvermittlung im alten Europa, hrsg. v. Stefan Brakensiek / Heide Wunder, Köln / Weimar / Wien 2005, 1–21.

Brakensiek, Stefan: Neuere Forschungen zur Geschichte der Verwaltung und ihres Personals in den deutschen Staaten 1648–1848, in: Jahrbuch für Europäische Verwaltungsgeschichte 17 (2005), 297–326.

Brakensiek, Stefan: Peut-on parler d'absolutisme dans l'Allemagne moderne? Une domination désireuse d'être acceptée (Akzeptanzorientierte Herrschaft), in: Bulletin d'information de la Mission Historique Française en Allemagne 42 (2006), 249–263.

Brakensiek, Stefan: Zur politischen Kultur im frühneuzeitlichen Europa, in: Essener Unikate 32 (2008), 9–22.

Dölemeyer, Barbara / *Mohnhaupt,* Heinz (Hrsg.): Das Privileg im europäischen Vergleich, 2 Bde., Frankfurt am Main 1997 / 1999.

Ertman, Thomas: Birth of the Leviathan. Building States and Regimes in Medieval and Early Modern Europe, Cambridge 1997.

Esders, Stefan / *Scharff,* Thomas: Die Untersuchung der Untersuchung. Methodische Überlegungen zum Studium rechtlicher Befragungs- und Weisungspraktiken in Mittelalter und früher Neuzeit, in: Eid und Wahrheitssuche. Studien zu rechtlichen Befragungspraktiken in Mittelalter und früher Neuzeit, hrsg. v. Stefan Esders / Thomas Scharff, Frankfurt am Main 1999, 11–47.

Foucault, Michel: Die Gouvernementalität, in: Gouvernementalität der Gegenwart. Studien zur Ökonomisierung des Sozialen, hrsg. v. Ulrich Bröckling / Susanne Krasmann / Thomas Lemke, Frankfurt am Main 2000, 41–67.

Freitag, Werner: Pfarrer, Kirche und ländliche Gemeinschaft. Das Dekanat Vechta 1400–1803, Bielefeld 1998.

Fuchs, Ralf-Peter / *Schulze,* Winfried (Hrsg.): Wahrheit, Wissen, Erinnerung. Zeugenverhörprotokolle als Quellen für soziale Wissensbestände in der Frühen Neuzeit, Münster 2002.

Fuhrmann, Rosi / *Kümin,* Beat / *Würgler,* Andreas: Supplizierende Gemeinden. Aspekte einer vergleichenden Quellenbetrachtung, in: Gemeinde und Staat im Alten Europa, hrsg. v. Peter Blickle, München 1998, 267–323.

Gottschalk, Karin: Wissen über Land und Leute. Administrative Praktiken und Staatsbildungsprozesse im 18. Jahrhundert, in: Das Wissen des Staates, hrsg. v. Peter Collin / Thomas Horstmann, Baden-Baden 2004, 149–174.

Härter, Karl: Das Aushandeln von Sanktionen und Normen. Zu Funktion und Bedeutung von Supplikationen in der frühneuzeitlichen Strafjustiz, in: Bittschriften und Gravamina. Politik, Verwaltung und Justiz in Europa (14.–18. Jahrhundert), hrsg. v. Cecilia Nubola / Andreas Würgler, Berlin 2005, 243–274.

Härter, Karl: Strafverfahren im frühneuzeitlichen Territorialstaat. Inquisition, Entscheidungsfindung, Supplikation, in: Kriminalitätsgeschichte. Beiträge zur Sozial- und Kulturgeschichte der Vormoderne, hrsg. v. Andreas Blauert / Gerd Schwerhoff, Konstanz 2000, 459–480.

Hochedlinger, Michael / *Tantner,* Anton (Hrsg.): „... der größte Teil der Untertanen lebt elend und mühselig“. Die Berichte des Hofkriegsrates zur sozialen und wirtschaftlichen Lage der Habsburgermonarchie 1770–1771, Wien 2005.

Holenstein, André: „Local-Untersuchung“ und „Augenschein“. Reflexionen auf die Lokalität im Verwaltungsdenken und -handeln des Ancien Régime, in: Werkstatt Geschichte 16 (1997), 19–31.

Holenstein, André: Die Umstände der Normen – die Normen der Umstände. Policeyordnungen im kommunikativen Handeln von Verwaltung und lokaler Gesellschaft im Ancien Régime, in: Policey und frühneuzeitliche Gesellschaft, hrsg. v. Karl Härter, Frankfurt am Main 2000, 1–46.

Holenstein, André: „Gute Policey“ und lokale Gesellschaft. Erfahrung als Kategorie im Verwaltungshandeln des 18. Jahrhunderts, in: „Erfahrung“ als Kategorie der Frühneuzeitgeschichte, hrsg. v. Paul Münch, München 2001, 433–450.

Holenstein, André u. a. (Hrsg.): Policey in lokalen Räumen. Ordnungskräfte und Sicherheitspersonal in Gemeinden und Territorien vom Spätmittelalter bis zum frühen 19. Jahrhundert, Frankfurt am Main 2002.

Holenstein, André: „Gute Policey“ und lokale Gesellschaft im Staat des Ancien Régime. Das Fallbeispiel der Markgrafschaft Baden(-Durlach), 2 Bde, Tübingen 2003.

Holenstein, André: „Ad supplicandum verweisen“. Supplikationen, Dispensationen und die Policeygesetzgebung im Staat des Ancien Régime, in: Bittschriften und Gravamina. Politik, Verwaltung und Justiz in Europa (14.–18. Jahrhundert), hrsg. v. Cecilia Nubola / Andreas Würgler, Berlin 2005, 167–210.

Holenstein, André: Kommunikatives Handeln im Umgang mit Policeyordnungen. Die Markgrafschaft Baden im 18. Jahrhundert, in: Staatsbildung als kultureller Prozess, hrsg. v. Ronald G. Asch / Dagmar Freist, Köln 2005, 191–208.

Holzem, Andreas: Religion und Lebensformen. Katholische Konfessionalisierung im Sendgericht des Fürstbistums Münster (1570–1800), Münster 2000.

Kaak, Heinrich: Herrschaftsvermittlung in der Frühen Neuzeit. Die Amtspächter der Markgrafen von Brandenburg-Sonnenburg in Quilitz und Friedland zwischen 1699 und 1762, in: Herrschaft. Machtentfaltung über adligen und fürstlichen Grundbesitz in der Frühen Neuzeit, hrsg. v. Heinrich Kaak / Martina Schattkowsky, Köln / Weimar / Wien 2003, 195–210.

Klingebiel, Thomas: Ein Stand für sich? Lokale Amtsträger in der Frühen Neuzeit. Untersuchungen zur Staatsbildung und Gesellschaftsentwicklung im Hochstift Hildesheim und im älteren Fürstentum Wolfenbüttel, Hannover 2002.

Konersmann, Frank: Kirchenregiment und Kirchenzucht im frühneuzeitlichen Kleinstaat. Studien zu den herrschaftlichen und gesellschaftlichen Grundlagen des Kirchenregiments der Herzöge von Pfalz-Zweibrücken 1410–1793, Köln 1996.

Kümin, Beat / *Würgler,* Andreas: Petitions, Gravamina and the Early Modern State. Local Influence on Central Legislation in England and Germany (Hesse), in: Parliaments, Estates and Representation, hrsg. v. International Commission for the History of Representative & Parliamentary Institutions, Aldershot 1997, 39–60.

Landwehr, Achim: „Normdurchsetzung" in der Frühen Neuzeit? Kritik eines Begriffs, in: Zeitschrift für Geschichtswissenschaft 48 (2000), 146–162.

Landwehr, Achim: Policey vor Ort. Die Implementation von Policeyordnungen in der ländlichen Gesellschaft der Frühen Neuzeit, in: Policey und frühneuzeitliche Gesellschaft, hrsg. v. Karl Härter, Frankfurt am Main 2000, 47–70.

Lang, Peter Thaddäus: Visitationsprotokolle und andere Quellen zur Frömmigkeitsgeschichte, in: Aufriß der Historischen Wissenschaften, Bd. 4: Quellen, hrsg. v. Michael Maurer, Stuttgart 2002, 302–324.

Les communautés rurales – Rural communities, Bd. 4: Europe occidentale (Italie, Espagne, France) / Bd. 5: Europe occidentale et Amérique. Synthèse générale / Bd. 6: Europe orientale (Recueils de la Société Jean Bodin pour l'histoire comparative des institutions), Paris 1984–1987.

Levi, Giovanni: The Origins of the Modern State and the Microhistorical Perspective, in: Mikrogeschichte – Makrogeschichte. Komplementär oder inkommensurabel?, hrsg. v. Jürgen Schlumbohm, Göttingen 1998, 53–82.

Ludwig, Ulrike: Das Herz der Justitia. Gestaltungspotentiale territorialer Herrschaft in der Strafrechts- und Gnadenpraxis am Beispiel Kursachsens 1548–1648, Konstanz 2008.

Luhmann, Niklas: Funktionen und Formen formaler Organisation, 5. Aufl., Berlin 1999.

Luhmann, Niklas: Legitimation durch Verfahren, 3. Aufl., Frankfurt am Main 1983.

Nubola, Cecilia / *Würgler,* Andreas (Hrsg.): Formen der politischen Kommunikation in Europa vom 15. bis 18. Jahrhundert. Bitten, Beschwerden, Briefe, Berlin / Bologna 2001.

Nubola, Cecilia / *Würgler,* Andreas (Hrsg.): Bittschriften und Gravamina. Politik, Verwaltung und Justiz in Europa (14.–18. Jahrhundert), Berlin 2005.

Reinhard, Wolfgang: Geschichte der Staatsgewalt. Eine vergleichende Verfassungsgeschichte Europas von den Anfängen bis zur Gegenwart, München 1999.

Reinhard, Wolfgang: Was ist europäische politische Kultur? Versuch zur Begründung einer politischen Historischen Anthropologie, in: Geschichte und Gesellschaft 27 / 4 (2001), 593 – 616.

Sandl, Marcus: Ökonomie des Raumes. Der kameralwissenschaftliche Entwurf der Staatswirtschaft im 18. Jahrhundert, Köln / Weimar / Wien 1997.

Schlögl, Daniel: Der planvolle Staat. Raumerfassung und Reformen in Bayern 1750 – 1800, München 2002.

Schlögl, Rudolf: Bedingungen dörflicher Kommunikation. Gemeindliche Öffentlichkeit und Visitation im 16. Jahrhundert, in: Kommunikation in der ländlichen Gesellschaft vom Mittelalter bis zur Moderne, hrsg. v. Werner Rösener, Göttingen 2000, 241 – 261.

Schnabel-Schüle, Helga: Kirchenleitung und Kirchenvisitation im deutschen Südwesten, in: Repertorien der Kirchenvisitationsakten aus dem 16. und 17. Jahrhundert in Archiven der Bundesrepublik Deutschland, Bd. 2.2: Baden-Würtemberg, Tübingen 1987, 15 – 33.

Schnabel-Schüle, Helga: Kirchenvisitation und Landesvisitation als Mittel der Kommunikation zwischen Herrschaft und Untertanen, in: Im Spannungsfeld von Recht und Ritual. Soziale Kommunikation in Mittelalter und Früher Neuzeit, hrsg. v. Heinz Duchhardt / Gert Melville, Köln 1997, 173 – 186.

Schulze, Winfried: „Geben Aufruhr und Aufstand Anlaß zu neuen heilsamen Gesetzen.“ Beobachtungen über die Wirkungen bäuerlichen Widerstands in der Frühen Neuzeit, in: Aufstände, Revolten, Prozesse. Beiträge zu bäuerlichen Widerstandsbewegungen im frühneuzeitlichen Europa, hrsg. v. Winfried Schulze, Stuttgart 1983, 261 – 285.

Schulze, Winfried: Bäuerlicher Widerstand und feudale Herrschaft in der frühen Neuzeit, Stuttgart 1980.

Schulze, Winfried: Das Reich und der gemeine Mann, in: Heiliges Römisches Reich Deutscher Nation 962 bis 1806. Altes Reich und Neue Staaten 1495 bis 1806, hrsg. v. Heinz Schilling / Werner Heun / Jutta Götzmann, Dresden 2006, 69 – 79.

Spittler, Gerd: Abstraktes Wissen als Herrschaftsbasis. Zur Entstehungsgeschichte bürokratischer Herrschaft im Bauernstaat Preußen, in: Kölner Zeitschrift für Soziologie und Sozialpsychologie 32 (1980), 574 – 604.

Stögmann, Arthur: Kirchliche Visitationen und landesfürstliche „Reformationskommissionen“ im 16. und 17. Jahrhundert am Beispiel von Niederösterreich, in: Quellenkunde der Habsburgermonarchie (16. – 18. Jahrhundert), hrsg. v. Josef Pauser / Martin Scheutz / Thomas Winkelbauer, Wien / München 2004, 675 – 684.

Tantner, Anton: Ordnung der Häuser, Beschreibung der Seelen. Hausnummerierung und Seelenkonskription in der Habsburgermonarchie, Innsbruck 2007.

Troßbach, Werner: Dorfgemeinden und Staatsformierung. Kontinuität und Wandel dörflicher Institutionen 1350 – 1800, in: Die Geschichte des Dorfes, hrsg. v. Werner Troßbach / Clemens Zimmermann, Stuttgart 2006, 78 – 103.

Ullmann, Sabine: „Vm der Barmherzigkait Gottes willen“. Gnadengesuche an den Kaiser in der zweiten Hälfte des 16. Jahrhunderts, in: Das Reich in der Region während des Mittelalters und der Frühen Neuzeit, hrsg. v. Rolf Kießling / Sabine Ullmann, Konstanz 2005, 161 – 184.

Wunder, Heide: Die bäuerliche Gemeinde in Deutschland, Göttingen 1986, 80–106.

Würgler, Andreas: Bitten und Begehren. Suppliken und Gravamina in der deutschsprachigen Frühneuzeitforschung, in: Bittschriften und Gravamina. Politik, Verwaltung und Justiz in Europa (14.–18. Jahrhundert), hrsg. v. Cecilia Nubola / Andreas Würgler, Berlin 2005, 17–52.

Zeeden, Ernst Walter / *Molitor,* Hansgeorg (Hrsg.): Die Visitation im Dienste der kirchlichen Reform, Münster 1977.

Zeeden, Ernst Walter / *Lang,* Peter Thaddäus (Hrsg.): Kirche und Visitation, Stuttgart 1984.

Zemon Davis, Nathalie: Der Kopf in der Schlinge. Gnadengesuche und ihre Erzähler, Berlin 1988.

Verwaltung und Verfahren

Ein Kommentar

Von *André Holenstein*, Bern

I. Einleitung

Bezüglich der konzeptionellen Grundlagen und Vorgaben des Münsteraner Leibnizprojekts „Vormoderne Verfahren“[1] soll für diesen Kommentar nur in Erinnerung gerufen werden, dass das Projekt im Anschluss an Niklas Luhmann Verfahren als „Handlungssequenzen“ definiert, „deren äußere Form (unter Umständen rechtlich) geregelt ist und die der Herstellung legitimer, allgemein verbindlicher Entscheidungen dienen“. Für ein Verfahren soll weiter kennzeichnend sein, „daß es sowohl eine Entscheidung *her*stellt als auch den Prozeß ihrer Herstellung selbst *dar*stellt“[2].

Das Forschungskonzept nimmt folglich – im Anschluss an die einschlägigen Forschungen zur symbolischen Kommunikation und zur Kulturgeschichte des Politischen[3] – die performativen Aspekte der Entscheidungsfindung ebenso in den Blick wie deren produktive Wirkungen, und zwar als zwei nicht voneinander zu trennende Eigenschaften desselben Sachverhalts. Verbindlichkeit der Herstellung und Öffentlichkeit der Darstellung von Entscheidungen sind die beiden zentralen konstitutiven Merkmale dieses Verfahrensbegriffs.

II. Verfahren und Verwaltung

Es liegt auf der Hand, dass diese heuristisch-konzeptionellen Vorgaben für die Analyse von administrativen Praktiken grundsätzlich fruchtbar gemacht werden können. Verwaltungshandeln hängt hinsichtlich seines Gelingens bzw. Scheiterns jeweils auch davon ab, ob und wie administrative

---

1 [http: //www.uni-muenster.de/Geschichte/leibnizprojekt/] (Zugriff am: 28. 08. 2008).

2 So Barbara Stollberg-Rilinger und André Krischer im Konzeptpapier zu dieser Tagung.

3 *Stollberg-Rilinger,* Vormoderne politische Verfahren; *Dartmann / Füssel / Rüther,* Raum und Konflikt; *Stollberg-Rilinger,* Was heißt Kulturgeschichte.

Maßnahmen bei den betroffenen Verbänden und Personenkreisen verbindlich gemacht werden, wie sie Geltung und Anerkennung erlangen können. Die prozeduralen Aspekte der Vorbereitung, der Entscheidung und der Implementierung administrativer Maßnahmen sind relevante Faktoren, wenn es darum geht, ob und inwiefern diese auf die Zustimmung der Betroffenen und Beteiligten zählen können oder nicht.

Inwiefern – so lässt sich im Hinblick auf die Beiträge zur Sektion III (Verwaltung und Verfahren) fragen – verheißt die Analyse administrativen Handelns unter dem besonderen Gesichtspunkt der Kategorie „Verfahren" neue Erkenntnisse und inwiefern lassen sich die Beobachtungen aus den verwaltungsgeschichtlichen Vorträgen für das Generalthema der Tagung fruchtbar machen?

Nicht alle vier Beiträge zur Tagungssektion fügten sich gleich gut unter das von den Organisatoren definierte Oberthema „Verwaltung und Verfahren". Insbesondere Daniel Schläppi (Bern) zielte mit seinem Vortrag nicht auf Verwaltungsakte i.e.S., sondern behandelte mit Wahlverfahren zu den höchsten Landesämtern des eidgenössischen Kantons Zug vielmehr einen zentralen Aspekt von Verfassung und Politik. Und wenngleich sich die Interventionen von Daniel Flückiger (Bern), Birgit Emich (Freiburg) und Stefan Brakensiek (Essen) reibungsloser dem Oberthema „Verwaltung und Verfahren" zuweisen ließen, so bleibt mit Blick auf die beiden Beiträge von Emich und Brakensiek dennoch fraglich, wie trennscharf sich unter den spezifischen Voraussetzungen der frühen Neuzeit die Teilsysteme Politik und Verwaltung bereits voneinander abgrenzen lassen.

III. Vor und nach der Entscheidung

Verfahren zur Gewinnung entscheidungsrelevanter Information

Im Unterschied insbesondere zu den in Sektion II verhandelten Gerichtsverfahren haben die Beiträge zur Sektion III weniger auf Verfahren zur Herstellung gültiger, verbindlicher Entscheidungen fokussiert, sondern stärker auf Prozeduren zur Gewinnung entscheidungsrelevanter Informationen, die im Vorgang oder im Nachgang von Entscheidungen benötigt wurden. Bei solchen Verfahren handelt es sich um prinzipiell rekurrente, wiederholbare Abläufe, die den Weg zu Entscheidungen ebneten oder die Aufsicht über deren Vollzug und Umsetzung ermöglichten. Daniel Schläppi erörterte Verfahren, mit denen sich Bewerber um die höchsten Landesämter eines eidgenössischen Kantons mit Landsgemeindeverfassung die Mehrheit der Stimmen der Landleute für eine erfolgreiche Wahl zu sichern suchten. Im Fokus von Daniel Flückigers Beitrag standen Verfahren, die umstrittenen Verwaltungsmaßnahmen Geltung und höhere Aussicht auf Verwirklichung verschaffen sollten. Birgit Emich betrachtete Verfahren, die den Blick auf entscheidungsrelevante Faktoren verschleiern sollten. Bei Stefan Brakensiek standen Techniken der Information im frühneuzeitlichen Staat im Zentrum, welche zugleich auch als Medien der Darstellung staatlicher Herrschaft fungierten.

Hypothetisch lässt sich im Anschluss an diese Beobachtung die Frage stellen, ob die Ausbildung von Verfahren im Verwaltungshandeln als Indiz für die Methodisierung, Technisierung und Rationalisierung von Regierungs- und Verwaltungshandeln verstanden werden kann. Zeugt die Einrichtung von administrativen Verfahren zur systematischen Gewinnung entscheidungsrelevanter Information von der Empirisierung von Regierung und Verwaltung? Und schafft diese Empirisierung – analog zu Beobachtungen aus der Wissenschaftsgeschichte des 18. Jahrhunderts[4] – wiederum einen Wissens- und Erfahrungsdruck, der seinerseits die Entwicklung neuer Verfahren der Auswertung und Operationalisierung entscheidungsrelevanter Informationen nach sich zieht? Trägt der Einsatz informationsgenerierender Verfahren in der Politik und Verwaltung das Moment zur Verstetigung in sich? Führen solche Verfahren in dem Sinne zu einer „Verzeitlichung" von Politik und Verwaltung, als die Erfahrung der Situativität und Kontextgebundenheit jeder Information die regelmäßige Ingangsetzung neuer Verfahren der Informationsgewinnung erfordert bis hin zur Einrichtung staatlicher statistischer Bureaus im 19. Jahrhundert?

Die Tatsache, dass Verfahren zur Beschaffung entscheidungsrelevanten Wissens performativ an Kommunikation und Interaktion mit den Trägern des Wissens gebunden sind, zieht weitere Fragen nach sich. Wie wirkt sich der Umstand aus, dass die Beschaffung dieser Information und folglich die Vorbereitung administrativer Maßnahmen im Zusammenspiel und Zusammenhandeln mit Personenkreisen erfolgen, die in der frühen Neuzeit ausserhalb der formellen Zentren der Herrschaft stehen – mit lokalen Korporationen, mit Gemeinden, mit Gruppen von Untertanen, mit klienteläeren Netzwerken? Stabilisiert die Einbindung und Anhörung solcher Gruppen die Legitimität und Akzeptanz von Herrschaft, indem diese kommunikative Konstellation die Berücksichtigung lokal-partikularer Anliegen und Befindlichkeiten signalisiert bzw. suggeriert? Oder wird sie als Zeichen herrschaftlicher Schwäche gedeutet, weil sie jenseits einer Logik von Befehl und Gehorsam das Angewiesensein von Behörden auf die Kooperation der Verwalteten anzeigt?

Stefan Brakensiek thematisierte unterschiedliche administrative Verfahren der Vermittlung von Herrschaft unter den kulturellen und politischen Bedingungen des frühneuzeitlichen Obrigkeitsstaates. Visitationen, Suppli-

---

4 *Lepenies*, Das Ende der Naturgeschichte, 16–28.

ken, Berichte und Enquêten erscheinen dabei als je unterschiedlich strukturierte Verfahren, mit denen die Verbindung von Zentrum und Peripherie und die Aufsicht über die Amtsträger der noch nicht professionalisierten, janusköpfigen Lokalverwaltung aufrecht erhalten werden konnten. Lokale Gruppen wurden durch diese kommunikativen Verfahren in die Vorbereitung von Entscheidungen einbezogen und konnten ihrerseits vor dem Hintergrund örtlicher Interessengegensätze die Kommunikation mit den Behörden für die Repräsentation partikularer Gruppeninteressen und die Gewinnung autoritativer Unterstützung nutzen[5]. In dieser triangulären Konstellation von zentralstaatlichen Behörden, Amtsverwaltung und Gemeinde / Untertanen waren zwar partizipative Elemente für Gemeinden und lokale Gruppen eingebaut, deren Wirkung hing jedoch von der Bereitschaft der interessierten Kreise ab, sich den Zwängen und Spielregeln der administrativen Verfahren zu unterwerfen und sich in der Interaktion mit den Behörden der Sprache der Obrigkeit zu bedienen. Damit wurde tendenziell das Bild einer huldvoll-gnädigen, paternalistisch-fürsorglichen Obrigkeit bestärkt.

Daniel Schläppis Analyse der strittigen Ammannwahl von 1650 im eidgenössischen Kanton Zug führt ein Verfahren vor, an dem grundsätzlich die gesamte männliche Bevölkerung teilhaben konnte und das folglich politisch breit abgestützt war. Das Wahlverfahren für das höchste Amt des Gemeinwesens genoss hohe Akzeptanz. Gleichwohl versagte das Verfahren bei der Ammannwahl 1650. Es hatte die zwar knappe, prozedural jedoch unanfechtbare Wahl des einen Kandidaten herbeigeführt, doch konnte das Wahlergebnis unter dem Druck der gewaltbereiten Partei des unterlegenen Bewerbers letztlich nicht durchgesetzt werden und wurde unter tumultuarischen Umständen umgestürzt.

Das Fallbeispiel verdeutlicht die Notwendigkeit, den Verfahrensbegriff nicht zu eng zu fassen. Das Geschehen um die Zuger Ammannwahl 1650 erschließt sich in seiner Logik kaum, richtet man den Blick allein auf das Wahlverfahren im engeren Sinne. Im Vorfeld von Landsgemeinden luden die Bewerber um das Amt auf ihre Kosten breite Bevölkerungskreise zu Speis und Trank in Wirtshäuser ein. Mit diesem symbolischen Transfer von Ressourcen von den potentiellen künftigen Trägern und Nutznießern des Amtes zur Menge der wahlberechtigten Landleute wurde schon vor der Wahl der Zusammenhalt des korporativen Verbands gefestigt und vorab die Anerkennung des Wahlergebnisses wahrscheinlich gemacht. Es scheint demnach am Wahltag selber nicht mehr so sehr darauf angekommen zu sein, wer am Schluss das Rennen machte. Für die große Zahl der an der Landsgemeinde teilnehmenden Männer sind die im Vorfeld der Wahl stattfindenden Gastereien entscheidender als der Wahlakt selber gewesen. Mit dem

5 *Blockmans / Holenstein / Mathieu,* Empowering Interactions; *Holenstein,* „Gute Policey“ und lokale Gesellschaft.

symbolischen Ressourcentransfer hatte sich – unabhängig vom Ausgang der Wahl – für die Mehrheit der Landleute das Verfahren zur Herstellung legitimer Entscheidungen bereits bewährt. Erst unter Berücksichtigung der Praktiken im Vorfeld der eigentlichen Wahl lässt sich die Geltung des Ergebnisses der kontroversen Wahl erklären. Offen bleibt allerdings auch mit dieser Hypothese die Frage, weshalb auch der anfänglich zum Wahlsieger erklärte Beat Zurlauben die Wahl seines Widersachers Georg Sidler als legitime Entscheidung – zumindest für den Moment – hingenommen hat.

IV. Verfahren als Keim der Verrechtlichung und der Delegitimierung von Politik und Verwaltung?

Immer noch im Sinne heuristischer Hypothesenbildung lässt sich das Konzept zur Tagung auf die Fragen hin entwickeln, ob und inwiefern Verfahren dazu beitragen können, Regierungs- und Verwaltungshandeln transparenter und öffentlicher zu machen und sie damit tendenziell aus dem Bereich des Arkanums herauszulösen. Können Verfahren zum Ansatzpunkt für die Vorstellung der Rechenschaftspflicht und Verantwortlichkeit von Politik und Verwaltung gegenüber den Betroffenen oder der Öffentlichkeit werden? Tragen sie ihrerseits zur Ausbildung prozessualer Verfahren der Kontrolle von Regierungs- und Verwaltungshandeln bei?

Der normierte, unter Umständen gar rechtlich geregelte Charakter verleiht prozeduralen Handlungssequenzen grundsätzlich ein Moment der relativen Autonomie und Unverfügbarkeit. Dieses Moment schränkt tendenziell die Handlungsoptionen der Akteure des Regierungs- und Verwaltungshandelns ein und eröffnet hingegen Dritten die Möglichkeit zur „Nutzung" von Verfahren – mitunter auch in kontrafaktischer Absicht. In letzter Konsequenz können Verfahren damit das Gegenteil von verbindlichen Entscheidungen bewirken. Statt ein Mehr an Legitimität zu erbringen, können sie zum Ansatzpunkt von Strategien der Delegitimierung werden. Die Regeln des Verfahrens lassen sich in diesen Fällen – gegen die ursprünglichen Intentionen des Verfahrens – auch so nutzen, dass das Verfahren als solches und damit die Autorität der das Verfahren gewährleistenden Instanz in Frage gestellt wird. In diesem Sinne hat etwa die anti-patrizische Bürgeropposition in der Republik Genf in der zweiten Hälfte des 18. Jahrhunderts (sog. *Représentants*) die ihr bei der Mediation früherer Konflikte eingeräumten Möglichkeiten verfahrensmäßiger Interessensartikulation genutzt und durch die hartnäckige Eingabe von Memorialen und Vorstellungen (sog. *Représentations*) eine verfassungsrechtliche und -theoretische Grundsatzdebatte über die Abgrenzung der Kompetenzen zwischen den engeren, patrizischen Räten und der bürgerschaftlichen Generalversammlung in der Öffentlichkeit und Presse initiiert[6].

---

6 *Hartmann*, Reflexive Politik im sozialen Raum, 21–72.

Die im bernischen Straßenbau des 18. und 19. Jahrhunderts eingesetzten administrativen Verfahren zeigen die Absicht der staatlichen Behörden, die von Straßenbauprojekten betroffenen Gemeinden und Personengruppen in die Entscheidungsfindung einzubinden. Die Schritte zur Verwirklichung solcher Großprojekte spiegeln sich in so unterschiedlichen Schriftstücken wider wie Bittschriften, Schatzungen, Expertisen und Gerichtsurteilen. Daniel Flückiger hebt die im Vergleich zu Gerichtsverfahren schwächere Institutionalisierung von Verwaltungsverfahren hervor, deren (Zwischen)Ergebnisse leichter als förmliche Gerichtsurteile wieder zum Gegenstand von Verhandlungen zwischen den Interessenparteien gemacht werden konnten. Im Meinungsstreit wurden auch die Verwaltungsverfahren als solche sowie die Kriterien für die Gültigkeit von Prozeduren grundsätzlich hinterfragt. So kollidierten etwa gewohnheitsrechtliche Verfahrensgrundsätze auf Seiten der Gemeinden mit liberalen Vorstellungen verschriftlichter Rechtsstaatlichkeit auf Seiten der staatlichen Akteure. Dem Legalitäts- und Verfahrensprinzip der liberalen Behörden begegneten die von Enteignungen und der Übernahme der Straßenunterhaltskosten bedrohten Gemeinden und Privatpersonen mit eigentlichen Rekurskampagnen, die wiederum das Interesse der Behörden an außergerichtlichen Einigungen steigerten.

Die Anfälligkeit arrangierter Verfahren für den Einfluss äußerer verfahrensfremder, kontingenter Faktoren und die Grenzen der Verfahrensautonomie werden auch im Beitrag von Birgit Emich sichtbar. In den von starken Interessengegensätzen zwischen den Provinzen Bologna, Romagna und Ferrara geprägten Debatten um ein wasserbauliches Gesamtkonzept für die Po-Ebene waren es immer wieder die privaten Interessen einzelner Akteure (partikulare Interessen der Papstfamilie), welche die Autonomie des Verfahrens tangierten und damit die Aussichten auf eine geregelte Entscheidung mit allgemeiner Verbindlichkeit zunichtemachten. Die Leistung des von Emich geschilderten Verfahrens lag folglich gerade nicht in der Herbeiführung verbindlicher Maßnahmen für eine effiziente Wasserbaupolitik, sondern in einer spezifischen Darstellung der kontroversen politischen Debatte, welche die entscheidenden Faktoren verschleierte und damit die Fiktion der Verfahrensautonomie aufrecht erhielt. Damit trug das Verfahren zwar zur staatlichen Einbindung der Provinzelite und zur politischen Integration des Kirchenstaates bei, doch wurde dies um den Preis einer wirkungslosen römischen Wasserbaupolitik erkauft. Man fühlt sich dabei durchaus an die gegenwärtige italienische Politik erinnert, welche in der Technik, Privatinteressen den Mantel patriotischer Werte umzuhängen und sie damit zu verhüllen, eine bemerkenswerte Meisterschaft entwickelt hat.

V. Verfahren und Verwaltung – allgemeine Beobachtungen und Schlussfolgerungen

Verlässt man die Gerichtssäle, wird die Welt komplizierter und verliert der Luhmannsche Verfahrensbegriff viel von seiner Klarheit, Eindeutigkeit und heuristisch-analytischen Stringenz. Das Unbehagen an Luhmann komme bei der Verwaltung auf, meinte im Verlauf der Diskussion auf der Tagung Andreas Pečar, und er führte dies auf die definitorische Fixierung des Begriffs auf die Herstellung von Entscheidungen zurück.

Die Beiträge der Sektion III haben gezeigt, wie häufig Verwaltungsverfahren nicht zu Entscheiden führten, sondern diesen vielmehr vorgelagert oder nachgeordnet waren. Ihre Beobachtungen raten dazu an, die Forschungsperspektive auf die Kontexte der Verfahren und die Strukturen der Umwelt zu öffnen. Was geregelte Handlungssequenzen zu leisten vermögen und was wiederum nicht, welche Wirkungen und welche nichtintendierten Folgen sie nach sich ziehen, welche Entscheidungen sie ermöglichen und welche wiederum nicht, erschließt sich jeweils nur unter Berücksichtigung der strukturellen Rahmenbedingungen und der individuellen Handlungsspielräume der involvierten Akteure. Dazu aber muss der Blick von der Fixierung auf die Verfahren im engeren Sinne gelöst werden.

Im Fall der gescheiterten Ammannwahl in Zug 1650 wird der Ausgang des tumultuösen Wahlgeschäfts nur verständlich, wenn man die Funktionsweise der Landsgemeinde und die soziale Position der involvierten Akteure berücksichtigt. Nur so wird verständlich, warum der siegreich aus dem Wahlverfahren hervorgegangene Kandidat unter dem Druck der gewaltbereiten Minderheit nicht auf seinem Sieg beharrt und was er mit seinem Verzicht auf längere Sicht für sich, für seine Klientel und für die Stabilität der politischen Verfassung gewinnt.

Im Fall der Auseinandersetzungen um den bernischen Straßenbau im 19. Jahrhundert wird die Leistungsfähigkeit administrativer Verfahren nur fassbar, wenn die Aushandlungsprozesse zwischen Behörden und Gemeinden gebührend berücksichtigt werden. Nur so wird begreiflich, wann und warum administrative Verfahren über Enteignungen von Grundstücken und über die Allokation der Kosten zu keiner Einigung führen und in der Folge in Gerichtsverfahren überführt werden müssen.

Im Fall der langwierigen Diskussionen um den Schutz der kirchenstaatlichen Provinzen in der Po-Ebene vor Überschwemmungen wurden jene Umweltfaktoren benannt, welche sich mit dem System Verfahren als kompatibel erwiesen und welche wiederum nicht. Dabei stellte sich heraus, dass die persönlichen und familialen Interessen sich gegenüber dem übergeordneten Interesse an einer effizienten Wasserbaupolitik durchsetzen konnten. Nur so wird fassbar, warum in diesem Fall die Leistung des Verfahrens nicht so sehr in der Darstellung von Entscheidungen bestanden hat, sondern in der Verschleierung jener Faktoren, welche diese verhindert haben.

Im Fall der administrativen Verfahren zur Gewinnung entscheidungsrelevanter Information im frühneuzeitlichen „Policey"staat wurde auf die Folgen ihrer Einbettung in eine trianguläre kommunikative Situation hingewiesen. Die Verfahren nötigten einerseits den involvierten Akteuren vor Ort ein systemkonformes Verhalten auf, boten ihnen aber andererseits die Chance, ihre Interessen zu artikulieren und in ein Verfahren einzuspeisen, das ihnen im Erfolgsfall autoritative Unterstützung und die Stärkung ihrer Position vor Ort versprach. Nur so wird das ganze Spektrum lokaler Reaktionen auf die administrative Erfassung der lokalen Gesellschaften durch den frühneuzeitlichen Obrigkeitsstaat verständlich, das bei ansonsten gleichbleibenden Verfahren von der punktuellen und situativen Kooperation bis zur Verweigerungshaltung reichen konnte.

Aus der Warte des Frühneuzeithistorikers haben die kritischen Anfragen an die heuristisch-analytische Tragfähigkeit und die interpretatorische Reichweite des Verfahrensansatzes mit dessen technizistischer Verengung und dessen Orientierung an Erfahrungen im modernen Rechts- und Verwaltungsstaat zu tun. Stellt der Luhmannsche Verfahrensbegriff die richtigen Fragen an die Quellen der frühen Neuzeit? Nimmt man mit ihm die entscheidenden Machtrelationen, politischen Prozesse und Handlungskontexte auf dem Weg zu verbindlichen Entscheidungen in den Blick oder übersieht man mit der Engführung des Blicks auf die Verfahren möglicherweise nicht doch zu viele Faktoren, die – ohne Bestandteil des Verfahrens zu sein – maßgeblich Einfluss auf dieses nehmen? Ist die Bewahrung von Verfahrensautonomie eine adäquate Handlungsoption für frühneuzeitliche Akteure gewesen? Ging es den Akteuren in der frühen Neuzeit bei der Verfolgung ihrer Ziele und Interessen um die Einhaltung von Verfahren? Oder zielten Verfahren aufgrund ihres letztlich agonalen Charakters für Akteure in der frühen Neuzeit nicht vielfach am Entscheidenden vorbei, das gerade darin lag, Entscheidungen zu vermeiden und die Debatten und Kontroversen am Laufen, die Interessengegensätze in der Schwebe zu halten, weil nur so die Kommunikation zwischen den Parteien – bisweilen über Generationen hinweg – aufrechtzuerhalten war, ohne dass die eine oder andere Seite ihr Gesicht verlieren musste?

Literatur

[http: //www.uni-muenster.de/Geschichte/leibnizprojekt/] (Zugriff am: 28. 08. 2008).

Blockmans, Wim / *Holenstein,* André / *Mathieu,* Jon (Hrsg.): Empowering Interactions. Political Culture and the Emergence of the State in Europe 1300 – 1800, Farnham 2009.

Dartmann, Christoph / *Füssel,* Marian / *Rüther,* Stefanie (Hrsg.): Raum und Konflikt. Zur symbolischen Konstituierung gesellschaftlicher Ordnung in Mittelalter und Früher Neuzeit, Münster 2004.

Hartmann, Anja Victorine: Reflexive Politik im sozialen Raum. Politische Eliten in Genf zwischen 1760 und 1841, Mainz 2003.

Holenstein, André: „Gute Policey" und lokale Gesellschaft. Das Fallbeispiel der Markgrafschaft Baden(-Durlach), Epfendorf am Neckar 2003.

Lepenies, Wolf: Das Ende der Naturgeschichte. Wandel kultureller Selbstverständlichkeiten in den Wissenschaften des 18. und 19. Jahrhunderts, München / Wien 1976.

Stollberg-Rilinger, Barbara (Hrsg.): Vormoderne politische Verfahren, Berlin 2001.

Stollberg-Rilinger, Barbara (Hrsg.): Was heißt Kulturgeschichte des Politischen? Berlin 2005.

IV. Verhandlung und Verfahren

Verhandeln über die Ehe des Königs

Das Beispiel Lothars II.

Von *Steffen Patzold*, Tübingen

Die Theorie der „Legitimation durch Verfahren“, die Niklas Luhmann 1969 veröffentlicht hat[1], lässt sich nicht ohne weiteres auf die Geschichte des Frühmittelalters anwenden. Politik, Religion und Recht waren nicht in demselben Grad ausdifferenziert wie in der Moderne. Professionelle Juristen gab es vor dem 12. Jahrhundert nicht, und rechtliche Verfahren waren noch kaum von anderen geschieden. Dieselben Versammlungen, auf denen Urteile gefunden wurden, konnten auch politische Entscheidungen treffen, Rangordnungen in der sozialen Elite vorführen und stabilisieren – oder dem informellen Austausch der anwesenden weltlichen und geistlichen Großen dienen[2]. Eine Autonomie von Verfahren im Sinne Luhmanns konnte es unter diesen Bedingungen nicht geben, und damit entfällt für das Frühmittelalter ein tragendes Element des gesamten Erklärungsmodells. Tatsächlich hat Luhmann selbst in seiner frühen Studie zwar einige wenige Beispiele aus dem Mittelalter angeführt; sie dienen ihm aber lediglich als rhetorische Kontrastfolie, um die Eigenarten moderner Verfahren deutlicher zu konturieren. Hinzu kommt: Das Mittelalterbild, von dem Luhmann in den 1960er Jahren ausgehen musste, entspricht dem heutigen Stand mediävistischer Forschung bei weitem nicht mehr[3].

Ziel dieses Beitrags kann es daher nicht sein, Luhmanns Theorie der „Legitimation durch Verfahren“ als geschlossenen Block zu übernehmen und ohne jede weitere Reflexion auf frühmittelalterliche Beispiele anzuwenden. Stattdessen möchte ich erörtern, inwieweit zumindest einzelne Elemente der Theorie, vorsichtig genutzt, auch für diese frühe Zeit Erklärungspotential haben könnten. Dazu stelle ich ein einziges, historisch aber bedeutsames und folgenreiches Beispiel aus der Geschichte des 9. Jahrhunderts

---

1 *Luhmann*, Legitimation durch Verfahren.

2 Zu Versammlungen vgl. *Althoff*, Colloquium, 145 – 167; *Reuter*, Assembly Politics in Western Europe, 432 – 450; *Eichler*, Fränkische Reichsversammlungen. – Aus der älteren Literatur bleibt wichtig: *Davies / Fouracre*, The Settlement of Disputes.

3 Vgl. zu Luhmanns Umgang mit dem Mittelalter außerdem die Kritik bei *Oexle*, Luhmanns Mittelalter, 53 – 66.

vor: den Versuch des fränkischen Königs Lothar II. (855–869), sich von seiner Gemahlin Theutberga zu trennen.

Lothar II. war ein Urenkel Karls des Großen. Die Karolinger kannten noch nicht das Prinzip der Primogenitur[4]: Sie pflegten ihr Reich unter ihren legitimen Söhnen aufzuteilen[5]. In den 50er und 60er Jahren des 9. Jahrhunderts, also in der Zeit, in der Lothar II. regierte, existierte daher das fränkische Großreich zwar noch als kulturelle Einheit, aber es war in mehrere Herrschaftsgebiete untergliedert[6]. Als Lothar im Jahr 855 die Regierung antrat[7], regierte im Westen Karl der Kahle, ein Onkel Lothars. Der östliche Teil des Frankenreiches stand unter der Herrschaft Ludwigs des Deutschen, auch er ein Onkel Lothars. Italien und die Provence wurden von Lothars Brüdern regiert: Der ältere, Ludwig II., herrschte in Italien; der jüngere, Karl, in der Provence und dem Dukat Lyon[8]. Lothar selbst blieb ein Mittelreich, das sich von Friesland südwärts bis in die heutige Schweiz erstreckte. Dieses Teilreich war nicht groß, aber es hatte Qualität: In dieser Region verfügten die Karolinger über reichen Grundbesitz, und hier lagen wichtige Herrschaftszentren – allen voran Aachen[9].

Schon Zeitgenossen nannten dieses Reich das *regnum Lotharii*, und darauf geht noch die heutige Bezeichnung „Lothringen“ zurück[10]. Dieses Lotharingien-Lothringen sollte als umstrittener Raum zwischen Frankreich und Deutschland bis ins 20. Jahrhundert hinein eine Rolle spielen. Im 9. Jahrhundert aber war das Teilreich noch keine feste Größe. Politische Grenzen konnten sich rasch ändern: Versuche von Karolingern, ein Nachbarreich ganz oder teilweise zu übernehmen, gab es mehrfach; eben im Jahr 858 beispielsweise fiel Ludwig der Deutsche in das Reich seines Halbbruders Karl ein und versuchte, sich dort als König Anerkennung zu verschaffen – freilich ohne Erfolg[11]. Jeder Todesfall in der Königsfamilie eröffnete weitere Chancen, neue Grenzen festzulegen. So bestand auch das Reich

---

4 Zur Entwicklung in der Ottonenzeit vgl. *Zotz*, 929, 90–105 und 375 f.

5 *Ewig*, Überlegungen zu den merowingischen und karolingischen Teilungen, 225–283; *Beumann*, Unitas ecclesiae – unitas imperii – unitas regni, 531–571; *Erkens*, Divisio legitima und unitas imperii, 423–485; differenzierend: *Kaschke*, Die karolingischen Reichsteilungen.

6 Vgl. *Penndorf*, Das Problem der „Reichseinheitsidee“; zum allmählichen Auseinanderdriften der Teile auch *Schneider*, Brüdergemeine und Schwurfreundschaft.

7 Zum Folgenden auch *Kaschke*, Die dispositio regni Lothars I., 89–98.

8 Annales Bertiniani, a. 856, 73.

9 Dazu *Nelson*, Aachen as a Place of Power, 217–237.

10 Zur Geschichte Lotharingiens seit der späteren Karolingerzeit vgl. nach der grundlegenden Studie von *Hlawitschka*, Lotharingien, vor allem *Schneidmüller*, Regnum und Ducatus, 81–114; *Anton*, Synoden, Teilreichsepiskopat und die Herausbildung Lotharingiens, 83–124; *Bauer*, Lotharingien als historischer Raum; *Schneider*, Auf der Suche nach dem verlorenen Reich; *ders.*, La Lotharingie, 425–433. – Zum Namen „Lothringen“ auch: *Pitz*, En passant par la Lorraine, 97–130.

11 Zu den Ereignissen vgl. *Hartmann*, Ludwig der Deutsche, 49–53.

Lothars nur für wenige Jahre: von 855 bis zu Lothars Tod 869. Danach teilten es seine Onkel, Karl und Ludwig, untereinander auf[12]. Das hatte Konsequenzen: Wohl auch deshalb nämlich vermochten sich im Laufe der Zeit zwar Frankreich und Deutschland zu eigenen Reichen zu verfestigen; ein politisch eigenständiges Mittelreich namens Lotharingien aber bildete sich auf Dauer nicht aus.

Ein wichtiger Faktor dieser gesamten Entwicklung war nun der Streit über die Ehe Lothars II.[13] Der König hatte aus einer ersten Verbindung mit Waldrada, einer adligen Dame aus dem Elsass[14], einen Sohn namens Hugo. Lothar hatte diese Verbindung aber im Herbst 855 wahrscheinlich aus machtpolitischen Gründen gelöst und war eine Ehe mit einer anderen, noch vornehmeren Dame eingegangen, die den Namen Theutberga trug und aus der Familie der Bosoniden stammte[15]. Aus dieser zweiten Verbindung, die Lothar II. wohl schon ab 856 keine politischen Vorteile mehr versprach[16], gingen jedoch keine Kinder hervor. Von 857 bis zu seinem Tode 869 – das heißt fast seine gesamte Regierungszeit hindurch – hat Lothar sich bemüht, seine Ehe mit Theutberga wieder zu lösen und stattdessen seiner früheren Verbindung mit Waldrada Anerkennung zu verschaffen. Vielleicht noch nicht zu Beginn, aber doch im Verlauf der 860er Jahre wurde es hierbei für ihn wichtig, dass er auf diese Weise seinen einzigen, wohl schon 855 geborenen[17] Sohn Hugo als legitimen Nachfolger etablieren konnte. Allerdings ist Lothar mit diesem Vorhaben gescheitert: Hugo blieb illegitim, und das *regnum Lotharii* wurde 870 zwischen Lothars Onkeln, Karl und Ludwig, aufgeteilt[18].

Angesichts dieser Entwicklung hat die Forschung schon lange die Frage nach den Ursachen fur Lothars Scheitern gestellt: Warum hat der König seine Trennung von Theutberga nicht durchsetzen können? Bei aller Diffe-

12 Ebd., 59 f.

13 Dazu grundlegend *Heidecker*, Kerk, huwelijk en politieke macht; für die Zeit bis 860 bietet nach wie vor *Böhringer* im Vorwort ihrer Edition von *Hinkmar*, De divortio Lotharii regis et Theutbergae reginae, die präziseste Darstellung; zu den rechtlichen Grundlagen zuletzt *Ubl*, Inzestverbot und Gesetzgebung, 345 – 352.

14 Zu Waldradas Herkunft vgl. *Schmid*, Ein karolingischer Königseintrag, 128 – 134; anders *Brunner*, Oppositionelle Gruppen im Karolingerreich, 128 f., der auch für Waldrada Verbindungen zum Hochadel sieht.

15 Zur Familie Theutbergas vgl. *Hlawitschka*, Franken, Alemannen, Bayern und Burgunder in Oberitalien, 161; dass Theutbergas Bruder, Boso der Jüngere, nicht mit Boso von Vienne zu identifizieren ist (so *Staab*, Jugement moral et propagande, 365 – 382, besonders 367 – 371), hat *Bougard*, En marge du divorce de Lothaire II., 33 – 51, überzeugend nachgewiesen.

16 Zu den politischen Hintergründen vgl. *Heidecker*, Kerk, 70 – 73 u. 80 – 83.

17 Airlie, Private Bodies, 17 mit Anm. 44; *Hartmann*, Ludwig, 58 mit Anm. 164.

18 Die Teilung von Meersen von 870 ist überliefert von *Hinkmar von Reims*, Annales Bertiniani, a. 870, 168 – 178; danach und nach weiteren, eigenständigen Überlieferungen gedruckt als Divisio regni Hlotharii, hrsg. v. *Boretius / Krause* (MGH Capitularia, 2), 193 – 195.

renzierung der einschlägigen Forschung[19] lassen sich aus den bisherigen Antworten auf diese Frage im Wesentlichen vier große Argumente herausdestillieren. Den ersten dieser Erklärungsansätze könnte man das „emotionale Argument" nennen. Auf einen Satz gebracht lautet es: Lothar liebte Waldrada und er hasste Theutberga so sehr, dass er – quasi blind vor Liebe – gegen alle politische Notwendigkeit und rechtliche Klugheit verstieß[20].

Das zweite Argument ist dagegen politikgeschichtlich ausgerichtet: Ihm zufolge stand Lothar allzu mächtigen Gegnern gegenüber. Da waren zum einen seine Onkel, Karl der Kahle und Ludwig der Deutsche, die das Mittelreich teilen wollten, deshalb einen legitimen Erben zu verhindern suchten und folglich Interesse daran hatte, eine legitime Ehe Lothars mit Waldrada zu unterbinden. Und da war zum anderen Papst Nikolaus I.: Auch er handelte gegen Lothars Interessen, sah er doch in dem Streitfall eine Möglichkeit, den gesteigerten hierarchischen Anspruch des Papsttums gegenüber dem fränkischen Episkopat durchzusetzen. Konfrontiert mit derart potenten Gegnern, so das zweite Argument, habe Lothar sein Ziel nicht zu erreichen vermocht[21].

Den dritten Ansatz könnte man das „rechts-" oder auch „ideengeschichtliche Argument" nennen: Hier wird der Fall Lothars eingeordnet in die Geschichte des Eherechts einerseits und die Geschichte der Ideen über Ehe und Ehemoral andererseits. Aus dieser Perspektive war Lothar das Opfer eines tief greifenden Wandels, der sich im 9. Jahrhundert in beiden Bereichen vollzogen hatte. Lothars Urgroßvater, Karl der Große, hatte noch mühelos seine erste Ehe auflösen können und im Alter mehrere Konkubinen gehabt. Zur Zeit Lothars dagegen galt eine Ehe, wie sie Lothar mit Theutberga geschlossen hatte, bereits als weit stärker bindend; sie zu lösen und eine weitere Ehe einzugehen war nur noch in wenigen Ausnahmefällen erlaubt. Nach diesem Modell scheiterte Lothar also, weil sein Trennungsvorhaben allzu sehr im Widerspruch stand zu den nunmehr veränderten Werten und Normen zur Ehe[22].

---

19 Vgl. zum Folgenden vor allem *Airlie,* Private Bodies, 10–20.

20 Eine Rolle spielt dieses Argument etwa in der ausführlichen Darstellungen des Falles bei *Dümmler,* Geschichte des Ostfränkischen Reiches, Bd. II, 5–8; *Schrörs,* Hinkmar, 176–179; dazu und zu weiteren Beispielen: *Böhringer,* De divortio, 12. – In Umkehrung der älteren Wertungen, aber in der Sache vergleichbar zuletzt wieder *Esmyol,* Geliebte oder Ehefrau?, 167: „Der Grund für die Eskalation des Ehestreits ist eher in Lothars II. besonderer Beharrlichkeit zu suchen, der, anders als alle seine Vorgänger, erstmals seine Leidenschaft (*amor*) zu einer Frau über seine machtpolitischen Interessen stellte."

21 So dezidiert am Beispiel der Position Hinkmars von Reims: *Brühl,* „Hinkmariana", 48–77, zusammenfassend 76 f., demzufolge Hinkmar „das fränkische Staatswohl letzten Endes höher [stand] als das kanonische Recht"; vgl. dazu aber die berechtigte Kritik von Böhringer, in: *Hinkmar,* De divortio, 13–20. – Zur Position Nikolaus I. auch *Kottje,* Kirchliches Recht und päpstlicher Autoritätsanspruch, 97–103. – Eine machtpolitische Gesamtinterpretation auch bei *Konecny,* Die Frauen des karolingischen Königshauses, 104.

Stuart Airlie schließlich hat diskursgeschichtlich argumentiert. Indem er den Geschlechterdiskurs, den Körperdiskurs und den politischen Diskurs der späteren Karolingerzeit analysiert, vermag er zu zeigen, wie Lothar, Waldrada und Theutberga in kurzer Zeit zu Opfern von Ansprüchen und Anforderungen an König und Königin wurden, die sie nicht mehr zu erfüllen vermochten[23].

Diese vier Erklärungsansätze, die hier isoliert und sehr pointiert zusammengefasst sind, schließen sich keineswegs gegenseitig aus und sind von der Forschung bisher auch meist zusammen gesehen worden. Sie verweisen zweifellos auf wichtige Faktoren. Um Lothars Scheitern zu erklären, hat man jedoch noch wenig die Eigenlogik des Geschehens und die Zwänge untersucht, die sich für die Beteiligten aus einmal getroffenen Entscheidungen ergaben. Hierfür könnte Luhmanns Theorie der „Legitimation durch Verfahren" hilfreich sein. Zugleich vermag eine vorsichtige Anwendung einzelner ihrer Elemente auf einen Fall des 9. Jahrhunderts dazu beizutragen, die geschichtswissenschaftliche Reichweite der Theorie genauer auszuloten.

Um dieses Experiment durchzuführen, sollen im Folgenden die Ereignisse noch einmal genauer dargestellt, zugleich aber auch im Lichte der Luhmannschen Theorie betrachtet werden. Zu diesem Zweck lässt sich Lothars Bemühen um eine Trennung von Theutberga in folgende fünf Phasen einteilen:

1. Die erste Etappe begann im Jahr 857, als Lothar das erste Mal versuchte, sich von Theutberga zu trennen[24]. Der Vorwurf, der damals gegen die Königin erhoben wurde, wog schwer: Sie habe mit ihrem eigenen Bruder, Hukbert, Inzest getrieben, und zwar noch dazu nach Art der Sodomiten. Sie habe dabei ein Kind empfangen, und sie habe dieses Kind dann mit Hilfe eines Trankes abgetrieben. Das Problem für Lothar allerdings war: Es fehlten *testes*, das heißt Zeugen oder Eidhelfer. Deshalb wurde auf Beschluss der Laienadligen, auf den Rat der Bischöfe hin und mit dem Einverständnis Lothars selbst im Jahr 858 ein Gottesurteil eingeholt – und zwar ein Gottesurteil durch Kesselfang[25]. Nicht die Königin selbst, sondern ein Stellvertre-

---

22 Diesen Aspekt hebt beispielsweise *Bauer*, Rechtliche Implikationen des Ehestreites Lothars II., 41–87, hervor, der allerdings noch von der Existenz der Friedelehe ausging; dagegen zu Recht *Heidecker*, Kerk, 239–242 (der richtigerweise auch die Existenz von Kaufehe, Raubehe und Kebsehe als eigene Eheformen bestreitet), sowie ausführlicher: *Esmyol*, Geliebte, 9–36. Zur Kritik am Konzept der Friedelehe vgl. zuvor schon *Joch*, Legitimität und Integration, 12–15; sowie zuletzt noch einmal *Karras*, The History of Marriage, 120–130 (zur Kritik am Konzept der Friedelehe, aber leider in Unkenntnis der Arbeiten von Joch, Heidecker und Esmyol) 147–150 (zu Lothar II. und Waldrada).

23 *Airlie*, Private Bodies, 20–38.

24 So vermerkte der Bischof Prudentius von Troyes in den Annales Bertiniani, a. 857, 74: *Lotharius concubinis abutens uxorem suam reginam abicit.* – Zum Folgenden vgl. *Hinkmar*, De divortio, 7 f.; *Heidecker*, Kerk, 74–80.

ter musste einen Gegenstand aus einem Kessel mit kochendem Wasser herausholen. Anschließend wurde geprüft, ob der Stellvertreter der Königin „verbrüht" war: Gab es eine Brandwunde? Und wie gut war diese Wunde nach einigen Tagen wieder verheilt?[26] Aus dieser ersten Phase des Verfahrens ging Theutberga als Siegerin hervor: Ihr Vertreter wurde als *incoctus* eingeschätzt. Das Gottesurteil bewies Theutbergas Unschuld[27].

Luhmann ist in seiner Studie kurz auf Gottesurteile in vormodernen Gesellschaften eingegangen. Ihm zufolge dienten sie nicht dazu, „die Entscheidung des Gerichts durch Klärung einer Teilfrage vorzubereiten"; stattdessen sei hier „eine Entscheidung höherer Mächte [provoziert worden], welche die Ungewissheit durch das Gottesurteil beseitigt". Damit habe das „Verfahren selbst keine Autonomie, ja nicht einmal die Gesellschaft als Ganzes maßt sich an, entscheiden zu können. Die Entscheidungsfindung ist Bestandteil der magisch-religiös fundierten Lebensordnung". Die Legitimität der Entscheidung, so Luhmann, sei dann allein von der „Glaubenssicherheit" der Lebensordnung abhängig[28].

Diese Annahmen werden der Praxis im Karolingerreich ebenso wenig gerecht wie Gottesurteilen in späteren Jahrhunderten des Mittelalters[29]; auch ein Gottesurteil nämlich bedurfte der Interpretation. In unserem Fall kennen wir sogar einige der Argumente, mit denen Lothar und seine Parteigänger diejenigen kritisierten, die im Ergebnis des Kesselfangs von 858 ein Urteil zugunsten Theutbergas sehen wollten: Das Urteil zeuge lediglich von der Nachsicht Gottes, hieß es; und vielleicht habe Theutberga das Urteil sogar durch Manipulation herbeigeführt. So habe sie vor dem Urteil gebeichtet – und damit Gottes Wohlwollen erlangt. Und während der Heißwasser-Probe selbst habe sie perfiderweise nicht an den richtigen Hukbert, ihren leiblichen Bruder gedacht, sondern an einen anderen *frater hucbertus* – also sozusagen Gott gedanklich belogen und dadurch den Sieg davongetragen. Wohlgemerkt: Das waren für die Zeitgenossen ernsthafte Argumente; wir kennen sie überhaupt nur, weil der Erzbischof Hinkmar von Reims im Frühjahr 860 in einem Gutachten einigen Aufwand betrieben hat, um diese Argumente zu widerlegen[30]. Aber selbst Hinkmar räumte ein: Im

---

25 Das geht hervor aus dem Gutachten, das der Erzbischof Hinkmar von Reims 860 zu der Ehesache Lothars angefertigt hat: *Hinkmar,* De divortio, Interrogatio 1, 114, Z. 5–11; von Beratungen vorab ist auch ebd. 7, 2, 120, die Rede. – Zu dem Text *Hinkmar,* De divortio, 20–31, vgl. außerdem *Heidecker,* Why Should Bishops Be Involved in Marital Affairs?, 225–235.

26 Vgl. die – allerdings zeitlich wie räumlich weit gestreuten – Beispiele bei *Nottarp,* Gottesurteilstudien, 255–257.

27 *Hinkmar,* De divortio, Interrogatio 1, 114.

28 *Luhmann,* Legitimation durch Verfahren, 60.

29 Vgl. exemplarisch zur taktischen Verwendung von Gottesurteilen in Konflikten des Hochmittelalters auch *White,* Proposing the Ordeal and Avoiding It, 89–123.

30 Vgl. *Hinkmar,* De divortio, Interrogatio 6, 146, und Hinkmars ausführliche Antwort ebd., 146–164.

Prinzip konnte das Ergebnis des Gottesurteils manipuliert sein; denn es war ja immer damit zu rechnen, dass der Teufel seine Hand im Spiel hatte und Gott auch so etwas in seiner höheren Gerechtigkeit zuließ[31]. Anders als Luhmann gemeint hat, hing die Wirksamkeit eines Gottesurteils deshalb nicht allein von der „Glaubenssicherheit“ der Lebensordnung ab. Die Möglichkeit teuflischer Manipulation, die ein Gottesurteil a priori interpretationsbedürftig machte, war vielmehr selbst Teil dieser Glaubenssicherheit. Entgegen Luhmanns Annahme war das Gottesurteil deshalb auch nicht geeignet, dem Streit ein Ende zu setzen. Es bildete lediglich eine erste Etappe.

Weiterführend dürfte dagegen eine andere Beobachtung Luhmanns sein: sein Hinweis auf die komplexitätsreduzierende Kraft der „Verfahrensgeschichte“[32]. Aus der Welt schaffen oder einfach stillschweigend übergehen konnte Lothar den Kesselfang von 858 nicht. Die Trennung war vorerst missglückt, auf Druck seiner Großen musste Lothar Theutberga wieder zu sich nehmen, auch wenn ein zeitgenössischer Beobachter meinte, der König habe die Königin nicht in sein Ehebett gelassen, sondern in Haft gehalten[33]. Zwei Jahre später war dann erheblicher Aufwand notwendig, damit die „schon reduzierte Komplexität wieder geöffnet“ und „neue Unsicherheit geschaffen“ werden konnte[34]. Gerade diese Umdeutung der frühen Verfahrensgeschichte dürfte die legitimatorische Kraft der weiteren Etappen dann aber von vornherein erheblich beeinträchtigt haben.

2. Anfang des Jahres 860 ließ Lothar den Fall neu aufrollen, diesmal auf zwei Versammlungen von Geistlichen in Aachen. Die erste dieser beiden Synoden trat am 9. Januar 860 zusammen. An ihr nahmen die Erzbischöfe Gunthar von Köln und Teutgaud von Trier teil, außerdem die Bischöfe Adventius von Metz und Franco von Lüttich sowie die Äbte Eigil von Prüm und Odeling von Cornelimünster. Überliefert sind zwei Protokolle, die über den Ablauf dieser recht kleinen Versammlung berichten[35]. Daraus geht hervor: Theutberga hatte dem Erzbischof Gunthar schwerwiegende Sünden

---

31 *Hinkmar,* De divortio, 164 f.

32 *Luhmann,* Legitimation durch Verfahren, 40 und 43–47. – Luhmann geht auch hierbei von einer *relativen* Autonomie des Verfahrens aus, die den „Aufbau einer eigenen Geschichte“ erlaube, die sich von der „allgemeinen Geschichte“ unterscheiden lasse. Der Grad dieser Trennung wird für das Frankenreich des 9. Jahrhunderts geringer zu veranschlagen sein als für ein Gerichtsverfahren in einem OECD-Staat der Gegenwart, aber eine gewisse Trennung ist m. E. doch auch hier schon erkennbar.

33 So *Prudentius von Troyes* in den Annales Bertiniani, a. 858, 78: *Lotharius rex, cogentibus suis, uxorem quam abiecerat recipit, nec tamen ad thorum admittit, sed custodiae tradit.*

34 *Luhmann,* Legitimation durch Verfahren, 45.

35 Diese Protokolle sind lediglich durch das Gutachten *Hinkmars* überliefert: De divortio, 115, Z. 2–116, Z. 9, sowie 119, Z. 28–120, Z. 31; nach derselben Überlieferung sind die Stücke auch abgedruckt bei *Hartmann,* Konzilien, Nr. 1, 3–6; die Teilnehmer der Versammlung sind in dem zweiten Protokoll namentlich genannt: ebd., c. 3, 5.

gebeichtet, die ihr selbst eine Fortsetzung ihrer Ehe unmöglich erscheinen ließen. Sie bat deshalb persönlich die Versammelten darum, fortan als Nonne leben zu dürfen. Diesem Wunsch wurde stattgegeben.

Schon wenige Wochen später, im Februar 860, trat dann die zweite Synode in Aachen zusammen. Diesmal war nicht nur Lothar selbst anwesend, sondern auch seine beiden Onkel, also Karl der Kahle und Ludwig der Deutsche. Neben Geistlichen aus dem *regnum Lotharii* nahmen allerdings insgesamt nur drei weitere Bischöfe teil, die aus dem westfränkischen Reich und dem Reich Karls von der Provence angereist waren: Wenilo von Rouen, Hildegar von Meaux und Haldoin von Avignon[36]. Vor dieser Synode bekannte Theutberga noch einmal persönlich ihre Sünden; sie gestand ausdrücklich, dass sie es nicht mehr verdiene, verheiratet zu sein, und dass sie wünsche, fortan als Nonne zu leben. Außerdem legte sie ein detailliertes schriftliches Geständnis ab und überreichte es Lothar; der Wortlaut dieses Dokuments ist überliefert[37]. Darin bekannte Theutberga, noch als Jugendliche von ihrem leiblichen Bruder Hukbert *contra naturalem usum* vergewaltigt worden zu sein. Die versammelten Geistlichen erlegten Theutberga dafür eine dauerhafte Kirchenbuße auf, die sie im Kloster ableisten sollte[38]. Damit war zwar die Ehe mit Lothar nicht aufgelöst; aber jeder eheliche Verkehr zwischen den beiden war unterbunden.

Auch diese Etappe kann man im Licht von Luhmanns Theorie etwas anders beschreiben als die bisherige Forschung. Mit der Neuaufnahme des Falles zu Beginn des Jahres 860 hat Lothar eine neue Rolle[39] angenommen (und angesichts der Vorgeschichte war das wohl auch kaum umgehbar). Die Quellen geben leider nicht allzu viele Details über den Weg zum Gottesurteil von 858 preis; aber in dieser ersten Phase präsentierte sich Lothar

36 Auch die Akten dieser zweiten Synode von 860 sind durch *Hinkmars* Gutachten überliefert, hier allerdings auch nur in Auszügen (De divortio, 121, Z. 2–122, Z. 41; 124, Z. 13–17 und 231, Z. 17–22). Nach dieser Überlieferung sind die erhaltenen Exzerpte noch einmal gedruckt bei *Hartmann*, Konzilien, Nr. 2, 8–11; die Namen der Teilnehmer sind in diesem Text, ebd., 8, aufgelistet. – Vgl. außerdem das Schreiben, mit dem sich Hinkmar von Reims dafür entschuldigt, dass er aus Krankheitsgründen nicht an der Synode teilnehmen könne: *Hinkmar*, Epistolae, Ep. 132, 74 f.

37 Synode von Aachen, Februar 860, in: *Hartmann*, Konzilien, c. 15, 9, Z. 8–20.

38 Ebd., c. 19, 11; sowie *Prudentius von Troyes* in den Annales Bertiniani, a. 860, 82: *Lotharius reginam suam Teutbergam inreuocabili odio habitam et multis contrarietatibus fatigatam ad hoc compulit ut ipsa coram episcopis confiteretur fratrem suum Hucbertum sibi sodomitico scelere commixtum, unde et penitentiae continuo addicta est atque in monasterium retrusa.*

39 Auch dieses Element aus Luhmanns Theorie kann man nur *cum grano salis* übernehmen: Zweifellos waren im 9. Jahrhundert solche Rollen weniger scharf profiliert als etwa die Rollen von Richter und Angeklagtem in einem Gerichtsverfahren in einem OECD-Staat des 20. Jahrhunderts. Gleichwohl sehe ich die Möglichkeit, von gewissen Akzentuierungen im Handeln und Verhalten Lothars II. auszugehen, die sich je nach Handlungszusammenhang unterscheiden konnten: bei der Jagd, auf dem Feldzug oder beim Gelage dürfte auch Lothar anders aufgetreten sein als vor den Aachener Synoden von 860 und 862.

offenbar vor allem als Ehemann und Herr seiner Familie. Vor den Synoden des Jahres 860 hatte er dagegen eine andere Rolle zu übernehmen – die Rolle des christlichen Königs. Spätestens seit etwa 830 implizierte diese Rolle jedoch Weiteres: Lothar hatte aufzutreten als sündhafter Mensch, der sein Seelenheil zu bewahren sucht und wenigstens in dieser Frage – der Frage seines Heils – der Autorität des Episkopats unterstellt ist[40]. Wenn man die Synodalprotokolle schon von 860, aber auch spätere Texte von 862 / 63 liest, dann ist diese Rolle tatsächlich unübersehbar: Lothar präsentiert sich selbst als Sünder, der bei den Bischöfen Rat und Hilfe sucht[41]. Dazu passt, dass Lothar 862 auch auf einen berühmten Brief des Papstes Gelasius an den Kaiser Anastasius anspielen konnte[42]: In der dort formulierten Zweigewaltenlehre sahen die Zeitgenossen das Verhältnis zwischen König und Bischöfen in eben diesem Sinne beschrieben[43].

Der Rollenwechsel von 860 hatte nun aber erhebliche Konsequenzen für das weitere Geschehen. Denn solange Lothar als Ehemann und Herr seiner Familie auftrat, blieben der Hof und seine Entourage das Bezugssystem der Argumentationen. In dem Moment, da Lothar als christlicher König vor

---

40 Dazu *Patzold*, Episcopus.

41 Vgl. Aachener Synode vom 9. Januar 860, hrsg. v. *Hartmann* Konzilien, Nr. 1 A, c. 2, 3: *Gloriosus rex Hlotharius (...) humiliter devota puritate suas speciales ac proprias necessitates consilium et remedium quaerendo exposuit. Nos quoque suae bonae voluntati congratulantes lacrimis ipsius et suspiriis invitati et ad compassionem flexi domino inspirante pententi, quaerenti et pulsanti consilium dedimus et medicinale remedium adhibuimus;* oder die Bitte der auf der Aachener Synode vom Februar 860 (Konzilien, hrsg. v. *Hartmann* [Anm. 35], Nr. 2, 11) versammelten Bischöfe an ihre Amtsbrüder: *De rege autem nostro et eius fragili iuventute et labili incontinentia, ne populis regnoque ipsius periculum inferat, consuli adhuc magna necessitas imminet et ideo summopere flagitamus, collegii vestri consilio et sincera cooperatione nos in domino a vobis velociter consolari atque confortari;* oder den Libellus proclamationis, den Lothar II. der Synode von Aachen am 29. April 862, in: *Hartmann*, Konzilien, Nr. 9 B, 74, mit den Worten eroffnete: *Vos, o sancti pontifices et venerandi patres, qui estis positi mediatores inter deum et homines, quibus commissa est nostrarum cura animarum, qui medicinam praestatis vulneribus peccatorum, qui ligandi atque solvendi habetis potestatem et estis doctores atque ductores nostri, ad vos humiliter proclamo et vestrum benignum atque fidele consilium fiducaliter expostulo;* vgl. außerdem beispielsweise den Urteilsspruch derselben Synode, hrsg. v. *Hartmann*, ebd. Nr. 9 C, 75, Z. 35 – 76, Z. 28.

42 *Gelasius I.*, Epistolae, hrsg. v. *Thiel*, Epistolae Romanorum Pontificum, 350 f.; vgl. Libellus proclamationis Lothars II., in: *Hartmann*, Konzilien, Nr. 9 B, 74. – Es ist zu vermuten, dass sich ein Verweis auf die von Gelasius formulierte Zweigewaltenlehre auch in einem einschlägigen Bericht des Bischofs Adventius von Metz über die Synode von Metz 863 fand: Christoph Brower, dem wir die Überlieferung des Berichts verdanken, hat gerade diesen Abschnitt allerdings nicht exzerpiert, sondern lediglich pauschal auf das Ausgelassene wie folgt verwiesen: *Omissum exordium longissimum de regum et sacerdotum auctoritate* (*Adventius von Metz*, Ep. 5, hrsg. v. *Dümmler*, 215, Z. 18).

43 Als Zugang zu einschlägigen Quellenpassagen bleibt hilfreich: *Knabe*, Die gelasianische Zweigewaltentheorie; zu den Konsequenzen der Lehre für die politische Theorie der späteren Karolingerzeit vgl. *Anton*, Zum politischen Konzept karolingischer Synoden, 55 – 132; allgemein auch *Angenendt*, Geistliche und weltliche Gewalt im Mittelalter, 1 – 19.

eine Synode trat, weitete sich das Bezugssystem auf die *ecclesia* aus, auf die Christenheit schlechthin. Damit vergrößerte sich die Zahl potentieller Beteiligter beträchtlich. Im Protokoll der ersten Versammlung von 860 ist – in der Sache durchaus treffend – von einem *familiare et secretum colloquium* Lothars und der sechs Geistlichen aus seinem Reich die Rede[44]. In dem größeren Bezugssystem der *ecclesia* war eine solche politische Beratung im kleinen Kreis angreifbar geworden: Die *ecclesia* machte nicht an den Grenzen eines karolingischen Teilreichs halt!

Stattdessen forderte der Erzbischof Hinkmar von Reims schon 860 ein reichsübergreifendes Konzil[45]. Zugleich legte er Wert darauf, dass es vom Teufel eingegebene Blasphemie sei, wenn manche Anhänger Lothars den Standpunkt vertraten, Lothar sei als König „nicht den Gesetzen oder Urteilen irgendwelcher Menschen unterworfen, sondern allein denjenigen Gottes, der ihn in seinem Reich, das ihm sein Vater hinterlassen hat, als König eingesetzt hat; und wenn er will, dann wird er in dieser oder irgendeiner anderen Sache vor einer Gerichtsversammlung oder einer Synode erscheinen; wenn er es aber nicht will, dann wird er es gern und erlaubterweise bleiben lassen"[46]. Hinkmars erboste Kritik, formuliert im Herbst 860, belegt eindrucksvoll, wie wenig sich eine solche Sicht bei Lothars neuer Rolle aufrechterhalten ließ[47]. Und noch ein letzter Punkt: Diese neue Rolle machte auch das Eingreifen des Papstes legitim. Denn auch der Papst war nun in seiner Rolle als Wächter über die Christenheit gefragt. Die Ausweitung des Bezugssystems auf die *ecclesia*, die im Jahr 860 vollzogen wurde, hat somit etliche neue Entscheidungsmöglichkeiten eröffnet.

3. Aber auch damit nicht genug: Theutberga handelte in den folgenden Monaten weniger konsistent, als es im Sinne Luhmanns[48] für einen Erfolg

---

44 Synode von Aachen 860, in: *Hartmann*, Konzilien, Nr. 1 A, c. 2, 3; zur Bedeutung des *colloquium secretum* vgl. *Althoff*, Colloquium, 153–157.

45 *Hinkmar*, De divortio, Anhang, Interrogatio I, 235–237, verneinte Ende August oder Anfang September 860 explizit die Ansicht einiger Zeitgenossen, dass Lothar II. in seinem Reich über Bischöfe und Laienadlige verfüge, mit deren Rat allein er den Fall beenden könne, so dass es keinen Bischöfen oder weiteren Personen eines anderen Reiches zustehe, über die Sache zu verhandeln. Dem hielt Hinkmar entgegen: *(...) necesse est, ut haec generalis causa ad omnes generaliter pertinens in omnium notitiam venit et generali diffinitione determinetur (...)*, (237, Z. 7 f.). – Hinkmar gibt hier eine Antwort auf eine von sieben weiteren, circa sechs Monate später nachgereichten Fragen derselben Personen, auf deren Veranlassung hin er bereits seine Arbeit am Gutachten im Frühjahr 860 begonnen hatte (vgl. ebd., Anhang, 235: *Denique septem quaestiones sequuntur, quas post praemisas evolutis sex circiter mensibus ab eisdem, a quibus et priores, solvendas accepimus.*).

46 *Hinkmar*, De divortio, Anhang, Interrogatio 6, 246: *Dicunt quoqe etiam aliqui sapientes, quia iste princeps rex est et nullorum legibus vel iudiciis subiacet nisi solius dei, qui eum in regno, quod suus pater illi dimisit, regem constituit, et, si voluerit, pro hac vel pro alia causa ibit ad placitum vel ad synodum et, si noluerit, libere et licenter dimittet.*

47 Vgl. ebd., 247: *Haec vox non est catholici Christiani, sed nimium blasphemi et spiritu diabolico pleni* und die folgenden, langen Begründungen dieser Auffassung.

Lothars notwendig gewesen wäre. Statt den Schleier zu nehmen, wie sie es selbst in ihrem Auftritt in Aachen gewünscht hatte, floh sie in das Reich Karls des Kahlen[49]. Lothar dagegen verfolgte die bisherige Linie weiter und eröffnete Ende April 862 die dritte Etappe: Wieder tagte eine Synode, und diesmal war sie sogar ausschließlich von Geistlichen aus Lotharingien besucht[50]. Dieser Versammlung legte Lothar eine schriftliche Erklärung vor. Darin beklagte er sich über seine Situation: Mit Theutberga sei ihm der Verkehr nun verwehrt; Konkubinen aber dürfe er als Ehemann auch nicht haben. „Gedenkt doch meiner Jugend", so wandte sich Lothar an den Episkopat, „und seht, was ich tun soll, dem weder die Gemahlin erlaubt ist noch eine Konkubine"[51]. Die Synode erkannte an, dass diese Situation unerträglich sei. Sie erlaubte Lothar daher, sich eine andere, rechtmäßige und geeignete Ehefrau zu nehmen[52]. Lothar entschied sich – erwartungsgemäß – für Waldrada und ließ sie noch im selben Jahr zur Königin krönen[53]. Aber auch damit war der Fall nicht entschieden.

4. Im Licht von Luhmanns Theorie der „Legitimation durch Verfahren" kann man das zum einen damit erklären, dass in dem größeren Bezugssystem der *ecclesia* eben eine Versammlung nur von Bischöfen des Mittelreiches anfechtbar war – und deshalb mit ihren Ergebnissen die Erwartungen nicht erfolgreich umzustrukturieren vermochte. Hinzu kam noch die Tatsache, dass Theutberga ihre Rolle weiterhin nicht konsequent spielte: Noch

---

48 *Luhmann,* Legitimation durch Verfahren, 91–93.

49 Vgl. *Prudentius von Troyes* in den Annales Bertiniani, a. 860, 84: *Vxor Lotharii, timens odium uiri atque insidias, ad fratrem suum Hucbertum in regno Karoli aufugit.* – Die Flucht Theutbergas erwähnten außerdem jene lothringischen Bischöfe, die sich im Jahr 861 mit einem Brief an Papst Nikolaus I. wandten; das Schreiben ist gedruckt als „Epistola ad divortium Lotharii II regis pertinens", hrsg. v. *Dümmler,* Nr. 2, 210–212, hier 211, Z. 39: *Inter haec illa fuga lapsa.*

50 Die Teilnehmer sind genannt im – möglicherweise von Adventius von Metz verfassten – Protokoll der Synode von Aachen 862, vgl. *Hartmann,* Konzilien, Nr. 9 A, c. 1, 71 f.; demzufolge waren in Aachen folgende Erzbischöfe und Bischöfe anwesend: Gunthar von Köln, Theutgaud von Trier, Adventius von Metz, Atto von Verdun, Arnulf von Toul, Franco von Lüttich, Hunger von Utrecht und Ratold von Straßburg. Dass es nur Geistliche aus dem Reich Lothars waren, geht auch hervor aus dem Beginn des Urteilsspruchs der in Aachen versammelten Geistlichen in Lothars Sache, vgl. *Hartmann,* Konzilien, Nr. 9 C, 75 f.: *Cum ex diversis provintiis totius regni serinissimi regis Hlotharii ad Aquasgrani palatii archiepiscopi et episcopi convenissemus ac pastorali cura et sollicitudine ecclesiastica iura ventilaremus, eiusdem principis nostri causa ad medium deducta est, quae de coniugii sui controversia iampridem nostris in manibus fuerat evoluta.*

51 „Libellus proclamationis" Lothars II., in: *Hartmann,* Konzilien, Nr. 9 B, 75: *Vos tamen memores iuventutis meae videte, quid mihi agendum sit, cui nec uxor conceditur nec concubina permittitur.*

52 Synode von Aachen, April 862, in: *Hartmann,* Konzilien, Nr. 9 C, 77, Z. 36–78, Z. 7.

53 So behauptete es jedenfalls *Hinkmar von Reims,* Annales Bertiniani, 93 f.: *Hlotharius Vualdradam concubinam (...) coronat et quasi coniugem et reginam sibi, amicis dolentibus atque contradicentibus, copulat;* vgl. *Heidecker,* Kerk, 128; zum Zeitpunkt: *Staubach,* Das Herrscherbild Karls des Kahlen, 447–450, mit Anm. 212.

im selben Jahr richtete sie mehrere Briefe an den Papst Nikolaus I. Darin beteuerte sie offenbar, unschuldig zu sein und den Inzest, der ihr zur Last gelegt wurde, niemals begangen zu haben[54]. Im Jahr 860 war die Freiwilligkeit und Wahrhaftigkeit ihres Sündenbekenntnisses zweimal mit hohem Aufwand inszeniert und in Synodalprotokollen wortreich dokumentiert worden[55]; diese Freiwilligkeit war nun fragwürdig geworden, mit erheblichen Folgen für die legitimatorische Wirkung der Synoden.

Noch Ende November 862 sandte der Papst seinerseits Briefe an Karl den Kahlen, Ludwig den Deutschen und Lothar sowie an mehrere Bischöfe des West- und Ostreichs; daraus geht hervor, dass Nikolaus I. eine reichsübergreifende Synode in Metz plante, die zudem unter Vorsitz von päpstlichen Legaten tagen und die Ehesache ein weiteres Mal verhandeln sollte[56]. Im Juni 863 trat daraufhin zwar tatsächlich in Metz eine Synode zusammen; anwesend waren aber – abgesehen von zwei päpstlichen Legaten – auch hier wieder nur Bischöfe aus dem *regnum Lotharii*[57]. Diese Synode bestä-

---

54 Die Briefe Theutbergas selbst sind verloren, aber Nikolaus I. erwähnte sie in einem Schreiben, das er am 23. November 862 zur Information für jene Bischöfe abfasste, die im Folgejahr in Metz zu einer Synode zusammentreten sollten (Ep. 3, hrsg. v. *Perels,* 269): *Praedicta quippe Theutberga multis vicibus sedem apostolicam lacrimosis litteris studuit appellare, in quibus affatu flebili puram se quo accusatur crimine inquit atque insontem.* – Eine entsprechende *legatio,* welche die Königin an ihn gerichtet habe, erwähnte Nikolaus I. auch in Ep. 10, ebd., 276: *Quarum prior, Theutberga nomine, pro sui repudio acriter dolens per emissam legationem super hoc negotio sedis nostrae expetivit iudicium.*

55 Vgl. etwa Synode von Aachen, Februar 860, in: *Hartmann,* Konzilien, Nr. 2, c. 16, 9: *Sed quamvis ista eius confessio credibilis appareret, tamen ne forte pro aliqua deceptione aut pro timore alicuius saepedicta mulier mentiretur, denuo memoratum regem alloquentes magnis eum obtestationibus astrinximus, ut nobis confiteretur, si eam suasione aut comminatione ad seipsam fallaciter criminandum compulisset. Econtra ipse cum maximis attestationibus nobis declaravit, solam rei veritatem illam confiteri se persuasisse nec in ea causa industriose aliquid amplius egisse;* vgl. im selben Sinne ebd., c. 17, 10, Z. 1–10. – Teil dieser Inszenierung von Aufrichtigkeit könnten auch die Bemerkungen ebd., c. 16, 9, über Seufzer, Stöhnen und Tränen König Lothars II. gewesen sein: *Re vera lacrimosis suspiriis multipliciter id sibi de memorata femina inculcatum et in hoc etiam regno a plurimis affirmatum non sine gemitu repetebat.* Nach *Becher,* Cum lacrimis et gemitu, 25–52, lassen sich Tränen in Unterwerfungsszenen jedenfalls häufig in dieser Weise interpretieren.

56 Am 23. November 862 richtete Nikolaus I. brieflich die Aufforderung an Karl den Kahlen, zwei Bischöfe aus seinem Reich zur Synode nach Metz zu entsenden (*Nikolaus I.,* Ep. 5, 271); mit einem weiteren Schreiben vom selben Datum kündigte er Lothar II. die Ankunft seiner zwei Legaten – Radoald von Porto und Johannes von Ficocle – an und erinnerte ihn, dass er ihn schon zuvor darauf hingewiesen habe, dass er die Teilnahme von je zwei Bischöfen aus den Nachbarreichen seines Bruders Karl und seiner beiden Onkel erwarte (ebd., Ep. 6, 272). Anfang 863 wandte sich Nikolaus dann noch einmal an alle Erzbischöfe und Bischöfe Galliens und Germaniens und informierte sie über die abzuhaltende Synode und die Vorladung Lothars II. nach Metz (ebd., Ep. 10, 275 f.).

57 Akten dieser Synode haben sich nicht erhalten, von der Versammlung berichten aber *Hinkmar von Reims* in den Annales Bertiniani, a. 863, 98; die Annales Fuldenses, hrsg. v. *Kurze,* a. 863, 57; sowie die Synode von Rom im Oktober 863, in: *Hartmann,* Konzilien, Nr. 16, c. 1–2, 152 f.; vgl. zum Geschehen auch *Heidecker,* Kerk, 175; *Hartmann,* Die Synoden der Karolingerzeit im Frankenreich und in Italien,

tigte noch einmal die Entscheidung des Vorjahres: Lothar II. erhielt die Erlaubnis, seine Ehe mit Theutberga aufzulösen und eine neue Ehe einzugehen. Allerdings fand die Metzer Synode hierfür offenbar noch einmal eine neue Begründung: Laut einem der Teilnehmer, dem Bischof Adventius von Metz, nämlich hatte Kaiser Lothar I. selbst Waldrada seinem gleichnamigen Sohn rechtmäßig angetraut, und zwar sowohl mit einer *dos* von 100 Mansen als auch öffentlich und feierlich, in *publico pontificum et optimatum spectaculo*. Erst nach dem Tod Lothars I. habe dann Hukbert seine Schwester Theutberga dem jugendlichen Lothar II. zugeführt und sie ihm *fraudulenter* und unter Drohungen vermählt[58]. Der König habe dem nur wider Willen zugestimmt. Das Argument lautete nun also offenbar: Lothar II. war bereits rechtmäßig mit Waldrada verheiratet; die Ehe mit der – ohnehin verbrecherischen – Theutberga war nur unter Zwang zustande gekommen und als zweite Ehe ungültig.

5. Die Erzbischöfe Theutgaud von Trier und Gunthar von Köln reisten anschließend nach Rom, um diese Entscheidung durch den Papst bestätigen zu lassen. Nikolaus aber entschied anders: Ende Oktober 863 hielt er seinerseits in Rom eine Synode ab, die nun die Metzer Synode zu einer „Räuberversammlung" erklärte – wie ehedem Papst Leo I. die von Kaiser Theodosius II. einberufene Synode von Ephesos im Jahre 449 verdammt hatte. Außerdem wurden Theutgaud von Trier und Gunthar von Köln abgesetzt und exkommuniziert[59]. Auch an diesem Punkt hat der Gang des Geschehens nicht Entscheidungsmöglichkeiten reduziert, sondern sie dramatisch vervielfältigt: In den folgenden Jahren stand nicht mehr nur zur Debatte, ob Lothar sich von Theutberga scheiden lassen und Waldrada heiraten durfte. Es war außerdem zu klären, ob der Papst die Erzbischöfe Gunthar und Theutgaud hatte absetzen dürfen[60]. Entsprechend unübersichtlich verästelt sich der weitere Gang der Ereignisse, die im Rahmen dieses Beitrags nicht mehr im Einzelnen verfolgt werden können. Wichtig aber ist das Ergebnis: Eine allgemein anerkannte Entscheidung des Falles wurde bis zu Lothars Tod 869 nicht erreicht. Lothar starb auf dem Rückweg von Verhandlungen mit dem Papst Hadrian II.; auch dabei war es um seine Ehe gegangen[61].

280–282. – Dass die Zusammensetzung von Bedeutung war, wird nicht zuletzt daran ersichtlich, dass *Adventius von Metz* in seinem Bericht über die Metzer Synode, 216, Z. 5–7, sich sichtlich bemühte, die Versammlung als stark an Teilnehmern zu beschreiben, so dass sie trotz der Beschränkung auf Lotharingien dennoch als jenes *generale concilium* erscheinen konnte, das Nikolaus I. zur Untersuchung des Falles gefordert habe (ebd., Z. 3–5).

58 *Adventius von Metz,* Ep. 5, 216.

59 Synode von Rom 863, in: *Hartmann,* Konzilien, Nr. 16, c. 1–2, 152 f.

60 Der Geschichtsschreiber, der in Mainz den Jahresbericht der Annales Fuldenses von 863 schuf, wollte die Frage der Rechtmäßigkeit bezeichnenderweise nicht selbst beantworten, sondern dem Leser das Urteil überlassen: Annales Fuldenses, a. 863, 57 f. – Zur Rolle Gunthars von Köln und zum weiteren Geschehen: *Georgi,* Erzbischof Gunthar von Köln, 1–33.

Wenn also einzelne Elemente aus Luhmanns Theorie durchaus hilfreich erscheinen, das Scheitern Lothars II. in seinem Vorgehen gegen Theutberga zu erklären, so vermag das Beispiel zugleich aber auch zu zeigen, dass Luhmanns Ansichten über die Funktionsweise von Recht in vormodernen Gesellschaften jedenfalls in einem wichtigen Punkt in die Irre gehen. Mit Blick auf das Mittelalter meinte Luhmann: In derart statischen Systemen könne „Invarianz als Kriterium des Rechts" fungieren. Wenn sich nur wenig ändere, dann genügten „apokryphe Rechtsänderungen, die im Wege der Begriffsarbeit, der Fälschung oder durch Neuentdeckung des eigentlichen alten Rechts vollzogen werden". Mit zunehmender Komplexität der Gesellschaft werde eine derartige Rechtsstruktur jedoch inadäquat; in der Folge wird eine Positivierung des Rechts notwendig[62].

Mit diesem sehr einfachen Entwicklungsmodell dürfte Luhmann die Komplexität des frühmittelalterlichen Rechts unterschätzt haben. Richtig ist sicherlich: Lothar und seinen Zeitgenossen lag der Gedanke eines positiven Rechts fern, das von Menschen gemacht und daher jederzeit wieder veränderbar ist. Allerdings zeigt gerade der Fall Lothars exemplarisch, wie flexibel Normen in einem solchen Streitfall des 9. Jahrhunderts eingesetzt werden konnten. Zwar kannte die *ecclesia* jahrhundertealte, hoch angesehene und schriftlich tradierte Normen, auch zur Ehe und zu den Möglichkeiten, eine Ehe wieder aufzulösen. Aber diese Normen lagen nicht in einer widerspruchsfreien und allen Menschen zugänglichen Ordnung vor.

Wir kennen – neben den Protokollen und Urteilen der Synoden von Aachen und Rom – ein ausführliches Gutachten Hinkmars von Reims, angefertigt im Jahr 860[63]; außerdem sind mehrere Stellungnahmen des Papstes Nikolaus I.[64], des Bischofs Adventius von Metz[65], zwei weitere, kürzere Gutachten zur Sache aus dem Jahr 862[66] und andere Texte mehr überliefert. Schon ein rascher Blick in dieses Material offenbart die ungeordnete und

---

61 Zum Tod Lothars vgl. den wenig schmeichelhaften Bericht, den *Hinkmar* in den Annales Bertiniani, a. 869, 152–168, gab; weitere Nachrichten zum Tod: *Böhmer,* Die Regesten des Kaiserreichs, 1325e.

62 Die Zitate bei *Luhmann,* Legitimation durch Verfahren, 143.

63 *Hinkmar,* De divortio; zu dem Text vgl. außer der Einleitung von Letha Böhringer noch die alte, vor allem den Inhalt paraphrasierende Studie von *Sdralek,* Hinkmar von Rheims kanonistisches Gutachten über die Ehescheidung des Königs Lothar II.

64 *Nikolaus I.,* Ep. 3, 5 f., 10 f., 16, 18, 19–22, 25 f., 29–31, 35–37, 39, 42, 45–47, 49, 51–53, S. 268–272, 275–278, 282–293, 295–301, 305–309, 312–316, 319–328, 332–351.

65 *Adventius von Metz,* Ep. 5.

66 Die Texte sind im Zusammenhang mit der Aachener Synode von Ende April 862 entstanden und ediert von *Hartmann,* Konzilien, Nr. 9 D, 78–86 (diese Stellungnahme ist anonym überliefert; *Ubl,* Inzestverbot, 350, hat Ratramnus von Corbie als Autor vermutet, weil in dem Gutachten die nur in Corbie überlieferte, von Pseudoisidor verfälschte „Collectio Hispana Gallica Augustodunensis" zitiert wird); sowie ebd., Nr. 9 E, 86–89 (Gutachten eines Mönchs aus Metz).

kaum begrenzte Konkurrenz unterschiedlichster Normen. Die Beteiligten konnten Sätze der Bibel einschlägig finden, aber auch Gedanken von Kirchenvätern, die Benediktregel, Konzilsbeschlüsse oder (gefälschte) Dekretalen – oder auch einfach das, was dem gesunden Menschenverstand entsprach. Diese verschiedenartigen Normen waren jeweils von unterschiedlichen Institutionen in je eigenen historischen Kontexten gebildet worden. Dass ein derartiges Konglomerat von Normen innere Widersprüche enthielt, liegt auf der Hand.

Das ist jedoch noch nicht alles. Hinzu kommt: Kein Zeitgenosse hätte dieses Konglomerat von potentiell einschlägigen Normen in einem großen Sammelwerk mit Register nachschlagen können. Ein solch umfassendes Sammelwerk fehlte; niemand konnte deshalb je sicher sein, dass er wirklich alle irgendwie einschlägigen Normen überschaute. Im Übrigen gab es in dieser Zeit ohnehin keine Technik, die – allgemein akzeptiert – in jedem Falle dazu hätte herangezogen werden können, um bei einer Konkurrenz von Normen zu entscheiden, welche der vielen Normen denn die höherrangige sei.

Der Fall Lothars II. war deshalb viel weniger programmiert, als es Luhmann für vormodernes Recht vorausgesetzt hat. Die hohe Komplexität lag allerdings nicht in der Auffassung begründet, dass Recht vollständig von Menschen gemacht sei und jederzeit in bestimmten Verfahren geändert oder erweitert werden könne. Die Komplexität lag darin begründet, dass ein über Jahrhunderte gewachsenes, nicht widerspruchsfreies und für die Zeitgenossen nicht überschaubares Konglomerat teilweise konkurrierender Normen auf eine nicht näher bestimmbare Art und Weise als einschlägig galt. Das machte eine hohe Zahl von Entscheidungen möglich; und erst dadurch wird das Scheitern der „Legitimation durch Verfahren“ im Falle Lothars II. verständlich.

Das Fazit kann kurz ausfallen: Man kann die bisherigen Erklärungsmodelle für Lothars Scheitern um ein „verfahrensgeschichtliches“ Modell ergänzen. Zumindest bestimmte Elemente aus Luhmanns Theorie können helfen, die Eigenlogiken in der Entwicklung der Ereignisse der 850er und 860er Jahre zu erklären: Aus dieser Perspektive belastete die Wiederaufnahme von 860 die komplexitätsreduzierende Kraft des Vorgehens gegen Theutberga erheblich; denn diese Wiederaufnahme implizierte einen Rollenwechsel Lothars vom Ehemann zum sündigen christlichen König. Dadurch wurde die gesamte *ecclesia* zum Bezugssystem, und Synoden nur der Geistlichkeit aus dem Teilreich Lothars hatten nicht mehr die Kraft, den Ausgang zu legitimieren. Als weitere belastende Faktoren kamen die offensichtliche Inkonsequenz hinzu, mit der Theutberga von 860 an agierte, sowie die Umdeutung der „Verfahrensgeschichte“, die Lothar 860 unternehmen musste, um den Fall überhaupt wieder verhandelbar zu machen.

Für Luhmann ist ein Verfahren ein Theater der Wahrheit; es bezieht also seine legitimierende Kraft auch daraus, dass es die Wahrheit zu ermitteln zumindest vorgibt[67]. Man wird vor diesem Hintergrund fragen dürfen, ob schon der Vorwurf, der ganz zu Beginn, noch 857, gegen Theutberga erhoben wurde, nicht ein Gutteil zum späteren Scheitern beigetragen hat. Dieser Vorwurf lautete: Theutberga sei durch Analverkehr mit ihrem Bruder schwanger geworden. Schon der Erzbischof Hinkmar von Reims hat auf eine entsprechende Anfrage im Jahr 860, gestützt auf Bibel, Kirchenväter und weitere Autoritäten, seitenlang dargelegt, dass eine Frau auf diese Weise nicht schwanger werden und schon gar nicht, wie Theutberga, anschließend noch immer Jungfrau sein könne[68]. Die Erwartungen in der gesamten *ecclesia* in dieser Frage umzustrukturieren ist Lothar II. mit seinem Vorgehen gegen Theutberga nicht gelungen.

Quellen

Adventius von Metz: Epistolae, in: Epistolae ad divortium Lotharii II regis pertinens, hrsg. v. Ernst *Dümmler* (MGH Epistolae, 6), Berlin 1925, 207–240.

Annales Fuldenses: hrsg. v. Friedrich *Kurze* (MGH SSrG), Hannover 1891.

Divisio regni Hlotharii, hrsg. v. Alfred *Boretius* / Victor *Krause* (MGH Capitularia, 2), Hannover 1890 Nr. 251, 193–195.

Gelasius I.: Epistolae, hrsg. v. Andreas *Thiel*, in: Epistolae Romanorum Pontificum genuinae et quae ad eos scriptae sunt a S. Hilaro usque ad Pelagium II., Bd. 1: A S. Hilaro usque ad S. Hormisdam, ann. 461–523, Braunsberg 1868.

Hartmann, Wilfried (Hrsg.): Die Konzilien der karolingischen Teilreiche 860–874 (MGH Concilia, 4), Hannover 1998.

Hinkmar von Reims: Annales Bertiniani, hrsg. v. Felix *Grat* u. a., Paris 1964.

Hinkmar von Reims: De divortio Lotharii regis et Theutbergae reginae, hrsg. v. Letha Böhringer (MGH Concilia, 4, Suppl. 1), Hannover 1992.

Hinkmar von Reims: Epistolae, hrsg. v. Ernst *Perels* (MGH Epistolae, 8/1), Berlin 1939.

Nikolaus I.: Epistolae de rebus Franciae, praecipue de divortio Lotharii II. regis, hrsg. v. Ernst *Perels* (MGH Epistolae, 6), Berlin 1925, 267–352.

Literatur

Airlie, Stuart: Private Bodies and the Body Politic in the Divorce Case of Lothar II, in: Past and Present 161 (1998), 3–38.

---

67 *Luhmann*, Legitimation durch Verfahren, 15–18, 104–106 u. ö.

68 *Hinkmar*, De divortio, Interrogatio 12, 177–196.

Althoff, Gerd: Colloquium familiare – colloquium secretum – colloquium publicum. Beratung im politischen Leben des früheren Mittelalters, in: Frühmittelalterliche Studien 24 (1990), 145–167.

Angenendt, Arnold: Geistliche und weltliche Gewalt im Mittelalter, in: Geistliche und weltliche Macht. Das Paderborner Treffen 799 und das Ringen um den Sinn von Geschichte, hrsg. v. Josef Meyer zu Schlochtern / Dieter Haltrup (Paderborner theologische Studien, 27), Paderborn u. a. 2000.

Anton, Hans H.: Synoden, Teilreichsepiskopat und die Herausbildung Lotharingiens (859–870), in: Herrschaft, Kirche, Kultur. Beiträge zur Geschichte des Mittelalters. Festschrift für Friedrich Prinz zu seinem 65. Geburtstag, hrsg. v. Georg Jenal (Monographien zur Geschichte des Mittelalters, 37), Stuttgart 1993, 83–124.

Anton, Hans H.: Zum politischen Konzept karolingischer Synoden und zur karolingischen Brudergemeinschaft, in: Historisches Jahrbuch 99 (1979), 55–132.

Bauer, Thomas: Lotharingien als historischer Raum. Raumbildung und Raumbewußtsein im Mittelalter (Rheinisches Archiv, 136), Köln / Weimar / Wien 1997.

Bauer, Thomas: Rechtliche Implikationen des Ehestreites Lothars II.: Eine Fallstudie zu Theorie und Praxis des geltenden Eherechts in der späten Karolingerzeit. Zugleich ein Beitrag zur Geschichte des frühmittelalterlichen Eherechtes, in: Zeitschrift der Savigny-Stiftung für Rechtsgeschichte, Kan. Abt. 124 (1994), 41–87.

Becher, Matthias: Cum lacrimis et gemitu. Vom Weinen der Sieger und der Besiegten im frühen und hohen Mittelalter, in: Formen und Funktionen öffentlicher Kommunikation im Früh- und Hochmittelalter, hrsg. v. Gerd Althoff (Vorträge und Forschungen, 51), Stuttgart 2001.

Beumann, Helmut: Unitas ecclesiae – unitas imperii – unitas regni. Von der imperialen Reichseinheitsidee zur Einheit der regna, in: Nascità dell'Europa ed Europa carolingia: un'equazione da verificare, 19–25 aprile 1979 (Settimane di Studio del Centro Italiano di Studi sull'Alto Medioevo, 27), Spoleto 1981, 531–571.

Böhmer, Johann Friedrich: Die Regesten des Kaiserreichs unter den Karolingern 751–918, neu bearb. v. Engelbert Mühlbacher (Regesta Imperii, 1), Innsbruck 1908.

Bougard, François: En marge du divorce de Lothaire II. Boson de Vienne, le cocu qui fut fait roi?, in: Francia 27 / 1 (2000), 33–51.

Brühl, Carlrichard: Hinkmariana, in: Deutsches Archiv für Erforschung des Mittelalters 20 (1964), 48–77.

Brunner, Karl: Oppositionelle Gruppen im Karolingerreich (Veröffentlichungen des Instituts für Österreichische Geschichtsforschung, 25), Wien 1979.

Davies, Wendy / *Fouracre,* Paul (Hrsg.): The Settlement of Disputes in Early Medieval Europe, Cambridge u. a. 1986.

Dümmler, Ernst: Geschichte des Ostfränkischen Reiches, Bd. II: Ludwig der Deutsche: Vom Koblenzer Frieden bis zu seinem Tode (860–876) (Jahrbücher der Deutschen Geschichte), Leipzig 1887.

Eichler, Daniel: Fränkische Reichsversammlungen unter Ludwig dem Frommen (MGH, Studien und Texte, 45), Hannover 2007.

Erkens, Franz Reiner: Divisio legitima und unitas imperii. Teilungspraxis und Einheitsstreben bei der Thronfolge im Frankenreich, in: Deutsches Archiv für Erforschung des Mittelalters 52 (1996), 423–485.

Esmyol, Andrea: Geliebte oder Ehefrau? Konkubinen im frühen Mittelalter (Beihefte zum Archiv für Kulturgeschichte, 52), Köln / Weimar / Wien 2002.

Ewig, Eugen: Überlegungen zu den merowingischen und karolingischen Teilungen, in: Nascità dell'Europa ed Europa carolingia: un'equazione da verificare, 19–25 aprile 1979 (Settimane di Studio del Centro Italiano di Studi sull'Alto Medioevo, 27), Spoleto 1981, 225–283.

Georgi, Wolfgang: Erzbischof Gunthar von Köln und die Konflikte um das Reich König Lothars II. Überlegungen zum politischen und rechtlichen Konflikt der Absetzung durch Papst Nikolaus I. im Jahre 863, in: Jahrbuch des Kölnischen Geschichtsvereins 66 (1995), 1–33.

Hartmann, Wilfried: Ludwig der Deutsche (Gestalten des Mittelalters und der Renaissance), Darmstadt 2002.

Hartmann, Wilfried: Die Synoden der Karolingerzeit im Frankenreich und in Italien (Konziliengeschichte Reihe A: Darstellungen), Paderborn u. a. 1989.

Heidecker, Karl J.: Kerk, huwelijk en politieke macht. De zaak Lotharius II (855–869), Phil. Diss., Amsterdam 1997.

Heidecker, Karl J.: Why Should Bishops Be Involved in Marital Affairs? Hincmar of Rheims on the Divorce of King Lothar II. (855–869), in: The Community, the Family and the Saint. Patterns of Power in Early Medieval Europe. Selected Proceedings of the International Medieval Congress, University of Leeds, 4–7 July 1994, 10–13 July 1995, hrsg. v. Joyce Hill / Mary Swan (International Medieval Research, 4), Turnhout 1998, 225–235.

Hlawitschka, Eduard: Lotharingien und das Reich an der Schwelle der deutschen Geschichte (Schriften der MGH, 21), Stuttgart 1968.

Hlawitschka, Eduard: Franken, Alemannen, Bayern und Burgunder in Oberitalien (774–962). Zum Verständnis der fränkischen Königsherrschaft in Italien, Freiburg im Breisgau 1960.

Joch, Waltraud: Legitimität und Integration. Untersuchungen zu den Anfängen Karl Martells (Historische Studien, 456), Husum 1999.

Karras, Ruth M.: The History of Marriage and the Myth of Friedelehe, in: Early Medieval Europe 14 (2006), 119–151.

Kaschke, Sören: Die karolingischen Reichsteilungen bis 831. Herrschaftspraxis und Normvorstellungen in zeitgenössischer Sicht (Schriften zur Mediävistik, 7), Hamburg 2006.

Kaschke, Sören: Die dispositio regni Lothars I. von 855, in: Lothar I., Kaiser und Mönch in Prüm. Zum 1150. Jahr seines Todes, hrsg. v. Reiner Nolden, Trier 2005, 89–98.

Knabe, Lotte: Die gelasianische Zweigewaltentheorie bis zum Ende des Investiturstreits (Historische Studien, 292), Berlin 1936.

Konecny, Silvia: Die Frauen des karolingischen Königshauses. Die politische Bedeutung der Ehe und die Stellung der Frau in der fränkischen Herrscherfamilie vom 7. bis zum 10. Jahrhundert (Dissertationen der Universität Wien, 132), Wien 1976.

Kottje, Raymund: Kirchliches Recht und päpstlicher Autoritätsanspruch. Zu den Auseinandersetzungen über die Ehe Lothars II., in: Aus Kirche und Reich: Studien zu Theologie, Politik und Recht im Mittelalter. Festschrift für Friedrich Kempf zu seinem fünfundsiebzigsten Geburtstag und fünfundfünfzigjährigen Doktorjubiläum, hrsg. von Hubert Mordek, Sigmaringen 1983.

Luhmann, Niklas: Legitimation durch Verfahren (Soziologische Texte, 66), Neuwied am Rhein / Berlin 1969.

Nelson, Janet L.: Aachen as a Place of Power, in: Topographies of Power in the Early Middle Ages, hrsg. v. Mayke de Jong / Frans Theuws / Carine van Rhijn (The Transformation of the Roman World, 6), Leiden / Boston / Köln 2001, 217–237.

Nottarp, Hermann: Gottesurteilstudien (Bamberger Abhandlungen und Forschungen, 2), München 1956.

Oexle, Otto G.: Luhmanns Mittelalter, in: Rechtshistorisches Journal 10 (1991), 53–66.

Patzold, Steffen: Episcopus. Wissen über Bischöfe im Frankenreich des späten 8. bis frühen 10. Jahrhunderts (Mittelalter-Forschungen, 25), Ostfildern 2008.

Penndorf, Ursula: Das Problem der „Reichseinheitsidee" nach der Teilung von Verdun (843). Untersuchungen zu den späten Karolingern (Münchener Beiträge zur Mediävistik und Renaissance-Forschung, 20), München 1974.

Pitz, Martina: En passant par la Lorraine. Considérations sur la genèse d'un choronyme, in: Revue de linguistique romane 69, 273–274 (2005), 97–130.

Reuter, Timothy: Assembly Politics in Western Europe from the Eighth Century to the Twelfth, in: The Medieval World, hrsg. v. Peter Lineham / Janet L. Nelson, 2. Aufl. New York, 2003, 432–450.

Schmid, Karl: Ein karolingischer Königseintrag im Gedenkbuch von Remiremont, in: Frühmittelalterliche Studien 2 (1968), 96–134.

Schneider, Reinhard: Brüdergemeine und Schwurfreundschaft. Der Auflösungsprozeß des Karolingerreiches im Spiegel der caritas-Terminologie in den Verträgen der karolingischen Teilkönige des 9. Jahrhunderts (Historische Studien, 388), Lübeck 1964.

Schneider, Jens: La Lotharingie était-elle une région historique?, in: Construction de l'espace au moyen âge. Pratiques et représentations, XXXVIIe congrès de la SHMES, Mulhouse, 2–4 juin 2006 (Histoire ancienne et médiévale, 96), Paris 2007, 425–433.

Schneider, Jens: Auf der Suche nach dem verlorenen Reich. Lotharingien im 9. und 10. Jahrhundert (Publications du CLUDEM, 30), Köln / Weimar / Wien 2010.

Schneidmüller, Bernd: Regnum und Ducatus. Identität und Integration in der lothringischen Geschichte des 9. und 11. Jahrhunderts, in: Rheinische Vierteljahresblätter 51 (1987), 81–114.

Schrörs, Heinrich: Hinkmar. Erzbischof von Reims. Sein Leben und seine Schriften, Freiburg im Breisgau 1884.

Sdralek, Max: Hinkmar von Rheims kanonistisches Gutachten über die Ehescheidung des Königs Lothar II. Ein Beitrag zur Kirchen-, Staats- und Rechts-Geschichte des IX. Jahrhunderts, Freiburg im Breisgau 1881.

Staab, Franz: Jugement moral et propagande: Boson de Vienne vu par les élites du royaume de l'Est, in: Le royaume et les élites dans l'Europe carolingienne (du début du IXe siècle aux environs de 920), Lille, 20–22 mars 1997, hrsg. v. Régine Le Jan (Centre d'histoire de l'Europe de Nord-Ouest, 17), Lille 1998, 365–382.

Staubach, Nikolaus: Das Herrscherbild Karls des Kahlen. Formen und Funktionen monarchischer Repräsentation im früheren Mittelalter, 1. Teil, Phil. Diss., Münster 1981.

Ubl, Karl: Inzestverbot und Gesetzgebung. Die Konstruktion eines Verbrechens (300–1100) (Millenium-Studien, 20), Berlin / New York 2008, 345–352.

White, Stephen D.: Proposing the Ordeal and Avoiding It: Strategy and Power in Western French Litigation, 1050–1110, in: Cultures of Power. Lordship, Status, and Process in Twelfth Century Europe, hrsg. v. Thomas N. Bisson, Philadelphia 1995, 89–123.

Zotz, Thomas: 929. Wie der Typ des Allein-Herrschers (monarchus) durchgesetzt wurde, in: Die Macht des Königs. Herrschaft in Europa vom Frühmittelalter bis in die Neuzeit, hrsg. v. Bernhard Jussen, München 2005, 90–105 u. 375 f.

Verhandlungen, Verfahren und Verstrickung auf dem Kongress von Nimwegen 1676–1679

Von *Matthias Köhler*, Münster

I. Geltungsprobleme von Verträgen und Versprechen

In den „Memoiren“ Ludwigs XIV. findet sich eine klare Meinung zur Geltung der Ergebnisse diplomatischer Verhandlungen: *Il faut même savoir que sur ce sujet, les plus fortes précautions sont inutiles. Il n'est point de clause si nette qui ne souffre quelque interprétation, et dès lors qu'on a pris la résolution de se dédire, on en trouve aisement quelque prétexte. Chacun parle dans les traités suivant ses intérêts présents, mais la plupart tâchent après d'expliquer leurs paroles suivant les conjonctures qui se présentent, et quand la raison qui a fait promettre ne subsiste plus, on trouve peu de gens qui fassent subsister leur promesses*[1].

Kurz und gut: Auf Verträge sei kein Verlass. Mit dieser Einschätzung stand der französische König bekanntlich innerhalb der frühneuzeitlichen politischen Literatur keineswegs allein, sondern übernahm lediglich einen festen Topos[2]. Eine gründliche, aber radikale Lösung des dadurch aufgeworfenen Problems bot Hobbes an: Theoretisch verpflichteten bestimmte Verträge zwar auch im Naturzustand, der zwischen Souveränen gälte, faktisch fehle ihnen aber jede Kraft[3]. Das schien den meisten Zeitgenossen allerdings weder moralisch befriedigend noch besonders praxistauglich. Die angebotenen Alternativvorschläge mussten jedoch Abstriche in Bezug

---

1 *Louis XIV*, Mémoires, 207. Zur Interpretation *Church*, Louis XIV and Reason of State, insbes. 382 f.; zum Quellenwert der Memoiren vgl. *Sonnino*, The Sun-King's Anti-Machiavel; *Lossky*, Some Problems in Tracing the Intellectual Development of Louis XIV. Ein knapper und präziser Überblick über die politischen Leitvorstellungen Ludwigs XIV. zuletzt bei *Malettke*, La rôle de l'Allemagne dans la politique exterieure de Louis XIV, 171–177.

2 Dass die „Mémoires“ keine Geheimphilosophie des Absolutismus enthalten, sondern ein Kollektivprojekt sind, deren Ratschläge vor allem bekannte Aussagen der zeitgenössischen Staatsklugheitsliteratur aufgreifen, hat zuletzt *Perez* betont: Les brouillons de l'absolutisme. Das steht allerdings in keinem Widerspruch zur in Anm. 1 zitierten Literatur.

3 *Hobbes*, Leviathan, 104–109. Allenfalls Eide können nach Hobbes einem Vertrag im Naturzustand eine gewisse Kraft verleihen. Zu Hobbes' Verhältnis zum Völkerrecht vgl. *Steiger*, Völkerrecht, 113 ff.; *Ziegler*, Völkerrechtsgeschichte, 194.

auf empirischen Gehalt oder theoretische Stringenz in Kauf nehmen. In der Staatsklugheitsliteratur wurde regelmäßig empfohlen, das eigene Handeln an zwei wohl allenfalls praktisch zu vereinbarenden Maximen auszurichten: Einerseits solle man selbst Verträge einhalten, da man ansonsten nur Nachteile zu befürchten hätte. Andererseits solle man aber nicht davon ausgehen, dass die Vertragspartner dieses angeblich rationale Kalkül berücksichtigten und stattdessen – gerade weil der Partner auch rational war – eher mit Vertragsbrüchigkeit rechnen, sobald das im „Interesse" des Partners lag[4]. Das naturrechtsbasierte Völkerrecht dagegen blieb bei aller Wechselwirkung von Völkerrechtstheorie und Völkerrechtspraxis eine normative Wissenschaft[5]. Da das Problem offenbar nicht allein mit Hilfe von Theorie zu lösen war, lohnt umso mehr die Frage nach der Praxis der Herstellung von Verbindlichkeit im Zuge der Entscheidungsfindung. Im Folgenden wird versucht, mit Hilfe dieser Frage ein wenig neues Licht auf einen relativ bekannten Gegenstand zu werfen, nämlich die Verhandlungen auf dem Friedenskongress von Nimwegen[6].

Allerdings stellt sich in Verhandlungen das Problem der Verbindlichkeit von Entscheidungen auf eine strukturell andere Art als im Rahmen eines Verfahrens, wie es von der Luhmannschen Verfahrenstheorie entworfen wird[7]. Deshalb ist es zunächst nötig, Verfahren und Verhandlungen ideal-

---

4 So auch in den „Mémoires": *Church,* XIV, 382 f.; weiter zum Topos etwa *Weber,* Prudentia gubernatoria, 306–14; *Stolleis,* Löwe und Fuchs. Zur Praxis in Bezug auf Bündnisverträge der insgesamt immer noch grundlegende Aufsatz von *Kunisch,* Der Nordische Krieg von 1655–1660, 54–59.

5 Das Völkerrecht als Reaktion auf durch Staatsräson und Autonomisierung von Politik bedingte Unberechenbarkeit der Verhältnisse bei *Stolleis,* Löwe und Fuchs, 35 f. Die zunehmenden Wechselwirkungen zwischen Norm und Praxis im frühneuzeitlichen Völkerrecht betont *Steiger,* Ius bändigt Mars.

6 Zum Kongress vgl. in erster Linie *Höynck,* Frankreich und seine Gegner auf dem Nymwegener Friedenskongreß, sowie den Sammelband *Bots,* The Peace of Nijmegen 1676–1678/79; zur englischen Vermittlung eindrücklich *Duchhardt,* Arbitration, Mediation oder bons offices?; in manchen Aspekten noch nützlich *Hackert,* Der Friede von Nimwegen und das deutsche Elsass.

7 Kriterien zur Abgrenzung von Verfahren und anderen Mechanismen der Entscheidungsfindung liefert *Sikora,* Der Sinn des Verfahrens, 47 ff. Die Argumentation zu Parallelen und Unterschieden zwischen Verfahren und Verhandlungen folgt in diesem Text im Grundsatz dem ausgesprochen einsichtigen Aufsatz von *Vollmer,* Akzeptanzbeschaffung. Zu Unterschieden in der Ausführung des Programms vgl. unten Anm. 14. Dass eine Anwendung bestimmter Aspekte der Verfahrenstheorie auf Friedenskongresse durchaus weiterführende Ergebnisse zeitigen kann, beweist bereits *Haug-Moritz,* Die Friedenskongresse von Münster/Osnabrück (1643–1648) und Wien (1814/15). Ihren Thesen ist im Grundsatz völlig zuzustimmen: Erstens, dass sich die allgemeinen Statusansprüche der Akteure einerseits und ihre symbolische wie auch instrumentelle Beteiligung am Verfahren andererseits wechselseitig beeinflussen; und zweitens, das beide Aspekte in ihrem Zusammenspiel sowohl Ergebnisse präjudizieren wie deren Legitimation beeinflussen können. Eine explizite Analyse auch der Unterschiede zwischen Verfahren i. e. S. und Verhandlungen kann allerdings m. E. den Blick weiter zu schärfen helfen. Insbesondere lässt sich dadurch der Zusammenhang zwischen Rollenhandeln, Verstrickung und Legitimation noch deutlicher profilieren, als es Haug-Moritz getan hat.

typisch zu unterscheiden und die jeweils spezifischen Verbindlichkeits- und Akzeptanzprobleme herauszuarbeiten, an denen die folgende Untersuchung des Gegenstands ansetzen kann. Zunächst möchte ich allerdings eine sehr knappe ereignisgeschichtliche Synthese dieses Gegenstands einfügen.

In Nimwegen wurde zwischen 1676 und 1679 über ein Ende des Holländischen Krieges verhandelt. Die wichtigsten verhandelnden Kriegsparteien waren auf der einen Seite Frankreich und Schweden, auf der anderen der Kaiser und ein Teil der Reichsfürsten[8] sowie Spanien, Dänemark und die Niederlande – in der Regel als „die Alliierten" tituliert. Die Mediation übernahmen die Gesandten Karls II. von England, denen nach einiger Zeit ein Nuntius Konkurrenz zu machen begann. Der Kongress führte nach jahrelangen zähen Verhandlungen ab Mitte 1678 zu einer Reihe von Separatfriedensverträgen, die der Reihe nach von den Niederlanden, Spanien und dem Kaiser abgeschlossen wurden und die Allianz gegen Ludwig XIV. sprengten. Die verbleibenden Alliierten, namentlich Brandenburg und Dänemark, unterschrieben ihre Friedensverträge schließlich andernorts.

II. Verhandlungen und Verfahren

Nun zur bereits angekündigten Unterscheidung von Verhandlung und Verfahren. Diese lässt sich besonders prägnant fassen, wenn man Verhandlungen als Entscheidungsprozesse mit „Exit-Option" charakterisiert[9]. Damit ist gemeint, dass jede Verhandlungspartei jederzeit aus dem Verhandlungsprozess aussteigen kann, ohne in irgendeiner Weise auf das Ergebnis verpflichtet zu sein. Die Exit-Option ist das entscheidende Mittel, um im Sinne von Bargaining Macht in Verhandlungsmacht zu transformie-

[8] Tatsächlich war das Reich selbst Kriegspartei, wie *Kampmann* gezeigt hat: Reichstag und Reichskriegserklärung im Zeitalter Ludwigs XIV. Da allerdings weder die Kriegführung noch die Verhandlungsführung für das Reich präzise geregelt waren, agierten Kaiserliche und Teile der Reichsfürsten in Nimwegen mit unterschiedlichen Vertretungsansprüchen neben einander – und auch die Koordination der Kriegführung war immer wieder Aushandlungssache.

[9] So *Scharpf,* Verhandlungssysteme, Verteilungssysteme, Verteilungskonflikte und Pathologien der politischen Steuerung, 70 f., im Anschluss an *Hirschman,* Abwanderung und Widerspruch. Reaktionen auf Leistungsabfall bei Unternehmungen, Organisationen und Staaten; vgl. aus der sozialwissenschaftlichen Diskussion auch *Zartman,* The Structure of Negotiation; *Gehring,* Regieren im internationalen System, 207 f. Vgl. aber auch *Sikora,* Der Sinn des Verfahrens, 48: „Nicht jede Einigung über unterschiedliche Interessen kann schon sinnvoll als Verfahren bezeichnet werden. Entscheidend ist vielmehr, ob im Zuge des Verfahrens die Bereitschaft der Teilnehmer erzeugt und erkennbar wird, das Ergebnis schon im Vorhinein zu akzeptieren. Darin muss sich ein Verfahren von anderen Formen der Verständigung unterscheiden, deren Akzeptanz nur oder in erster Linie von der maximalen Verwirklichung der beteiligten Interessen abhängt und die überdies keine hinreichende Chance für eine tatsächliche Verständigung garantieren können, also jederzeit abgebrochen werden können."

ren[10]. Man könnte auch sagen, dass mit diesem Mittel die Perspektive der Parteien, die unspezifischen Vorgaben folgt, in Kommunikation gemäß dem Code Macht / Ohnmacht transformiert wird[11]. Wer glaubt, bessere Optionen zu haben, als ein vorgeschlagenes Abkommen zu unterzeichnen, kann jederzeit sein Glück außerhalb der Verhandlung suchen – oder sich bemühen, durch den Hinweis auf diese Möglichkeit ein vorteilhafteres Abkommen durchzusetzen. Dieser Versuch wird wiederum umso Erfolg versprechender, je weniger akzeptable Alternativen der Gegenseite zur Verfügung stehen; etwa weil feindliche Truppen vor den Toren stehen.

Die Legitimations- bzw. Akzeptanzprobleme[12] in Bezug auf verfahrensförmig zustande gekommene Entscheidungen, die im Mittelpunkt der Luhmannschen Verfahrenstheorie stehen, sind nun gerade Folge der Tatsache, dass Verfahren ein Ergebnis unabhängig von der Zustimmung aller erreichen können bzw. sollen[13]. Für Verhandlungen ist das Problem der Verbindlichkeit des Ergebnisses für Abwesende oder Dissentierende dagegen angesichts der Exit-Option keineswegs unbedingt zentral[14]. In Verhandlungen

---

10 Die Ausführung folgt im Grunde spieltheoretischen Analysen der Verhandlungssituation, wie sie grundlegend formuliert wurden in: *Luce / Raiffa*, Games and Decisions. Diese Modelle sollen hier lediglich genutzt werden, um Begriffe zu schärfen; dazu müssen problematische Vorannahmen von Rational-Choice-Ansätzen über exogene Präferenzordnungen etc. keineswegs übernommen werden. Es soll hier weder behauptet werden, dass Akteure in Verhandlungen stets nach Alternativen suchen, um Druck aufzubauen, noch dass sie es vernünftigerweise tun sollten. Es geht vielmehr darum, dass wir einen Entscheidungsprozess nur als Verhandlung bezeichnen werden, wenn sie es tun können und ihr Handeln an dieser Möglichkeit orientieren. Zu kulturwissenschaftlichen Modellen der Erweiterung internationaler (hier ohne Anführungszeichen) Verhandlungen sind inzwischen auch politikwissenschaftliche Debatten geführt worden, die etwa an der Unterscheidung von Arguing und Bargaining ansetzen, vgl. dazu bereits *Gehring*, Regieren im internationalen System, sowie zuletzt die Beiträge von Thomas Risse, Rüdiger Saretzki, Nicole Deitelhoff und Harald Müller in *Niesen / Herborth* (Hrsg.), Anarchie der kommunikativen Freiheit. Ein Literaturüberblick findet sich in *Jönsson*, Diplomacy, Bargaining and Negotiation.

11 In diesem Sinne: *Vollmer*, Akzeptanzbeschaffung, 158 f.

12 *Vollmer*, Akzeptanzbeschaffung, 147, 149, Anm. 7, schlägt vor, im Rahmen der Verfahrenstheorie den Begriff „Legitimation" durch den weniger missverständlichen „Akzeptanz" zu ersetzen.

13 *Luhmann*, Legitimation durch Verfahren, 27–32, 38–42 sowie die Beiträge in diesem Sammelband; weiterhin *Sikora*, Sinn des Verfahrens, 48 ff.

14 Wenngleich keineswegs unwichtig: *Vollmer*, Akzeptanzbeschaffung, untersucht mit der Frage nach „sozialer Akzeptanz" in erster Linie die Legitimität der Ergebnisse von Verhandlungen über innenpolitische Fragen für die massenmediale Öffentlichkeit als wesentlichem „Akzeptierer", vgl. ebd., 147 ff. Deshalb kann er auf die genauere Entwicklung der „Einflusslogik" der an den Verhandlungen direkt Beteiligten, wie sie hier vorgenommen wird, verzichten. Für Friedensverhandlungen in der frühen Neuzeit sollte dagegen selbstverständlich sein, dass die Frage nach Legitimität auch für die an den Verhandlungen Beteiligten zu stellen ist. Wobei die Publizität, die Verlauf und Ergebnissen von Friedenskongressen in ganz unterschiedlicher Form zukam, natürlich keineswegs bestritten und von der Analyse ausgeschlossen werden soll; dazu: *Gestrich*, Absolutismus und Öffentlichkeit, insbes. 201–234; *Bosbach*,

fällt aber auch einer der zentralen akzeptanzschaffenden Mechanismen des Verfahrens fort: Denn im Gegensatz zum Handeln in Verfahrensrollen unter den Bedingungen von Autonomie ist die Mobilisierung von Einfluss in Verhandlungen in der Regel persönlich zu verantworten. Während dem Prozessverlierer nach Luhmann niemand den Vorwurf machen kann, wegen seines Handelns im Verfahren etwa ein schlechter Familienvater zu sein, konnte frühneuzeitlichen Potentaten natürlich der Vorwurf gemacht werden, ihre Kriegs- oder Verhandlungsziele seien nur ein verdeckter Griff nach der Universalmonarchie[15]. Das ist insofern relevant, als das Problem der Akzeptanz in veränderter Form auch für Verhandlungen bestehen bleibt: Denn auch die Geltung des Ergebnisses für die Zustimmenden kann problematisch werden. Die Interessenkonstellation, die zu einem Vertragsschluss führt, kann sich schnell wandeln. Welche Sicherheit gibt es dann, dass sich ein Souverän auch an sein Wort gebunden fühlt? Um dieses Problem kreist wie angedeutet bereits die frühneuzeitliche Reflexion.

Die Frage nach der Haltbarkeit des Verhandlungsergebnisses angesichts veränderter Interessenkonstellationen legt es nahe, auch für Verhandlungen Akzeptanz nicht allein als Folge substantieller oder prozeduraler Rationalität zu fassen[16], sondern als Ergebnis der (kontingenten) Interpretation der Entscheidung. Daher stellt sich die Frage, wie das entsprechende Interpretationswissen vermittelt wird und damit die Frage, inwiefern auch der Verhandlungsgang selbst eine sinnstiftende Seite hat, die spezifische Interpretationen nahe legt[17]. Dieser Frage nachzugehen bedeutet nichts anderes, als das Verhältnis von symbolisch-expressivem und technisch-instrumentellem Aspekt der Verhandlungen zu analysieren – eben die Frage nach dem Verhältnis von außerhalb der Verhandlungen liegenden Interessen und Sinnstiftung während des Verhandlungsprozesses[18]. In diesem Zusammenhang lassen sich dann spezifische Probleme der Verfahrenstheorie – die Bedeutung des Rollenspiels der Beteiligten während des Entscheidungsprozesses, die Entlastungen und Verstrickungen, die die entsprechenden Rollen erlauben – auch in Bezug auf Verhandlungen untersuchen. Das soll in diesem Aufsatz geschehen.

Gedruckte Informationen für Gesandte auf dem Westfälischen Friedenskongress; *Bély*, Utrecht.

15 *Luhmann*, Legitimation durch Verfahren, 48 f.; zur Verantwortungsentlastung durch Verfahren, die natürlich ambivalent ist: vgl. ebd., 91–99. Zum Vergleich von Verfahren und Verhandlungen in dieser Hinsicht *Vollmer*, Akzeptanzbeschaffung, 150, 157 ff. Zu Verstrickung und Verantwortungsentlastung in frühneuzeitlichen Verfahren vgl. *Neu*, Zeremonielle Verfahren, insbes. 30 f. Zur Universalmonarchie s. u. S.

16 D. h., sie nach Kriterien zuzurechnen, etwa nach dem Kriterium, inwiefern das Ergebnis die Interessen der Beteiligten befriedigt: *Vollmer*, Akzeptanzbeschaffung, 148 f.

17 *Vollmer*, Akzeptanzbeschaffung, insbes. 147 ff.

18 Vgl. dazu *Luhmann*, Legitimation durch Verfahren, 223–232; *Stollberg-Rilinger*, Einleitung, in: Vormoderne politische Verfahren, 11 f.

Dabei gilt es aber noch eine weitere spezifische Besonderheit von Verhandlungen zu berücksichtigen: Verstrickung kann in Verhandlungen für einzelne Akteure vorteilhaft sein, ohne dass dies die Akzeptanz des Ergebnisses fördert[19]. Wie der fiktionale Autofahrer der Spieltheorie, der sein Lenkrad aus dem Fenster wirft, um den entgegenkommenden Wagen zum Ausweichen zu zwingen, kann derjenige, der sich Alternativen raubt, durchaus an Durchsetzungsfähigkeit gewinnen. Und genau dazu kann auch das Rollenspiel in den Verhandlungen genutzt werden[20]. Wenn alle Beteiligten diese Strategie wählen, wird ein Ergebnis dadurch natürlich nicht unbedingt wahrscheinlicher, und schon gar nicht ein Rollenspiel, bei dem sich alle Parteien sukzessive auf das spätere Ergebnis festlegen[21]. Zu einer Isolierung von Dissens, wie sie die Verfahrenstheorie beschreibt, kann es in Verhandlungen nur kommen, wenn andere am Konflikt beteiligte Parteien sich in einer Weise einig werden, die das Machtgleichgewicht zu Ungunsten der Dissentierenden verschiebt – ein durchaus kontingentes (Zwischen-) Ergebnis[22].

Wenn man sich aus dieser Perspektive dem Gegenstand nähert und den Blick auf frühneuzeitliche Friedensverhandlungen lenkt, fällt zunächst auf, dass sich für die Akteure ähnliche Probleme wie für die Geltung des Vertrags auch für die Geltung aller Aussagen im Laufe des Verhandlungsprozesses stellten. Denn auch hier wurde *bonne foi,* die Akzeptanz einmal gemachter Zugeständnisse auch unter veränderten Umständen, zwar stetig eingefordert und für sich selbst reklamiert, auf die Redlichkeit der anderen Seite jedoch keineswegs vertraut. So hat Michael Rohrschneider jüngst das strukturelle Misstrauen zwischen den Parteien als eines der Hauptprobleme für die gescheiterten Verhandlungen zwischen Frankreich und Spanien auf dem Westfälischen Friedenskongress herausgearbeitet[23]. Andererseits haben am Beispiel des gleichen Verhandlungsprozesses Anuschka Tischer und Derek Croxton gezeigt, dass es in der Regel alles andere als einfach war, die

---

19 Das hat zuerst Thomas *Schelling* deutlich herausgearbeitet: The Strategy of Conflict. Die Problemstellung, die in der Folge in der Abschreckungstheorie während des Kalten Krieges weiterbearbeitet wurde, gewinnt noch an Plausibilität, wenn man Rationalitätsforderungen reduziert und das Problem der unvollständigen Information der Akteure betont. Vgl. zu neueren Entwicklungen in diesem Sinne: *Powell,* Bargaining Theory and International Conflict; *Morrow,* The Strategic Setting of Choices.

20 Da *Vollmer,* Akzeptanzbeschaffung, sich wie erwähnt auf Lernprozesse beim Publikum konzentriert (s. o. Anm. 14), kommt für ihn die Blockade nur als Strategie für Parteien in den Blick, die ohnehin nicht an einem Ergebnis interessiert sind, aber trotzdem von den Darstellungsmöglichkeiten einer Verhandlung profitieren wollen, vgl. ebd., 161.

21 Zu den Problemen, die das für das Verhältnis zwischen individueller und kollektiver Rationalität aufwirft, vgl. *Morrow,* The Strategic Setting of Choices, insbes. 110.

22 Zu den Isolationsmechanismen im Verfahren: *Luhmann,* Legitimation durch Verfahren, insbes. 107–120. Vgl. auch *Vollmer,* Akzeptanzbeschaffung, 157–162.

23 *Rohrschneider,* Der gescheiterte Frieden von Münster, 249 f., 278–298, 483; *ders.,* Tradition und Perzeption als Faktoren in den internationalen Beziehungen.

einmal eingeschlagene Richtung des Verhandlungsprozesses umzukehren, statt ihn lediglich aufzuhalten[24].

Im Folgenden soll deshalb zunächst auf das Problem mehr oder weniger verbindlicher Aussagen während des Verhandlungsprozesses auf dem Kongress von Nimwegen eingegangen werden. Davon ausgehend lassen sich Rollenhandeln, technisch-instrumenteller und symbolisch-expressiver Aspekt der Verhandlungen sowie die Folgen des Verhandlungsprozesses für die Akzeptanz seines Ergebnisses analysieren. Dabei kann man davon profitieren, dass der Zusammenhang von Verfahrensweise und Verstrickung während des Kongresses nicht nur zum Problem, sondern zum Verhandlungsgegenstand wurde, und zwar als um die Schriftlichkeit der Verhandlungen gestritten wurde[25].

III. Rollenspiel und Verstrickung I: Schriftliche oder mündliche Verhandlungen?

Bereits Ende Juni 1676, substantielle Verhandlungen waren noch nicht in Sichtweite und die meisten Gesandten ebenso wenig, schöpfte der Mediator Jenkins in Nimwegen den Verdacht, dass es zu Streitigkeiten um die Dokumentation der Verhandlungen kommen könne. Misstrauisch gemacht durch die Ereignisse auf dem 1674 gescheiterten Kongress von Köln, auf dem es ähnliche Schwierigkeiten gegeben hatte, schloss Jenkins aus einem kleineren Zwischenfall nicht zu Unrecht auf einen Plan der Franzosen, schriftliche Verhandlungen zu verhindern[26]. Wichtiger als die Auslöser von Jenkins' Überlegungen sind hier allerdings die Schlussfolgerungen, die er zog. Wenn die Franzosen tatsächlich nur mündlich verhandeln wollten, sah er Schwierigkeiten voraus. So fürchtete er, mündliche Verhandlungen könnten keine ausreichende Sicherheit für die Parteien über den Verhandlungsstand bieten: *I do not see how an adverse party that is disposed to treat by writing, will bear it; and must he in all events be taken at his word, as he shall happen to put it into writing? And shall he have no other hold of his adversary, but the word of the mediators?*[27] Vor allem aber fürchtete er persönliche

24 *Tischer*, Von Westfalen in die Pyrenäen; *Croxton*, L'ombre de Mars sur la Westphalie.

25 Der im Folgenden dargestellte Konflikt wird von *Duchhardt*, Arbitration, Mediation oder bons offices?, 56 f. aus englischer Perspektive im Rahmen der Frage nach den Aufgaben und Handlungsspielräumen der Mediatoren behandelt. Vgl. auch *Höynck*, Frankreich und seine Gegner, 58–64.

26 Jenkins hatte die Franzosen gebeten, ihm einen Vorschlag zu diktieren. Die Franzosen meinten, es sei viel vorteilhafter, wenn Jenkins ihnen später einen Sekretär vorbeischicke, der sich die Punkte von einem französischen Sekretär diktieren lasse: Jenkins an Williamson, 24. 6./4. 7. 1676, in: *Wynne*, The Life of Sir Leoline Jenkins, 432 f.

27 Ebd., 432.

Verantwortlichkeit, wenn nur das Wort des Mediators Grundlage der Verhandlungen sein sollte: *Which word, though it cannot be much liable to question, because of his figure; yet his right comprehending, and just representing of those things that are intrusted to him, will be liable to perpetual cavils*[28].

Jede Äußerung ist – trivialerweise – interpretationsfähig. Ohne vermeintlich neutrale, schriftliche Dokumentation der Verhandlungen fehlte aber auf dem Kongress jede Grundlage zur Klärung von Interpretationskonflikten außer kontingenten Interpretationen der unterschiedlichen Akteure. Für diese Interpretationen waren die Akteure aber verantwortlich – und daher führte, so befürchtete Jenkins, im Konfliktfall kaum ein Weg an persönlichen Vorwürfen vorbei, die ihre Kompetenz oder Ehrlichkeit betrafen. Rollenübernahme, die in eine Verhandlung verstrickt oder gar ein Ergebnis legitimiert, sieht offensichtlich anders aus. Vielmehr ließen sich solcherlei Vorfälle als Vorspiel zur perhorreszierten Blockade oder Auflösung des Kongresses durch eskalierende Ehrkonflikte interpretieren[29].

Im Frühjahr 1677 kam der Konflikt um Mündlichkeit und Schriftlichkeit schließlich offen zum Ausbruch, und die in Anschlag gebrachten Argumente wurden noch vermehrt. Die Frontstellungen und Rechtfertigungsstrategien waren dabei ähnlich wie auf anderen der großen Friedenskongresse, auf denen das Problem regelmäßig auftauchte. Wie schon in Münster und wie noch in Utrecht stritten die habsburgischen Gesandten für, die französischen gegen schriftliche Verhandlungen[30].

Schon vor Beginn der eigentlichen Verhandlungen hatten die Franzosen begonnen, sich gezielt auf den Konflikt vorzubereiten, und gaben schließlich unmittelbar nach der Übergabe der ersten – schriftlichen – Friedenspropositionen definitiv zu erkennen, dass sie in Zukunft nur noch mündlich zu antworten gedächten[31]. Schon im Rahmen der folgenden Präzedenzstreitigkeiten kam es zu ersten Konflikten zwischen Kaiserlichen, Franzosen

---

28 Ebd.

29 Vgl. bereits Jenkins an Williamson, 18. 3. / 28. 3. 1676, in: *Wynne,* The Life of Sir Leoline Jenkins, Bd. 1, 396 über die *apprehension that I cannot cure my self of; it is, that the very being of such assemblies is of an extream slender and precarious frame, that many accidents and any contrivance can dash them to pieces.*

30 Zu Münster vgl. *Bosbach,* Gedruckte Informationen, 76–82; zu Utrecht vgl. *Bély,* Espions et ambassadeurs, 437 ff. Das Problem taucht auch in den klassischen Werken der zeitgenössischen Gesandtschaftsliteratur auf, die allerdings weniger mit Kongressdiplomatie als mit an Höfen residierenden Gesandten befasst sind: *Wicquefort,* L'ambassadeur et ses fonctions, Bd. 2, 22–25; *Callières,* De la manière de négocier avec les souverains, 161 f., 171 f. Die dort berücksichtigten Argumente ähneln im Wesentlichen den in Nimwegen vorgebrachten. Vgl. zur Rolle der Vermittler beim Austausch schriftlicher Eingaben in Münster auch *Rohrschneider,* Der gescheiterte Frieden, 161 ff.

31 Frz. Ges. an Pomponne, 8. 12. 1676; Ludwig XIV. an frz. Ges., 17. 12. 1676; frz. Ges. an Pomponne, 2. 3. 1677, in: *Estrades,* Lettres, mémoires et négociations de Monsieur le Comte d'Estrades, 414 f., 434, Bd. 8, 150.

und Mediatoren, ob schriftlich oder mündlich zu verfahren sei[32]. Schließlich wurde die Frage explizit zum Verhandlungsgegenstand, als die zweiten Propositionen der Parteien anstanden. Beide Seiten verfolgten dabei natürlich auch taktische Motive: So wollten die Franzosen die Verhandlungen mit den Niederländern so rasch wie möglich voran treiben, während Kaiserliche und Spanier wenig an einem schnellen Fortschreiten der Verhandlungen und viel mehr an einem koordinierten Vorgehen der Allianz gelegen war[33]. Dennoch waren die in die Diskussion eingebrachten Argumente durchaus von einiger Plausibilität auch für diejenigen, die sie vorbrachten.

Die Franzosen warnten vor allem vor der *longueur infinie*, die das schriftliche Verfahren erzeugen würde[34]. Die Kaiserlichen und andere Alliierte dagegen waren der Meinung, es müsse entweder durch Schrift oder durch Diktat an den Mediator für „Zuverlässigkeit" gesorgt werden: *upon the neccessity of informing their master and posterity*[35]. Dynamisiert wurde die Diskussion dann auch von einem dritten Argument, das zunächst von verschiedener Seite als Argument für Schriftlichkeit vorgebracht wurde, dann aber als Problem der Dokumentation der Verhandlungen gedeutet wurde: So wurde immer wieder von verschiedener Seite, und später auch von den Franzosen, behauptet, man müsse eine Eingabe der Gegenseite schriftlich beantworten, wenn bzw. weil man deren Vorwürfe und Beleidigungen nicht hinnehmen könne[36].

Hier spielte natürlich eine Rolle, dass davon ausgegangen wurde, dass schriftliche Eingaben früher oder später gedruckt und einem breiteren Publikum zugänglich gemacht würden[37]. Man stand aber auch vor dem bereits

---

32 Jenkins an Williamson, 15. 3./25. 3. 1677, 22. 3./1. 4. 1677, 26. 3./5. 4. 1677, in: *Wynne,* The Life of Sir Leoline Jenkins, Bd. 2, 78 f., 80 f., 82 f.; Relation der ksl. Ges. in Nimwegen, 26. 3. 1677, 2. 4. 1677, 9. 4. 1677, Haus-, Hof- und Staatsarchiv Wien (HHStA), RK Friedensakten 113, f. 425, 436–439, 448 f.

33 So insbes. *Höynck,* Frankreich und seine Gegner, 61 f.; zudem Ksl. Resolution an die Ges. in Nimwegen, 19. 2. 1677, HHStA, RK Friedensakten, 113, f. 305 f.

34 Frz. Ges. an Pomponne, 2. 3. 1677, 11. 5. 1677, frz. Ges. an Ludwig XIV., 18. 5. 1677, in: *Estrades,* Lettres, Bd. 8, 150, 296 ff., 306 ff.

35 Relation der ksl. Ges. in Nimwegen, 14. 5. 1677, HHStA, RK Friedensakten, 114, f. 588, 590–601, hier: f. 595–598; Engl. Ges. an Williamson, 26. 3./5. 4. 1677, 7. 5./17. 5. 1677, in: *Wynne,* The Life of Sir Leoline Jenkins, Bd. 2, 83, 100; frz. Ges. an Ludwig XIV., 18. 5. 1677, 306.

36 Relation der ksl. Ges. in Nimwegen, 14. 5. 1677, HHStA, RK Friedensakten, 114, f. 595–598; Jenkins an Williamson, 7. 5./17. 5. 1677, 10. 5./20. 5. 1677, 17. 5./27. 5. 1677, in: *Wynne,* The Life of Sir Leoline Jenkins, Bd. 2, 100 f., 101, 108 f.; frz. Ges. an Pomponne, 30. 11. 1677, 3. 12. 1677, in: *Estrades,* Lettres, Bd. 9, 316 f., 318 f.; Jenkins an Williamson, 15. 11./25. 11. 1677, 19./29. 11. 1677, in: *Wynne,* The Life of Sir Leoline Jenkins, Bd. 2 , 247 ff., 248 ff.

37 Vgl. etwa Ludwig XIV. an frz. Ges., 9. 4. 1678, in: Archives des Affaires Étrangères (AAE), CP Hollande 106, f. 168; ebenso *Bosbach,* Gedruckte Informationen, 76–82; *Bély,* Espions et ambassadeurs, 437–442. Für die in späteren Stadien der Verhandlung hin- und herwandernden selbstverständlich ebenfalls schriftlichen Vertragsentwürfe galt das nicht, Verträge waren in der Regel bis zur Ratifikation geheim:

angesprochenen Problem der Verantwortlichkeit für das eigene Ver-Handeln. Diese konnte allerdings nicht nur dann zu Folgeproblemen führen, wenn unklar war, was gesagt wurde, sondern auch, wenn das Gesagte allzu deutlich wurde.

Dass dies den Akteuren bewusst war, zeigt sich daran, dass das Argument des Antwortzwangs auch in zweierlei Hinsicht gegen Schriftlichkeit gewendet wurde. Die Franzosen argumentierten einerseits noch grundsätzlich innerhalb der Logik eines Ehrkonfliktes, wenn sie meinten, auf solche *libelles,* wie sie die Gegner einreichten, werde man überhaupt keine Antwort geben, *elles seront plûtôt considérés comme un mainfeste pour la guerre, que comme un acheminement de la paix*[38]. Mit der Antwortverweigerung verschafften die Franzosen sich einerseits ein Druckmittel, um schriftliche Verhandlungen zu verhindern – ein Druckmittel, das auf das Aussetzen von Verhandlungen hinauslief. Mit dem Hinweis auf solche Probleme konnten sie andererseits für die eigene Position argumentieren, schriftliche Verhandlungen würden nur den Frieden verzögern.

Die Franzosen warnten nämlich auch immer intensiver vor den grundsätzlichen Gefahren, die von schriftlichen Verhandlungen ausgingen. Die Mediatoren hatten bereits zuvor so argumentiert, als die Kaiserlichen ausgerechnet in einem Zeremonialkonflikt versucht hatten, schriftliche Verhandlungen durchzusetzen: Hätten in solchen Dingen die Parteien schriftlich verhandelt, so räsonnierten die Mediatoren, so hätte dies die Konflikte nur verschärft: *That must have engaged them in mutual aigreurs of their own stile; whereas by intervention of the mediators, the things only were communicated, and the sharpness of expression was omitted*[39]. Bald wurde allerdings das Argument verallgemeinert, zur Warnung vor der *procédure par écrit, qui non seulement allongue la négociation, mais qui la peut rompre très-aisément, en ce que ces ecrits étant remplis de paroles aigres et fâcheuses, attireroient des réponses encore plus dures, et éloigneroient entiérement toute sorte de propositions de la paix, au lieu que les médiateurs, laissant part à tout ce que le chaleur des parties leur pourra faire dire, ne dresseront leurs mémoires que de ce qui sera essentiel pour la paix, et qui la pourra avancer*[40]. Die Mediatoren sollten also die Schärfe aus den Äuße-

---

Constant, Les traités, 242. Vgl. auch *Haug-Moritz,* Friedenskongresse, 152 f., die die deeskalierende Rolle der Vermittler betont, selbst wenn schriftlich und öffentlich verhandelt wurde. Dazu s. u.

38 Frz. Ges. an Pomponne, 7. 5. 1677, in: *Estrades,* Lettres, Bd. 8, 289; vgl. auch frz. Ges. an Ludwig XIV., 18. 5. 1677, in: ebd., 308: *Comme des libelles contre nous.* Pomponne an frz. Ges., 17. 6. 1677, in: ebd., 374: *La paix ne se traite pas par ces sortes d'ecrits.* Der sachliche Hintergrund dieser Formulierungen war u. a., dass mehrere Alliierte Reparationen aufgrund der französischen Kriegsschuld verlangt hatten.

39 Engl. Ges. an Williamson, 26. 3. / 5. 4. 1677, in: *Wynne,* The Life of Sir Leoline Jenkins, Bd. 2, 83.

rungen der Parteien nehmen, die sonst in eine Eskalationsspirale persönlicher Vorwürfe führen könnte[41]. Diese Zielvorstellung übernahmen die englischen Mediatoren schließlich in aller Allgemeinheit und machten entsprechende Argumente immer wieder den Parteien gegenüber geltend[42]. Das schließlich vereinbarte *expedient* im Konflikt um die Schriftlichkeit der Verhandlungen ließ ihnen diese Möglichkeit und stellte trotzdem eine neutrale und nachprüfbare Dokumentation der Verhandlungen in Aussicht: Die Mediatoren sollten die mündlichen Vorträge der Parteien zusammenfassen, niederschreiben und anschließend die Niederschrift den Parteien zur Kontrolle vorlegen[43].

Nun war Schriftlichkeit keineswegs die einzige Möglichkeit, Zuverlässigkeit zu etablieren und die persönliche Verantwortlichkeit der Fürsten für die Verhandlungen zur Anschauung zu bringen. Die Debatte um den richtigen Verfahrensmodus verdeutlicht aber, dass beide in einem engen Zusammenhang standen. Der vereinbarte Modus schien zunächst beide Aspekte angemessen zu kombinieren, also sowohl die Festlegung der Parteien, ihre „Verstrickung" im verfahrenstheoretischen Sinne, zu gewährleisten, als auch aber alle Beteiligten so weit wie möglich von Verantwortung zu entlasten: Die Mediatoren waren jedenfalls nicht für ihr Erinnerungsvermögen zu kritisieren, die Parteien mussten sich zumindest nicht von ihren Gegnern gerade heraus beschimpfen lassen. Es sollte nur die „Sache" kommuniziert werden, die Verhandlungen damit auf ihren technisch-instrumentellen Aspekt reduziert werden, dasjenige, das ihren Zweck, den Vertragsabschluss sowie die darin zu verwirklichenden Interessen, direkt betraf.

---

40 Frz. Ges. an Ludwig XIV., 18. 5. 1677, in: *Estrades,* Lettres, Bd. 8, 307; Jenkins an Williamson, 10. 5./20. 5. 1677, in: *Wynne,* The Life of Sir Leoline Jenkins, Bd. 2, 101 f.

41 Die Idee einer solchen Eskalationsspirale ließ sich auch gegen direkte mündliche Verhandlungen wenden: vgl. Jenkins an Williamson, 14. 5./24. 5. 1677, in: *Wynne,* The Life of Sir Leoline Jenkins, Bd. 2, 106.

42 Vgl. etwa Jenkins an Williamson, 23. 8./2. 9. 1677, 3. 9./13. 9. 1677, 22. 10./1. 11. 1677, 12. 11./22. 11. 1677, 15. 11./25. 11. 1677, 19. 11./29. 11. 1677; Jenkins an Coventry, 13. 9./23. 9. 1677, in: *Wynne,* The Life of Sir Leoline Jenkins, Bd. 2, 186–189, 197–200, 232 ff., 245 f., 247 f., 248 ff., 206 f.

43 *Duchhardt:* Arbitrage, 56 f.; frz. Ges. an Ludwig XIV., 18. 5. 1677, in: *Estrades,* Lettres, Bd. 8, 307 f.; Jenkins an Williamson, 10. 5./20. 5. 1677, in: *Wynne,* The Life of Sir Leoline Jenkins, Bd. 2, 101. Diese Verhandlungsform hatte Ludwig XIV. seinen Botschaftern bereits 1676 vorgeschlagen: Ludwig XIV. an frz. Ges., 17. 12. 1676, in: *Estrades,* Lettres, Bd. 7, 434. Zunächst war es den Parteien allerdings noch freigestellt, auch schriftliche Eingaben zu machen, die dann von den englischen Mediatoren unkommentiert weitergegeben wurden. Erst im Spätsommer 1677 begannen die Engländer, auch schriftliche Eingaben nur noch in kontrollierter Fassung weiterzugeben – was die Parteien regelmäßig nicht hinderte, die Ursprungsversion publizieren zu lassen: vgl. Jenkins an Williamson, 23. 8./2. 9. 1677; 3. 9./13. 9. 1677; 22. 11./2. 12. 1677, in: *Wynne,* The Life of Sir Leoline Jenkins, Bd. 2, 186–189, 199, 251; *Duchhardt:* Arbitrage.

Sonderlich erfolgreich war dieser Verhandlungsmodus dennoch nicht. Dass der Fortgang der Verhandlungen sehr schnell von Konflikten um den Herzog von Lothringen und den von den Franzosen protegierten kaiserlichen Gefangenen Fürstenberg aufgehalten wurde, lag natürlich keineswegs in erster Linie am Verhandlungsmodus, sondern an den völlig disparaten Zielen und Situationseinschätzungen der unterschiedlichen Beteiligten[44]. Schließlich wurden die Mediatoren aber doch wieder eingeschaltet, und zwar auf geradezu spektakuläre Weise. Anhand dieser Episode soll im folgenden Abschnitt gezeigt werden: erstens, dass sich die Mittel der Verstrickung nicht auf die bloße Dokumentation des Verfahrens durch Schrift beschränkten; zweitens, dass der gewählte Modus keineswegs eine sukzessive Verstrickung der Parteien in das Verfahren gewährleisten konnte, die das Ergebnis legitimierte. Beides hängt damit zusammen, dass auch eine neutrale Dokumentation der Verhandlungen einen symbolisch-expressiven Aspekt hatte; nur in der Sache zu kommunizieren, erwies sich als vielleicht denk-, aber nicht praktizierbare Option. Allein die Dokumentation, wer wann welche „Sache" gesagt hatte, schuf eigene Legitimationsprobleme.

IV. Rollenspiel und Verstrickung II: Das französische Ultimatum vom April 1678

Aufgrund der geschilderten festgefahrenen Situation fanden Friedensverhandlungen in Nimwegen lange Zeit nur zwischen den Franzosen und den Niederländern statt, direkt und ohne Intervention der Mediatoren, damit zumindest in Bezug auf die tatsächlichen Verhandlungsgegenstände mehr oder weniger klandestin und zunächst ohne definitives Ergebnis. Derweil wurde von allen Parteien in London um die Unterstützung Karls II. oder, je nach politischer Konjunktur, des Parlaments gerungen[45]. Am 9. April 1678, als in Nimwegen alles still stand und man gespannt abwartete, was in London geschehen würde, wies Ludwig XIV. seine Gesandten jedoch plötzlich an, in Nimwegen in aller Form mit den Mediatoren Kommunikation aufzunehmen[46]:

Parce que dans le temps que par la seule gloire et le plaisir de donner la paix à l'Europe, je veux bien me priver de tant d'avantages dont je pourrois me flater justement dans la continuation de la guerre, je souhaitte au moins que toutte l'Europe soit instruitte de la sincerité de mes intentions; c'est pour ce sujet que puisque Nimegue est aujourd'hui le theatre de la paix sur

---

[44] Zum Stocken der Verhandlungen vgl. *Höynck*, Frankreich und seine Gegner, 58–69.

[45] Ebd., 65–115.

[46] Zum französischen „Ultimatum" vgl. ebd., 116–137; *Duchhardt*, Arbitration, 71 ff.; *Grose*, The Anglo-Dutch Alliance of 1678, 526 ff.

lequel toutte la Chrestienté a les yeux, j'ay jugé a propos que la negociation qui s'est renfermeé jusqu'a cette heure en Angleterre y paroisse en public a toutte l'Europe, que mes alliez et mes ennemies soient egalement instruits de mes dispositions pour la tranquilité publique. [...] Je desire mesme que pour donner toutte la forme requise et accoustume a ces sortes des negociations vous vous expliquiez des conditions suivantes au nonce de sa sainteté comme mediateur et aux ambassadeurs d'Angleterre comme exerçans la mesme fonction[47].

Das Angebot, das die französischen Gesandten den Mediatoren machen sollten, richtete sich selbstverständlich als Propagandainstrument an ein Publikum, das nicht am Verhandlungstisch saß und von dem man sich Druck auf die Gegenseite erhoffte: sowohl an die eher diffuse Kongressöffentlichkeit wie konkret an diejenigen Gruppen in den Niederlanden, von denen man sich erhoffte, dass sie anders als die *cabale* um Wilhelm von Oranien in die *premiere amitié* Ludwigs XIV. zurückkehren wollten: *Le fruit que je me propose de cette communication que vous rendrez publique a Nimegue est que toutte l'Europe conoisse le plan sur lequel je veux bien faire la paix et qu'elle accuse seulement mes ennemis de la contiuation de la guerre sy [ils ...] refusent accepter ces conditions*[48].

Wenn in diesem Moment die „notwendige und gebräuchliche Form" gewählt wurde, geschah dies freilich nicht allein, um die Sache bekannt zu machen. Das erreichte man vielmehr durch die Korrespondentennetzwerke des Gesandten Estrades in den Niederlanden und die Publikation der Angebote, die zunächst nicht einmal unbedingt vorgesehen war[49]. Noch weniger wurden die Mediatoren allerdings eingeschaltet, weil man ihre Vermittlungsdienste in Anspruch nehmen wollte: *Ce n'est pas que lors que je vous submittiez ces raisons je le fasse dans le dessein que vous agitiez le plus ou le moins des conditions avec les mediateurs. Mon intention est que vous vous attachies precisement a celles que je vous marque sans en pouvoir rien diminuer*[50].

Diese Absicht mit den Mediatoren zu reden – um sich präzise festzulegen, anstatt zu verhandeln –, war natürlich einerseits verblüffend. So musste diesen (und – wie man sieht – auch den französischen Gesandten) zunächst klar gemacht werden, dass man die eigenen Vorschläge nur „zu Protokoll geben" wollte und nicht etwa irgendeine Form von Vermittlung erwartete[51]. Andererseits war es konsequent: Denn es handelte sich nicht um die bloße

---

47 Ludwig XIV. an frz. Ges., 9. 4. 1678, in: AAE, CP Hollande 106, f. 168.

48 Ebd., f. 171.

49 Frz. Ges. an Pomponne, 19. 4. 1678; Ludwig XIV. an frz. Ges., 30. 4. 1678, in: AAE, CP Hollande 106, f. 191, 224; Jenkins an Williamson, 6. 4. / 16. 4. 1678, in: LJ 2, 329. Zu Estrades Korrespondenten in den Niederlanden vgl. *Livet,* Colbert de Croissy et la diplomatie française à Nimègue, 181–223, insbes. 184–187.

50 Ludwig XIV. an frz. Ges., 9. 4. 1678, in: AAE, CP Hollande 106, f. 171.

Mitteilung eines Angebots an die Welt, sondern um das Agieren auf der Bühne des „Theaters des Friedens“ gemäß spezifischen Konventionen und Rollenmustern[52] – und damit um einen Akt der Verstrickung in den Verhandlungsprozess, wie er sich besonders gut durch Einschaltung der Mediatoren vollziehen ließ. Damit konnte man sowohl seine „Aufrichtigkeit“ besonders eindrucksvoll zum Ausdruck bringen, wie seine Festlegung auf genau eine Position weit besser kommunizieren als auf der „Hinterbühne“.

Bei der Einschaltung der Mediatoren stand nun Schriftlichkeit keineswegs im Mittelpunkt; sie kam mit der Publikation ins Spiel. Zunächst stand für alle Akteure die Inszenierung der Akte, die Darstellung der Herstellung einer Entscheidung, im Mittelpunkt der Aufmerksamkeit. Der Zusammenhang zwischen Verhandlungsweise und Verstrickung erschöpfte sich dementsprechend auch nicht in der Einschaltung der Mediatoren. Vielmehr wurden auch andere Aspekte der Erklärung gezielt inszeniert und von ihren Adressaten als bedeutungsvoll wahrgenommen, die dementsprechend davon berichteten: *The three French Ambassadors having taken an hour of me, came to deliver me a declaration (as they said) of the king their master's mind. [...] I suppose this declaration they intend to make to all the ministers here with pomp; for M. Colbert, tho' he be not yet recovered of the gout, was brought in a chair to my house, that the embassy might be compleat upon this errand*[53].

Die Bedeutung von Förmlichkeit, um dem Angebot den größtmöglichen Nachdruck zu geben, ist grundsätzlich auch intuitiv einsichtig. Sie lässt sich allerdings noch präziser erfassen, wenn man nach Rollenhandeln und Verstrickung fragt und gleichzeitig das französische Vorgehen mit „alltäglichen“ Verhandlungen auf dem Kongress kontrastiert. Gesandte waren nämlich zwar durch ihre Vollmacht ermächtigt, im Namen des Königs zu reden und vor allem zu schließen, und sie waren durch ihre Instruktionen

---

51 Jenkins an Williamson, 6. 4. / 16. 4. 1678, in: *Wynne,* The Life of Sir Leoline Jenkins, Bd. 2, 327 ff.

52 Auch Wicquefort beschreibt die Diplomatie als Theater, allerdings damit keineswegs als Schein. Er möchte damit vielmehr ein Rollenhandeln vor Publikum beschreiben, das aufgrund von strategischen (Dissimulations-)Zwängen und Repräsentationsverpflichtungen den Diplomaten nicht erlaubt, seine „eigentliche“ Rolle zu spielen: die des *honneste homme: Il n'y point de theatre plus illustre que la cour; il n'y a point de comedie, où les acteurs pariossent mois ce qu'ils font en effet, que les ambassadeurs sont dans la negociation, & il n'y en a point qui y representent de plus importants personnages. Mais comme le plus habile acteur n'est pas toujours sur le theatre, & change de maniere d'agir aprés que le rudeau est tiré; ainsi l'ambassadeur, qui a bien joüe son rolle dans les fonctions de son caractere, doit faire l'honneste homme, lors qu'il ne joûe plus la comedie. [...] Un parfait ambassadeur qui doit estre parfaitement galant homme, c'est a dire un homme fait à la mode de la cour. Wicquefort,* L'Ambassadeur, Bd. 2, 3. Vgl. zur Theatermetapher in Bezug auf Friedenskongresse auch *Bély,* Utrecht.

53 Jenkins an Williamson, 4. 4. / 14. 4. 1678, in: *Wynne,* The Life of Sir Leoline Jenkins, Bd. 2, 326 f.

zu einem bestimmten Vorgehen angehalten. Im Regelfall waren sie allerdings zwar Stellvertreter, aber keineswegs das Sprachrohr des Fürsten. Vielmehr redeten sie in der Regel in ihrer Rolle als Gesandte über dessen Interessen, Forderungen und Angebote. Das äußert sich am klarsten darin, dass Gesandte sich von der Verantwortung für mangelndes Entegegenkommen durch Berufung auf ihre Instruktionen entlasten konnten[54]. Es äußert sich auch darin, dass eine besonders deutliche Ablehnung eines Vorschlags oder einer Forderung nicht dargestellt wurde, indem man die Ablehnung im Namen des Fürsten verkündete; vielmehr erklärte man, man sei sich als Gesandter so sicher, der Fürst würde das von der Gegenseite Vorgebrachte ablehnen, dass man ihn nicht einmal davon informieren würde[55].

Daher waren die Gesandten diejenigen Akteure, deren Handeln im Verhandlungsgang am unmittelbarsten zur Darstellung gebracht wurde und die sich am unmittelbarsten verstrickten. Sie waren keineswegs für alle Aspekte der Verhandlungen verantwortlich, aber zumindest dafür, dass sie die Absichten ihres Fürsten korrekt darstellten – und zwar sowohl gegenüber den Verhandlungspartnern als auch dem Fürsten. Dementsprechend konnte der Botschafter theoretisch desavouiert, also seine Aussagen vom Fürsten ausdrücklich widerrufen werden, was dann als persönliche Schande verstanden wurde – und zwar eine Schande sowohl im Sinne der gescheiterten Selbstdarstellung gegenüber den Verhandlungspartnern wie im Sinne des Verlusts der Gnade des Fürsten[56].

Faktisch war damit nicht unbedingt eine besonders hohe Unsicherheit vorhanden. Denn in der Regel waren alle Beteiligten daran interessiert, die Selbstdarstellung aller Beteiligten gelingen zu lassen[57]. Es war für Fürsten weder glaubwürdig noch praktikabel, ihre Gesandten ständig fallen zu lassen, und mit guten Gründen wurde ihnen das Verhalten ihrer Gesandten zu guten Teilen zugeschrieben, auch wenn diese nicht ausdrücklich im Namen der Fürsten redeten. Die Inszenierung der Bekanntmachung der französischen Friedensbedingungen und ihre Wahrnehmung demonstriert aber,

---

54 Das Verhältnis der Gesandten zu ihren Instruktionen und die zahlreichen Darstellungsmöglichkeiten, die sich aus diesem Verhältnis ergaben, hat eindrücklich *Bély* herausgearbeitet: Espions et ambassadeurs, 481–505. *Wicquefort* beschreibt das Phänomen als Spannung zwischen Vollmacht und Instruktion: *ders.*, L'ambassadeur, Bd. 1, 180 f.

55 Was dann regelmäßig doch getreulich in der nächsten Depesche dem Hof mitgeteilt wurde. Vgl. nur Ludwig XIV. an frz. Botschafter, 3. 12. 1676; frz. Botschafter an Ludwig XIV., 6. 7. 1677, in: *Estrades,* Lettres, Bd. 7, 405; Bd. 9, 9 f.; engl. Botschafter an Williamson, 21. 6. 1677, in: *Wynne,* The Life of Sir Leoline Jenkins, Bd. 2, 130.

56 Ausführlich behandelt von *Wicquefort,* L'Ambassadeur, Bd. 2, 4, 52–56, 179–187.

57 Auch wer sich auf Fehler seiner Untergebenen beruft, kann sich damit in der Regel nicht völlig von Verantwortung befreien: etwa weil man ihm die Verantwortung für ihre falsche Auswahl und mangelnde Kontrolle zuschreiben kann, vgl. *Luhmann,* Funktionen und Folgen formaler Organisation, 183.

dass es unter Umständen von Bedeutung sein konnte, das Handeln eines Fürsten im Verhandlungsgang darzustellen. Die französische Erklärung war durch das geschlossene Auftreten der gesamten Gesandtschaft, die Kommunikation mit dem Mediator, schließlich die ausdrückliche verbale Einbeziehung des Königs – offenkundig trotz des schon recht eindeutigen Kontexts eine berichtenswerte Zusatzinformation – als eine solche Aussage markiert, die den französischen König direkt in die Verhandlungen verstrickte, und das mit möglichster Kraft.

Die Summe der für die Akteure bemerkenswerten Eigenschaften des beschriebenen außergewöhnlichen Akts verweist auf einen Aspekt der Verhandlungen, der bereits in der Diskussion um Schriftlichkeit angedeutet war. Die Verhandlungsform hatte nämlich insofern sinnstiftende Eigenschaften, als stets auch über die genaue Zurechnung der Kommunikation, den Grad der Verstrickung und den Geltungsanspruch der Aussagen kommuniziert wurde[58]. Daher hatte auch vermeintlich rein sachliche Kommunikation immer einen symbolisch-expressiven Aspekt. Umgekehrt hatte auch die Darstellung der Herstellung der Entscheidung, in diesem Fall die Inszenierung eines Friedensangebots, einen Sachbezug, sie war ein Mittel, über den Grad von Verstrickung zu kommunizieren.

Das französische „Ultimatum" kann nun als ein Versuch gedeutet werden, sich selbst die Hände zu binden, um Verhandlungsvorteile zu erzielen. Schließlich sollte das Angebot gerade so kommuniziert werden, dass nicht mehr darüber verhandelt werden konnte. Allerdings kam es in Nimwegen trotz oder gerade wegen dieser Form einseitiger Verstrickung zu einem Ergebnis, und zwar genau auf der Linie des „Ultimatums". Daher sind im Folgenden trotz der wiederholten französischen Ultimaten weniger die Folgen einer gescheiterten Verstrickung in das Verfahren zu untersuchen als die Voraussetzungen und Folgen der Tatsache, dass andere diesen einseitigen Festlegungen schließlich folgten. Diese hingen eng damit zusammen, dass der symbolisch-expressive Aspekt der Verhandlungen die Fürsten mitunter als Ver-Handelnde besonders deutlich hervortreten ließ – und dass sie damit für deren Ablauf in ihrer gesamten sozialen Identität, nicht nur in einer Verhandlungsrolle, verantwortlich waren. Das ermöglichte Verstrickung in die Verhandlungen und damit auch, wie oben anhand der Frage von Schriftlichkeit diskutiert, eine gewisse Zuverlässigkeit, die der Herstellung einer Entscheidung durchaus förderlich sein konnte. Die Darstellung der Fürsten als Verhandelnde führte allerdings auch zu einem Typ von Problemen, der im Folgenden zunächst anhand der Ausführungen des frühneuzeitlichen Gesandtschaftstheoretikers François de Callières illustriert werden soll.

---

[58] Natürlich nicht allein symbolische Akte im engeren Sinne; wie schon aus den Zitaten hervorgeht, stützten sich Zuschreibung und Geltungsanspruch auch auf explizite verbale Behauptungen.

V. Verhandeln mit Königen und Gesandten

Wie konnte man mit einem Souverän überhaupt direkt verhandeln? Callières beschäftigte sich ausführlich mit dem Phänomen; seine Antwort lässt sich aber kurz zusammenfassen: Man sollte ihm schmeicheln und nie widersprechen[59]. So heißt es vom Verhandeln mit Fürsten: *L'opinion qu'ils ont de leur grandeur, et le pouvoir effectif qui est attaché à leur rang leur donnent des idées differentes de celles du commun des hommes et il faut qu'un bon negociateur agisse avec eux par rapport à leurs idées, s'il veut ne se pas tromper. [...] Les princes sont accoûtumez dès leur naissance à la soumission, aux respects, et aux loüanges de ceux qui les environnent, cela les rend plus sensibles et plus faciles à irriter par les contradictions, par les discours trop libres ou trop familiers, par les railleries, et par certaines veritez qui n'ont pas accoûtumé de fraper leurs oreilles. Il faut qu'un bon negociateur évite autant qu'il est possible de choquer la fierté naturellement attachée à leur condition*[60].

Wer mit Fürsten verhandelte, sollte also keinesfalls direkt „in der Sache" reden, sondern musste unbedingt vermeiden, dadurch ihren persönlichen Rang anzugreifen. Das hieß nun keineswegs, auf jeden Einfluss zu verzichten. Es bedeutete lediglich, jede Form von Widerspruch oder gar Druck nach Kräften zu dissimulieren[61]: *L'un des meilleures moyens de persuader est de plaire: pour y reussir il faut qu'un negociateur s'applique à dire des choses agréables et à adoucir par le choix des termes, du ton, de l'air et des manières d'exprimer celles qui sont facheuses par elles memes*[62].

Friedensverhandlungen zwischen zwei oder mehreren Souveränen waren auf die von Callières vorgeschlagene Weise natürlich nicht leicht vorstellbar. Folgt man Callières, wäre die Verstrickung der Souveräne in das Kongressverfahren daher ausgesprochen problematisch: Denn die größtmögliche Unterwürfigkeit konnte kaum beiden Seiten gleichzeitig zu Teil werden. Vielmehr konnte schon die Dokumentation der bloßen Verhandlungspositionen auf dem Weg zum Ergebnis nicht nur Widerspruch sichtbar machen, sondern auch exakt dokumentieren, wann ein Fürst Festlegungen traf, die schließlich für alle galten, während andere ihre eigenen Forderungen unter Druck aufgeben mussten[63]. Um noch einmal die Begründung des

59 *Callières,* Manière, 147–172, insbes. 147–153. Dass sowohl Callières eigenes Werk von dieser Handlungslogik durchtränkt ist als auch die Korrespondenz von Gesandten mit dem König, hat *Waquet* gezeigt: *ders.,* François de Callières; *ders.:* L'Ambassadeur, son domestique et son maître, 237–252.

60 *Callières,* Manière, 147 f., 149.

61 *Waquet,* L'Ambassadeur; *ders.,* Arnaud d'Ossat, 389–407.

62 *Callières,* Manière, 148 f.

63 Allerdings war keineswegs jedes Zugeständnis ehrverletzend, entscheidend war vielmehr die Frage, wie es dargestellt wurde bzw. dargestellt werden konnte. Als eigene Entscheidung im Dienste des Friedens Zugeständnisse zu machen, konnte

französischen Ultimatums zu zitieren: *Parce que dans le temps que par la seule gloire et le plaisir de donner la paix à l'Europe, je veux bien me priver de tant d'avantages [...], je souhaitte au moins que toutte l'Europe soit instruitte de la sincerité de mes intentions. [...] Ferez enfin que toutte l'assemblée soit informée des conditions auxquelles il est entre les mains de l'Espagne et de tous mes ennemis d'accepter la paix*[64]. Damit war aber einer Interpretation der Verhandlungen in Hinblick auf die Diskurse um Gloire, Arbitrage und Universalmonarchie Tür und Tor geöffnet, die der Akzeptanz des Ergebnisses durch die unterlegene Seite nur abträglich sein konnte – und letzten Endes seine Unterstützung auf beiden Seiten verringerte[65].

VI. Rollenspiel, Interessen und Legitimitätsprobleme

Zu solchen Deutungen lieferte schließlich der Ausgang des Kongresses von Nimwegen allen Anlass: Am Ende gelang es Ludwig XIV. tatsächlich, die Bedingungen durchzusetzen, die er im April 1678 gefordert hatte[66]. Er konnte sich nun tatsächlich dafür feiern lassen, Europa den Frieden gegeben zu haben[67].

Für seine habsburgischen Gegner (und die ihrer Aufgabe beraubten Mediatoren) war der Frieden durch diesen Hergang ausgesprochen suspekt geworden: Die kaiserlichen Gesandten erklärten, sie seien in Nimwegen *pour traitter et non pas pour recevoir des loix*[68] und ließen durchblicken, das größte Problem für den Kaiser seien nicht die Inhalte der Angebote, sondern die Verhandlungsweise (zumindest bevor sie einige Monate später von einigen besonders pikanten inhaltlichen Details der französischen Forderungen erfuhren): *Only the method that the French have taken, to pres-*

auch als moralischer Imperativ reklamiert werden. Vgl. *Bély,* Espions, 499 f. Als Beispiel aus Nimwegen etwa frz. Ges. an Ludwig XIV., 26. 11. 1678, in: Bibliothèque Nationale de France, Manuscrits Occidentaux, Cinq Cents de Colbert (BNF, MO, CCC) 463, f. 210–219; frz. Ges. an Ludwig XIV., 3.3. 1679, in: BNF, MO, CCC 464, f. 121–126. Bei den zitierten Schreiben aus der BNF handelt es sich um Abschriften der im Original in den AAE überlieferten. Aufgrund der zwischenzeitlichen Schließung der AAE waren manche Originale für den Autor nicht einsehbar. Zur Qualität der Abschriften vgl. *de Saint-Léger / Lemaire,* Introduction, vii-xxxviii.

64 Vgl. Anm. 47. Meine Hervorhebung.

65 Zu Gloire und frühneuzeitlichen Staatenkonflikten vgl. die grundlegenden Texte von *Kunisch,* Fürst, Gesellschaft, Krieg, 27–39. Zur Universalmonarchie: *Bosbach,* Monarchia Universalis; zuletzt *ders.,* The European Debate on Universal Monarchy, 81–98. Zum Arbiter: *Kampmann,* Arbiter und Friedensstiftung; zuletzt *ders.,* Friedensstiftung von außen?, 245–259. Dass auch für die Franzosen und Spanier auf dem Westfälischen Friedenskongress die Wahrung ihrer Reputation von entscheidender Bedeutung war, hat jüngst *Rohrschneider* herausgearbeitet: *ders.,* Der gescheiterte Frieden, 471, 483 f.

66 Natürlich nicht ganz. Dazu s. u. S.

67 *Burke,* The Fabrication of Louis XIV, 82 f.; *Kampmann,* Arbiter, 199–214.

68 Temple an Williamson, 9. 8. 1678, in: *Temple,* Letters, 425.

cribe their conditions as if they were laws, is that which an emperor knows not how to digest[69]. Der Bezug auf die Gesetzgebung als das zentrale Privileg der Souveränität wie auf die Ehre zeigt auch, welche *condition* der Fürsten besonders zu den Problemen des Verhandelns mit ihnen beitrug: Die Tatsache, dass die Darstellung (und Herstellung) der sozialen und völkerrechtlichen Ordnung zwischen den europäischen Potentaten auch nach 1648 zunächst ausgesprochen konfliktträchtig blieb[70]. Daher wurde die Darstellung und Herstellung der Entscheidung über Krieg und Frieden auf eine ganz spezifische Weise problematisch.

Dass auch die Kaiserlichen die französischen Bedingungen schließlich unterzeichneten, geschah also eher trotz als wegen der der Dynamik des Rollenspiels im Verhandlungsprozess. Es gab aber durchaus andere, letztlich ausschlaggebende Gründe, die Angebote Ludwigs XIV. vom April 1678 anzunehmen und sogar noch einige weitere, als besonders schmerzlich empfundene Zugeständnisse zu machen, die darüber hinausgingen. Denn im Gegensatz zu Verfahren reagieren Verhandlungen flexibel auf Einflussveränderungen außerhalb des Entscheidungsprozesses. Das Rollenspiel innerhalb der Verhandlungen kann zwar Interessen der Parteien verschieben[71], das allerdings in der Regel weder unbegrenzt weit, noch allein gemäß den Intentionen der Akteure. Was sich gegen Endes des Holländischen Krieges aber immer deutlicher verschob, war die wahrgenommene militärische Machtverteilung zwischen den Parteien – und damit die Qualität der Alternativen zu einer Verhandlungslösung, die den Parteien jeweils zur Verfügung standen. So kamen die habsburgischen Gesandten schließlich zu der Auffassung, dass ihnen die gangbaren Alternativen zu einem als schmählich empfunden Friedensabkommen schlicht ausgegangen waren: dass man sich besser aus dem ersten Stock stürzen müsse als vom Dach, dass *Noth* und *uns weith überlegene Macht* des französischen Gegners eine Annahme der Konditionen erfordere[72]. In ihrer abschließenden Erklärung und Rechtfer

---

69 Jenkins an Williamson, 17. 6. 1678 , in: *Wynne*, The Life of Sir Leoline Jenkins, Bd. 2, 387.

70 Vgl. grundsätzlich *Duchhardt*, Imperium und regna im Zeitalter Ludwig XIV; in Bezug auf das Zeremoniell *Stollberg-Rilinger*, Höfische Öffentlichkeit; *dies.*, Honores regii; anhand von Bidpublizistik und Friedenskongressen *Burkhardt*, Auf dem Weg zu einer Bildkultur des Staatensystems, insbes. 111–114.

71 Und zwar selbstverständlich keineswegs nur durch Manipulation von Informationen, wie es die Rational-Choice-Theorie annimmt, die in diesem Aufsatz zum Teil aufgegriffen wird. Vgl. auch Anm. 10.

72 frz. Ges. an Pomponne, 26. 4. 1678, in: Bibliothèque nationale de France, Manuscrits – Occident, Cinq cents de Colbert 461, f. 321; Protokoll-Extrakt der ksl. Ges. in Nimwegen, 2. 5.–5. 5. 1678, HHStA, RK Friedensakten 115, f. 1641, 1644. Protokoll-Extrakt der ksl. Ges. in Nimwegen, 29. 12. 1678 – 10. 1. 1679, HHStA, RK Friedensakten 140a, f. 39 f. Was die anderen Beteiligten ganz ähnlich sahen und zur Grundlage ihrer Verhandlungsführung machten: Vgl. dazu die französischen und englischen Korrespondenzen zwischen August 1678 und Januar des nächsten Jahres, passim. Zu den abschließenden Verhandlungen und den Motivationen des Wiener Hofs vgl.

tigung des Friedensschlusses bemerkten die kaiserlichen Gesandten, dass *wir nun wohl selbsten genugsamb erkennen und hertzlich beklagen, daß der Friede von Seithen Euer Kayserlichen Majestät und deß Reichs so schlecht und unsicher hat müssen getroffen werden.* Sie betonten aber, dass *bekandtlich solches allein von denen vorhergegangenen unglückseligen Kriegs Operationen, auch der under denen Alliirten erfolgten Trennung, und der ubrigen geringern Verfassung, Wankelmüthigkeit, Aigennutz und Verabsaumung deß gemeinen Bestens, mithin der Noth, worin man sich gegenwertig bereits befunden, und bey Fortsezung deß Kriegs menschlicher Vorsehung nach immer tieffer gerathen were, herrührt, und bey aller diesen Umbständen der Friedt, wie schlecht er auch seye, für ein geringeres Übel gegen den ab dem Krieg zu befahren gewesenen Unheil und Verderben geschienen*[73].

Auch der Friedensschluss mit seinen Formalitäten war natürlich ein Akt, der für sich eine Verpflichtung erzeugte; aus rein juristischer Perspektive sogar der einzige[74]. Somit ist es kein Wunder, dass der Frieden von Nimwegen zwar nicht lange hielt, seine Gültigkeit aber, jedenfalls nach Austausch der Ratifikationen, durchaus nicht angezweifelt wurde. Als Lernprozess normativer Erwartungen in Bezug auf das Ergebnis durch Verstrickung während Verhandlungen ist der Kongress von Nimwegen aber sicher gescheitert. Vermittlung von Interpretationswissen, welches die Akzeptanz des Ergebnisses beförderte, durch das Rollenspiel der Akteure, im Rahmen der Darstellung der Herstellung der Entscheidung, lässt sich in Nimwegen nicht in relevantem Umfang feststellen. Somit ist es aus der hier eingenommenen Perspektive auch nicht sonderlich überraschend, dass der dort ausgehandelte Friede sich nicht als ausgesprochen haltbar erwies[75].

Es geht hier nicht um rein psychologische Phänomene, also die Wahrnehmung der Entscheidung durch einzelne Betroffene, die mit ihrer sozialen Isolation einherginge, wie es für ein Verfahren anzunehmen wäre[76]. Selbstverständlich hätten Dissentierer sich sogleich als Vertragsbrecher isoliert, wenn sie die Entscheidung unmittelbar nach der Ratifikation wieder in Frage gestellt hätten. Wenn die Legitimität des Friedens in Absehung vom Rechtsakt des Vertragsschlusses betrachtet wurde, konnten sie für ihr Verhalten allerdings durchaus Verständnis einfordern – etwa bei den Mediatoren – und es mit zentralen Werten ihrer Zeit in Verbindung bringen. Für

---

Höynck, Frankreich und seine Gegner, 156–197, in erster Linie auf Basis französischer Quellen, sowie *Hackert,* Der Friede von Nimwegen, 481–500.

73 KG-Leo, 3. 3. 1679, HHStA, RK Friedensakten 140b, f. 38.

74 Ausführlich diskutiert anhand des Verhältnisses zwischen Unterschrift und Ratifikation im frühneuzeitlichen völkerrechtlichen Diskurs; Rezeption in der Diplomatietheorie bei *Wicquefort,* L'ambassadeur 179–197; zum modernen Völkerrecht vgl. *Kimminich,* Einführung in das Völkerrecht, 475 ff.

75 Dazu nunmehr insbes.: *Jeanmougin,* Louis XIV à la conquête des Pays-Bas espagnols.

76 *Luhmann,* Legitimation durch Verfahren, 34 ff., 117 ff.

die kaiserliche Seite sind die Probleme bereits aufgezeigt worden: Der Frieden entsprach in seinem Zustandekommen – und natürlich auch in seinen Inhalten – nicht im Geringsten ihren Vorstellungen von einem *reputierlichen, sicheren und beständigen Frieden,* den ihnen ihre Instruktion auszuhandeln aufgetragen hatte[77].

Auch für die andere Seite kann allerdings nicht davon gesprochen werden, dass das Rollenspiel während der Verhandlungen zu einer besonderen Verpflichtung auf das Ergebnis führte: Zwar war der Frieden für Ludwig XIV. so reputierlich, dass er geradezu den Höhepunkt seines Ruhms darstellte[78]. Verhandeln ist allerdings im Gegensatz zu Teilnahme an einem Verfahren immer der Versuch der aktiven, eigenverantwortlichen Beeinflussung eines Ergebnisses. Daher verstrickt man sich nicht nur in Bezug auf die Inhalte, sondern auch in Bezug auf die eigene Handlungsweise. Für die Repräsentation Ludwigs XIV. waren aber bekanntlich gerade nicht die Inhalte des Friedens von Nimwegen von besonderer Bedeutung, sondern seine Rolle als Arbiter, der Europa den Frieden gegeben hatte[79]. Ein prominenter Panegyriker reimte dementsprechend: *De trois vastes estats les haines declarées / Tournent contre luy seul leurs armes conjurées; / Il abbat leur orguëil, il confond leurs projets, / Et pour tout chastiment leur impose la paix*[80].

Aus einer solchen Deutung ließ sich auch ganz Anderes lernen als die Verpflichtung, das Ergebnis unbedingt zu respektieren. Denn Gloire musste immer wieder neu erworben werden, um sie zu erhalten[81]. Und das konnte

---

77 Instruktion der Ksl. Ges., HHStA, RK Friedensakten, 111, f. 49. Zur Wahrnehmung des Friedens als schändlich vgl. insbes. *Hackert,* Der Friede von Nimwegen, 494 ff. Selbstverständlich fußte die Unzufriedenheit Wiens ganz wesentlich auf den inhaltlichen Aspekten des Friedens; hier geht es lediglich darum zu zeigen, dass die symbolischen Aspekte der Verhandlungen in dieselbe Richtung wirkten. Zu den inhaltlichen Fragen der abschließenden Verhandlungen vgl. *Hoynck,* Frankreich und seine Gegner, 156–197. Ein knapper Überblick über deutsche Forschungen zur Rezeption des Friedens bei *Klueting,* Das Reich und Österreich 1648–1740, 67 ff. Zur Publizistik vgl. nunmehr *Schumann,* Die andere Sonne, 161–170. Vgl. auch zur Kritik an der angemaßten Arbiter-Stellung Ludwigs XIV. *Kampmann,* Arbiter, 226–237.

78 So zuletzt wörtlich *Chaline,* Le règne de Louis XIV, 25.

79 *Kampmann,* Arbiter, 199–214. Kampmann betont allerdings die moralischen Aspekte des Arbiter-Diskurses. Diese führten dazu, dass Darstellungen der Ereignisse im Rahmen dieses Diskurses in der Regel die freiwillige Unterwerfung der Betroffenen unter die Schiedssprüche des Arbiters aufgrund dessen moralischer Qualitäten betonen. In vieler Hinsicht sollten die hier erzielten Ergebnisse Kampmanns Annahme bestätigen, dass Elemente der Arbiter-Thematik für die Entscheidungsträger durchaus handlungsrelevant waren und dementsprechend auch in deren internem Diskurs eine Rolle spielten, der hier in erster Linie untersucht wurde, vgl. ebd., 214–220. Zumindest für das Element der freiwilligen Unterwerfung kann das allerdings nicht bestätigt werden – alles andere wäre allerdings auch eine massive Fehleinschätzung der politischen Lage gewesen.

80 *Perrault,* Le siècle de Louis le grand, 25; vgl. auch *Burke,* Fabrication, 83.

81 *Louis XIV,* Mémoires, 32; *Church,* Louis XIV and Reason of State, 381.

natürlich gerade nicht dadurch geschehen, dass man sich mit dem einmal Erworbenen zufrieden gab – sondern viel eher dadurch, dass man die Stellung eines Arbiters zu perpetuieren versuchte[82]. So sandten die französischen Gesandten in Nimwegen nach erfolgtem Friedensschluss dem Außenminister Pomponne, unter dessen Aufsicht andernorts noch über die Friedensverträge der Nordalliierten mit Schweden verhandelt wurde, den Wunsch, *que vous acheviés de donner bien tost le repos a toute l'Europe sous les ordres d'un maistre si digne de la gouverner toute entiere*[83]. Und bereits die traditionelle biographische Forschung hielt zu den Folgen des Friedens von Nimwegen fest: *Le roy de France,* un peu grisé de ses succès, *commettra bientôt l'imprudence de provoquer ses ennemis anciens et s'en créer de nouveaux*[84].

VII. Herstellung und Darstellung von Ruhm und Entscheidung

Vergleicht man sie mit seinen Kriegszielen oder den Zugeständnissen, die er bereits 1673 hätte erhalten können, waren die Ergebnisse des Friedens von Nimwegen freilich keineswegs ein besonderer Erfolg für Ludwig XIV[85]. Und selbst in den abschließenden Verhandlungen mit den Niederlanden und Spanien kann man noch auf Zugeständnisse stoßen, die von den französischen Gesandten als nichts weniger als *desistement si facheux pour nous* bezeichnet wurden[86]. Dass diese keine große öffentliche Aufmerksamkeit erfuhren, liegt unter anderem daran, dass nun die Generalstaaten und Spanien aus ganz spezifischen Selbstdarstellungszwängen daran interessiert waren, die Deutung aufrecht zu erhalten, sie hätten nur die richtige Interpretation des französischen Angebots durchgesetzt: Sie hatten es nämlich schon lange vor den abschließenden Verhandlungen, in einer ungünstigeren „Konjunktur", als Grundlage des Friedens akzeptiert und anerkannt. Auch als sich die Verhältnisse etwas zu ihren Gunsten geändert hatten, wollten sie nicht als wortbrüchig erscheinen.

Wenn Nimwegen in der zeitgenössischen Propaganda als Triumph Ludwigs erscheint, ist dies freilich keineswegs nur ein Effekt von nachträgli-

82 Vgl. Kampmanns Ausführungen zur Deutung der Arbiter-Thematik durch die pro-ludovizianischen Denkschriften: Der Arbiter fällt nicht einen isolierten Schiedsspruch. Wer diese Stellung erworben hat, erhält das Recht zum Eingreifen in alle sich zukünftig noch ergebenden Konflikte: *Kampmann,* Arbiter, 199–214.

83 Frz. Ges. an Pomponne, 5. 2. 1679, in: BNF, MO, CCC 464, 36.

84 Allerdings in diesem Fall in legitimatorischer Absicht: *Bluche,* Louis XIV 385; meine Hervorhebung.

85 So pointiert *Duchhardt,* Gleichgewicht der Kräfte, 12 f.; zuletzt *ders.,* Barock und Aufklärung , 33. A. A. a. a. *Bluche,* Louis XIV, 383 f.

86 Frz. Ges. an Ludwig XIV., 10. 8. 1678, BNF, MO, CCC 462, 234.

cher Inszenierungsarbeit und Hinterzimmerpolitik[87]. Schon die Verhandlungen selbst hatten einen symbolisch-expressiven Aspekt, und selbst da, wo vordergründig nur Inhalte verhandelt wurden, musste gleichzeitig der Geltungsanspruch der jeweiligen Äußerungen dargestellt werden[88] – und damit über Verstrickung und Verantwortlichkeit in den Verhandlungen kommuniziert werden. Die triumphalistische Deutung des Friedensschlusses ergab sich schon aus der Darstellung der Verhandlungen, die die Akteure im Zuge der Herstellung einer Entscheidung selbst erarbeiteten und in deren Mittelpunkt das französischen „Ultimatum" vom April 1678 stand. Die post factum erfolgten Deutungen waren ein Ergebnis der Repräsentationen, die die instrumentell motivierte Arbeit an einem Verhandlungsergebnis produzierte und nicht allein Folge von nachträglicher Inszenierung oder geschickter Täuschung der Öffentlichkeit[89].

VIII. Schluss

Der vorliegende Text kann sicherlich nicht den Anspruch erheben, besonders viele unbekannte Tatsachen entdeckt zu haben. Allenfalls wurde auf bestimmte Zusammenhänge hingewiesen und diese wurden in Anlehnung an die Fragestellungen der Verfahrenstheorie und verschiedene sozialwissenschaftliche Konzeptionen von Verhandlungen ausgedeutet. Anspruch kann somit allenfalls sein, Gegenstand und Theorie aufeinander bezogen und dabei auf beide gegenüber älteren Betrachtungsweisen um ein Stück weit verschobene Perspektiven erschlossen zu haben. Die wichtigsten Ergebnisse in diesem Sinne sind folgende:

Auch für Verhandlungen lässt sich die Frage stellen, welcher Zusammenhang zwischen der Akzeptanz ihrer Ergebnisse einerseits sowie Rollenhandeln und Verstrickung während des Verhandlungsprozesses andererseits besteht. Dabei sind allerdings die Unterschiede zwischen Verhandlungen und

[87] Wie es *Burke,* Fabrication, 83 annimmt und *Duchhardt,* Gleichgewicht, 12 ff., andeutet. Ähnliche Kritik an Burke bereits bei *Kampmann,* Arbiter, 214.

[88] Jedenfalls dann, wenn man weder dem Gegner vertrauen, noch sich auf seine Interessen verlassen wollte – was unter Umständen durchaus möglich war.

[89] Dass der Ruhm, den der französische König durch den Ablauf und die Darstellungen der Verhandlungen erwarb, für ihn eine hohe Bedeutung hatte, steht in überhaupt keinem Widerspruch dazu, dass er mit den materiellen Gewinnen durch den Friedensvertrag unzufrieden war, oder dazu dass seine machtpolitische Stellung evtl. bereits im Schwinden begriffen war. Der Demystifizierung des „Mythos Nimwegen", für die sich *Duchhardt,* Gleichgewicht, 12 ff., ausspricht, ist in wesentlichen Punkten sicher zuzustimmen. Allerdings lässt sie sich deutlich präzisieren und in einigen Aspekten relativieren, wenn man zwischen dem symbolisch-expressiven und dem technisch-instrumentellen Aspekt politischer Verfahren unterscheidet. Zu Duchhardts Annahme, Ludwig XIV. habe den Frieden unter starkem innenpolitischem Druck geschlossen, vgl. allerdings die pointierte und an zahlreichen Orten wiederholt vorgetragene Gegenposition von *Malettke,* Ludwig XIV, 53–70.

Verfahren zu berücksichtigen, die daraus resultieren, dass dissentierende Teilnehmer in Verhandlungen nicht auf das Ergebnis verpflichtet werden können, sich folglich keinem Verfahren im Vorhinein unterwerfen und zudem eigenverantwortlich handeln. Geltungsprobleme von Verhandlungsergebnissen ergeben sich nicht in Bezug auf die Verpflichtung Dissentierender, sondern in Bezug auf die dauerhafte Akzeptanz einmal getroffener Entscheidungen unter veränderten Umständen.

Der mehr oder weniger hohe Grad von Verstrickung und Verpflichtung, den die Akteure durch ihre Teilnahme an Verhandlungen einerseits, durch den Abschluss von Verträgen andererseits eingingen, stellte schon für die Zeitgenossen ein Problem dar. Die Verlässlichkeit von Verträgen war eine Frage, die in Nimwegen reflektiert wurde, die Verlässlichkeit von Äußerungen während der Verhandlungen war ein Problem, über das verhandelt wurde.

Die durch die Mediatoren abgesicherte Dokumentation der Verhandlungspositionen konnte die Verstrickung der Akteure befördern. Das hatte allerdings ambivalente Folgen. Zunächst konnten aufgrund der Verantwortlichkeit der Akteure für ihr Tun die potentiell in den Dokumenten enthaltenen Vorwürfe zu Ehrkonflikten führen. Zudem konnte man sich dank der offenen Struktur von Verhandlungen auch auf Extrempositionen festlegen, was unter Umständen aus Akteursperspektive rational sein konnte, ohne den Erfolg der Verhandlungen wahrscheinlicher oder ihr Ergebnis legitimer zu machen.

Eine damit verbundene, aber davon unterschiedene und letztendlich in Nimwegen größere Gefahr für die Akzeptanz des Ergebnisses war aber, dass die Darstellungen, die Verstrickung beförderten, gleichzeitig Handeln, Nichthandeln und Verantwortlichkeit in den Verhandlungen sichtbar machten. Solche Darstellungen wurden im Einzelfall von den Akteuren aus verschiedenen instrumentellen Motiven herzustellen versucht. Sie waren allerdings grundsätzlich kaum zu vermeiden, falls eine verstrickende Dokumentation der Verhandlungen angestrebt wurde. Denn eine solche Dokumentation dokumentierte in jedem Fall technisch-instrumentell die inhaltlichen Positionen und ließ symbolisch-expressiv Verantwortlichkeiten sichtbar werden. Besonders problematisch war die potentielle Verknüpfung von Verantwortlichkeit, von Handeln und Nichthandeln mit den Diskursen um Souveränität, Arbitrage, Universalmonarchie und fürstliche Ehre[90].

---

[90] Wenn ein Kongress also in bestimmter Hinsicht die fürstliche Reputation gefährden konnte, so schließt die Institution Kongress andere Gefahren für fürstliche Reputation aus, die in anderen „Verfahren" der Friedensherstellung auftreten könnten: vgl. *Hartmann,* Diplomatie auf Umwegen. Ziel dieses Textes war jedenfalls nicht zu zeigen, dass bestimmte Formen von Verhandlungen mehr oder weniger effizient sind. Eher wäre anzunehmen, dass regelmäßig instrumentelle Vorteile eines Verfahrens Probleme auf der symbolisch-expressiven Ebene bedingen. Gleichwohl kann natürlich unter spezifischen Bedingungen und in Bezug auf einen bestimmten Zweck ein Entscheidungsverfahren diesem besser dienen als ein anderes.

Den der Akzeptanz des Ergebnisses abträglichen Lerneffekten zum Trotz – in Nimwegen kam ein solches zu Stande. Dass die Verhandlungen zwischen Franzosen und Kaiserlichen in Nimwegen abgeschlossen wurden, ist darauf zurückzuführen, dass die potentiellen negativen Folgen des entstandenen politisch-militärischen Machtungleichgewichts die Kaiserlichen am Ende stärker motivierten als die befürchteten negativen Folgen des Verhandlungsprozesses auf symbolisch-expressiver und des Ergebnisses auf technisch-instrumenteller Ebene: Ein schlechtes und illegitimes Ergebnis erschien als beste verbliebene Option. Die französische Seite dagegen konnte zwar den Frieden als ihren Erfolg reklamieren. Unabhängig von den Vertragsinhalten war zumindest die Darstellung der Herstellung der Entscheidung für den französischen König ein großer Erfolg – und zwar die Darstellung, die im Verhandlungsprozess erarbeitet wurde, mindestens ebenso sehr wie die nachträgliche Panegyrik. Die symbolisch-expressive Seite des Verhandlungsprozesses legte allerdings viel eher die Suche nach weiterer Gloire als die minutiöse Einhaltung des Vertrages nahe. Insgesamt privilegierte die Darstellung der Herstellung der Entscheidung damit ganz spezifische Interpretationen der Ergebnisse, mit nicht unerheblichen Folgen für ihre (De-) Legitimation.

Quellen

Callières, François de: De la manière de négocier avec les souverains, Amsterdam 1716.

Godefroi Comte d'Estrades: Lettres, mémoires et négociations de Monsieur le Comte d'Estrades, tant en qualité d'ambassadeur de S. M. T. C. en Italie, en Angleterre et en Hollande, que comme Amb' Plénipotentiaire à la Paix de Nimègue, conjointement avec (...) Colbert et Comte d'Avaux (...), nouvelle éd., dans laquelle on a rétabli tout ce qui avait été supprimé dans les précédentes, 9 Bde., London 1743.

Louis XIV: Mémoires. Suivi de: Réflexions sur le métier de Roi. Instructions au duc d'Anjou. Projet de harangue (Relire l'histoire), hrsg. v. Jean *Longnon*, Paris 2001.

Perrault, Charles: Le siècle de Louis le grand, Paris 1687.

Wicquefort, Abraham de: L'ambassadeur et ses fonctions, 2 Bde., Den Haag 1680/1681.

Wynne, William: The Life of Sir Leoline Jenkins, Judge of the High-Court of Admiralty, (...) Ambassador and Plenipotentiary for the General Peace at Cologn and Nimeguen, (...) and a Compleat Series of Letters, from the Beginning to the End of those Two Important Treaties (...), 2 Bde., London 1724.

Literatur

Bély, Lucien: Espions et ambassadeurs au temps de Louis XIV, Paris 1990.

Bély, Lucien: Utrecht. Un théâtre pour la paix, in: ders.: L'art de la paix en Europe. Naissance de la diplomatie moderne, XVIe-XVIIIe siècle (Le nœud gordien), Paris 2007, 503–523.

Bluche, François: Louis XIV, Paris 1986.

Bosbach, Franz: Monarchia Universalis. Ein politischer Leitbegriff der Frühen Neuzeit, Göttingen 1986.

Bosbach, Franz: The European Debate on Universal Monarchy, in: Theories of Empire, 1450–1800, hrsg. v. David Armitage (An expanding world, 20. Government and Empire), Aldershot 1998, 81–98.

Bosbach, Franz: Gedruckte Informationen für Gesandte auf dem Westfälischen Friedenskongress. Eine Dokumentation des Angebotes, der Preise und der Verwendung, in: Le diplomate au travail. Entscheidungsprozesse, Information und Kommunikation im Umkreis des Westfälischen Friedenskongresses, hrsg. v. Rainer Babel, München 2005, 59–137.

Bots, J. A. H. (Hrsg.): The Peace of Nijmegen 1676–1678/79. International Congress of the Tricentennial Nijmegen 14.-16. September 1978, Amsterdam 1980.

Burke, Peter: The Fabrication of Louis XIV, New Haven 1992.

Burkhardt, Johannes: Auf dem Weg zu einer Bildkultur des Staatensystems. Der westfälische Frieden und die Druckmedien, in: Der Westfälische Friede. Diplomatie – politische Zäsur – kulturelles Umfeld – Rezeptionsgeschichte, hrsg. v. Heinz Duchhardt (Historische Zeitschrift, N. F., Beih. 26), München 1998, 81–114.

Chaline, Olivier: Le règne de Louis XIV, Paris 2005.

Church, William F.: Louis XIV and Reason of State, in: Louis XIV and the Craft of Kingship, hrsg. v. John C. Rule, Columbus, OH 1969, 361–406.

Constant, Monique: Les traités. Validité, publicité, in: L'invention de la diplomatie. Moyen Age – Temps modernes, hrsg. v. Lucien Bély, Paris 1998, 235–250.

Croxton, Derek: L'ombre de Mars sur la Westphalie. Les opérations militaires ont-elles fait durer les négociations?, in: L' Europe des traités de Westphalie. Esprit de la diplomatie et diplomatie de l'esprit. Actes du colloque, Paris, 24, 25 et 26 septembre 1998, hrsg. v. Lucien Bély, Paris 2000, 267–283.

Duchhardt, Heinz: Gleichgewicht der Kräfte, Convenance, Europäisches Konzert. Friedenskongresse und Friedensschlüsse vom Zeitalter Ludwig XIV. bis zum Wiener Kongress (Erträge der Forschung, 56), Darmstadt 1976.

Duchhardt, Heinz: Arbitration, Mediation oder bons offices? Die englische Friedensvermittlung in Nimwegen 1676–1679, in: ders.: Studien zur Friedensvermittlung in der frühen Neuzeit, Mainz 1979, 23–88.

Duchhardt, Heinz: Imperium und regna im Zeitalter Ludwig XIV., in: Historische Zeitschrift 232 (1981), 555–581.

Duchhardt, Heinz: Barock und Aufklärung (Oldenbourg Grundriss der Geschichte, 11), München 2007.

Gehring, Thomas: Regieren im internationalen System. Verhandlungen, Normen und Internationale Regime, in: Politische Vierteljahresschrift 36 (1995), 197–219.

Gestrich, Andreas: Absolutismus und Öffentlichkeit. Politische Kommunikation in Deutschland zu Beginn des 18. Jahrhunderts, Göttingen 1994.

Grose, Clyde L.: The Anglo-Dutch Alliance of 1678, in: English Historical Review 34 (1927), 349–372.

Hackert, Hermann: Der Friede von Nimwegen und das deutsche Elsass, in: Historische Zeitschrift 165 (1942), 472–509.

Hartmann, Anja Victorine: Diplomatie auf Umwegen. Gedanken zu Struktur und Effizienz diplomatischer Beziehungen im Umfeld des Dreißigjährigen Krieges, in: Formen internationaler Beziehungen in der Frühen Neuzeit. Frankreich und das Alte Reich im europäischen Staatensystem. Festschrift für Klaus Malettke zum 65. Geburtstag, hrsg. v. Sven Externbrink u. a. (Historische Forschungen, 71), Berlin 2001, 419–430.

Haug-Moritz, Gabriele: Die Friedenskongresse von Münster/Osnabrück (1643–1648) und Wien (1814/15) als „deutsche" Verfassungskongresse. Ein Vergleich in verfahrensgeschichtlicher Perspektive, in: Historisches Jahrbuch 124 (2004), 125–178.

Hirschman, Albert O.: Abwanderung und Widerspruch. Reaktionen auf Leistungsabfall bei Unternehmungen, Organisationen und Staaten (Schriften zur Kooperationsforschung, A, Studien, 8), Tübingen 1974.

Hobbes, Thomas: Leviathan, oder, Stoff, Form und Gewalt eines kirchlichen und bürgerlichen Staates, hrsg. u. eingel. v. Iring Fetscher, übers. v. Walter Euchner, Frankfurt am Main 1966.

Höynck, Paul O.: Frankreich und seine Gegner auf dem Nymwegener Friedenskongreß (Bonner historische Forschungen, 16), Bonn 1960.

Jeanmougin, Bertrand: Louis XIV à la conquête des Pays-Bas espagnols. La guerre oubliée 1678–1684 (Campagnes et stratégies, 53), Paris 2005.

Jönsson, Christer: Diplomacy, Bargaining and Negotiation, in: Handbook of International Relations, hrsg. v. Walter Carlsnaes u. a., London 2002, 212–234.

Kampmann, Christoph: Reichstag und Reichskriegserklärung im Zeitalter Ludwigs XIV., in: Historisches Jahrbuch 113 (1993), 41–59.

Kampmann, Christoph: Arbiter und Friedensstiftung. Die Auseinandersetzung um den politischen Schiedsrichter im Europa der frühen Neuzeit, Paderborn 2001.

Kampmann, Christoph: Friedensstiftung von außen? Zur Problematik von Friedensvermittlung und Schiedsgerichtsbarkeit in frühneuzeitlichen Staatenkonflikten, in: Gewalt in der Frühen Neuzeit. Beiträge zur 5. Tagung der Arbeitsgemeinschaft Frühe Neuzeit im VHD, vom 18.–20. September 2003 an der Freien Universität Berlin, hrsg. v. Claudia Ulbrich u. a., Berlin 2005, 245–259.

Kimminich, Otto: Einführung in das Völkerrecht, Tübingen/Basel 1997.

Klueting, Harm: Das Reich und Österreich 1648–1740 (Historia profana et ecclesiastica, 1), Münster 1999.

Kunisch, Johannes: Fürst, Gesellschaft, Krieg. Studien zur bellizistischen Disposition des absoluten Fürstenstaates, Köln 1992.

Livet, Georges: Colbert de Croissy et la diplomatie française à Nimègue, in: The Peace of Nijmegen 1676–1678/79. International Congress of the Tricentennial Nijmegen 14.–16. September 1978, hrsg. v. J. A. H. Bots, Amsterdam 1980, 181–223.

Lossky, Andrew: Some Problems in Tracing the Intellectual Development of Louis XIV from 1661 to 1715, in: Louis XIV and the Craft of Kingship, hrsg. v. John C. Rule, Columbus, OH 1969, 317–344.

Luce, Robert D. / *Raiffa,* Howard: Games and Decisions. Introduction and Critical Survey, New York 1957.

Luhmann, Niklas: Funktionen und Folgen formaler Organisation, 5. Aufl., Berlin 1999.

Luhmann, Niklas: Legitimation durch Verfahren, 3. Aufl., Frankfurt am Main 1978.

Malettke, Klaus: Ludwig XIV. Außenpolitik zwischen Staatsräson, ökonomischen Zwängen und Sozialkonflikten, in: Rahmenbedingungen und Handlungsspielräume europäischer Außenpolitik im Zeitalter Ludwigs XIV., hrsg. v. Heinz Duchhardt (Zeitschrift für Historische Forschung, Beih. 11), Berlin 1991, 43–72.

Malettke, Klaus: La rôle de l'Allemagne dans la politique exterieure de Louis XIV, in: Francia 35 (2008), 169–186.

Morrow, James D.: The Strategic Setting of Choices. Signaling, Commitment and Negotiation in International Politics, in: Strategic choice and international relations, hrsg. v. David A. Lake / Robert Powell, Princeton, NJ 1999, 79–114.

Neu, Tim: Zeremonielle Verfahren. Zur Funktionalität vormoderner politisch-administrativer Prozesse am Beispiel des Landtags im Fürstbistum Münster, in: Im Schatten der Macht. Kommunikationskulturen in Politik und Verwaltung 1600–1950, hrsg. v. Stefan Haas / Mark Hengerer, Frankfurt am Main 2008, 23–50.

Niesen, Peter / *Herborth,* Benjamin (Hrsg.): Anarchie der kommunikativen Freiheit. Jürgen Habermas und die Theorie der internationalen Politik, Frankfurt am Main 2007.

Perez, Stanis: Les brouillons de l'absolutisme. Les „Mémoires" de Louis XIV en question, in: XVIIe siècle 222 (2004), 25–50.

Powell, Robert: Bargaining Theory and International Conflict, in: Annual Review of Political Science 5 (2002), 1–30.

Rohrschneider, Michael: Tradition und Perzeption als Faktoren in den internationalen Beziehungen. Das Beispiel der wechselseitigen Wahrnehmung der französischen und spanischen Politik auf dem Westfälischen Friedenskongreß, in: Zeitschrift für Historische Forschung 29 (2002), 257–282.

Rohrschneider, Michael: Der gescheiterte Frieden von Münster. Spaniens Ringen mit Frankreich auf dem Westfälischen Friedenskongress (1643–1649) (Schriftenreihe der Vereinigung zur Erforschung der Neueren Geschichte e.V., 30), Münster 2007.

Saint-Léger, Alexandre R. de / *Lemaire,* Lucien: Introduction, in: Correspondance authentique de Godefroi comte d'Estrades de 1637 à 1660, Bd. 1, hrsg. v. dens. (Société de l'histoire de France), Paris 1924, vii-xxxviii.

Scharpf, Fritz W.: Verhandlungssysteme, Verteilungssysteme, Verteilungskonflikte und Pathologien der politischen Steuerung, in: Staatstätigkeit. International und historisch vergleichende Analysen, hrsg. v. Manfred G. Schmidt (Politische Vierteljahresschrift, Sonderheft, 19), Opladen 1988, 61–87.

Schelling, Thomas C.: The Strategy of Conflict, Cambridge 1960.

Schumann, Jutta: Die andere Sonne. Kaiserbild und Medienstrategien im Zeitalter Leopolds I., Berlin 2003.

Sikora, Michael: Der Sinn des Verfahrens. Soziologische Deutungsangebote, in: Vormoderne politische Verfahren, hrsg. v. Barbara Stollberg-Rilinger (Zeitschrift für Historische Forschung, Beih. 25), Berlin 2001, 25–51.

Sonnino, Paul: The Sun-King's Anti-Machiavel, in: Louis XIV and the Craft of Kingship, hrsg. v. John C. Rule, Columbus, OH 1969, 345–361.

Steiger, Heinhard: Völkerrecht, in: Geschichtliche Grundbegriffe. Historisches Lexikon zur politisch-sozialen Sprache in Deutschland, Bd. 7, hrsg. v. Reinhard Koselleck u. a., Stuttgart 1992, 97–140.

Steiger, Heinhard: Ius bändigt Mars. Das klassische Völkerrecht und seine Wissenschaft als frühneuzeitliche Kulturerscheinung, in: Frieden und Krieg in der frühen Neuzeit. Die europäische Staatenordnung und die außereuropäische Welt, hrsg. v. Ronald G. Asch / Wulf Eckart Voss / Martin Wrede, München 2001, 59–86.

Stollberg-Rilinger, Barbara: Höfische Öffentlichkeit. Zur zeremoniellen Selbstdarstellung des brandenburgischen Hofes vor dem europäischen Publikum, in: Forschungen zur brandenburgischen und preußischen Geschichte, N. F., 7 (1997), 145–176.

Stollberg-Rilinger, Barbara: Einleitung, in: Vormoderne politische Verfahren, hrsg. v. ders. (Zeitschrift für Historische Forschung, Beih. 25), Berlin 2001, 9–24.

Stollberg-Rilinger, Barbara: Honores regii. Die Königswürde im zeremoniellen Zeichensystem der Frühen Neuzeit, in: Dreihundert Jahre Preußische Königskrönung, hrsg. v. Johannes Kunisch, Berlin 2002, 1–26.

Stolleis, Michael: Löwe und Fuchs. Eine politische Maxime im Frühabsolutismus, in: Staat und Staatsräson in der frühen Neuzeit. Studien zur Geschichte des öffentlichen Rechts, hrsg. v. dems., Frankfurt am Main 1990, 21–36.

Tischer, Anuschka: Von Westfalen in die Pyrenäen. Französisch-spanische Friedensverhandlungen zwischen 1648 und 1659, in: Französisch-deutsche Beziehungen in der neueren Geschichte. Festschrift für Jean Laurent Meyer zum 80. Geburtstag, hrsg. v. Klaus Malettke (Forschungen zur Geschichte der Neuzeit. Marburger Beiträge, 10), Berlin 2007, 83–96.

Vollmer, Hendrik: Akzeptanzbeschaffung. Verfahren und Verhandlungen, in: Zeitschrift für Soziologie 25 (1996), 147–164.

Waquet, Jean-Claude: François de Callières. L'art de négocier en France sous Louis XIV, Paris 2005.

Waquet, Jean-Claude: Arnaud d'Ossat, ou l'art de négocier, in: Negociar en la Edad Media. Actas del Coloquio, celebrado en Barcelona, los días 14, 15 y 16 de octubre de 2004, hrsg. v. Maria Teresa Ferrer i Mallol (Anuario de estudios medievales, Anejo, 61), Barcelona 2005, 389–407.

Waquet, Jean-Claude: L'Ambassadeur, son domestique et son maître. Trois conceptions de la négociation sous Louis XIV, in: Papes, princes et savants dans l'Europe moderne. Mélanges à la mémoire de Bruno Neveu, hrsg. v. dems. / Jean-Louis Quantin (Hautes études médiévales et modernes, 90), Genf 2006, 237–252.

Weber, Wolfgang: Prudentia gubernatoria. Studien zur Herrschaftslehre in der deutschen politischen Wissenschaft des 17. Jahrhunderts, Tübingen 1992.

Zartman, William: The Structure of Negotiation, in: International Negotiation. Analysis, Approaches, Issues. A Publication of the Processes of International Negotiations (PIN) Project, hrsg. v. Viktor A. Kremenjuk, 2. Aufl., San Francisco 2002.

Ziegler, Karl-Heinz: Völkerrechtsgeschichte. Ein Studienbuch, München 1994.

Sinn und Formen des Verfahrens im Reichskirchenrecht des Alten Reichs*

Von *Martin Heckel*, Tübingen

Die Bedeutung des Verfahrens für die Entwicklung und das System des Reichskirchenrechts in der Frühen Neuzeit lässt sich kaum überschätzen. Am Verfahren offenbaren sich die Fragen und Nöte, welche die Schaffung einer Koexistenzordnung für die widerstreitenden Konfessionen mit sich brachte: Weil das Verfahren einerseits die unüberbrückbaren Differenzen im materiellen Recht und in seinen metajuristischen Fundamenten krass zu Tage treten ließ, andererseits aber die daraus erwachsenen Konflikte – um ihre juristische und militärische Zuspitzung zu verhindern – dissimulierend verschleierte, sodann mit Aushilfslösungen überbrückte und schließlich eine Ausgleichsordnung zustande brachte, die den Frieden, die Freiheit und die Gleichheit der katholischen und evangelischen Religionspartei wenigstens weltlich wahren ließ, obwohl das Recht die tieferen geistlichen Gründe der weltbewegenden Konflikte nicht bereinigen konnte, da die Wiedervereinigung der getrennten Christenheit bis heute ausgeblieben ist. Nur aus dem Verfahren lässt sich die Eigenart der Religionsverfassung verstehen, der hier einige Bemerkungen zur juristischen Struktur, nicht zur historischen Genese der Institutionen gewidmet seien. Im Widerstreit der evangelischen und der katholischen Religionspartei erlebte Deutschland erstmals einen „clash of civilisations" (Huntington), der gewisse Analogien zum heutigen Konflikt des fundamentalistischen Islam mit der westlichen Lebenswelt aufweist und die Wissbegier weckt, wie damals das Recht damit fertig wurde.

I. Das Scheitern des katholischen Vollstreckungsverfahrens

1. Den Ausgangspunkt und Hintergrund bildet der Zerfall der mittelalterlichen Rechtseinheit durch die unaufhebbare Glaubensspaltung: Der

---

* Der Aufsatz fußt auf den langjährigen Arbeiten des Verf. zum Reichskirchenrecht. Auf die Angabe der Literatur- und Quellennachweise wurde daher hier verzichtet; sie finden sich in den Schriften des Verf., die im Literaturverzeichnis am Ende dieses Beitrags einzeln aufgeführt sind. – Im Text verwendete Abkürzungen: AR = Augsburger Religionsfrieden; GG = Grundgesetz; IPO = Instrumentum Pacis Osnabrugense; RA = Reichsabschied.

Kampf um den wahren Glauben führte nach der Eskalation des Ablassstreites ab 1517 unaufhaltsam zur Auflösung der universalen mittelalterlichen Einheit von Glaube und Recht, Kirche und weltlicher Gewalt im Reich. Die evangelischen Kirchenordnungen spalteten sich ab vom katholischen Kirchenrecht, das dadurch seine universale Geltungskraft verlor und zu einer partikularen Kirchenordnung neben anderen wurde. Und das Reichskirchenrecht des Alten Reichs schuf eine gemeinsame weltliche Friedens- und Freiheitsordnung für die beiden zerstrittenen Religionsparteien. Es überwölbte und begrenzte so die gegensätzlichen Kirchenrechtsordnungen beider Konfessionen und emanzipierte sich dadurch vom universalen Geltungsanspruch ihrer Kirchenlehre und Kirchengewalt. Insofern unterschied sich das Reichsrecht prinzipiell vom katholischen wie vom evangelischen Kirchenrecht, aber auch vom Territorialstaatsrecht der katholischen und der evangelischen Reichsstände, welches das konträre Prinzip der Religionseinheit im Lande gemäß der herrschenden Landeskonfession verwirklichte. Das Verfahrensrecht bildete das Instrument, um diese gewaltigen Umbrüche des materiellen Rechts im Wechsel verschiedener Verfahrenstypen zu ermöglichen, durchzuführen, abzusichern und zugleich zu verschleiern.

2. Ein erster Verfahrenstyp wollte die lutherische Reformation durch katholische Vollstreckungsakte unterdrücken und so die Glaubensspaltung gewaltsam überwinden. Dies versuchte das Wormser Edikt 1521, das der Kaiser in seiner traditionellen Rolle als Schirmherr der christlichen Kirche zum Vollzug des kanonischen Ketzerrechts durch die Reichsacht als Folge des römischen Kirchenbanns erließ, das jedoch während seiner jahrelangen Abwesenheit in Spanien gegen den evangelischen Widerstand und andere Hindernisse der Außenpolitik wie der Innenpolitik nicht durchzusetzen war.

In einer zweiten Entwicklungsstufe wurde die Achtvollstreckung den Reichsständen in die Hände gespielt und zugleich durch Formelkompromisse entscheidend aufgeweicht: Das Reichsregiment seit 1524 und der Reichstag hielten zwar formell an dem kaiserlichen Edikt von Worms und der reichsrechtlichen Pflicht zur Achtvollstreckung fest, aber übertrugen den Reichsständen den Vollzug in den Territorien *soviel als möglich* (RA Nürnberg 1524) und *wie ein jeder solches gegen Gott und kaiserliche Majestät hoffet und vertraut zu verantworten* (RA Speyer 1526). Damit war für die Evangelischen die Sache klar, gebot doch das Evangelium nach dem Wort des Petrus (Apg 5, 29), Gott mehr zu gehorchen als den Menschen, was der Kaiser und selbst der Papst, der ja der Nachfolger Petri zu sein beanspruche, gegen sich gelten lassen müssten. So wurde erstmals folgenschwer den Reichsständen die Auslegung und Vollziehung ihrer reichsrechtlichen Pflichten nach dem Maßstab ihrer konfessionellen Glaubens- und Rechtsüberzeugung offiziell anheim gestellt.

3. Die folgenden Entwicklungsphasen des Verfahrenrechts brachten nach den Reichstagen von Speyer 1529 und Augsburg 1530 zunächst mit wechselndem Erfolg die Reaktivierung der katholischen Kampfmaßnahmen, vor allem auch durch Religionsprozesse gegen die Reformation von Kirchengut. Doch die Nürnberger und Frankfurter „Friedstände" von 1532 und 1539 nahmen wieder Abstand von der Achtvollstreckung und stellten die Weichen um auf eine bikonfessionell erweiterte politische Friedenswahrung, der dann nach 1555 die Zukunft gehören sollte. Klare Dauerregelungen wurden freilich noch vorsichtig vermieden, um die im Fluss befindliche religiöse und politische Entwicklung nicht durch irreversible Fakten und Verzichtserklärungen zu präjudizieren. So begnügte sich das Verfahrensrecht in diesem Stadium mit possessorischen Interimsregelungen, um die endgültige Gesamtlösung der kirchlichen Streitfragen in späterer Zeit offenzuhalten. Einstweilen galt es, die örtlichen Brandherde um die Reformation von Klöstern, Pfründen, Kirchenämtern, Gottesdienstformen wenn nicht zu ersticken, so doch einzudämmen und abzuriegeln. Dem dienten Status-quo-Bestimmungen mit strikten Friedenspflichten und Veränderungsverboten, welche die verfilzten strittigen Konfessionsverhältnisse vor Ort im Zustand eines maßgeblichen Stichzeitpunkts festhalten sollten, obgleich das in diesem strittigen und dynamischen Gemenge auf Dauer unhaltbar schien. Infolge der schlechten Erfahrungen hiermit ging der Religionsfriede 1555 zur großräumigen Bereinigung durch das *ius reformandi* der Reichsstände über. Vereinzelte Status-quo-Bestimmungen dieses Zuschnitts, z. B. über das landsässige Kirchengut aus dem Speyrer Reichsabschied 1544, wurden zwar noch in den Religionsfrieden von 1555 (§ 19 AR) übernommen, bildeten dort aber einen Fremdkörper im Gesamtsystem und waren konsequenter Weise auf Dauer nicht zu behaupten.

4. Die Anfänge des deutschen Reichskirchenrechts liegen mithin im Verfahrensrecht. Im Mittelpunkt steht die Rechtsfigur der „Suspension", d. h. der Aussetzung der Vollziehung des materiellen Rechts. Suspensionen ergingen in der Fülle: Sie betrafen das kaiserliche Edikt von 1521, die Vollstreckung der Acht, die katholischen Reichsabschiede von 1529 und 1530, die Kammergerichtsprozesse um das Kirchengut, die Vollstreckung seiner ergangenen Entscheidungen, das kanonische Ketzerrecht und die Bischofsjurisdiktion des kanonischen Rechts. Das hat die Rechtssprache geprägt, ihr freilich auch manche Missverständnisse eingetragen. Begrifflich sprachen auch der Augsburger Religionsfriede und noch der Westfälische Friede von der Suspension der katholischen Bischofsgewalt über die Evangelischen (§ 20 AR; Art.V § 48 IPO), nicht von ihrer ursprünglichen Nichtigkeit oder späteren Aufhebung. Aber diese gemeinsame Terminologie verdeckte nur die Tiefendifferenzen.

II. Das Ausgleichsverfahren der Religionsfriedensordnung von 1555

Das Verfahren prägte auch entscheidend das materielle Reichkirchenrecht des Augsburger Religionsfriedens 1555 und des Westfälischen Friedens 1648, und zwar sowohl was ihr Zustandekommen als auch was ihr Gesamtsystem und ihre Detailregelungen angeht.

1. Dem Kaiser, der das Wormser Edikt kraft kaiserlicher Vollmacht als *advocatus ecclesiae* erlassen hatte, wurde die Kompetenz zur Regelung der Religionsverhältnisse weitgehend durch die Reichsstände entwunden. So wurde der Reichstag schon in den drei Jahrzehnten vor 1555 maßgeblich in die Entscheidung über das Reichskirchenrecht eingeschaltet. Der Religionsfriede von 1555 und seine Erweiterung und Fortbildung durch den Westfälischen Frieden wurden dem Kaiser im Verhandlungswege abgetrotzt und als vorrangig bindende Fundamentalverträge in den Formen des reichsständischen Verfassungsrechts beschlossen und beschworen. Der Augsburger Religionsfrieden schuf damit eine materiellrechtliche Koexistenzordnung mit festen Friedens- und Freiheitsgarantien und Dauergeltung für beide großen Konfessionen. Die Periode der schwankenden, vorläufigen Ordnung der Religionsverhältnisse durch possessorische und prozedurale Interimsregelungen war damit abgeschlossen.

2. Dieses Reichskirchenrecht erwuchs aus dem folgenschweren Zusammentreffen der ständischen Reichsreform mit der lutherischen Reformation. Die Verbindung von Ständekämpfen mit Religionskonflikten hat in der Frühen Neuzeit viele Länder Europas heimgesucht, sich jedoch im Alten Reich auf Dauer verfestigt, weil sich hier beide Bewegungen vermischten und verstärkten. Die Reichsreform unter Maximilian I. hatte 1495 den „ewigen Landfrieden" und das Reichskammergericht errichtet, den Reichstag reorganisiert und den Territorialobrigkeiten als Reichsständen entscheidende Mitwirkungsrechte an der Reichspolitik eingeräumt. Die Reichsstände erhielten dadurch auch maßgeblichen Einfluss auf die Lösung der bald nach der Reichsreform ausbrechenden Religionskonflikte im Reich. Die Reichsreform förderte und festigte die Reformation, indem sie die „Libertät" und Solidarität der Reichsstände gegen die kaiserliche Gewalt verstärkte, dabei freilich auch eine politische und juristische Verfremdung und Veräußerlichung der theologischen Anliegen beider Konfessionen mit sich brachte. – Die Reformation hat ihrerseits die ständische Reichsverfassung erheblich gestärkt, weil sich die Tendenz zur absolutistischen Monarchie im Reich am doppelten Widerstand des reichsständischen und des religiösen Selbstbehauptungswillens brach. Das kostete dem Kaiser seine Gewinne im Schmalkaldischen und im Dreißigjährigen Krieg, weshalb sich die Staatsbildung in Deutschland nicht im Reich, sondern in den Territorien vollzog.

3. Die Struktur der Reichsverfassung beruhte mithin seit 1555 darauf, dass sich der reichsständische Dualismus zwischen Kaiser und Reichsständen und der konfessionelle Dualismus zwischen den beiden Religionsparteien überlagerten, verstärkten und einander über Kreuz im Gleichgewicht hielten. Diese Grundkonstellation durchzieht das Normgefüge des Religionsfriedens und seine gesamte Wirkungsgeschichte. Sie bestimmte als Konstante die Entwicklung des Reichs bis zu seinem Ende 1806. Sie überdauerte mit ihrer empfindlichen Balance alle Krisen des Reichs, bewirkte im 30-jährigen Krieg die Entlassung Wallensteins und wurde 1648 bekräftigt und verfestigt im Westfälischen Frieden, der die drohende militärische Dominanz der Katholiken wie der Protestanten nach den Wechselfällen ihres Schlachtenglücks wieder im umfassenden juristischen Ausgleich ausbalancierte. Das Verfahrensrecht und die Verfahrenspraxis hatten für die Entstehung wie für die Erhaltung dieses labilen Systems eine kaum zu überschätzende existentielle Bedeutung.

4. So kam es zur eigenartigen Doppelschichtigkeit des deutschen Staatskirchenrechts im Konfessionellen Zeitalter: Im Reichskirchenrecht galten rechtliche Neutralität, Parität, Relativierung des konfessionellen Absolutheitsanspruchs und bikonfessionelle Öffnung seiner Rechtsbegriffe und Institutionen. Im Territorialkirchenrecht jedoch herrschten die prinzipielle Konfessionseinheit, Imparität und Absolutheitsgeltung der katholischen oder evangelischen Landeskonfession in deren exklusiver Alternative. Aber diese beiden gegensätzlichen Systeme waren widerspruchsfrei ineinander gefügt. Denn einerseits bot das („moderne“) paritätische Reichsrecht durch den Religionsfrieden die Rechtsgrundlage für die Fortführung und Intensivierung der („mittelalterlichen“) Einheitsidee von Kirche und Obrigkeit, Glaube und Recht in den konfessionell geschlossenen Territorien. Gerade dadurch bahnten sich die Territorialgewalten den Weg zur modernen Staatsbildung, während das Reich in den vorstaatlichen Strukturen des ständischen und konfessionellen Dualismus verharrte. Und andererseits wurde die konfessionell neutralisierte Reichsverfassung durch die religiös gefestigte Kraft der Territorien politisch und rechtlich funktionsfähig erhalten, weil sich die beiden Religionsparteien gegenseitig die Waage hielten und so das paritätische Reichskirchenrecht vor der Zerstörung durch die Übermacht einer der beiden Seiten sicherten.

5. Das Reich beschränkte sich dabei auf eine bikonfessionell-neutrale Rahmenordnung für die widerstreitenden großen Konfessionen und deren Entfaltung im territorialen Bereich. Sie erstreckte das Landfriedensgebot auf die religionsrechtlichen Verhältnisse und schränkte damit das Ketzerrecht und die Geltung des kanonischen Rechts entscheidend ein. Sie garantierte den weltlichen Reichsständen Rechtsschutz und die Freiheit zum Glaubenswechsel zwischen beiden Konfessionen (§§ 15, 16 AR), erlaubte den geistlichen Reichsständen die persönliche Konversion unter Wahrung

des katholischen Status der Fürstbistümer und -abteien (§ 18 AR), gewährleistete den bikonfessionellen Reichsstädten die Erhaltung des Status quo (§ 27 AR), gewährte den Untertanen das Auswanderungsrecht aus religiösen Gründen (§ 24 AR), regelte die Verteilung des Kirchenguts und der Kirchenämter (§§ 15, 19–22 f. AR), ließ aber auch viele Fragen durch lücken- und zweifelhafte Formulierungen offen. Das Hauptproblem der religiösen Wiedervereinigung – war doch der Religionszwiespalt der Kern aller Querelen und Konflikte – vertagte sie mit einem Verfassungsauftrag zum Religionsvergleich auf die ungewisse Zukunft (§§ 7, 9, 25 AR) und sanktionierte das Ganze mit Dauergeltung und Vorrang vor dem sonstigen Recht (25, 28, 29 AR), was im Westfälischen Frieden nach umfangreicher Präzisierung und Entscheidung der aufgelaufenen Streitfragen bestätigt und feierlich bekräftigt wurde (Art. V § 1 IPO).

6. Die Reichsstände gewannen damit zum wesentlichen Teil die Herrschaft über das Verfahren, was die gegenwärtige und die künftige Gestaltung der Religionsverhältnisse im Reich und in den Territorien betraf. Das war im Konfessionellen Zeitalter von exorbitantem Gewicht. Die Reichsstände beider Konfessionen beherrschten das historische Geschehen. Sie setzten in der Reformation und in der Gegenreformation ihre Existenz und ihre Herrschaft für ihren Glauben aufs Spiel und retteten dadurch ihr Bekenntnis und ihr Kirchenwesen vor der Vernichtung durch die Glaubensgegner, aber sie strichen auch ihren Lohn dafür ein. Im Reich erzwangen sie den Religionsfrieden als Erweiterung des Landfriedens, und in den Territorien errangen sie das Recht zur Bestimmung der Landeskonfession. Unter den Bedingungen der reichsständisch geprägten Reichsverfassung nach der Reform Maximilians I. konnte eben ein „Religionsfrieden" nur dadurch errungen und erhalten werden, dass den Reichsständen 1555 die freie Bekenntniswahl für sich selbst und ihre Herrschaftsgebiete garantiert wurde. So konzedierten sie sich wechselseitig über den großen Graben ihrer Konfessionsdifferenzen hinweg den Religionsbann, d. h. die Konfessionsbestimmung jeweils im eigenen Land, und krönten dies in den evangelischen Ländern durch das landesherrliche Kirchenregiment, in den katholischen durch die Okkupation der Reichsbistümer als Habsburger und Wittelsbacher Sekundogenituren – im krassen Widerspruch zu der lutherischen Ekklesiologie und Zweireichelehre wie auch zu den Reformdekreten des Trienter Konzils. Die Reichsstände erhielten mit der Garantie ihrer Religionsfreiheit das Recht zum Religionszwang ihrer Untertanen, denen nur das Auswanderungsrecht verblieb, bis der Westfälische Friede allgemein den Religionszustand des „Normaljahrs" 1624 zementierte (Art. V, §§ 25, 26, 30 ff. IPO). – Im Staatskirchenrecht des Reichs und der Territorien waren somit Friedenssicherung, Freiheitsgarantien und Freiheitsbeschränkungen auf allen Ebenen intrikat verschränkt. Darin äußerte sich die Frucht der Verfahrensregelungen im Reichskirchenrecht und Staatskirchenrecht der Territorien.

III. Ungelöste Verfahrensprobleme

1. Aber auch nach 1555 wurde die weitere Entwicklung des Religionsrechts entscheidend bestimmt durch Verfahrensfragen. Denn die Geltung und Wirkung des Reichskirchenrechts hingen vom Fortbestand der Kooperationsbereitschaft und Koordinierung der Religionsparteien ab – also von ihrem Verzicht auf Gewaltakte und fremdkonfessionelle Vergewaltigung. Der Religionsfriede war im Vertragswege ausgehandelt worden und trug im doppelten Sinn Vertragscharakter, da er auf der ständischen Vereinbarung zwischen dem Kaiser und den Reichsständen und der konfessionellen Vereinbarung zwischen den Religionsparteien beruhte. Entsprechend verträglich mussten später seine Vollziehung und Weiterentwicklung durch vertragsgemäße Auslegung und Anwendung und durch verständigungsbereite Bereinigung seiner Zweifelsfragen und Lücken geschehen. Nur so konnten der reichsständische und der konfessionelle Dualismus auch künftig im Gleichgewicht gehalten werden. Konfessionell einseitige Majoritätsbeschlüsse in den Reichsgremien und ihre kaiserlichen Vollzugsakte bedrohten und sprengten das Religionsfriedenssystem ebenso wie die Akte des Widerstandsrechts der unterlegenen protestantischen Religionspartei, die in einseitigen katholischen Vollstreckungsakten nur religiöse Gewaltherrschaft und Bruch des Religionsfriedens erblickte. Hier zeigte sich bald nach 1555 ein empfindlicher Mangel des Religionsfriedenssystems.

2. Dem materiellen Reichskirchenrecht von 1555 fehlte eine adäquate Ergänzung im Verfahrensrecht. Die reichsständische Verfassung war eben kurz vor Ausbruch der Reformation detailliert festgelegt worden und wurde auch nach 1555 nicht geändert. Die Gliederung des Reichstags in die Kurien der Kurfürsten, Fürsten und Städte und seine komplizierte Verfahrensweise zur Abstimmung der Kurien untereinander und mit dem Kaiser bot folglich den neuen religiösen Bedürfnissen und Kräften keine Möglichkeit zur institutionellen Entfaltung, Organisation und Partizipation in der Reichsverfassung, etwa durch konfessionell zusammengesetzte Kurien, sondern drängte sie aus dem Gehäuse der Reichsorganisation in ihre Sonderbünde des Schmalkaldischen Bundes, der Union und Liga ab, die zur Selbstbehauptung und Konfliktbewältigung letztlich nur den Religionskrieg entfesseln konnten. Das Zusammentreffen der Reichsreform mit der Reformation blieb so ein äußerliches historisches Ereignis, ohne zur inneren rechtlichen Abstimmung der Reichsorganisation auf die neue religiöse Problematik zu führen. Als wichtigstes Reformanliegen stellte sich nach 1555 die Ergänzung des materiellen Reichskirchenrechts durch ein kooperationsgerechtes Verfahrensrecht zur Lösung von Religionskonflikten heraus.

3. Denn nach 1555 begann alsbald der große Interpretationskampf um die Bestimmungen des Religionsfriedens. Er wurde jahrzehntelang mit vielen Varianten taktisch juristischen Finassierens, Dissimulierens und gegenseiti-

gen Ausmanövrierens ausgetragen, das sich bis in den Dreißigjährigen Krieg steigerte und zur verhängnisvollen Verknüpfung der vielerlei Streitigkeiten über das landsässige Kirchengut und die Reichsbistümer, das *ius reformandi* der weltlichen und der geistlichen Reichsstände, der Reichsstädte und der Reichsritter, die Religions- bzw. Emigrationsfreiheit der Landstände wie der Untertanen, die Reichsgerichtsbarkeit und die Kompetenz des Kaisers und des Reichstags führte.

Diese erbitterten politischen und juristischen Auseinandersetzungen um die festgefahrenen Religionsprozesse und um das kaiserliche Restitutionsedikt vom 6. 3. 1629 und nicht zuletzt der Wechsel des Waffenglücks ließen schließlich die Erkenntnis reifen: Die konfessionell einseitige Durchsetzung ihres Rechtsstandpunkts durch den Kaiser und die beiden Religionsparteien bewirkte nur die juristische Verhärtung der Fronten, ließ die Streitigkeiten militärisch eskalieren und endete im politischen Patt. Die theologische Konfrontation nahm im Zuge der allgemeinen Konfessionalisierung zu, die großen Streitfälle verschärften sich durch beiderseitige Rechthaberei und verknoteten sich bis zur Unentwirrbarkeit. Die materielle Religionsfriedensordnung hatte sich in der Entwicklung immer brüchiger und lückenhafter erwiesen und konnte nur durch umfassende Reformen und Ergänzungen wiederhergestellt und gesichert werden. Das Gebot der Stunde verlangte ein neues, grundsätzlich anderes Verfahren: Der einseitige zwangsweise Vollzug des „geltenden" Rechts musste durch rechtliche Reformen abgelöst werden, welche die unlösbar aufgelaufenen Interpretations- und Exekutionsstreitigkeiten durch eine freiheitliche und paritätische Konsenslösung auffingen, die dem kooperativen Verfahren bei der Errichtung des Augsburger Religionsfriedens entsprach. Das wurde nach vergeblichen Anläufen erst in den Westfälischen Friedensverhandlungen erreicht, welche die Grundentscheidungen von 1555 bestätigten und in minutiösen Regelungen des materiellen Rechts wie auch des Verfahrensrechts fortbildeten.

4. Weil der Verfahrenstyp der einseitigen subordinationsrechtlichen Vollstreckung gescheitert war, musste er 1648 auch für die Zukunft durch neue koordinationsrechtliche Verfahrensformen abgelöst werden. Dazu mussten sich die beiden Religionsparteien als *Corpus Evangelicorum* und *Corpus Catholicorum* institutionell organisieren, sodann in die Reichsorganisation integriert und als Reichsorgane mit fest geregelten Kompetenzen und Funktionen ausgestattet werden. Nur durch die Eingliederung der Religionscorpora in das Verfassungsgefüge des Reichs ließ sich das religiös begründete Widerstandsrecht entschärfen, seine Anwendung erübrigen und der extrakonstitutionelle Antagonismus der konfessionellen Bünde in partnerschaftliche Kooperation und Mitverantwortung innerhalb der Reichsverfassung verwandeln – gewisse Parallelen zur Entwicklung der politischen Parteien im modernen Mehrparteienstaat liegen auf der Hand. Erst nach exorbitan-

ten Schwierigkeiten wurde dies 1648 durch die *itio in partes* und *amicabilis compositio* des *Instrumentum Pacis Osnabrugense* erreicht.

5. Die Gründe für das Desaster des Verfahrens beim Vollzug des Religionsfriedens nach 1555 lagen freilich in der materiellrechtlichen Struktur des bikonfessionellen Reichskirchenrechts. Die dreifache Aufsplitterung der traditionellen Rechtseinheit in das katholische Kirchenrecht, die evangelischen Kirchenordnungen und das Reichskirchenrecht erschwerte die Auslegung und Handhabung des Rechts für die Zeitgenossen. Sie erschwert freilich auch sein Verständnis in der modernen Historiographie, die sich weder in anachronistischer Parteilichkeit mit den verklungenen Argumentationen der einen oder anderen Front identifizieren sollte, noch auch ihr modernes Rechtsverständnis auf das Konfessionelle Zeitalter zurückprojizieren darf, das sich noch tief unterschied vom säkularen Rechtsdenken seit der Aufklärung und von der Rechtseinheit des modernen weltlichen Staates.

IV. Die Spaltung des Glaubens und Rechts als Ursache der Verfahrensprobleme

1. Beide Religionsparteien hatten sich nicht nur in ihren Glaubenslehren, sondern auch in ihrem Rechtsverständnis immer weiter voneinander entfernt und konfliktträchtig verhärtet. Denn beide vertraten auch nach 1555 uneingeschränkt die Idee der Einheit, Einzigkeit, Universalität der Kirche Jesu Christi, desgleichen die Identität des eigenen Kirchenwesens mit der wahren Kirche und folglich auch den Absolutheitsanspruch der wahren Lehre von Gottes Offenbarung gemäß dem eigenen Bekenntnis. Gerade diese Einheits- und Identitätsbehauptung trieb beide Seiten umso tiefer in die Trennung und Entzweiung.

Beide Konfessionen sahen die Einheit der Kirche und den Geltungsanspruch ihrer wahren Lehre kraft göttlichen Gebotes als geistlich und rechtlich bindend und deshalb letztlich auch *iure humano* als unaufhebbar an: Das kirchliche Recht diente zu dessen Entfaltung und das weltliche Recht zu dessen Schutz. Abweichungen davon schienen rechtlich im Grunde ausgeschlossen und allenfalls notgedrungen hinnehmbar, um größeres Unheil zu vermeiden – wann, wo, wie weit und wie lange das in Frage kam, war die große Streitfrage des Konfessionellen Zeitalters. Sie hat beide Seiten umgetrieben und zu heftigem Streit gegeneinander und in den eigenen Reihen veranlasst, bis schließlich der hundertjährige juristische und dreißigjährige militärische Kampf die Unanfechtbarkeit des politischen Friedens als schlechthin vorrangiges Gut ersehnen ließ. Bei seinem Abschluss 1555 galt der Religionsfriede noch als Notmaßnahme und litt unter erheblichen Legitimitätsproblemen; erst im langsamen Verfassungswandel erstarkte er zum sakrosankten Reichsfundamentalgesetz. Die Rechtsgültigkeit seiner enormen Konzessionen an die Häresie hing ursprünglich an der doppelten Begründung, dass der Friedensschluss beiden Seiten das einzige Mittel zur gegenwärtigen Rettung der göttlichen Wahrheit vor den Glaubensgegnern und zur künftigen Wiedervereinigung der Konfessionen schien: Weil sonst der Untergang der gerechten Sache drohe und weil bisher alle friedlichen Einigungsbemühungen durch Religionsgespräche, Konzilsvorbereitungen, Reichstagsverhandlungen, desgleichen durch die gewaltsame Durchsetzung der katholischen Reichsexekution und des evangelischen Widerstandsrechts fehlgeschlagen waren. Nur durch politischen Frieden und dauernde Rechtssicherheit sei jetzt das gestörte Vertrauen zwischen den Religionsparteien wiederzugewinnen, um künftig in Freiheit zur christlichen Einheit und Klarheit der Kirche und ihrer Botschaft zu gelangen (§§ 7–11 AR). Dieser „Wiedervereinigungsauftrag" von 1555 wurde freilich bald verdrängt und vergessen, als sich beide Seiten in der wachsenden Konfessionalisierung fester gegeneinander abschlossen, sich hinter den weltlichen Friedensgarantien verschanzten und einander mit dem schweren Geschütz ihrer Kontroverstheologie überzogen.

Vor 1555 hatten folglich beide Konfessionen alle Kirchenämter und Kirchengüter, weil sie zum Dienst der einen wahren Kirche gewidmet waren und ihr gehörten, mit Konsequenz für ihren eigenen Gottes- und Kirchendienst in Besitz und in Gebrauch genommen und dafür den Schutz der weltlichen Gewalt gefordert, wo immer und soweit die Verhältnisse dies möglich machten. Beide hatten auch 1555 hierauf nur notgedrungen verzichtet, soweit ihnen der politische Friede unumgängliche Konzessionen auferlegte. Der Augsburger Religionsfriede und noch der Westfälische Friede sprachen deshalb in präziser Terminologie nur vom Besitz, von der *possessio* an den umstrittenen Kirchengütern und Kirchenämtern (§ 18, 19 AR; Art. V, § 14, 25 IPO), weil das Eigentum und ihre geistliche Widmung nur der einen, unteilbaren wahren Kirche zustand und das neutrale Reichsrecht offenlassen musste, welche Seite mit dieser identisch war.

2. Das Reichskirchenrecht bildete seit 1555 zwar äußerlich eine gemeinsame Rahmenordnung und benützte einheitliche Rechtsbegriffe für beide Religionsparteien. Aber dadurch wurde die tiefe innere Spaltung im Verfassungssystem verschleiert, die sich notwendig aus der tiefen Verschiedenheit des Rechtsverständnisses beider Konfessionen ergab. Die Glaubensspaltung zog eine Spaltung des Rechts nach sich, soweit dieses durch die Bekenntnislehren ergriffen wurde. Wenn der Religionsfriede von Bischof und Konzil, Religionseinigung und Bekenntnis, Kirchengut und Kirchenamt sprach, verbanden beide Konfessionen damit einen unterschiedlichen Sinn. Denn das neue evangelische Verständnis der Heiligen Schrift erschütterte und zertrümmerte die überkommene katholische Kirchenverfassung durch die reformatorischen Lehren über Rechtfertigung und Heiligung, Kirche und Welt, Papst und Hierarchie, Sakrament und allgemeines Priestertum, Amt

und Gemeinde, geistliche und weltliche Gewalt, *spiritualia* und *temporalia*. Die Kirchengewalt wurde auf die geistliche Gewalt des Worts beschränkt und ihrer weltlichen Herrschaft entblößt. Das göttliche Recht im evangelischen Verständnis ließ entgegenstehendes menschliches Recht hinfällig werden. Die sieben Sakramente schmolzen zusammen auf Taufe und Abendmahl, was dem katholischen Klerus und seiner Hirtengewalt die sakramentale Grundlage im *ius divinum* entzog. Die bekenntnisgemäße Interpretation führte zur Umdeutung und Weiterbildung des alten Rechts im neuen Glauben. Und hierauf aufbauend wurde das Kirchenwesen durch Kirchenordnungen der Obrigkeiten umfassend neu formiert. Die weltliche Obrigkeit gewann eine neue Selbständigkeit und umfassende Ordnungsgewalt, weil die geistlichen Exemtionen und Privilegien des kanonischen Rechts der reformatorischen Wesensbestimmung des Geistlichen und Weltlichen zuwiderliefen. Die evangelische Predigt trat an die Stelle des Messgottesdienstes, das Kirchengut wurde dafür gebraucht, wo und soweit die neue Lehre ihren Einzug hielt. Die Klöster leerten sich. Die Schutzaufgabe für das Kirchenwesen zog die altgläubigen und die protestantischen Obrigkeiten unausweichlich in den Religionskonflikt hinein.

3. Der Religionsfriede wurde aufgrund dieser theologischen Tiefendifferenzen juristisch verschieden ausgelegt und angewandt. Zwar begehrten beide Religionsparteien 1555 für sich selbst dauernde Sicherheit, begrüßten deshalb die politische Eingrenzung des theologischen Konflikts und wollten den eigenen Besitz an Kirchengütern und Kirchenämtern auf Dauer gesichert behalten. Aber sie taten sich schwer, auch dem Gegner die Ämter und Güter der wahren Kirche zu überantworten, auf die Predigt im feindlichen Gebiet zu verzichten, durch das Verbot des „Abpraktizierens" fremder Untertanen (§ 23 AR) den an alle Welt gerichteten Missionsbefehl Matthäi am letzten zu missachten, dadurch die Einheit der Kirche zu spalten und die 1555 hart erkämpfte bzw. verteidigte Freiheit für den wahren Glauben durch das *ius reformandi* ungläubiger Reichsstände zur Glaubensunterdrückung ihrer armen Untertanen einschränken zu lassen.

4. Der fremdkonfessionelle Übergriff wurde deshalb nach 1555 zum dominierenden Verfahrenstyp des bikonfessionellen Reichskirchenrechts: Beide Konfessionen haben das Rechtsverständnis ihrer eigenen Konfession auch dem fremden Kirchenrecht brutal übergestülpt oder betulich dissimulierend untergeschoben, was hier im einzelnen nicht aufzublättern ist. So wurde das evangelische Kirchenrecht vielfach durch die katholische Interpretation nach katholischen Prinzipien umgedeutet, wie auch die Evangelischen das kanonische Recht nicht nur im evangelischen Territorialstaatsrecht nach ihren reformatorischen Maximen zurechtstutzten, sondern diese oft auch den Katholiken in den katholischen Rechtsverhältnissen aufzudrängen suchten. Und das bikonfessionell neutralisierte paritätische Reichskirchenrecht wurde von beiden Religionsparteien bis zum Westfälischen

Frieden einseitig nach den eigenen konfessionellen Maßstäben und Zielen ausgelegt und angewendet, um ihren eigenen Rechtsbereich zu erweitern und den der Gegenseite zu verkürzen.

5. Das Verfahren der gegensätzlichen Interpretation und Exekution des Religionsfriedens ließ die äußere Einheit des Reichskirchenrechts in zwei gegensätzliche Verfassungskonzeptionen zerfallen. Beide Religionsparteien benützten zwar noch (bis in die Aufklärung) die gleiche Rechtssprache, verstanden aber die gemeinsamen Begriffe vielfach in einem diametral verschiedenen Sinn. Das charakterisierte die genannten Rechtsstreitigkeiten nach 1555 um das *ius reformandi* und *ius emigrandi,* um das landsässige Kirchengut und die geistlichen Fürstentümer, um die Kompetenz des Reichstags und der Reichsgerichte, die sich gegenseitig steigerten und das ganze System zermürbten. Auch den Dreißigjährigen Krieg führten alle Beteiligten nicht als „Krieg“ im modernen Sinne, sondern die kaiserlich-katholische Seite verstand ihn als Reichsexekution, die evangelische als Ausübung ihres Widerstandsrechts. Und nach Ansicht beider Seiten blieb der Religionsfriede hierbei nicht nur rechtlich während des ganzen blutigen Krieges in Geltung, sondern sollte dadurch faktisch vollzogen werden. Das machte das kaiserliche Restitutionsedikt Ferdinands II. vom 6. 3. 1629 ebenso geltend wie die Intervention Gustav Adolphs im Gegenzug.

V. Lösung durch religiöse Neutralität und den Föderalismus

1. Das bikonfessionelle Reichskirchenrecht fand 1648 die Lösung in der Präzisierung des materiellen Rechts und seiner kunstvollen Kombination mit dem Verfahrensrecht:

Das Reichskirchenrecht musste als erstes seine überparteiliche Neutralität im theologischen Kampf wiedergewinnen und verfahrensmäßig sichern, zum zweiten die beiden Religionsparteien aus ihrem Clinch entzerren, sie also äußerlich und innerlich stärker voneinander trennen und ihre kirchliche und weltliche Entfaltung in getrennten Bereichen gewährleisten, zum dritten ihre religiöse Selbstbestimmung sichern und das System fremdkonfessioneller Übergriffe generell und effizient unterbinden, aber viertens die Kooperation beider Religionsparteien in den gemeinsamen Dingen der Politik und Kultur ermöglichen und bewahren. Dazu musste es staatskirchenrechtliche Formen der Trennung und der Verbindung miteinander verknüpfen, desgleichen Abwehrfreiheiten mit Partizipationsrechten beider Religionsparteien verbinden, Elemente der Subordination zur strikten Friedenswahrung durch solche der Koordination zur paritätischen Mitverantwortung beider Seiten ergänzen.

2. Im Jahre 1555 hatte das Reich die religiöse Wahrheitsfrage in der Schwebe gelassen und ihre Entscheidung den Reichsständen für sich und

ihr Land übertragen, aber sie zugleich durch den Schutz der Gegenseite beschränkt. So wurde die Koexistenz und religiöse Entfaltung beider Seiten durch die wechselseitige Gewährleistung und Begrenzung ihrer Freiheitsrechte garantiert. Damit wurde der religiöse Absolutheitsanspruch einerseits gesichert, andererseits rechtlich relativiert und domestiziert, weil auch die andere Konfession den gleichen Schutz und Status erhielt. – Im Jahre 1648 musste die Unparteilichkeit des Reichs im theologischen Ringen der beiden Konfessionen wiederhergestellt, durch klare materielle Freiheits- und Gleichheitsgarantien gesichert und durch ein paritätisches Verfahren verstärkt werden, nachdem die gemeinsame neutrale Rahmenordnung des Reichs durch die gegenreformatorischen Akte des Kaisers und der Reichsgerichte, vor allem durch das Restitutionsedikt vom 6. 3. 1629, aber auch durch die protestantische Selbsthilfemaßnahmen schwer gelitten hatte.

3. Das Alte Reich neutralisierte den religiösen Absolutheitsanspruch 1555 vor allem durch den Föderalismus, der seine wesentlichen Wurzeln im Staatskirchenrecht hat. Indem es den Reichsständen die Konfessionsbestimmung ihres Territoriums übertrug, entzerrte es die streitenden Konfessionen aus ihren örtlichen Streitigkeiten um die konkreten Klöster, Ämter, Pfründen. Die Lehre entwickelte später daraus das *ius reformandi* als Rechtsfigur. So konnte sich der Absolutheitsanspruch beider Konfessionen jeweils getrennt im evangelischen und katholischen Gebiet realisieren und fand doch – paradox und konsequent – seine Rechtsgrundlage in der konfessionellen Relativierung der paritätischen Reichsverfassung. Die ständische Reichsverfassung, das territoriale Staatskirchentum und der Föderalismus bildeten die institutionellen Instrumente der Freiheit und Parität der beiden Religionsparteien, erkauft freilich durch religiösen Zwang gegenüber den Individuen.

4. Lehrreich ist der Vergleich: Der moderne Staat löste den Zusammenstoß religiöser Absolutheitsansprüche nicht mehr durch die territoriale Aufteilung der Konfessionen, sondern durch ihre juristische Organisation in „Religionsgesellschaften" auf den Spuren der aufgeklärten protestantische Kollegialtheorie. Sie ging nicht mehr vom theologischen Begriff der einen, universalen Kirche aus, sondern von der Vielzahl empirisch vorfindbarer sozialer Zusammenschlüsse von Gläubigen gleichen Bekenntnisses auf der Basis ihrer allgemeinen Religionsfreiheit. Dadurch wurden die konkurrierenden Religionen im staatlichen Rechtskreis körperschaftlich organisiert, verselbständigt und entflochten, d. h. unter sich und vom Staat „getrennt". Ihr universaler Geltungs- und Heilsanspruch wurde durch die Staatsgewalt auch jetzt nicht frontal bekämpft, sondern im Mantel der Religionsfreiheit gesichert, aber auf ihre freiwillige Mitgliedschaft und Teilnahme eingegrenzt, ihr Übergriff auf Konfessionsfremde ausgeschlossen und ihre Aktivitäten folglich auf die geistige Auseinandersetzung und die freie Akzeptanz der Bürger beschränkt.

Der Staat verzichtete nach und nach ganz auf die Entscheidung der religiösen Wahrheitsfrage und überließ sie seinen Bürgern. Damit entledigte er sich der weltlich unlösbaren Frage, welche der widerstreitenden Kirchen die wahre Kirche sei, die wahre Botschaft überbringe, das wahre Amt ausübe und das Gut der wahren Kirche Christi zu beanspruchen habe. Doch schloss er die Religionsgemeinschaften in Deutschland nicht in strikter Trennung (wie die religionsfeindlichen Systeme seit der Französischen und Russischen Revolution) aus dem öffentlichen Kultur- und Sozialstaatssystem aus, sondern widmete seine Kulturstaatsverantwortung auch der religiösen Kultur ohne diskriminierende und freiheitswidrige Säkularisierung. Und gerade sein Verzicht auf eine Staatsreligion rechtfertigte, ja erforderte seine Kooperation mit den Religionsgemeinschaften aus Respekt vor ihrem religiösen Selbstbestimmungsrecht. In den sog. „gemeinsamen Angelegenheiten" müssen sich der Staat auf die spezifisch weltlich-kulturellen, die Religionsgemeinschaft auf ihre geistlich-bekenntnismäßigen Aufgaben, Maßstäbe und Entscheidungen beschränken und diejenigen der Gegenseite achten und der eigenen Entscheidung zugrunde legen; das hat sich im Lehrprogramm, Berufungs- und Prüfungswesen des Religionsunterrichts und der Theologischen Fakultäten seit Generationen reibungslos eingespielt. – Das Alte Reich, das noch keine äußere organisatorische Trennung von Staatsgewalt und Religionsgemeinschaften kannte, bewältigte die analogen Aufgaben der Freiheit und Gleichheit, Trennung und Verbindung *mutatis mutandis* durch seine originelle Rechtsfigur der *itio in partes,* wie gleich zu zeigen ist. Wiederum bildete das Verfahren den Angelpunkt des ganzen Rechtssystems.

Eine richtungweisende Gemeinsamkeit aber ist dem alten Reichskirchenrecht und ebenso dem modernen Staatskirchenrecht eigen:

VI. Selbstbeschränkung des Reichs auf neutrale Rahmennormen

Die Verwendung konfessionell neutraler Rahmennormen war der Schlüssel zur Lösung der Aporien. Das wurde zum bestimmenden Grundzug der langen Entwicklung, die vom Alten Reich aus dem christlichen Staatskirchentum über die Aufklärung in das pluralistische Staatskirchenrecht der Gegenwart führte.

1. Das Reichskirchenrecht entwickelte sich zur weltlichen Rahmenordnung, die für beide Religionsparteien galt und ihr bekenntnisbestimmtes evangelisches und katholisches Kirchenrecht zwar mit Vorrang überlagerte, aber eben dadurch in ihren Schutz und ihre Schranken einbezog. So benutzte der Religionsfriede 1555 allgemeine Begriffe für Bekenntnis und Kirchenreform(ation), Religionsfreiheit und Kirchengewalt, Bischof und Konzil, Kirchenämter und Klöster, Pfründen und Zehnten. Damit gab das

Reichskirchenrecht seine einseitige Bestimmtheit durch das römisch-katholische Bekenntnis auf. Seine Normen mussten künftig generell auf beide Bekenntnisse passen und deshalb dem katholischen wie dem evangelischen Sinn und Gebrauch von Kirchenamt und Kirchengut etc. entsprechen. Das war das konsequente und zwingende Resultat der Gesamtentwicklung. Die Reformation war mit ihrer Offensive, die Gegenreformation in ihrer Gegenoffensive stecken geblieben, aber beide hatten sich in ihrem Teil des Reichs behauptet und verfestigt.

Die doppelte Konfessionalisierung im Reich führte zum doppelkonfessionellen Recht des Reichs. Das Reichskirchenrecht verlor seine alte Eindeutigkeit im katholischen Sinne, ohne eine neue Eindeutigkeit im evangelischen Sinne zu gewinnen. Es wurde dadurch doppelsinnig und doppeldeutig. Seine Begriffe und Normen wurden theologisch hohl und leer. Schon auf der Höhe des Konfessionellen Zeitalters – längst vor der Aufklärung, inmitten der allgemeinen Konfessionalisierung des Lebens – erlitt das Religionsrecht des Reichs einen massiven theologischen Substanzverlust. Doch was dem modernen Betrachter als Selbstverständlichkeit erscheint, stürzte die Zeitgenossen in tiefe Skrupel und Gewissensnöte.

2. Denn der Übergang zu säkularen Rahmenformen widersprach krass der Einheit, Einzigkeit, Universalität und Absolutheit der Kirche und kirchlichen Botschaft, die hier verleugnet wurde in den Fundamentalverträgen und in der juristischen Terminologie des Heiligen Römischen Reiches Deutscher Nation. Als „Bekenntnis“ wurden hier fortan Handlungen und Dokumente anerkannt und geschützt, die in der Sicht der Gegenseite nicht das maßgebliche christliche Zeugnis der Offenbarung Gottes in Jesus Christus, sondern ein falsches, offiziell widerlegtes menschliches Machwerk, ja ein Gaukelspiel des Satans waren, das nicht zum Heil, sondern zur ewigen Verdammnis der verlorenen armen Seelen führte. Das Reichskirchenrecht verwendete also einen juristisch formalisierten, theologisch entleerten Bekenntnisbegriff, der den Bekenntnisvorstellungen beider Konfessionen inhaltlich widersprach, um sie politisch in getrennte territoriale Entfaltungsräume zu bannen. – Ebenso behandelte es das Kirchenamt und Kirchengut: Zur Aufteilung des „Besitzes“ zwischen den katholischen und evangelischen Reichsständen verwendete das Reichskirchenrecht einen generellen juristischen Begriff von Kirchengut und Kirchenamt, der ganz von der theologischen Wahrheitsfrage abstrahierte: Er klammerte alle unlösbaren Kontroversen aus, die sich zwischen den Katholiken und den Evangelischen aus ihrer diskrepanten Deutung der Heiligen Schrift und der kirchlichen Tradition, des *ius divinum* und des *ius humanum*, für den Auftrag und das Wesen der kirchlichen Institutionen ergaben und zu einem diametral gegensätzlichen theologischen Verständnis von Kirchengewalt und päpstlicher Jurisdiktion, von Ordination und Priesterweihe, allgemeinem Priestertum und sakramentaler Amtsgnade, Hierarchie und Gemein-

de, Weihe und Widmung der Kirchen und Klöster führten, welches sich in ihrem Kirchenrecht konfessionsgemäß ausformte. – Entsprechend löste sich der reichsrechtliche Begriff des Konzils als verfassungsrechtlich gebotenes Instrument der friedlichen Glaubenseinigung (§ 25 AR) sowohl vom katholischen als auch vom evangelischen Sinn; er konnte weder den Papst als Herrn des Konzils anerkennen noch als seinen Angeklagten vorführen, stand also im Widerspruch zur Konzilsvorstellung beider Religionsparteien.

3. Die tiefe Diskrepanz, ja partielle Kollision zwischen dem Reichskirchenrecht und dem Kirchenrecht beider Konfessionen wird in der Historiographie weithin unterschätzt. Das Reichskirchenrecht von 1555 und 1648 wurde ja vom Kaiser und den Reichsständen als „Religionsparteien" ausgehandelt. Der Papst und die Kurie wurden bei seiner Entstehung 1555 völlig übergangen und bei seiner Fortschreibung 1648 nicht um ihre Zustimmung gefragt; ihren drohenden Protest haben die Mächte Europas durch die Antiprotestklausel des Westfälischen Friedens vorsorglich für nichtig und irrelevant im Reichsrecht, Kirchenrecht und Völkerrecht erklärt. Die Kirche kam im Reichskirchenrecht nur als Objekt reichsrechtlicher Verfügung vor, deren Güter und Ämter die beiden Religionsparteien unter sich aufteilten. Die geistlichen Reichsstände, die Fürstbischöfe und Fürstäbte, ignorierten dabei brüsk das kanonische Recht und seine theologischen Fundamentalprinzipien. Auch die evangelischen Kirchen waren als solche weder Vertragspartner noch Rechtssubjekt des Reichskirchenrechts; über sie verfügten die evangelischen Reichsstände als Landesherren und notbischöfliche „Summepiskopi". Aufschlussreich ist die Terminologie. „Religionspartei" war im Alten Reich, „Religionsgesellschaft" nach dessen Ende der säkulare Schlüsselbegriff des Staatskirchenrechts. Der Begriff „Kirche" aber wurde offiziell gemieden, weil beide Konfessionen den Anspruch erhoben, die Universalität der einen wahren apostolischen Kirche Christi durch ihr eigenes partikulares Kirchenwesen darzustellen. „Religionspartei" und später „Religionsgesellschaft" waren typische säkulare Rahmenbegriffe, die den unlösbaren theologischen Streit um die Wahrheit durch ihre Doppeldeutigkeit ausklammerten. Infolge des Glaubenszwiespalts brachte das Reichsrecht die Kirche juristisch nicht mehr auf den Begriff.

Wenn der Wertkonsens schwindet, gewinnen Verfahrensfragen in allen Epochen ein entscheidendes Gewicht.

VII. Religiöse Selbstbestimmung als Angelpunkt des Reichskirchenrechts

1. Die unbestreitbare geistliche Erosion des Reichsrechts wurde jedoch schon 1555 dadurch aufgewogen, dass der Religionsfriede jeder der beiden Religionsparteien exklusiv das Selbstbestimmungsrecht über ihre *Religion, Glauben, Kirchengebräuche, Ordnungen und Ceremonien, so sie aufgericht oder nochmals aufrichten möchten,* garantierte und eine Mitsprache der Gegenseite hierüber ausschloss (§ 15, 16 AR). Dies ergab sich schon 1555 eindeutig aus den materiellrechtlichen Kernbestimmungen des Augsburger Religionsfriedens. Und das wurde 1648 im Westfälischen Frieden nun verfahrensmäßig klargestellt und konkretisiert durch die geniale Rechtsfigur der *itio in partes,* die in konfessionsrelevanten Fragen das Mehrheitsprinzip in den Reichsorganen außer Kraft setzte. Jede der beiden Religionsparteien hatte allein darüber zu befinden, was ihr Bekenntnisinhalt und die Art seiner Bekenntnisbindung für sie bedeutete und welche Konsequenzen sich daraus für ihre Gottesdienstformen und Kirchenrechtsverhältnisse ergaben. Ihr geistliches Selbstverständnis war dafür entscheidend, nicht das „richtigere“ Bewusstsein ihrer Gegner. Deshalb musste die fatal eingerissene Verfahrenspraxis der fremdkonfessionellen Übergriffe wieder ausgemerzt und künftig ausgeschlossen werden.

2. Der Schutz des geistlichen Selbstbestimmungsrechts und die Achtung des konfessionellen Selbstverständnisses beider Seiten war der Angelpunkt des Reichskirchenrechts seit der Mitte des 16. Jahrhunderts. Darauf beruhte letztlich die gesamte Religionsfriedensordnung und die Rechtssetzung und Rechtsanwendung in ihrem Vollzug. Das Reich beschränkte sich rechtlich in den Kirchen- und Glaubensdingen auf den gemeinsamen allgemeinen weltlichen Rahmen, damit die Religionsparteien in ihm die divergenten Besonderheiten ihres Bekenntnisses ungestört geistlich entfalten konnten und dabei keiner Korrektur und Vergewaltigung durch die konfessionelle Gegenfront unterlagen. Nur dieser Verzicht des Reichs auf die Entscheidung der religiösen Wahrheitsfrage (und damit auf den theologischen Wahrheitsanspruch und Wahrheitsgehalt seines Rechts) verhinderte, dass jede Religionspartei die Gegenseite mit dem Argument bedrängte und überwältigte, sie habe den „wahren“ Sinn der reichsrechtlichen Regelungen im „wahren“ Glauben missdeutet und gebrochen. Der Religionsfriede verbürgte jeder der beiden Religionsparteien das ausschließliche Recht, die offenen, doppelkonfessionell schillernden reichsrechtlichen Rahmennormen nach ihrem religiösen Selbstverständnis auszufüllen und anzuwenden, soweit es um die kirchlichen Verhältnisse ihrer eigenen Konfession und Kirche – nicht um die der Gegenseite – ging.

3. Denn die Allgemeinheit und geistliche Leere des Rahmens sollte die Besonderheit ihres Bekenntnisses und ihrer Bekenntnisbindung weder („sä-

kularisierend“) auflösen noch („ökumenisch“) vermischen oder vereinigen, sondern ihr bekenntnismäßiges Kirchenwesen und Kirchenrecht in seinem geistlichen Eigenprofil schützen und vor den Eingriffen und Übergriffen ihrer Gegner bewahren. Der gemeinsame weltliche Rahmen verbürgte beiden die rechtliche Gleichheit und Freiheit zu ihrer geistlichen Eigenart. Das offene weltliche Gefäß bewahrte den darin geborgenen geistlichen Gehalt.

Viele Rechtsstreitigkeiten im kontroversen Vollzug des Religionsfriedens seit 1555 machten beiden Religionsparteien drastisch klar, dass Frieden und Freiheit auch für sie selbst nur dann zu finden war, wenn sie die doppelkonfessionelle Offenheit der weltlichen Rahmenformen nicht eigenmächtig präkludierten, sondern das religiöse Selbstverständnis auch des Gegners in dessen Bekenntnis und Rechtsangelegenheiten respektierten. Nur durch den Rückzug des Reichs auf formale allgemeine Rahmenformen ließen sich die Freiheit und Gleichheit gegensätzlicher Religionen gleichzeitig gewährleisten.

4. Das zeigten viele Einzelheiten: Im *ius reformandi* verwandte das Reich einen allgemeinen Reformationsbegriff, der weder mit dem evangelischen Sinn von Reformation, noch mit dem katholischen von Reform gleichzusetzen war, sondern beide umfasste, aber diese weder vermischen noch verweltlichen sollte, sondern jeder Religionspartei ihr Reformations- und Reformverständnis exklusiv für ihren kirchlichen Bereich vorbehielt und damit verhinderte, dass die eine Seite ihre eigenen Reformvorstellungen auch der anderen als die „wahre“ Reform(ation) aufnötigen konnte. – Entsprechend benutzte das Reich einen allgemeinen Bekenntnisbegriff, der sich weder mit dem evangelischen noch mit dem katholischen Bekenntnis identifizierte, sondern generalisierend beide umfasste, aber nicht dazu bestimmt war, die Bekenntnisbindung beider aufzulösen oder ihre Inhalte zu vermengen und zu verfälschen, sondern ausschließen sollte, dass eine Religionspartei ihr eigenes partikulares Bekenntnisverständnis als allgemeingültig ausgab und damit die Bekenntnissachen der anderen im fremdkonfessionellen Übergriff vergewaltigte.

Nur im weiten Mantel der konfessionell-relativierten Religionsfreiheit des Reichskirchenrechts war das lutherische Freiheitsverständnis des *sola scriptura, sola fide, sola gratia* effizient davor geschützt, von der katholische Gegenseite im Sinn „wahrer“ Freiheit gemäß der „wahren“ Lehre berichtigt und bei der Ausübung des *ius reformandi* und *ius emigrandi* gestört zu werden. Und umgekehrt mussten die Evangelischen den Katholiken konzedieren, ihre katholischen Rechtsverhältnisse nach ihrer großen katholischen Überlieferung zu regeln, die das Verhältnis von Schrift und Tradition, Glaube und Werken, Amt und Kirchenvolk, Freiheit und Bindung anders verstand. – Entsprechend musste der allgemeine reichsrechtliche Begriff des Konzils (§ 25 AR) die verschiedenen Konzilsvorstellungen beider Religionsparteien respektieren, ohne sie zu ignorieren oder zu fusionieren. Nach dem Reichsrecht konnten deshalb weder die Katholiken von den Evangelischen die Unterwerfung unter das Trienter Konzil verlangen, noch die Evangelischen den Katholiken die Übernahme seiner Beschlüsse verwehren, wie dies ihre Gravamina von 1566 provokativ verlangten. Und die reichsrechtlichen Regelungen über die Kirchenämter und die Kirchengüter mussten sich auf einen formalen Amt- und Kirchengutsbegriff zurückziehen, der in seinem allgemeinen Rahmen das katholische und das evangelische Verständnis umfasste, aber nicht verschmolz, sondern beiden Konfessionen die Sinnbestimmung des Kirchenamts und Kirchenguts jeweils für ihr Kirchenwesen reservierte. Nur wenn das Reichsrecht die theologischen Streitfragen ausklammerte, war zu verhüten, dass eine Religionspartei der Gegenseite den „wahren" Sinn des Amtes und des Kirchenguts im Dienst der „wahren" Lehre und Kirche durch Religionsprozesse und Vollstreckungsmaßnahmen aufzwang, dadurch den Frieden brach, die Freiheit der Glaubensgegner verkürzte, deren Widerstandsrechtsrecht provozierte und den Ausbruch des Religionskriegs riskierte.

5. Auch die Rechtsfigur „Suspension" wird nur vor dem Hintergrund der konfessionsbedingten Spaltung des Reichskirchenrechts verständlich. An ihr zeigt sich paradigmatisch der Wechsel der Verfahrensarten des Reichskirchenrechts, seine dissimulierende Verschleierungsfunktion und seine Rolle zur Wahrung der Freiheit und Gleichheit in der gemeinsamen Rahmenordnung des Reichs: Die Katholiken verstanden in der Zeit vor 1555 die „Suspensionen" (des Wormser Edikts von 1521, der katholischen Reichsabschiede von 1529 und 1530, des kanonischen Rechts, der Kammergerichtsurteile) nur als Aussetzung der Vollziehung des nach wie vor gültigen katholischen Rechts, das die Häresie durch Bann und Acht rechtsgültig verurteilt habe. Auch nachdem 1555 der Religionsfrieden den Evangelischen die evangelische Bekenntniswahl und Konfessionalisierung ihrer Territorien und Landeskirchen garantiert hatte, hielt die katholische Publizistik noch an dieser Interpretation fest, weil der Wortlaut der Friedenswerke von 1555 und 1648 (§ 20 AR 1555; Art. V § 48 IPO) nur von der „Suspension" der katholischen Bischofjurisdiktion über die Evangelischen sprach. – Die Evangelischen aber sahen jene „suspendierten" katholischen Akte bzw. Rechte materiellrechtlich als nichtig an, weil (bzw. soweit) sie nach ihrer theologischen Überzeugung gegen Gottes Gebote verstießen und weil der Religionsfrieden ihre evangelische Auslegung der Heiligen Schrift durch die Freiheitsgarantie des evangelischen Bekenntnisses (§ 15 AR) als für sie maßgeblich schützte.

Suspension war ein verschleiernder, „dissimulierender" Begriff des Verfahrensrechts, der zwar eindeutig die Vollstreckung ausschloss, aber doppeldeutig offen ließ, ob das umstrittene suspendierte Recht nun materiellrechtlich rechtmäßig oder rechtswidrig, gültig oder ungültig sei. Das Verfahrensrecht bildete den kleinsten gemeinsamen Nenner, auf dem die unvereinbaren materiellen Rechtspositionen beider Konfessionen Frieden finden und halten konnten. – Durch den mehrdeutigen „Suspensions"-Begriff wurde keineswegs der katholische Charakter des Reichs nach 1555 durch die Fundamentalgesetze des Reichs offiziell gewahrt, geschweige denn von der evangelischen Seite anerkannt, wie oft behauptet wird. Die katholische Bischofsgewalt verbot und verfolgte die evangelische Verkündigung und Gemeindebildung; sie widersprach den zentralen evangelischen Bekenntnispositionen über das geistliche Amt und den schuldigen Gehorsam gegenüber dem Evangelium, welche die Evangelischen allgemein vertraten und 1555 weder geistlich verleugneten noch rechtlich preisgaben, weshalb ja der Religionsfrieden selbst die evangelische Confessio Augustana ausdrücklich in seinen Schutz einbezog (§ 15 AR).

Der doppeldeutige Sinn des „Suspensions"-Begriffs erfüllte seine dissimulierende Funktion wiederum in den Westfälischen Friedenstraktaten: Die völlige Beseitigung einer katholischen Bischofsjurisdiktion über die Evangelischen (*penitus ablata esto*) stand nach vorbehaltloser Übereinkunft beider Seiten in der Sache fest, wurde jedoch bei der Schlussredaktion einvernehmlich wieder in die doppeldeutige Formel *suspensa esto* umformuliert, um den Katholiken die unnötige Provokation ihrer Hierarchie zu ersparen und juristisch den bevorstehenden Angriff der Kurie zu parieren, dass der ganze Westfälische Friedensschluss nichtig sei, da er durch Aufhebung der Bischofsgewalt gegen das *ius divinum* verstoße.

VIII. Zur Ausgestaltung des Verfahrens der *itio in partes*

1. Der Westfälische Friede hat die hundertjährigen – heilsamen wie unheilvollen – Erfahrungen mit dem Vollzug des Religionsfriedens verwertet und sie in der Rechtsfigur der *itio in partes* gebündelt, als deren wesentlicher, finaler Bestandteil freilich die *amicabilis compositio* hinzugehört, so oft dieser Zusammenhang auch verkannt wurde und wird: Denn die *itio in partes* wurde im IPO als bitter nötiges Instrument des Integrationsverfahrens geschaffen, nicht aber isoliert als Selbstzweck zur Integrationsverhinderung durch eine unsinnig unbegrenzte Ermächtigung zum destruktiven Veto eingeführt. – Aus zähen und trickreichen Verhandlungen entstand die Formulierung in Art. V § 52 IPO: *In causis Religionis omnibusque aliis negotiis, ubi Status tanquam unum Corpus considerari nequeunt, ut etiam Catholicis et Augustanae Confessionis Statibus in duas partes euntibus, sola amicabilis compositio lites dirimat, non attenta votorum pluralitate.*

Diese Norm wie auch später ihr Vollzug waren geprägt durch die enge Verbindung der Reichspraxis mit der Reichspublizistik, welche sich in ihrem pragmatisch-positivistischen Zuschnitt ihre Themen von den praktischen Rechtsfällen stellen ließ. Deshalb sind auch die prinzipiellen Dimensionen dieses eigenartigen – dem modernen öffentlichen Recht so fremden –

Rechtsinstituts erst im 18. Jahrhundert in einer eingehenden Debatte aufgearbeitet worden, die von den großen Streitfällen der Jahre 1712, 1717, 1719, 1727 angestoßen wurde. – Seine Entstehungsgeschichte und Verwendung sind freilich hier nicht näher nachzuzeichnen, zumal dies vom Autor andernorts geschah. Nur einige wichtige Aspekte seien hier hervorgehoben.

2. Die intensive Verrechtlichung des Religionskonflikts zeigte sich gerade an dieser Rechtsfigur, die geradezu symbolhaft das große Auseinandertreten der beiden Religionsparteien seit dem Beginn des Glaubensstreites zum Ausdruck bringt. Aber das wurde nun von den Juristen und Politikern nicht als historisches Geschehen, nicht als bloßes *brutum factum* geschildert und hingenommen, auch keineswegs in seinen theologischen Gründen und Abgründen ausgeleuchtet, sondern streng auf der Ebene des geltenden Rechts aufgearbeitet und positivistisch-juristisch durchkonstruiert. – Als Institut des positiven Rechts wurde das *ius eundi in partes* deshalb scharf unterschieden von einer Revolution und von einer Sezession, die die Rechtsordnung sprengten, aber auch vom Widerstandsrecht, dessen Anwendung gerade durch das elastische Verfahren der *itio in partes* nach deren exakt geregelten Tatbestandsvoraussetzungen und Rechtsfolgen erübrigt werden sollte; als ungeschriebenes letztes Mittel könnte auf das Widerstandsrecht allenfalls nach Erschöpfung aller rechtlichen Möglichkeiten zur Abwehr revolutionärer Rechtsbrüche zurückgegriffen werden.

Das bedeutete Herrschaft des Rechts gegen die Selbstherrlichkeit der Macht und ihre theologische Rechtfertigung. Stolz waren die Praktiker wie die Theoretiker auf die Bändigung der Macht durch das Recht, auf das „Antiabsolutistische“ (G. Oestreich) in der Blüte des Absolutismus in Europa, weil das Reich nicht durch „willkürliche Machtsprüche des Kaisers“, sondern durch die „Reichsfundamentalverträge dieses Religionswesen seine gegenwärtige Verfassung erhalten“ habe, wie J. J. Moser, St. Pütter, Chr. Maier, aber auch die katholischen Autoren beteuerten.

Die Rechtsgeltung des Reichskirchenrechts wurde nach 1648 von beiden Religionsparteien unbestritten anerkannt. Sie musste nicht mehr juristisch auf Notrechtsargumente nach dem Satz vom geringeren Übel gestützt werden, wie dies früher vor allem von den Katholiken in breiter und auch in ihren Reihen kontroverser Argumentation geschah. Nur über die Legitimität und die historische Genesis dieser Zentralfigur war man uneins; in ihr sahen die Katholiken eine abgetrotzte, fragwürdige Konzession an die Protestanten als Folge ihres Abfalls vom katholischen Glauben und Charakter des Reichs, die Protestanten jedoch die Frucht der Freiheits- und Gleichheitsgarantien des Religionsfriedens von 1555 und ihrer erfolgreichen Gegenwehr gegen katholische Vergewaltigung seit ihrem großen protestantischen Protest von Speyer 1529.

Unbestritten war nun nach 1648 auch der Vorrang des Reichskirchenrechts vor dem Kirchenrecht und vor den Glaubensgeboten beider Religionsparteien. Die Reichsfundamentalverträge konnten nach ganz herrschender Meinung auch durch Argumente aus dem *ius divinum* weder eingeschränkt noch für nichtig erklärt werden. Darum fand auch die feierliche Ungültigkeitserklärung des Westfälischen Friedens durch den Protest des Papstes in der Theorie und in der Praxis allenthalben kaum Beachtung. Recht und Religion wurden methodisch exakt getrennt. Die *itio in partes* wurde beiderseits betont „juristisch", d. h. positivistisch formal ohne theologische Reflexionen und ohne Berücksichtigung des inneren Kirchenrechts beider Konfessionen behandelt. Das leuchtet ein, da die Trennung des evangelischen und katholischen Bekenntnisses seit Ende des Trienter Konzils 1563 in fester Abgrenzung vollzogen war. Theologische Argumente konnten den Gegner seit langem nicht mehr überzeugen, sondern nur zur sinnlosen Verkantung und Verhärtung der juristischen Auseinandersetzung führen. Daran erweist sich:

3. Die tiefe Säkularisierung des Reichskirchenrechts wurde durch die Rechtsfigur der *itio in partes* nun rechtstechnisch perfektioniert. Das macht den enormen Wandel evident, der das Reichskirchenrecht vier Generationen nach dem ersten, folgeträchtigen Auseinandertreten der Religionsparteien im großen Protest der Protestanten zu Speyer 1529 kennzeichnete. Denn diese hatten damals noch ganz, ja ausschließlich theologisch argumentiert und sich mit Bekennerpathos auf *Gottes Ehr und unser Seelen Heyl und Seeligkeit* berufen, weshalb hier *ein jeglicher für sich selbs vor Gott stehen und Rechenschafft geben muss, also, dass sich des Orts keiner auf ander minders oder merers machen oder beschließen entschuldigen kann.* Aber seit das Ziel erreicht und das Mehrheitsprinzip als Mittel fremdkonfessioneller Übergriffe und Vergewaltigung kategorisch ausgeschlossen worden war, verstummten die theologischen Töne in der juristischen Auseinandersetzung, wenngleich sie nach wie vor verschwiegen in der Tiefe bestimmend blieben.

Die säkularisierte Formalisierung des Verfahrens sollte den rechtlich unlösbaren Streit um die höhere Berechtigung der konfessionellen Ziele und Maßstäbe im Religionskonflikt neutralisieren, um die politische Handlungsfähigkeit des Reichs zu sichern und die Sprengkraft der religiösen Absolutheitsansprüche zu entschärfen. Die *itio in partes* markierte zwar die Grenze des menschlichen Rechts durch die Ausschaltung der Majoritätsbeschlüsse – das hat sie mit dem Protest von 1529 gemein, aus dem sie in ihrer langwierigen Entwicklung vom spektakulären Ereignis zur normalen Institution erwuchs. Aber dadurch sollte nun keineswegs dem göttlichen Recht der Vorrang vor dem menschlichen Recht gesichert werden, wie dies die Evangelischen 1529 intendierten. Die Argumentation aus dem göttlichen Recht, über das beide Religionsparteien heillos zerstritten waren, musste aus der juristischen Auseinandersetzung verschwinden, obgleich (bzw. weil) gerade dadurch die Freiheit beider Seiten, ihren Glaubensgeboten zu folgen, ohne fremdkonfessionelle Übergriffe durch korrekte Verfahrensarten gewahrt und gesichert werden sollten. Repräsentativ für alle Fachgenossen, so sehr sich diese über Einzelheiten und Grundsatzfragen stritten, hat Johann Jakob Moser in seiner trockenen Art betont, dass die Jurisprudenz hinsichtlich der Gültigkeit des Religionsfriedens *platterdings von der Religion als Religion, und deren Grund oder Ungrund, abstrahiren* müsse, weil es hier allein auf das deutsche Staatsrecht, nicht auf die Übereinstimmung der *Lehrgebäude [...] mit der Vernunft, mit dem allgemeinen Staatsrecht, oder mit der heil Schrifft, zumalen Neuen Testaments* ankomme und die Heilige Schrift als *Nebenquelle des Teutschen Staats-Rechts* überhaupt *bey der jetzigen Welt-Art zimlich unbrauchbar* sei.

Die religiöse Wahrheitsfrage wurde mithin vom Reichsrecht prinzipiell ausgeklammert und auch von der Jurisprudenz nicht mehr gestellt und behandelt. Der religiöse Wertkonsens im Reich erschien so weit zerstört, dass Mehrheitsentscheidungen in religiös relevanten Dingen als schiere Vergewaltigung wirken mussten. Die tiefe Spaltung der Religionsverfassung des Alten Reichs durch den Zerfall in zwei konträre Verfassungskonzeptionen der beiden Religionsparteien wurde nun an den Verfahrensfragen offenbar, in denen die Probe auf den Sinn des materiellen Rechts unausweichlich war. Der Religionsbegriff war hier nicht mehr durch die Wahrheit, sondern durch die Freiheit jeder der beiden Seiten definiert, denn er umfasste auch alles, was der irrende Gegner in seiner Auflehnung gegen die göttliche Botschaft und das göttliche Recht fälschlich unter Religion und unter Religionsentfaltung verstand.

Entsprechend waren die Tatbestandsvoraussetzungen der *itio in partes* säkular relativiert, so unterschiedlich sie im einzelnen von den Autoren der Reichspublizistik definiert und in Gruppen gegliedert wurden. Schon die gemeinsame Definition der *causae religionis* war beiden Religionsparteien nicht mehr möglich, weil beide nach Begriff und Umfang die Religionssachen im Sinn ihres Bekenntnisses von Kirche, Welt, Heil und dem Sinn des Rechts hierbei verschieden definierten, und folglich auch über deren Abgrenzung von den „weltlichen“ Dingen – etwa der Ehe als „weltlich Ding“ im Sinn der protestantischen Theologie und Kirchenordnungen – keine Einigkeit bestand. Das war schon am unlösbaren Streit über den Umfang der Religionssachen bei der Suspension der Religionsprozesse seit den frühen Friedständen von 1532 und 1539 offenbar geworden. – So wurde nun der Begriff der *causae religionis* in Art. V § 52 IPO doppelkonfessionell relativiert und entsprechend ausgeweitet. Er umfasste neben den spezifischen „Religionssachen“ der Bekenntnisformulierungen auch die „Religionsparteisachen“ und die „Religionsfriedenssachen“, die sich aus den Organisationsproblemen der Religionsparteien und aus ihrer divergenten Auslegung und Anwendung des IPO ergaben und die politische Ausformung und die weltliche Entfaltung der Glaubenspositionen betrafen. – Aber um jeden Streit über diese heiklen Abgrenzungen zu vermeiden, hat das IPO die „Religionssachen“ durch zwei weitere Tatbestände abgesichert, die gleichsam in zwei noch weiteren Sicherungsringen um sie herum gelegt wurden: Das Mehrheitsprinzip galt nicht in den Dingen, in denen die Reichsstände nicht *unum corpus* bildeten, was nachmals die Publizistik zu mancherlei definitorischen Rätselspielen veranlasste. Desgleichen war es ausgeschlossen, wenn die Reichsstände durch einen Verfahrensakt *in zwei Teile auseinander traten* (die *itio in partes* im engeren Sinn). Dieser dritte Tatbestand verzichtete also auf alle materiellen Voraussetzungen und ließ zur Ausschaltung der Majorisierung die schlichte, lakonische Erklärung der Minderheitspartei genügen, das Verfahren der *itio in partes* einzuschlagen, die sich dann mit der Mehrheit nicht weiter über die Berechtigung ihrer religiösen oder religionsrelevanten Gründe auseinandersetzen und rechtfertigen musste.

Die drei Tatbestandsgruppen überlagerten sich sichtlich in der Tendenz zur Erweiterung des Schutzzwecks und zur Ausdehnung der säkularen Momente. Sie waren das Ergebnis eines zähen diplomatischen Ringens während der Westfälischen Friedenstraktate, das zwischen den evangelischen und katholischen Gesandten, zwischen Osnabrück und Münster, zwischen wechselnden deutschen und lateinischen Entwürfen viel geschäftig hin und her verlief. Ein logisches System lag dem nicht zugrunde; die Reichspublizistik hat nachmals viel verlorenen Scharfsinn darauf verwandt, ein solches doch noch hineinzudeuten. – Mit diesem dritten Tatbestand war die juristische Formalisierung und theologische Entleerung des Reichskirchenrechts auf die Spitze getrieben; deshalb versuchten später manche katholischen Publizisten verzweifelt, die *itio in partes* durch Interpretation *contra legem* auszuhebeln.

4. Aber „Säkularisierung“ war hier mit „Konfessionalisierung“ eng verbunden: Beide Entwicklungen haben einander im Reichskirchenrecht des 16./17. Jahrhunderts strukturell ergänzt, ja bedingt. Die moderne Geschichtsschreibung sollte sich davor hüten, beide als exklusive Gegensätze anzusehen, wie dies weithin geschieht. Massive Säkularisierung lag unzweifelhaft darin, dass der Religionsfrieden Vorrang vor dem Kirchenrecht beanspruchte, den Absolutheitsanspruch beider Konfessionen beschränkte, das kanonische Recht brach und seine Begriffe doppelkonfessionell relativierte, die Kirchengewalt des Papstes nicht nur verletzte, sondern sie den Territorialherrschaften übertrug, Religionsfreiheit für regulär verurteilte „Häretiker“ gewährte und ihnen massenhaft Kirchenämter und Kirchengüter zuteilte. Aber dies geschah im Dienst der Konfessionalisierung: Damit die Reichsstände beider Religionsparteien ihr Bekenntnis in ihrem territorialen Herrschafts- und Kirchenbereich erhalten und verwirklichen konnten, um dort die „Konstantinische Einheit“ von Staat und Religion im Ter-

ritorium ungestört und um so intensiver fortzuführen, nachdem sie im Reich zur Friedens- und Existenzerhaltung notgedrungen aufgelöst werden musste. Die Konfessionalisierung in den Territorien war so das Gegenteil und zugleich die Folge der Säkularisierung im Reich. Hochbedeutsam hierfür war:

Säkularisierung des Reichsrechts war Rahmensäkularisierung, nicht Säkularisierung des dadurch geschützten religiösen Gehalts. Rechtstechnisch wurde dies erreicht durch die erwähnte geistliche Reduzierung und Relativierung des Reichsrechts zu Rahmenbegriffen und Rahmennormen, aber in Kombination mit der exklusiven konfessionellen Sinnbestimmung durch die geschützte Religionspartei. – Das machte historisch Schule: Auch das moderne Staatskirchenrecht verwendet analoge rechtliche Rahmenstrukturen in seiner noch weiter relativierten und säkularisierten Religionsfreiheit und Gleichheit (die nicht den „wahren" Glauben der „wahren" Kirche, sondern gleichmäßig alle bizarren Formen des Glaubens, Unglaubens, Aberglaubens aller Religionen und Religionsgemeinschaften aus aller Welt in seine säkularisierte Glaubensfreiheit einbezieht), aber nicht um diese Religionen säkularisierend aufzulösen oder ökumenisch zu vereinigen, sondern um gerade dadurch umfassend und ohne diskriminierenden Ausschluss jeweils die höchstpersönlichen Glaubensüberzeugungen aller seiner Bürger und die theologischen Lehren und geistlichen Institutionen aller Religionsgemeinschaften vor Ein- und Übergriffen seitens der Staatsgewalt wie der konkurrierenden Richtungen zu schützen. – Welche eminente Leistung diese juristische Lösung des Säkularisierungsproblems seit mehr als vier Jahrhunderten erbrachte, wird deutlich, wenn man sie im Spiegel der allgemeinen Säkularisierungsdiskussion der Geistesgeschichte und der totalitären Weltanschauungssysteme der späten Neuzeit würdigt.

5. Als Freiheitsgarantie sicherte die *itio in partes* die religiöse Selbstbestimmung der beiden Religionsparteien und ihre freie Entfaltung in ihrem Kirchenrecht wie in ihrem weltlichen Bereich. Freiheit bedeutete im paritätischen Reichskirchenrecht also nicht die „wahre" „Freiheit des Christenmenschen", die allein aus der Verkündigung der Wahrheit des Evangeliums erwuchs und allein ihr diente, wie es jeweils das Ziel im evangelischen wie im katholischen Kirchenrecht war und ist. Vielmehr umfasste und schützte sie als säkulare Freiheitsform gerade auch die reichsrechtlich anerkannte Häresie. Der Kern des Selbstbestimmungsrechts lag in der peniblen Sicherung des je eigenen Selbstverständnisses von Glaube und Bekenntnis für jede der beiden Religionsparteien. Durch diese klare Verfahrensnorm waren fortan alle fremdkonfessionellen Übergriffe und Vergewaltigungen durch die konkurrierende Konfession und durch die Reichsorgane ebenso einfach wie effizient abzuwehren, ohne sich zuvor in gefährliche Auseinandersetzungen über die berechtigten Gründe verstricken zu müssen. Diese Freiheitsgarantie war also theologisch völlig entleert und doppel-

konfessionell relativiert; sie sicherte formell gleichmäßig beide Konfessionen in den Reichsorganen und ebenso in den Reichskreisen, in welchen die konfessionellen Mehrheitsverhältnisse jeweils unterschiedlich lagen; deshalb kam sie auch den Katholiken zugute, die sie verschiedentlich in Anspruch nahmen. – Insoweit erfüllte sie im Alten Reich die gleichen Funktionen, die im modernen Staatskirchenrecht von der Garantie der Religionsfreiheit als korporativem Abwehrrecht (Art. 4 GG) und von der Selbstbestimmungsgarantie der Religionsgesellschaften geleistet werden („jede Religionsgesellschaft ordnet und verwaltet ihre Angelegenheiten selbstständig innerhalb der Schranken des für alle geltenden Gesetzes"; Art. 140 GG, 137 Abs. 3 WRV). Dabei war auch die Frage, was denn zu „ihren Angelegenheiten" gehöre, im Alten Reich allein der berechtigten Religionspartei in Eigenverantwortung anheim gestellt. Analog ist es auch heute in der herrschenden Lehre und Rechtsprechung anerkannt, dass allein die „Religionsgesellschaften" darüber zu befinden haben, was sie bekenntnisgemäß als „ihre Angelegenheiten" betreiben sollen und wollen, nicht aber der säkulare Staat, der ohne Staatsreligion keine religiösen Maßstäbe zu deren Bestimmung besitzt, so unbestreitbar er dann diesen kirchlichen Angelegenheiten um der Freiheit der anderen willen gesetzliche Schranken setzen kann und muss. Zu diesem Ergebnis hat sich das moderne Staatskirchenrecht freilich erst seit der Staatsrechtslehrertagung von 1967 durchgerungen.

Der Sinn und die Wirkung der *itio in partes* sind nur auf dem Hintergrund des materiellen Reichskirchenrechts zu begreifen, das – wie hervorgehoben (IV 2, 5; VI 1) – seit 1555 zu einer konfessionsbedingten Spaltung des Rechtsverständnisses und zur Aufrichtung einer paritätisch neutralisierten Rahmenordnung mit doppelkonfessionellen Begriffen und Normen geführt hatte. Durch die *itio in partes* wurde nun die tiefe und unüberbrückbare Spaltung des Reichskirchenrechts in die divergenten Verfassungskonzeptionen der evangelischen und katholischen Religionspartei verfassungsrechtlich anerkannt. Sie schloss den Oktroi der Einheit im Sinn der Mehrheitspartei in den Mehrdeutigkeiten, Lücken und Reformvorhaben der Religionsverfassung aus. Und dabei war entscheidend: Durch die *itio in partes* wurde die inhaltliche Ausfüllung und Anwendung der reichsrechtlichen Rahmennormen durch beide Religionsparteien im Sinn ihres eigenen Bekenntnisses ermöglicht und gesichert. Nochmals: Der säkulare Rahmen des Reichsrechts diente durch diese Verfahrensart zur Konfessionalisierung der Rechtsordnung und der Lebensverhältnisse im Bereich der Territorien und ihres katholischen und evangelischen Kirchenrechts und des darauf geeichten territorialen Staatskirchentums. Darin mag man den Schlüssel zum Verständnis des Rechts im Konfessionellen Zeitalter finden.

Die säkulare Ausweitung der *itio in partes* machte eine weitere Veränderung offenkundig: Der Schwerpunkt des Reichskirchenrechts verlagerte sich von den religiösen Kernzonen des Glaubens zunehmend auf die säkularen Randbereiche der Bekenntnisentfaltung in der weltlichen Lebensgestaltung – ein Vorgang, der sich im modernen Staatskirchenrecht des pluralistischen Staates mit manchen Analogien wiederholt. Denn die Kernbereiche des Glaubens und des Kirchenwesens erschienen nach 1648 nun wesentlich gesichert durch die klärenden Präzisierungen des IPO zur Garantie der Parität, zur Religionsfreiheit, zum *ius reformandi* und zur geistlichen Bischofsjurisdiktion, besonders durch die Normaljahrs- und Normaltagsregelung des *exercitium religionis publicum* und *privatum* und des Kirchenguts. Direkte Glaubensunterdrückungen und Gewaltmaßnahmen wie zuvor durch die katholischen Gegenreformationen und protestantischen Bistumsbesetzungen waren nicht mehr zu befürchten. Aber dafür gewann die Freiheitsentfaltung in den weltlichen Auswirkungen des Glaubens an Bedeutung, desgleichen die freie Entfaltung und Sicherung der religiösen Institutionen. Der Zusammenhang von Glaube und Werken, Verkündigung und Leben gewann nun gerade in den weltlichen Bereichen rechtliche Aktualität, zumal mit der Stabilisierung der Verhältnisse die Sensibilisierung gegen religiöse Diskriminierung wuchs. So rückte das Gewicht von der Freiheit auf die Gleichheit, von der beschränkten Toleranz, um die die Protestanten vor 1555 in den Reichsorganen kämpfen mussten, auf die volle Parität, die der Augsburger Religionsfriede in den Kernbereichen der Religionsfreiheit der weltlichen Reichsstände gewährt hatte und die nun das IPO materiellrechtlich erweiterte und verfahrensrechtlich absicherte. – Auch in der Gegenwart ist die Religionsfreiheit kaum durch Eingriffe in die Kernzonen des Glaubens bedroht, vor denen sich die klassische Eingriffsverwaltung nach den Exzessen der totalitären Systeme hütet, doch um so mehr durch säkularisierende Tendenzen der Leistungsverwaltung in Bundesländern, in denen der Religionsunterricht als ordentliches Lehrfach eliminiert ist und die Kinder durch atheistische Lehrer über ihre Religion, Ethik und Lebensgestaltung („LER") unterrichtet werden.

An der weiten Formulierung der *itio in partes* zeigt sich klar die Unmöglichkeit der strikten „Bereichsscheidung" weltlicher und religiöser Bereiche. Denn – nicht nur im Konfessionellen Zeitalter – rief die Verkündigung des Evangeliums auf zur Realisierung des Glaubens in den Werken, d. h. zur Verwirklichung des Bekenntnisses in den kirchlichen Institutionen und in den weltlichen Beziehungen der religiös relevanten, ja weithin religiös geprägten Kultur und Sozialordnung. Die erste der berühmten 95 Thesen Martin Luthers zum Ablass, die in ihrer Folge die Lawine der rechtlichen Umbrüche in Kirche und Reich auslösten, mahnte in aufrüttelnder Eindringlichkeit, dass die Buße sich nicht in einzelnen guten Werken äußern, sondern das ganze Leben der Gläubigen als Frucht des Glaubens erfassen und sich in ihm bewähren muss. Im Alten Reich wurde dieser Zusammenhang gerade durch Ausweitung der *itio in partes* als religionsbezogene Verfahrensnorm deutlich. – Aber auch im modernen Staatskirchenrecht hat die

Verfassungsrechtsprechung klargestellt, dass das Grundrecht der Religionsfreiheit nicht nur die individuelle, sondern auch die korporative Entfaltung in der religiösen Gemeinschaft umfasst, dass es sich ferner keineswegs auf Ausgrenzung rechtsfreier individueller Freiräume beschränkt, sondern auch die Freiheit des Wirkens in der Welt umfasst, dass es deshalb (in den Grenzen der Verfassung!) gewährleistet, „sein gesamtes Verhalten an den Lehren seines Glaubens auszurichten und seiner inneren Glaubensüberzeugung gemäß zu handeln“ (BVerfGE 32, 98 [106] in ständiger Rechtsprechung), und dass dies folglich durch die „Ausstrahlungswirkung“ der Religionsfreiheit in der gesamten Rechtsordnung zu berücksichtigen ist, was durch viele „Berücksichtigungsgebote“ in Spezialgesetzen und durch die „Wechselwirkungslehre“ bei Grundrechtsbeschränkungen verwirklicht wird, nach der die Schrankengesetze jeweils den Wertgehalt der Religionsfreiheit zu respektieren haben und dadurch ihrerseits beschränkt werden. – Die verbreitete These der Religionssoziologie, dass sich in der Neuzeit die Religion auf einen separierten schmalen Sektor der Innerlichkeit und den Solipsismus frommer Gefühle beschränke und das kulturelle und soziale Leben insgesamt einer umfassenden Säkularisierung unterliege, wird durch die Probe des Rechts nicht bestätigt. Nicht erst der Islam sollte die Augen dafür öffnen, dass Säkulares und Religiöses einst wie heute rechtlich vielfältig verquickt waren und sind.

6. Auch die intrikaten Paritätsprobleme wurden durch diese Kombination materiellrechtlicher Rahmenstrukturen mit der *itio in partes* zum bekenntnisgemäßen Vollzug gelöst. Die Allgemeinheit und Gleichheit des Reichskirchenrechts im alten Reich wie im neuen Staat bezogen sich ebenfalls nur auf den weltlichen Rahmen: Dieser war allgemein und gleich, um damit die Verschiedenheit der Glaubensvorstellungen zu schützen, nicht aber zu nivellieren oder gleichzuschalten. In den vier Jahrhunderten seither hat das Staatskirchenrecht gelernt, dass sich allgemeine weltliche Rahmennormen am besten dazu eigneten, die unterschiedlichen konfessionellen Anliegen der religiösen Gruppen vor dem verfälschenden und zerstörenden Übergriff fremder Religionen und Weltanschauungen zu sichern, weil sie die Vergewaltigung nach fremden partikularen Maßstäben und Zielen ausschlossen. – Die Paritätsgarantie seit dem 16. Jahrhundert nötigte wegen ihres Rahmencharakters eben nicht zur Auflösung ihres geistlichen Profils. Dasselbe gilt für die Gleichheitsgarantie der Religionen seit dem 19. Jahrhundert. Weder mussten sich die Evangelischen den Katholiken noch *vice versa* diese jenen in ihrer Lehre und Kirche angleichen. Denn:

Rechtsgleichheit differenziert! Gleiche Rechtsnormen äußern zumeist unterschiedliche Wirkungen, weil die Betroffenen ihre gleichen rechtlichen Möglichkeiten mit verschiedener Zielrichtung und Kraft, Intensität und Effektivität nutzbar machen, weshalb die Rechtsgleichheit selbst gleichsam „automatisch“ enorme faktische und rechtliche Verschiedenheiten produziert. So haben auch die liberalen Reformen Steins, Hardenbergs, Montgelas' im frühen 19. Jahrhundert zwar die Statusunterschiede und Privilegien geburts-, standes- und zunftmäßiger Art des Ancien Régime beseitigt und in der allgemeinen Rechtsgleichheit der modernen bürgerlichen Gesellschaft aufgehen lassen. Aber das führte nicht zur faktischen Gleichheit der Sozialverhältnisse und Geisteskultur, sondern zu einer viel stärkeren Differenzierung der rechtsgleichen Gesellschaft nach Klassen, Berufsständen, Parteien, Religionen und Weltanschauungen.

Schon im Alten Reich hatten die katholische und die evangelische Religionspartei durchaus verschiedene Ziele und Bedürfnisse hinsichtlich der Gestaltung und des Einsatzes der kirchlichen Ämter, der Widmung und Verwendung des Kirchengutes, der Klöster und der Stiftungen. Deren bekenntnisbedingte Unterschiede wurden durch das paritätische Reichskirchenrecht gerade nicht ignoriert und eingeebnet, sondern gleichmäßig, aber differenziert erhalten, anerkannt, gesichert und entfaltet. – In der modernen Historiographie wird das reichsrechtliche Paritätssystem von 1555 und 1648 oft missdeutet, wenn sie verkennt, dass gerade die Gleichheit der Rechtsnormen zu höchst unterschiedlichen Auswirkungen in den bekenntnismäßigen, kirchenpolitischen und politischen Beziehungen führte. Aber diese Unterschiede dürfen eben nicht nach der Schablone einer undifferenzierten, alles nivellierenden Gleichheitsvorstellung geprüft und deshalb als Gleichheitsverletzungen diagnostiziert und verurteilt werden. Das Gegenteil trifft zu: Die formale Gleichbehandlung bildete oftmals nur den schlitzohrigen Vorwand und hinterhältigen Grund für massive Verstöße gegen das Gebot echter, materieller Parität – wenn eine Partei die andere offen vergewaltigte oder versteckt überlistete, indem sie die gemeinsamen, formal gleichen Rechtsformen nach ihren einseitigen eigenen religiösen Maßstäben ausgestaltete und interpretierte, dadurch der Gegenseite fremde Konfessionsprinzipien überstülpte oder unterschob und so deren Gleichheits- und Freiheitsrechte verletzte, was beide immer wieder versuchten und oft erfolgreich verschleierten. Um diese Fragen haben die Religionsparteien nach 1555 bis lange nach dem Westfälischen Frieden erbittert und raffiniert gerungen und sich gegenseitig Sand in die Augen gestreut. Der Praxis formalparitätischer Verletzungen der materialen Parität hat erst die *itio in partes* endgültig den Riegel vorgeschoben, weil sie ausschloss, dass eine Religionspartei ihre eigenen konfessionellen Prinzipien „gleichmäßig" auch dem Gegner aufzwang und dadurch dessen Freiheits- und Gleichheitsrecht massiv verletzte. Die *itio in partes* als Verfahrensform der Parität ergänzte und sicherte die Paritätsgarantien des materiellen Rechts von 1555 und 1648 im Vollzug.

7. Integration durch Verfahren war für das Alte Reich eine existentielle Notwendigkeit, da seine religiöse Einheit – als Fundament des Rechts – durch die Glaubensspaltung zerrissen war und der 1555 aufgetragene Reli-

gionsvergleich *ad calendas graecas* entschwand. Das Reich musste mit der religiösen Spaltung leben und doch als politische Einheit handlungsfähig bleiben. Das war verfahrensmäßig nur durch die freiheitliche Trennung der Religionsparteien und durch ihre ungezwungene Verbindung als tragende Verfassungskräfte zu erreichen. Deshalb gehörten die *itio in partes* und die *amicabilis compositio* als untrennbare Teilstücke des Integrationsverfahrens zusammen. Das Auseinandertreten der Religionsparteien in gegenseitiger Unabhängigkeit war die Voraussetzung und das Mittel, um ihre Einigung zur Zusammenarbeit und Mitverantwortung zu ermöglichen. Der Auftakt durch die *itio in partes* war kein Selbstzweck. Die *amicabilis compositio* war das Ziel des Verfahrens, aber sie sollte nicht aufgenötigt werden können und deshalb nur über die *itio in partes* zustande kommen. Diese Rechtsfigur war nicht als isolierte Veto-Sperre konzipiert, obgleich sie schon in der Reichspublizistik gefährlich oft in diesem Sinn ausgedeutet wurde. Als solche hätte sie nur dazu dienen können, den zufälligen Status quo zu fixieren, die notwendigen Veränderungen zu verhindern, die faktischen Verhältnisse ohne Rücksicht auf Recht oder Unrecht zu verewigen und alle dringenden Aufgaben der Zukunftsgestaltung zu versäumen. Aber nach der Vorgeschichte und Zielrichtung des Westfälischen Friedens sollte diese zentrale Verfahrensnorm den Weg bahnen zur gemeinsamen, freiheitlichen Lösung der vielen aufgelaufenen Streitfragen und angestauten Reformbedürfnisse, die sich vor 1648 aus dem kontroversen Verständnis und Vollzug des Religionsfriedens durch die unversöhnliche Zerstrittenheit der beiden Religionsparteien zur Aporie gesteigert hatten.

Das Verfahren war auf Freiwilligkeit und Ausgleichsbereitschaft in Koordination, Kooperation und Partizipation abgestellt. Die Einheit sollte nicht durch einseitigen, zwangsweisen Vollzug einer vorgefassten – katholischen oder protestantischen – materiellen Reichs- und Rechtsidee hergestellt werden, wie dies das Wormser Edikt von 1521, der Schmalkaldische Krieg und das Interim 1548 und das Restitutionsedikt von 1629 vergeblich versucht hatten. Die Handlungseinheit des Reichs als Ziel der *amicabilis compositio* sollte im offenen Prozess der Integration und gemeinsamen Legitimation gefunden werden. Sie gründete sich insoweit auf Souveränitätsverzicht und gleichberechtigte Partnerschaft. Anwendung fand das gleiche dualistische Vereinbarungsverfahren, in dem die großen Friedensschlüsse von 1555 und 1648 zustande gekommen waren und das nun wiederum zu ihrer gemeinsamen Auslegung, Ergänzung, Klärung und künftigen Fortentwicklung dienen sollte. Der Ausschluss des Mehrheitsprinzips besitzt deshalb im Horizont der Zeit und ihrer Rechtsvorstellungen keineswegs den spektakulären Ausnahmecharakter, der sich dem modernen Betrachter aufdrängt, wenn ihm die Einheit des modernen Staates und Rechtes als Maßstab vor Augen steht.

Die neue Einheit sollte wieder paktierte Einheit sein. Und dabei gewann – im Gleichgewichtssystem des über Kreuz austarierten Dualismus zwischen den Reichsständen und dem Kaiser einerseits und zwischen den beiden Religionsparteien andererseits (vgl. oben II.3) – der konfessionelle Dualismus Vorrang vor dem Verfahren des reichsständischen Dualismus: Sobald die *itio in partes* zwischen den Religionsparteien erklärt wurde, war das normale Verfahren des Reichstags zwischen dem Kaiser und den Kurien des Reichstags mit seiner Geltung des Mehrheitsprinzips außer Kraft gesetzt.

Dieses Verfahren erfüllte sowohl Abwehrfunktionen zur Sicherung vor dem Gegner als auch Partizipationsfunktionen der Religionsparteien an den Reichsgeschäften. Dadurch vollzog sich ihre Mitbeteiligung und Mitverantwortung an den Aufgaben und Kompetenzen der Reichspolitik. Seine Freiheitsverbürgung beschränkte sich nicht auf die negatorische Sicherung religiöser Bezirke, sondern war in das Organisations- und Kompetenzgefüge der Reichsverfassung eingegliedert. Die *itio in partes* ist deshalb nicht nach dem Schema der Ausgrenzungs- und Abwehrfreiheiten der altliberalen Grundrechtsdoktrin des 19. Jahrhunderts zu verstehen, die Freiheit als Ausgrenzung rechtsfreier Räume des Individuums aus dem Obrigkeitsstaat versteht. Sie gewährte nicht Freiheit vom Recht, sondern im Recht und durch das Recht, d. h. in Formen der Abwehr wie der Teilhabe – Fragen, die auch die moderne Grundrechtsinterpretation in der Herausforderung durch Liberalismus und Sozialismus aller Arten beschäftigen. – Indem die *itio in partes* verfahrensmäßig die Selbständigkeit und Sonderung der Religionsparteien ermöglichte, erfüllte sie gewisse Funktionen und Wirkungen, die das moderne Staatskirchenrecht durch die institutionelle Trennung von Staat und „Religionsgesellschaften" erreicht (Art. 140 GG / 137 I WRV; vgl. oben V.3), obwohl im Alten Reich das Verbundsverhältnis zwischen Reich und Religion nicht aufgelöst wurde (wie das Sektenverbot und der Wiedervereinigungsauftrag des Religionsfriedens erkennen lässt), sondern die Wahrheitsfrage nur in der Schwebe blieb (vgl. oben V.2) und der Absolutheitsanspruch beider Konfessionen paritätisch neutralisiert und dualistisch ausbalanciert wurde durch die Teilhabe der „Religionsparteien" an den Reichsgeschäften.

8. Als konfessionell-korporative Garantie schützte die *itio in partes* nicht die Individualfreiheit, sondern die Freiheit der „Konfession" als überindividueller Größe, d. h. als das gemeinsame Zeugnis von der göttlichen Offenbarung, repräsentiert jeweils durch die evangelische und katholische „Religionspartei". Ihren Schutz genoss der einzelne Reichsstand und Untertan nur als Anhänger seiner Religionspartei. Die individuelle Glaubensüberzeugung wurde zum primären Schutzgut der Religionsfreiheit erst nach der Blüte der Orthodoxie und dem Ende des Konfessionellen Zeitalters. Das führte später zu mancherlei Verrenkungen der Interpretation des IPO in der Aufklärung, die sich schwer damit tat, die Rechtswelt und Rechtsfiguren des Konfessionellen Zeitalters auf ihren Leisten des Herrschafts- und Gesellschaftsvertrages zu schlagen.

Als zentrales Verfahrensinstitut der Reichsverfassung setzte die *itio in partes* den korporativen Zusammenschluss der Religionsgenossen voraus. Die Religionsparteien mussten sich eine feste institutionelle Organisation geben. Und ihre Eingliederung in die Reichsverfassung mit eigenen Kompetenzen war unumgänglich. Nur wenn ihre internen Willensbildungsprozesse klar kalkulierbar und dauerhaft geregelt waren und frei von Eingriffen der Gegenseite blieben, konnten sich das Auseinandertreten der Partner zur Wahrung ihrer eigenständigen Interessen und ihre Einigung kraft freier Verständigung bestimmungs- und sachgerecht vollziehen. Die Funktionsfähigkeit der Reichsorganisation und des materiellen Reichsrechts hing deshalb entscheidend von der internen Verfahrensgestaltung des *Corpus Evangelicorum* und *Catholicorum* ab.

Über diese technischen Verfahrensmodalitäten brach wenige Jahrzehnte nach 1648 heftiger Streit der Konfessionen aus, der letztlich in die alten großen Kontroversen über den Charakter und Sinn der Reichsverfassung mündete. Führende katholische Autoren (wie J. A. Ickstatt), aber zeitweilig auch der Kaiser (in den Kommissions-Dekreten der Jahre 1720, 1721, 1752) bestritten dem *Corpus Evangelicorum* das Recht zur Abhaltung vorbereitender Konferenzen und zur Beschlussfassung mit bindender Wirkung für die einzelnen evangelischen Reichsstände. Erst recht hielten sie es für unzulässig, dass das *Corpus Evangelicorum* den Beschluss, *in partes* zu gehen und nur *de corpore ad corpus* zu verhandeln, durch ein *votum commune* schon vor der Behandlung der Geschäfte in den Reichsgremien fasste. Darauf aber legten die Protestanten besonderen Wert, damit sich die katholische Gegenseite nicht einzelne protestantische Überläufer kaufen könne und damit die Rechtswirksamkeit der *itio in partes* nicht mangels der Einstimmigkeit der evangelischen Reichsstände im Reichstag angezweifelt werden könne, was die Katholiken als Verfahrensvoraussetzung verlangten, die Evangelischen jedoch bestritten. In der publizistischen Diskussion blieben diese Verfahrensfragen freilich ungeklärt, bis das Alte Reich im Gewitter der Französischen Revolutionskriege unterging. Die Einzelheiten sind jedoch hier nicht zu behandeln, da über das *Corpus Evangelicorum* besonders referiert werden soll. – Im Ganzen hat sich der Standpunkt der Protestanten, von ihrer rührigen Publizistik vehement verteidigt, in der Praxis durchgesetzt.

Auch konnten die Evangelischen die Versuche katholischer Publizistik abwehren, die *itio in partes* mit ungeschriebenen normativen Tatbestandsvoraussetzungen anzureichern und abzuschnüren: Sie gelte nur im Notfall, nicht im Normalfall, sei als *exceptio odiosa* wie alle Ausnahmenormen *strictissime* auszulegen, sei nur aus legitimen Gründen und nur unter strengen Darlegungs- und Beweislastpflichten der Minderheit auszuüben. Sie gelte zwar zugestandenermaßen in Religionssachen. Ob aber eine Religionssache im Streitfall gegeben sei und ob die Betroffenen wirklich Anhänger der Augsburgischen Konfession oder rechtlose Sektierer seien, darüber habe nicht das *Corpus Evangelicorum,* sondern die vorgeschaltete katholische Mehrheitsabstimmung zu entscheiden. – Die normative Offenheit der *itio in partes* im Dienst der *amicabilis compositio* wurde in dieser Sicht einseitig präkludiert und ihr Sinn als neutrales Integrationsverfahren der Koordinierung und Kooperation in Freiheit und Gleichheit pervertiert.

9. Die Bedeutung der *itio in partes* wird leicht unterschätzt, weil sie verhältnismäßig selten ausgeübt wurde. Die Reichspublizistik hat bis zum Ende des Reichs nur etwa ein Dutzend Fälle registriert. Aber gerade das darf als Beweis für ihre praktische Effizienz gewertet werden. Ihre bloße Existenz schreckte von der Versuchung zur konfessionellen Majorisierung der Gegenseite ab, weil diese letztlich doch an der *itio in partes* scheitern musste. Sie gehörte zu jenen hochwirksamen Waffen, die nicht gezündet werden müssen, wenn sie jederzeit einsatzbereit in Stellung sind. Ihre Wirkung entfaltete sich im Vorfeld ihres Einsatzes, sie beruhte auf der Möglichkeit, nicht auf dem Eintritt der großen Schäden, die sie in der Tat – wenn sie als destruktives Veto verwendet wurde – anrichten konnte. Fast scheint es, als sei ihre Anwendung gelegentlich eher als Warnschuss denn als Kampfmaßnahme erfolgt, waren es doch oft drittrangige Gegenstände, an denen man sich damit versuchte.

Aber alle neuralgischen geistlichen Tiefenfragen des materiellen Reichskirchenrechts blieben durch diesen offenen Verfahrenstyp den Religionsparteien zur Selbstbestimmung nach dem Selbstverständnis ihres Glaubens anvertraut. Das betraf vor allem die Frage, ob der Glaube eines Reichsstandes bzw. eines Untertanen bei der Ausübung des *ius reformandi* bzw. des *ius emigrandi* dem reichsrechtlich anerkannten evangelischen bzw. katholischen Bekenntnis entsprach oder als „Sektierer" aus dem Schutz des Reichskirchenrechts heraus fiel. Der reichsrechtliche Schutz beider Konfessionen wurde durch dieses Verfahrensinstitut unabhängig von den vielfältigen Theologenstreitigkeiten der eigenen wie der fremden Konfession gewährleistet, die das Jahrhundert umtrieben und jeweils von der Gegenseite in hämischer Mitfreude beobachtet, aber nicht mehr juristisch ausgeschlachtet werden konnten. Allein die Katholiken hatten über den Sinn und Umfang der Trienter Konzilsbeschlüsse, allein die Protestanten über die maßgebliche Fassung der seit 1555 geschützten Augsburgischen Konfession – *invariata* oder *variata* – mit allen Konsequenzen der Bekenntnisbindung und Lebensgestaltung zu befinden. In dem *Conclusum* des *Corpus Evangelicorum* vom 27. 4. 1717 wird das Institut zu Recht als „einziges Palladium" der Freiheit und Gleichheit, Sicherheit und Gerechtigkeit gerühmt.

Literatur

Heckel, Martin: Gesammelte Schriften. Staat – Kirche – Recht – Geschichte, 5 Bde., Tübingen 1989–2004.

– Autonomia und Pacis Compositio. Der Augsburger Religionsfriede in der Deutung der Gegenreformation, in: ZRG 76, Kan. Abt. 45 (1959), 141–248, wieder in: ders., Gesammelte Schriften, Bd. 1/2, 1–82.

– Die Kirchen unter dem Grundgesetz, in: Veröffentlichung der Vereinigung der Deutschen Staatsrechtslehrer 26, Berlin 1968, 5–56, wieder in: ders., Gesammelte Schriften, Bd. 1/2 , 402–446.

– Itio in partes. Zur Religionsverfassung des Heiligen Römischen Reichs Deutscher Nation, in: ZRG 95, KA 64 (1978), 180–308, wieder in: ders., Gesammelte Schriften, Bd. 1/2, 636–736.

– Die Krise der Religionsverfassung des Reiches und die Anfänge des Dreißigjährigen Krieges, in: Krieg und Politik 1618–1648, hrsg. v. Konrad Repgen (Schriften des Historischen Kollegs, Kolloquien 8), München 1988, 107–131, wieder in: ders., Gesammelte Schriften, Bd. 1/2, 970–998.

– Das Restitutionsedikt Kaiser Ferdinands II. vom 6. März 1629 – eine verlorene Alternative der Reichskirchenverfassung, in: Wirkungen europäischer Rechtskultur. Festschrift für Karl Kroeschell, hrsg. v. Gerhard Köbler/Hermann Nehlsen, München 1997, 351–376, wieder in: ders., Gesammelte Schriften, Bd. 5, 185–208.

– Religionsfreiheit und Staatskirchenrecht in der Rechtsprechung des Bundesverfassungsgerichts, in: Festschrift 50 Jahre Bundesverfassungsgericht, Bd. II, hrsg. v. Peter Badura/Horst Dreier, Tübingen 2001, 379–420, wieder in: ders., Gesammelte Schriften, Bd. 5, 303–346.

– Konfessionalisierung in Koexistenznöten. Zum Augsburger Religionsfrieden, Dreißigjährigen Krieg und Westfälischen Frieden in neuerer Sicht, in: Historische Zeitschrift 280 (2005), 647–690.

– Politischer Friede und geistliche Freiheit im Ringen um die Wahrheit. Zur Historiographie des Augsburger Religionsfriedens von 1555, in: Historische Zeitschrift 282 (2006), 391–425.

Verfahren – Macht – Entscheidung

Die Behandlung konfessioneller Streitigkeiten durch das Corpus Evangelicorum im 18. Jahrhundert aus verfahrensgeschichtlicher Perspektive

Von *Andreas Kalipke*, Münster / Essen

I. Einleitung

Kulturgeschichtlich inspirierte Studien im Rahmen einer „Kulturgeschichte des Politischen" beziehungsweise einer „neuen Politikgeschichte" haben in der jüngeren Vergangenheit die eher traditionelle Politikgeschichtsschreibung ergänzt und zu einem differenzierteren Bild des politischen Feldes beigetragen. Bei aller Heterogenität der Theorien und Methoden ist den Verfechtern eines kulturgeschichtlichen Ansatzes ein Zugriff gemein, der Erkenntnis und historische „Realität" nicht in einer Eins-zu-eins-Relation verbunden sieht, sondern den Konstruktionscharakter sozialer Wirklichkeit hervorhebt[1]. Damit sind nicht allein die Standortgebundenheit des Historikers und die ihn leitenden, möglicherweise erkenntnisverzerrenden Interessen gemeint, sondern der Konstruktionscharakter jeglicher sozialer Wirklichkeit schlechthin, auch und gerade der durch den Historiker beobachteten[2].

Von Kritikern der Kulturgeschichte des Politischen wird der Konstruktionscharakter sozialer Wirklichkeit mit Unbehagen betrachtet. Bisweilen wird er gänzlich geleugnet[3] oder doch in seiner Reichweite als beschränkt beurteilt, und dies in doppelter Hinsicht. Einerseits mag sich mancher, obschon erklärtermaßen einem gemäßigten Konstruktivismus nicht abhold, nicht von der Möglichkeit des Durchgreifens auf die Realität verabschieden[4]. Daneben wird die Reichweite der Kulturgeschichte in dem

---

1 Dass das vermeintlich „Natürliche" Konstruktion ist, in seinem objektivierten Charakter als solches aber nicht mehr erkennbar ist, haben bereits Peter L. Berger und Thomas Luckmann beschrieben. *Berger / Luckmann*, Die gesellschaftliche Konstruktion der Wirklichkeit.

2 Damit ist nicht (zwangsweise) eine Leugnung der Existenz von Realität überhaupt oder die völlige Arbitrarität der Zeichen gemeint.

3 So scheint dies etwa bei der pointierten Darstellung von *Nicklas*, Macht – Politik – Diskurs, der Fall zu sein.

Sinne als restringiert bezeichnet, dass sich ihr gewisse Gegenstandsbereiche entzögen. Dazu wird der Bereich der „Macht" gezählt. „Macht [...] wird nicht konstruiert. Sie ist einfach da."[5] Und ferner: „Die Bedeutung der Symbole und der Sinnkonstruktionen [...] ist gewiß nicht zu unterschätzen, doch geht das kulturalistische Kalkül für die Politikgeschichte in einem Punkt nicht auf – nämlich in dem, der nach realistischer Einschätzung und nach dem Alltagsverständnis von Herrschaft für die Politik konstitutiv ist. Es geht um Macht. Staat und Institutionen sind Konstrukte. Die Macht und die hinter ihr stehende Gewalt entziehen sich jedoch einem ausschließlich kulturwissenschaftlichen Zugriff."[6] Weiter: „Was die kulturalistische Perspektive auf die Politik nicht in den Blick nimmt [...] sind die zentralen Gegenstände des klassischen Politikbegriffs, die ‚harten Fakten' jenseits der Ebene ihrer kommunikativen Konstitution [...]: sachthematische Inhalte, konkretes Handeln im Zusammenhang der Herbeiführung von Entscheidungen und institutionalisierte Staatlichkeit [...]."[7] Macht, Herrschaft, Entscheidungen – ein Refugium theoriefreier Politikgeschichte?

Der vorliegende Aufsatz möchte einen Beitrag zu der in diesem Band dargestellten Debatte um vormoderne Verfahren leisten und den Themen Macht und Entscheidung sowie der Herstellung, Darstellung und Darstellung der Herstellung von Entscheidungen im Rahmen des Corpus Evangelicorum, des Zusammenschlusses der evangelischen Stände im Heiligen Römischen Reich Deutscher Nation nach 1648, nachspüren. Er möchte zeigen, dass die oben angesprochenen Kritikpunkte ins Leere laufen[8]. Der Beitrag ist damit in einem doppelten Kontext zu sehen: Zum einen soll die Fruchtbarkeit eines verfahrenshistorischen Ansatzes demonstriert, zum anderen Bezug genommen werden auf aktuelle Auseinandersetzungen um eine kulturgeschichtlich inspirierte Politikgeschichtsschreibung.

Auf die Verfahrenstheorie gehen die Beiträge im ersten Teil dieses Bandes ausführlich ein. Gleichwohl seien einige kurze Ausführungen zur Theorie von Verfahren gemacht, die für das Folgende von besonderer Bedeutung sind. Die Verfahrenstheorie wird dabei in den Zusammenhang weiterer Theorieangebote gestellt.

---

4 Dies scheint etwa bei *Rödder,* Klios neue Kleider, der Fall zu sein. Rödders Beitrag ist durchaus reflektiert, erliegt aber an entscheidenden Stellen Missverständnissen, die möglicherweise auch darauf zurückzuführen sind, dass nicht jeder von Rödder untersuchte kulturgeschichtliche Beitrag gleichermaßen stringent ist.

5 *Nicklas,* Macht – Politik – Diskurs, 6.

6 *Kraus / Nicklas,* Einleitung, 4. Radikaler noch *Nicklas,* Macht – Politik – Diskurs, 20: „Vor einer Kriegserklärung verstummt die Frage nach den Gamaschenknöpfen."

7 *Rödder,* Klios neue Kleider, 686.

8 Für das Alte Reich im Ganzen leistet das bereits *Stollberg-Rilinger,* Des Kaisers alte Kleider.

Eine Eigentümlichkeit von Verfahren ist ihre Kanalisierung auf eine verbindliche Entscheidung hin[9]. Entscheidungen können verzögert oder gar vermieden werden, immer aber müssen sich Verzögerung und Vermeidung gegen den Zug zur Entscheidung, der Verfahren innewohnt, stemmen[10]. Entscheidungen treffen aber heißt, Macht auszuüben. Denn wenn mit Max Weber Macht als Chance verstanden wird, in sozialen Beziehungen den eigenen Willen auch gegen Widerstreben durchzusetzen[11], dann ist die Leistung von Verfahren: dass sie genau dies in dem und durch das soziale System „Verfahren" erreichen[12].

Nur kurz seien einige wesentliche Charakteristika von Verfahren in Erinnerung gerufen. Die Theorie einer „Legitimation durch Verfahren", wie sie Niklas Luhmann entwickelt hat[13], möchte erklären, wie die an sich un wahrscheinliche Akzeptanz rechtlicher oder politischer Entscheidungen zustande kommen kann. Die Legitimation, gefasst als Akzeptanz, allgemein verbindlicher Entscheidungen kommt in der ausdifferenzierten Gesellschaft der Moderne nicht mehr durch eine außerhalb des Verfahrens liegende Quelle wie Tradition, Gott, Natur oder Konsens zustande, sondern auf eine spezifische, formal geregelte Weise, eben verfahrensförmig. Den latenten, nicht expliziten, symbolischen Variablen kommt dabei die entscheidende Bedeutung zu, so der Übernahme einer Verfahrensrolle – zum Beispiel der des Angeklagten, Richters, Verteidigers usw. Mit der Übernahme einer solchen Rolle beginnt ein Prozess der „Verstrickung": Nach und nach schränken sich die Beteiligten durch das, was sie sagen, in ihren weiteren Optionen ein. Aussagen können nicht mehr ohne Gesichtsverlust zurückgenommen werden. Entscheidend aber ist, dass sich die Beteiligten überhaupt beteiligen, denn durch die Mitwirkung in einer Rolle akzeptieren sie das Verfahren und binden sich im Voraus an sein Ergebnis. Im weiteren Fortgang des Verfahrens macht sich die verstrickende Wirkung durch den

9 Siehe hierzu und zum Folgenden die Einleitung von Barbara Stollberg-Rilinger und den systematischen Beitrag von André Krischer in diesem Band.

10 Man könnte systemtheoretisch formulieren, dass das Verfahren ein auf den Abbruch seiner Autopoiesis ausgerichtetes soziales System ist.

11 *Weber*, Wirtschaft und Gesellschaft, 28.

12 Die Anwendung physischer Gewalt als des symbiotischen Mechanismus' der Macht bedeutet das Ende von Macht. Muss Gewalt angewendet werden, war keine Macht vorhanden. Physische Gewalt, das „Machtmittel par excellence", ist aber als Potential, als Möglichkeit der Sanktionierung von Entscheidungen von Bedeutung. Gewaltanwendung kann für den Entscheidungsempfänger als denkbare Alternative zum Gehorchen das Akzeptieren erleichtern. Dazu *Luhmann*, Politik der Gesellschaft, 38 – 51. Zur strukturellen Kopplung von Recht und Politik *Luhmann*, Recht der Gesellschaft, 468 – 481.

13 *Luhmann*, Legitimation durch Verfahren; siehe auch die einschlägigen Passagen in: *ders.*, Rechtssoziologie, bes. Bd. 1, 141 ff. u. Bd. 2, 263 ff.; *ders.*, Das Recht der Gesellschaft, bes. 207 ff., 260 ff., 332 f.; siehe auch das Forschungsdesign des Leibniz-Projekts „Vormoderne Verfahren" von Barbara Stollberg-Rilinger, [http: //www.uni-muenster.de/Geschichte/leibnizprojekt/programm.htm] (Zugriff am: 26. 09. 2008). Zu Verfahren ebenfalls *Goppold*, Politische Kommunikation, bes. 31 – 34.

Aufbau einer Verfahrensgeschichte bemerkbar, in der Alternativen eliminiert und Festlegungen getroffen werden. Zuletzt steht die Entscheidung, die sich aus der Verfahrensgeschichte scheinbar natürlich ergibt. Das Verfahren gewinnt auf diese Weise Autonomie gegenüber seiner gesellschaftlichen Umwelt; es bildet eine eigene Verfahrenslogik aus. Zur Teilnahme am Verfahren motiviert, dass garantiert ist, *dass* eine Entscheidung erfolgt, aber dass offen ist, *welche*[14]. Wer sich auf das Verfahren einlässt, muss (zumindest nach außen hin) die „generalisierte Bereitschaft" mitbringen, „inhaltlich noch unbestimmte Entscheidungen innerhalb gewisser Toleranzgrenzen hinzunehmen". Die Leistung des Verfahrens besteht in der Abkoppelung seiner Akzeptanz von der Zustimmung der direkt von der Entscheidung Betroffenen. Es leistet eben genau das, was Weber unter Machtausübung versteht – in einer sozialen Beziehung den eigenen Willen auch gegen Widerstreben durchzusetzen –, denn zweifelsohne ist ein Verfahren eine – wenn auch recht komplexe – soziale Beziehung, ein soziales System, in dem Widerstreben überwunden wird. Dabei muss freilich von der (sicher auch Weber vorschwebenden) rein personalen Ebene abstrahiert werden und Systemen eine eigene Rationalität zugesprochen werden, die sich von denjenigen der Teilnehmer am Verfahren unterscheiden kann. Im Übrigen macht es sich ohnehin eine explizit gegen die Kulturgeschichte gerichtete Historiographie zu einfach, wenn sie Machtausübung lediglich als Übertragung von Willen von der oder den einen auf die andere Person oder die anderen Personen auffasst. Sie verkennt so, dass auch die Beziehungen zweier oder mehrerer Personen zueinander immer Kommunikationsleistungen darstellen, die ganz eigenen Gesetzen unterliegen[15].

Verfahren kommen nicht naturartig vor, sondern sind immer in einen organisationalen Kontext eingebettet: Verfahren an Gerichten, Verfahren in Parlamenten, Verfahren in der Verwaltung etc. Aus diesem Grunde wird im vorliegenden Beitrag nicht nur auf die Verfahrenstheorie zurückgegriffen, sondern es werden auch Anleihen bei der Organisationstheorie gemacht[16].

Organisationen sind neben Interaktion und Gesellschaft die dritte Form sozialer Systeme[17].Während Interaktion von der körperlichen Anwesenheit der teilnehmenden psychischen Systeme getragen ist und Gesellschaft das schlechthin alle Kommunikationen umfassende soziale System darstellt, ist Organisation eines, das durch Mitgliedschaftsregeln und Rollenspezifika-

---

14 *Luhmann,* Recht der Gesellschaft, 208.

15 Ob man diese Beziehungen systemtheoretisch oder handlungstheoretisch beschreibt, ob man am Faktor Agency oder Struktur ansetzt, ist eine andere Frage. Lässt man die mit diesen Ansätzen beobachtbare Eigendynamik sozialer Beziehungen jedoch außen vor, nimmt man in Kauf, unterkomplex zu argumentieren.

16 Die Literatur hierzu ist unübersehbar. In dieser Darstellung wird v. a. rekurriert auf *Luhmann,* Funktionen und Folgen formaler Organisation; *ders.*, Organisation und Entscheidung; *Simon,* Einführung in die systemische Organisationstheorie.

17 *Luhmann,* Soziale Systeme, 16.

tion geprägt ist. Letztelemente organisationaler Kommunikation – und wie Verfahren bestehen Organisationen ausschließlich aus Kommunikation[18] – sind Entscheidungen.

Damit kommen wieder die Verfahren ins Spiel: programmierte Abläufe, die durch Rollenübernahme, Autonomie gegenüber den Strukturen der gesellschaftlichen Umwelt und Verstrickung gekennzeichnet sind und auf Entscheidung hin ausgerichtet sind. Anders als in der Interaktion sind diese Umstände durch Formalisierung verstärkt – einmal Gesagtes und einmal Entschiedenes lässt sich viel schwerer vergessen machen, Rollen als Set von Erwartungen und Erwartungserwartungen sind viel stärker ausgebildet, die Kommunikation ist stärker auf einen Code hin festgelegt, Entscheidungen sind garantiert u. a. m. Kurz: Verfahrensgeschichte wird in diesem Beitrag als Geschichte eines Verfahrens in einer (vormodernen) Organisation geschrieben.

Zu diesem Zweck wird zunächst erläutert, worum es sich genau beim Corpus Evangelicorum handelte. Sodann werden Raum, Zeit und die kommunikativ Handelnden Personen des Verfahrensdramas[19] vorgestellt. Im Anschluss werden einzelne Verfahrensaspekte wie Verstrickung, Autonomie und Legitimität eingehender betrachtet, bevor dann die Umfrage als Mittel der Entscheidungsfindung näher beleuchtet werden soll. Eine abschließende Zusammenfassung soll die Ergebnisse bündeln.

II. Das Corpus Evangelicorum

Obschon die protestantische Reichspublizistik des 18. Jahrhunderts den Ursprung des Corpus Evangelicorum als des Zusammenschlusses der evangelischen Reichsstände bis auf die neugläubigen Fürstenbünde der Reformationszeit zurückführte[20] und so eine Jahrhunderte übergreifende Kontinuität und Identität fingierte, beginnt die eigentliche Geschichte des Corpus Evangelicorum erst am Ausgang des 17. Jahrhunderts[21]. Der Friedensschluss von Rijswijk, der 1697 den Pfälzischen Erbfolgekrieg beschloss, sah in einer kurz vor dem Ende der Verhandlungen vordergründig vom

---

18 *Luhmann*, Organisation und Entscheidung, 81. Personen sind zwar Mitglieder von Organisationen, aber kommunikativ nur durch strukturelle Kopplung als psychische Systeme mit der Organisation verbunden. Handlung ist als Attributionsphänomen zu verstehen. Attribution selbst ist wieder eine kommunikative Operation.

19 Zu Verfahren als Drama siehe den Beitrag von André Krischer in diesem Band.

20 *Johann Jacob Moser*, Von der Teutschen Religionsverfassung, 351 f. Die Historiographie zu den konfessionellen Corpora des Alten Reiches und den konfessionellen Auseinandersetzungen des 18. Jahrhunderts ist bislang von der reichs- und der rechtsgeschichtlichen Forschung dominiert. Beide haben ertragreiche Studien hervorgebracht, an die ein kulturgeschichtlich inspirierter – das heißt in diesem Fall: verfahrensgeschichtlicher – Ansatz anknüpfen kann.

21 Siehe hierzu und zum Folgenden auch *Haug-Moritz*, Kaisertum und Parität.

französischen König durchgesetzten Klausel vor, dass die in den von Frankreich während des Krieges besetzten Gebieten rekatholisierten Kirchen auch künftig beim alten Glauben zu belassen seien[22]. Stärker noch als die auf dieser Grundlage in der Kurpfalz durchgeführte Rekatholisierung sorgte jedoch die Tatsache für Unfrieden zwischen den Konfessionsparteien, dass mit der Rijswijker Klausel das Normaljahrsprinzip des Westfälischen Friedens durchbrochen wurde[23]. Diese Klausel, deren Gültigkeit die Protestanten bestritten, wurde im Frieden von Rastatt und Baden 1714 bestätigt. Die Durchsetzung der Klausel führte den Protestanten ihre lange Zeit nur verdeckte Schwäche vor Augen und führte in der Folge zu einer profilierteren Konfessionspolitik. In der Zeit bis 1719/20 bildete sich nun in wechselseitiger Abgrenzung mit der kaiserlichen Interpretation eine genuin protestantische Lesart der Reichsreligionsverfassung heraus. Zum einen postulierten die Protestanten das Recht, am Reichstag in die (Religions-) Teile zu gehen, wann immer eine Konfessionspartei dies zu tun gedenke. Dieses Verfahren der *itio in partes,* festgelegt im Osnabrückischen Friedensinstrument[24], sollte die Protestanten vor der Majorisierung durch die im Kurfürsten- und Fürstenrat in der numerischen Mehrheit befindlichen Katholiken bewahren. Wurde die *itio in partes* ausgerufen, wurde die am Reichstag übliche, kollegiale Beschlussfassung aufgehoben. Entscheidungen sollten dann nur noch durch die gütliche Übereinkunft (*amicabilis compositio*) zwischen den beiden Religionsteilen möglich sein. Allerdings wollte die katholische Seite die *itio in partes* als streng limitierte *exceptio odiosa*[25] verstanden und gehandhabt wissen, wohingegen die Protestanten sich zu ihr in allen denkbaren Fällen für berechtigt hielten, sei es auch in rein politischen Angelegenheiten[26]. In der Zusammenschau mit der Praxis der Rekurse, das heißt der Appellation gegen unliebsame Urteile der Reichsgerichte an den Reichstag, ergab sich hier eine stark föderative Schlagseite[27]. Über dieses engere Reichstagsgeschehen hinaus proklamierten die evangelischen Stände für sich das Recht, sich ihrer unterdrückten Glaubensgenossen im Reich annehmen zu dürfen. Dazu sahen sie sich als *pacis consortes* und als bündnisfähige Stände berechtigt[28]. Dieser Anspruch wurde in der Praxis so umgesetzt, dass die evangelischen Stände die Religionsgravamina von Glaubensgenossen aus dem Reich entgegennahmen, seien es Reichsstände oder reichsmittelbare Einzelpersonen oder ganze Gemeinden, die sich in ihrer Religionsausübung gegen das Normal-

---

22 *Aretin,* Das Alte Reich, Bd. 2, 42.

23 *Haug-Moritz,* Corpus Evangelicorum, 198; vgl. auch den Beitrag von *Heckel* im vorliegenden Band.

24 Art. V § 52 IPO.

25 Johann Adam Ickstatt, zitiert nach: *Heckel,* Itio in partes, 273.

26 *Belstler,* Corpus Evangelicorum, 80.

27 *Haug-Moritz,* Kaisertum und Parität, 473 f.

28 *Haug-Moritz,* Corpus Evangelicorum und deutscher Dualismus, 190 f.

jahr von ihrer katholischen Obrigkeit unterdrückt sahen. Um die Abstellung dieser Unterdrückungsmaßnahmen zu erreichen, wandte sich das Corpus zuallererst, zunächst mündlich, dann schriftlich, an den beschuldigten katholischen Stand. War von diesem keine Besserung zu erreichen, richtete man ein Schreiben an den Prinzipalkommissar und in einem eventuellen weiteren Schritt an den Kaiser selbst, der als oberster Richter im Reich für die Abstellung der Unterdrückungsmaßnahmen Sorge tragen sollte. Diese Reverenz vor dem Kaiser wurde jedoch dadurch konterkariert, dass man ihm, wie auch den Reichsgerichten, lediglich das Recht zur Einsetzung einer konfessionell paritätisch besetzten Lokalkommission einräumte, die den Fall vor Ort untersuchen und gegebenenfalls sofort die Wiederherstellung des Normaljahreszustands veranlassen sollte[29]. Mehr noch: Nützten alle diese Maßnahmen nichts, indem sich an der widerrechtlichen Unterdrückung der betroffenen Protestanten nichts änderte, hielt man sich zur Selbsthilfe für berechtigt, das heißt zur Wiederherstellung des (aus protestantischer Sicht) ordnungsgemäßen Zustandes mit (protestantischer) Waffengewalt[30]. Diese Konzeption der Reichsreligionsverfassung stieß bei Kaiser und Katholiken auf massiven Widerstand. Der Kaiser betonte seine Rolle als oberster Richter der Reiches und suchte die Stellung der Reichsgerichte durch die Zurückweisung der Rekurse, das heißt Appellationen von Reichsständen an den Reichstag gegen die Reichsgerichte[31], und die Zubilligung eines echten Verfahrens zur Prüfung der Religionsbeschwerden zu stärken[32]. Gerade der Reichshofrat bot zahlreiche Anknüpfungspunkte, den kaiserlichen Einfluss im Reich aufrechtzuerhalten und auszubauen[33]. Die Interzessionspraxis des Corpus Evangelicorum, das heißt sein Einsatz für die unterdrückten Glaubensgenossen, wurde abgelehnt, stellte doch auch sie einen Affront gegen die oberstrichterliche Gewalt des Kaisers dar[34]. Selbst das Corpus Evangelicorum als solches wurde als illegal abgelehnt[35]. In juristischen Auseinandersetzungen nahm Wien die Prätension der Protestanten, *corpus politicum* zu sein, mit einer detaillierten Argumentation aufs Korn[36].

Alles in allem standen hier zwei Verfassungsinterpretationen einander diametral gegenüber. Neben eine alte, mittelalterlich-kaiserlich-katho-

---

29 *Belstler*, Corpus Evangelicorum, 205–212.

30 Ebd., 227–234.

31 Diese vom Kaiser strikt abgelehnte Praxis wurde von den Protestanten auch in Religionsfragen angewendet. *Aretin*, Altes Reich, Bd. 2, 135 f.; *Haug-Moritz*, Kaisertum und Parität, 472–474.

32 *Belstler*, Corpus Evangelicorum, 212–215.

33 *Haug-Moritz*, Des „Kaysers rechter Arm“, 23–42.

34 *Haug-Moritz*, Kaisertum und Parität, 461: „Die Protestanten postulierten nichts anderes, als in allen Streitfragen, die sich aus den widersprüchlichen Regelungen der Reichsreligionsverfassung ergaben, die kaiserliche oberstrichterliche Prärogative zurückzuweisen.“

35 *Belstler*, Corpus Evangelicorum, 96–99.

36 *Haug-Moritz*, Corpus Evangelicorum und deutscher Dualismus, 193–197.

lische Lesart, war, so Gabriele Haug-Moritz, eine „neue“ föderativ-fürstlich-paritätische getreten[37]. Das evangelische Reichsreligionsrecht stellte eine „kohärente, in sich schlüssige Alternative zum Status quo“ dar[38]. „Das Reichsrecht im 18. Jahrhundert [...] wurde polarisiert.“[39] Da ein gemeinsamer ideeller Grundkonsens nicht offen in Frage gestellt werden konnte, bot die Reichsreligionsverfassung den einzigen Ansatzpunkt, machtpolitische Opposition zum Ausdruck zu bringen[40]. Von diesem Ansatzpunkt aus lässt sich dann die „Geschichte konfessionellen Agierens“ als ein „zuverlässiger Indikator“ begreifen, „an dem sich die zunehmende Krisenhaftigkeit des politischen Systems Reich im 18. Jahrhundert ablesen läßt.“[41]

Unter diesen Voraussetzungen war eine Lösung der konfessionellen Konflikte durch Verfahren zum Scheitern verurteilt. Luhmann hat darauf verwiesen, dass ein Verfahren dann gefährdet ist, wenn es „Kristallisationspunkt allgemeiner Konfliktfronten“ zu werden droht[42]. Es gelingt dann nicht, die „Verfahrenswirklichkeit“ gegenüber der zugrunde liegenden „Konfliktwirklichkeit“ zu privilegieren, weil jede Selbstdarstellung der Teilnehmer, die ja für den verstrickenden Fortgang des Verfahrens unerlässlich ist, zur Selbstdarstellung im Konflikt wird[43]. So ist jedoch eine Isolierung der Positionen verhindert, der Verfahrensfortgang wird durch die Generalisierung von Konfliktthemen bestimmt, die Autonomie des Verfahrenssystems gegenüber seiner Umwelt zerstört. Katholischerseits hat man sich später überhaupt nicht mehr auf ein Verfahren eingelassen, sondern die Existenz des Corpus Evangelicorum außerhalb der eng bemessenen Fälle einer *Itio in partes* auf juristischer Ebene schlicht geleugnet[44]. In der Praxis hat man auf höchst einfallsreiche Weise mit dem Corpus kommuniziert, ohne mit ihm zu kommunizieren. So kleidete der Mainzer Kurfürst seine Antwort an das Corpus Evangelicorum, das ihn der Unterdrückung seiner evangelischen Untertanen in der Herrschaft Cronenberg beschuldigte, in ein Reskript an seinen Reichstagsgesandten. Dieser zeigte dem kursächsischen Gesandten als Director Corporis das besagte Reskript und ließ ihn sogar Abschriften machen[45]. Diese einfallsreiche Handhabung war es

---

37 *Haug-Moritz,* Kaisertum und Parität, 476.

38 Ebd., 474.

39 Ebd., 476.

40 Ebd., 466.

41 Ebd., 446.

42 *Luhmann,* Legitimation durch Verfahren, 122, 162: „Deshalb sind gesellschaftlich vielfältig gebrochene Konfliktsfronten Voraussetzung für eine unschädliche Politisierung gesellschaftlicher Konflikte. Nur wenn die Gesellschaft schon hinreichend komplex ist, kann ihr politisches System eigene Komplexität gewinnen.“

43 *Vollmer,* Akzeptanzbeschaffung, 155: „Der Konflikt wird durch die Konfliktwirklichkeiten der Konfliktparteien bestimmt, doch gerade die können in einem Verfahren nicht zählen, weil sonst dessen funktional erforderliche Abschottung gegenüber seiner gesellschaftlichen Umwelt zusammenbrechen würde.“

44 *Belstler,* Corpus Evangelicorum, 96–99.

wohl, die Johann Jakob Moser zu dem ungläubigen Kopfschütteln inspirierte: *In neueren Zeiten haben die Catholische Comitial-Ministri eine befremdliche Handlungsweise, in Religionsdingen zu negotiiren, angenommen; bey welcher man aber von Corporis wegen mit ihnen gar nicht mehr communiciren könnte*[46]. Das heißt, dass ein Verfahren überhaupt nicht zustande kam.

So muss festgehalten werden, dass der eigentliche Zweck des Verfahrens, die Abstellung der Religionsbeschwerden zu erreichen, zumindest nicht auf dem Verfahrenswege erreicht wurde[47]. Die Verfahrenstheorie erlaubt gleichwohl einen instruktiven Blick auf das Corpus Evangelicorum, denn die Protestanten fuhren ihrerseits trotz der katholischen Verweigerung fort, sich um die Abschaffung der Unterdrückungsmaßnahmen zu bemühen. Da es sich beim Corpus um ein kollegiales Organ der Beschlussfassung handelte, waren Entscheider und Akzeptierer nicht zu trennen, sondern diejenigen, die die Entscheidung trafen, waren von ihr ebenfalls betroffen und ihr unterworfen[48]. Aus diesem Grunde musste auch innerprotestantisch Akzeptanz geschaffen werden. Nachdem also in einer Außenperspektive das (Nicht-)Verhältnis zum katholischen Reichsteil kurz skizziert wurde, soll im vorliegenden Beitrag die Binnenperspektive, die interne Beschlussfassung des Corpus Evangelicorum, im Mittelpunkt stehen. Zu diesem Zwecke muss zunächst die Rahmung, in der die Verfahren des evangelischen Ständebündnisses stattfanden, analysiert werden. Die Themen Mitgliedschaft, Zeit und Ort sollen im Folgenden thematisiert werden.

III. Die personale, räumliche und zeitliche Rahmung

In einer formalen Organisation, als die auch das Corpus Evangelicorum, bei allen, aufgrund des spezifisch vormodernen Charakters des Corpus gebotenen Vorbehalten, hier betrachtet werden soll, muss stets klar sein, wer dazugehört und wer nicht. Die Mitglieder unterwerfen sich durch ihren Beitritt den Regeln der Organisation, die formal und informell sanktioniert sind. Nur von Mitgliedern kann erwartet werden, dass sie den Verhaltenserwartungen der Organisation nachkommen. Von ihnen muss auch erwartet werden können, dass sie von ihren sonstigen sozialen Rollen abstrahieren, um sich gegen die Zumutung des Umwelteinflusses abschotten zu können[49].

---

45 Relation vom 31. 1. 1765. HStADD, Geheimes Konsilium, Loc. 5144, Acta Der Evangelischen Gemeinde zu Cronenberg Religions-Beschwerden betr., Anno 1764 seqq., Bd. 1, f. 21r-23r; Extract der Relation vom 6. 2. 1766. ebd., f. 77r-78r. Zuweilen hat wohl auch der Kaiser auf diese Weise mit den Protestanten kommuniziert; *Moser*, Reichs-Tags-Geschäffte, 430 f.

46 *Moser*, Religionsbeschwerden, 279.

47 Er wurde allerdings auch auf anderem Wege meist nicht erreicht. S. u.

48 Die Mitglieder des Corpus waren freilich auf andere Weise von der Entscheidung betroffen, als die supplizierenden Gemeinden oder Individuen.

Ein Angestellter der Stadtverwaltung beispielsweise muss den an ihn gerichteten formalen und expliziten Erwartungen nachkommen, etwa Reisepässe auszustellen oder Überweisungen aus der Stadtkasse für erbrachte Leistungen vorzunehmen. Im Gegenzug profitiert er von den Mitgliedschaftsvorteilen, etwa Gehaltszahlungen. Mit Verweis auf seine Mitgliedschaftspflichten muss (und kann) er sich dem Ansinnen eines Verwandten, ihm Gelder aus der Stadtkasse ohne Gegenleistung zukommen zu lassen, entziehen, genauso wie es dem Verwandten nicht gestattet ist, seinerseits Reisepässe auszustellen. Mitgliedschaft ist also für formale Organisationen von hoher Wichtigkeit, nicht zuletzt weil es um die Frage geht, wer (mit-) entscheiden darf.

Zeitliche und örtliche Herausgehobenheit, zwei weitere wesentliche Aspekte, können helfen, Autonomie zu gewährleisten und zum Ausdruck zu bringen. Luhmann definiert das Verfahren als „eine eigene Verhaltensordnung, die sich mit Hilfe besonderer Situationen, besonderer Formen und Symbole, besonderer Plätze, besonderer Rollen und schließlich sogar besonderer Normen vom täglichen Leben absondert und verselbständigt“[50]. Vermeintlichen Äußerlichkeiten wie Ort und Zeit kommt mithin eine eigene Dignität in der Verfahrenstheorie zu. Gerichtsverhandlungen finden, wenn möglich, in einem eigens dafür vorgesehenen Saal statt, der einer bestimmten Stilisierung unterliegt und die Rollen der Verfahrensbeteiligten unterstreicht. Der oder die Richter sitzen vor Kopf, Verteidigung und Anklage (in Strafverfahren) haben genauso ihre festen Plätze wie das Publikum. Das Verfahren ist für eine bestimmte Uhrzeit angesetzt, zu der nur dieses und kein anderes Verfahren stattfindet. Der Richter mag davor oder danach in demselben Raum noch weitere Urteile zu sprechen haben, aber im konkreten Moment geht es ausschließlich um den für die Zeit angesetzten Fall. Der Angestellte der Stadtverwaltung stellt die Reisepässe nicht auf seinem Balkon aus, sondern in den Amtsräumen, und die Zahlungen aus der Stadtkasse werden in den Räumlichkeiten der Kämmerei vorgenommen. Zeit und Ort sollen die Herausbildung einer eigenen Verfahrenswirklichkeit unterstützen, die die Rollenübernahme erleichtert und die Abschottung gegen die Umwelt verstärkt.

So war auch das Verfahren des Corpus Evangelicorum deutlich aus dem gewöhnlichen Reichstagsgeschehen herausgehoben. Dies betraf zuallererst den Mitgliederkreis: *Die versammlete samtliche Evangelische Stände des Reichs von beeden Parthien machen ein einiges und besonderes Corpus de-*

---

49 *Simon,* Organisationstheorie, 35–51; *Luhmann,* Formen und Funktionen, 39–53. Gleichwohl bestehen, wie bereits dargelegt, Organisationen im systemtheoretischen Verständnis nicht aus Mitgliedern, sondern aus Kommunikationen. Mitglieder im Sinne von Personen gehören als psychische Systeme zur Umwelt des Systems, sind mit ihm allerdings in struktureller Kopplung verbunden.

50 *Luhmann,* Rechtssoziologie I, 141 f.

rer Reichs-Stände aus, welches das Corpus Evangelicum, oder besser und gewohnlicher, das Corpus Evangelicorum, genannt wird[51]. Allerdings waren auch katholische Fürsten Mitglied des evangelischen Ständebundes. Der bereits erwähnte sächsische Kurfürst Friedrich August I. sowie seine Nachfolger waren Katholiken[52]. Man behalf sich mit der Konstruktion, dass die Konversion eine persönliche Sache des Herrschers sei und die Stimme im Corpus am Land, und nicht an der Person des Herrschers hafte[53]. Zeitweilig waren auch die Herrscher Württembergs und Hessen-Kassels katholisch[54]. Der sächsische Fall ist jedoch insofern hervorzuheben, als der Kurfürst ja das Direktorium des Corpus innehatte und somit eine herausragende Stelle besetzte. Die Konstruktion, dass das Direktorium in Evangelicis dem Herzog von Sachsen-Weißenfels übertragen wurde und die Instruierung des Reichstagsgesandten durch den Geheimen Rat in Dresden geschah, sollte diese katholische Zumutung mildern. Dass die Ausschaltung des Kurfürsten in evangelischen Reichstagsangelegenheiten rein fiktiv war und zudem der Weißenfelser später gar nicht mehr in Erscheinung trat, steht dabei auf einem anderen Blatt[55]. Trotz dieser „Kuriositäten" hatte sich zu Beginn des 18. Jahrhunderts damit eine klare Mitgliedschaft herausgebildet[56]. Wer an den Sessionen des Corpus teilnehmen und über die anfallenden Geschäfte mitentscheiden durfte, war somit klar. Dabei profitierte das Corpus freilich auch davon, dass die Reichsstandschaft allgemein im 18. Jahrhundert weitgehend geklärt war.

Einziges Organ und somit institutioneller Kristallisationspunkt des Corpus war die Konferenz der evangelischen Reichstagsgesandten, die in der

---

51 *Moser*, Von der Teutschen Religionsverfassung, 341.

52 Während die Konversion Friedrich Augusts I. noch keine hohen Wellen geschlagen hatte, war die seines Sohnes bei den übrigen Mitgliedern des Corpus umso ungnädiger aufgenommen worden, als nunmehr die Etablierung einer katholischen Dynastie stattgefunden hatte. Die Auseinandersetzungen darüber mündeten in den sog. Direktorialstreit der Jahre 1717 bis 1720, an dessen Ende jedoch Kursachsen das Direktorium gegen die Prätensionen Kurbrandenburgs und Kurhannovers behaupten konnte. *Vötsch*, Kursachsen, 119–147; *Frantz*, Das Katholische Directorium des Corpus Evangelicorum.

53 *Moser*, Von der Teutschen Religionsverfassung, 352 f.

54 *Aretin*, Das Alte Reich, Bd. 1, 54 f.

55 *Vötsch*, Kursachsen, 78 ff. Zum Direktorium auch die ältere Arbeit von *Frantz*, Das Katholische Directorium des Corpus Evangelicorum, bes. 51: Die weißenfelsischen Befugnisse waren „ziemlich illusorischer Natur, da Alles in Dresden ausgearbeitet und expedirt wurde". *Vötsch*, Kursachsen, 79: „Der Übertragung des Direktoriums des C. E. auf den Herzog von Sachsen-Weißenfels kommt damit lediglich formaler Charakter zu – in Verbindung mit der geheimen Nebeninstruktion für das Geheime Ratskollegium vom 21. 12. 1697 lag die Entscheidungsbefugnis letztlich weiterhin bei dem nunmehr katholischen Kurfürsten von Sachsen„

56 Der letzte evangelische Reichsstand, der sich vom Corpus trennte – in dem Sinne, dass er in der Etablierungsphase zu Beginn des 18. Jahrhunderts, anders als zuvor nicht mehr mit den übrigen evangelischen Ständen gemeinsame Sache machte –, war Kurpfalz, welches ja sogar den Anstoß für lange und heftige konfessionelle Querelen im Reich bot.

Regel im fürstlichen Nebenzimmer des Regensburger Rathauses stattfand[57], nur selten im sächsischen Gesandtschaftsquartier. Auf diesen Konferenzen verdichtete sich die Kommunikation innerhalb des Corpus; sie war der sicht- und erlebbare Ausdruck corporaler Existenz. Dass man im Gebäude des Reichstages tagte, brachte zum Ausdruck, dass man sich als Teil eben dieses Reichstages und nicht als illegal verstand, wie es Kaiser und Katholiken behaupteten. Dass die Konferenzen in dem für die informelle, von zeremoniellem Zwang befreite Beratung vorgesehenen fürstlichen Nebenzimmer stattfanden, relativierte dies in gewisser Hinsicht. Allerdings wurde dadurch eine überstarke Provokation der katholischen Stände vermieden, hätte doch im Falle einer Beratung im fürstlichen Kollegium das Problem, inwiefern das Corpus formell als konfessionelle Reichstagskurie anzusehen sei, eine gewisse Prominenz erhalten, die so umgangen wurde.

Zeitlich waren die Konferenzen des evangelischen Ständebundes ebenfalls herausgehoben. Sie fanden meist alle vierzehn Tage im Anschluss an die Reichstagsberatungen der Kurien statt[58]. Die evangelischen Religionsgravamina wurden eben nicht en passant erledigt, sondern zu eigens dafür vorgesehenen Terminen beraten.

Das Direktorium, das heißt den Vorsitz, führte der kursächsische Reichstagsgesandte. Er lud zur Konferenz ein, legte – de facto in Absprache mit den Gesandten der bedeutenderen Stände – die Tagesordnung fest und leitete durch die Konferenz. Er fertigte auch die offiziellen Beschlüsse und Schriftstücke aus und ließ sie den anderen Gesandten zur Mitsiegelung überbringen[59].

Das Einzelverfahren am Corpus Evangelicorum war somit auf der formalen Ebene idealtypisch vorstrukturiert. Eine Innen-Außen-Grenze war in Bezug auf die festgelegte Mitgliedschaft gegeben. Herausgehobener Ort und herausgehobene Zeit waren günstige Voraussetzungen für die Herausbildung einer rollengestützten Verfahrensautonomie. Inwieweit diese günstigen Grundbedingungen sich auch in einer inhaltlichen Autonomie niederschlugen, ist im Folgenden zu prüfen.

IV. Codierung und Programmierung

Nach Luhmann beobachten soziale Systeme ihre Umwelt anhand von Codes, zweiwertigen Leitunterscheidungen, die einen positiven (Präferenz-) Wert und einen negativen Wert unterscheiden[60]. So wird auf der Ebene der

---

57 *Moser*, Von der Teutschen Religionsverfassung, 370–376.

58 Ebd., 370–376. In der Endphase des Alten Reiches tagte das Corpus allerdings wesentlich seltener.

59 Ebd., 370–376.

gesellschaftlichen Subsysteme etwa das Rechtssystem durch die Einheit der Differenz von Recht und Unrecht konstituiert und das Politiksystem durch die Form Macht / Ohnmacht. Diese Auffächerung der Gesellschaft in Subsysteme darf man als Ergebnis eines langen Prozesses der Ausdifferenzierung betrachten, der in der Frühen Neuzeit an Dynamik gewann. Insofern stellt sich die Frage, welchem sich ausdifferenzierenden Subsystem das Corpus zuzuordnen ist. Welcher Code lässt sich bei den Verfahren des Corpus Evangelicorum beobachten? Mit anderen Worten: Wurde am Corpus nach politischen, wirtschaftlichen, religiösen oder rechtlichen Gesichtspunkten entschieden?

Als Teil des Reichstages war das Corpus Evangelicorum Teil einer sich weiter ausdifferenzierenden politischen Sphäre, die eine „relative Autonomie gegenüber dem System religiöser Normen" beanspruchen konnte[61]. Hier war Komplexität im Rahmen von Zweckprogrammierung zu bewältigen, etwa in der Frage, wie eine Reichskriegsverfassung oder ein Friedensschluss mit der Krone Frankreich auszusehen habe[62]. Es herrschte zwar keine glasklare politische Codierung von Macht / Ohnmacht, aber dieser Bereich der Beschlussfassung ist von einem weiteren deutlich zu unterscheiden, denn als Schutzinstanz der bedrückten evangelischen Gemeinden besaßen die evangelischen Gesandten eine andere Aufgabe. In den Schreiben an die unterdrückenden katholischen Stände sowie den Prinzipalkommissar und den Kaiser thematisierte das Corpus Evangelicorum gerade nicht die machtpolitischen Gegensätze zu Kaiser und katholischem Reichsteil. Genauso wenig wurde religiös argumentiert, indem man sich etwa auf die Wahrheit der evangelischen Religion berufen hätte. Das Interzessionsschreiben des Corpus an den Kurfürsten von Mainz vom 19. Dezember 1738, in welchem die ungerechtfertigte Einführung des öffentlichen katholischen Religionsexerzitiums in der evangelischen Herrschaft Cronenberg, die zu Beginn des 18. Jahrhunderts an das Erzstift gefallen war, beklagt wird, zeigt, welche Leitunterscheidung angewendet wurde: Man beruft sich explizit mehrmals auf den Konfessionsstand des Normaljahres 1624, auf die Restituierung durch die Reichsdeputation 1649 und auf *speciale Pacta und Reversalien* des Kurfürstentums beim Erbanfall der Herrschaft Cronenberg[63]. Gegen diese Rechtslage wird sodann der derzeitige beklagenswerte

60 *Luhmann,* Gesellschaft der Gesellschaft, 359 f. „Positiv" und „negativ" sind nicht wertend zu verstehen, sondern markieren lediglich beide Seiten der Unterscheidung.

61 *Sikora,* Formen des Politischen, 180.

62 Während Zweckprogrammierung das Ziel vorgibt und die dazu dienlichen Mittel und Wege erst noch gefunden werden müssen, gibt konditionale Programmierung in Form der Wenn-dann-Beziehung feste Relationen von Auslöser und Folge vor. *Luhmann,* Legitimation durch Verfahren, 130.

63 Schreiben an Ihro Churfürstl. Gnaden zu Maynz vom Corpore Evangelicorum, de dato Regenspurg den 19. Decembr. 1738, in: *Schauroth,* Vollständige Sammlung aller Conclusorum, Bd. 1, 377 – 381, passim.

Zustand des evangelischen Religionswesens und die unstatthafte Ausweitung des katholischen Religionsexerzitiums kontrastiert, wobei ausdrücklich ein *Exercitium publicum catholicum* beklagt wird. Das Reichskammergericht, bei dem die Angelegenheit anhängig sei und von dem man gehofft habe, dass es *denen Gravirten bey ihren Sonnenheitern Rechten prompte Hülffe verschaffet, die Beschirmung des Westphälischen Friedens cum effectu verfüget haben* würde, verschleppe die Sache nur. Wenn daher die Befugnis, *laedentem a via facti zu dehortiren* nichts fruchte, sei man befugt *hinlängliche Hülffs-Mittel [...] als Pacis Consortes* zu ergreifen. Es ist ganz offensichtlich, dass hier wie in weiteren Fällen nach dem Code Recht / Unrecht kommuniziert wurde. Das Corpus beruft sich nicht darauf, dass die evangelische Religion die richtige sei, der aufgrund ihrer Heilsrelevanz und aufgrund göttlichen Willens die alleinige Existenzberechtigung zukomme, sondern auf die Rechtslage. Grundlage aller Einlassungen war der Westfälische Friede, genauer: seine Interpretation durch die protestantische Konfessionspartei im Reich. Mit den ‚Principia Evangelicorum' besaß das Corpus Evangelicorum eigene Regeln darüber, wie und was zu entscheiden war. Das materielle Recht, nach dem über die Gravamina entschieden wurde, war damit ebenso reguliert wie das Verfahrensrecht, das die Grundlage der Beratungen bildete[64]. Der Westfälische Friede, auf den sich die ‚Principia' gründeten, schrieb vor, welchen Gemeinden der Schutz des Normaljahres zukommen musste, und sah auch Regelungen für den Fall des Bruchs des Religionsfriedens vor. Umgekehrt sahen sich daher auch die evangelischen Gemeinden genötigt, ihre Beschwerdeschriften im Modus rechtlicher Kommunikation zu verfassen, da anderenfalls eine Übernahme in das Verfahren des Corpus wenig aussichtsreich war. Zwar wurde auch das asymmetrische Obrigkeit-Untertanen-Verhältnis bedient, indem eine Unterwerfungs- und Schmeichelrhetorik aufgeboten wurde, aber der eigentliche Kernpunkt der Argumentation war rechtlich, wie sich an einem Memorial der Gemeinde Cronenberg ablesen lässt, die *das mit so vielem Blut versiegelte Grund-Gesetz des Teutschen Reiches, den Westphälischen Frieden* für sich in Anspruch nahm und auf *Reichs-Gesetz-mäßigen Schutz und Hülffe* hoffte[65].

Mit dem Nachweis, dass das Corpus Evangelicorum nach der Unterscheidung Recht / Unrecht kommunizierte, ist allerdings noch nicht geklärt, wie es Recht und Unrecht eigentlich voneinander schied. Es muss also zum Code eine Unterscheidungsregel treten, nach der entschieden werden kann, was rechtmäßig ist und was nicht. Als Unterscheidungsregeln begreift die

---

64 Dass beides unterschieden werden muss und doch auch zusammenhängt, dazu *Luhmann,* Recht der Gesellschaft, 209 f.

65 Schreiben der evangelischen Bürgerschaft zu Cronenberg an das Corpus Evangelicorum, 27. 10. 1765. HStADD, Geheimes Consilium, Loc. 5144, Acta Der Evangelischen Gemeinde zu Cronenberg Religions-Beschwerden betr., Anno 1764 seqq., Bd. 1, f. 62r-63v.

Systemtheorie Programme, Regeln richtigen Kommunizierens[66]. In der Wirtschaft sind dies Budgets, in der Wissenschaft Theorien und Methoden und im Recht Gesetze und ihre Interpretationen.

„Programme sind Erwartungen, die für mehr als nur eine Entscheidung gelten."[67] Grundsätzlich sind dabei Konditional- und Zweckprogramme zu unterscheiden. „Konditionalprogramme unterscheiden zwischen Bedingungen und Konsequenzen, Zweckprogramme zwischen Zielen und Mitteln."[68] Während gewissermaßen bei Zweckprogrammen von einem anzustrebenden zukünftigen Ergebnis her gedacht wird, also Zielerreichung als Vorgabe gemacht wird, entfalten sich Konditionalprogramme nach einer Wenn-dann-Logik[69]: *Wenn* die Gemeinde XY sich beschwerend an das Corpus herantritt, *dann* wird zunächst an den unterdrückenden Reichsstand geschrieben. *Wenn* dieser nicht nachgeben will, *dann* wendet sich das Corpus an den Prinzipalkommissar usw. Die verschiedenen Stufen des Vorgehens sahen so aus, dass zuerst eine Abmahnung an den Unterdrücker erging, dann ein Schreiben an den Prinzipalkommissar, dann an den Kaiser und zuletzt die Möglichkeit von Repressalien und Selbsthilfe bestand. Hier waren zumindest ungefähre Wenn-dann-Beziehungen im Rahmen konditionaler Programmierung implementiert. Diese Programmierung wurde protestantischerseits in der so genannten Gradus-Lehre formalisiert[70]. Diese sah eine

---

66 Programme sind nicht die einzige Möglichkeit, richtige Entscheidungen vorzugeben. Als Funktionsäquivalente für Programme als Entscheidungsprämissen können Personen oder Kommunikationswege dienen.

67 *Luhmann*, Gesellschaft der Gesellschaft, 842. Grundsätzlich unterscheidet man drei Formen von Entscheidungsprämissen: Programme, Kommunikationswege und Personen. Personen als Entscheidungsprämisse kommen für das Corpus Evangelicorum nicht in Frage: Zwar entscheidet eine Personengruppe beim Corpus, nämlich die durch Instruktionen ihrer Höfe gebundenen Gesandten, aber diese tun dies keinesfalls voraussetzungslos, sondern sind an bestimmte, immer (in etwa) gleiche Vorgaben gebunden, die sich zu Routinen entwickeln und normativ werden. Kommunikationswege sind allenfalls insofern zu berücksichtigen, als die Gesandten an ihre allgemeinen Instruktionen gebunden sind, konkrete Sachfragen jedoch an den Hof rückkoppeln müssen, von wo aus sie dann ihre Anweisungen erhalten. Innerhalb des Corpus gibt es jedoch keine Hierarchie der Mitglieder oder Unterorganisationen, die auf dem „Dienstweg" eingeschaltet werden müssen. Stattdessen wird nach Programmen – konditionalen Programmen – entschieden, wobei die Rigidität eines Automatismus durch Beurteilungsspielräume abgemildert wird, so dass indirekt doch wieder Personen ins Spiel kommen. Dem Programm können sich jedoch kein Gesandter und kein Hof entziehen. Zum Begriff der Entscheidungsprämisse sowie den drei genannten *Luhmann,* Organisation und Entscheidung, 222–255, hier 238: „Im Ganzen (...) wird durch Setzung der Entscheidungsprämissen und ihre laufende Justierung ein Rahmen gesetzt, in dem eine Organisation ihre Welt konstruieren, Informationen verarbeiten und immer neu Unsicherheit in Sicherheit transformieren kann." *Simon,* Organisationstheorie, 70–75. Personen als Entscheidungsprämisse sind immer bei einem hohen Grad von Nichtwissen sinnvoll, das es sinnvoll erscheinen lässt, auf Kompetenz, Intelligenz, Kreativität und Urteilsfähigkeit von Personen zurückzugreifen.

68 *Luhmann,* Organisation und Entscheidung, 261.

69 Ebd., 263.

70 *Belstler,* Corpus Evangelicorum, 228–234.

schrittweise Verschärfung gemeinprotestantischer Maßnahmen bei Hartnäckigkeit der Gegenseite vor[71]. Mit diesem Gerüst wurde das Einzelverfahren stark entlastet, Komplexität bereits im Vorfeld reduziert. Das bedeutet, dass, anders als bei einer Zweckprogrammierung, bei der die Mittel variabel sind, nicht jedes Mal von neuem überlegt werden musste, wie vorzugehen sei. Der Gesamtkomplex aller Rechtssätze des Reichsreligionsrechts in protestantischer Auffassung war in den schon erwähnten ‚Principia Evangelicorum' zusammengefasst, der evangelischen Interpretation des Westfälischen Friedens und seiner Anwendung.[72]

Über die Einsetzung von Programmen wird in modernen formalen Organisationen *entschieden* – die Entscheidungsprämissen sind selbst wiederum durch Entscheidung eingesetzt[73]. Es gibt möglicherweise Richtlinien und Handbücher, in denen man nachlesen kann, wie zu entscheiden ist. Selbst wenn diese Richtlinien quasi gewohnheitsrechtlich umgangen werden, besteht in aller Regel eine verschriftlichte Regel, auf die man sich im Zweifelsfall beziehen kann – und die man taktisch einsetzen kann. Mit der Gradus-Lehre des Corpus Evangelicorum verhielt es sich freilich anders: Der von Moser und anderen beschriebene Ablauf war durch Herkommen und lang geübte Praxis legitimiert.

---

71 *Moser*, Von der Teutschen Religionsverfassung, 277: *Die Gradus seynd nach dem Instr. Pacis, a) daß der Beleidigende abgemahnet werde, und der Beleidigte sich zur Güte oder Recht erbiete; b) daß, wann dises nichts hilfft, der Beleidigte durch das Crays-Ausschreibamt, oder eine Kayserl. Comission, secundum nudum factum possessionis restituiret werde; c) daß, wann auch dises nichts fruchtet, alle Compaciscenten die Waffen gegen den Beleidiger ergreiffen.* Im Vorstellungsschreiben des Corpus Evangelicorum an den Kaiser, *Auf das über die Religions-Beschwerden der Augspurgischen Confessions-Verwandten am 12. April 1720. dictirte Kayserliche Commissions-Decret, unterm 16. Novembr. Erstbesagten Jahres abgelassen,* in: *Schauroth,* Vollständige Sammlung aller Conclusorum, Bd. 2, 759–808, bes. 769, betonen die Protestanten: *Die Natur gibt es auch selber an Hand, daß ordentlicher Weise man im Auf- und Absteigen Stuffen-weise gehen soll; hingegen aber lehret sie auch manchmal, nach Erforschung der nothdringlichen Eilfertigkeit oder Gefahr, (...) über einige Tritt geschwinder fortzuschreiten, wo man nicht zu spät kommen und seines Zwecks verfehlen will.*

72 Der Zusammenhang von Code und Programm kann systemtheoretisch allerdings auch schärfer gefasst werden, da im Grunde das Programm ja die Leitunterscheidung Recht/Unrecht in sich aufhebt. *Luhmann,* Organisation und Entscheidung, 238 f., legt dar, dass Organisationen, anders als die gesellschaftlichen Subsysteme, nicht allein nach einer einzigen Unterscheidung operieren. Zum notwendigerweise vorhandenen Code, der sie als Organisation einem solchen Teilsystem zuweist, treten weitere Unterscheidungen, oft etwa zuständig/nicht zuständig. Insofern sind organisationelle Programme das funktionale Äquivalent zu den Codes auf den Ebenen der gesellschaftlichen Funktionssysteme. Aufgrund der geringen internen Ausdifferenzierung des Corpus Evangelicorum fällt der genannte Unterschied hier nicht sehr stark ins Auge.

73 So etwa die Verfassung: Sie entscheidet, wie entschieden wird, wie Programme eingesetzt werden. Mehr noch: Sie enthält ein Programm für ihre eigene Programmierung und ist somit rekursiv. Dazu bereits früh: *Luhmann,* Politische Planung, 66–89; *ders.*, Recht der Gesellschaft, 472 f. Für das Alte Reich und seine gänzlich andere „Verfassung": *Stollberg-Rilinger,* Des Kaisers alte Kleider.

Programme haben als Entscheidungsprämisse den großen Nachteil, dass sie zunächst für eine bestimmte Bandbreite an denkbaren Fällen konzipiert sind oder sich, wie im Falle des Corpus, allmählich herausgebildet haben. Neuartige, anders gelagerte Probleme werden von starren Programmen nicht erfasst. Dann wiederum muss auf neue Programme oder aber andere Entscheidungsprämissen zurückgegriffen werden. Diesen Umstand machte sich etwa, wie noch zu zeigen ist, Preußen zu nutze, als es im Fall der Dierdorfer Religionsbeschwerden auf eine „härtere Gangart“ drängte und beklagte, dass mit der herkömmlichen Praxis den Beschwerden nicht mehr beizukommen sei[74].

Allerdings sind soziale Systeme keine trivialen Maschinen, die automatisch und direkt kausal mit einem Output auf ein Input reagieren. Die entsprechenden Maßnahmen des Corpus mussten von der evangelischen Konferenz erst ins Werk gesetzt werden. Es musste zunächst überprüft werden, *ob* die Voraussetzungen für ein Schreiben beispielsweise an den Kaiser überhaupt gegeben waren. Und bereits hier konnten unterschiedliche Auffassungen zu Tage treten. So stellte sich der kurbrandenburg-preußische Gesandte von Plotho im Fall der Beschwerden der reformierten Bürgerschaft des Residenzstädtchens Dierdorf, die in den 1750er Jahren gegen den von ihrem Landesherrn, dem reformierten Grafen von Wied-Runkel, gestatteten katholischen Klosterbau, stritt, auf den Standpunkt, der Fall sei *liquide,* das heißt völlig eindeutig: Der Graf verletze das Normaljahrsprinzip[75]. Der kursächsische Gesandte von Ponickau entgegnete ihm, der Fall sei bisher lediglich *nuda per narrata partis gravatae* bekannt, und schon deswegen blieben Zweifel am Normaljahreszustand[76]. Von der Beantwortung dieser Frage aber war abhängig, ob zunächst lediglich ein *Dehortations-Schreiben* an den Grafen zu senden sei, oder *schon dermahlen zu executivischen und manutenenz-Commissionen zu verschreiten* sei[77].

Unabhängig davon, dass bereits bei der Betrachtung der Geschehnisse und hernach bei der rechtlichen Bewertung Differenzen auftreten konnten, war die Wenn-dann-Beziehung ohnehin weniger strikt, als es der Idealtyp nahe legt. Aus Gründen der Opportunität konnte von einer Maßnahme abgesehen werden. So führte Kursachsen als Argument gegen die Beauftragung einer Manutenenzkommission, das heißt einer Kommission, die notfalls mit Waffengewalt gegen den Klosterbau einschreiten sollte, im Dier-

---

74 Konferenzprotokoll, 23. 4. 1755. HStADD, Geheimes Konsilium, Loc. 5143, Acta die Dierdorffer Religions.Beschwerden betr., Bd. 1, f. 32r-38v, hier 36r: *Eben dieses häuffe die Evangelischen Religions-Beschwerden täglich mehr, daß mann denen jenseitigen attentatis nicht zeitig und genugsam vorbeuge (...).*

75 Ebd., 33r-33v.

76 Ebd., f. 35r-35v.

77 Ebd., f. 35r. Wie bereits dargestellt, ging es in dem vorgestellten Fall auch darum, ob die Stufenfolge eingehalten werden müsse oder nicht, was die zugrunde liegende Konfliktmaterie nochmals erhöhte.

dorfer Fall auch an, dass dadurch der katholische Reichsteil ermutigt werde, ebenfalls so vorzugehen, *woraus am Ende schier unvermeidlich Unordnung und Unruhen im Reiche entstehen müßten*[78]. Umgekehrt lautete das preußische Argument, man müsse gleichsam den Anfängen wehren, damit die Angelegenheit nicht *insanable* werde[79]. Derartige Erwägungen konnten die Rigidität der strikten Konditionalprogrammierung bisweilen abmildern. Gerade aber der Streit um einzelne Stufen bestätigt ex negativo das Vorhandensein dieser Konditionalprogrammierung. Kursachsen berief sich auf diese Programmierung, wenn sein Reichstagsgesandter in der evangelischen Konferenz vorbrachte: *Kaum dürffte sich beÿm Corpore von alter vergangener Zeit her ein einiges dergleichen Exempel finden, da mann beÿm ersten Anbringen der Sache [...] sofort zu executivischen Mitteln geschritten seÿ*[80]. Der Kontext macht ganz klar, dass es zwar um eine Deeskalation eines sich abzeichnenden großen Konflikts ging, aber Kursachsen und seine Anhängerschaft in der Versammlung hier auf die allmählich sich steigernden Maßnahmen der Graduslehre Bezug nahmen.

Die hier vorgebrachte These ist, zusammengefasst, dass das Corpus Evangelicorum sich als Teil des Rechtssystems präsentierte und nach der Leitunterscheidung Recht / Unrecht kommunizierte. Die Programmierung als Zuweisung des Positiv- bzw. Negativwertes bestand in den ‚Principia Evangelicorum'. Diese waren jedoch nicht planerisch entstanden – die Positivität des Rechts ist eine Erfindung der Moderne – sondern hatten sich allmählich, im Großteil im ersten Viertel des 18. Jahrhunderts, entwickelt und durch Übung etabliert bzw. wurden als langjährige Übung und Gewohnheit konstruiert. Ein Vergleich mit der katholischen Interpretation der Reichsreligionsverfassung könnte übrigens zeigen, dass auch die katholische Seite nach dem Code Recht / Unrecht kommunizierte, aber in der Programmierung eine diametral entgegengesetzte Position einnahm, woraus das Problem legitimer Gewaltanwendung resultierte[81].

V. Verstrickung, Autonomie, Legitimität

Die Behauptung, dass sich die Teilnehmer der Verfahren, deren Voraussetzungen in personaler, zeitlich-räumlicher und rechtlicher Hinsicht in den voraufgehenden Abschnitten dargelegt wurde, durch eine Verstrickung in das Verfahren und den Aufbau einer Verfahrensgeschichte an dessen späteres Ergebnis banden, muss noch eingelöst werden. Es wird daher im Fol-

78 Ebd., f. 35r.

79 Ebd., f. 36r.

80 Ebd., f. 35v.

81 *Kalipke*, „Weitläufftigkeiten und Bedencklichkeiten", 442 f.

genden von der Rahmung der Verfahren weg und auf den dynamischen, prozessualen Charakter einzugehen sein. Neben die skizzierten Voraussetzungen tritt nun das Ereignishafte, in dem sich die verstrickende Wirkung von Verfahrensteilnahme entfaltet.

Beim Blick auf die Außenseite des corporalen Verfahrens war bereits festgestellt worden, dass sich die katholischen Reichsstände einem offiziellen Kontakt mit dem Corpus Evangelicorum entzogen. Sie taten dies, um Präjudizien zu vermeiden. Wie bei der Protestation, deren rechtliche Wirkung dadurch gewährleistet wurde, dass die Handlung mit der Rechtsposition in Übereinstimmung gebracht wurde[82], so brachte auch die katholische Seite ihre Rechtsposition dadurch in Übereinstimmung mit ihrem Tun, dass sie einen offiziellen Kontakt mit dem Corpus ablehnte[83]. Ausschlaggebend war in diesen Fällen die auch für die Verfahrenstheorie grundlegende Erkenntnis, dass man durch die Teilnahme an den entsprechenden Zeremonien, Ritualen und Verfahren diese in ihrer Gültigkeit bestärkte, sich selbst desavouierte und die Wirkung der eigenen Position konterkarierte. Teilnahme, Rollenübernahme bedeutet in aller Regel inneres Engagement und dadurch Bestätigung des Verfahrensergebnisses. Man kann darüber hinaus fragen, inwiefern nicht mit der Akzeptanz des Verfahrens auch die durch dieses Verfahren repräsentierte Ordnung mitakzeptiert wird[84]. Ein Grund mehr für die katholische Seite, sich nicht in ein Verfahren zu verstricken bzw. verstricken zu lassen.

So lehnten die katholischen Stände auch eine Beteiligung am Verfahren der Beilegung von Religionsbeschwerden ab, welches das Corpus Evangelicorum durchführte. Damit bewahrten sie sich auch vor der verstrickenden Wirkung des Verfahrens, die zu einer unbezahlten zeremoniellen Arbeit und somit zu einer Legitimation des Corpus und seiner Verfahren sowie von deren Ergebnis hätte führen müssen. Dass sie sicherlich das Verfahren nicht

---

82 *Schlaich,* Die Mehrheitsabstimmung im Reichstag zwischen 1495 und 1613, bes. 323–327; *ders.,* Die „protestatio“ beim Reichstag in Speyer von 1529.

83 *Haug-Moritz,* Corpus Evangelicorum, 192; *Belstler,* Corpus Evangelicorum, 96–99.

84 Dies könnte man als Umkehrung der Perspektive derjenigen Kritik an der Luhmannschen Verfahrenstheorie sehen, die die Akzeptanz von Entscheidungen eben nicht auf seine verstrickende Wirkung zurückführt, sondern auf die Akzeptanz der das Verfahren tragenden politischen Gesamtordnung. In umgekehrter Perspektive könnte man sagen, dass mit der Verstrickung in ein Verfahren auch dessen Voraussetzungen übernommen werden. Offensichtlich wird dies beispielsweise, wenn erwiesene Feinde der freiheitlich demokratischen Grundordnung der Bundesrepublik Deutschland deren Gerichte in Anspruch nehmen, um ihre Ansprüche durchzusetzen (Demonstrationsrechte, Pensionsansprüche u. a. m.). Diese Demokratiefeinde können dies nur deshalb ohne Gesichtsverlust bei ihren jeweiligen Bezugsgruppen tun, weil sie als Verfassungsfeinde deutlich ausgeflaggt sind und sich so von der dem Verfahren zugrunde liegenden freiheitlich-demokratischen Grundordnung distanzieren. Von den Beobachtern wird dieses Verhalten dann oft – und zu Recht – als „zynisch“ apostrophiert. Man denke etwa auch an das Konzept der legalen Machtergreifung der Nationalsozialisten zu Zeiten der Weimarer Republik.

für offen hielten, das heißt, dass sie die Aussicht, ihre Position innerhalb des Corpus überhaupt zur Mehrheitsmeinung machen zu können, nicht für gegeben hielten, dürfte diese Haltung verstärkt haben. Für die katholischen Stände existierte mithin keinerlei Teilnahmemotivation für das Verfahren.

Somit bleiben als Verfahrensbeteiligte die evangelischen Reichsstände bzw. deren Gesandte und die sich beschwerenden evangelischen Gemeinden, Einzelpersonen oder Obrigkeiten. Sie ließen sich auf das Verfahren ein, da sie in ihm die vielleicht letzte Chance erblickten, Recht zu erhalten, weil ihr Anliegen entweder von einem der Reichsgerichte, wenn sie sich überhaupt an diese gewendet hatten, bereits abschlägig beschieden worden war oder aber das Verfahren dort so in die Länge gezogen wurde, dass ihnen entweder die notwendigen finanziellen Mittel ausgegangen waren oder die Bedrückungen durch weiteres Zögern nur perpetuiert worden wären. So argumentierte die reformierte Bürgerschaft in dem bereits mehrfach erwähnten Dierdorfer Fall, man wolle sich nicht an eines der Reichsgerichte wenden, weil dies erstens zu einem *ungnädigen Ausbruch* des Grafen führen würde. Überdies seien zweitens die Kosten kaum aufzubringen, und es sei drittens *periculum in mora*[85]. Insofern blieb das Corpus als kostengünstige Alternative, von dem man sich eine Verbesserung der Situation versprach. Das Verfahren war offen, so dass eine Teilnahmemotivation gewährleistet war.

Im Gegensatz zu den Supplikanten gehörten die evangelischen Stände des Corpus zu den Entscheidern. Sie waren diejenigen, die über Wohl oder Wehe der Bittsteller befanden. Allerdings kann bei einer Kollegialentscheidung die idealtypische Unterscheidung von Entscheidern (Mächtigen) und Entscheidungsempfängern (Ohnmächtigen) nur bedingt aufrechterhalten werden, da bei kollegialen Formen der Entscheidungsfindung die Entscheidungen ja nicht immer einstimmig gefällt werden, so dass ein solcher Stand, der seine Auffassung nicht durchsetzen konnte, sich hinsichtlich der Entscheidungsakzeptanz in einer ähnlichen Situation wie die Supplikanten befand. Somit stellt sich auch bei den evangelischen Ständen als den Mitgliedern des Corpus Evangelicorum die Frage nach der Teilnahmemotivation. Eine Teilantwort ist sicherlich, dass die Mitwirkung an den corporalen Entscheidungen einen Selbstzweck darstellte, der in der Anhäufung symbolischen Kapitals, der Bestätigung der eigenen Reichsstandschaft und vor allem der Bestätigung des eigenen Ranges innerhalb der Hierarchie des Reiches, bestand[86]. Auf der anderen Seite muss gesehen werden, dass mit den

85 Memorial der reformierten Bürgerschaft zu Dierdorf, 28. 3. 1755. HStADD, Geheimes Konsilium, Loc. 5143, Acta die Dierdorffer Religions Beschwerden betr., Bd. 1, f. 5r-5v.

86 Zudem erklärt das symbolische Kapital, das die Gesandten selbst anhäuften, die Penibilität, mit der am Regensburger Reichstag auf das Zeremoniell geachtet wurde. *Stollberg-Rilinger*, Des Kaisers alte Kleider.

Entscheidungen des Corpus immer auch das Verhältnis des evangelischen Reichsteils und auch der Einzelstände zum Kaiser und zum katholischen Reichsteil tangiert war. Bei der diagnostizierten „Atomisierung der Politik, die die Reichsstände je nach anstehender Sachfrage in ständig wechselnden Parteiungen zusammenführte“[87], hätte die Zugehörigkeit zu einer strukturellen Minderheit eine Demotivation zur Teilnahme bedeuten können. Hätte, mit anderen Worten, Preußen mit seiner Klientel die übrigen Stände immer überstimmt, wäre die Teilnahmemotivation für diese Stände gering gewesen. Dies wiederum hätte sich auch schwächend und delegitimierend auf Preußen auswirken müssen, da ein lediglich aus preußischer Klientel bestehendes Corpus Evangelicorum wohl kaum eine durchschlagend legitimierende Kraft hätte entfalten können.

Die Motivation zur Teilnahme erwuchs jedoch aus der Tatsache, dass eine strukturelle Majorisierung eben nicht gegeben war. So ließen sich die Glieder des Corpus auf das Verfahren ein, weil sie ebenfalls die Chance sahen, ihre Auffassungen durchzusetzen. Diese waren jedoch nicht immer oder sogar selten gleichgerichtet, wie noch zu zeigen ist. Am Beginn stand somit die Ungewissheit über den Ausgang, d. h. umgekehrt die Chance, die eigenen Interessen durchzusetzen. Am Ende des Verfahrens stand, auch empirisch, stets eine Entscheidung. Beides motivierte allererst zur Teilnahme.

Im Verlaufe des Verfahrens legten sich die Teilnehmer immer weiter in ihrer Selbstdarstellung fest. Die Gemeinden etwa konnten in ihren Bittschriften die vorgebrachten Aussagen und auch die im Territorium vor Ort gesetzten Akte, die mit in die Verfahrensgeschichte einflossen, kaum noch zurücknehmen. Die beteiligten Reichsstände banden sich ebenfalls, indem sie etwa den Zustand des Normaljahres als eindeutig bewerteten, einem Schreiben an den Kaiser zustimmten usw. Änderungen ihrer Bewertungen konnten dann nur noch unter dem Preis einer inkonsistenten Selbstdarstellung und des Gesichtsverlusts vollzogen werden.

So erinnerte etwa der Kanzleidirektor des reformierten Grafen von Nassau-Siegen im Jahr 1709 den preußischen König daran, dass das Corpus Evangelicorum im Jahr zuvor bereits ein Conclusum gefasst habe, das es nun umzusetzen gelte[88]. Die Supplikanten rekurrierten hier bewusst auf die Verfahrensgeschichte, die nicht ignoriert werden konnte, auch wenn es manchem Beteiligten vielleicht lieber gewesen wäre. Wiederholte Suppliken besaßen daher oft weniger das Ziel, substantiell Neues an das Corpus zu berichten, als vielmehr die Funktion, zur Eile anzutreiben und vor allem

87 *Haug-Moritz*, Kaisertum und Parität, 448.

88 Conclusum in Conferentia Evangelicorum den 9. Sept. 1708. HStADD, Geheimer Rat, Loc. 10175 / 2, Das X. Buch Evangelische Religions-Sachen und Directorium betr., Anno 1707 / 08, f. 343r-v.

das Geschehene präsent zu halten und so zur Fessel werden zu lassen – auch für den König von Preußen. Auch er musste sich gegebenenfalls dem einmal Beschlossenen beugen. Es wurde eine Verfahrensgeschichte aufgebaut, die schrittweise Komplexität reduzierte, die Situation neu strukturierte und den Fortgang des Verfahrens mitbestimmte.

In Übereinstimmung damit war es in den konfessionell aufgeladenen Zeiten die Strategie der protestantischen Aktionspartei, das Corpus möglichst rasch durch Entscheidungen in ihrem Sinne zu Festlegungen zu drängen. Dagegen suchten die moderaten oder gar kaiseraffinen Stände diesen Prozess der Vereindeutigung zu vermeiden. Dies wird noch genauer zu zeigen sein.

Die von den Gesandten bzw. den sie entsendenden Reichsständen eingenommenen Rollen waren formal identisch. Zwar achtete das kursächsische Direktorium darauf, dass seine Prärogativen nicht geschmälert wurden, aber das Direktorium wurde offiziell als „Ministerium" verstanden, als Dienst an der evangelischen Sache[89]. Mit ihm verband sich keine hierarchische Vorzugsstellung. Trotz der Heterogenität der einzelnen Reichstände waren auf einer formalen Ebene alle evangelischen Reichsstände gleichrangig, wobei diese Gleichrangigkeit ihren Ausdruck darin fand, dass im noch genauer zu erläuternden Umfrageverfahren die Gesandten zwar gemäß der Sessionsordnung des Reichstags zu Wort kamen, aber garantiert war, dass wirklich jeder anwesende Stand ein Votum abgegeben durfte. Die Reichsstandschaft als solche wurde hierdurch symbolisch zum Ausdruck gebracht.

Die Erwartungen, die qua Mitgliedschaft im Corpus an einen evangelischen Reichsstand gerichtet wurden, waren für alle gleich: Akzeptanz der protestantischen Rechtsgrundsätze, die Bereitschaft, diese im eigenen Territorium auch umzusetzen und gegebenenfalls auch für sie einzutreten. Diesen Erwartungen durfte zumindest nicht öffentlich widersprochen werden. So waren die ‚Principia Evangelicorum' sogar schriftlich gesatzt, und Abweichungen von ihnen wurden geahndet, wie dies etwa der Graf von Wied-Runkel zu spüren bekam. Dieser reformierte Fürst wollte den Kapuzinern im Jahr 1750 den Bau eines Klosters bei seinem Residenzstädtchen Dierdorf gestatten. Auf die Intervention seiner ebenfalls reformierten Untertanen hin setzte sich das Corpus beim Grafen gegen den Bau ein, der gegen die evangelische Rechtsposition in der Simultaneumsfrage verstieß[90]. Das sich

89 *Moser*, Religionsverfassung, 373.

90 Die zwischen den Konfessionsparteien umstrittene Frage war, ob ein Herrscher seine eigene Konfession in seinem Territorium neu einführen durfte, wenn diese im Normaljahr dort nicht bestanden hatte und zugleich der Religionsausübung der herrschenden Konfession kein Eintrag geschah (Simultaneum innoxium). Die Protestanten lehnten das mit dem Verweis auf das Normaljahr ab, die Katholiken bejahten die Frage unter Hinweis auf das Ius reformandi des Landesherrn. Im Falle der Graf-

entspinnende, enorm langwierige Verfahren führte dazu, dass die Kapuziner sich im Jahre 1787 aus Dierdorf zurückzogen. Letztlich also hatte das Corpus seine Verfassungsinterpretation gegen das eigene Mitglied durchgesetzt.

Mit der Mitgliedschaftsrolle verband sich zudem die Verpflichtung, im Rahmen des Corpus Evangelicorum nach Maßgabe der Leitunterscheidung Recht / Unrecht in Bezug auf das Reichsreligionsrecht zu kommunizieren. Andere Rollen, etwa die als Reichsstand im politischen Machtgefüge des Reiches, waren zwar sicher von Bedeutung, durften aber im Rahmen des Verfahrens am Corpus nicht artikuliert werden. So besaß etwa Kursachsen das Problem, seine wienfreundliche Haltung nicht allzu deutlich werden zu lassen, um nicht bei den protestantischen Mitständen in Verruf zu geraten und so dort seinen (mäßigenden) Einfluss zu verlieren[91]. Aus diesem Grunde fürchtete es stets *Weitläufftigkeiten* und *Bedencklichkeiten,* weswegen ihm an Deeskalation gelegen war[92]. Diese Erwägungen konnten jedoch nur in sehr engen Grenzen im Verfahren des Corpus geltend gemacht werden, da hier nach dem Code Recht / Unrecht beobachtet wurde.

Diesem Gesetz unterlagen auch die Supplikanten, die sich mit ihren Anliegen an das Corpus wendeten. Sie schlugen zwar einerseits eine Unterwerfungs- und Schmeichelrhetorik an, mit der sie dem Umstand Rechnung trugen, dass das Corpus ein Zusammenschluss von Reichsständen und somit von Obrigkeiten war. Allerdings bemühten sie sich stets, ihr Anliegen in juristischen Deduktionen rechtlich zu begründen, indem sie beispielsweise die komplexen Materien auf die griffige Normaljahrsformel reduzierten. So wiederum wurden Rationalitätsfassaden errichtet[93]: Komplexere Sachverhalte, wie zum Beispiel dynastische Rivalität oder ökonomische Verteilungskämpfe, wurden hinter der Normaljahrsfassade versteckt. Nur indem die wirklich oder vermeintlich bedrückten Untertanen ihre Anliegen in den Code Recht / Unrecht übersetzten, konnten diese überhaupt Eingang in das corporale Verfahren finden.

In der Zeitdimension war das Verfahren autonom gestellt und besaß eigene Abläufe der Informationsverarbeitung. So stieß die lange Dauer der Verfahren bei den betroffenen Gemeinden oft auf Kritik. Diese wurden daher immer wieder mit neuen Memorialien vorstellig und drängten oft zu raschen Maßnahmen. Sie malten den völligen Untergang der evangelischen Konfession in der betreffenden Gemeinde an die Wand und riefen *pericu-*

---

schaft Wied-Runkel lag der Fall noch anders: Hier wollte ein protestantischer Reichsstand die katholische Konfession zulassen. Auch dies lehnte das Corpus Evangelicorum ab. Zur Simultaneumsfrage *Schäfer,* Das Simultaneum.

91 *Vötsch,* Kursachsen, 166.

92 *Kalipke,* Weitläufftigkeiten und Bedencklichkeiten.

93 *Ortmann,* Katzensilber.

lum in mora[94]. Das Verfahren fügte sich selten den Zeitvorstellungen der Teilnehmer.

Die evangelischen Gesandten bzw. Stände standen zueinander formal in einem symmetrischen Verhältnis. Außer der Mitgliedschaftsrolle gab es formal keine weitere Rollenhierarchisierung oder -spezifizierung, sieht man von der des Direktoriums und ihren bescheidenen Prärogativen einmal ab. Diese nivellierende Mitgliedschaftsrolle korrespondierte auch damit, dass man einander als quasi-souveräne Mächte entgegentrat[95]. Gleichwohl war auf einer nicht formalisierten Ebene völlig klar, dass etwa der Einfluss Preußens auf die Entscheidungsfindung den der Mini-Grafschaft Wied-Neuwied oder den Mecklenburgs um ein Vielfaches überstieg. Diese per se plausible Annahme wird durch den Umstand gestützt, dass sich der kursächsische Direktorialgesandte im Vorfeld der Konferenzen oft mit den Gesandten Kurbrandenburg-Preußens und Kurhannover-Englands besprach[96], und dadurch, dass diesen beiden und Kursachsen-Polen, ablesbar an den Konferenzprotokollen, der größte Redeanteil und die Meinungsführerschaft zukamen.

Was die Beschwerdeführer angeht, so muss man eine massive Asymmetrie zum Corpus Evangelicorum konstatieren. Die klagenden Gemeinden oder Einzelpersonen befanden sich schon im Verhältnis zu ihrer Territorialobrigkeit in einer schwächeren Position, sonst hätten sie ja nicht beim Corpus um Hilfe nachgesucht. Diese Asymmetrie auch zu den evangelischen Reichsständen verstärkte die Notwendigkeit, die angesprochene Unterwerfungs- und Schmeichelrhetorik anzuwenden und auf den verbürgten Rechtsanspruch, der dem Rechtscode Genüge tat, zu pochen. Beides ging bisweilen eine bemerkenswerte Mélange ein[97].

Dadurch, dass sich sowohl die Beschwerdeführer als auch die evangelischen Stände auf das Verfahren einließen und durch ihr Engagement implizit bejahten und anerkannten, banden sie sich auch an sein späteres Ergebnis, einerlei ob es für sie einen negativen oder positiven Befriedigungswert

94 Z. B. Schreiben des evangelischen Kanzleidirektors Zinckgräff an das Corpus Evangelicorum, undatiert, wahrscheinlich Anfang August 1709. HStADD, Geheimer Rat, Loc. 10175/3, Das XI. Buch Evangelische Religions-Sachen und Directorium betr., Anno 1708/09, f. 277r-280v.

95 *Stollberg-Rilinger*, Des Kaisers alte Kleider, zeigt für das Alte Reich deutlich die Interferenz einer hierarchischen Logik des Reichsverbandes und einer egalitären Logik der Souveränität.

96 *Moser*, Religionsverfassung, 374: *(...) wiewol doch gemeiniglich vorhero* [vor den Konferenzen; A. K.] *mit denen vornehmsten übrigen Gesandten verabredet wird, wann in einer Conferenz über ein- oder anderes berathschlagt werden solle, daß man zusammen kommen und wovon man handlen wolle.*

97 In diesem Zusammenhang besonders instruktiv das Schreiben der evangelischen Bürgerschaft zu Cronenberg an das Corpus Evangelicorum, 27. 10. 1765. HStADD, Geheimes Consilium, Loc. 5144, Acta Der Evangelischen Gemeinde zu Cronenberg Religions-Beschwerden betr., Anno 1764 seqq., Bd. 1, f. 62r-63v.

aufwies. Insofern übte das Verfahren Macht auf die Teilnehmer aus, sofern diese sich der Entscheidung fügten. Gemeinden etwa, deren Sache sich in den ersten Stadien des Verfahrens als nicht haltbar erwies und daher abschlägig beschieden wurden, waren dann isoliert, besaßen keine Möglichkeit mehr, Unterstützung zu mobilisieren, und hatten im Drama des Verfahrens für die Öffentlichkeit unbezahlte zeremonielle Arbeit geleistet. Ähnliches galt für die evangelischen Stände, die sich im Verfahren mit ihrer Meinung nicht hatten durchsetzen können. Sie allerdings waren bereit, „inhaltlich noch unbestimmte Entscheidungen innerhalb gewisser Toleranzgrenzen hinzunehmen“[98], und akzeptierten das Ergebnis in aller Regel. In noch darzustellenden Grenzen wird man daher von einer gewissen Legitimität durch Verfahren sprechen dürfen.

Im Verfahren kommt der Darstellung für die Öffentlichkeit eine besondere Bedeutung zu. Funktion des Verfahrens ist es ja, die Positionen der Parteien so weit zu isolieren, dass für die unterlegene Seite hernach keine soziale Unterstützung mehr erlangt werden kann. Das Publikum muss zumindest prinzipiell in der Lage sein, den Verfahrensverlauf zu verfolgen und zu sehen, „daß alles mit rechten Dingen zugeht“[99]. Dabei ist unerheblich, ob das jeweils konkrete Verfahren beobachtet wird: „Es genügt ein allgemeines und unbestimmtes Wissen, daß solche Verfahren laufend stattfinden und dass sich jedermann bei Bedarf darüber genauer unterrichten kann.“[100]

In Regensburg handelte es sich dabei um die Reichstagsöffentlichkeit, die durch die in Umlauf gebrachten Druckschriften der Parteien und den mündlichen Austausch der Gesandten eine Art von Informationsbörse darstellte[101]. Zwar muss man in Rechnung stellen, es bei der Reichstagsöffentlichkeit mit einer Öffentlichkeit zu tun zu haben, die durch mannigfaltige Barrieren in der freien Zirkulation von Informationen restringiert war, doch waren Druckschriften und selbst Beschlüsse der Reichstagskollegien für Interessierte verfügbar. Diesen Bedingungen unterlag auch der evangelische Ständebund. Das Corpus sorgte jedoch auch zu bestimmten Zeitpunkten eigens für eine gewisse Öffentlichkeitsarbeit. So wurden zweimal große Ausgaben aller Interzessionen des Corpus bei katholischen Mitständen und Kaiser und, sofern vorhanden, deren Entgegnungen veröffentlicht[102]. Diese Publikationen und weitere, ähnliche, hatten gewiss die Funktion, der Öffentlichkeit die Legitimation des corporalen Handelns zu

98 *Luhmann*, Legitimation durch Verfahren, 28.

99 Ebd., 123.

100 Ebd., 124.

101 *Arndt*, Gab es im frühmodernen Heiligen Römischen Reich ein „Mediensystem der Politischen Publizistik“?; *Friedrich*, Drehscheibe Regensburg.

102 *Schauroth*, Vollständige Sammlung aller Conclusorum; *Herrich*, Sammlung aller Conclusorum.

präsentieren. Sie sollten sicherlich überdies die konfessionelle Solidarität der Protestanten festigen, zumal in der Phase unmittelbar vor Ausbruch des Siebenjährigen Krieges. Die Art und Weise ist jedoch aufschlussreich: Indem lediglich die offiziellen Beschlüsse und Schreiben des Corpus zusammengestellt wurden, wurde die informelle Phase der Entscheidungsfindung, die diese offiziellen Schreiben hervorbrachte, invisibilisiert. Dadurch wurde das Vorgehen des Corpus mit einer Aura des Alternativ- und Ausweglosen umgeben. Kontingenz, das „es-hätte-auch-ganz-anders-laufen-Können", wurde ausgeblendet, um das Legitimationspotential voll auszuschöpfen.

Der Aspekt der Öffentlichkeit ist in einer weiteren Hinsicht von Bedeutung. Mit dem sich in der Frühen Neuzeit anbahnenden Übergang von schichtmäßiger zu funktionaler Differenzierung ging auch die allmähliche Entwicklung von zweistellig-hierarchischer Oben-Unten-Relation von Herrschern und Beherrschten zu einer beginnenden, dreistellig-kreislaufförmigen Differenzierung einher, die als Dritten das Publikum einschloss. Dessen Reaktionen wirkten auf das Handeln der übrigen Teilnehmer zurück und bestimmten es so mit. Die Reaktionen der Öffentlichkeit waren mithin von Belang, da auch die Obrigkeiten begannen, die Auswirkung ihrer Handlungen auf das Publikum zu berücksichtigen, wie vice versa die Supplikanten sich diesen Effekt zunutze machen konnten. Dadurch entstand ein dynamischer Machtkreislauf[103], der sich auch im Verfahren niederschlug. So ist es nicht verwunderlich, dass die Gemeinden ihre Gravamina auch am Reichstag insgesamt öffentlich machten und nicht lediglich beim Corpus als einer Art Beschwerdestelle einreichten.

VI. Das Herzstück der Entscheidungsherstellung: Die Umfrage

Jedwedes Entscheidungsverfahren weist über die technisch-instrumentelle Dimension hinaus auch eine symbolisch-expressive Dimension auf. So weist etwa die allgemeine, freie, gleiche, geheime und unmittelbare Wahl in einem Staatskörper auch symbolisch auf die Gleichheit und Selbstbestimmtheit der Staatsbürger hin, zwischen denen hinsichtlich ihres staatsbürgerlichen Ranges und ihres Partizipationsrechts kein Unterschied bestehen soll. Vom preußischen Dreiklassenwahlrecht ging dagegen eine andere Botschaft aus. Dass die Bundesländer im Bundesrat nicht nacheinander gemäß ihrer Größe abstimmen, sondern in der Regel gleichzeitig durch Handzeichen der jeweiligen Stimmführer[104], bringt den föderalen Charak-

103 Beschrieben bei *Luhmann*, Politik der Gesellschaft, 256–258.

104 Eine Ausnahme besteht nur bei Verfassungsänderungen. Hier wird durch Umfrage nacheinander abgestimmt, um das Stimmverhalten jedes einzelnen Landes im Protokoll festzuhalten. Dass dabei aber in alphabetischer Folge abgestimmt wird,

ter genauso zum Ausdruck wie der Umstand, dass die Stimmen des jeweiligen Landes nur gesamt abgegeben werden können und dass die Anzahl dieser Stimmen nur äußerst schwach mit der Größe des Landes korreliert[105]. Dass den politischen Institutionen und ihren Verfahren zwei nur analytisch zu scheidende Dimensionen eignen, gilt freilich nicht nur für die modernen Parlamente: „Frühneuzeitliche Ständeversammlungen [...] waren nämlich stets – in mehr oder weniger ausgeprägtem Maße – *sowohl* politische Entscheidungsorgane *als auch* symbolische Inszenierungen. Sie lassen sich immer zugleich *instrumentell* als Mittel zur Herstellung *und symbolisch* als Mittel zur Darstellung von politischer Einheit verstehen."[106]

Auch für vormoderne Institutionen gilt die allgemeine Beobachtung, dass die Entscheidungsverfahren technische und symbolische Dimensionen aufweisen. In dieser Hinsicht ist das *Corpus Evangelicorum* von besonderem Interesse. Dieses postulierte gegenüber dem katholischen Reichsteil den Mehrheitsentscheid[107]. Sachlich war dies geboten, um zu verhindern, dass ein einziger dissentierender evangelischer Stand jede gemeinprotestantische Meinungsbildung und somit den Gang in die Religionsteile hätte verunmöglichen können, was die Protestanten unter das Joch der katholischen Majorität hätte drücken müssen. Der Mehrheitsentscheid war wesentliches Merkmal des Korporationscharakters einer ständischen Vereinigung[108]. Dieser stellte juristisch ihre Handlungsfähigkeit gegenüber Dritten her. Es ist wichtig, die Funktion des Mehrheitsentscheides beim Corpus Evangelicorum zu sehen: Er war viel weniger ein Verfahrensprinzip nach innen, als vielmehr das Unterpfand protestantischer Verfahrensautonomie nach außen gegenüber dem katholischen Reichsteil[109].

Statt des postulierten Mehrheitsprinzips wurde corpusintern jedoch das Umfrageverfahren praktiziert, das auch bei den gewöhnlichen Reichstagskurien sowie zahlreichen anderen Gremien der ständischen Gesellschaft Anwendung fand[110]. In der Umfrage erbat das kursächsische Direktorium

unterstreicht die These, dass von einer prinzipiellen Gleichheit der Länder ausgegangen wird. Die alphabetische Folge soll eben verhindern, dass die zwangsläufig entstehende Präzedenz in eine Rangfolge umgedeutet werden könnte.

105 So haben etwa Niedersachsen (8 Millionen Einwohner) und Nordrhein-Westfalen (18 Millionen Einwohner) dieselbe Stimmenzahl im Bundesrat (6). Oder anders: Für Bremen kommen 0,22 Millionen Einwohner auf eine Bundesratsstimme, für Nordrhein-Westfalen 2,99 Millionen. Es geht eben nicht um eine gleiche Repräsentanz der Einwohner der Länder, sondern um den Staatscharakter der Länder, der sich auch im Abstimmungsmodus niederschlägt.

106 *Stollberg-Rilinger,* Herstellung und Darstellung politischer Einheit, 77.

107 *Schlaich,* Maioritas Bd. 2, 155. Auch in der protestantischen Publizistik wurde der Mehrheitsentscheid im Corpus postuliert. Siehe dazu die zahlreichen Belege bei *Belstler,* Corpus Evangelicorum, 62.

108 *Stollberg-Rilinger,* Vormünder des Volkes?, 94; *Schlaich,* Mehrheitsabstimmung, bes. 334–337.

109 *Schlaich,* Maioritas, Bd. 2, 155.

die Voten der einzelnen Stände in der Reihenfolge des Sessionsschemas und fasste diese am Ende auf einen gemeinsamen Fokus hin zusammen, so dass sich alle oder zumindest ein Großteil der Votanten darin wiederfinden konnte[111]. Diese Zusammenfassung stellte dann das offizielle Conclusum des Corpus dar. Die Formulierung des Beschlusses stellte eine Aufgabe dar, die dem Direktorialgesandten Einflussmöglichkeiten bot, aber auch Fingerspitzengefühl verlangte.

Das Umfrageverfahren kannte keine Trennung von Debatte und Abstimmung. Es wurde kein Beschlussvorschlag vorgelegt, den man eindeutig mit Ja oder Nein hätte ablehnen oder annehmen können. Sein Votum abzugeben bedeutete, die eigene Ansicht zu äußern und zugleich abzustimmen[112]. Demzufolge lassen sich in den Quellen niemals Stimmergebnisse wie etwa „8 zu 3“ oder „6 zu 5“ finden. Die Mehrheit war bestenfalls eine qualitative, keine quantitative. Die Stimmen wurden gewogen, nicht gezählt[113]. Diejenigen Stände, die ihrer Meinung keine Verbindlichkeit zu verschaffen wussten, konnten *nicht durchtringen*[114].

Im Rahmen der Umfrage wurde trotz sicher oft divergierender Interessen die Fiktion einer gemeinsamen Wahrheitssuche aufrechterhalten. Im Rah-

---

110 Siehe bspw. *Schlaich*, Die Mehrheitsabstimmung, bes. 316–319; *Schipmann*, Politische Kommunikation in der Hanse, bes. 18–30; *Schmidt*, Der Städtetag in der Reichsverfassung, bes. 105–109; *Neu*, Inszenieren und Beschließen, 257–284; *Scheuner*, Mehrheitsprinzip, 49 stellt als Regel auf: „Überall dort, wo der Kreis der Bestimmenden nicht unter dem demokratischen Gebot der Gleichheit politisch bestimmt ist, sondern ständisch-korporative Vorstellungen vorherrschen, um bestimmte Vertretungen oder Gremien zu bilden, hat die dann erfolgende Anwendung des Mehrheitsprinzips nur mehr formale Bedeutung, aber keine Beziehung mehr auf demokratische Strukturen.“ Dieser Hiatus zwischen formal postuliertem Prinzip und praktischer Anwendung gilt auch für das Corpus Evangelicorum. Umgekehrt ist die Tatsache, dass die Mehrheitsregel am Reichstag – und beim Corpus Evangelicorum – stets prekär blieb, „ein Indiz für die mangelnde korporative Geschlossenheit des Reichstags und den personalen, hierarchischen Charakter der reichsständischen Repräsentation“. *Stollberg-Rilinger*, Zeremoniell als Verfahren, 111.

111 Die stets gleiche Reihenfolge wird ersichtlich an verschiedenen Konferenzprotokollen, siehe nur bspw. Konferenzprotokoll vom 1. 11. 1724. HStADD, Geheimes Konsilium, Loc. 4988, Directorium in Evangelicis betr. Vol. XVI, f. 294r-296r; Konferenzprotokoll vom 23. 4. 1755. HStADD, Geheimes Konsilium, Loc. 5143, Acta die Dierdorffer Religions.Beschwerden betr., Bd. 1, f. 32a-38b; Konferenzprotokoll vom 23. 9. 1755. HStADD, Geheimes Konsilium, Loc. 5143, Acta die Dierdorffer Religions-.Beschwerden betr., Bd. 1, f. 203r-207r. Vgl. hingegen *Moser*, Von der Teutschen Religionsverfassung, 384, der keine festgelegte Reihenfolge erkennen kann: *In diesen Conferentien der Evangelischen wird ferner in dem Siezen und Umfragen kein Rang beobachtet*. Richtig ist, dass die Kurienordnung nicht befolgt wurde, sondern sämtliche evangelische Stände in einer einzigen Umfrage zu Wort kamen. Die sächsischen Protokolle zeigen jedoch, dass bei der Umfrage stets die am Reichstag übliche Reihenfolge eingehalten wurde. Dem entspricht, dass die Reihenfolge im Protokoll auch durch den einführenden Hinweis *Inter Alternantes Stropha prima* oder *Inter Altenantes Stropha secunda* etc. bezeugt wird.

112 *Stollberg-Rilinger*, Zeremoniell als politisches Verfahren, 109.

113 Ebd., 111.

114 Äußerung des württembergischen Reichstagsgesandten Hiller aus dem Jahre 1698. Zitiert nach *Belstler*, Corpus Evangelicorum, 64.

men des Verfahrens billigte man sich jeweils Gegnerschaft als erlaubt zu[115]. Obschon die Konferenzprotokolle des kursächsischen Gesandten sich in aller Regel auf die Wiedergabe des als wesentlich Empfundenen beschränken und nicht als Wortprotokolle aufzufassen sind, lässt sich ein spezifischer Umgangston herauslesen. Dieser wirkt stets zurückgenommen. Es fallen keine harschen Worte, und der Diskurs mutet sachorientiert an. Legt das kursächsische Direktorium einen Entwurf für ein Schreiben vor, so wissen die übrigen Gesandten meist nichts zu *erinnern* oder *erinnern* lediglich dieses oder jenes. Darin kommt die Gemeinsamkeit der Anstrengungen besonders gut zum Ausdruck: Vermisst ein Gesandter in dem Konzeptschreiben einen Sachverhalt oder Umstand, so wird dem Direktorium keinesfalls Pflichtvergessenheit, Schludrigkeit oder Vorsatz unterstellt, sondern es wird nur etwas *erinnert*. Bisweilen werden sogar Dankesbezeugungen notiert[116]. So wurde auch der anders gesinnte Reichsstand bzw. dessen Gesandter in seiner Rolle bestätigt. Damit gewannen Takt und Höflichkeit in ihrer zeittypischen Ausformung eine spezifische Funktion für den Erhalt des Verfahrens als soziales System und sind nicht als bizarre, letztlich überflüssige Phänomene zu werten, die das „eigentliche" Verfahren belasteten[117].

Wollte man eine Typologie der Beschlussfassung im Rahmen der Umfrage am Corpus aufstellen, so könnte man vier Idealtypen unterscheiden:

1. Realer Konsens. Gerade in konfessionell ruhigeren Zeiten herrschte bei vielen Entscheidungen Einigkeit.

---

115 *Luhmann*, Legitimation durch Verfahren, 50 f. Es ist wichtig, den fiktiven Charakter der gemeinsamen Wahrheitssuche zu betonen, der eine Kooperation im Verfahren überhaupt erst ermöglicht. Die Verfolgung eigener Interessen und agonales Verhalten werden so jedoch keinesfalls verhindert.

116 Z. B. Konferenzprotokoll, 18. 2. 1761. HStADD, Geheimes Konsilium, Loc. 5031, 29. Buch Evangelische Religions-sachen, welche seither Francisci I. Kayserl. Majt. Regierung bey dem Reichs Convent vorgekommen, f. 183r-184v, hier f. 184r *Und da facta lectione dabeÿ irgend etwas nicht erinnert, vielmehr dem Directorio für die desfallßige Mühwaltung Dank erstattet worden (...)*, f. 183r-184v, hier f. 184r; Konferenzprotokoll, 30. 9. 1730: *Praesentes: Danckten vor diese Nachrichten, und ließen es pro hic et nunc dabeÿ bewenden.* HStADD, Geheimes Konsilium, Loc. 4992, Directorium in Evagelicis betr., XLVII. Buch, f. 310r-314v, hier f. 313v.

117 *Luhmann*, Legitimation durch Verfahren, 100–106 zeigt auf, dass die Zubilligung von Gegnerschaft im Verfahren erst die Fiktion einer gemeinsamen Wahrheitssuche und damit die Reduktion von Kontingenz ermöglicht. Das Verfahren als soziales System, das der „Doppelerfordernis des Erfassens und Begrenzens der Konflikte" nachkommt, wird durch Takt und Höflichkeit stabilisiert, so *Luhmann*, Funktionen und Folgen, 358–363; *Mergel*, „Sehr verehrter Herr Kollege", zeigt auf, wie die spezifische Formensprache im Reichstag zur Einhegung von Konflikten beitrug. Diese politischen Sprache, die von der linken Sozialdemokratie bis zum rechten DNVP-Flügel gepflegt wurde, boykottierten bewusst KPD und NSDAP, indem sie die Symbole von Einigungsbereitschaft, Sachlichkeit, Höflichkeit und Regelbewusstsein durch eine gänzlich antagonistische Sprache konterkarierten. Dies wirkte im institutionentheoretischen Sinne auch auf die Integrationsfunktion des Parlamentes zurück und trug so zur Destabilisierung der ersten deutschen Demokratie bei. Ausführlich *Mergel*, Parlamentarische Kultur in der Weimarer Republik.

2. Kompromiss. Der Kompromiss war freilich keiner in der Sache selbst, da rechtliche Fragen, zumal wenn darin höchste Güter wie das Seelenheil thematisiert wurden, nicht verhandelt werden konnten. Insofern konnte auch das Prinzip vertagter Gegenleistung nur sehr unterschwellig zum Tragen kommen. Das Prinzip der vertagten Gegenleistung beruht zwar auf dem Do-ut-des-Prinzip, allerdings sind Gabe und Gegengabe nicht expliziert und nicht zeitlich koordiniert. Man erhofft sich für eine nicht als solche deklarierte Gabe eine nicht spezifizierte Gegengabe in der Zukunft[118]. Beim Corpus konnten Kompromisse allenfalls bezüglich der Geschwindigkeit der zu ergreifenden Maßnahmen eingegangen werden: Sollte vor einem Abmahnungsschreiben an den unterdrückenden Stand noch einmal das mündliche Gespräch gesucht werden? Sollte der Kaiser schon jetzt oder zu einem späteren Zeitpunkt oder überhaupt eingeschaltet werden? Dabei trachteten die moderaten und kaisernäheren Stände unter kursächsischer Führung, stets *Weitläufftigkeiten* und *Bedenklichkeiten* fürchtend[119], meist danach, das Verfahren zu verlangsamen, ohne die Richtung insgesamt jedoch ändern zu können, wohingegen Preußen mit seiner Anhängerschaft oft das Gegenteil erreichen wollte. Daher kam es vor, dass in einer Umfrage kein Ergebnis erzielt werden konnte, so dass noch einmal umgefragt wurde, oder aber man entschied, zunächst Instruktionen von den Höfen einholen zu wollen und die Umfrage auf der nächsten Konferenz noch einmal aufnehmen zu wollen. So einigten sich beispielsweise die evangelischen Stände auf ihrer Konferenz am 23. April 1755 darauf, den beiden fürstlichen Häusern Ansbach und Nassau-Oranien einen *Invigilierungsauftrag* zu erteilen, das heißt die Aufgabe, darauf zu achten, ob der reformierte Graf von Wied-Runkel dem Kapuzinerorden weiterhin den Bau eines Klosters nahe seiner Residenzstadt Dierdorf gestatten würde[120]. Dieser extrem schwammige

---

118 *Luhmann,* Funktionen und Folgen, 338–341. Den Mechanismus hat Bourdieu genauer analysiert und dabei das zeitliche Intervall betont, das Gabe bzw. Leistung von Gegengabe bzw. Gegenleistung trennt und unter dem Tabu der expliziten Formulierung und dem Mechanismus der *self-deception* die Illusion unberechneter Leistung aufrechterhält. Die Erwartung, auch eine Gegengabe zu erhalten, ist nicht sagbar, vielmehr sind Geben und Gegengeben habitualisiert, also vorbewusst. Dazu *Bourdieu,* Sozialer Sinn, 180–204, 205 f.; *ders.,* Praktische Vernunft, 163–182.

119 Evangelische Gesandtschaftsrelation vom 17. 1. 1765. HStADD, Geheimes Konsilium, Loc. 5144, Acta der Evangelischen Gemeinde zu Cronenberg Religions-Beschwerden betr., Anno 1764 seqq., Bd. 1, f. 17r-19v, hier 18r; Evangelische Gesandtschaftsrelation vom 19. 12. 1765. HStADD, Geheimes Konsilium, Loc. 5144, Acta der Evangelischen Gemeinde zu Cronenberg Religions- Beschwerden betr., Anno 1764 seqq., Bd. 1, f. 64r-71r, hier 67r.; *Kalipke,* Weitläufftigkeiten und Bedencklichkeiten.

120 Konferenzprotokoll, 23. 4. 1755. HStADD, Geheimes Konsilium, Loc. 5143, Acta die Dierdorffer Religions.Beschwerden betr., Bd. 1, f. 32r-38v, passim. Die zugrunde liegende Problematik ist die des *Simultaneum innoxium,* d. h. der Frage, ob es einem Landesherrn gestattet sei, neben der durch das Normaljahr bestimmten Landeskonfession eine weitere, möglicherweise seine eigene, ohne Schaden für die herrschende Konfession einzuführen. Während die Protestanten dies unter Verweis auf das Normaljahr verneinten, bejahten die Katholiken dies unter Verweis auf das

Beschluss stellte einen Kompromiss zwischen Kurbrandenburg-Preußen und seiner Klientel einerseits sowie Kursachsen-Polen und seiner Anhängerschaft andererseits dar. Während letztere nämlich lediglich ein „Abmahnungsschreiben" an den Grafen beschließen wollten, war es das erklärte Ziel der erstgenannten, eine so genannte *Manutenenzkommission* einzusetzen, das heißt eine Kommission aus Ansbach und Nassau-Oranien, die notfalls mit Gewalt den Bau des Klosters verhindern sollte. Um zu diesem Kompromiss zu gelangen, waren mindestens drei Umfragen notwendig, so viele weist das Protokoll aus. Zwar gelang es Kursachsen, dem preußischen Vorschlag gleichsam die Zähne zu ziehen, doch war die Richtung vorgegeben. Zudem war die Verschnaufpause nur von kurzer Dauer.

Die Vorschutzung mangelnder Instruktionen bot ebenfalls eine oft genutzte Möglichkeit zur Verzögerung[121]. Die aus alldem resultierende Langwierigkeit des gesamten Verfahrens, welche von den betroffenen Gemeinden oft als schmerzlich empfunden wurde – manche Fälle waren jahrzehntelang anhängig –, profitierte dabei von der Permanenz des Immerwährenden Reichstages, der, wie es von anderer Seite formuliert worden ist, die perfekte Umwelt eines solchen Verfahrens darstellte[122].

Obschon nun die politischen Divergenzen im Corpus zwischen den Flügelmächten Brandenburg-Preußen und England-Hannover einerseits sowie Kursachsen-Polen andererseits oft sehr groß waren, kam es nur sehr selten zu völlig ausufernden Umfragen. Zur Pazifizierung einer nicht selten durch starke Antagonismen geprägten Situation trug bei, daß nicht bei jeder Religionsbeschwerde neu überlegt werden musste, wie vorzugehen sei, sondern im Ganzen ein konditioniertes Verfahren mit zumindest ungefähren Wenn-Dann-Beziehungen vorlag. Sicher spielte dabei auch eine

ius reformandi. Diese Gegenüberstellung korrespondierte mit der Frage *cui bono?*, da es fast immer Katholiken waren, die ein Simultaneum für ihre Konfession einführten – und oft genug als Ansatzpunkt für eine Rekatholisierung des entsprechenden Territoriums zu nutzen versuchten. Allerdings gerieten die Protestanten mit ihrer Haltung in eine antiaufklärerische und intolerante Position. Offensichtlich wird dies im angeführten Beispiel, wo dem reformierten Grafen die Tolerierung eines katholischen Klosters untersagt wurde. Demzufolge wurden auch Gerüchte gestreut, der Graf wolle konvertieren, was sich jedoch nicht bewahrheitete. Preußen und seiner Klientel ging es hier im Präludium zum Siebenjährigen Krieg freilich um markige Positionierung gegenüber den Katholiken. Zum Simultaneum *Schäfer*, Das Simultaneum.

121 Bisweilen wurde dabei auch „über Bande" gespielt. *So hat der kursächsische Gesandte von Ponickau es dahin veranlaßet, daß sie* [die chur-braunschweigische Gesandtschaft; A. K.], *um die bevorstehende Conferenz auf schickliche Art annoch zu hintertreiben, alles Mögliche selbst versuchen wird, falls aber solches zu bewürcken ohnmöglich fallen sollte, die Sache durch den ihres Orths vorzuschüzenden Instructions-Mangel, unter dem dißeitigen Beytritt und Zustimmung, in salvo zu erhalten gedenket*. Evangelische Relation vom 11. 8. 1755. HStADD, Geheimes Konsilium, Loc. 5143, Acta die Dierdorffer Religions Beschwerden betr., Anno 1755 seqq., Bd. 1, f. 130r-135v, hier 135r.

122 *Krischer*, Inszenierung und Verfahren auf den Reichstagen der Frühen Neuzeit.

maßgebliche Rolle, dass die Gesandten der bedeutenderen Stände verschiedentlich schon im Vorfeld informell eine Lösung anbahnten.

3. Typus: Das „verdeckte Mehrheitsprinzip" – ein von Heinrich Mitteis geprägter Ausdruck[123]. Es konnte vorkommen, dass eine beträchtliche Mehrheit ein bestimmtes Vorgehen verlangte, sich jedoch eine kleine Minderheit dem widersetzte. Wenn die Mehrheit recht deutlich war, die Angelegenheit für sie von hinreichender Wichtigkeit war[124] und sie keinen Kompromiss schließen wollte, geschah es, dass sich die Minderheit zu fügen hatte. Diese blieb zwar bei ihrer Meinung, hielt jedoch nach außen die Konsensfiktion aufrecht. Auch wenn hier vieles fehlte, was einen Mehrheitsentscheid charakterisiert – Trennung von Deliberation und Abstimmung, quantitative statt qualitativer Mehrheit –, so mussten sich letztlich doch die Wenigen den Vielen beugen. Formal stand am Ende die Einstimmigkeit, so dass man vom „verdeckten Mehrheitsentscheid" sprechen muss. Es war die der Umfrage gemäße Form, die Vergewaltigung der übergroßen Mehrheit durch die kleine Minderheit zu verhindern, um mit Georg Simmel zu sprechen[125]. Eine „Vergewaltigung" durch die Mehrheit wurde verhindert, indem man sich ihr anschloss!

Ein gutes Beispiel für einen solchen verdeckten Mehrheitsbeschluss liefert wiederum der Fortgang der Dierdorfer Religionsangelegenheiten. Nachdem im April 1755, wie beschrieben, der Kompromiss einer Invigilationskommission zustande gekommen war, wurde im Juni desselben Jahres die Einrichtung einer Manutenenzkommission beschlossen, deren Mitglieder notfalls mit Waffengewalt gegen den Klosterbau einschreiten sollten[126]. Neben Ansbach und Nassau-Oranien erging die Bitte an Preußen, sich als Kreisausschreibender des Westfälischen Kreises dieser Aufgabe gegebenenfalls zu unterziehen[127]. Mit diesem Beschluss war der Kompromiss aus dem April hinfällig geworden. Kursachsen-Polen, Sachsen-Gotha und Mecklenburg hatten sich, unterschiedlich intensiv, einem solchen Beschluss entgegengestellt, der dann jedoch *per vota eminenter majora* zustande gekommen war[128]. Das Angebot Kursachsens, *zu Erziehlung durchgängiger*

---

123 *Mitteis,* Die deutsche Königswahl, 75.

124 *Flaig,* Ritualisierte Politik, betrachtet die jeweilige Präferenzstärke der Teilnehmer an den Comitien der mittleren und späten römischen Republik und arbeitet so typologisch das Stimmverhalten heraus.

125 *Simmel,* Exkurs über die Überstimmung.

126 Konferenzprotokoll, 4. 6. 1755. HStADD, Geheimes Konsilium, Loc. 5143, Acta die Dierdorffer Religions Beschwerden betr., Anno 1755 seqq., Bd. 1, f. 68r-75r, passim. Zu Manutenenzkommissionen: *Belstler,* Corpus Evangelicorum, 227–237, bes. 229.

127 Die Reichskreise spielten im Selbsthilferecht der Protestanten eine prominente Rolle. *Belstler,* Corpus Evangelicorum, 227–237.

128 Evangelische Gesandtschaftsrelation vom 9. 6. 1755. HStADD, Geheimes Konsilium, Loc. 5143, Acta die Dierdorffer Religions Beschwerden betr., Anno 1755 seqq., Bd. 1, f. 60r-67r, hier f. 64r.

Einstimmigkeit[129] entweder ein Interzessionsschreiben an den Kaiser zu verfassen oder aber es bei dem Invigilierungsauftrag an Ansbach und Nassau-Oranien zu belassen, wurde durch die Mehrheit zurückgewiesen. Dieses kursächsische Angebot verweist allerdings auf die sonst übliche Gewohnheit, möglichst einhellige Entscheidungen zu treffen. Im vorliegenden Fall wurde davon jedoch abgerückt, und letztlich mussten sich die Stände der Minorität der gegenteiligen Mehrheit beugen. Die unterlegenen Stände machten zwar klar, dass sie weiter eine andere Meinung besaßen, konnten diese aber nicht durchsetzen[130]. Das Votum Sachsen-Gothas in der nämlichen Konferenz macht dies sehr deutlich: *Sachsen-Gotha: beziehe sich ad votum von vorletzter Conferenz* [lediglich ein Abmahnungsschreiben an den Grafen zu senden; A. K.] *jedoch da per majora ein mehreres über diß noch in der Sache beliebet werden wolte, so könne man dermahlen, nach inzwischen erhaltener ausdrücklichen Instruction [...] in so ferne auch hierzu concurriren, daß ex parte Corporis ein angelegentliches allerunterthänigstes Vorstellungs-Schreiben an allerhöchsten Executorem Pacis, zu Reichs-Constitutions-mäßiger schleunigster Erledigung derer Beschwerden [...] abzulaßen, zugleicher Zeit dann aber auch die hochfürstl. Häußer Anspach und Naßau-Oranien zu requiriren wären, um aller in Religions-Sachen vorseÿenden Innovation zu Dierdorf sich allenfalls mit Gewalt entgegen zu stellen*[131]. In diesem Votum wird überdeutlich, dass Sachsen-Gotha der Mehrheit beitrat, ohne seine eigene Auffassung geändert zu haben. Kursachsen besaß zudem das Problem, als bekannt kaiseraffiner Stand auf seine Reputation bei den Protestanten achten zu müssen. Aus diesem Grunde findet sich in den Anweisungen an den Direktorialgesandten oft die Maßgabe, die Obstruktion gegen die Instrumentalisierung des Corpus durch Preußen nicht zu weit zu treiben. Im beschriebenen Dierdorfer Fall besaß der Gesandte von Ponickau die Instruktion, auf ein Vorstellungsschreiben an den Kaiser, *so viel nur immer mit guter Art geschehen kann* hinzuwirken. Er solle, *wenn aber gleichwohl, dessen ungeachtet, die mehresten Stimmen auf ein weiteres, und auf gewiße manutenenz- oder Executions-Aufträge ausfallen solten, selbigen euch so starck nicht entgegen stellen, daß etwann daraus gefolgert werden könnte, als ob ihr euch des Directorialamts entzöget, vielmehr*

---

129 Konferenzprotokoll, 4. 6. 1755. HStADD, Geheimes Konsilium, Loc. 5143, Acta die Dierdorffer Religions Beschwerden betr., Anno 1755 seqq., Bd. 1, f. 68r-75r, hier f. 70r.

130 Man hätte sich gewünscht, dass die Gegenargumente berücksichtigt worden wären, *gleichwohl aber sich der Directorial-Incumbenz, in Ansehung deßen, was per majora in substrati beliebet worden, zu entziehen die Meÿnung nicht wäre, mithin in Conformitœt solcher majorum, und deßfallßigen Schlußes Corporis, der Antrag hiermit an die vortreffl. Chur-Brandenburgische Gesandtschafft geschehe (...)*, Konferenzprotokoll, 4. 6. 1755. HStADD, Geheimes Konsilium, Loc. 5143, Acta die Dierdorffer Religions Beschwerden betr., Anno 1755 seqq., Bd. 1, f. 68r-75r, hier f. 71v.

131 Konferenzprotokoll, 4. 6. 1755. HStADD, Geheimes Konsilium, Loc. 5143, Acta die Dierdorffer Religions Beschwerden betr., Anno 1755 seqq., Bd. 1, f. 68r-75r, hier f. 69r-v.

[...] euch zu formirung des conclusi nach denen majoribus [...] verstehen[132]. Diese Grundhaltung kommt häufig in der Instruktion an den Gesandten zum Ausdruck, der Mehrheit beizutreten.

4. Ausstiegsmöglichkeit: In absoluten Grenzfällen konnte die Konsensfiktion nicht aufrechterhalten werden. Ein Stand erklärte, an einem Beschluss keinen Anteil nehmen zu wollen, das heißt, der Mehrheit nicht beizutreten. Dies tat etwa Kursachsen in der Frage der Acht über Friedrich den Großen[133]. Anders als in der Exit-Option im Rahmen der Verhandlung über völkerrechtliche Vertragsschlüsse[134] besaß diese im Rahmen der Beschlussfassung am Corpus Evangelicorum instrumentell betrachtet keine gravierenden Folgen, da der Ausstieg das Zustandekommen des Beschlusses aufgrund des von den Protestanten postulierten Mehrheitsprinzips nicht verhinderte[135]: Gegen den Willen Kursachsens etwa kam das Veto gegen die Reichsacht über Friedrich den Großen zustande. Die Ausstiegsmöglichkeit, so selten sie auch angewendet wurde, besaß jedoch auf die Entscheidungsfindung des Corpus durch ihre bloße Existenz eine disziplinierende Wirkung. Eine dauerhafte Majorisierung durch eine strukturelle Mehrheit Preußens und seiner Klientel hätte das Corpus rasch zum Zerbrechen gebracht. Diese Gefahr wurde durch die Ausstiegsmöglichkeit illustriert.

Wurde im Außenverhältnis mit dem Postulat des Mehrheitsentscheids de facto auf die Korporationstheorie zurückgegriffen, in welcher der Wille der Mehrheit durch die Beschlussfassung zum Gesamtwillen erstarkte, so wurde intern mit der Praxis, dass sich die Minderheit der Mehrheit anzuschließen habe, ein gleichsam genossenschaftliches Prinzip geübt, wie es etwa Otto von Gierke dargelegt hat[136]. Für den Reichstag wie auch für Städte- und Hansetage ist das konsensuale Prinzip ebenfalls betont worden[137]. Hinzu tritt ein Exekutionsdefizit: Zweifelsohne waren die Kosten, Entscheidungen gegen Mitstände notfalls auch mit Gewalt durchzusetzen, hoch. Ein Waffengang zur Durchführung von Selbsthilfemaßnahmen konnte die durchführenden Stände teuer zu stehen kommen, vom politischen Flurschaden ganz zu schweigen. Paradigmatisch ist in diesem Zusammenhang die einzige jemals vom Corpus durchgeführte Selbsthilfemaß-

---

132 Reskript an den Gesandten von Ponickau (Konzept), 9. 5. 1755. HStADD, Geheimes Konsilium, Loc. 5143, Acta die Dierdorffer Religions Beschwerden betr., Anno 1755 seqq., Bd. 1, f. 44r-45r, hier f. 44v.

133 *Brabant,* Das Heilige Römische Reich, Bd. 2, 334–346, besonders 343. Siehe auch *Moser,* Von der Evangelischen Reichsstände Collegial-Rechten, 26.

134 Siehe den Beitrag von Matthias Köhler in diesem Band.

135 *Moser,* Von Teutschen Reichs-Tägen, Bd. 2, 267.

136 *Gierke,* Über die Geschichte des Majoritätsprinzipes.

137 *Stollberg-Rilinger,* Zeremoniell als politisches Verfahren, 110: „Das Ziel einer Umfrage war prinzipiell Einhelligkeit." Siehe ebenfalls *Schipmann,* Politische Kommunikation in der Hanse, bes. 18–31; *Schmidt,* Der Städtetag in der Reichsverfassung, bes. 105–109.

nahme gegen die katholischen Fürsten Hohenlohe aus dem Jahr 1750 zu nennen[138]. Selbst diese unter formalem Bezug auf die Rechtsprechung des Reichshofrates und damit auf den Kaiser durchgeführte Aktion sorgte im Reich für enormen Wirbel. Auf der technisch-instrumentellen Ebene konnte protestantische Einigkeit zwar im Kontext der Religionsbeschwerden den protestantischen Forderungen Nachdruck verleihen und die politischen Kosten minimieren, allerdings war aufgrund der divergierenden Interessenlagen ohnehin nicht mit durchgreifenden Maßnahmen zu rechnen[139].

Bisweilen kamen Gesandte dem Konsensdruck nach, indem sie die Folgepflicht antizipierten und *ad maiora* votierten, ohne dass diese Majorität bereits festgestanden hätte. So votierten in der Konferenz vom 4. Juni 1755 die wetterauischen und frankischen Grafen *ad maiora*[140]. Zwar war hier bereits zu erkennen, auf welcher Seite sich die Waagschale senken würde, doch war ein Kompromiss durchaus noch im Bereich des Möglichen. Daher verwundert es auch nicht, dass die in direktem Anschluss votierenden, reichsstädtischen Gesandten noch allgemeiner formulierten: *Civitatenses ließen sich gefallen, was von denen höhern Gesandtschafften hierunter für Resolution zu laßen für gut gefunden werden dürffte*[141]. Hier wird noch expliziter als bei dem Votum der Grafen, dass man sich ganz einfach den höheren Höfen anschloss. Dies war freilich nicht stets und ständig der Fall, sondern korrespondierte hier auch mit der heiklen politischen Situation im Vorfeld des Siebenjährigen Krieges.

Der zweite und der dritte der skizzierten Typen der Entscheidungsfindung, also der Kompromiss und das „verdeckte Mehrheitsprinzip", belegen den hohen Konsensdruck, der herrschte. Die vier aufgezeigten Typen der Entscheidungsfindung – realer Konsens, Kompromiss, verdeckter Mehrheitsentscheid und die Ausstiegsmöglichkeit – verhinderten so auf unterschiedliche Weise in jeweils unterschiedlichen Konstellationen, dass Reichsstände unterlagen und im Simmelschen Sinne von der Mehrheit vergewaltigt wurden, und schonten durch echten Konsens (Typ 1), ausgehandelten Konsens (Typ 2), Konsensfiktion (Typ 3) und den Ausstieg (Typ 4)

---

138 *Luh,* Unheiliges Römisches Reich, 62–63. Allerdings dürfte sich aufgrund der Überschaubarkeit der Maßnahme der finanzielle Aufwand in Grenzen gehalten haben.

139 Im Fall des Religionskonflikts zwischen dem katholischen und dem reformierten Teil des Hauses Nassau-Siegen spielte etwa der Umstand, dass Kurbrandenburg-Preußen nicht allein den Zorn des katholischen Reichsteils und des Kaisers auf sich ziehen wollte, eine große Rolle, die das Corpus von Gewaltmaßnahmen Abstand nehmen ließ. Dazu *Kalipke,* Weitläufftigkeiten und Bedencklichkeiten.

140 Konferenzprotokoll, 4. 6. 1755. HStADD, Geheimes Konsilium, Loc. 5143, Acta die Dierdorffer Religions Beschwerden betr., Anno 1755 seqq., Bd. 1, f. 68r-75r, hier f. 70r. Siehe auch *Moser,* Von Teutschen Reichs-Tägen, Bd. 2, 57 f.

141 Konferenzprotokoll, 4. 6. 1755. HStADD, Geheimes Konsilium, Loc. 5143, Acta die Dierdorffer Religions Beschwerden betr., Anno 1755 seqq., Bd. 1, f. 68r-75r, hier f. 70r.

symbolisch deren Selbstdarstellung, obschon auf der technischen Ebene der sachthematischen Inhalte durchaus sogar eine Niederlage gestanden haben mag. Die Umfrage ermöglichte dabei die allmähliche Annäherung an eine gemeinsame Position. Die Zusammenfassung und Interpretation der Voten durch das Direktorium trug ebenfalls zur Aufrechterhaltung einer Konsensfassade bei. Abstimmungen machen dagegen offensichtlich, dass es Dissens gibt – anderenfalls ist eine Abstimmung ja unnötig[142]. Konsensorientierung und Umfrageverfahren beeinflussten mithin massiv auch den sachthematischen Inhalt von Entscheidungen.

Auf der symbolischen Ebene stellte sich das Umfrageverfahren auch aus anderen Gründen als funktional dar. Es verwies einerseits durch die Reihenfolge der Voten gemäß reichstäglichem Sessionsschema auf das Reichsganze und repräsentierte es so: Das Verhältnis der Stände zueinander, hier freilich nur der protestantischen, verwies ja auf das Gesamte, auf das sich die Hierarchie bezog. Auch wenn im Zeitalter der Aufklärung Rangstreitigkeiten immer mehr der Lächerlichkeit anheimfielen[143], praktizierte das Corpus Evangelicorum wie der Reichstag seine auf Herkommen basierende Verfahrensordnung und „ermöglichte die vollständige Selbstinszenierung der Adelsgesellschaft des Reiches als einer hierarchischen Gesamtordnung“[144]. Darüber hinaus aber wurde durch die Abgabe der Einzelvoten auch die prinzipielle Gleichheit der quasi-souveränen Reichsstände bestätigt: Jedem einzelnen Gesandten stand es vom Grundsatz her frei, sich so ausführlich zu äußern, wie es ihm beliebte. Damit war das Umfrageverfahren funktional für die ständische Gesellschaft: Einerseits wurde das überindividuelle Reichsganze repräsentiert und reproduziert, andererseits der Einzelstand in seiner individuellen Rolle als Reichsstand unter Reichsständen bestätigt[145].

Welche Bedeutung besaß die Reihenfolge der Voten in technisch-instrumenteller Hinsicht? Resultierten, mit anderen Worten, die Sessionsstreitigkeiten auch aus dem Bestreben der Stände, durch Abgabe eines frühen Vo-

142 Der Verfasser hat in verschiedensten Gremien immer wieder die Erfahrung gemacht, dass bei unstrittigen Themen meist ohne eine formale Abstimmung entschieden und mit dem Ziel, Konsens zu erreichen, diskutiert wird, und i. d. R. nur auf eine förmliche, quantifizierende Abstimmung zurückgegriffen wird (ausgeklammert bleiben einmal Situationen, in denen Satzungen offizielle Abstimmungen vorsehen oder der Wille zum Konsens nur schwach ausgebildet ist), wenn sich nach längerer Diskussion die Fronten immer noch unversöhnlich gegenüberstehen. „Dann stimmen wir doch einfach ab“ oder „Dann stimmen wir jetzt ab“, übliche Aufforderungen in derlei Situationen, waren im Corpus Evangelicorum und ähnlichen vormodernen Ständerversammlungen undenkbar.

143 *Stollberg-Rilinger,* Zeremoniell als Verfahren, 130 f.

144 Ebd., 132.

145 Dass in Regensburg die hierarchische „Logik des Reichsverbandes“ gegen die „Logik der Souveränität“ konserviert wurde, und zu welch charakteristischen Folgeproblemen dies für das Reich führte, zeigt *Stollberg-Rilinger,* Des Kaisers alte Kleider.

tums möglichst viele Mitstände beeinflussen zu können, wie es Gerhard Oestreich behauptet hat[146]? Mit Blick auf das Corpus Evangelicorum könnte dafür sprechen, dass Preußen und Hannover zuerst votierten und diese in aller Regel auch klar Position bezogen. Dagegen spricht jedoch, dass der dritte *big player* des Corpus, Kursachsen, zwar die Proposition vorlegte und darin auch bescheidene Akzente setzen konnte, aber zuletzt sein Votum abgab, welches in aller Regel auch unzweideutig war. Andere Stände, die recht früh zum Zuge kamen, votierten oft auch *ad maiora,* ohne dass, wie bereits gezeigt, der Beschluss bereits festgestanden hätte. Daneben hat Moser das Phänomen *undeterminierter* und *obscurer* Voten beobachtet, die auf der instrumentellen Ebene zur Entscheidungsherstellung nichts beitrugen, indem der Direktor aus ihnen sowohl das eine als auch dessen Gegenteil herauslesen konnte[147]. Vieles spricht daher dafür, die Reihenfolge der Voten wie beim Reichstag so auch beim Corpus Evangelicorum weniger im Hinblick auf die technisch-instrumentelle Ebene als vielmehr unter symbolisch-expressivem Blickwinkel im oben dargestellten Sinne zu betrachten. Umfrageverfahren und Konsensprinzip waren funktional für die Gesellschaft von Stand und Rang.

Die symbolisch-expressive Ebene ist für das Corpus Evangelicorum insgesamt mehr zu beachten. Obschon sein Einsatz den betroffenen Gemeinden, aus unterschiedlichen Gründen, eher selten Erfolg brachte und somit auf der instrumentellen Ebene eine gewisse Ineffektivität bereits von den Zeitgenossen selbst diagnostiziert wurde[148], fuhr es beständig fort in der Produktion von Schreiben an die unterdrückenden Stände und den Kaiser. Dieser erklärungsbedürftige Befund wird verständlich, wenn man neben der technisch-instrumentellen auch die symbolisch-expressive Ebene berücksichtigt. Auf dieser Ebene darf man das Corpus Evangelicorum insgesamt als ein Symbol der protestantischen Parität im Reiche werten, und dies in einem umfassenden Sinne: Mit jedem einzelnen Verfahren dokumentierten die Mitglieder des Corpus ihre Auffassung von der Legitimität ihres Tuns und der protestantischen Rechtsgrundsätze und Verfassungsinterpretation. Durch jede neue Interzession an die katholischen Mitstände oder den Kaiser brachten sie die Gleichrangigkeit des evangelischen mit dem katholischen Reichsteil zum Ausdruck. Dem steht nicht entgegen, dass einzelne Stände durchaus versuchten, Missstände zu beheben und die relative Erfolglosigkeit in technisch-instrumenteller Hinsicht beklagten. Im Sinne

---

146 *Oestreich,* Zur parlamentarischen Arbeitsweise der deutschen Reichstage unter Karl V, 201–228.

147 *Moser,* Von Teutschen Reichs-Tägen II, 67 f.

148 *Die Evangelische klagen aber, daß sie auf vile dergleichen Vorstelungen, offt in vilen Jahren, gar keine Antwort, vil weniger Remedur, erhalten: Sondern entweder bleiben dergleichen Schreiben bey denen Kayserlichen Staats-Acten ligen, oder der Kayser gibt sie in den Reichs-Hof-Rath, allwo sie ad Acta decretiret werden; und dabey verbleibt es.* So *Moser,* Von denen Teutschen Reichs-Tags-Geschäfften, 431.

eines institutionentheoretischen Ansatzes könnte man das Corpus als integrierendes Symbol protestantischer Existenz im Alten Reich werten[149]. Diese Funktion verlor es erst mit der Auflösung des Alten Reiches. Mit ihr erst wurde konsequent auch das Corpus Evangelicorum Geschichte.

VII. Zusammenfassung

Der vorliegende Beitrag hat die spezifischen Bedingungen nachgezeichnet, denen die Herstellung von Entscheidungen, mithin die Ausübung von Macht im gekennzeichneten Kontext, unterlag. Bei der und durch die Mitwirkung im Verfahren unterwarfen sich die Teilnehmer seinen kommunikativen Bedingungen. Dies unterschied die protestantischen Stände etwa fundamental von den katholischen, die eine Mitwirkung ablehnten. Der verstrickenden Wirkung konnten sich die Teilnehmer im Verfahrensverlauf dann genauso wenig entziehen wie dem kommunikativen Code, der rechtlichen Differenz von Recht / Unrecht, die anzuwenden war. Die spezifische Form der Entscheidungsherstellung, die Umfrage, stellte einen kommunikativen Rahmen dar, der qualitativ andere Auswirkungen auf die Entscheidungsherstellung besaß als das Mehrheitsprinzip heutiger Parlamente und bereits des englischen House of Commons im 17. und 18. Jahrhundert. So rückten nicht nur die Darstellung politischer Entscheidungen im Sinne von Symbolpolitik und nicht nur die Herstellung von Entscheidungen im technischen Sinne in den Blick – letzteres allein aber ist bereits ein höchst voraussetzungsreicher Vorgang –, sondern auch die Darstellung der Herstellung von Entscheidungen. Das Umfrageverfahren erwies sich dabei als das der ständischen Gesellschaft angemessene Prozedere.

Selbstverständlich bleibt bei der Betrachtung von Entscheidungen die Analyse der sachthematischen Inhalte, dessen, was die klassische Politikgeschichte wohl mit „harten Fakten" meint, unerlässlich. Der Beitrag sollte jedoch zeigen, dass Machtausübung im Rahmen von Verfahren als sehr voraussetzungsreicher und komplexer Vorgang aufgefasst werden muss. Macht ist eben nicht einfach da, sondern wird in sozialen Systemen überhaupt erst konstruiert. Ein Beispiel dafür ist die verfahrensförmige Herbeiführung von Entscheidungen in Organisationen bzw. organisationalen Einheiten. Verfahren macht Entscheidung. Die historische Analyse von Ent-

149 Institutionentheoretiker wie etwa Gerhard Göhler entscheiden bei „Institutionen mit Menschen" eine Steuerungs- und eine Integrationsfunktion. Siehe etwa *Göhler*, Politische Institutionen und ihr Kontext, 19–46. Die Steuerungsfunktion bestünde demnach beim Corpus Evangelicorum im Treffen von Entscheidungen im Horizont von Recht bzw. Politik. Die Integrationsfunktion würde in dieser Konzeption darin erfüllt, dass im Corpus und in seinem Handeln die protestantische Parität im Reiche symbolisiert würde. Dass dies bisweilen mit der Steuerungsfunktion nicht in Einklang zu bringen ist, steht auf einem anderen Blatt.

scheidungshandeln kann damit von einem kulturgeschichtlichen Zugang nur profitieren. Dabei ist jedoch nicht von einer Dichotomie von technisch-instrumenteller und symbolisch-expressiver Verfahrensdimension auszugehen, in dem Sinne, dass Inhalt und Form eben letztlich doch zwei getrennte Größen wären. Es sollte stattdessen gezeigt werden, dass die Art und Weise, *wie* entschieden wird, mitentscheidet, *was* entschieden wird. Somit kann ein kulturgeschichtlicher Zugang in mehr als einer Hinsicht zu einem besseren Verständnis vormodernen Entscheidungshandelns beitragen.

Quellen

Moser, Johann Jakob: Von Comitial-Handlungen über die Religions-Beschwerden, Stuttgart 1767.

Moser, Johann Jakob: Von denen Teutschen Reichs-Tags-Geschäfften (Neues Teutsches Staatsrecht, 4 / 1), Frankfurt am Main 1768 (ND Osnabrück 1967).

Moser, Johann Jakob: Von Teutschen Reichs-Tägen, Zweyter Theil (Neues Teutsches Staatsrecht, 6 / 2), Frankfurt am Main / Leipzig 1774.

Moser, Johann Jakob: Von der Teutschen Religionsverfassung (Neues Teutsches Staatsrecht, 7), Frankfurt am Main / Leipzig 1774 (ND Osnabrück 1967).

Moser, Johann Jakob: Von der Evangelischen Reichsstände Collegial Rechten, Besonders in Ansehung ihrer inneren Verfaßung. Zur Prüfung derer Riefelischen Betrachtungen darüber, Regensburg 1772.

Sammlung aller Conclusorum, Schreiben und anderer Verhandlungen des hochpreißlichen Corporis Evangelicorum vom Jahre 1753 bis 1786. Als eine Fortsetzung des Schaurothischen Werks, nach Ordnung der Materien zusammengetragen u. hrsg. v. Nikolaus A. *Herrich,* Regensburg 1786.

Vollständige Sammlung aller Conclusorum, Schreiben und anderer übrigen Verhandlungen des hochpreißlichen Corporis Evangelicorum von Anfang des jetzt fürwährenden hochansehnlichen Reichs-Convents bis auf die gegenwärtigen Zeiten. Nach Ordnung der Materien zusammengetragen u. hrsg. v. Eberhard Ch. W. *von Schauroth,* 3 Bde., Regensburg 1751 – 1752.

Literatur

Aretin, Karl Otmar Freiherr von: Das Alte Reich 1648 – 1806, Bd. 1: Föderalistische oder hierarchische Ordnung (1648 – 1684), Stuttgart 1997.

Aretin, Karl Otmar Freiherr von: Das Alte Reich 1648 – 1806, Bd. 2: Kaisertradition und österreichische Großmachtpolitik (1648 – 1745), Stuttgart 1997.

Arndt, Johannes: Gab es im frühmodernen Heiligen Römischen Reich ein „Mediensystem der Politischen Publizistik“? Einige systemtheoretische Überlegungen, in: Jahrbuch für Kommunikationsgeschichte 6 (2004), 74 – 102.

Belstler, Ulrich: Die Stellung des Corpus Evangelicorum in der Reichsverfassung, Tübingen 1968.

Berger, Peter L. / *Luckmann,* Thomas: Die gesellschaftliche Konstruktion der Wirklichkeit. Eine Theorie der Wissenssoziologie. Mit einer Einleitung zur deutschen Ausgabe von Helmuth Plessner, übers. v. Monika Plessner, Frankfurt am Main 2004 (engl. Orig.ausg. New York 1966).

Bourdieu, Pierre: Sozialer Sinn. Kritik der theoretischen Vernunft, Frankfurt am Main 1987.

Bourdieu, Pierre: Praktische Vernunft. Zur Theorie des Handelns, Frankfurt am Main 1998.

Brabant, Arthur: Das Heilige Römische Reich teutscher Nation im Kampf mit Friedrich dem Großen, Bd. 2: Die Reichspolitik und der Feldzug in Kursachsen, Berlin 1911.

Brunsson, Nils: The Organization of Hypocrisy. Talk, Decisions and Actions in Organizations, Chichester 1989.

Flaig, Egon: Ritualisierte Politik. Zeichen, Gesten und Herrschaft im Alten Rom (Historische Semantik, 1), Göttingen 2003.

Frantz, Adolf: Das Katholische Directorium des Corpus Evangelicorum nach handschriftlichen Quellen dargestellt, Marburg 1880.

Friedrich, Susanne: Drehscheibe Regensburg. Das Informations- und Kommunikationssystem des Immerwährenden Reichstags um 1700 (Colloquia Augustana, 23), Berlin 2007.

Gierke, Otto von: Über die Geschichte des Majoritätsprinzipes, in: Schmollers Jahrbuch für Gesetzgebung, Verwaltung und Volkswirtschaft im Deutschen Reiche, 39 (1915), 7–29.

Göhler, Gerhard: Politische Institutionen und ihr Kontext. Begriffliche und konzeptionelle Überlegungen zur Theorie politischer Institutionen, in: Die Eigenart der Institutionen. Zum Profil politischer Institutionentheorie, hrsg. v. dems., Baden-Baden 1994, 19–46.

Goppold, Uwe: Politische Kommunikation in den Städten der Vormoderne. Zürich und Münster im Vergleich, Köln / Weimar / Wien 2007.

Haug-Moritz, Gabriele: Kaisertum und Parität. Reichspolitik und Konfessionen nach dem Westfälischen Frieden, in: ZHF 19 (1992), 445–482.

Haug-Moritz, Gabriele: Corpus Evangelicorum und deutscher Dualismus, in: Alternativen zur Reichsverfassung in der Frühen Neuzeit?, hrsg. v. Volker Press (Schriften des Historischen Kollegs, Kolloquien 23), München 1995, 189–207.

Haug-Moritz, Gabriele: Des „Kaysers rechter Arm“. Der Reichshofrat und die Reichspolitik des Kaisers, in: Das Reich und seine Territorialstaaten im 17. und 18. Jahrhundert. Aspekte des Mit-, Neben- und Gegeneinander, hrsg. v. Harm Klueting / Wolfgang Schmale (Historia profana et ecclesiastica, 10), Münster 2004, 23–42.

Heckel, Martin: Itio in partes. Zur Religionsverfassung des Heiligen Römischen Reichs Deutscher Nation, in: Zeitschrift der Savigny-Stiftung für Rechtsgeschichte 95, Kan. Abt. 64 (1978), 180–308.

Kalipke, Andreas: „Weitläufftigkeiten und Bedencklichkeiten“ – die Behandlung konfessioneller Konflikte am Corpus Evangelicorum. Kulturwissenschaftliche Perspektiven, in: ZHF 35 (2008), 405–447.

Kraus, Hans-Christof / *Nicklas,* Thomas: Einleitung, in: Geschichte der Politik. Alte und neue Wege, hrsg. v. dens. (HZ, Beih., N.F., 44), München 2007, 1–12.

Krischer, André: Inszenierung und Verfahren auf den Reichstagen der Frühen Neuzeit. Das Beispiel der Städtekurie und ihres politischen Verfahrens, in: Politische Versammlungen und ihre Rituale. Repräsentationsformen und Entscheidungsprozesse des Reichs und der Kirche im späten Mittelalter, hrsg. v. Gerald Schwedler / Jörg Peltzer / Paul Töbelmann, Sigmaringen 2009, 181–205.

Luh, Jürgen: Unheiliges Römisches Reich. Der konfessionelle Gegensatz 1648 bis 1806 (Quellen und Studien zur Geschichte und Kultur Brandenburg-Preußens, 1), Potsdam 1995.

Luhmann, Niklas: Legitimation durch Verfahren (Soziologische Texte, 66), Neuwied am Rhein / Berlin 1969.

Luhmann, Niklas: Rechtssoziologie, 2 Bde., Hamburg 1972.

Luhmann, Niklas: Politische Planung, in: ders., Politische Planung. Aufsätze zur Soziologie von Politik und Verwaltung, Opladen 1975.

Luhmann, Niklas: Soziale Systeme, Frankfurt am Main 1984.

Luhmann, Niklas: Das Recht der Gesellschaft, Frankfurt am Main 1995.

Luhmann, Niklas: Die Gesellschaft der Gesellschaft, Frankfurt am Main 1997.

Luhmann, Niklas: Funktionen und Folgen formaler Organisation (Schriftenreihe der Hochschule Speyer, 20), Berlin 1999.

Luhmann, Niklas: Die Politik der Gesellschaft, hrsg. v. Andre Kieserling, Frankfurt am Main 2000.

Luhmann, Niklas: Organisation und Entscheidung, Opladen / Wiesbaden 2000.

Mergel, Thomas: Parlamentarische Kultur in der Weimarer Republik. Politische Kommunikation, symbolische Politik und Öffentlichkeit im Reichstag (Beiträge zur Geschichte des Parlamentarismus und der politischen Parteien, 135), Düsseldorf 2002.

Mergel, Thomas: „Sehr verehrter Herr Kollege“. Zur Symbolik der Sprache im Reichstag der Weimarer Republik, in: Die Wirklichkeit der Symbole. Grundlagen der Kommunikation in historischen und gegenwärtigen Gesellschaften, hrsg. v. Rudolf Schlögl / Bernhard Giesen / Jürgen Osterhammel (Historische Kulturwissenschaft, 1), Konstanz 2004, 369–394.

Mergel, Thomas: Parlamentarische Kultur in der Weimarer Republik. Politische Kommunikation, symbolische Politik und Öffentlichkeit im Reichstag (Beiträge zur Geschichte des Parlamentarismus und der politischen Parteien, 135), Düsseldorf 2002.

Mitteis, Heinrich: Die deutsche Königswahl (6., unveränderter ND d. 2. erw. Aufl. Brünn / München / Wien 1944), Darmstadt 1987.

Neu, Tim: Inszenieren und Beschließen. Symbolisierungs- und Entscheidungsleistungen der Landtage im Fürstbistum Münster, in: Westfälische Forschungen 57 (2007), 257–284.

Nicklas, Thomas: Macht – Politik – Diskurs. Möglichkeiten und Grenzen einer Politischen Kulturgeschichte, in: Archiv für Kulturgeschichte 86 (2004), 1–25.

Oestreich, Gerhard: Zur parlamentarischen Arbeitsweise der deutschen Reichstage unter Karl V. (1519–1556). Kuriensystem und Ausschußbildung, in: Strukturprobleme der frühen Neuzeit. Ausgewählte Aufsätze, hrsg. v. Brigitta Oestreich, Berlin 1980, 201–228.

Ortmann, Günther: Katzensilber. Organisationsrituale und nachträgliche Sinnstiftung, in: Paragrana 12 (2003), 539–556.

Rödder, Andreas: Klios neue Kleider. Theoriedebatten um eine Kulturgeschichte der Politik in der Moderne, in: Historische Zeitschrift 283 (2006), 657–688.

Schäfer, Christoph: Das Simultaneum. Ein staatskirchenrechtliches, politisches und theologisches Problem des alten Reiches (Europäische Hochschulschriften, Reihe 2, Rechtswissenschaft, 1787), Berlin u. a. 1995.

Scheuner, Ulrich: Das Mehrheitsprinzip in der Demokratie, Opladen 1973.

Schipmann, Ludwig: Politische Kommunikation in der Hanse (1550–1621). Hansetage und westfälische Städte (Quellen und Darstellungen zur hansischen Geschichte, N. F., 55), Köln / Weimar / Wien 2004.

Schlaich, Klaus: Maioritas – protestatio – itio in partes – corpus Evangelicorum. Das Verfahren im Reichstag des Hl. Römischen Reichs Deutscher Nation nach der Reformation, in: Zeitschrift der Savigny-Stiftung für Rechtsgeschichte, Kan. Abt. 63 (1977), 264–299.

Schlaich, Klaus: Die „protestatio" beim Reichstag in Speyer von 1529, in: Zeitschrift für evangelisches Kirchenrecht 25 (1980), 1–19.

Schlaich, Klaus: Die Mehrheitsabstimmung im Reichstag zwischen 1495 und 1613, in: ZHF 10 (1983), 299–340.

Schmidt, Georg: Der Städtetag in der Reichsverfassung. Eine Untersuchung zur korporativen Politik der Freien und Reichsstädte in der ersten Hälfte des 16. Jahrhunderts (Veröffentlichungen des Instituts für europäische Geschichte Mainz, Abt. Universalgeschichte, 113 / Beiträge zur Sozial- und Verfassungsgeschichte des Alten Reiches, 5), Stuttgart 1984.

Sikora, Michael: Formen des Politischen. Der frühmoderne deutsche Reichstag in systemtheoretischer Perspektive, in: Geschichte und Systemtheorie. Exemplarische Fallstudien, hrsg. v. Frank Becker, Frankfurt am Main u. a. 2004.

Simmel, Georg: Exkurs über die Überstimmung, in: Soziologie. Untersuchungen über die Formen der Vergesellschaftung, hrsg. v. Otthein Rammstedt (Georg Simmel, Gesamtausgabe, 11), Berlin 1992, 218–228.

Simon, Fritz B.: Einführung in die systemische Organisationstheorie, Heidelberg 2007.

Stollberg-Rilinger, Barbara: Zeremoniell als politisches Verfahren. Rangordnung und Rangstreit als Strukturmerkmale des frühneuzeitlichen Reichstags, in: Neue Studien zur frühneuzeitlichen Reichsgeschichte, hrsg. v. Johannes Kunisch (ZHF, Beih. 19), Berlin 1997, 91–132.

Stollberg-Rilinger, Barbara: Vormünder des Volkes? Konzepte landständischer Repräsentation in der Spätphase des Alten Reiches (Historische Forschungen, 64), Berlin 1999.

Stollberg-Rilinger, Barbara: Herstellung und Darstellung politischer Einheit. Instrumentelle und symbolische Dimensionen politischer Repräsentation im 18. Jahrhundert, in: Die Sinnlichkeit der Macht. Herrschaft und Repräsentation seit der Frühen Neuzeit, hrsg. v. Jan Andres / Alexa Geisthövel / Matthias Schwengelbeck (Historische Politikforschung, 5), Frankfurt am Main / New York 2005, 73 – 92.

Stollberg-Rilinger, Barbara: Des Kaisers alte Kleider. Verfassungsgeschichte und Symbolsprache des Alten Reiches, München 2008.

Vollmer, Hendrik: Akzeptanzbeschaffung, Verfahren und Verhandlungen, in: Zeitschrift für Soziologie 25 (1996), 147 – 164.

Vötsch, Jochen: Kursachsen, das Reich und der mitteldeutsche Raum zu Beginn des 18. Jahrhunderts, Frankfurt am Main 2003.

Weber, Max: Wirtschaft und Gesellschaft. Grundriß der verstehenden Soziologie, Tübingen 1972.

Zu den Funktionen von Verfahren und Verhandlungen

Kommentar

Von *Andreas Würgler*, Bern

In meinem Kommentar möchte ich vier Punkte ansprechen, die teilweise mit der vierten Sektion zu tun haben, teilweise darüber hinausgehen.

Ein Aspekt des Themas wurde zwar ab und an gestreift, aber nicht vertieft diskutiert, nämlich die Entstehung von Verfahren. Um an einem Beispiel zu zeigen, worum es mir geht: Bei städtischen Ratswahlen kann man beobachten, dass ein Wahlvorgang protokolliert wurde. Dieser beschreibende Text diente dann bei der nächsten Wahl als Erinnerung und Leitfaden für das Wahlprozedere. Der in deskriptiver Absicht verfasste Text wurde somit als präskriptiver Text genutzt. Verfolgt man die Anwendung dieses zur Norm mutierten Präzedenzfalls, dann kann man feststellen, dass fast jede Ratswahl in Einzelheiten vom Modell wieder abweicht. Das liegt zum einen daran, dass natürlich ein einzelner konkreter Verlauf nicht alle Konstellationen und Varianten, die möglich waren, vorhersehen und vor wegnehmen konnte. Zum anderen konnten sich in den feinen Veränderungen auch gewandelte Machtkonstellationen abbilden. Die Frage, die sich daraus ergibt, lautet: Wie stabil muss ein Ablauf geregelt sein, um als Verfahren gelten zu können? Oder anders gefragt: Wie viel Flexibilität kann ein Verfahren aufweisen, ohne die Maxime der Programmierung zu verletzen? Unter welchen Bedingungen und in welchem Ausmaß sind Verfahren modifizierbar?

Ein zweiter Aspekt, den ich ansprechen möchte, wurde besonders in der vierten Sektion über „Verhandlungen und Verfahren" deutlich. Denn die drei ersten Sektionen waren um Verfahren herum organisiert: die Theorie des Verfahrens, Gerichtsverfahren und Verfahren in der Verwaltung. Mit dem Stichwort Verhandlungen wurde aber nicht nur ein weiteres Feld (neben der Justiz und der Verwaltung) eröffnet, sondern ein anderer Kommunikationsmodus ins Blickfeld gerückt. Sicherlich weisen Verhandlungen Gemeinsamkeiten mit Verfahren auf – etwa die Ergebnisoffenheit. Aber während bei Verfahren klar ist, dass sie mit einer Entscheidung enden, so können Verhandlungen jederzeit von einem der Verhandlungspartner abgebrochen werden, was Matthias Köhler unter dem Stichwort „exit-option“ thematisiert hat. Abgesehen davon sollte man vielleicht auch die Art der Entscheidungen, die in Verfahren einerseits, in Verhandlungen andererseits produziert werden unterscheiden. Denn Verfahrensentscheide haben Urteilscharakter, Verhandlungsergebnisse dagegen in der Regel Vertragscharakter.

Außerdem wären auch direkte Verhandlungen zwischen zwei oder mehreren Parteien zu unterscheiden von Vermittlungsverhandlungen, bei denen ein (im Idealfall) in der Streitsache uninteressierter Dritter zwischen den verhandelnden Parteien steht. Hat ein solcher Mediator schiedsrichterliche Kompetenzen, so nähert sich nämlich der Verhandlungsmodus dem Modus des Gerichtsverfahrens.

Ein dritter Aspekt betrifft die Frage, wie stark der Zwang für die Beteiligten ist, sich auf ein Verfahren, auf Vermittlung oder Verhandlungen überhaupt einzulassen. Dieser Aspekt, scheint mir, wurde überhaupt nicht thematisiert. Wie André Krischer am Beispiel der englischen Hochverratsprozesse gezeigt hat, war es einerseits für die Angeklagten fast unmöglich, sich dem Prozess zu entziehen (und zu schweigen). Andererseits kann es sehr schwierig sein, einen Kriegsgegner an den Verhandlungstisch zu bringen, denn die Teilnahme an Friedensverhandlungen konnte nicht, wie die Teilnahme am Prozess, durch die formelle Klageerhebung erzwungen werden, sondern nur informell, sei es durch Gewalt oder durch hinreichend attraktive Angebote. Die Frage des Zwanges kann natürlich auch umgedreht und als Frage nach den Handlungsoptionen gestellt werden: Gab es für bestimmte Konfliktfälle die Möglichkeit, zwischen verschiedenen Behandlungsarten (Verfahren, Vermittlung, Verhandlung) zu wählen? Wer konnte auswählen? Welche Effekte hatte die allfällige Auswahlmöglichkeit? Hingen möglicherweise diese Handlungsoptionen nicht nur am Machtgefälle zwischen den Konfliktparteien, sondern auch an der Größenordnung des Problems? Ein bäuerlicher Ehestreit im Dorf dürfte weniger Konfliktebenen eröffnet haben als der Ehestreit in der karolingischen Königsfamilie, den Steffen Patzold schilderte.

Als vierten Aspekt möchte ich nochmals jenen der Entscheidungen thematisieren. Der Tagungstitel „Herstellung und Darstellung von Entscheidungen“ lässt die Durchsetzung von Entscheidungen außen vor. Diese Dimension wurde in einigen Vorträgen angesprochen. Was ist eine Entscheidung wert, wenn sie nicht umgesetzt oder gleich wieder mit einem anderen Verfahren angezweifelt werden kann, wie dies im Beispiel von Steffen Patzold klar wurde: Zwar kamen die einzelnen Verfahren, die laut dem Diskussionsbeitrag von Bernhard Diestelkamp zeittypische Gerichtsverfahren waren, erstaunlich schnell zu ihren Entscheidungen. Doch jede Entscheidung wurde hinterher durch ein neues Verfahren mit teilweise anderen Akteuren wieder erfolgreich angezweifelt. Im Vergleich dazu konnten langwierige Entscheidungsprozesse, wie sie Andreas Kalipke für das Corpus Evangelicorum schilderte, auf mehr Akzeptanz bei der Umsetzung zählen; sie erscheinen daher gleichsam als effizientere Form der politischen Steuerung durch Entscheidungsfindung. In Gremien, die von ihrer Struktur her dem Einstimmigkeitsprinzip unterstellt waren, konnte es länger dauern, einen Entscheid herbeizuführen. Doch je höher die Zahl der Zustimmenden schließlich war, desto geringer war auch die Zahl derjenigen, die den Entscheid boykottierten, anfochten oder unterliefen, wie sich auch etwa am Beispiel der eidgenössischen Tagsatzung beobachten lässt[1]. Ja, gerade hier ließe sich auch zeigen, dass möglicherweise nicht alle Verfahren angestrengt wurden, um eine Entscheidung zu produzieren. Gerade die endlos perpetuierbaren Prozesse an den Reichsgerichten, von denen Sabine Ullmann berichtete, oder die endlosen Verhandlungen der eidgenössischen Tagsatzung konnten recht eigentlich dazu dienen, die Produktion einer Entscheidung zu verhindern, den strittigen Fall in der Schwebe zu belassen und sich mit einem Modus vivendi zufriedenzugeben, ohne den Streitfall endgültig zu klären. Auch wenn diese Nutzung der Verfahren, die auch von neueren Forschungen zum Reichstag beobachtet wurde[2], gegen deren intentionale Logik verstieß oder zumindest nur im Horizont der Entscheidungsorientierung von Verfahren überhaupt funktionierte, so stellte sie doch eine in der Praxis nicht zu selten anzutreffende Funktion von Verfahren dar.

Literatur

Burkhardt, Johannes: Vollendung und Neuorientierung des frühmodernen Reiches 1648–1763, Stuttgart 2006.

Friedrich, Susanne: Drehscheibe Regensburg. Das Informations- und Kommunikationssystem des Immerwährenden Reichstags um 1700, Berlin 2007.

Würgler, Andreas: „Reden" und „mehren". Politische Funktionen und symbolische Bedeutungen der eidgenössischen Tagsatzung (15.-18. Jahrhundert), in: Zelebrieren und Verhandeln. Zur Praxis ständischer Institutionen im frühneuzeitlichen Europa, hrsg. v. Tim Neu / Michael Sikora / Thomas Weller, Münster 2009, 89–106.

1 *Würgler,* „Reden" und „mehren".

2 *Burkhardt,* Vollendung und Neuorientierung des frühmodernen Reiches, bes. 90–98; *Friedrich,* Drehscheibe Regensburg.

Prominente Politiker vor Untersuchungsausschüssen

Verzicht auf Verfahrensautonomie?

Von *Thomas Scheffer*, Berlin, *Steffen Albrecht*, Leipzig, *Matthias Michaeler*, Berlin, *Jan Schank*, Berlin und *Rixta Wundrak*, Göttingen

I. Einleitung

Wann sind Verfahren eigentlich Verfahren? Wann sind sie Rituale oder Zeremonien? Die Nagelprobe verläuft für die Luhmannsche Verfahrenskonzeption entlang der Offenheit des Entscheidens bis zum Ende und der damit vermittelten Relevanz aller Verfahrensbeiträge. Die Zweifel an der Verfahrensförmigkeit beschäftigen neuerdings nicht nur, wie in diesem Band, die Geschichtswissenschaften, sondern auch die an der Praxis interessierten Soziologien[1]. Ganz wie bei den Geschichtswissenschaften genügen nicht schon Bezeichnungen, Definitionen oder Vorschriften, um Verfahren als solche zu qualifizieren. Die Verfahrensförmigkeit erweist sich erst im Vollzug, d. h. mit Blick auf das Verfahrensgeschehen selbst.

Luhmanns Konzept von Verfahren schließt mehrere Verfahrensdimensionen ein, die sonst auseinander gezogen werden: Einzelverfahren, Verfahrensvorschrift und Verfahrensweise. Erst im Zusammenspiel aller Dimensionen kann sich ein verlässlich Offenheit vermittelndes sowie die Teilnehmer in den Kommunikations- und Entscheidungsprozess involvierendes Verfahren entfalten. Es entfaltet sich eine je eigene, gerade nicht automatisierte oder vorhersagbare, allerdings strukturierte und an Regeln orientierte Verfahrensgeschichte mit einer sich beschränkenden Zahl an noch möglichen Zukünften. Luhmann vermittelt also einen Selektionsprozess einerseits und die Züge der Teilnehmer in dem sich sukzessive verengenden Sinn- und Entscheidungshorizont andererseits. Heraus kommt ein Verarbeitungsmechanismus für verschiedenste Anlässe eines verbindlichen verlässlichen Entscheidens: sei es in Politik (Wahlen), Verwaltung (Beantragungen) oder Recht (Streitigkeiten oder Anklagen). Komplexe, funktional differenzierte Gesellschaften unterhalten eine ganze Palette an

---

[1] Für einen Literaturüberblick vgl. *Röhl/Machura,* Procedural Justice, sowie jüngst *Scheffer / Michaeler / Schank,* Starke und schwache Verfahren, 423–444.

arbeitsteiligen Verfahren, die Anlässe in Fälle und Fälle in Entscheidungen transformieren, ohne dass die Entscheidungen noch einem Souverän oder einer Heiligkeit zugeschrieben werden. Der Aufstieg gesellschaftlicher Differenzierung ist aus Luhmanns Sicht eng mit der Erfolgsgeschichte des Verfahrens verbunden. Es handelt sich um *den* Mechanismus moderner Staatlichkeit[2].

Luhmann hat das Verfahren als einen separaten Kosmos gefasst, der – ist er einmal entfaltet – die Teilnehmer in den Bann zieht und auf ihr eigenes, bisheriges Engagement verpflichtet. So motivierend wirkt die Aussicht auf eine sozial gültige und verbindliche Entscheidung, dass auch das Mittun an diesem aus der individuellen Sicht als unabdingbar erscheint. Das Individuum wird nach Luhmann ins Verfahren verwickelt: Es verliert sich immer weiter im Strudel der internen Verweisungen, Festlegungen und Gütekriterien. Dies ist nicht etwa, und hier liegt der sozialpsychologische Clou des Verfahrensmechanismus, weil der Verfahrensgänger gezwungen, überredet, getäuscht oder sonst wie fehlgeleitet würde. Das Verfahren funktioniert, insofern sein Ausgang bis zum Schluss offen bleibt und Beiträge tatsächlich einen Unterschied zu machen versprechen. Die Teilnehmer investieren in ihre Auftritte, legen sich fest und lassen sich an diesen messen. Ebenso verfährt das Publikum: Der Ausgang des Verfahrens wird den Beiträgen der Streitparteien zugeschrieben[3], was die Solidarisierung und damit die Ausweitung von Konflikten über das Verfahren hinaus erschwert. Wer sich darauf einlässt, sich entsprechend engagiert, der möge auch die Folgen tragen.

Das Offenhalten der Entscheidung lässt sich als zivilisatorische Leistung deuten. Das Recht emanzipiert sich von externen Statusunterschieden. Das Recht geriert eine eigene Macht, jenseits der Machthierarchie „dort draußen“. Die Leistung hat Luhmann verschiedentlich als relative Autonomie formuliert: Sie geht mit der Fähigkeit einher, im Verfahren Relevanzen, Fakten, Rollen und Normen zu schöpfen. Dies heißt im Umkehrschluss: Was gemeint, gewusst und entschieden wird, steht nicht schon fest, sondern erweist sich von Fall zu Fall erst im individuellen Verfahrensgang. Dies ist

---

2 Es sei an dieser Stelle nur darauf hingewiesen, dass Verfahren auch für Habermas eine zentrale Rolle im staatlichen Gefüge einnehmen. In *Habermas*, Faktizität und Geltung, schreibt er „deliberativen Verfahren“ eine Brückenfunktion zwischen der zweckorientierten Systemwelt (hier der auf Macht fixierten Parteien- und Regierungspolitik) und der zivilgesellschaftlich verfassten, verständigungsorientierten Lebenswelt zu. Verfahren sichern ein Mindestmaß an Resonanz einerseits und Legitimation andererseits.

3 Die Rede vom „schlechten Verlierer“ (vgl. André Kieserling in diesem Band) verweist auf diese Zuschreibungslogik und führt das Verfahren eng an die Idee des fairen Wettstreits. Damit zeigt sich auch das, was Verfahren leisten: sie transformieren Unentscheidbares in Entscheidbares (vgl. *Scheffer*, Zur Kritik der Urteilskraft, 109 – 144). Sie schaffen „gute Gründe“, die für oder gegen die Ansprüche einer Partei geltend gemacht werden können. Im Verfahrensverlauf erwächst die Fähigkeit, im Einzelfall eine auch gegenüber Dritten bindende Entscheidung zu treffen.

die Kernidee des Legitimation erwirkenden Verfahrensmechanismus. Dies ist der entscheidende Grund, warum Teilnehmer/innen sich überhaupt engagieren. Es könnte sich lohnen.

Die in diesem Band versammelten Historikerinnen und Historiker haben – gerade mit Verweis auf Luhmanns Grobunterscheidung von segmentär, stratifikatorisch und funktional differenzierter Gesellschaft – gute Gründe, an der Durchsetzung derart leistungsfähiger Verfahren bereits für die Vormoderne zu zweifeln. Zu groß sind die Bindungen, zu groß die (feudalen, traditionalen, clanförmigen etc.) Abhängigkeiten über Lebensbereiche hinweg. Das religiöse und / oder politische Oberhaupt könnte nur noch sich selbst richten; es stünde gar über dem Recht bzw. ließe sich gar nicht von diesem vermessen; das Oberhaupt wäre erst gar nicht in ein ergebnisoffenes Verfahren zu verwickeln. Mit einem Handstreich, so wissen Historiker wie Rechtsanthropologen, ließe sich ein „anmaßendes" Verfahren in die Schranken weisen. Eine empirische Rechtssoziologie hat ebenso, allerdings andere Gründe, an dem Maß der Verfahrensautonomie zu zweifeln. Auch moderne Verfahren sind von Autonomieverlust bedroht: durch Populismus, politische Setzung, soziale Leitwährungen etc.[4].

1. Verfahrensrollen als Prozessoren von Verfahrensautonomie

Wir richten im Folgenden einen Blick auf die interaktive Vermittlung von Verfahrensrollen. Wie und als was soll teilgenommen und beigetragen werden? Wir thematisieren die dynamischen Verhältnisse zwischen „Rollentrennung"[5] – als eine Absehung von externen Bindungen – einerseits und „Rollenzusammenfassung"[6] – als Anrufung dieser weiteren Bindungen – andererseits. Um Luhmanns Verfahrenskonzeption für empirische Forschung anschlussfähig zu machen, hatten wir andernorts einen qualitativen Vergleich von „starken und schwachen Verfahren"[7] vorgelegt. Ziel war es, anhand eines englischen und eines EU-Untersuchungsausschusses tragfähige empirische Indikatoren zur Vermessung von Verfahrensförmigkeit zu

[4] Als Beispiele für Verfahrenskrisen oder -scheitern mögen eine verlässlich verschwindende Wahlbeteiligung, korrumpierte Verwaltungsverfahren oder vorverurteilende Schnellgerichte dienen (vgl. *Sudnow,* Normal Crimes, 255–276). Beteiligung ist jeweils gar nicht mehr gefragt. Wahrscheinlich steigert sich hier entweder die Gefahr sozialer Konflikte oder die Betroffenen sind qua (minderen) sozialen Status eh von Solidarisierungen abgeschnitten. Vgl. hierzu *Elias / Scotson,* The Established and the Outsiders, für den Fall von untereinander isolierten Außenseitern. In diesen Fällen kann Luhmanns Verfahrensmechanismus ‚ungestraft' zur Unkenntlichkeit verstellt und einseitig anderen Verfahrensparametern – etwa der Effizienz oder einem politischen Nutzen – unterworfen werden.

[5] *Luhmann,* Legitimation durch Verfahren, 48.

[6] Ebd.

[7] *Scheffer / Michaeler / Schank,* Starke und schwache Verfahren.

entwickeln. Die beiden Fälle verdichteten sich zu durchgängig starken oder schwachen – d. h. mehr oder weniger abgegrenzten, selbstbezüglichen und integrierten – Kommunikations-, Wissens- und Entscheidungsprozessen. Eine vergleichbare Mixtur findet sich womöglich auch dort, wo Verfahren es mehr oder minder vermögen, externe Rollen in den Verfahrensgang einzufädeln (z. B. die eines anerkannten Wissenschaftlers) und in eine eigene bindende Verfahrensrolle zu übersetzen (z. B. als Expertenzeuge).

Wie fasst Luhmann das Verhältnis von Verfahren und Rollen? Wie setzt sich das Verfahren vom vorgefassten Status ab? Erstens bringen Verfahren eigene Konzepte und Rollenerwartungen hervor, die zur Teilnahme angeeignet und bedient werden wollen. Diese Rollen spezifizieren und verdichten sich qua Teilnahme im Verfahrensgang[8]. Zweitens vermittelt das Verfahren zunächst eine Umwertung, dann eine schleichende Entwertung des vorgängigen sozialen Status oder der sozialen Identität. Eine externe Machtposition lässt sich nicht mehr unmittelbar im Verfahrensgang zur Geltung bringen[9]. Als weitere Steigerung findet sich bei Luhmann drittens die Umkehrung der Rollen-Hierarchie. Die externe Rolle wird gegenüber der Verfahrensrolle nachrangig.

Das Verfahren fädelt die Beteiligten ein in seine eigene Operationsweise bezogen auf Tempi und Rhythmen, Arenen und Bühnen, Sprechakte und Aktionsradien, Repertoires und Rationalitäten, Medialitäten und Sequenzen, Rückgriffe und Vorgriffe. Auf diese Weise erfordert das Verfahren von den Beteiligten spezifische Selbstdarstellungen. Das Verfahren markiert eine Zäsur zwischen dem, was „sonst geht", und dem, was „nun aber" gefordert ist. Es rechnet in anderer Währung: „Ein Wähler handelt in der politischen Wahl nicht primär als Friseur, Ehemann, Briefmarkensammler oder Methodist – er kann zum Beispiel als seinen Leistungsbeitrag nicht anbieten, den Kandidaten die Haare zu schneiden oder für sie zu beten –, sondern er bleibt an die Rolle des Wählers gebunden, in der er allenfalls einige Motive aus anderen Rollenzusammenhängen berücksichtigen kann."[10]

Eine Rollentrennung und Zäsur findet sich nach Luhmann nicht nur auf der Ebene der geforderten Selbstdarstellungen, sondern auch auf der Ebene der Weiterverarbeitung und Zurechnung. Das Verfahren gewährt soziale

---

8 So *Luhmann*, Legitimation durch Verfahren, 48: „Die Ausbildung eigentümlicher Verfahrensrollen, die sich erst in systemspezifischen Kommunikationsprozessen konkretisieren, bewirkt eine Rollentrennung zwischen dem Verfahren und seiner Umwelt, das heißt eine Ausdifferenzierung des Verfahrens aus der Gesellschaft auf der Ebene der Rollen."

9 Dies macht Luhmann mit Blick auf bekannte Rollenträger deutlich: „Immerhin müssen im Prinzip selbst Staatspräsidenten, Erzbischöfe, Parteisekretäre oder Wirtschaftsmagnaten darauf gefasst sein, dass die Richtigkeit ihrer Aussagen vor Gericht als eine Frage behandelt wird, auf die es zwei Antworten geben kann.", ebd., 63.

10 Ebd., 48.

Immunität: „Der Arbeitsgeber kann nicht verlangen, dass seine Arbeiter in der Wahl zum Erfolg einer bestimmten Partei beitragen. [...] ‚Hintermänner' aus anderen Rollenbeziehungen sind mithin gehalten, die Eigengesetzlichkeit des Verfahrens zu respektieren, und müssen daher auch das Ergebnis akzeptieren, ohne ihren am Verfahren beteiligten Partnern Vorwürfe machen zu können, es sei denn, diese hätten sich nach den Maßstäben des Verfahrens ungeschickt verhalten."[11]

Die Rollentrennung erlaubt es schließlich, Leistungen oder Ausdrücke als „Versionen des Gleichen" zusammen zu führen[12]. Konfrontiert werden im Verfahren Wählerstimmen und Wählerstimmen, Plädoyers der Anklage und der Verteidigung, Aussagen der Zeugen A-B-C[13]. Die komplementären Rollen vermitteln einen eigenen Wettbewerb. Das Verfahren schafft nicht gleiche Chancen, sondern Chancen für alle Beteiligten. Gleich einem Trichter verdichtet es sich im Verlauf zu einem beschränkten Tableau möglicher Ausgänge. Erst ganz am Ende fällt ein Urteil, garantiert.

2. *Zum Problem von Bekanntheit in Verfahren*

Die Autonomiehypothese wollen wir mit einem empirischen Testfall konfrontieren. Wir fragen, wie z. B. bekannte Politiker in Untersuchungsverfahren behandelt werden. Gleich der ethnomethodologischen Analyse von Personenkategorien in institutionellen Settings[14] befassen wir uns mit situativen Zuschreibungspraxen: Welche Kompetenzen, Verantwortlichkeiten und Ausdrucksmittel werden den Politikern zuteil? Die Frage der „membership categorization"[15] – hier im Sinne einer angetragenen, wahrgenommenen Teilnehmerschaft – führt uns ins Spannungsfeld von Eigensinn des Verfahrens und gesellschaftlicher Macht, von Wissensgenerierung und vorgängiger Überzeugung, von Urteilsfindung und Vorurteil.

Teilnehmerkategorien verknüpfen die aktuelle Teilnahme mit Charakteristika, die vorausgesetzt werden. Es kann sich dabei um Berufsbezeichnungen, Statustitel, ethnische Bezeichnungen oder, wie in unseren Fällen, um Personennamen (oder schlicht Gesichter) handeln, die als Marker bzw. Schlüssel zum kollektiven Gedächtnis fungieren. „Ach der!" heißt es dann. Oder „typisch Joschka Fischer".

---

11 Ebd.

12 Die Komplementarität von Rollen veranschaulicht Luhmann so: „Autonomie des Verfahrens und sichtbare Selektivität der zur Entscheidung führenden Kommunikationen sind ferner Voraussetzung dafür, dass Rollen im Verfahren konkurrierend, wenn nicht gar kontradiktorisch gegen einander gesetzt werden können.", Ebd., 49.

13 Vgl. *Scheffer*, The Microformation of Criminal Defence, 303–342.

14 Vgl. *Psathas*, Studying the Organisation in Action, 139–162.

15 Vgl. *Sacks*, Lecture 6, 40–48.

Ausgangspunkt und empirische Grundlage unserer Untersuchung ist der Austausch sprachlicher Verfahrensbeiträge, wie er den Wortprotokollen der Ausschusssitzungen zu entnehmen ist. Die Protokolle werden in den Verfahren hervorgebracht und der Öffentlichkeit zur Verfügung gestellt[16]. Gefragt wird also nicht abstrakt nach dem Einfluss von Bekanntheit und Macht auf das Verfahren, sondern bescheidener: Wie verhandeln die Beteiligten Rollenerwartungen im Verfahren? Wie werden Teilnehmerschaften (in Situationen) und Mitgliedschaften (in Kollektiven) geltend gemacht? Luhmann schwebt ein Zusammenspiel im Schatten des Verfahrens vor: „Die Relevanz anderer Rollen ist eine variierbare (und darum entwicklungsgünstige) Größe. Sie kann mit hoher Selbstverständlichkeit unterstellt werden und wird dann vom Entscheidungsthema selbst gar nicht oder kaum unterschieden. Sie kann aber auch durch zunehmend rationalisierte Erwägungen in die verfahrensinterne Kontrolle einbezogen werden – Erwägungen etwa der Art, dass hochgestellte Politiker, Geistliche, Lehrer es sich gar nicht leisten können vor Gericht die Unwahrheit zu sagen, und deshalb Vertrauen verdienen.“[17]

Im Folgenden fungieren die Auftritte prominenter Politiker vor politischen Untersuchungsausschüssen (der Visa-Ausschuss des deutschen Bundestages, die Hutton Inquiry der englischen Regierung oder der CIA-Ausschuss des Europäischen Parlamentes) als empirische Fälle. Die Bekanntheit dient dabei als Testfall für die Vermittlung von (konkurrierenden) Erwartungshorizonten. Generell ist die Frage der Bekanntheit im Verfahrensrepertoire durchaus als Problemstellung geläufig. Ein Absehen von externen Rollenverpflichtungen erlauben z. B. akademische Peer Review Verfahren[18]. Letztere prozessieren Beiträge wie Fachurteile in anonymisierter Form, um so Beteiligte vor sozialen Folgekosten der Ablehnung abzuschirmen. Weder der bekannte Professor noch der abhängig beschäftigte Mitarbeiter müssen damit rechnen, für ihre Beiträge persönlich oder als Fachkollege zur Rechenschaft gezogen zu werden. Als Kontrast mag das Einwerben von Beiträgen für Sammelbände dienen. Die Herausgeber mobilisieren ein Netzwerk von Kollegen. Sie nehmen dafür die soziale Verpflichtung in Kauf, einmal (zumeist von akademischer Prominenz) angefragte Beiträge auch tatsächlich zu akzeptieren. Es erhöhen sich die sozialen Kosten der Absage. Die Herausgeberin müsste um zukünftige Kooperationen, um ihre Position im Netzwerk oder um Publikationschancen im Gegenzug fürchten. Im ersten Fall gewinnt das wissenschaftliche Verfahren des Quali-

---

16 Beide Aspekte, Protokollierung und Veröffentlichung, sind Strukturmerkmale der Verfahren sowie selbst Faktoren der hier diskutierten Verfahrensförmigkeit. Vgl. zum Zusammenhang von Aktenförmigkeit und Verfahrensmacht: *Smith*, Institutional Ethnography.

17 *Luhmann*, Legitimation durch Verfahren, 62.

18 Vgl. *Hirschauer*, Peer Review auf dem Prüfstand, 62–83 u. *ders.*, Streitkultur und Entscheidungsmacht.

tätsmanagements relative Autonomie, ohne allerdings von „entliehener" Prominenz profitieren zu können; im zweiten Fall gewinnen die Herausgeber ein bekanntes „Zugpferd", bei gleichzeitigem Verlust an mitlaufender editorialer Entscheidungskompetenz. Ersteres kultiviert den offenen Ausgang der Fachurteile; letzteres kultiviert die Vorauswahl und Beziehungspflege.

Wie, so unsere Testfrage an das im Verfahren generierte Diskursmaterial, wird Bekanntheit (nicht nur) – mehr schlecht als recht – umgewertet? Wie wird sie (auch) zur Ressource für das Verfahren? Und welchen Preis hat das Verfahren für entliehene Bekanntheit zu entrichten? Welche „Ablenkungen" nimmt das Verfahren in Kauf, um auch noch bei den Machthabern, auch noch für einen solchen komplexen Fall und auch noch für ein solch breites Publikum Relevanz zu erwirken?

3. Drei Extremfälle von Bekanntheit in Verfahren: prominente Politiker

Wir betrachten den Auftritt von „hochgestellten Persönlichkeiten" vor drei verschiedenen Untersuchungsausschüssen. Dazu haben wir jeweils die Auftritte ihrer „prominentesten" Teilnehmer ausgewählt. Von diesen Höhepunkten werden Sonderbeiträge zur Aufklärung der untersuchten Umstände erwartet.

Fall 1: Der britische Premierminister Tony Blair wurde am 28. August 2003 von der Hutton Inquiry zur Aussage eingeladen. Dieser Ausschuss war zuvor auf Initiative Blairs einberufen worden, um „die Umstände des Todes von Dr. David Kelly" zu untersuchen. Kelly war am 18. Juli 2003 tot aufgefunden worden, nachdem die britische Regierung ihn als Informanten des Journalisten Andrew Gilligan öffentlich identifiziert hatte. Von ihm sollen Hinweise stammen, dass das im September 2002 veröffentlichte Regierungsdossier über die angebliche Bedrohung durch „irakische Massenvernichtungswaffen" verfälscht worden sei, um so den Kriegseintritt zu legitimieren. Die Befragungen im außerparlamentarischen, gerichtsähnlichen Ausschuss wurden im Stile einer „examination" und „cross-examination" unter Leitung des ehemaligen Richters Lord Hutton durchgeführt. Geprüft werden sollte persönliches Zuwiderhandeln bzw. Mitschuld an Kellys Tod. Die Reihenfolge der Zeugenladungen orientierte sich an deren vermeintlicher Nähe zu den auslösenden Ereignissen. Schließlich wurde auch Premierminister Blair als „Zeuge" vernommen. Er sollte Auskunft geben zu den Umständen von Kellys Tod und einer möglichen Mitverantwortung der Regierung.

Fall 2: Der „Hohe Vertreter für Gemeinsame Außen- und Sicherheitspolitik" (GASP) Javier Solana trat am 2. Mai 2006 vor den Untersuchungsausschuss des Europäischen Parlaments (EP), zur „behaupteten Nutzung europäischer Staaten durch die CIA für die Beförderung und das rechtswidrige Festhalten von Gefangenen". Der Ausschuss sollte sondieren, ob sich derartige Vorwürfe erhärten lassen. Der Ausschuss sammelt satzungsgemäß Informationen und Hinweise aus verschiedensten Quellen. Er wirbt um Kooperation. Lediglich EU-Institutionen sind zur Kooperation verpflichtet (Anlage VII der Geschäftsordnung des EP). Alle weiteren Informanten, z. B. Journalisten oder Aktivisten, sind „Gäste".

Fall 3: Joschka Fischer wurde am 25. April 2005 als damals zuständiger deutscher Außenminister vor den Visa-Ausschuss geladen. Dieser Ausschuss sollte im Auftrag des Deutschen Bundestags die Visavergabepraxis der damaligen rot-grünen Bundesregierung untersuchen. Es ging um strukturelle Mängel und persönliche Verantwortlichkeiten einer vermeintlich fehlerhaften Visa-Vergabe. Dazu verfügt der Untersuchungsausschuss, analog zum Strafprozess, über weit reichende Zwangsmittel etwa zur Vorladung von Zeugen und zur Akteneinsicht. Fischer äußerte sich im Ausschuss als Verantwortlicher des zuständigen Außenministeriums. Eine besondere Prägnanz bekam Fischers Auftritt, weil seine Befragung live im Fernsehen übertragen wurde. Sie dauerte mehr als sechs Stunden.

In allen drei Fällen fragen wir nach der Aushandlung von Teilnehmerrollen: Als wer nimmt jemand teil bzw. steht jemand zur Verfügung? Für unsere kontrastierende Analyse wählen wir drei Momente der jeweiligen Befragungen aus: die Begrüßung und Vorstellung des prominenten Politikers (Kap. II), die Erzählaufforderung und erste Aussagesequenzen (Kap. III) sowie spätere Konfrontationen der Antworten (Kap. IV). Wir haben es hier nicht nur mit Methoden der Wissensgenerierung, sondern auch mit unterschiedlichen Phasen des Aushandlungsprozesses von Teilnehmerschaft zu tun: Schon in der Begrüßung werden Teilnahmeerwartungen ausgesprochen. Mit der Erzählaufforderung werden Erwartungen vermittels thematischer Setzungen konkretisiert. In der Konfrontation wird die dargebotene Teilnahme bewertet und als mehr oder weniger unzureichend zurückgewiesen. Von einer Phase zur nächsten treten unterschiedliche Ausprägungen des Bekanntheitsproblems hervor.

II. Die Begrüßung – und die Darstellung von Relevanz

In der Begrüßung deutet sich an, als wer und womit die Politiker sich hier beteiligen. Die Begrüßung offeriert eine gemeinsame Basis. Sie präformiert, in welche Richtung die Konversation weitergehen kann und in welche Rolle der Zeuge nun „gedrängt" wird. Die Eingangssequenz liefert Wegweiser des sich entfaltenden Rollenspiels. Wie verläuft die Begrüßung von Blair, Solana und Fischer im Hinblick auf eine zugedachte Teilnehmerrolle und welche Teilnahme wird von diesen jeweils offeriert?

1. *„I do not think we need an introduction"*

Am 28. August 2003 tritt der damalige Premierminister Tony Blair vor die Hutton Inquiry, um Fragen zur Zusammenstellung des Dossiers und dem Bekanntwerden von David Kellys Namen zu beantworten[19]. Die Befragung wird wie folgt eröffnet:

Lord Hutton: „Good morning ladies and gentlemen. Good morning Prime Minister."
A.: „Good Morning my Lord."
Mr Dingemans: „I do not think we need an introduction. May I start with the dossiers? We have heard that a dossier was being produced in February 2002 which related to four countries, one of which was Iraq. Could you explain the background to that?"

Was sogleich auffällt: Der Vorsitzende startet gar keinen Versuch einer Neutralisierung von Prominenz. Entweder, so ließe sich vermuten, sieht er das Verfahren durch den Besuch des Premiers gestärkt, oder der Verfahrenswalter kapituliert vor der Herkulesaufgabe der Rollentrennung, oder aber die Prominenz wird zum selbstverständlichen Bestandteil. Der knappe, souveräne Austausch des Begrüßungsrituals lässt letzteres als wahrscheinlich erscheinen[20]. Der Premierminister erscheint nicht als Überforderung, gerade weil sein Auftritt als Ausnahme gehandhabt wird.

Die Begrüßung verläuft schmucklos. Es wird kein Dank ausgesprochen. Es wird mit einer Selbstverständlichkeit die Teilnehmerschaft zur Kenntnis genommen, angenommen und vermittels Fragen spezifiziert. Der Vorsitzende begrüßt zunächst – wie immer – die anwesende Öffentlichkeit („Good morning ladies and gentlemen."), um sich dann mit dem gleichen Gruß an den „Prime Minister" zu wenden. Die dann folgende Eröffnung weicht von einer üblichen Zeugenvorstellung ab, hier im Falle eines Beamten des Verteidigungsministeriums:

Lord Hutton: „Good morning, ladies and gentlemen. Yes, Mr. Dingemans."
„Sir Kevin Reginald Tebbit" (called)
Mr Dingemans: „Can you give his Lordship your full name?"
A.: „Kevin Reginald Tebbit."
Q.: „What is your occupation?"
A.: „I am the Permanent Undersecretary of State at the Ministry of Defence."
Q.: „What does that involve as a role?"
A.: „As a role, it means that I am in charge of [. . .]"

---

19 Hutton Inquiry (HI).

20 Wir verdanken Alois Hahn den Hinweis, dass die Begrüßung in formalen Settings, z. B. in einer Berufungskommissionen oftmals eine bereits bestehende Bekanntschaft betont negiert und, nach vormaliger Ankündigung auf der Hinterbühne, ein Wechsel vom vorgängigen „Du" zum distanzierten und in Relation zu den anderen KandidatInnen, egalitären „Sie" inszeniert wird. Formalität als Teil von Verfahrensförmigkeit bedarf einer emotionalen Gleichgestimmtheit, um nicht den Eindruck bereits bestehender, nicht sachlich begründeter, rein personaler Präferenzen zu wecken. Vgl. hier *Atkinson*, Understanding Formality, zur interaktiven Herstellung von Formalität.

Der Zeuge wird gebeten, nicht nur seinen vollen Namen, sondern auch seine Funktionsrolle anzugeben. Beides kann bei Blair vorausgesetzt werden – und ist schon allein mit dem Titel benannt. Diese Bekanntheit von Name, Titel und Aufgabe würde in anderen Verfahren Befangenheit erzeugen. Der Befangene würde ausgetauscht. Bei allseits bekannten Personen wie Blair muss dieses Distanzgebot fallen, soll überhaupt eine Verfahrensteilnahme möglich sein. Ein Verfahren, dass sich Bekanntheit bedienen und diese prozessieren möchte, muss äquivalente Formen der Distanzierung wählen. Lord Huttons Begrüßung bietet entsprechend Gelassenheit, Normalität und Sachlichkeit. Der Verfahrenswalter zeigt sich wenig beeindruckt. Sein Prozessanwalt kommt gleich zur Sache.

Der sperrige Status des Regierungschefs ist ohne Umschweife eingeführt. Die „öffentliche Größe" ist als Nebenbedingung benannt und beiseite gestellt. Die Umwidmung der Externa, die Luhmann zur Ausdifferenzierung des Verfahrensgangs im Blick hat, bleibt damit in Reichweite. Gleichzeitig verbleibt die Prominenz als externer Bezugspunkt und als Kontinuität über den Ausschuss hinaus im Spiel. Was für ein Teilnehmer kann diese Größe im Verfahren werden? Wird Blair zum Zeugen, Sachverständigen oder Angeklagten? Und welche Teilnehmerschaft realisiert Blair in seinen Entgegnungen? Wir werden unter 3.2. mit inhaltlichen Beiträgen fortfahren.

2. *„Mein Name ist Josef Martin Fischer, genannt auch Joschka Fischer"*

Eine andere Version der Rollenvermittlung qua Begrüßung liefert die Befragung des Außenministers Fischer am 25. April 2005 im Visa-Ausschuss.[21] Der Vorsitzende des Visa-Ausschusses begrüßt den Zeugen wie folgt:

> *Vorsitzender:* „Bevor ich jetzt zur Belehrung komme, die für jeden Zeugen gilt, darf ich Sie im Untersuchungsausschuss ganz herzlich willkommen heißen, Herr Außenminister. Sie sind als Zeuge verpflichtet, [... Belehrung ...] Herr Minister, ich darf Sie nunmehr bitten, sich dem Ausschuss der Ordnung halber vorzustellen mit vollständigem Namen, mit Alter, Beruf und Wohnort oder gegebenenfalls Dienstort. Bitte schön."
>
> *Zeuge:* „Mein Name ist Joseph Martin Fischer, genannt auch Joschka Fischer; das hängt mit der Herkunft meiner Familie zusammen. Ich bin 57 Jahre alt – jüngst geworden –, Bundesaußenminister. Der Dienstort ist hier in Berlin das Auswärtige Amt am Werderschen Markt."

Die Begrüßung beginnt mit einer formalen Ankündigung, die vom „ganz herzlich" – womöglich auch ironisch[22] – gebrochen wird. Etwas Selbstver-

---

21 Untersuchungsausschuss des Deutschen Bundestages, 19. Sitzung am 25. 04. 2005, Protokoll, 2, [http://dip.bundestag.de/btd/15/059/CD_UA_2/docs_1/Sitzung_18.pdf2].

ständliches wird als nicht selbstverständlich markiert. Der Vorsitzende verrät ein Spannungsverhältnis zwischen Regel und Fall: Der Zeuge wird als Außenminister begrüßt, soll aber ansonsten „wie jeder Zeuge" behandelt werden: Der Vorsitzende macht diffuse Verfahrensnormen geltend („der Ordnung halber") und schwächt diese sogleich im vorliegenden Sonderfall ab („darf ich"). Versuche, die Bekanntheit des Zeugen herunterzuspielen, sind dabei eingebettet in eine Reihe von Äußerungen, die die Bedeutung des Teilnehmers betonen. So wird er zunächst als „Außenminister" angesprochen und erst danach als „Zeuge" benannt. Er wird „ganz herzlich willkommen" geheißen, so als sei man dankbar, dass er die Teilnahme am Verfahren auf sich nimmt. Der Zeuge wird auch nicht aufgefordert, sich vorzustellen, sondern nunmehr „gebeten". Der Vorsitzende gibt sich höflich *und* korrekt; Zumutungen seien dem Verfahren geschuldet, nicht seiner Amtsführung.

Wie antwortet der Befragte? Er greift den Bezug auf die Normen des Verfahrens auf und fügt sich „mehr oder weniger" in die vorgestanzte Rolle. Er nennt ordentlich seinen Vor- und Zunamen, allerdings mit einem viel sagenden Zusatz. Die Passung währt nicht einmal einen Satz. Bereits im Nachsatz zu seiner Vorstellung „privatisiert" er diese, indem er auf den der Öffentlichkeit geläufigeren Vornamen verweist. Er signalisiert: Auch wenn ich hier als Zeuge sitze, bleibe ich doch der „Joschka". Mehr noch, er legt eine weitere Spur aus, die ihm als Horizont seiner Antworten zur Verfügung steht: „die Herkunft meiner Familie". Das Wechselspiel zwischen Rollentrennung und -zusammenfassung beginnt, indem Fischer „mehr über sich" offenbart als gefragt wurde. Er verschafft sich auf diese Art womöglich Manövrierraum: hin zu seinem öffentlichen Image, seiner Biographie, seinen eingefleischten Überzeugungen als Politiker.

Die Selbstpositionierung lässt zwei mögliche Anschlüsse zu: entweder die Verdeutlichung seiner allgemeinen Bekanntheit, also ein Hereinholen externer Bezüge, oder das Anknüpfen an die formale Zeugenrolle. Mit dem Hinweis auf seinen familiären Hintergrund wählt Fischer die erste Variante und spezifiziert seine Bekanntheit über den Außenminister Fischer hinaus, frei nach dem Motto „das Private ist politisch". Fischer ist nicht nur Amtsträger, sondern auch Überzeugungstäter. Fischers Antwort macht eine persönliche Dimension geltend. Er lässt den Menschen hinter dem Politiker hervor scheinen (etwa mit dem Hinweis auf seinen Geburtstag) und spezifiziert „der Ordnung halber" – als Akt der Bescheidenheit und des Respekts – Beruf und Dienstort. Später wird der Zeuge noch mehrfach auf seine Biographie zurückkommen. Die Vorstellung vollführt erste Rollenzusammenfassungen (Bekanntheit und Zeugenrolle) – und zwar auf beiden Seiten.

[22] Hierzu bedürfte es einer Analyse der Intonation und der Mimik und Gestik. Womöglich markiert der Vorsitzende Kauder (CDU) an dieser Stelle auch eine Entschlossenheit, es nicht bei Herzlichkeiten zu belassen.

Eine Bühne ist bereitet. Der Zuschauer vor dem Bildschirm darf gespannt sein, wie „Joschka“ sich in dieser ungewohnten Rolle schlägt.

3. „... Herrn Javier Solana, den ich wohl nicht extra vorzustellen brauche“

Wie wird die Befragung von Javier Solana vor dem EU-Ausschuss eröffnet? Die Anhörung beginnt wie folgt:

> *Der Vorsitzende:* „Meine Damen und Herren! Ich begrüße jetzt den Hohen Vertreter für die Gemeinsame Außen- und Sicherheitspolitik, Herrn Javier Solana, den ich wohl nicht extra vorzustellen brauche. Herr Solana hat unter Beweis gestellt, dass er dem Europäischen Parlament stets zur Verfügung steht. Außerdem ist der Umstand, dass er vor seiner Ernennung zum Hohen Vertreter fünf Jahre lang das Amt des Generalsekretärs der NATO bekleidet hat, für unseren Ausschuss, so denke ich, von großem Interesse.“
>
> *Javier Solana, Hoher Vertreter für die GASP:* „Ich freue mich sehr, heute bei Ihnen im Ausschuss zu sein. Der Gegenstand Ihrer Untersuchung ist, wie wir alle wissen, von großer Bedeutung für die EU-Bürger. Ich begrüße daher, dass der Rat und verschiedene Gremien des Rates wie SatCen [Satellite Center] bereits ihre Bereitschaft gezeigt haben, bei den laufenden Untersuchungen, auch bei der Ihren, voll zu kooperieren.
>
> Ich möchte betonen, dass ich gern einen Beitrag zu Ihrem Bericht leiste. Ich beantworte auch gern nach bestem Wissen Ihre Fragen zu Angelegenheiten, die in mein Mandat als Hoher Vertreter für die GASP fallen. Fragen zu Angelegenheiten, die nicht in meinem Verantwortungsbereich liegen, werden von Anderen zu beantworten sein [...].“[23]

Fischer wurde als „Außenminister“ begrüßt. Er wurde, nicht ohne Respektsbezeugungen, belehrt und aufgefordert sich vorzustellen. Solana wird mit Titel und mit Vor- und Zunamen begrüßt. Der Vorsitzende setzt weder Titel noch Bekanntheit in Widerspruch oder Spannung mit der „hier“ und „nun“ geforderten Teilnahme Solanas. In seiner Begrüßungsansprache betont der Vorsitzende dessen besondere Bedeutung und leitet diese aus gleich mehreren Posten und Erfahrungen Solanas – seinem politischen Gewicht – ab. All diese Facetten sollen für das Verfahren mobilisiert und als Wissensressource genutzt werden. „Herr Javier Solana“ wird entsprechend umschmeichelt.

Solana wird, anders als Fischer und Blair in ihren Untersuchungen, als Amtsträger und mit (vollen) Namen vorgestellt. Seine Bekanntheit wird vorausgesetzt: „[...] den ich wohl nicht extra vorzustellen brauche“. Dem Verfahren könnte er als Amtsträger, aber mehr noch als erfahrener Diplomat nutzen. Die Aufzählung weckt „hohe Erwartungen“ und liefert zugleich Gründe für die Einladung: Wer so hoch steht und all dies mitgemacht

---

23 Verbatim Report (VR), 02. 05. 06: 1.

hat, der weiß um die Zusammenhänge und möglichen Hintergründe. Seine Bekanntheit prädestiniert Solana – ähnlich einem Expertenzeugen vor Gericht – für die ihm zugedachte Verfahrensrolle.

Wie alle „Gäste“ des CIA-Ausschusses erhält Solana zunächst die Möglichkeit zur eigenständigen Einlassung. Solana nutzt den Raum, um seinerseits Respekt zu zollen. Solana dankt für die Einladung, preist die Untersuchung („von großer Bedeutung“) und wirbt allgemein für ihre Unterstützung. Er signalisiert prinzipielle Kooperationsbereitschaft als Hoher Vertreter um allerdings gleich darauf die durch den Vorgesetzten nahe gelegte Teilnahme als „erfahrener Diplomat“ abzuweisen. Wie tut er das? Er stellt seine Teilnahme in eine Reihe mit anderen EU-Institutionen, die sich zur Kooperation mit laufenden Untersuchungen bereit erklärt haben. Sein Beitrag, so seine Ankündigung, wird sich dabei ausschließlich auf solche Fragen beschränken, die in sein Mandat fallen. Er wird nicht über anderweitige Erfahrungen (etwa als Nato-Generalsekretär) sprechen (können). Während der Vorsitzende auf Wissen qua Position und Erfahrung zielt, begrenzt Solana seine Teilnahme auf *eine* Repräsentanz[24]. Als Person kann er nicht teilnehmen.

Solana erklärt seine eingeschränkte Kooperationsbereitschaft mit institutionellen Verpflichtungen. Er nimmt gar nicht im Horizont seiner Biographie oder gar mit politischen Überzeugungen teil, wie etwa Fischer dies schon in seiner Vorstellung ins Spiel brachte, sondern als Sprachrohr für andere. Diese Sprachrohrfunktion impliziert für die Teilnahme allerlei diplomatische Rücksichtnahmen und Vorsichten. In der Folge wird diese Rahmung seine Teilnehmerschaft prägen: Seine Beiträge zum Verfahren sind durch externe Loyalitäten geradezu blockiert. Sie finden lediglich auf einer Metaebene – als phrasenhafte Ankündigung („Ich werde kooperieren“) – statt. Solana dient auch im Verfahren zuallererst der Gemeinsamen Außen- und Sicherheitspolitik.

4. *Zusammenfassung*

Die Varianten der Begrüßung reichen von normalisierender Anerkenntnis (Hutton) über eine Betonung weitgehender Kooperation (CIA) bis zur vorgeblichen Gleichbehandlung (Visa). In keinem Fall wird die Bekanntheit negiert etwa durch strikten Formalismus, durch Anonymisierung von Aussagen oder durch den Ausschluss der Öffentlichkeit. Das Beispiel des (über-)betonten, allerdings nur punktuellen „undoing prominence“ im Fall Fi-

---

24 Einen gleich gelagerten Fall schildern *Lynch / Bogen*, The Spectacle of History, in ihrer Konversationsanalyse von Oliver Norths Anhörungen im Iran-Contra-Ausschuss. North hält Informationen mit der Begründung zurück, er diene dem Amerikanischen Präsidenten und dem Amerikanischen Volk – und, so ließe sich ergänzen, nicht *diesem* Verfahren.

schers zeigt, dass sich Bekanntheit gerade nicht ignorieren lässt[25], nur übersetzen. In jedem der betrachteten Fälle wird eine besondere Bedeutung des bekannten Politikers hervorgehoben, die auf das Verfahren abfärben soll – „die Großen“ verleihen Relevanz.

III. Erzählaufforderungen – und die Darstellung von Neugier

Wir haben das Rollenspiel in allen drei Fällen in späteren Passagen des Protokolls weiterverfolgt. Zunächst analysieren wir die Erzählaufforderungen, mittels derer Erwartungen an das Wissen, die Kompetenz und die Verantwortlichkeit des Teilnehmers vermittelt werden. Erzählaufforderungen zielen auf epistemische, moralische und politische Positionen in Relation zum Untersuchungsgegenstand[26]. All dies wird mit verhandelt bei der Kategorisierung einer adäquaten, pflichtgemäßen und erwünschten Verfahrensteilnahme.

1. Solana hat Erfahrung

Nach der Begrüßung Solanas im CIA-Ausschuss und seiner Positionierung zum Gegenstand und zum Ausschuss als Repräsentant, beginnt die Befragung. Charakteristisch für diese sog. Aussprache sind Erzählaufforderungen wie diese:

> *Hubert Pirker (PPE-DE):* „Herzlichen Dank für Ihr Kommen auch von meiner Seite, Herr Solana, denn damit ist garantiert, dass wir eine der erfahrensten und informiertesten Persönlichkeiten der Europäischen Union hier bei uns im Europäischen Parlament sitzen haben. Wir sind uns alle einig, dass wir den Kampf gegen den Terror unterstützen, dass wir alle legalen Maßnahmen, die von den Mitgliedstaaten, von der EU und in Kooperation getroffen werden, befürworten, sofern sie sich innerhalb des rechtlichen Rahmens befinden. Das ist das Wesentliche. Darum geht es auch im Ausschuss. Hier haben wir festzustellen und zu untersuchen, ob irgendwo von einem Mitgliedstaat oder einer Institution nationales, europäisches oder internationales Recht verletzt worden ist. Das ist die Fragestellung für den Ausschuss. Daher auch eine ganz simple Frage meinerseits an Sie, den Erfahrensten und Wissendsten unter den Persönlichkeiten: Gibt es Ihrer Meinung nach einen Beweis bzw. haben Sie einen Beweis für eine Verletzung eines Rechts in einem Mitgliedstaat, für eine Verletzung von europäischem Recht oder für die Verletzung von internationalem Recht durch Aktivitäten der CIA, die im Rahmen der zu untersuchenden Materien erfolgt sind, oder nicht?“[27]

---

[25] Ignorieren in dem Sinn, in dem Großstädter nach Simmels bekanntem Diktum „Blasiertheit“ entwickeln, um von der Vielfalt der Reize in ihrer Umgebung absehen zu können, vgl. *Simmel,* Die Großstädte und das Geistesleben.

[26] Vgl. *Psathas,* Studying the Organisation in Action.

[27] VR, 02. 05. 06: 9 f.

Der Fragesteller bedankt sich zunächst persönlich („von meiner Seite") für das Erscheinen des „Herrn Solana". Sein „Kommen" wird wiederum dankbar zur Kenntnis genommen. Im Folgenden versucht der Abgeordnete Einigkeit festzustellen bzw. einen geteilten normativen Rahmen anzurufen. Kooperation scheint vor diesem Hintergrund unproblematisch.

In der Erzählaufforderung wird die Bekanntheit Solanas umworben. Eine der „erfahrensten und informiertesten Persönlichkeiten der EU" soll den Ausschuss bereichern und aufwerten. Ein solcher Gast verleiht dem Verfahren Bedeutung und verspricht besondere Einblicke in die Hintergründe großer Politik. Deutlich steht der Versuch einer Vereinnahmung Solanas durch das „Einigsein" des „Wir" vor dem Hintergrund der Trennung zwischen Fragendem und Befragten („meinerseits" – „an Sie"). Die Uneindeutigkeit der Formulierung des „Wir" und ihre Wiederholungen verweisen dabei auf die Brüchigkeit der postulierten Gemeinsamkeiten und markieren sie eher als Appell denn als Fakt.

Solanas allgemeine Informiertheit zu wesentlichen „gemeinsamen" Fragen setzt die Untersuchung in den Stand, die schwierigen Sachverhalte zu ermitteln. So der Appell. Vor dem Hintergrund der unterstellten Informiertheit und des Einblicks Solanas kommt die dann gestellte Frage als bearbeitbar daher: So etwas müsste Solana in seiner Position doch wissen. Umgekehrt markiert dieses „simpel" aber auch einen Anspruch auf Antwort ohne Wenn und Aber (gibt es Beweise, ja oder nein?). Wie so oft reagiert Solana auch auf diese Frage ausweichend und verdeutlicht, dass es sich durchaus um keine Frage handelt, die er beantworten könnte.

Javier Solana, Hoher Vertreter für die GASP: „Wie ich schon sagte, und ich möchte bei dem, was ich sage, sehr präzise sein, habe ich heute Morgen noch einmal mit Herrn Davis vom Europarat gesprochen. Er, und niemand anders, hat die Verantwortlichkeit, die Möglichkeit, wirklich Fragen zu stellen, und die Länder sind verpflichtet, ihm zu antworten. Ich kann zwar fragen, aber es ist niemand verpflichtet, mir zu antworten. Ihm gegenüber ist man verpflichtet zu antworten, und er hat mir gesagt, dass er fast fertig ist und Ihnen berichten wird; Sie können ihn also fragen, sobald er fertig ist. Ich habe nicht diese Möglichkeit, Einzelheiten über das Verhalten der Mitgliedstaaten der Europäischen Union zu erfahren. Darüber kann er ihnen berichten, und wenn wir, Sie und ich, diese Antwort erhalten, dann wahrscheinlich zur gleichen Zeit. Meine Vermutungen, meine Vorstellungen von dem, was passiert oder passiert ist usw., ist allein meine Sache. Ich werde letztendlich schon sagen, was ich denke. Aber ich bin hier als Vertreter einer Institution mit Befugnissen, mit einem Mandat, mit einer Aufgabe, und ich muss Ihnen, die Sie Ihre Aufgaben und Ihre Verantwortung haben, in derselben Art und Weise antworten, und diejenigen, die die Verantwortung haben, müssen sagen, worin der Beweis besteht; und das ist die Verantwortung, die jeder in dem Fall hat. Ich jedoch bin wirklich nicht gesetzlich dazu befugt."[28]

Solana beteuert seine prinzipielle Kooperationsbereitschaft, lässt sich aber nicht zu einer Meinungsäußerung hinreißen. Er will „sehr präzise"

28 VR, 02. 05. 06: 10.

bleiben, was er weniger auf sein Wissen und seine Meinung bezieht als auf die Verteilung von Kompetenzen und Zuständigkeiten in der EU. Von der durch ihn repräsentierten Institution und nicht von seinem Willen hängt ab, was er im Ausschuss sagt, sagen kann. Sie bindet ihn, nicht die Ansprüche und Hoffnungen der Verfahrenswalter. Er macht Verantwortlichkeiten geltend, die weiter reichen als das Ansinnen des Ausschusses: Aussagen zum Verhalten von Mitgliedstaaten stehen ihm als Außenvertreter der EU nicht zu. Er verweist auf Dritte, die über solche Informationen verfügen oder denen es zukommt, solche Informationen bei den richtigen Stellen einzuholen. Hier sieht er sich in derselben Position wie der CIA-Ausschuss: Beide Institutionen („wir, Sie und ich") sind abhängig von Dritten[29].

Solana nimmt am Verfahren strikt und lediglich als außenpolitischer Vertreter der EU teil. Sein Mandat macht ihn zugleich attraktiv und unnahbar für den Ausschuss. Das vermutete und erhoffte Mehr an Wissen kann nicht für das Verfahren mobilisiert werden.

2. *Blair hat den Überblick*

Nach der kurzen Begrüßung beginnt die Befragung Tony Blairs in der Hutton Inquiry:

> *Q.:* „[...] We have heard that a dossier was being produced in February 2002 which related to four countries, one of which was Iraq. Could you explain the background to that?"
>
> *A.:* „After September 11 there was a renewed sense of urgency on the question of rogue states and weapons of mass destruction and the link with terrorism, and there was some thought given to trying to bring all that together, identifying the countries that were a particular source of concern to us, one of which was Iraq."[30]

Ohne Umschweife wird die Sachebene angepeilt. Gefragt wird nach einem allgemeinen „Hintergrund" oder einem Sachverhalt („a dossier"), der dem Ausschuss bereits „zu Ohren gekommen" ist. Die Frage wird weiter spezifiziert, indem eine Zeitangabe sowie das Thema des Dossiers angefügt werden. Die Frage verrät besondere Rollenerwartungen: Blair kooperiert, ist informiert und weiß um den „background". Diese Kompetenzzuschreibung kann als epistemische Variante eines „doing prominence" interpretiert werden: „Ihnen muss ich all das nicht erklären." Es wird schon eine pas-

---

29 Solana betont an anderer Stelle, dass er davon ausgeht, dass auch der CIA-Ausschuss diese formale Begrenzung seiner Aussagemöglichkeiten letztlich anerkennen würde: „Ich werde nicht über meinen Aufgabenbereich hinaus gehen und anfangen, Dinge zu sagen, die ich nicht sagen darf, weil *Sie das nicht für richtig halten würden*. Es könnte sein, dass es Ihnen heute gefallen würde, aber es könnte auch sein, dass Sie mich zwei oder drei Tage später, wenn es am selben Ort um ein anders Thema geht, fragen, warum ich über meinen Aufgabenbereich hinausgegangen bin.", VR, 02. 05. 06: 13 f.; e. H.

30 VR, 28. 08. 03: 0.

sende Erklärung abgeben, ohne dass hierfür genauere Vorgaben über deren Länge, Rahmen oder Zielrichtung ergehen müssten. Es erfolgt keine Spezifikation und von Seiten Blairs auch keine Nachfrage. Ein Premier („wer sonst"), so der kategorielle Schluss, überschaut derlei.

Die Antwort beeindruckt angesichts der recht unbestimmten Aufgabenstellung durch ihre Sicherheit und Knappheit. Blair fasst sich kurz und erweist sich als kundiger und kompetenter (Zeit-)Zeuge. Er fragt nicht zurück, was genau gefragt ist oder worauf er das Schwergewicht legen soll. Er antwortet ganz so, als ob ihm eine definitive Frage gestellt wurde. Blairs Antwort gibt an, welche Beweggründe die Zusammenstellung des Dossiers über „Irakische Massenvernichtungswaffen" geleitet haben („After September 11"). Die Erstellung des Dossiers wird dabei als subjektloser Prozess präsentiert, dem ein allgemeiner Wille zugrunde lag („there was a [...] sense of urgency"). Die Darstellung ist historisierend. Sie wählt eine Vogelperspektive auf eine vergangene Episode, die von Blair nun aber nicht etwa als Kette von Ereignissen oder zuschreibbaren Handlungen, sondern vielmehr als allgemeine Atmosphäre oder Lage präsentiert wird. Erst am Schluss des Satzes fügt er ein Personalpronomen („us") ein, ohne dieses zu spezifizieren. „Us" identifiziert die Handlungen als Regierungshandlungen und ihn selbst als Teil – noch nicht als Kopf – dieses Kollektivs. Kein Wort führt ihn als Beteiligten ein. Er verharrt in einer positionslosen Position, die erst einen Blick auf die Zustände erlaubt. Zwanglos lässt er alle „großen" Schlagwörter Revue passieren und bestätigt so beiläufig den zuerkannten Status: 11. September, Terrorismus, Schurkenstaaten, Massenvernichtungswaffen, Irak.

Die Gesamtdarstellung ist dazu angetan, Blair als „bescheidenen Leader" zu interpretieren, der einerseits im Kollektiv entscheidet, andererseits den Gesamtüberblick wahrt und souverän über Zusammenhänge und Gründe räsonieren kann. Er steckt ein Terrain ab und ordnet die wesentlichen Elemente, vor denen die Fragen des Ausschusses unbedeutend wirken müssen. Die Antwort rahmt das Gespräch und setzt Standards. Die Dimensionierung lässt mögliche Fragen zu persönlichen Handlungen und Aussagen kleinkariert erscheinen – wie beispielsweise in der Email-Korrespondenz, bezogen auf das umstrittene Dossier. Der Blick von oben lässt Details zurück. Verantwortlichkeit bleibt schwerlich haften, da jeder Bezug auf eine eigene Handlung fehlt. Der Generalist steht über den Dingen. Die Antwort vollführt Prominenz im Gestus des „Staatsmannes". Wissensbestände wie auch Generalzuständigkeiten sind allein der hohen Position geschuldet.

3. Fischer sollte es wissen

Fischer wird zunächst nicht befragt. Er kann vielmehr sein „Recht als Zeuge" nutzen, sich „im Zusammenhang" zu äußern, wie es laut UA-Gesetz vorgesehen ist. (Bei anderen Zeugen sprach der Vorsitzende von einem „Angebot".)

Vorsitzender: „Als Außenminister sind Sie für die Ausgabe von Visa politisch verantwortlich. Es ist Ihr Recht als Zeuge, heute Ihre Sicht der Dinge vorweg, bevor die Befragung beginnt, im Zusammenhang darzustellen. Deswegen möchte ich Ihnen jetzt, Herr Minister, das Wort erteilen. Bitte schön."

Zeuge: „Vielen Dank, Herr Vorsitzender. Bevor ich mich ausführlich zur Sache äußere, und zwar aufgrund der Kenntnisse, die ich mittlerweile durch intensives Aktenstudium gewonnen habe, von Bruchstücken von Erinnerungen – ich komme zur Erinnerungsfähigkeit nachher noch zu sprechen – und auf der Grundlage dessen, was ich für wahr und richtig halte – wie Sie zu Recht darauf hingewiesen haben und wie es im Gesetz heißt: Ich werde nichts hinzufügen und nichts weglassen, sondern wahrheitsgemäß den Ausschuss von meiner Sicht der Dinge und von den Vorgängen unterrichten; daran habe ich großes Interesse, weil ich nichts zu verbergen habe –, gestatten Sie mir drei Vorbemerkungen. [...]"[31]

Wie bei der Begrüßung akzentuiert der Vorsitzende Normen, um die geforderte Teilnehmerschaft näher zu bestimmen. Es sei „das Recht als Zeuge", nicht etwa eine Kooperationswilligkeit oder ein gemeinsames Interesse, das Fischer reden macht. Dieses Recht zur eigenen Darstellung assoziiert neben einer Zeugenschaft und dem entsprechenden Wissen auch eine Anklage („politisch verantwortlich") und das Recht zur Verteidigung („Ihre Sicht der Dinge"). Die Verweise auf Recht und die Erteilung des Wortes zur Verteidigung lassen ein starkes, ein autonomes Verfahren vermuten, das fähig ist, auch hoch stehende Regierungsvertreter unter Druck zu setzen. Der Angesprochene wird als Verantwortlicher adressiert, der wissen sollte, wie sich die „Dinge" verhalten. Hier wird die Befragung zur Prüfung.

Die darauf folgende Präsentation verschiebt die Akzente: Fischer betont seine Kooperationsbereitschaft gegenüber dem Verfahren, um diese sogleich mindestens zweierlei Dispositionen unterzuordnen: der „Erinnerungsfähigkeit" und seinen Überzeugungen („was ich für wahr und richtig halte"). Er nimmt die Rolle an („wie es im Gesetz heißt") und modelliert sie zugunsten verschiedener Subjektivismen. Die Person Fischer handeln sich die Ankläger also gleich mit ein. Im weiteren Verlauf – wie auch in Einlassungen auf spätere Erzählaufforderungen hin – bietet Fischer vor allem zwei externe Teilnehmerkategorien auf: die eines weltgewandten Vollblutpolitikers, dem „juristische Erbsenzählerei" und verwaltungstechnisches Kleinklein fernliegen. Fischer zeichnet Vorgänge und Abläufe in groben Linien. Fischer präsentiert sich als verantwortliche Persönlichkeit des öffentlichen Lebens,

---

31 Untersuchungsausschuss, 2.

als Zeitgenosse mit bewegter Biographie, als viel beschäftigter Berufspolitiker, als „Mensch Joschka" mit Visionen und Schwächen.

Mittels dieser Rollenwechsel nutzt Fischer die ihm bereitete Bühne weidlich aus. Er politisiert, privatisiert und scherzt. Immer wieder grenzt er sich in seinen Schilderungen ungefragt von der Gegenseite ab: Von bürokratischen „Entscheidern" auf der Sachebene, von spezialisierten „Juristen" und von konservativen Hardlinern. Bei Bedarf tritt Fischer explizit als Außenminister auf („Ich sage das hier jetzt nicht als Zeuge, sondern als Außenminister") und spricht Machtworte: „Es ist so" (S. 112). Diese Rollenwechsel werden auch von Seiten der Fragesteller betrieben, die ihn mal als Leiter des bürokratischen Apparats, mal als Politiker und mal als „Joschka" adressieren.

Wie Tony Blair betont Fischer beiläufig seine weltpolitische Bedeutung. Doch im Unterschied zu Blair präsentiert sich Fischer weniger als Herr der Sachlage denn als Kritiker des Verfahrens, wenn er etwa Vorschläge zum Vorgehen bei der Beweisaufnahme macht („dann soll der Ausschuss dort Beweiserhebung machen", S. 111) oder einen Rollentausch inszeniert: „Damit wollen wir das gut sein lassen, Herr Zeuge. ‚Herr Zeuge' sage ich schon – Herr Abgeordneter", S. 71). Aufforderungen, sein Überblickswissen als Außenminister preiszugeben oder gar Interna der Regierungsarbeit einzubringen, umschifft Fischer ganz ähnlich wie Solana unter Verweis auf außenpolitische Interessen und den Schutz des sog. „Arkanbereichs". Hier kommt die Rolle des Außenministers gut zupass.

Konträr zu Blair benutzt Fischer in seinem offensiv verteidigenden Einleitungsstatement auffallend oft das Wort „ich". Er stellt sich als Individuum den Verfahrenswaltern („sie") gegenüber. Damit verbunden erfolgen Verweise auf die Schwächen und Beschränktheiten, denen er als Mensch unterliegt – begrenzte Erinnerungsfähigkeit, subjektives Empfinden von Wahrheit, biographisch gewonnene Überzeugungen. Andere externe Rollen treten an dieser Stelle vollständig in den Hintergrund. Fischer präsentiert eine vielschichtige, schillernde Bekanntheit. Während Solana sich nur als Vertreter *einer* Institution darstellt, präsentiert sich Fischer als Virtuose seiner Vielstimmigkeit. All dies erscheint potenziert und manifestiert sich *in situ* in der TV-Liveübertragung. Fischer adressiert hier nicht den Ausschuss, sondern die „Leute dort draußen". Fischer nimmt die Gelegenheit wahr und macht das Verfahren zur öffentlichen Schaubühne all dieser Figuren: Joschka, der Außenminister, der Zeuge, der Grüne etc.

4. Zwischenstand

Hochgestellte Persönlichkeiten werden in die Untersuchungsverfahren eingeladen, weil man sich von ihnen besondere Einblicke und exklusives

Wissen verspricht. Sie werden für das Verfahren über Erwartungen mobilisiert, die sich an deren externen Rollen ausrichten. Diese sind nicht ohne Nebenwirkungen zu haben. Sie bringen ganz eigene Bindungen und Anknüpfungen mit sich, die das Verfahren nicht vollständig kappen kann. Wie unsere Fälle zeigen, müssen die Verfahrenswalter allerlei Verweise, Ausflüchte und Weiterungen hinnehmen. Die Bekanntheit ersetzt eindeutige Identifikationen mit Verfahrensrollen und schafft Raum für Rollenspiele. Als „Leerstelle" lässt Bekanntheit dabei ganz unterschiedliche Teilnahmen zu. Sie durchkreuzt eine eindimensionale, alles Weitere zunächst ausklammernde Involvierung.

Es entwickeln sich Rollenspiele, die je nach Verfahren unterschiedlich ausfallen. So scheint es der Hutton Inquiry relativ gut zu gelingen, den „Premierminister" Blair als Kapazität einzubinden. Sie erkennt den besonderen Status an. Sie lässt Blair als politische Führungspersönlichkeit sprechen. Blair kann sich weitgehend als erfahrener Staatsmann präsentieren, der weiß, wie man den Ansprüchen des Verfahrens genügt. Im Visa-Ausschuss hingegen sind die Adressierungen an Fischer vielfältig. Seine Teilnahme wird nur scheinbar durch Formalien definiert. Sie ist nicht festgelegt, sondern hält verschiedene Rollen im Spiel. So entgleitet Fischer dem Verfahren als Zeuge, als Außenminister und als Marke „Fischer". Im CIA-Ausschuss zeigt sich eine andere Diskrepanz. Während der Ausschuss den „Gast" Solana in seiner Erfahrung und Bekanntheit anruft, um ihn für das Verfahren zu nutzen, entzieht sich Solana diesen Erwartungen dagegen als Diplomat. Er zieht sich hinter sein Amt und dessen externen Verpflichtungen zurück.

IV. Konfrontation – und die Darstellung von Konsequenz

Wie gestalten sich „doing/undoing prominence" in konfrontativen Momenten der Befragung? Was passiert, wenn die hochgestellten Politiker in die Pflicht genommen und mit Relevanzen des Verfahrens konfrontiert werden? Teilnehmerschaft wird nun zur umkämpften Plattform für Verfahrensbeiträge. Um das Als-was und Womit der Teilnahme wird zwischen Verfahrenswalter und Verfahrensgänger gerungen. An diesen Bruchstellen zeigen sich die Selbstbeschränkungen der Verfahren. Erwartungen bleiben unerfüllt, Hoffnungen werden enttäuscht, Potenziale nicht ausgeschöpft.

1. Kontrollierte Konfrontation in der Hutton Inquiry

Im weiteren Verlauf der Hutton Inquiry beginnt Blair viele seiner Antworten mit „As I say in my witness statement"[32]. Er nutzt diese Wendung immer dann, wenn Fragen direkt auf seine eigene Handlung und nicht allgemein auf Handlungen der Regierung abzielen. Konkret geht es in diesen Fragen darum, ob Blair persönlich angeordnet hat, das Dossier zu ändern, inwiefern er als Co-Autor des Dossiers fungierte und inwieweit er vermittels seiner Weisungen Verantwortung für den fragwürdigen Inhalt trägt. Blair schickt jeder Antwort eine Rollenklärung voraus, die zusammenfassend etwa so lauten könnte: Das Folgende ist „nur" eine Wiederholung meiner schriftlichen Zeugenaussage, ich sage nun nichts anderes und nicht mehr, als dort.

Der Fragende konfrontiert ihn mit möglichen Handlungen und Verwicklungen in das Geschehen. Mittels der gesammelten E-Mail-Korrespondenz konstruiert er – ganz im Sinne eines „starken Verfahrens"[33] – Vorhalte an den Zeugen. Gefragt wird, ob Blair von Absichten des Joint Intelligence Committee (JIC) und der Regierung gewusst habe, bestimmte Inhalte des Dossiers zur Bedrohung Großbritanniens durch irakische Massenvernichtungswaffen „nachzubessern":

> *Q.:* „[...] Then this is said at the bottom: ‚I appreciate everyone, us included, has been around these buoys[34] before [...]. But No. 10 through the Chairman want the document to be as strong as possible within the bounds of available intelligence. This is therefore a last [!] call for any items of intelligence that agencies think can and should be included.' Were you aware that this process was going on?"
>
> *A.:* „Yes, of course, and it was important that it made the best case that we could make subject, obviously to it being owned by the Joint Intelligence Committee and that the items of intelligence should be those that the agencies thought could and should be included. So if you like it was a process in which they were in charge of this, correctly, because it was so important to make sure that no one could question the intelligence that was in it as coming from the genuine intelligence agencies, but obviously I mean I had to present this to Parliament. I was going to make a statement. Parliament was going to be recalled. We were concerned to make sure that we could produce, within the bounds of what was right and proper, the best case."[35]

Fragen wie dieser entzieht sich Blair nicht. Er bejaht ein Mitwissen und unterstreicht gleichzeitig die komplexe Arbeitsteilung innerhalb des Regierungsapparates. Einem „they" wird ein „I" gegenüber gestellt. Die Detailarbeit der Vielen war von seiner Warte nicht einsehbar; er musste sich auf „sie" verlassen.

In der Antwort präsentiert sich Blair als abhängiger Kopf einer komplexen Organisation (der Regierung und des JIC), die das Dossier fabrizierte

---

32 HI (Seite / Zeile): 0 / 23, 4 / 11, 7 / 19, 15 / 6, 25 / 2, 12 / 42.

33 Vgl. *Scheffer / Michaeler / Schank,* Starke und schwache Verfahren.

34 Hier handelt es sich nicht um einen Schreibfehler (JS). Bei „buoys" handelt es sich um Bojen oder Schwimmkörper zur Orientierung.

35 VR, 28. 08. 03: 6.

und lieferte. Seine Kompetenz erstreckt sich nicht auf dessen Inhalte, wohl aber auf dessen Vertretung im Parlament. Die Antwort macht die doppelte Struktur des Ranges deutlich: Er weist an und wird angewiesen, delegiert und wird instruiert. In diesem Zusammenhang sei, wie er meint, das Dossier so wie alle Unterlagen selbstverständlich auch über seinen Schreibtisch gegangen („all of this stuff was obviously stuff that had come across my desk").

Die Frage, ob Blair von Unzufriedenheit im Geheimdienstapparat über die Zusammenstellung des Dossiers gewusst habe, kulminiert in folgendem Vorhalt:

> *Q.:* „Were you aware at the time about any unhappiness amongst members of the Intelligence Services with the process by which the dossier was being produced?"
>
> *A.:* „Absolutely not, no."
>
> *Q.:* „We have now seen some e-mails that had been sent around. An example [...] is a letter dated 8 July 2003, so after the event, but it relates to a complaint or a matter that was raised. He is writing to the Deputy Chief of Defence Intelligence. The name has been redacted. He says, in the second paragraph: „Your records will show that as [...] probably the most senior and experienced intelligence community official working on WMD, I was so concerned about the manner in which intelligence assessments for which I had some responsibility were being presented in the dossier of 24 September 2002, that I was moved to write formally to your predecessor, Tony Cragg, recording and explaining my reservations." Had any of those complaints as it were worked their way up as far as the JIC or to you?"
>
> *A.:* „No, they did not. I mean, I should say that this was a – the question of whether we produced intelligence, though, was a very, very difficult question. I mean, on the one hand it is not normal for you to do this. I mean, intelligence, as I say in my witness statement, is intelligence and it has to be handled with care. On the other hand, the clamour for us to produce the reasons why – here I was saying this is the situation with Saddam and weapons of mass destruction we have to deal with. The clamour for us to produce the evidence for this was obviously very, very strong. So, in a sense, the 24th September dossier was an unusual – the whole business was unusual, but it was in response to an unusual set of circumstances. We were saying this issue had to be returned to by the international community and dealt with. Why were we saying this? Because of the intelligence. Not unnaturally, people said: well, give us the intelligence insofar as you can."
>
> *Q.:* „There are various other e-mails but I will not take you to those. [...]"[36]

Blair wird vermittels einer E-Mail eine konträre Version zu seiner vorherigen Antwort („Absolutely not, no.") vorgehalten[37]. Die Frage, mit der Blair aufgefordert wird, sich zum Kontrast zu verhalten, veranschaulicht seine Spitzenposition: „Had any of those complaints [...] worked their way up [...] to you?" Der Premierminister steht an der Spitze des Apparates.

---

36 Ebd., 14–15.

37 Dieses Vorgehen steht im Einklang mit der strukturellen Präferenz für „doppelbödige" Befragungstechniken im starken Verfahren, vgl. *Holly,* Der doppelte Boden in Verhören; *Scheffer / Michaeler / Schank,* Starke und schwache Verfahren.

Ansichten und Beschwerden selbst der erfahrensten und höchstrangigen Geheimdienstmitarbeiter haben – so das Zugeständnis – einiges an Hindernissen zu überwinden, um überhaupt nach ganz oben zu gelangen. Die Frage führt externen Status und Verfahrensrolle eng zusammen. Blair nimmt beide Aspekte auf und trennt sie wieder auseinander. Dementsprechend betont er – nach einem erneuten, kurzen Verneinen seines Mitwissens – zunächst seine Position in der bekannten Form („as I say in my witness statement"), um dann in seiner Schlussfolgerung seinen Status durch die Darstellung von Überblick, Erfahrung und der Fähigkeit zur politischen Einschätzung wieder zum Tragen zu bringen („it was in response to an unusual set of circumstances"). Blair etabliert eine eigene Balance seiner Rollen als Zeuge und als Premierminister, und zwar zu Lasten ersterer.

Ein weiterer Effekt dieser Antwort wird leicht übersehen: Sie verschiebt den thematischen Schwerpunkt der Frage. Die eigentliche Frage, ob die Beschwerden den Premier erreicht hätten, wäre mit dem ersten Satz vollständig beantwortet. Der Rest der Antwort liefert keine neuen Details, sondern erläutert Hintergründe. Sie führt so vom Thema unzufriedener Geheimdienstmitarbeiter hin zu den Gründen für die Veröffentlichung des Dossiers. Im folgenden Zug markiert der Fragesteller die Antwort gleichwohl nicht als ablenkend oder gar unzureichend. Auch wird der Vorhalt nicht erhärtet oder mit weiteren Dokumenten unterfüttert – obwohl der Anwalt explizit auf die Existenz weiterer E-Mails und die damit verbundenen Möglichkeiten hinweist („There are several other e-mails"). Blair wird nur kurz in die Zange genommen.

Die Fragen an Blair ermitteln Details: Wann, wo und mit wem wurden welche Informationen ausgetauscht; was wurde besprochen und beschlossen? Lord Huttons Nachfragen (z. B. „I have asked other witnesses"[38]) dienen jedoch nicht dazu, Antworten auf die Probe zu stellen, sondern zielen allein auf *zusätzliche* Informationen zur Vorgehensweise der Regierung. Zwar wird die Aussage des Premierministers neben die Aussagen anderer Zeugen gestellt und damit implizit die Gleichheit der Teilnehmer betont. Andererseits bleibt die Konfrontation nur kursorisch. Diese Zurückhaltung im Umgang mit Vorhalten zeigt sich an mehreren Stellen der Befragung Blairs:

> *Lord Hutton:* „Again, I think having heard a considerable amount of evidence the reason may be obvious, but why was this a quandary? What was the quandary which you were concerned had arisen?"
>
> *A.:* „The quandary really was this: we had never really wanted the Foreign Affairs Committee to look into this; we thought the ISC should do it. But they had and that is their right to do so and they had conducted their investigation. Suddenly, as I say, at the last minute forward comes somebody who may be the source of the allegation that was at the centre of the FAC report. What did you do? Did you inform

38 VR, 28. 03. 03: 49.

the Chairman of Foreign Affairs Committee immediately, which is one possibility and which I have no doubt afterwards people would have said to us we should have done. Did you try and get greater clarity of whether this was indeed the source or not? So how did you handle this? The reason why I thought it was very, very important to involve the senior officials is that the whole allegation around the Foreign Affairs Committee report and all the rest of it was about the propriety of the Government. Here is an issue that also seems to reflect on propriety and I am in receipt of this information. So I thought it was essential not in a sense to pass the responsibility to them – in the end I have full responsibility for the decisions that are taken – but in order to make absolutely sure that when at a later point, as I thought there would be, not obviously in the context which we are talking now, but people would say: when did you know? What did you know? Who did you tell? I would be able to say: we handled this by the book, in the sense of with the advice of senior civil servants. Not, as I say, to pass responsibility to them, but in order to make sure that this was not, as it were, the politicians driving the system but us taking a consensus view as to what the right way to proceed was."[39]

Lord Huttons Nachfrage („why was this a quandary?") zeigt relative Selbstbeschränkung des Verfahrens: Die Faktenlage („Having heard a considerable amount of evidence, the reason may be obvious") wird hier nicht der Formulierung von Vorhalten dienen, sondern („but why was this a quandary") vom Premierminister lediglich erläutert und eingeordnet werden. Blair wird zum unangefochtenen Kommentator, fernab von Diskrepanz- und Lügenausweisen. Seinen Erläuterungen wird eine weite sachliche und zeitliche Spanne eingeräumt.

Gegenüber anderen Zeugen bedient sich das Verfahren der Mittel des Verhörs: Der Befragte wird *zuerst* zur Schilderung des Sachverhalts aufgefordert und danach mit Widersprüchen konfrontiert. Blair wird dagegen vorab und explizit auf das Risiko hingewiesen, anderen Aussagen zu widersprechen. Entlastet von der Zumutung, die Übereinstimmung eigener Aussagen mit denen anderer Zeugen überblicken zu müssen, kann Blair seine Antworten nutzen, um alternative Erklärung proaktiv auszuschließen („not [...] to pass responsibility to them ...") Auch kann Blair die entstehenden Freiräume nutzen, um in seiner Antwort weitere Themen (wie die „Anständigkeit der Regierung" und „Verantwortung") zu eröffnen, vor denen Details (wer, wann, was mit wem) als „Haarspalterei" in den Hintergrund treten. Blair wird so zum Kommentator des Regierungshandelns: „I would be able to say: we handled this by the book ...". Seine externe Rolle gleichzeitig Quelle seiner Bekanntheit, fungiert als unangefochtener Bezugspunkt.

Blair ist als Premierminister informiert und uninformiert. Die Positionierung im / über dem Apparat liefert intrinsische Gründe, Fragen wie Erwartungen anzulenken. Der Premierminister zeigt sich als Generalist und Manager, der viele verschiedene und teils konfligierende Ansprüche vermit-

[39] Ebd., 51–52.

telt und einen Überblick wahrt. Die Fragenden schieben externe und interne Rolle zur Unkenntlichkeit ineinander. Es ist diese Selbstbeschränkung des Verfahrens im Umgang mit dem „Premierminister-Zeugen“ Blair, die seine Teilnahme als „Experte“ ermöglicht und trägt.

2. Wechselspiele im Visa-Untersuchungsausschuss

Das Rollenspiel, das bereits in den ersten Sequenzen (der Begrüßung und der Erzählaufforderung) entfaltet wurde, setzt sich im weiteren Verlauf der Fischer-Befragung fort. „Ausweichmanöver“ sind gleichwohl, anders als bei Blair, nicht unumstritten. Bereits in seinem Eingangsvortrag „provoziert“ er. Er löst Konfrontationen aus. Die Ausschussmitglieder greifen diese gerne auf und artikulieren ihre Gegenpositionen, mangels anderweitiger Gelegenheit, vermittels allerlei Zwischenrufen. In einer beispielhaft konfrontativen Episode erinnert sich Fischer an längere Diskussionen während der wöchentlichen Hausbesprechung in der zuständigen Abteilung des Ministeriums. Im Sachvortrag zum Verlauf der Prüfung und zur Reifung des Erlasses unterläuft Fischer nun ein schöner Versprecher. Statt „Hausbesprechung“ entfährt ihm „Hausbesetzung“[40]. Der Begriff katapultiert die Sitzung von den Windungen der Visapolitik hinein in die Wirrungen der Fischerschen Biographie.

> *Fischer:* „Dazu wurde eine Hausbesprechung angesetzt. Wer hat die Hausbesetzung – (Heiterkeit) – Hausbesetzung sage ich schon.“
>
> Es folgen Zwischenrufe zweier Teilnehmer der Gegenpartei (CDU / CSU):
> *Grindel:* „Wo man Experte ist, ist man Experte!“ – (Heiterkeit)
>
> *Uhl:* „Die Vergangenheit holt einen immer wieder ein.“
>
> *Fischer:* „Es freut mich, dass ich hier zur Heiterkeit beitragen kann.“
>
> *Uhl:* „Das macht nichts.“

Ein Wort genügt für einen grundlegenden Rahmenwechsel. Das zweite Gesicht Fischers ist sogleich präsent: Dem Außenminister steht der nicht minder bekannte „Unruhestifter“ zur Seite. Fischer aalt sich in den Implikationen:

> *Fischer:* „Es war ja Ihr Problem, dass die Hausbesetzung 1998 tatsächlich möglich wurde. (Heiterkeit) Aber das versuchen Sie ja zu revidieren, nicht wahr? Das ist doch das eigentliche Problem des Ausschusses, dass Sie Rot-Grün für ein historisches Ungemach halten, eigentlich eine Majestätsbeleidigung immerwährender konservativer Herrschaft in diesem Lande.“

Der Faupax gipfelt in der Politisierung des Ausschusses selbst. Fischer denunziert die Untersuchung als Schauprozess, als Episode im „ewigen“ politischen Kulturkampf. Hier vermag ein Versprecher vielfache Assoziatio-

---

40 Untersuchungsausschuss, 5.

nen zu wecken und den Außenminister vergessen zu machen. Fischer spinnt eine Kontinuität von 1968 über 1998 bis zum Ausschuss: der andauernde Widerstand und der Kampf einer ganzen Generation. Dieser Ausflug ist jedoch begrenzt. Es folgt, allerdings nicht unmittelbar, ein Ordnungsruf des Vorsitzenden, den Fischer wiederum politisch trotzig retourniert:

> *Uhl:* „Hausbesetzungen gehören nicht zum Prüfungsgegenstand. Wir können gleich wieder zu den Visa kommen."
>
> *Fischer:* „Schade, Herr Vorsitzender."
>
> (Zwischenruf *Grindel*): „Der Wohnort ist ja schon geklärt!" – (Heiterkeit).
>
> *Uhl:* „Auch vergangene Hausbesetzungen gehören nicht dazu."
>
> *Fischer:* „In diesem Fall schon. Wir reden gerade über die Zeit 98 und folgende. Ich würde es nicht als Hausbesetzung bezeichnen; aber in manchem Kopf scheint es tatsächlich so abzulaufen."

Der Vorsitzende Uhl versucht, den Gegenstand des Verfahrens zu definieren und aktuell durchzusetzen. Uhl verweist auf die Grenzen des Verfahrens und ruft Fischer zur Ordnung. Die Zurechtweisung erfolgt gleichwohl in „Verbeugung" vor der Popularität Fischers. Er wird nicht zurechtgewiesen, sondern in scherzhaftem Ton „zurück" gebeten. Das Geplänkel und die „widerständige" Replik des Zeitzeugen Fischer führt schließlich zur vorläufigen Selbstdisziplinierung des Zeugen Fischer. Der allseitige Ausflug ist beendet:

> *Fischer:* „Doch zurück zum ernsten Thema – entschuldigen Sie den Versprecher –: eine Hausbesprechung."[41]

Die Verfahrensrahmung bleibt anfällig bzw. offen für weitere „Einfälle" Fischers, für seine Kommentare, Witze, Angriffe. Der populäre Widerständler verfügt auch weiter über den Raum und den Rahmen, seine „anderen Identitäten" ins Spiel zu bringen. Im Unterschied zu Blair und Solana jongliert Fischer mit mehreren Identitäten, lässt sich auf keine festnageln. Er betreibt ein Wechselspiel der Rollen. Die Fragenden offerieren derlei Bezugnahmen, indem sie nicht nur entweder den Zeugen oder den Außenminister adressieren, sondern bereits in der Frage zum Verwirrspiel anstiften:

> *Uhl:* „Herr Zeuge, es tut mir Leid, das sagen zu müssen: Wie sich das Auswärtige Amt bei der Kölner Justiz präsentiert hat, war eine Katastrophe. Aber Sie, Herr Außenminister, sind in der Aufarbeitung dieses Falles schon fast eine tragische Figur."

Entsprechend dieser multiplen Adressierungen antwortet Fischer:

> *Fischer:* „Ich weiß nicht, worin die Frage besteht, dass Sie mich jetzt zur tragischen Figur machen. Ich könnte jetzt kontern, indem ich sozusagen die zweite Maske über dem Theater Ihnen anhefte; aber das erlaubt die Höflichkeit nicht."

---

41 Ebd., 2.

Das Verfahren wird zum Tummelplatz dramaturgischer Figuren. Die Gegenspieler bringen wechselseitig andere Rollen des Gegenübers ins Spiel. Bekanntheit ist hier eine wechselseitige Bürde für das Verfahren. Es findet weder bei den Verfahrenswaltern noch bei den Verfahrensgängern durchgehend Rückhalt. Bei Fischer etabliert sich kein Duett von interner und externer Rolle. Es entwickelt sich eher ein Jonglieren mit verschiedenen Rollenbezügen. Ausweichmanöver werden zur Regel.

Zugespitzte Konfrontationen ereignen sich mit Blick auf Fischers Verantwortlichkeit. Hier versucht ein Ausschussmitglied, Fischer auf eine Position festzulegen:

> *Uhl:* „Ich will auf Folgendes hinaus: In der Strafjustiz, mit der wir es hier nicht zu tun haben – Sie selber haben sozusagen diese Parallele eingeführt –, wirkt ein Geständnis dann, wenn es auch auf der Einsicht persönlichen Verschuldens beruht. Deswegen wollte ich einfach noch gerne nachfragen: War das, was Sie uns heute an Fehlern genannt haben und wo Sie gesagt haben, das ist Ihre Verantwortung – Meinten Sie damit, das ist Ihre Ministerverantwortung, weil Sie eben für alles im Haus, für zweifelhafte Erlasse und für falsches Krisenmanagement, die Verantwortung tragen, oder wollten Sie damit auch eine persönliche Vorwerfbarkeit – denn so definiert man Schuld – uns hier vortragen? Nur, damit ich das ganz klar sehe."

Fischer soll sich entscheiden, entweder „als Minister" oder „persönlich" zur Verantwortung gezogen zu werden. Fischer aber erwidert mit einer dritten Variante:

> *Fischer:* „Selbstverständlich: Ich sehe mich hier in der Pflicht, in der Ministerverantwortung, und darauf habe ich das bezogen, und zwar sowohl persönlich als auch – Sie können doch nicht trennen zwischen dem Menschen und der Institution, solange Sie in dieser Funktion sind."[42]

Während der Vorsitzende eine Rollentrennung anpeilt, bietet Fischer eine Rollenzusammenfassung. Das Rollenspiel findet hier seinen radikalsten Ausdruck. Fischer ist nicht mehr Chamäleon, sondern für einen Moment „alles auf einmal". Die Konfrontationen in der Befragung sind durch dieses Wechselspiel mit den „Facetten von Bekanntheit" gekennzeichnet. Fischer zieht alle Register: Es ist sein Amt als Außenminister, das ihn aus Gründen seiner „höheren Verantwortung" dazu bringt, dem Verfahren Auskünfte zu verweigern. Es ist zweitens die Öffentlichkeit, die ihn nicht nur als Außenminister, sondern auch als „Promi" kennt und die seinen Auftritt live miterlebt. Es ist drittens seine persönliche Überzeugung und seine Bindung an dieselbe, die er geltend macht.

Die performative Kreation des Rollenspiels zeigt sich am deutlichsten in Momenten der „Hinterfragung" des Verfahrens durch die Teilnehmer. Es werden „das Verfahren störende" Faktoren mobilisiert, sei es durch expli-

---

[42] Ebd., 100.

zite Vorwürfe, sei es durch ein Abdriften der Konversation in kollegiales Geplänkel unter „Bekannten". Die widerständige Prominenz Fischers bleibt immer im Spiel.

3. Blockade im CIA-Ausschuss

Die Befragung Solanas verrät ebenso eine Spannung. Der hochstehende Repräsentant lässt sich kaum für das Verfahren einspannen. Im Gegensatz zur Hutton Inquiry scheint hier die CIA-Untersuchung geradezu durch die externen Verpflichtungen des Gastes blockiert. Die Diskrepanz von Rollenerwartung und faktischer Teilnahme macht sich in Nachforderungen und Vorwürfen Luft:

> *Willy Meyer Pleite (GUE / NGL):* „Ich bedaure zutiefst, Herr Solana, dass Sie uns bei Ihrem heutigen Erscheinen zu verstehen geben, keinerlei Mitwirkungsabsicht zu haben. Es stimmt zwar, dass Sie keine Kompetenzen haben, aber Sie sind eine europäische Führungsperson auf allerhöchstem Niveau, und da würde man von Ihnen in Anbetracht der Verantwortung, die Sie tragen, Führungsstärke erwarten und erwarten, dass Sie bestehende Loch stopfen, durch das sich die nordamerikanischen Geheimdienste einschleichen. So äußert sich der Europarat, und so steht es in dem hervorragenden Bericht des ehrenwerten Herrn Fava. Man würde von Ihnen erwarten, dass Sie wenigstens sagen, ‚ich pflichte der Notwendigkeit bei, das Eindringen der nordamerikanischen Geheimdienste mit rechtlichen Mitteln zu regeln, damit so etwas nicht vorkommt.' Hier geht es um Straffreiheit.
>
> [...] Daher wird von Ihnen erwartet, dass Sie uns keinen Vortrag über Ihre Kompetenzen halten. Was sie angeht, besteht Klarheit. Aber diese Debatte ist keine geschlossene Debatte, und wir äußern alle unsere Meinung – der Europarat, der Untersuchungsausschuss und Sie. Und von Ihnen wird nicht erwartet, dass Sie uns sagen, Sie hätten keine Kompetenzen, sondern wir wollen Ihre Meinung hören.
>
> Glauben Sie also, dass die Vereinigten Staaten von Amerika und ihre Geheimdienste, die hunderttausend Agenten, die sie gegenwärtig haben – glauben Sie, dass sie diese Straffreiheit haben müssen? Glauben Sie, dass die Europäische Union, wie es im Bericht von Herrn Fava heißt, Rechtsvorschriften erlassen sollte, damit so etwas nicht vorkommt? Ja oder nein?"
>
> *Javier Solana, Hoher Vertreter für die GASP:* „Sehen Sie, ich bin nicht hergekommen, um persönliche Meinungen kundzutun, das habe ich bereits getan, und ich habe es vielerorts getan, und sie sind Ihnen bestens bekannt.
>
> Wenn Sie sich die Mühe machen, die betreffende Seite im Internet aufzusuchen, werden Sie sehen, was ich zu all diesen Themen gesagt habe. Ich habe es ganz deutlich gesagt und vielleicht noch deutlicher als Sie hier heute.
>
> Ich stehe hier vor dem Europäischen Parlament als Institution, und ich spreche für die Institution, die ich vertrete. Ich werde Ihnen das sagen, was ich Ihnen sagen kann. Als Bürger draußen kann ich Ihnen alles sagen, was ich denke, aber hier vor Ihnen, die Sie die europäische Hoheitsgewalt repräsentieren, muss ich als Repräsentant einer Institution das sagen, was ich im Rahmen meiner Kompetenzen sagen kann.
>
> Wenn wir nach draußen gehen, erzähle ich Ihnen, wenn Sie wollen, alles, was ich denke, aber mir scheint vollkommen irrelevant, was ich persönlich denke.

Was zählt, ist das, was ich als Träger des Amtes denken darf, das ich derzeit ausübe.

Und auch wenn Ihnen das nicht gefällt, werde ich dabei selbstverständlich bleiben.

In dem Amt, das ich ausübe, werde ich tun, was dem Amt entspricht, und wenn Sie mir die Bemerkung gestatten, so bin ich in dieser Sache sicherlich ebenso maßgeblich tätig wie Sie, wenn nicht mehr."[43]

Der Abgeordnete Pleite formuliert den Vorwurf einer doppelten Unterlassung. Einmal wird Solana der mangelnden Kooperation mit dem Ausschuss gescholten. Einmal wird ihm vorgeworfen, auch außerhalb des Untersuchungsverfahrens nichts zur Klärung beizutragen.

Der Ausschuss knüpft Erwartungen und Wertungen an seine hervorgehobene Stellung, und zwar, so macht Solana geltend, weit über seine eigentlichen Kompetenzen. Die Fragesteller betreiben eine Rollenzusammenfassung: Sie fordern Solana auf, etwas gegen die – freilich nur vermuteten – Missstände zu unternehmen, Stellung zu beziehen. Dies allerdings nicht nur als Verfahrensteilnehmer, sondern auch als öffentliche Figur, als Hoher Vertreter („man würde von Ihnen erwarten können").

Die Vorwürfe stellen Solana in eine Reihe mit verschiedenen europäischen Regierungen, die ebenfalls „nicht mit dem Ausschuss kooperieren"[44]. Der Vorwurf der mangelnden Kooperationsbereitschaft wird schließlich für den Abschlussbericht *der* Maßstab einer Bewertung der Sachlage: Nicht die Vorfälle selbst, sondern die Erschwernisse bei deren Aufklärung kreieren Schuld und Schuldige. Der entsprechende Vorhalt zur mangelnden Kooperationsbereitschaft sorgt dafür, dass Solana seine „abwartende Haltung" zumindest erläutert. Hierzu unterscheidet Solana seine Aufgaben als Amtsträger strikt von seiner eigenen politischen Haltung. Eingelassen in diesen Kontrast ist die Unterscheidung von öffentlichen Auftritten und Vieraugengesprächen. Die politische Überzeugung ist den Hinterzimmern vorbehalten; die diplomatische Zurückhaltung diktiert die Auftritte auf der Vorderbühne. Ein falsches Auftreten in der Öffentlichkeit z. B. des Ausschusses könne die diplomatische Arbeit z. B. gegen Menschenrechtsverletzungen auf der Hinterbühne gefährden.

An dieser Unterscheidung anknüpfend, kehrt Solana den Vorwurf der mangelnden Kooperation gegen die Ausschussmitglieder. Der Ausschuss tue womöglich weniger gegen die unrechtmäßigen CIA-Aktivitäten als viele seiner Kollegen „dort draußen". Schlimmer noch: Fensterreden im Ausschuss würden dieses Mehr in Frage stellen und gefährden. Auf der „öffent-

---

43 VR, 2. 05. 06: 8 f.

44 Diese Gleichstellung formuliert z. B. das Ausschussmitglied Giulietto Chiesa an einer anderen Stelle der Aussprache mit Solana: „Die europäischen Regierungen haben bei unseren Untersuchungen bisher nicht mit uns zusammengearbeitet, in gar keiner Weise!", VR, 02. 05. 06: 13.

lichen Bühne" des Ausschusses bleibe er, wie übrigens die Ausschussmitglieder ebenso, ein Repräsentant der EU. Als solcher könne man nicht nach Gutdünken Erwartungen schüren, spekulieren, Vorwürfe erheben, Vorverurteilungen aussprechen, gewichtige Bündnispartner verprellen etc. All dies sei wenig hilfreich, und hier greift Solana das eingangs vom Vorsitzenden gebrauchte Bild der Gemeinsamkeiten auf, „für die Sache".

Für das Verfahren gilt: Der Hohe Vertreter weiß um seine primären und sekundären Rollenverpflichtungen. Die sekundären stehen im Schatten der primären Verpflichtungen. Letztere bleiben vom Verfahren unbeeindruckt bzw. unerschüttert. In der Konsequenz muss er sich dem Verfahren verweigern:

> *Javier Solana:* „Ich bin hier, andere sind nicht hier. Sie haben Ihre Schlussfolgerungen gezogen. Schauen Sie sich die Liste derer an, die vor Ihnen erscheinen sollen. Ich werde hier sein. Ich bin hier. Ich bin für viele Dinge nicht verantwortlich, aber ich bin hier, um vor Sie zu treten und Ihnen zuzuhören."[45]

Seine Rolle im Verfahren ist Resultat externer (primärer) Bindungen, die auch der Ausschuss nicht ignorieren könne, nicht ignorieren sollte. Es handelt sich demnach um Zwänge, die untrennbar mit seinem Amt einhergehen:

> *Javier Solana:* „Mit großem Bedauern muss ich sagen, dass die Verträge [in Bezug auf die jeweiligen Kompetenzen] nun einmal so sind, wie sie sind, und wir alle haben ihre Einhaltung zu gewährleisten. Das gilt für Sie und auch für mich."[46]

Das Verfahren ist entmachtet. Solana steht nicht zur Verfügung.

4. Zwischenstand

In den konfrontativen Interaktionen wird deutlich, inwiefern Bekanntheit ein Testfall für Verfahren sein kann. Es wird deutlich, dass und wie Verfahren damit „ringen", ihre Vorzeigeteilnehmer als Zeugen zu rekrutieren, um so ihr vermutetes Insiderwissen oder gar Schuldeingeständnisse zu erlangen. Allein die vage Möglichkeit, diesem oder jenem nahe zu kommen, genügt wohl als Antrieb. Ebenso wird deutlich, wie Verfahren auch im Enttäuschungsfalle fortfahren, also auch dort, wo die Bekanntheit sich verweigert und entzieht. Wenn es „hart auf hart" kommt, zeigt sich in allen drei Fällen ein Verzicht an Strenge seitens der Verfahrenswalter. Der involvierende, zuschreibende Verfahrensmechanismus wird dosiert, abgeschwächt, gelockert, damit überhaupt fortgefahren werden kann.

Der „schwächende" Mix von internen und externen Bindungen und Rollenbezügen zeigt sich in drei Ausprägungen: Blair versteht sich in der Kunst

45 Ebd.

46 Ebd., 5.

des unschädlichen Duetts von Zeugenschaft und Bekanntheit. Die Zeugenschaft bedient er durchgängig, allerdings von einer hohen, kaum angreifbaren Warte. Solana präsentiert sich als Verfahrensteilnehmer im Klammergriff seiner Bekanntheit bzw. seiner externen Funktionsrolle. Er spielt nicht, wie Fischer, mit einem Rollenset, sondern beharrt auf der Übermächtigkeit der singulären, alles überschattenden Repräsentanz. Fischer hingegen betreibt seine Verfahrensteilnahme als virtuoses Wechselspiel der öffentlichen Gesichter: Er jongliert mit seinen Bekanntheiten, vermengt sie, trennt sie, und wechselt von einer zu anderen in einem atemberaubenden Tempo. Fischer hält sie alle im Spiel und greifbar für den weiteren Gebrauch. Er untergräbt damit den Verfahrensmechanismus der Involvierung nicht durch Unverbindlichkeit oder Blockade, sondern durch gepflegte Sprunghaftigkeit.

V. Diskussion: Überbietungen und der Preis der Bekanntheit

Es dürfte deutlich geworden sein, in welchen Hinsichten und Ausprägungen Bekanntheiten ein Verfahren belagern, beschränken und auch entmachten können. Die prominenten Verfahrensgänger unterhalten eine ganze Palette von bindenden externen / öffentlichen Rollen. Die Schlüsselrolle der Bekanntheit erklärt sich dabei durch ihre Omnipräsenz. Sie lässt sich in politischen Untersuchungen nicht ausklammern. Sie lässt sich nicht leugnen oder anonymisieren. Sie lässt sich nicht ohne weiteres auf ein für das Verfahren handhabbares Maß zurück stutzen. Alle drei Politiker sprechen zum Ausschuss *und* zur weiteren Öffentlichkeit. Als Bekanntheiten adressieren sie nicht nur die Untersuchung, sondern werden zu Bezugspunkten der öffentlichen Meinungsbildung.

Für die bekannten Verfahrensgänger stellt sich die Vermittlung von internen und externen Rollenbezügen in zugespitzter Weise. Die Verfahrensförmigkeit steht auf dem Spiel, wo zur Erhöhung der gesellschaftlichen, heißt massenmedialen Aufmerksamkeit, zur Sicherung exklusiver Einblicke (z. B. qua Leitungsposition) in die Zentren der Macht oder zur Potenzierung der Entscheidungsfolgen (z. B. der Rücktritt des Ministers) die Einbindung von Politprominenz forciert wird. Die Verfahrenswalter suchen die Untersuchung aufzuwerten – oder auch den (teils überbordenden) Erwartungen des Publikums zu entsprechen. In dieser Weise muss eine richtige Untersuchung „bis nach ganz oben reichen". In dieser Weise darf eine Untersuchung nicht vor „denen da oben" zurückschrecken. So wie die Herausgeber, um bekannte Zugpferde für einen Sammelband gewinnen zu können, vom strikten Peer Review abrücken, so vermögen Untersuchungsverfahren von strikten Involvierungen abzurücken. Mit der Politprominenz muss die Teilnahme im Verfahren, müssen die externen und internen Erwartungen, Ansprüche und Bindungen neu austariert werden.

Unsere Analyse von Eröffnung, Erzähleinladung und Konfrontation hat dem Gewinn an Popularität, Einblick und Relevanz eine ganze Reihe von Kosten entgegengestellt, die mit dem Einbezug der bekannten Politiker einhergehen. Letztere werden oftmals erst im Verfahrensverlauf in ihrer gesamten Tragweite realisiert: Das Mehr an Aufmerksamkeit wird mit einer Anerkenntnis externer Rücksichtnahmen erkauft; das Mehr an allgemeinen Einsichten wird mit dem Verzicht auf Konkretheit erkauft; das Mehr an Verfahrensmacht wird mit der Gefahr des Scheiterns erkauft. In den drei Phasen wird also nicht nur „doing/undoing prominence" vermittelt, es wird der Einbezug der Bekanntheiten ausgehalten. Ein „ehrgeiziges" Vorhaben wird leicht zur „bitteren" Enttäuschung. Die behauptete Sachdienlichkeit kippt leicht in Populismus. Das Medieninteresse schwenkt von der Sache zu der Frage, wie sich der Promi wohl diesmal schlägt. Es erwachsen Kommentierungen und Bewertungen abseits der sachlichen Einheit des Verfahrens.

An dieser Stelle ist deutlich geworden, warum die Politprominenz zum Testfall der Verfahrensautonomie gereicht: Nicht weil prominente Politiker ein sonst „reines" Verfahren verunreinigten oder aushebelten, sondern weil sie die Koordinaten von Verfahrensrationalität, Verfahrensmittel und Verfahrensmacht insgesamt zugunsten einer anders gestimmten Öffentlichkeit verschieben. Schon mit der Vor- oder Einladung der Politprominenz versprechen die Verfahrenswalter mehr, als das Verfahren tatsächlich zu halten imstande ist. Nun gilt es die Öffentlichkeit (nicht nur den Ausschuss) zu überzeugen, besondere Einblicke zu eröffnen und weitreichende Konsequenzen anzubahnen. Gleichzeitig finden sich an keiner Stelle Eingeständnisse, dass im jeweiligen Ausschuss mit Blair, Fischer oder Solana nur zum Preis der Rücksichtnahmen, der Allgemeinplätze und der vagen politischen Verantwortung umgegangen werden kann. Entsprechend leisten die Anhörungen von Fischer der Politisierung des Visa-Ausschusses Vorschub, Solana degradiert den CIA-Ausschuss zur diplomatischen Episode, und Blair überführt die ansonsten griffige Hutton Inquiry ins Unverbindliche. Nur in Ansätzen bleibt Kontingenz greifbar: nämlich in der Minimalchance, dass sich auch der Prominente, wider Erwarten und trotz aller Hintertüren – sei es aus Unvorsicht, Unkenntnis oder Übermut –, in folgenschwere Aussagen verstricken könnte.

Als Ergebnis zeigen sich nun allerdings nicht einfach schwache Verfahren oder gar Pseudo-Verfahren, sondern hoch spezialisierte Verfahren. Letztere bieten besondere Leistungen in einer Arbeitsteilung mit anderen Verfahren: etwa Gerichtsverfahren, Amtsenthebungsverfahren oder Wahlverfahren. Die Leistungen sind nur mittels Selbstbeschränkung zu haben, z. B. mit dem Verzicht auf strikte Rollentrennung und einer Zäsur gegenüber gesellschaftlichen Vorverurteilungen. Die untersuchten Verfahren bedienen sich der bekannten Politiker, räumen ihnen Darstellungsfreiräume und Rollenzusammenfassungen ein und erschließen so weiteres Terrain. Thematisiert werden können nun Sachverhalte, die „eine breite Öffentlichkeit interessieren“, die „bis hinein in die Machtzentren ragen“, die „gesonderte Einblicke gewähren“, und sich auch noch „in Spekulationen und Vermutungen artikulieren“. Damit besetzen diese Verfahren eine Leerstelle, die sonst durch Thematisierungsschwellen verstellt sind: Es kann auch hier noch, auch gegenüber ihm noch, auch darüber noch, auch das noch in aller Öffentlichkeit verhandelt werden. Die bekannten Politiker fungieren als Vehikel dieser Weiterungen. Mit anderen Worten: Auf ihren Einbezug sind diese Verfahren angewiesen, was gleichzeitig deren Anfälligkeit erklärt.

Weitere Arbeiten sollten – statt der identischen Tendenz einer Selbstbeschränkung – die Unterschiede der drei Verfahren stärker in den Blick nehmen. So scheinen uns Rollentrennung und Rollenzusammenfassung jeweils unterschiedlich auszufallen. In der Hutton Inquiry wird Blair ein Duett von externer und interner Rolle, als Premier und als Zeuge, angeboten und von diesen angenommen. An keiner Stelle findet sich eine einseitige Auflösung dieser Rollenzusammenfassung. Im Visa-Untersuchungsausschuss stellen sich Aushandlungen der „prominenten“ Teilnehmerschaft anders dar. Hier adressieren und zitieren die Beteiligten verschiedenste Rollen. Im EU-Ausschuss schließlich wird die Spannung zwischen internen und externen Bezügen und Bindungen einseitig zugunsten letzterer aufgelöst. Die Befragung wird blockiert, wo Adressierung und Entgegnung gar nicht mehr zusammen finden wollen. Solana wird im Grunde als ein Expertenzeuge befragt, doch steht er nur als Diplomat zur Verfügung. Dass die Untersuchung daran nicht scheitert, hat sie ihrer allgemeinen Offenheit zu verdanken: Sie versucht auch diese Verweigerungen noch als Anzeichen auszulegen, die das ganze Ausmaß der CIA-Verwicklung erahnen lassen.

Allgemein lässt sich aus dem Testfall der prominenten Verfahrensteilnehmer, bezogen auf die Verfahrensförmigkeit in der Moderne und der Vormoderne, folgender Schluss ziehen. Immer dort, wo ein Verfahren mit weitreichenden gesellschaftlichen Ansprüchen – hier: hinsichtlich von „mächtiger“ Transparenz, Relevanz und Konsequenz – befrachtet wird, leidet seine Verfahrensförmigkeit bzw. seine Anlage zur Selbstbezüglichkeit. Heraus kommen Verfahren, die zwar innerlich inkonsistent bleiben, denen aber nach außen zumindest phasenweise eine ungeahnte Aufmerksamkeit zuteil wird.

Quellen

Hutton Inquiry, alle Transkripte (hearing transcripts) unter: [http: //www.the-hutton-inquiry.org.uk]; Anhörung Tony Blairs vom 28. 08. 03 (morning session) unter: [http: //www.the-hutton-inquiry.org.uk/content/transcripts/hearing-trans22.htm].

Untersuchungsausschuss des Deutschern Bundestags, 2. Untersuchungsausschuss der 15. Wahlperiode, Protokoll der 19. Sitzung v. 25. 04. 2005, Zeugenvernehmung Joseph Fischer, Berlin, 2005, [http: //dip.bundestag.de/btd/15/059/CD_UA_2/docs_1/Sitzung_19.pdf].

Verbatim Reports des CIA-Ausschusses (in deutscher Sprache: DE) unter: [http: // www.europarl.europa.eu/comparl/tempcom/tdip/reports/default_en.htm].

Literatur

Atkinson, J. Max: Understanding Formality. The Categorization and Production of Formal Interaction, in: British Journal of Sociology 33 (1982), 86 – 117.

Elias, Norbert / *Scotson,* John L.: The Established and the Outsiders. A Sociological Inquiry into Community Problems, London 1965.

Goffman, Erving: Stigma. Notes on the Management of Spoiled Identity, Englewood Cliffs 1963.

Habermas, Jürgen: Faktizität und Geltung, Frankfurt am Main 1996.

Hirschauer, Stefan: Das Vergessen des Geschlechts. Zur Praxeologie einer Kategorie sozialer Ordnung, in: Geschlechtersoziologie (Kölner Zeitschrift für Soziologie und Sozialpsychologie, Sonderh. 41), hrsg. v. Bettina Heintz, Opladen / Wiesbaden 2001, 208 – 235.

Hirschauer, Stefan: Peer Review auf dem Prüfstand. Zum Soziologiedefizit der Wissenschaftsevaluation, in: Zeitschrift für Soziologie 33 (2004), 62 – 83.

Hirschauer, Stefan: Streitkultur und Entscheidungsmacht. Peer Review in der Soziologie, Stuttgart 2006.

Holly, Werner: Der doppelte Boden in Verhören, in: Pragmatik. Theorie und Praxis, hrsg. v. Wolfgang Frier, Amsterdam 1981, 275 – 319.

Holly, Werner, Ich übernehme die Verantwortung. Zu einer politischen Formel, in: Sprachliche Aufmerksamkeit. Glossen und Marginalien zur Sprache der Gegenwart, hrsg. v. Wolf P. Klein / Ingwer Pau, Heidelberg 1993, 87 – 91.

Kurzman, Charles u. a.: Celebrity Status, in: Sociological Theory 25 (2007), 347 – 367.

Luhmann, Niklas: Legitimation durch Verfahren, Frankfurt am Main 1969.

Lynch, Michael / *Bogen,* David: The Spectacle of History. Speech, Text, and Memory at the Iran-Contra Hearings, Durham 1996.

Marks, Michael / *Fischer,* Zachary: The King's New Bodies. Simulating Consent in the Age of Celebrity, in: New Political Science 24 (2002), 371 – 394.

Nuijten, Monique / *Anders,* Gerhard: Corruption and the Secret of Law. A Legal Anthropological Perspective, Surrey 2008.

Psathas, George: Studying the Organisation in Action. Membership Categorization and Interaction Analysis, in: Human Studies 22 (1999), 139–162.

Röhl, Klaus F. / *Machura,* Stefan (Hrsg.): Procedural Justice. Onati International Series of Law and Society, Surrey 1997.

Sacks, Harvey: Lecture 6. The MIR Membership Categorization Device, in: Lectures 1964–1965, hrsg. v. Gail Jefferson, Norwell 1989, 40–48.

Scheffer, Thomas: Zur Kritik der Urteilskraft. Wie in Asylanhörungen Unentscheidbares in Entscheidungen übersetzt wird, in: Migration und Verwaltung, hrsg. v. Jochen Oltmer, Göttingen 2002, 109–144.

Scheffer, Thomas: The Microformation of Criminal Defence. On the Lawyer's Notes, Speech Production, and the Field of Presence, in: Research on Language and Social Interaction 39 (2006), 303–342.

Scheffer, Thomas / *Michaeler,* Matthias / *Schank,* Jan: Starke und schwache Verfahren. Zur unterschiedlichen Funktionsweise politischer Untersuchungen am Beispiel der englischen „Hutton Inquiry" und des „CIA-Ausschusses" der EU, in: Zeitschrift für Soziologie 37 (2008), 423–444.

Simmel, Georg: Die Großstädte und das Geistesleben, in: Soziologische Ästhetik, hrsg. v. Klaus Lichtblau, Darmstadt 1998, 119–133.

Smith, Dorothy E.: Institutional Ethnography: A Sociology for People, Toronto 2005.

Street, John: Celebrity Politicians. Popular Culture and Political Representation, in: British Journal of Politics and International Relations 6 (2004), 435–452.

Sudnow, David: Normal Crimes: Sociological Features of a Penal Code in a Public Defender's Office, in: Social Problems 12 (1965), 255–276.

West, Candace / *Zimmerman,* Don H.: Doing Gender, in: Gender & Society 1 (1987), 125–151.

Schlusskommentar

Von *Wolfgang Reinhard*, Freiburg

1. Für mich fehlt bei Ihnen neben der Legitimation durch Verfahren die Legitimation des Verfahrens, die Entstehung, ggf. die bewusste Konstruktion von Verfahren, aber auch die Nutzung von Verfahren, beides möglicherweise in manipulatorischer Absicht, weiter der Wandel von Verfahren oder möglicherweise deren Resistenz gegen Wandel mit damit einhergehender inhaltlicher Entleerung, und schließlich das Ende von Verfahren – wenn es so etwas überhaupt geben sollte, denn mein Verdacht lautet: Allenfalls können Verfahren außer Gebrauch kommen und damit entschlafen, ausdrücklich abgeschafft werden sie nie.

2. Man sollte das Moment der Fiktionalität stärker machen und zwar in mehrfacher Hinsicht: a) die Rolle fiktiver Verfahren wie der berühmten Staatsgründung durch Herrschaftsvertrag, die nie stattgefunden hat: wie ist es strukturiert, wozu dient es, was begünstigt es, was verdeckt es usf.?[1]

b) aber auch die fiktive Dimension der Darstellung, die in Fällen, wo Herstellung und Darstellung von Entscheidungen faktisch so gut wie nichts mit einander zu tun haben, wie in BVG-Entscheidungen, als Verfahren zur Erzeugung von Geltung eingesetzt wird.

c) angebliche Verfahren, die nur formal welche sind, weil sie sich ebenfalls in Darstellung erschöpfen und nur die Rezipienten täuschen sollen, d. h. (hoch)symbolische Politik, z. B. Umweltpolitik[2] oder Erlass von Geschwindigkeitsbeschränkungen, die nicht durchgesetzt werden, oder die überflüssige Verschärfung von Gesetzen nach BILD-wirksamen Mord- und Päderastiefällen, zwecks Botschaft: unsere Beherrscher tun etwas, verdienen es, wieder gewählt zu werden.

d) dazu könnte man auch die in der Diskussion erwähnten Endlosverfahren rechnen, bei denen es Ziel des Verfahrens ist, ein Ergebnis zu vermeiden, von dem man nur Schaden erwartet.

3. Die Untersuchung der Folter mag die heile Verfahrenswelt stören, ist aber hoch bedeutsam. Sie war zwar Teil des Rechtsverfahrens Inquisitions-

---

1 *Reinhard,* Krumme Touren.

2 *Lübbe-Wolf / Hansjürgens,* Symbolische Umweltpolitik.

prozess, aber ein abgegrenzter mit eigenen Regeln, also durchaus ein Verfahren für sich. Wichtig erscheint mir, dass sie dort verfahrensmäßig am besten geregelt war, wo sie den schlechtesten Ruf hat, nämlich bei den kirchlichen Inquisitionen, bereits weniger bei der weltlichen Justiz der frühen Neuzeit, wie die Hexenprozesse zeigen – die an und für sich schon interessante Verfahren wären –, am wenigsten aber natürlich, seit sie angeblich abgeschafft ist, nämlich heute, wo sie laut Amnesty International fast überall nichtsdestoweniger fleißig praktiziert wird. Eine Art Verfahren gibt es nur in Israel und neuerdings den USA. In Deutschland streben aber bestimmte Juristen ebenfalls wieder danach. In der Tat – ich wäre lieber der Inquisition mit Verfahren in die Hände gefallen als dem Shin Beth oder gar dem KGB ohne ein solches.

Ich fand die Referate großenteils sehr eindrucksvoll und überzeugend, habe mich aber vor allem für die Grenzen der Fragestellungen des Projekts interessiert, weil meine eigenen Interessen an vormoderner Herrschaft und an Geschichte als Delegitimation jenseits dieser Grenzen angesiedelt sind. Die beiden folgenden Punkte möchten daher zur Überschreitung dieser Grenzen ermutigen – ich vermute allerdings: vergebens.

4. Grenzen und Ersetzung des Luhmann-Modells: Nach meiner Wahrnehmung der Referate und nach früheren Beobachtungen funktioniert das kulturalistisch angereicherte Verfahrensmodell Luhmann mehr oder weniger gut

a) im Sachbereich Justiz im weiteren Sinn, u. a. insofern als Regierung und Verwaltung der Vormoderne weitgehend justizförmig sind und es infolgedessen unschwer dorthin diffundieren kann; man denke an Verfahren von Ständevertretungen.

Das ist erstens rechtsethnologisch selbstverständlich, selbst Blutrache hat ihr Verfahren und das ältere Recht ist bekanntlich Aktionenrecht, ergibt sich aber auch zweitens aus dem in der frühen Neuzeit aufkommenden Juristenmonopol, das eine bestimmte Gruppe zu Herren der Verfahren macht, was diese verständlicherweise auch bleiben will, bis hin zur Produktion eines Modells durch den Juristen Luhmann,

b) im (frühneuzeitlichen) Zeitbereich 18. Jahrhundert, und zwar nicht nur, weil hier im Gegensatz zu früheren Zeiten detaillierte Akten vorliegen. Vielmehr haben die Apparate hier einen Entwicklungsstand erreicht, der die berühmte Autonomie des Verfahrens halbwegs ermöglicht.

Man braucht nicht bis ins Frühmittelalter zurückgehen, um demgegenüber in Schwierigkeiten zu geraten – das 17. Jahrhundert genügt. Zwar gibt es auch dort Verfahren mit bisweilen ausdrücklich angemeldetem Autonomieanspruch. Aber dieser kommt gegenüber anderen Ansprüchen nur marginal zum Zuge.

Es besteht daher Gefahr, dass die legitime teleologische Frage nach dem Wachstum der Staatsgewalt hier in eine teleologische Verkürzung mündet, die der Vormoderne wenigstens implizit, durch die Fragestellung generiert, nur noch das Defizit bescheinigt, dem an der Moderne gewonnenen Modell Luhmanns nicht gerecht geworden zu sein.

Natürlich kann man dieses Modell als Frageraster benutzen, müsste aber angesichts des genannten Befundes dazu übergehen, nicht dieses Modell als Normalfall und den Rest als Störung anzunehmen, sondern den umgekehrten Weg einschlagen, die vormoderne Vorgehensweise als für damals normal und das autonome Verfahren als zunächst marginale und störende Innovation zu behandeln.

Für das vormoderne politische und gesellschaftliche Vorgehen schlage ich in Ermangelung eines besseren Dachbegriffes für Familienpolitik (Nepotismus), Landmannschaft, Klientelwesen und dgl. vernetzte Interaktion vor. Das Netzwerkkonzept (dem ich schon anhing, bevor es Mode wurde) hat dank seiner Zwischenstellung zwischen Markttheorie und Organisationstheorie den Vorzug, den losen und fluiden Strukturen der minder organisierten Vormoderne besser gerecht zu werden.

Das würde aber bedeuten, die Systemtheorie als eine den modernen Kommunikations- und Organisationsverhältnissen angemessene Theorie zu verabschieden und stattdessen die zumindest der Vormoderne besser entsprechenden Handlungstheorien heranzuziehen. Das wäre übrigens auch deswegen angebracht, weil diese ausdrücklich zur kulturalistischen Wende gehören, die das handelnde Individuum einerseits, die symbolische Interaktion andererseits wiederentdeckt hat.

5. Warum keine Delegitimation? Muss die Luhmann'sche Verbindung von Verfahren und Legitimation unbedingt aufrecht erhalten werden? Könnte man beides nicht getrennt untersuchen?

Denn auf alle Fälle muss auch die Delegitimation durch Verfahren untersucht werden, die in der Geschichte kaum eine geringere Rolle gespielt haben dürfte als die Legitimation durch Verfahren.

Im Grunde hat jeder Strafprozess eine delegitimatorische Seite. Deutlich wird das Phänomen aber am revolutionären Prozess gegen Ludwig XVI., wo nicht diese eher klägliche Figur, sondern das Ancien Régime schlechthin durch dieses Verfahren delegitimiert wurde. Die endlose Geschichte europäischer Aufstände und Revolutionen ist voll von derartigen, z. T. hochsymbolischen Delegitimationsverfahren.

Was den Zusammenhang mit dem Staatsbildungsprozess angeht, stoßen wir hier auf die vertrackte Dialektik des Umschlags von Delegitimation in Legitimation, wenn sich z. B. die Staatsgewalt der von Haus aus staatskritischen Grund- und Menschenrechte zur Begründung ihres eigenen Anspruchs bemächtigt – m. E. der interessanteste Gegenstand der politischen Geschichte Europas überhaupt.

Warum kommt es in dem Projekt dennoch zum offenbar unreflektiert-selbstverständlichen Ignorieren von Delegitimation? Ich sehe drei Gründe:

a) Die Verfahrenstheorie ist Produkt eines konservativen Juristen und transportiert implizit die entsprechende Mentalität.

b) Winfried Schulze behauptet nach wie vor mit Nachdruck, Geschichtswissenschaft sei immer unausweichliche Legitimationswissenschaft. Das macht es einfach und selbstverständlich, die jeweils vorgefundene Geschichte auf Legitimation zu trimmen. Schulze will es mir zwar nicht glauben, aber ich bin nach wie vor der Auffassung, dass die höchste Aufgabe der Geschichtswissenschaft in Delegitimation besteht.

c) Die kulturalistische Wende neigt ebenfalls zum Prinzip der normativen Kraft des Faktischen, das die Historiker noch mehr als die Juristen praktizieren. Weil es z. B. überall Rituale (oder auch Legitimationsverfahren) gibt, werden diese liebevoll untersucht, aber grundsätzlich nie in Frage gestellt, wie es die ins eigene kritische Potential verliebte frühere Wissenschaft zu tun pflegte. Dass es einmal eine Aufklärung gab, die u. a. mit guten Gründen und relativ erfolgreich Ritualkritik (und Delegitimation) betrieben hat, ist irrelevant geworden. Aber es wäre durchaus an der Zeit, dass die strebsamen jungen Leute zur Abwechslung auch dieses Rad mal wieder neu erfinden würden!

Literatur

Lübbe-Wolf, Gertrude / *Hansjürgens,* Bernd (Hrsg.): Symbolische Umweltpolitik, Frankfurt am Main 2000.

Reinhard, Wolfgang (Hrsg.): Krumme Touren. Anthropologie kommunikativer Umwege, Wien u. a. 2007.

Abstracts

I. Theorien des Verfahrens

André Krischer

Das Problem des Entscheidens in systematischer und historischer Perspektive

Decision Making in Theory and History

Political and legal decisions are burdens – for those who have to make them as much as for those who are affected by them. For this reason, historians have to take into consideration the conditions under which decisions are made as well as the likelihood of their implementation. This article is an attempt to appropriate concepts and theories from the neighbouring disciplines of the social sciences for the work of the historian. I will focus on anthropological paradoxes of decision making, Niklas Luhmann's theories of systems and procedures, and models of decision making from organizational sociology. I will demonstrate the applicability of the various concepts in several historical case studies. The theories and historical examples examined underline the necessity of making a clear analytical distinction between the technology and the symbolism of decision making in order to determine their differing and often competing functions. A decision is not only made but also needs to be represented, embodied, and materialized. Such representations are produced in the course of social interaction, with its implicit expressivity. Even if the result is not necessarily a good and just decision, the representation of the act of deciding asserts the legitimacy of the decision. In order to better apply this phenomenon to scientific discourse, one could use the term 'the performativity of decision making.' Scholars who regard this kind of research as a vain culturalist enterprise and believe that decisions derive from the intentions and interests of great men run the risk of overlooking the power of forms instead of analyzing them. Processes of decision making can only be fully understood if the historian devotes equal attention to form and content.

Fabian Wittreck

Legitimation durch Verfahren in der Rechtswissenschaft

Legitimization by Proceedings in Jurisprudence

The concept of 'legitimization by proceedings' (*Legitimation durch Verfahren*) is one of the best-known notions of Niklas Luhmann, the famous

German systems theorist. Despite widespread use of the phrase, however, the concept as such remains alien to the realm of German jurisprudence. The main obstacles to its acceptance include the prevalent reading of legitimization as a purely *democratic* legitimization, established by the German Federal Constitutional Court (*Bundesverfassungsgericht*), and the prevailing contempt for aspects of procedure in general; German lawyers tend to pay attention to the substantial correctness of decisions while overlooking shortcomings in the procedure (assuming such 'minor' flaws can be mended without any impact on the outcome of the case). There are exceptions to the rule, including currents in contemporary legal philosophy that emphasize the notion of procedural justice (Habermas), the growing interest in the role played by medieval Canon Law and its procedural rules in shaping modern western jurisprudence, in addition to assorted individual developments that accentuate the value of orderly procedure for sound decision-making. These developments are to be found in various fields of German law, ranging from Individual Rights to Administrative Law. Routinely, ideas of this kind can be traced to European Union Law and its concept of 'empowerment of citizens' (*Indienstnahme des Bürgers*). Through the propagation of this concept, which grants procedural rights to single individuals and groups, the Union tries to force its member states to obey its common law. The concept of 'legitimization by procedure' has been thereby disengaged from Luhmann's notion to become an unrestricted topos of juridical argument.

André Brodocz

Erfahrung mit Verfahren. Zur Legitimation politischer Entscheidungen

Experience with Proceedings: On the Legitimization of Political Decisions

Under the conditions of legal rule, decisions must be obeyed if they result from procedures that have been recognized by citizens as just. According to Habermas and Rawls, justice can only be achieved in proceedings that are uninfluenced by particular experiences. The history of both theories of justice reveals that they were nevertheless incrementally infiltrated by the particularity of experiences. My argument is that this is inevitable since the legitimization by procedure functions by way of legitimization through experience with proceedings.

André Kieserling

Simmels Formen in Luhmanns Verfahren

Georg Simmel's "Social Forms" in Luhmann's "Procedure"

In contrast to Georg Simmel, Niklas Luhmann explores the differentiation of the social forms *cooperation* and *conflict*, understanding the splitting of relationships as a variable itself. He demonstrates that the function of this variable is different depending on the type of the procedure – namely, the differentiation of cooperation and conflict is more important in a legislative procedure than in a trial. Luhmann also proposes that the difference between types of procedure is related to their respective positions in the overall system. Different versions of social complexity call for commensurate procedures. A legislative procedure cannot deal with factual issues primarily because it is too complex, so the procedure usually transforms these issues into party conflicts. In contrast, a trial has a lower level of complexity and is more structured, which makes it unnecessary to perform legal conflicts in terms of personal or structural conflicts.

II. Gerichtsverfahren

Sabine Ullmann

Schiedlichkeit und gute Nachbarschaft. Die Verfahrenspraxis der Kommissionen des Reichshofrats in den territorialen Hoheitskonflikten des 16. Jahrhunderts

The Procedural Practice of the Reichshofrats-Commission in Sixteenth-Century Conflicts Concerning Territorial Sovereignty

In the sixteenth century, growing state authority and inconsistencies in the territorial law of the old empire lead to numerous small wars between neighbouring rulers. This paper analyzes the practices of the imperial commissions of the Reichshofrat as a specific form of conflict management that was used to mediate these hostilities. It also investigates the binding effects of these proceedings and their performance of representation.

Since the commissions of the Reichshofrat usually strived for compromise, it was crucial that the referees were accepted by both parties. The importance of the referees was represented and emphasized in performative speech-acts during the opening and concluding ceremonial of the trial. The opposing parties were integrated into the work of the commissions, and so they were able to navigate the proceedings to a certain degree by choosing either the written or oral form of the hearing. Since the normative guidelines of the proceedings were accepted by the participants, the imperial court was able to react to the conflicts appropriately. By repeatedly referring to contemporary key-concepts like "Schiedlichkeit" (equity) and "gute Nachbarschaft" (good neighbourliness) the opposing parties expressed and represented their shared values and a common standard of behaviour.

Maria von Loewenich

Herstellung und Darstellung von Entscheidungen im Verfahren des Reichskammergerichts

Making and Representing Decisions in the Procedure of the Reichskammergericht

The article investigates the various ways in which trust was produced in the decisions of the Reichskammergericht by using Niklas Luhmann's theory of legitimization through procedure. The point of departure for my argument is Luhmann's thesis that the representation of decision making is crucial for legitimization through procedure. Today, the procedure of decision making is epitomized by public court hearings. Further, normative texts like codes of procedures not only structure legal proceedings but also represent decisions as the results of an orderly process. Since the proceedings of the Reichskammergericht were largely secret, its decision making was mainly represented by its codes for procedure.

I analyze the different means by which trust in the decisions of the Reichskammergericht was cultivated under the following rubrics: the representation of the authority of the court (meaning, its right to judge and to dispense justice), the representation of the autonomous process in which the court makes its decisions, the representation of the specific quality of the judgments, and the representation of the modes of control over the decisions of the court. The court's lack of disclosure will be interpreted as a functional equivalent of the open public nature of today's legal proceedings.

Christian Wieland

Legitimität durch Autorität und Konsens – Legitimation durch Autonomie. Zum Gerichtsverfahren im frühneuzeitlichen Herzogtum Bayern (16. Jahrhundert)

Legitimacy by Authority and Consent – Legitimization by Autonomy: The Legal Proceeding in the Duchy of Bavaria (16th Century)

During the Reformation period, the dukes of Bavaria were early and steadfast followers of the Pope. In the second half of the sixteenth century, however, other prominent members of the nobility were sympathetic to Lutheran doctrine and critical of the monarchical aspirations of Duke Albrecht V. In response to this threat, the duke put his opponents on trial for high treason in the Münchner Hofrat in 1564. The result of this sensational trial was highly ambivalent. The charges of high treason could not be proven, and the accused were only fined and punished moderately. Apparently, the orientation of the ducal judiciary in early modern Bavaria – as elsewhere – oscillated between the poles of sovereign instrumentalization and procedural autonomy.

Between the late fifteenth and the early seventeenth century, Bavaria developed a hierarchical judicial system. The so-called "Hofmarken", the sites of noble and clerical jurisdiction, however, were not fully integrated into this graduated system that ascended from the village court to the "Hofrat" and the duke. The delineation between the high and low jurisdictions remained controversial, and the enforcement of Roman legal principles took much longer in the courts of the "Hofmarken" than in county courts. Although the jurisdiction of the territory was tightly interwoven with the jurisdiction of the empire in terms of structure and personnel, the Bavarian dukes tried to organize their judiciary independent from the influences of the empire – a goal they finally achieved in 1625.

The Bavarian procedural code from 1525, which follows the code of the "Reichskammergericht", officially regulated all civil suits of the duchy according to Roman legal principles. This procedure was meant to produce a "culture of absence," in which the non-appearance of the aggrieved party and the predominance of written bureaucracy were supposed to guarantee the open and uncertain end of the proceeding. This code was presented verbally and visually as being a result of cooperation between the ruler and the estates. The code was also an attempt to reconcile the feudal system with the abstract and levelling concepts of law. Thus, the connections between the judiciary and its social environment were tight and manifold. Moreover, the continuing privileges of the nobility demonstrate that this early modern legal code marks the transition from a "culture of honour" to a "culture of equality".

André Krischer

Das Verfahren als Rollenspiel? Englische Hochverratsprozesse im 17. und 18. Jahrhundert

The Criminal Procedure as Role-Play? English Treason Trials in the 17th and 18th Centuries

Niklas Luhmann's theory of legitimization by procedure offers a new perspective on the traditional English treason trial. In the terms of this theory, the trial appears to be an interactive process which experienced some significant structural shifts between the seventeenth and late eighteenth centuries. These shifts were not primarily the result of legal reforms but also of changing social values and overall beliefs. Until 1700, treason trials were performed as a public examination of the defendant's conscience. In order to reveal the "truth", utterances and gestures were taken as signs of a good or a bad conscience. The subjectivity of the defendant was an essential part in the establishment of forensic truth. For that reason, the defendant could not be represented by counsel, whose representation would have concealed such verbal or corporal signs of subjectivity. However, the "Do-it-yourself-defence" (John Langbein) enabled the defendant to represent himself as a victim of criminal justice. On the one hand, the sanction of defence counsel in treason trials after 1700 enforced the professionalization of the procedure and saved defendants from the gallows. On the other hand, the impact of the lawyers in the criminal trial of the eighteenth century also benefitted the procedure as such, and its power to enforce decisions without reference to public opinion, religion or reservations of conscience etc. increased dramatically.

III. Verwaltung und Verfahren

Birgit Emich

Mit Luhmann im Kirchenstaat. Die römische Wasserbauverwaltung in verfahrenstheoretischer Sicht

With Luhmann in the Papal States. The Roman Administration of Hydraulic Engineering from the Perspective of Procedure-Theory

In the early modern Papal States, there was a lively debate between the provinces of Bologna, Romagna, and Ferrara about a hydro-engineering master plan for the Padan Plain. This controversy can be interpreted as a procedure with normative rules. Moreover, it should be considered as an autonomous social system. In this article, I pose the questions: what are the structural elements of this system's environment that can or cannot be represented in the procedure without endangering its autonomy? What is actually the specific function of representation in this context?

The analysis of discourses and ceremonial practices demonstrates that a procedure is able to incorporate elements like monarchic governance, elective monarchy, social networking of a multifaceted clientele, and dissent between the provinces without threatening its autonomy. Private interests of individuals, however, which actually often influence decisions, must be veiled in order to keep up the facade of autonomy within the proceeding. This is the specific function of representation: to veil factors that play a decisive role in the process of decision making but which would undermine the proceeding's autonomy and thus make it useless. The discrepancy between the actual process of decision making and its representation guarantees the pretense of autonomy and thus the effectiveness of the proceeding. One effect is the legitimization of the decisions reached by the proceeding. Even more important, though, is the legitimization and stabilization of the whole political system.

Since the degree of differentiation of functional systems in the Papal States was relatively low and the procedure represents only certain structural elements of the system's environment, the social learning process within the proceeding, which Luhmann described as a restructuring of expectations, relates to the rules and hierarchies of values of the whole political system. These rules and hierarchies – i.e. the political culture of the Papal States – were practiced and finally adopted by the participants of the proceeding. The proceeding thereby supported the process of political integration within the Papal States. The price for this by-function, however, was the inefficiency of the Roman politics of hydraulic engineering.

Daniel Schläppi

Organisiertes Chaos. Verfahren des Ressourcentransfers in korporativen Systemen am Beispiel eidgenössischer Politik des 17. und 18. Jahrhunderts

Organized Chaos? Procedures of Resource Transfer in Corporate Systems – The Example of Switzerland, 17th and 18th Centuries

In pre-modern Switzerland, political decisions were legitimized by majority rule. As the events of the turbulent elections of 1650 demonstrate, plebiscitary procedures were able to constitute legitimacy even if essential rules of the procedural code were broken. This was possible because formal decision making was embedded in a larger system of transferring resources. Previous research has always characterized the widespread practice of giving money and goods to the voting public as a form of corruption without recognizing that the fact that each legal voter considered himself to be a deserving member of a political corporation. The citizen's claim to participation was constituted by concrete material advantages rather than an abstract political say in a matter. For instance, goods were distributed during communal meals and money was paid clandestinely. Being symbolic acts, these practices followed implicit rules and were sustained by a ritual dimension, and thus can be described as procedure. All spheres of early modern Swiss politics were infused with ritualized transactions of material or symbolic resources.

This diagnosis can be analyzed using Niklas Luhmann's term of payments ("Zahlungen") which he developed in order to examine economic issues. Important people constantly invest resources in order to legitimize their privileged status within a social system, thereby legitimizing the system as a whole. Consequently they gain access to various levels of political decision making, opening up new possibilities for "payments" (influence, power). It seems obvious to ascribe these political phenomena to the field of economics. And indeed politics within the communities and republics of pre-modern Switzerland were determined at least as strongly by material interest as they were by political ideals. The materialistic rationality inherent in the procedures employed to legitimize traditional power relations might even appear "modern" by today's standards.

Daniel Flückiger

Entscheiden an Ort und Stelle. Verfahren im Straßenbau am Beispiel des Kantons Bern 1740–1850

Decisions On-Site. Procedures in the Highway Administration of the Canton of Berne, 1740 – 1850

Modern civil services use a broad variety of procedures. The topic of this article is the use of procedures in the late eighteenth and early nineteenth centuries in the highway administration of the Swiss canton of Bern, by far the largest canton at that time. Although the canton implemented an ambitious infrastructure policy during the entire period under consideration, the political elites were reluctant to risk conflict with local groups until 1831.

Using different procedures and forms of negotiation, state officials included the concerned population in the execution of road building projects. The process of surveying the line served both to establish cost estimates and to make the exact plans known to residents. The state also negotiated the cost distribution with the parishes. At this stage, the interaction between civil services, parishes and residents was rather informal.

In terms of road maintenance, strict control measures were recognized in theory but were inconsequently executed in practice. Parishes often called the whole maintenance system into question, and after the constitutional reform of 1831, the new parliament changed it fundamentally. In these three domains – planning, cost distribution and road maintenance – the actions of the administration only partially met the general criteria of procedures set out by Luhmann.

The procedures that best conformed to Luhmann's formal qualifications were those for the compulsory purchase of land. As in the other processes of highway building analyzed in the essay, the presentation of these procedures privileged local information as the rationale for decisions. However, legal rules on a cantonal level were far more important in determining the result of the process. In this sense, the case study also shows the transition of administrative into legal procedures.

Stefan Brakensiek

Legitimation durch Verfahren? Visitationen, Supplikationen, Berichte und Enquêten im frühmodernen Fürstenstaat

Legitimacy via Procedure? Visitations, Supplications, Reports and Enquiries as Typical Procedures of Early Modern State-Administrations

The article deals with the legitimizing potentials and shortcomings of some typical administrative procedures of the early modern state-administrations. These emerging states normally did not support professional local authorities. Instead, the centres had to cope with domestic dignitaries administering local self-administration at the prince's command. This traditional arrangement caused severe problems, most notably problems to control local office-holders, to gather reliable information, and to implement princely orders at all. According to models shaped by medieval papacy, a number of administrative procedures evolved, that should solve these problems of intermediating centres and peripheries. The early modern state-building process was characterised by the growing relevance of these specific procedures, namely visitations, supplications, reports and enquiries. These procedures were done to enable a triangular mode of communication between princely state-authorities, local dignitaries and at least parts of the subjects, thus permitting on-site inspection. Whilst these procedures were proceeding, the populace gained a restricted opportunity to participate in the disciplinary control of local authorities and in the business of administration at all. Obviously, these procedures displayed some legitimizing potential for the princely rule, but they had also perilous effects, because it could weaken local powers which were otherwise urgently needed.

IV. Verhandlung und Verfahren

Steffen Patzold

Verhandeln über die Ehe des Königs. Das Beispiel Lothars II.

Negotiating the Marriage of the King: The Example of Lothar II.

In the early Middle Ages, procedural autonomy did not exist in the way Luhmann postulates it for the modern era. Since autonomy is a precondition for the theory of "legitimization through procedure", this model cannot be transferred in its entirety to studies of the early Middle Ages. This article, however, investigates the extent to which certain elements from Luhmann's theory might be able to explain social phenomena from this period. In order to do so, I will focus on a spectacular and exceptionally well-documented conflict with significant consequences: the so-called marital row of Lothar II. Lothar, who was the great-grandson of Charlemagne, tried to get a divorce from his wife Theutberga in order to marry Waldrada with whom he had already begotten a child during the lifetime of his father. This domestic quarrel lasted from 857 until 869, i.e. almost the entire period of his reign. I will demonstrate that certain elements from Luhmann's theory can help explain Lothar's failure. Principally, Luhmann's observations about the function of the history of procedure ("Verfahrensgeschichte"), the roles of the persons involved in proceedings, and the necessity that they act consistently within that context, are able to elucidate the course of Lothar's marital conflict. However, my examination of the case makes it apparent that not only did Luhmann misconceive the function of judgments of god, he also misunderstood central characteristics of early medieval law.

Although there was no written law in the modern sense of the word in the early Middle Ages, the law as practiced was much more dynamic and flexible than Luhmann assumed.

Matthias Köhler

Verhandlungen, Verfahren und Verstrickung auf dem Kongress von Nimwegen 1676–1679

Negotiations, Procedure and Entanglement at the Congress of Nijmegen 1676–1679

The acceptance and legitimization of political decisions in general and of treaties in particular cannot be sufficiently understood if analysis is focused on their contents. Therefore, we have to study the dramaturgical character of the decision-making process and the representations and interpretations which are an essential part of it. Yet there are different types of decision-making processes. Specifically, negotiations that lead to a treaty can be distinguished from the procedures as described by Luhmann. In treaty negotiations, dissenting actors are not bound to a decision, and there is no mechanism to systematically discharge actors of certain responsibilities.

Analysis of the negotiations during the Congress of Nijmegen demonstrates that the actors had a keen practical knowledge of the dramaturgical character of the negotiations. They were well aware of the fact that they produced multiple interpretations of their roles in the process and of its results. While actors regularly exploited knowledge of this kind to maximize their side's share of the results, the negotiators at the Congress of Nijmegen also produced interpretations of these results which were valid for themselves and had consequences for the legitimacy of the treaty. The essence of these interpretations is the famous notion that Louis XIV gave peace to Europe. The prevalence of this idea was neither fully supported by the contents of the treaty, nor was it solely a later fabrication; it was a consequence of the negotiation process, of the representations this process inevitably involved and the interpretations it produced.

The view of Louis as the Arbiter of Europe, however, did not contribute to the acceptance of the treaty by any of the parties involved in the negotiation process. For the weaker side, it supported the idea that the results were shameful. For Louis, his image as the arbiter served as a motivation to pursue further glory rather than to punctually observe the treaty. This points to another aspect of negotiations which stands in contrast to procedures as described by Luhmann: negotiations cannot guarantee that actors become sufficiently implicated during the decision-making process that they cannot later legitimately oppose the results.

Martin Heckel

Sinn und Formen des Verfahrens im Reichskirchenrecht des Alten Reichs

Meaning and Forms of Procedures in the Ecclesiastical Law of the Holy Roman Empire

The Reformation of the sixteenth century undermined the shared values and the consensus among the imperial estates in questions of religion. Instead of that formal procedures became necessary to assure the liberty and parity of religious parties established by the reformation. In fact, the 1555 peace of Augsburg created a new ecclesiastical law of the Holy Roman Empire which helped to promote the confessional politics in the territories due to its secular substantive law. However, there was no common interpretation of the fundamental terms of peace of Augsburg. The protestant as well as the catholic princes interpreted the terms benefitting their confessional politics. Until the 1648 peace of Westphalia the Holy Roman Empire lacked of common procedure to assure the liberty and parity of catholic and protestant estates (not of individuals). After 1648 this achieved by the so called *itio in partes* and the enforcement of a *amicabilis compositio.*

Andreas Kalipke

Verfahren – Macht – Entscheidung. Die Behandlung konfessioneller Streitigkeiten durch das Corpus Evangelicorum im 18. Jahrhundert aus verfahrensgeschichtlicher Perspektive

Confessional Conflicts, the Corpus Evangelicorum and its Procedures in the Eighteenth Century

This chapter explores the decision making of the Corpus Evangelicorum as a ritual as well as a technical process. The Corpus Evangelicorum was the alliance of protestant estates within the Holy Roman Empire in the eighteenth century. I have tried to discuss the alliance's decision making as a procedure in terms of Niklas Luhmann's theory. In this perspective, a procedure is framed by its own, distinct history (Verfahrensgeschichte) and its power to obligate the parties concerned, whether they were a community of peasants or the King of Prussia. By participating in the procedure the parties tacitly acknowledged its legitimacy. This also put forward the authority of the decisions. Furthermore, by the participation in the Corpus's procedure each imperial estate concerned confirmed his position within the Holy Roman Empire. In the long run the Corpus Evangelicorum as such served as a symbol of the protestant religion, the Protestants' interpretation of law and their self-assertion in the Holy Roman Empire.

Thomas Scheffer, Steffen Albrecht, Matthias Michaeler, Jan Schank und Rixta Wundrak

Prominente Politiker vor Untersuchungsausschüssen. Verzicht auf Verfahrensautonomie?

Hearings with Prominent Politicians. Waiving Procedural Autonomy?

The book chapter invites reader to learn about the minutiae examination in political inquiries and the emergent order of procedural systems. The authors employ three different inquiries in order to assess in how far and to what degree the encounters are in fact procedural. Different then to historical studies, the authors employ micro-sociological insights in order to recapitulate the actual framing: as conversation, as procedure, as public debate, etc. How can micro-sociologists assess whether a so called procedure is a procedure empirically? They study the actual behaviour of the participants, especially the ways by which they locally create frames of reference for each other to jointly relate to in due course. Critical moments for the framing as procedure appear when prominent figures introduce or when they are placed within wider temporal, spatial, and factual references. This is because prominent figures provide a number of shared additional reference points that easily turn a hearing into moments of a populist debate or longstanding conflict.

In this manner, the chapter examines the performance and treatment of three prominent political figures – Joseph Fischer in a German tribunal, Javier Solana vis-à-vis a committee in the European Parliament, and Tony Blair in the Hutton Inquiry – as natural crisis experiment. The examination of these figures, starting with the introduction and ending with the confrontation, serves as acid test for the intensity and rigidity of procedural ordering. The detailed and comparative examination shows that the participants do not just perform procedural roles and formats, e.g. undoing prominence by highlighting the formal role as eye witness or expert witness. Additionally, they hinge on and contribute to other sequences and frames as well. Their contributions go beyond a procedural frame by linking up to political frames of reference: a longstanding debate (on the so called "war against terror"), a political biography (e.g. by "Joschka Fischer"), or external norms of conduct (e.g. diplomatic for Javier Solana).

As a result, the chapter suggests an empirical approach to procedure, not presuming its existence and virulence. Furthermore, it suggests a relativist understanding of the procedural frame and of procedural system. The latter serves as a mean of joint orientation over time but it does so to different degrees and extents.

Autorenverzeichnis

Albrecht, Steffen, wissenschaftlicher Mitarbeiter am Medienzentrum der Technischen Universität Dresden. Nach dem Studium der Soziologie an der Universität Hamburg wissenschaftlicher Mitarbeiter an der Technischen Universität Hamburg-Harburg und Usability Consultant mit Schwerpunkt Website Usability. 2009 Promotion zur „Architektur und Dynamik politischer Diskurse im Internet", Arbeit als Postdoc in Forschungsprojekten zur politischen Kommunikation und Onlineforschung an der Freien Universität Berlin, der Technischen Universität Dresden sowie als freier wissenschaftlicher Berater, u. a. für Zebralog GmbH & Co. KG in Berlin. Forschungsschwerpunkte: Politische Kommunikation, Onlineforschung, Bürgerbeteiligung über das Internet, Techniksoziologie, Methoden der empirischen Sozialforschung, Soziale Netzwerkanalyse.

Asch, Ronald G., ist Professor für Geschichte der Frühen Neuzeit an der Albert-Ludwigs-Universität Freiburg. Veröffentlichungen: Verwaltung und Beamtentum. Die gräflich fürstenbergischen Territorien vom Ausgang des Mittelalters bis zum schwedischen Krieg 1490–1632, Stuttgart 1986; Der Hof Karls I. von England. Politik, Provinz und Patronage, 1625–1640, Köln, Weimar, Wien 1994; The Thirty Years War. The Holy Roman Empire and Europe 1618–1648, Basingstoke 1997; Nobilities in Transition. Courtiers and Rebels in Britain and Europe c. 1550–1700, London 2003; Jakob I. König von England und Schottland (1566–1625): Herrscher des Friedens im Zeitalter der Religionskriege, Stuttgart 2005; Europäischer Adel in der frühen Neuzeit. Eine Einführung, Köln 2008.

Brakensiek, Stefan, ist Professor für Geschichte der Frühen Neuzeit an der Universität Duisburg-Essen, von 2002 bis 2005 wissenschaftlicher Leiter des international vergleichenden Forschungsprojekts „Frühneuzeitliche Institutionen in ihrem sozialen Kontext. Praktiken lokaler Politik, Justiz und Verwaltung im internationalen Vergleich" an den Universitäten Kassel, Ceské Budějovice (Tschechien) und Miskolc (Ungarn). Veröffentlichungen: Fürstendiener – Staatsbeamte – Bürger. Amtsführung und Lebenswelt der Ortsbeamten in niederhessischen Kleinstädten, Göttingen 1999; Agrarreform und ländliche Gesellschaft. Die Privatisierung der Marken in Nordwestdeutschland 1750–1850, Paderborn 1991; Mitherausgeber der Reihe „Quellen und Forschungen zur Agrargeschichte".

Brodocz, André, ist Professor für Politische Theorie an der Staatswissenschaftlichen Fakultät der Universität Erfurt und Sprecher der Sektion „Politische Theorien und Ideengeschichte" in der Deutschen Vereinigung für Politische Wissenschaft (DVPW), zwischen 2003 und 2009 zusammen mit Marcus Llanque Gründungsvorstand der DVPW-Themengruppe-Gruppe „Verfassung und Politik", seit 2007 Mitglied im von der Deutschen Forschungsgemeinschaft geförderten „Netzwerk Konstruktivistische Konfliktforschung" (NeKoKo). Jüngste Veröffentlichungen: Die Macht der Judikative, Wiesbaden 2009; Bedrohungen der Demokratie (hrsg. mit Gary Schaal, Marcus Llanque), Wiesbaden 2008. Forschungsschwerpunkte: Zeitgenössische Politische Theorie, Verfassungstheorie, Institutionentheorie.

Emich, Birgit, ist Professorin für Geschichte der Neuzeit an der Universität Erlangen. Für ihre Habilitationsschrift „Territoriale Integration in der Frühen Neuzeit. Ferrara und der Kirchenstaat" (Köln, Weimar, Wien 2005) erhielt sie den Akademiepreis der Heidelberger Akademie der Wissenschaften 2003, sowie den Jahrespreis der Wissenschaftlichen Gesellschaft in Freiburg im Breisgau 2005. Weitere Publikationen: Bürokratie und Nepotismus unter Paul V. (1605–1621). Studien zur frühneuzeitlichen Mikropolitik in Rom, Stuttgart 2001; Geschichte der Frühen Neuzeit studieren, Konstanz 2006; Bildlichkeit und Intermedialität in der Frühen Neuzeit. Eine interdisziplinäre Spurensuche, ZHF 35 (2008), 1–26; Kriegs / Bilder in Mittelalter und Früher Neuzeit (gem. m. Gabriela Signori), ZHF Beih. 42, 2009.

Flückiger, Daniel, studierte Geschichte, Volkswirtschaftslehre und Soziologie an den Universitäten Bern und Frankfurt a. M. Nach seiner Dissertation in der Abteilung für Wirtschafts-, Sozial- und Umweltgeschichte der Universität Bern zu dem Thema „Ein rentabler Staat? Elitenwechsel, Verwaltung und Strassenbau in Bern 1790–1850" (eine Publikation der Diss. ist Ende 2010 geplant) und einem Forschungsaufenthalt am Institute of Railway Studies and Transport History der University of York, derzeit Projektleiter für die strategische Weiterentwicklung der Label- und Qualitätsprogramme des Schweizer Bauernverbandes. Veröffentlichungen: Sich mit dem Fortschritt abfinden. Konservative Erzählungen des „Übergangs" von 1798 in Bern, in: Generation als Erzählung. Neue Perspektiven auf ein kulturelles Deutungsmuster, hrsg. v. Björn Bohnenkamp, Till Manning, Eva-Maria Silies, Göttingen 2009, 169–184. Forschungsschwerpunkte: Verwaltungsgeschichte, Verkehrsgeschichte und Agrargeschichte.

Heckel, Martin, war Professor für öffentliches Recht an der Universität Tübingen, kooptiert in der Evang.-Theol. Fakultät, Mitglied der Heidelberger Akademie der Wissenschaften, Vorsitzender des Schiedsgerichtshofes der EKD. Zu seinen Veröffentlichungen gehören: Staat und Kirche nach den Lehren der evangelischen Juristen Deutschlands in der ersten Hälfte des 17. Jahrhunderts, München 1956/57; Staat, Kirche, Kunst. Rechtsfragen kirchlicher Kulturdenkmäler, Mohr 1968; Parität, in: ZRG, Kan. Abt. 49 (1963), 262–420; Itio in partes. Zur Religionsverfassung des Heiligen Römischen Reiches Deutscher Nationen, in: Zeitschrift der Savigny-Stiftung für Rechtsgeschichte, Kan. Abt. 64 (1978), 180–308; Gesammelte Schriften. Staat – Kirche – Recht – Geschichte, 5 Bde., Tübingen 1989–2004; Mitherausgeber der Savigny-Zeitschrift für Rechtsgeschichte, sowie der Reihen „Jus ecclesiasticum" und „Forschungen zur kirchlichen Rechtsgeschichte und zum Kirchenrecht".

Holenstein, André, ist Professor für ältere Schweizer Geschichte und Regionalgeschichte an der Universität Bern, Mitglied im Vorstand des Historischen Vereins des Kantons Bern, Mitglied im Vorstand des Vereins „Berner Zeiten", Mitherausgeber der Reihe „Frühneuzeit-Forschungen" sowie „Berner Forschungen zur Regionalgeschichte", Mitglied der Herausgeberkommission der Reihe „Travaux sur la Suisse des Lumières" der Schweizerischen Gesellschaft für die Erforschung des Achtzehnten Jahrhunderts (SGEAJ), sowie Vorstandsmitglied der SGEAJ. Veröffentlichungen: „Gute Policey" und lokale Gesellschaft im Staat des Ancien Régime. Das Fallbeispiel der Markgrafschaft Baden(-Durlach), Epfendorf am Neckar 2003; Bauern zwischen Bauernkrieg und Dreißigjährigem Krieg, München 1996; Die Huldigung der Untertanen. Rechtskultur und Herrschaftsordnung (800–1800), Stuttgart, New York 1991.

Kalipke, Andreas, studierte Geschichte und Katholische Theologie an der Ruhr-Universität Bochum. Von 2006 bis 2010 wissenschaftlicher Mitarbeiter des Leibniz-Projekts „Vormoderne Verfahren" ist er derzeit Lehramtsreferendar in Essen und arbeitet an seiner Dissertation zum Thema „Konfessionsgesellschaft im Konflikt. Konfessionskonflikte im Alten Reich und ihre Behandlung durch das Corpus Evangelicorum im 18. Jahrhundert".

Kieserling, André, ist Professor für Allgemeine Soziologie mit dem Schwerpunkt Soziologische Theorie an der Universität Bielefeld. Zu seinen Veröffentlichungen gehören: Kommunikation unter Anwesenden. Studien über Interaktionssysteme, Frankfurt a. M. 1999; Selbstbeschreibung und Fremdbeschreibung. Beiträge zur Soziologie soziologischen Wissens, Frankfurt a. M. 2004.

Köhler, Matthias, studierte Neuere und Neuste Geschichte, Politikwissenschaft und Philosophie an der Universität Münster. Er ist seit November 2005 Wissenschaftlicher Mitarbeiter im Leibniz-Projekt „Vormoderne Verfahren", 2008 Stipendiat des DHI Paris. Derzeit arbeitet er an seiner Dissertation zum Thema „Formalität, Repräsentation, Kalkül. Verhandlungen auf dem Kongress von Nimwegen". Seine Forschungsschwerpunkte: Diplomatiegeschichte und Kulturgeschichte des Politischen.

Krischer, André, ist Inhaber der Juniorprofessor für Geschichte Großbritanniens und des Commonwealth an der Universität Münster. Promotion 2005 mit der Arbeit „Reichsstädte in der Fürstengesellschaft. Politischer Zeichengebrauch in der Frühen Neuzeit", Darmstadt 2006; Leiter des Leibniz-Projekts „Vormoderne Verfahren" von Barbara Stollberg-Rilinger in Münster. Veröffentlichungen zur Geschichte der frühneuzeitlichen Stadt und des Hofes, zur Kriminalitätsgeschichte und zur Geschichte der britischen Verfassung.

Loewenich, Maria von, studierte Mittlere und Neuere Geschichte, Historische Hilfswissenschaften und Kunstgeschichte an den Universitäten Heidelberg und Bonn. Von 2006 bis 2010 war sie wissenschaftliche Mitarbeiterin am Leibniz-Projekt „Vormoderne Verfahren" der Universität Münster, ab dem 1. Mai 2010 ist sie Archivreferendarin im Geheimen Staatsarchiv Preußischer Kulturbesitz Berlin. Derzeit arbeitet sie an ihrer Dissertation zum Thema „Amt und Prestige. Die Reichskammerrichter in der ständischen Gesellschaft".

Michaeler, Matthias, studierte Politikwissenschaft mit Schwerpunkt Soziologie in Bologna. Er ist derzeit Doktorand der Erziehungswissenschaften und Pädagogischen Anthropologie und leitet das Unterprojekt „Spielstrategien und Organisationspraktiken in professionell betriebenen Sportspielen" des SFB „Kulturen des Performativen" an der Freien Universität Berlin. Forschungsschwerpunkte: Identitäts- und Körperdiskurse, Verfahrenssoziologie.

Patzold, Steffen, ist Professor für Mittelalterliche Geschichte und Historische Hilfswissenschaften an der Eberhard-Karls-Universität Tübingen und seit dem WS 08 / 09 Studiendekan des Historischen Seminars. Veröffentlichungen: Konflikte im Kloster. Studien zu Auseinandersetzungen in monastischen Gemeinschaften des ottonisch-salischen Reichs, Husum 2000; Episcopus. Wissen über Bischöfe im Frankenreich des späten 8. bis frühen 10. Jahrhunderts, Ostfildern 2008.

Reinhard, Wolfgang, emeritierter Professor für Neuere Geschichte in Freiburg im Breisgau, seit 2005 Fellow am Max-Weber-Kolleg für kultur- und sozialwissenschaftliche Studien der Universität Erfurt, Mitglied der British Academy, der

Accademia di San Carlo di Milano und der Heidelberger Akademie der Wissenschaften. 2001 erhielt er für sein Gesamtwerk den Preis des Historischen Kollegs. Veröffentlichungen u. a.: Geschichte der Staatsgewalt. Eine vergleichende Verfassungsgeschichte Europas von den Anfängen bis zur Gegenwart, München 1999; Gebhardt. Handbuch der deutschen Geschichte, Bd. 9: Probleme deutscher Geschichte 1495–1806, Reichsreform und Reformation 1495–1555, 10. Aufl. Stuttgart 2001; Unsere Lügengesellschaft. Warum wir nicht bei der Wahrheit bleiben, Hamburg 2006; Geschichte des Staates, München 2007.

Schank, Jan, studierte Politikwissenschaft an der Freien Universität Berlin und an der Universität von New Mexico in Albuquerque. 2007–2009 war er Mitglied der Emmy-Noether-Gruppe „Vergleichende Mikrosoziologie von Strafverfahren" der Freien Universität Berlin. Forschungsschwerpunkte: Politische Kommunikation, Politik in Großbritannien, Internationale Beziehungen und Friedensforschung.

Scheffer, Thomas, studierte Soziologie in Bielefeld und Osnabrück. Von 2000 bis 2002 war er Research Fellow an der Lancaster University, und von 2003 bis 2009 Leiter der Emmy-Noether-Gruppe „Vergleichende Mikrosoziologie von Strafverfahren" an der Freien Universität Berlin. 2009 erhielt er ein Heisenberg Stipendium. Er publiziert und lehrt in den Bereichen Rechtsanthropologie und Politische Anthropologie, Mikrosoziologie, sowie Qualitative Methoden und Methoden der Ethnographie.

Schläppi, Daniel, arbeitet an der Universität Bern an seinem Habilitationsprojekt „Gemeinbesitz, kollektive Ressourcen und die politische Kultur der alten Eidgenossenschaft (17. und 18. Jahrhundert)". Zu seinen Veröffentlichungen gehören: Die Zunftgesellschaft zu Schmieden zwischen Tradition und Moderne. Sozial-, struktur- und kulturgeschichtliche Aspekte von der Helvetik bis ins ausgehende 20. Jahrhundert, Bern 2001; Das Staatswesen als kollektives Gut. Gemeinbesitz als Grundlage der politischen Kultur in der frühneuzeitlichen Eidgenossenschaft, in: Neue politische Ökonomie in der Geschichte (Historical Social Research, Special Issue, 32/4), hrsg. v. Johannes Marx, Andreas Frings, Köln 2007, 169–202; Corporate Property, Collective Resources and Statebuilding in Older Swiss History, in: Empowering Interactions. Political Cultures and the Emergence of the State in Europe 1300–1900, hrsg. v. Wim Blockmans, André Holenstein, Jon Mathieu, Aldershot 2009, 163–172; zuletzt (Hrsg.): Umbruch und Beständigkeit. Kontinuitäten in der Helvetischen Revolution von 1798, Basel 2009.

Seibert, Thomas-Michael, ist Vorsitzender Richter am Landgericht Frankfurt a. M., sowie seit 1998 Honorarprofessor am Fachbereich Rechtswissenschaft der Goethe-Universität Frankfurt a. M. Zu seinen Veröffentlichungen gehören: Zeichen. Prozesse. Grenzgänge zur Semiotik des Rechts, Berlin 1996; Der aktuelle Stil der juristischen différance, in: Die Aktualität der Rhetorik, hrsg. v. H. F. Plett, München 1996, 120–138; Goethe in der Tradition juristischer Rhetorik, in: Die wahre Liberalität ist Anerkennung. Goethe und die Jurisprudenz, hrsg. v. K. Lüderssen, Baden-Baden, 1999, 319–350.; Gerichtsrede. Wirklichkeit und Möglichkeit im forensischen Diskurs, Berlin 2004.

Stollberg-Rilinger, Barbara, ist Professorin für Geschichte der Frühen Neuzeit an der Westfälischen Wilhelms-Universität Münster, Sprecherin des SFB 496 („Symbolische Kommunikation und gesellschaftliche Wertesysteme vom Mittelalter bis zur Französischen Revolution") und Koordinatorin des Exzellenzclusters „Religion und Politik in den Kulturen der Vormoderne und der Moderne". Einschlägige

Veröffentlichungen sind: Vormoderne politische Verfahren, Berlin 2001; Was heißt Kulturgeschichte des Politischen?, Berlin 2005; Des Kaisers alte Kleider. Verfassungsgeschichte und Symbolsprache des Alten Reiches, München 2008.

Ullmann, Sabine, ist Professorin für Landesgeschichte unter besonderer Berücksichtigung Bayerns mit Schwerpunkt Spätmittelalter / Frühe Neuzeit an der Katholischen Universität Eichstätt-Ingolstadt, Mitglied der Schwäbischen Forschungsgemeinschaft e.V., sowie Mitglied der Kommission für bayerische Landesgeschichte. Zu ihren Veröffentlichungen gehören: Nachbarschaft und Konkurrenz. Juden und Christen in den Dörfern der Markgrafschaft Burgau 1650 bis 1750 (Diss. 1997), Göttingen 1999; Geschichte auf der langen Bank. Die Kommissionen des Reichshofrats unter Kaiser Maximilian II. (1564 – 1576) (Habil. 2004), Mainz 2006; Geschichte in Räumen. Festschrift für Rolf Kießling zum 65. Geburtstag (hrsg. gem. m. Johannes Burkhardt und Thomas Max Safley), Konstanz 2006.

Wieland, Christian, vertritt den Lehrstuhl für Geschichte der Frühen Neuzeit an der Heinrich-Heine-Universität Düsseldorf. Dissertation in Freiburg (2001), Grund- und Graduiertenförderung, Post-Doc-Stipendiat am Graduiertenkolleg „Sozialgeschichte von Gruppen, Schichten, Klassen und Eliten" der Fakultät für Geschichtswissenschaft, Theologie und Philosophie der Universität Bielefeld, Habilitationsstipendiat der Görres-Gesellschaft, Wissenschaftlicher Assistent am Historischen Seminar der Albert-Ludwigs-Universität Freiburg, sowie Internal Junior Fellow der „School of History" des „Freiburg Institute for Advanced Studies / FRIAS". Im März 2009 erfolgte der Abschluss der Habilitationsschrift „Nach der Fehde. Studien zur Interaktion von Adel und Rechtssystem am Beginn der Neuzeit: Bayern 1500 – 1600". Weitere Veröffentlichungen: Fürsten, Freunde, Diplomaten. Die römisch-florentinischen Beziehungen unter Paul V. (1605 – 1621), Köln, Weimar, Wien 2004; Zur Geschichte der Frömmigkeit im Mittelalter und in der Neuzeit (Hrsg.), Saeculum 47 (1996); gem. m. Peter Eich, Sebastian Schmidt-Hofner (Hrsg.), Der wiederkehrende Leviathan. Staatlichkeit und Staatswerdung in Spätantike und Früher Neuzeit (Tagungsband der gleichnamigen Tagung an der Heidelberger Akademie der Wissenschaften 2008; in Vorbereitung); Geschichte in der Geschichte. Geschichtsvorstellungen von der Antike bis zur Gegenwart (Hrsg.), Freiburger Universitätsblätter 177 (2008).

Wittreck, Fabian, seit 2007 Professor für Öffentliches Recht an der Westfälischen Wilhelms-Universität Münster. Promotion 2001 in Würzburg mit der Arbeit „Geld als Instrument der Gerechtigkeit – Das Recht des Geldes im Werk des Hl. Thomas von Aquin" (Paderborn 2002), Mitglied der Görres-Gesellschaft zur Pflege der Wissenschaften, der Internationalen Vereinigung für Rechts- und Sozialphilosophie sowie des Zentrums für rechtswissenschaftliche Grundlagenforschung an der Universität Würzburg. Veröffentlichungen: Die Verwaltung der Dritten Gewalt, Tübingen 2006; Sechzig Jahre Grundgesetz – Verfassung mit Zukunft? (Hrsg.), Baden-Baden 2009; Grundgesetz. Textausgabe mit sämtlichen Änderungen und andere Texte zum deutschen und europäischen Verfassungsrecht, 4. Aufl., Tübingen 2009; Interaktionen religiöser Rechtsordnungen – Rezeptions- und Translationsprozesse dargestellt am Beispiel des Zinsverbots in den orientalischen Kirchenrechtssammlungen, Berlin 2009.

Wundrak, Rixta, studierte Soziologie an der Universität von Wien. Promotion in Potsdam und Göttingen zum Thema „Chinesische Migranten in Bukarest. Eine fallrekonstruktive Analyse der chinesischen Migration nach Rumänien seit 1989", seit 2009 Wissenschaftliche Mitarbeiterin für Methodenberatung am Lehrstuhl für

Interpretative Sozialforschung am Methodenzentrum Sozialforschung der Georg-August-Universität Göttingen, derzeit Teil des trilateralen Forschungsprojekts „Außenseiter und Etablierte zugleich: Palästinenser und Israelis in unterschiedlichen Figurationen" der Universität Göttingen.

Würgler, Andreas, ist Privatdozent für neuere Geschichte an der Universität Bern. Zu seinen Veröffentlichungen gehören: Unruhen und Öffentlichkeit. Städtische und ländliche Protestbewegungen im 18. Jahrhundert, Tübingen 1995; Medien in der Frühen Neuzeit, München 2009; Mit dem Feind tanzen? Reaktionen auf die französische Expansion in Europa zwischen Begeisterung und Protest, 1792 – 1815 (gem. m. Cecilia Nubola), Bologna, Berlin 2010. Forschungsschwerpunkte: Medien- und Kommunikationsgeschichte, Historische Protestforschung, Politik- und Kulturgeschichte repräsentativer Institutionen.

Bildnachweise

S. 165 (Loewenich, Abb. 1): Peter Fehr (1681–1740), Audienz des Reichskammergerichts, um 1735, 18,9 × 15,1 cm, Städtische Sammlungen Wetzlar.

S. 201 (Wieland, Abb. 1): Frontispiz der bayerischen Gerichtsordnung von 1520.

S. 219 (Krischer, Abb. 1): Szene aus dem Saal des Gerichts Old Bailey in der Londoner City, um 1800, aus: Rudolph Ackermann, The Microcosm of London, Bd. 2, London 1808, nach S. 212, aus Privatbesitz.

S. 227 (Krischer, Abb. 2): Die King's Bench in der Mitte des 15. Jahrhunderts, mit freundlicher Genehmigung der Masters of the Bench of the Inner Temple.

S. 236 (Krischer, Abb. 3): The Punishment formerly inflicted on those who REFUSED PLEADING to an Indictment, aus: William Jackson, The New and Complete Newgate Calendar; or, Villany Displayed in all its Branches (...), London 1795, nach S. 254.

S. 238 (Krischer, Abb. 4): Beispiel für eine nach der Hinrichtung der Jesuiten publizierte Flugschrift, in der die Unschuldsbehauptungen der Verurteilten auf dem Schafott als Lügen dargestellt werden, London 1680, aus Privatbesitz.

S. 239 (Krischer, Abb. 5): Wenceslaus Hollar, Abbildung der Session des Parlaments zu London vber den Sententz des Grafen von Stafford, London 1641, mit freundlicher Genehmigung des British Museum.

S. 242 (Krischer, Abb. 6): Cato Street Verschwörer 1820, aus: George Theodore Wilkinson, An Authentic History of the Cato-Street Conspiracy. With the Trials at Large of the Conspirators, for High Treason and Murder (...), London 1820, aus Privatbesitz.

S. 243 (Krischer, Abb. 7): Der Anwalt hat einen Freispruch erreicht auf Kosten von Wahrheit und Gerechtigkeit, koloriertes Flugblatt von 1789, mit freundlicher Genehmigung des British Museum.